宁 远 年 鉴

（2020）

中共宁远县委党史研究室　编

方志出版社
Publishing House of Local Records

图书在版编目（CIP）数据

宁远年鉴. 2020 / 中共宁远县委党史研究室编. —北京：方志出版社，2020. 9

ISBN 978-7-5144-4340-0

Ⅰ. ①宁… Ⅱ. ①中… Ⅲ. ①宁远县—2020—年鉴 Ⅳ. ①Z526. 44

中国版本图书馆 CIP 数据核字（2020）第 188299 号

宁远年鉴（2020）

编　　者：中共宁远县委党史研究室
责任编辑：顾　洁

出 版 者：方志出版社
地址　北京市朝阳区潘家园东里 9 号（国家方志馆 4 层）
邮编　100021
网址　http：//www. fzph. org
发　　行：方志出版社图书经销中心
电话（010）67110500
经　　销：各地新华书店
印　　刷：衡阳顺地印务有限公司

开　　本：889×1194　1/16
印　　张：28. 5
字　　数：693 千
版　　次：2020 年 9 月第 1 版　2020 年 9 月第 1 次印刷
印　　数：0001 ~ 1230 册

ISBN 978-7-5144-4340-0　**定价**：188. 00 元

《宁远年鉴》编纂委员会

名誉主任　肖质彬　县委书记

主　　任　唐　何　县委副书记、县长

副 主 任　曹辉正　县委常委、县委办主任

　　　　　齐纲要　县委常委、常务副县长

委　　员（排名不分先后）

　　　　　黄胜洪　县政府办主任

　　　　　李国燕　县人大常委会办公室主任

　　　　　蒋珍旺　县政协秘书长

　　　　　鲁素春　县委组织部常务副部长

　　　　　周敬平　县委办副主任

　　　　　杨国基　县财政局局长

　　　　　柏宁清　县统计局党组书记

　　　　　雷程燕　县委党史研究室主任

《宁远年鉴》编辑部

主　　编　雷程燕

副 主 编　刘怀剑

编　　辑　张介立　曾勇钧　欧应平

工作人员　周俊美　梁　健　唐石彬　黄丽煊　温思晗

编辑说明

一、《宁远年鉴（2020）》以马克思列宁主义、毛泽东思想、邓小平理论、“三个代表”重要思想、科学发展观、习近平新时代中国特色社会主义思想为指导，坚持辩证唯物主义和历史唯物主义的立场、观点和方法。系统记载2019年宁远县自然、政治、经济、文化、社会等方面的情况，全面记载宁远县各部门各行业在物质文明和精神文明建设方面取得的主要成就以及社会各方面的新进展、新情况、新经验，为社会各界了解和研究宁远县提供基本地情信息资料，同时，也为续修地方史志积累资料。《宁远年鉴》2017年创刊，每年编辑一卷，公开发行，《宁远年鉴（2020）》为第4卷。

二、《宁远年鉴（2020）》按分类编辑法，共设22个栏目，下设分目、条目三个层次。栏目、分目、条目用不同字体、字号、色彩等版式设计区别不同层次。条目为记述的基本单位，其标题用【　】表示。

三、《宁远年鉴（2020）》稿件和图片由各部门、各单位、各乡镇（街道）撰稿人提供，《宁远年鉴》编委会撰写部分稿件并统编全书。稿件均经各部门和各单位主要负责人审核。统计资料由统计部门提供，气象、水文资料分别由气象、水文部门提供。

四、《宁远年鉴（2020）》刊载的领导名录由县委组织部提供，为2019年12月31日在职副科级以上的领导人员，原则上只列行政职务，无行政职务，则列党内职务。

宁远县行政区划图

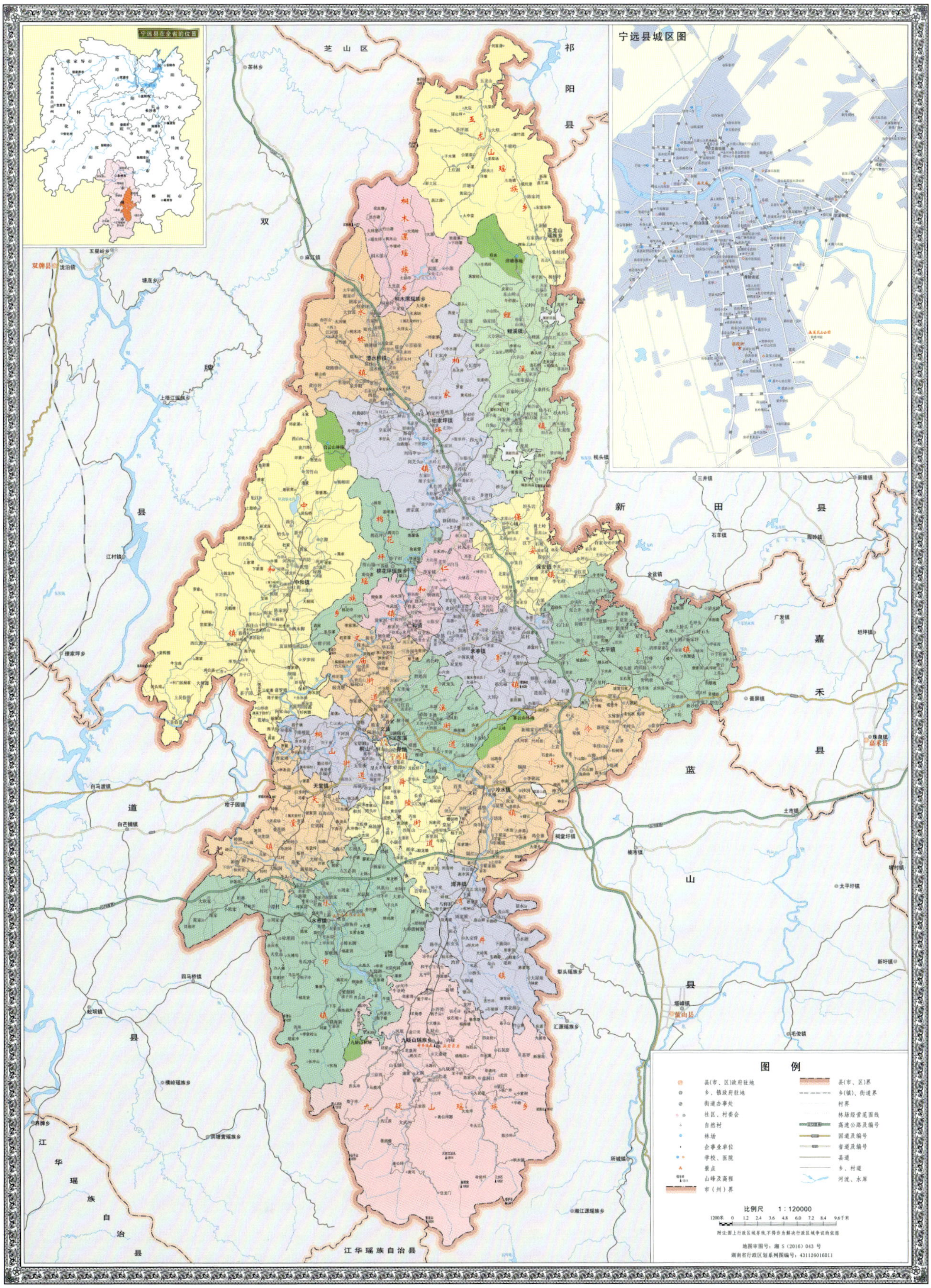

宁远县人民政府编制　湖南省民政厅监制

湖南省第三测绘院制作　二〇一七年三月

中共宁远县纪委

宁远县纪委监委机关内设部室14个，核定编制54名，现有工作人员47人。设有13个副科级派驻纪检监察组，县委设正科级巡察工作领导小组办公室1个，巡察组4个。全县20个乡镇（街道），现有纪检干部130人（含兼职纪委委员）。

2019年，全县纪检监察组织发扬斗争精神，忠诚履职尽责，锐意开拓进取，为加快建成宜居宜业宜游生态文化公园提供坚强法纪保障。审查调查、专项治理、信访举报、廉政宣传等多项工作走在省市前列。全市纪检监察片区协作建设现场会在宁远召开，获评2019年度全省扶贫领域腐败和作风问题专项治理工作一类县、全市党风廉政建设工作先进县。

2019年1月31日，宁远县第十二届纪委四次全会胜利召开

2019年9月3日，省委常委、省纪委书记、省监委主任傅奎到宁远考察调研

2019年7月23日，永州市纪检监察工作片区协作机制建设现场会在宁远召开

2019年5月14日，市委常委、市纪委书记、市监委主任杨永到宁远县委理论学习中心组授课

2019年1月17日，召开全县扶贫领域腐败和作风问题专项治理工作推进会

宁远县监察委员会

2019年2月15日，举办政协委员走进县纪委监委活动，敞开大门接受监督。

2019年3月1日，全县纪检监察系统“素质提升年活动”正式启动

2019年，创新开展“纪委请你来监督”活动，直通信访举报渠道。图为4月21日活动宣传现场

2019年9月19日，开展“清风常伴、廉洁齐家”家庭立德助廉活动

县纪委坚持执政为民，切实维护群众利益。1月29日,水市镇一村民将锦旗送到县委常委、县纪委书记、县监委主任陈海平手中。

2019年，大力开展“纪委喊你来领钱”活动，提升群众获得感。图为9月29日集中退还群众款物

2019年10月9日，县委办党总支部委员会在县委八楼会议室召开党员大会，选举新一届党总支部委员，刘卫华、刘军君、曹辉正等领导以普通党员身份参加会议

2019年，在县委的正确领导下，全县各级办公室履职尽责、创先争优，开创工作新局面。密码工作连续七年获全省优秀，信息工作连续三年获省党办信息工作先进县称号，全省党办系统“践行初心使命、争当信息尖兵”主题演讲比赛荣获三等奖，连续三届荣获全市党委规范性文件法规审查赛第一名。《秘书工作》《中办通讯》通联工作获全市一等奖，办文办会、综合调研、接待服务等工作在全市作典型推介。

2019年9月14日，环中国国际公路自行车赛在宁远开赛

县 委 办 公 室

2019年6月19日，县委办召开班子成员会研究安排工作

2019年6月20日，县委办全体党员到郴州汝城县沙洲村开展主题党日活动

2019年8月1日，县委常委、县委办主任曹辉正走访退役军人

2019年9月26日，参加全县庆祝新中国成立70周年“我和我的祖国”合唱比赛

2019年11月7日，县委办召开“不忘初心、牢记使命”主题教育之“从担当看初心”专题研讨会

2019年12月25日，县委常委、县委办主任曹辉正现场调度重点产业项目建设

中共宁远

2019年，县委组织部获评第九届全国“人民满意的公务员集体”

2019年，在县委的坚强领导下，全县组织系统深入贯彻习近平新时代中国特色社会主义思想，抓重点、强基础、补短板，为全县经济社会高质量发展提供坚强组织保证。宁远县委组织部被评为第九届全国“人民满意公务员集体”，先进事迹在全省巡回宣讲；连续三届获湖南省组织工作先进集体。市委、市政府考核的基层党建、人才工作在全市排名第一。党建促脱贫、人才促振兴、“三比三创”等36项工作被《人民日报》《光明日报》、中央电视台等国家级媒体推介。

2019年1月20日，召开全县优秀人才座谈会

2019年2月16日，副市长、县委书记刘卫华在政务中心上党课

县委组织部

2019年3月4日，召开全县深化机构改革动员大会

2019年4月26日，县委组织部参加全县庆“五一”干部职工广播操比赛荣获二等奖

2019年5月8日，省委组织部副部长蔡建和到宁远调研

2019年8月14日，县委组织部先进事迹报告团为省委组织部机关干部宣讲宁远事迹

2019年9月17日，宁远县召开“不忘初心、牢记使命”主题教育工作会议

2019年12月19日，县委组织部召开专题民主生活会

中 共 宁 远

中共宁远县委宣传部主管全县宣传思想工作，机构改革后内设办公室、意识形态工作室、理论和宣传教育室、对外推广和新闻室、精神文明建设指导委员会办公室、文艺文产室（电影管理室）、新闻出版和版权室（行政审批室）、反非法违禁室（县“打黄扫非”领导小组办公室），下设二级事业单位志愿者服务中心。主要负责统筹协调全县党的意识形态和理论研究、学习、宣讲及精神文明建设、对外宣传、新闻发布等工作，负责全县新闻出版行政事务、电影行政事务。2019年，宁远县成功列入全国新时代文明实践中心建设试点县。湾井镇获评第三批全国“扫黄打非”进基层示范点。农村春晚活动经验受到中宣部、省委宣传部推介。在湖南省城市文明程度指数测评中位列全省第二。

2019年4月17日，市委常委、宣传部部长贺辉在宁远调研新时代文明实践工作。

2019年9月23日，万人快闪

县委宣传部

2019年4月17日，永州市新时代文明实践中心建设试点工作现场会在宁远县召开

2019年7月19日，县委宣传部组织党员干部参观警示教育基地

2019年10月17日，县委理论学习中心组集中学习

2019年12月27日，举办十九届四中全会宣讲报告会

2019年12月20日，县委宣传部召开专题民主生活会

2019年9月29日，县委宣传部党员干部在九嶷山国防教育基地开展主题党日活动

宁　　远　　县

2019年5月31日，县人大召开工作审议会议

2019年6月26日，召开联系项目业主座谈会

宁远县人大常委会于1980年召开的第八届人民代表大会第一次会议设立，至2019年已历时十届，是县人民代表大会的常设机关，对县人民代表大会负责并报告工作。现县人大常委会由主任1人、副主任5人和委员28人组成，按照民主集中制原则，集体行使职权。2019年，县人大常委会紧紧围绕全县改革发展稳定大局，依法行权，扎实履职，监督工作、代表工作和议案建议办理工作等都取得了创新性发展，多次受到省市人大的表扬和推介。

2019年12月29日，县十七届人大四次会议召开

人　　大　　办

2019年10月18日，召开“不忘初心、牢记使命”主题教育意见征集座谈会

2019年12月27日，人大设立常委会40周年庆祝大会

2019年12月27日，举行人大代表培训会

县人大常委会机关召开“不忘初心、牢记使命”主题教育总结大会

2019年6月25日，组织视察人大代表领办的民营企业

2019年4月29日，县人大常委会机关开展庆“五一”徒步走健身活动

宁　远　县　人　民

2019年，县政府办在县委、县政府的正确领导下，主动适应新形势、新任务、新要求，围绕中心服务大局，从提升工作效能入手，强化服务意识，规范工作流程，完善制度机制，充分发挥参谋辅助中心、协调运转中枢、服务保障管家和政府服务窗口的作用，高效完成各项工作任务。获评全县年度绩效考核优秀单位，精准脱贫、安全生产、项目建设、风险防范、党风廉政建设等15项工作获评先进。

2019年9月28日，县政府党组成员在道县陈树湘烈士生平事迹陈列馆开展主题党日活动

2019年9月19日，县政府办组织党员干部参观廉政教育基地

2019年12月20日，县政府办党支部开展主题党日活动

2019年7月1日，县政府办召开庆祝建党98周年暨“七一”表彰大会

2019年9月25日，县政府办组织开展“不忘初心、牢记使命”红色教育座谈会

政 府 办 公 室

2019年5月，县政府办参加全县庆“五一”广播体操比赛

2019年3月12日，县政府办开展“绿化环境 美化人生”植树活动

2019年4月20日，政府办机关党支部到井冈山开展“不忘初心、牢记党恩”主题党日活动

2019年9月26日，县政府办参加全县庆祝新中国成立70周年合唱比赛

2019年10月23日，组队参加市政府办系统第三届气排球比赛

2019年11月6日，政府办召开“不忘初心、牢记使命”主题教育总结大会

九 嶷 山 国 家 森

2019年，九嶷山森管局深入贯彻习近平生态文明思想，牢固树立“绿水青山就是金山银山”的发展理念，围绕创建九嶷山国家公园目标，全面抓实九嶷山国家级自然保护区、九嶷山国家森林公园、九嶷山—舜帝陵国家级风景名胜区各项工作，取得了较好的成绩。九嶷山国家森林公园质量管理工作连续四年蝉联全省“十佳”，舜帝陵成功申报第八批全国重点文物保护单位，森管局分别被授予“湖南省文明卫生单位”、“湖南省档案工作规范化管理省二级”称号，九嶷山国家级自然保护区总体规划获国家林草局批复通过，在省国有林场和森林公园工作会上作“厚植森林优势 引领绿色发展”典型发言。森管局在全县2019年重点工作绩效评估考核中评为优秀，精准脱贫等9项工作被评为先进。

2019年11月8日，湖南省国有林和森林公园管理局局长欧阳叙回在九嶷山调研

2019年10月18日—20日，参加在江苏南通举行的中国森林旅游节。宁远县被组委会评为“2019中国森林旅游节优秀参展单位”

2019年7月20日，中南林科大实习基地在九嶷山森管局挂牌

2019年7月8日，北京世园会隆重推介九嶷山文化生态旅游

林 公 园 管 理 局

2019年10月26日，参加在湖南农业大学举行的引进人才招聘会

2019年12月20日，舜帝陵基金会常务副理事长唐松成调研舜帝陵建设和提升舜文化内涵工作

2019年，九嶷山森管局多次开展森林防灭火演练

2019年，九嶷山森管局加大环保问题整改力度，对三分石观景平台复绿

2019年10月7日，国务院核定公布九嶷山舜帝陵为第八批全国重点文物保护单位

2019年12月14日，九嶷山森管局依法对九嶷山国家级自然保护区婆婆石生态移民搬迁户原住房进行集中拆除、生态复绿

宁　　远　　县

2019年，宁远县财政局紧紧围绕社会经济发展大局，攻坚克难、开拓创新，创先争优成效显著。荣获第九届“全国财政系统先进集体”；财政管理综合绩效评价保持全国200强；在全省市县财政管理工作绩效考核中连续两年排名第一，连续两年获全省涉农资金整合成效奖，在全省预算编制评比中荣获第一名；获全省预算执行分析、预算绩效管理、县级乡村财政财务绩效管理、财政信息宣传、非税收入征收管理、税政法制等工作先进单位；获全市财政税政法制、政府采购、国有企业财务快报和财务会计决算等工作先进单位；获社会保险基金预算执行情况季报及决算报表编制工作一等奖；在全县政务服务“好差评”中排第一名；荣获全县绩效评估考核、党风廉政建设、党建工作等26项先进。

2019年12月26日，县财政局荣获第九届“全国财政系统先进集体”

2019年12月26日，第九次全国财政系统先进集体和先进工作者表彰大会在北京隆重召开，局党组书记、局长杨国基参加湖南获奖代表与财政部部长合影

财　　政　　局

2019年11月4日，县委副书记、县长唐何调度财政工作

2019年4月29日，召开宁远县2019年财政工作会议

2019年9月18日，在道县陈树湘烈士纪念园开展“不忘初心、牢记使命”主题教育启动仪式

2019年9月10日，县财政局开展第三期“道德讲堂”活动

2019年12月31日,举办党的十九届四中全会精神宣讲会（县财政局专场）

2019年11月8日，举办“发现身边典型·讲好财政人的初心故事”演讲比赛

宁 远 县

国家税务总局宁远县税务局2018年7月20日挂牌成立。现有所属机构19个，其中内设机构12个，另设机构2个（党建工作股、纪检组）。派出机构5个（1个税务分局，4个税务所），担负着全县20个乡镇（街道）各项税收、机关社保征收管理工作。2019年，县税务局在县委、县政府的坚强领导下，上下同欲，戮力同心，圆满完成各项工作任务，先后获得“全国模范职工之家”、“全省税务系统‘四合’示范单位”、省“工人先锋号”、省文明单位、市税务系统绩效管理先进单位、宁远县服务地方经济发展贡献奖等荣誉。

2019年2月11日，举行庄严隆重的升国旗仪式

2019年10月16日，湖南省税务局纳税服务处一行在宁远县税务局调研指导工作

2019年8月21日，县委常委、常务副县长黄永英讲授“县长税课”

2019年1月4日，开展个人所得税业务培训

2019年2月27日，召开减税降费工作推进会

税　　务　　局

2019年3月1日，“金税三期并库版”正式上线运行

2019年4月1日，第28个税收宣传月活动启动

2019年4月29日，开展“税法宣传进校园”活动

2019年7月24日，联合湖南软件职业学院在宁远县大屋地村开展“情系瑶山 助力美丽乡村建设”主题党日活动

2019年9月26日，参加宁远县庆祝新中国成立70周年“我和我的祖国”合唱比赛并获三等奖

2019年11月17日，召开宁远县城乡居民医疗保险征缴工作动员会暨养老保险征缴工作推进会

宁　远　县

2月17日，宁远县召开2019年春季开学工作会议

3月6日，2019年湖南省学生资助工作会议在长沙召开，宁远县学生资助工作在会上作典型发言

宁远县教育局现有干部职工108人，辖中小学校103所，学生12万余人，幼儿园226所，在园幼儿2.8万余人。2019年高考全县二本及以上上线1181人，再创历史新高；初中毕业、学业水平考试在全市稳居第一阵容。新建和改造城区学校10所，全年新增学位14000个，化解“大班额”663个，超额完成省市任务。特殊教育工作水平位居全省前列，2019年6月，湖南省融合教育背景下“送教上门”经验交流会在宁远县召开。全年新增教师343人，培训教师1.1万人次，教师培训工作在全省年度考核中连获A类，稳居全省前十。全县教师普通话水平在全省抽测中首次获全省第一名。在全省率先实施教育扶贫“两补齐一统一”资助政策，全年资助建档立卡贫困学生7.5万人次，资金3388万元。11月，湖南省教育科研扶贫工作现场会在宁远县召开。

9月28日，宁远县在千年学宫宁远文庙召开纪念孔子诞辰2570周年暨2019年优秀教师表彰大会

教　　育　　局

2019年2月22日，“宁远外国语学校”项目签约仪式在宁远县人民政府会议室举行

2019年3月7日，宁远县未成年人思想道德建设暨“向日葵工程”正式启动

2019年7月1日，宁远县教育系统在县政务中心举行庆祝中国共产党成立98周年暨“七一”表彰大会

2019年11月28日，湖南省教育科研扶贫现场会在宁远召开

2019年10月23日，县教育局机关党员干部到道县陈树湘烈士纪念园开展“红色教育行，廉洁在心中”主题党日活动

宁　　远　　县

2019年6月24日至25日，省委宣传部巡视员龚爱林、市委常委、宣传部长贺辉等到司法局调研新时代法治文化建设

2019年，宁远县司法局以服务高质量发展为主线,以公共法律服务体系建设为总抓手，切实做好法治宣传教育、人民调解、社区矫正、法律援助等法律服务工作，统筹兼顾,突出重点,真抓实干,积极为宁远社会经济发展营造安全稳定的社会环境和公平正义的法治环境。宁远县被评为全省“七五”普法中期工作先进县；司法局荣获全市“平安单位创建示范单位”、“永州市2018届文明标兵单位”、全市“被特赦人员安置帮教工作表现突出单位”，司法行政工作在本系统绩效考评中排全市优秀行列。

2019年9月24日，省司法厅普法与依法治理处处长刘刚魁在司法局调研依法治理工作

2019年7月31日，宁远县全面依法治县委员会第一次会议在县政府八楼会议室召开

2019年11月18日，永州市营造法治化营商环境保护民营企业发展专项督察座谈会在宁远县召开

2019年5月7日，由县委依法治县办主办，县纪委、宣传部、政法委等29个部门举办深入推进扫黑除恶专项斗争暨农村法治宣传教育活动启动仪式在文庙广场举行

司　　法　　局

2019年7月16日，县司法局组织局机关全体党员和帮扶责任人在扶贫联系村开发渡村开展灾后重建工作

2019年9月1日至30日，县司法局组织2019年度全县国家工作人员无纸化学法用法考试

2019年9月19日起，司法局开展综治民调下乡宣传活动

2019年10月24日，县司法局组织全体党员在道县周敦颐、陈树湘纪念馆开展“不忘初心、牢记使命”主题党日活动

2019年3月6日，县司法局会同县法院、公安局开展宁远县人民陪审员资格审查工作

2019年12月4日，县依法治县办牵头组织“谁执法谁普法”责任单位在文庙广场启动宁远县2019年宪法宣传周活动

宁远县住房

宁远县住房和城乡建设局是县政府工作部门，为正科级。县人民防空办公室作为县国防动员委员会的常设办事机构，与县住房和城乡建设局合署办公，实行一套工作机构、两个机关名称，内设11个股室，所属事业单位6个。2019年，县住建局以建设永州南区域性中心城市群为目标，创新思路，突破难点，深入推进住房和城乡建设各项工作。宁远县成功创建全国装配式建筑园区示范基地、全国农村建房试点县、省级历史建筑保护利用试点县、全省新一轮城市总体规划编制试点县，10个村被列入第五批中国传统古村落名录，创建省质量标准化工地2个、湖南省优质工程2个。

2019年3月21日，县住房和城乡建设局举行揭牌仪式

2019年7月1日，市城镇提质战役考核组听取宁远县城镇提质战役情况汇报

2019年7月1日，市城镇提质战役考核组到宁远实地考查重点项目建设情况

和 城 乡 建 设 局

2019年5月30日，副市长、县委书记刘卫华在全县推进城乡环境基础设施建设现场会上讲话

2019年8月30日，县住建局党组书记、局长胡顺斌在全县脱贫攻坚专题培训会上讲解农村危房改造政策

2019年4月18日，县住建局组织各乡镇（街道）召开农村危房改造工作会议

2019年5月31日，县级领导参观城乡环境基础设施建设现场

2019年11月1日，农村危房改造巡察问题整改及迎省检工作会议

2019年11月29日，县住建局举办的全县农村工匠培训人员合影

宁远县市场

2019年3月20日，宁远县市场监督管理局正式挂牌成立

2019年，宁远县市场监督管理局贯彻落实习近平总书记关于食品药品安全“四个最严”要求，全面履职，积极作为，加强对全县食品、药品、工业产品和特种设备管理，市场监管稳中向好，全年未发生一起大的食品药品安全和质量安全事故。全县消委被国家总局、中消协确定为全国消费维权示范基地；消委工作在全市县区消委组织工作考核中评为优秀单位；“真抓实干”质量工作被永州市人民政府作为湖南省“真抓实干”质量工作成效明显地方向湖南省人民政府推介，评为全市第二；市场主体年报公示工作被评为全市第一；局机关支部被评为“五星支部”；获得全县“放管服”和“一件事一次办”工作先进单位、全国“两会”期间全县信访工作先进集体等荣誉。

2019年11月14日，县市场监督管理局召开宁远县食品安全新闻发布会

2019年1月16日，宁远县食品安全委员会召开第一次会议

2019年2月26日，召开启动春季食品安全护苗行动动员会

2019年4月26日，在县文庙广场开展知识产权宣传周活动

监督管理局

2019年3月15日，宁远县开展“3·15”国际消费者权益日活动

2019年3月15日，宁远县集中销毁百多个品种假冒伪劣商品

2019年3月15日，开展“你点我检”食品快速检测活动

2019年7月15日，执法人员开展食品安全监督量化分级管理工作

2019年12月27日，全力守护县“两会”期间的食品安全

2019年9月9日，参加全县庆祝新中国成立70周年“我和我的祖国”合唱比赛并获得二等奖

宁　远　县

2019年10月30日，湖南省住建厅对宁远县创建省级园林县城进行实地考察

2019年12月6日，永州市园林部门专家组对宁远县市级园林式单位进行现场复查

宁远县城市园林局为副科级公益一类事业单位，内设办公室、财务室、园林绿化规划建设股、园林绿化管理股四个股室，定编42人。2019年，有在岗工作人员36人，退休2人。

2019年，宁远县城市园林局按照“抓住重点、突破难点、突出特点、打造亮点”的工作思路，坚持“增绿量、建精品、强管理、创特色”的原则，突出规划、建设、管理三个关键环节，坚持高起点规划，高强度投入，高标准建设，大力实施以“绿化、美化、彩化、香化”为主要内容的“碧水蓝天”工程。2019年底，全县建成区绿地率达32.57%，建成区绿化覆盖率达35.45%，人均公园绿地面积达13.28平方米。2019年12月，湖南省人民政府命名宁远县为“湖南省园林县城”。

2019年1月24日，副市长、县委书记刘卫华调研莲花山公园木栈道建设

2019年3月12日，参加全县义务植树活动

园　　林　　局

2019年4月20日，副县长欧阳国春调研泠江河沿江风光带木栈道建设

2019年3月20日，县委常委、宣传部部长刘庚旺在莲花山公园检查新时代文明实践场所建设工作

2019年4月9日，县园林局组织入户走访贫困户，开展扶贫工作

2019年9月22日，宁远县开展922绿色出行活动

2019年9月29日，组织全体党员在乐天宇生平事迹陈列馆开展“不忘初心、牢记使命”主题党日活动

2019年10月31日，创建省级园林县城实地考察反馈座谈会

宁 远 县

宁远县医疗保障局属县政府组成部门，于2019年3月20日挂牌成立。全局现有正式干部职工46人，局机关行政编制8名。设办公室、财务室、政工室、待遇保障股、基金监管股、医药服务管理股、药品价格和招标采购股等7个股室，直属副科级公益一类事业单位——县医疗保障事务中心。

2019年，县医疗保障局打击欺诈骗保成效排全市第一，并被列入全省先进推荐名单，基金安全排全市前列，行业扶贫、争资跑项、依法治税三项工作获全县先进。

2019年3月20日，宁远县医疗保障局正式挂牌成立

2019年4月8日，市医保局副局长胡伟一行在宁远医保服务窗口调研指导

2019年7月18日，召开全县定点医疗（药）机构服务协议签订暨打击欺诈骗保工作推进会

2019年10月17日，全县“扶贫日”活动暨“扶贫宣传月”启动仪式

医疗保障局

2019年10月24日，宁远县医疗保障局第一次干部职工大会

2019年9月23日，召开“不忘初心、牢记使命”主题教育工作会

2019年6月5日，在文庙广场举行“打击欺诈骗保，维护基金安全”启动仪式

2019年10月17日，在文庙广场开展扶贫成果宣传

2019年4月26日，参加全县职工广播体操比赛获优秀组织奖

2019年3月27日，全体党员在太平镇白土村（扶贫村）开展主题党日活动

九嶷河国家

宁远九嶷河国家湿地公园遵循“全面保护、科学修复、合理利用、持续发展”的方针，通过实施湿地保护与恢复、科研监测和科普宣教等体系建设，完善湿地公园基础及配套设施，全方位多手段展示湿地生态功能，使之成为集自然观光、休闲度假、康养旅游、科普研学等多功能于一体的重要基地，成为周边地区人民群众共享的绿意空间。2019年9月，省林业局、省教育厅、团省委联合授予宁远九嶷河国家湿地公园“湖南省生态文明教育基地”称号，九嶷河（九疑山瑶族乡段）被评为湖南省美丽河湖。

2019年4月24日，副市长、县委书记刘卫华调研九嶷河国家湿地公园建设

湿地公园管理局

2019年3月1日，召开九嶷河国家湿地公园社区共建共管工作总结表彰、安排部署暨培训会

2019年6月14日，九嶷河国家湿地公园管理局组织开展湿地知识进学校、进课堂活动

2019年12月，九嶷河国家湿地公园湿地宣教中心、访客中心项目建设顺利推进

2019年1月28日，九嶷河国家湿地公园管理局开展世界湿地日活动

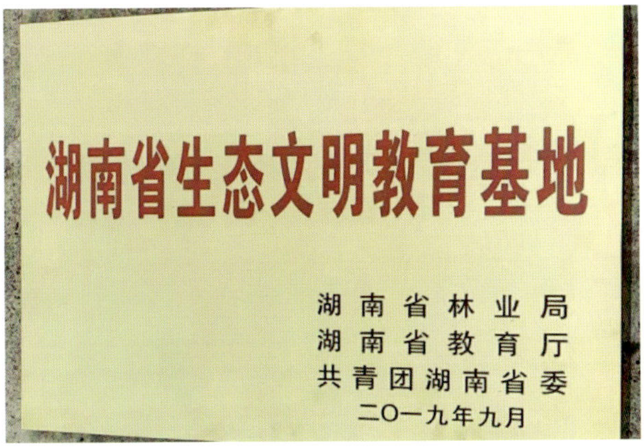

2019年9月20日，九嶷河国家湿地公园被授予“湖南省生态文明教育基地”称号

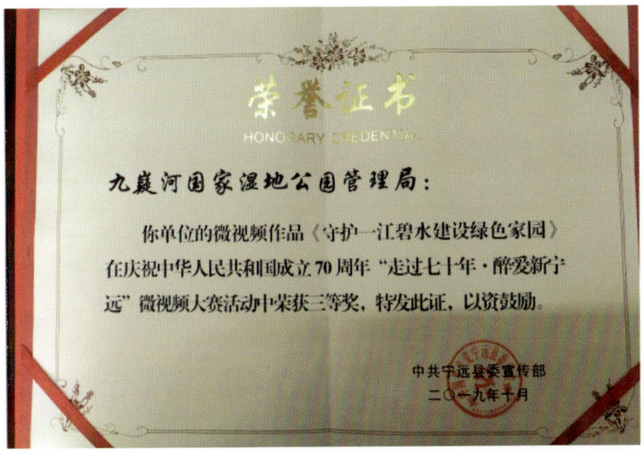

2019年10月，九嶷河国家湿地公园管理局制作的微视频作品《守护一江碧水建设绿色家园》在庆祝建国70周年“走过七十年·醉爱新宁远”微视频大赛中获三等奖

共　　青　　团

2019年10月29日，中国共产主义青年团宁远县委十八次代表大会开幕

2019年，团县委内设综合性办公室一个（加挂县希望工程工作办公室牌子），有编制5名，实有5人。一年来，团县委团结带领全县各级团组织紧紧围绕党政中心大局，全面推进共青团改革创新，认真履行共青团各项职能，努力服务青年成长成才，加强团的自身建设，不断提高团的工作有效覆盖面。荣获永州市少儿才艺大赛优秀组织奖等荣誉称号。

2019年，“3·5”学雷锋志愿服务月活动集中启动仪式在文庙广场举行

2019年3月25日，组织开展“献一片爱心送一份温暖”关爱福利院儿童老人志愿服务活动

宁　远　县　委

4月12日，宁远县青年志愿者助力2019年中国户外健身休闲大会（宁远站）

2019年4月30日，召开宁远县纪念“五四”运动100周年暨表彰大会

2019年4月30日，举行“青春心向党 建功新时代 三比三创展风采”纪念五四运动100周年主题竞演活动

2019年6月25日，开展“健康人生、绿色无毒”禁毒宣传活动

2019年8月9日，开展“喜看家乡新面貌”“畅谈家乡新发展”暨青少年青春期健康教育、禁毒宣传系列主题团日活动

2019年9月16日，开展“我与祖国共奋进——国旗下的演讲”特别主题团日活动

宁 远 县

2019年10月25日，宁远县科协第五次代表大会第一次会议召开

2019年5月16日，科普到田间党员做模范活动现场

2019年，县科协内设综合性办公室，有干部职工7人，全县20个乡镇（街道）均成立科协组织，配备科协主席、兼职副主席，明确分管领导。全面推进新时代文明实践中心科技志愿服务工作，积极配合湖南大学调研团队完成古村落（特色民居）书稿撰写第一批重点村落调研。10月24日至25日召开宁远县科学技术协会第五次代表大会，选举产生了县科协第五届委员会和领导班子。获中国科协"2019年全国科普日活动优秀组织单位"。

2019年7月2日，新时代文明实践科技与科普志愿服务工作启动仪式

科学技术协会

2019年9月20日，宁远县全国科普日活动在文庙广场启动

2019年11月22日，中国流动科技馆湖南永州宁远站（第二轮）巡展开幕式在宁远三中举行

2019年7月16日，在柏家坪镇组织开展灾后重建科技与科普志愿服务

中共宁远县委改革

2019年10月，县委改革与发展研究中心挂牌成立，为县委直属正科级公益一类事业单位，内设办公室、政研室、调研室、财经室，核定全额拨款事业编制12名，主要围绕事关全县全局性、综合性、战略性、长期性的问题开展政策跟踪研究和超前谋划，为县委决策提供符合实际的决策依据和参谋服务。搜集整理县内外政治、经济、文化、社会、生态等方面的重要资料，为县委领导提供信息和依据。负责起草县委经济工作报告以及全局性、综合性的新闻发布、检查汇报、典型经验等材料；积极参与和配合有关部门起草、修订县委有关政策性文件、意见、制度。围绕县委总体工作部署、党的中心工作和县委领导交办的调研课题开展调查研究，提出预案和建议；针对党的路线、方针、政策开展专题研究，为县委决策提供参考。

2019年10月，县委改革与发展研究中心挂牌成立

2020年5月27日，副市长、县委书记刘卫华在县委改革与发展研究中心调研指导工作

与发展研究中心

2020年1月14日，学习贯彻党的十九届四中全会精神县委宣讲团报告会

县委改革与发展研究中心干部职工在民兵训练基地开展团建活动

2020年5月28日，县委改革与发展研究中心干部职工在办公室加班撰写材料

2019年，县委改革与发展研究中心在太平镇竹峰村开展脱贫攻坚调研

2019年11月9日，举办宁远县第四届现场写作比赛

宁远县委网信办

2019年6月27日，宁远县委网信委召开第一次会议

中共宁远县委网络安全和信息化委员会办公室于2019年3月成立。主管全县网络安全和信息化工作，内设综合办公室、网络网评网监管理办公室、网络安全和信息化办公室(网络社会工作办公室)，下设股级公益一类事业单位县网络舆情研究中心(加挂县互联网违法和不良信息举报中心牌子），现有在编在岗人员6人。2019年4月，宁远县委网信办被省红网评为“2018年度红网网民留言办理工作先进单位”。

2019年5月21日，召开宁远县网络舆情应对处置培训会

2019年7月30日，县委网信办开展走访网络大V，调研自媒体建设工作

2019年9月19日，县委网信办联合县公安局等部门，以“网络安全为人民，网络安全靠人民”为主题，在县文庙广场开展网络安全集中宣传活动。

2019年4月，县委网信办被评为“2018年度红网网民留言办理工作先进单位”

中共宁远县委党史研究室

2019年，县委党史研究室出版发行党史基本著作《中国共产党湖南省宁远县历史（1978—2002）》。内部发行《嶷山铸魂》作为全县“不忘初心、牢记使命”学习书目。2019年9月，《宁远年鉴（2019）》，由团结出版社出版发行，同步发行网络电子版。《宁远年鉴（2019）》是全省2019年发行最早的县区综合年鉴。《宁远年鉴（2018）》获得第六届全省地方志优秀成果（年鉴类）二等奖。2019年6月,民国《宁远县志》影印本内部出版发行，为文史研究者和爱好者、社会各界了解宁远历史、传承地方文化提供参考依据。县委党史研究室获2019年度全省地方志工作先进集体。

2019年10月15日，副市长、县委书记刘卫华到县委党史研究室联系村（白公殿村）开展三走访三签字活动

2019年3月15日，《嶷山发展》组稿工作会

2019年5月27日，组织党员干部参观宁远县禁毒教育基地

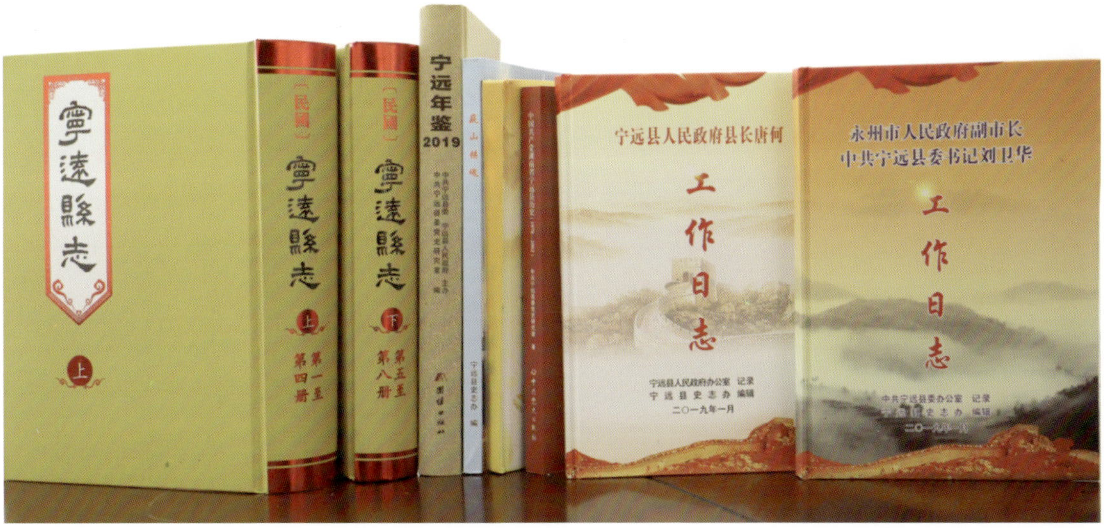

2019年出版的书籍

永州市生态环境局宁远分局

2019年3月22日，市生态环境局领导与宁远分局全体干部职工在揭牌仪式后合影

2019年，永州市生态环境局宁远分局坚持以习近平生态文明思想为指导，扎实推进生态环境保护工作，取得明显成效。生态环境质量稳中向好，环境空气质量优良率达100%，地表水、饮用水源地水质考核达标率100%；中央、省级环保督察及“回头看”交办反馈问题基本整改办结销号；农村环境综合整治整县推进项目通过省验收，第二次全国污染源普查工作高质量完成并通过市级验收，被省、市推荐为“全国第二次污染源普查先进集体”；获评“2019年全国生态环境保护执法大练兵先进集体”、“全省重点生态功能区县域生态环境质量考核先进单位”。党组书记、局长肖志亮获第二届“湖南最美基层生态环保铁军人物”称号。

2019年5月28日，副市长、县委书记刘卫华带领生态环境部门有关人员督促突出环境问题整改

2019年6月5日，宁远县开展“蓝天保卫战我是行动者”世界环境日大型宣传活动

2019年6月21日，“宁新蓝”三县危险废物规范化管理培训会在宁远县举行

2019年7月27日，“大美湖南绿行三湘——燃情100”活动全省首发仪式在宁远县举行

宁远县退役军人事务局

宁远县退役军人事务局于2018年11月30日成立。坚持以退役军人为中心的工作理念，积极落实习近平总书记“维护军人军属合法权益，让军人成为全社会尊崇的职业”、“完善优抚安置制度”等关于退役军人工作的重要指示，牢牢把握退役军人服务保障体系建设这个核心，从政策落实、权益维护、抚恤优待等方面发力驱动，凝聚智慧力量，强化问题导向，主动担当，积极作为，狠抓落实。2019年各项工作平稳起步、有序推进。

2019年5月29日，宁远县退役军人服务中心正式挂牌成立

2019年1月3日，举办2018年度退役军人返乡欢迎仪式暨立功人员表彰大会

2019年8月，开展“送政策、送服务、送就业职业岗位”进军营活动

2019年9月30日，在县烈士公园举办“9·30”烈士公祭活动

2019年12月13日，对33名退役军人和转业士兵进行“阳光安置”

宁 远 县 畜 牧

2019年8月5日，县畜牧水产事务中心正式挂牌成立

宁远县畜牧水产事务中心是正科级公益一类事业单位，隶属于县农业农村局，下辖县动物卫生监督所、县动物疫病预防控制中心、县饲料管理办公室、县鱼苗鱼种场、县良种猪繁育场5个二级机构，至2019年底，有在职在编人员56人，其中参公管理人员15人，事业编制人员41人，专业技术人员中有中级以上职称17人，其中副高级职称4人，正高级研究员1人。2019年4月1日，宁远县畜牧水产局正式更名为宁远县畜牧水产事务中心，8月5日，宁远县畜牧水产事务中心正式挂牌成立。

2019年2月17日，副市长、县委书记刘卫华到太平镇开展疫情排查和防控督导

2019年7月16日，召开全县非洲猪瘟防控推进会

2019年10月11日，副市长、县委书记刘卫华调研温氏花板塘基地

2019年11月26日，全省生猪全产业链建设项目现场会在宁远天堂镇晓石村召开

水产事务中心

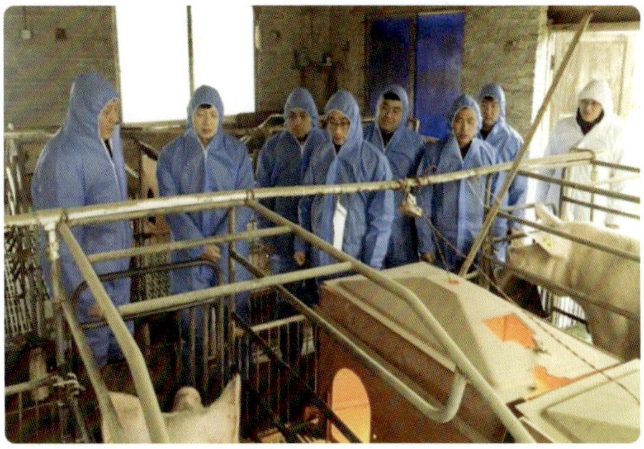

2019年11月26日，副市长、县委书记刘卫华，副县长杨友忠陪同现代农业集团董事长许维调研生猪生产

2019年10月11日，县人民政府与现代农业集团签订现代畜牧业框架合作协议，投资12亿元，建设年出栏60万头生猪基地

2019年9月5日，组织党员干部深入联系贫困村太平镇夏堂村开展帮扶工作

2019年8月4日，开展打击非法捕捞行动

2019年7月7日，在泠江河畔举行永州市第五届鱼人节宁远活动暨2019年宁远县鱼类人工增殖放流活动启动仪式，现场放流鱼苗鱼种100万尾

宁　　远　　县

国网宁远县供电公司前身为宁远电力公司，成立于1999年11月。2000年4月由湖南省电力公司委托永州电业局代管，2015年12月上划省电力公司直管，2017年12月完成“一县两公司”合并。现有主业在职职工318人。公司供电辖区内现有35千伏及以上变电站17座。城区及周边共4座110kV变电站和1座220kV变电站，实现县城工业园区变电站全覆盖，确保全县20个乡镇（街道）、4个国有林场、406个行政村27.31万户的供电。2019年获湖南省电力公司“安全工作先进集体”称号。

2019年7月22日，群众给柏家坪供电所送锦旗

2019年1月6日，县供电公司输电班党员服务队在35千伏杞舜九线巡线

2019年1月19日，县供电公司员工进行10千伏杞郡Ⅱ线路改造

2019年2月11日，县供电公司员工利用工余时间到冷水镇五马村义务植树

2019年3月20日，仁和供电所员工在进行跨鱼塘线路绝缘化改造

供　电　公　司

2019年4月28日，中和供电所员工在中和镇砠江村与该村党支部开展“联学联创”主题党日活动

2019年7月17日，县供电公司员工在五龙山瑶族乡救灾巡线

2019年9月15日，县供电公司员工在舜帝广场检查配电设备

2019年7月15日，县供电公司员工在五龙山瑶族乡石家洞村下里湖台区安装30千伏变压器

4月13日，2019年中国户外健身休闲大会—宁远站活动保供电

2019年2月2日，新建投运的八里桥变电站全景

宁　远　县

水市镇位于宁远县境南部，总面积239.59平方千米，总人口7.4万人，辖区内有汉族、瑶族、苗族等民族。耕地面积4.3万亩，林地面积24万亩。九嶷河流经辖境，河流沿岸平坦开阔，土地肥沃，是宁远的“鱼米之乡”。水市水库峡江二十里风光，古有“潇水涵青”之称。

2019年，水市镇以“调结构、壮产业；转作风、优服务；强基础、促振兴”为基调，聚焦聚力乡村振兴，不忘初心，砥砺奋进，有力推进政府各项工作有效落实，全镇上下呈现出蓬勃发展态势。梅岗风电场、涔天河西干渠、大界植物园、舜天恒禾牛场等多个重点项目落户水市。2019年水市镇生产总产值达142449.6万元，其中农业总产值82317.2万元，完成烟叶收购23426担，位列宁远县第一、永州市第二，被评为永州市年度烤烟生产先进单位。

2019年7月21日，县委副书记、县长唐何在水市镇调研重点项目建设工作

2019年12月11日，县委常委、常务副县长黄永英在水市镇凤凰山村上党课

2019年11月8日，水市镇召开脱贫攻坚建档立卡数据质量评估调度会

2019年1月16日，水市镇召开“迎老乡、回故乡、建家乡”暨水市商会迎春座谈会

水　　市　　镇

2019年11月21日，镇党委书记郑生权为村干部上党课

2019年12月30日，水市镇举办第八届农民文化艺术节

2019年1月19日，北京大学博士生服务团到水市镇舜天恒禾集团考察调研

湖南华电永州宁远梅岗120MW风电项目

宁　远　县

2019年7月16日，市委副书记、市长何录春在九嶷山瑶族乡调研乡村振兴、产业发展情况

2019年11年21日，省委组织部文处长一行在九疑山瑶族乡调研

4月13日，2019中国户外健身休闲大会首站（宁远站）在九疑山舜帝陵举行

九疑山瑶族乡位于宁远县境南部，是湖南省十大风景名胜区九疑山国家森林公园所在地，总面积328.3平方千米，辖21个行政村，266个村民小组，总人口3.5万人，其中瑶族人口8700人。

2019年，全乡着力打好“三大攻坚战”，深入推进乡村振兴战略，发展种养殖专业合作社38个，成功打造1500亩立体经济荷花走廊；配合做好2019年中国户外健身休闲大会宁远站、2019年环中国国际公路自行车赛（宁远站）各项工作，永州市统战工作暨同心美丽乡村现场推进会在西湾村召开。九疑山瑶族乡获评2019年度湖南省卫生县城（乡）镇、全国“两会”期间信访工作先进乡镇；西湾村获评“全国乡村治理示范村”。

九疑山瑶族乡

2019年10月25日，九疑山瑶族乡召开“不忘初心、牢记使命”主题教育“从干净看初心”专题研讨会

2019年9月11日，开张第五天的西湾村便民食堂热闹非凡

2019年10月7日，九疑山瑶族乡举庆祝建国70周年暨第九届农民文化艺术节

11月12日，组织瑶歌代表队参加2019年湘南三市六县瑶族乡“盘王节暨 海坐歌堂”活动

2019年3月20日，山河村油菜花

2019年5月14日，九疑山瑶族乡召开校车安全负责人、驾驶员、照管员培训会

宁　　远　　县

清水桥镇位于宁远县北部，东连鲤溪镇，南接柏家坪镇，西邻双牌县上梧江瑶族乡，北界双牌县麻江镇，距县城37公里。下辖21个行政村，134个自然村，312个村民小组。

2019年，镇党委、政府紧紧围绕“现代小城镇、宁远北大门”发展定位，充分发挥镇域特色经济主力军作用，积极引进和鼓励本土人士干事创业，涵盖教育、化工、建筑、零售、生产加工等各个领域行业企业近70家；大力发展烤烟支柱产业，打造南部烟-稻轮作示范区，牢牢把握特色种养，刘家坪村糯高粱种植基地采取“公司+基地+农户”模式，种植1000多亩杂交糯高粱；成立全镇木材加工行业协会，规范管理周边几十家规模较大的木料加工厂，发展壮大协会基金，做大做强木材加工传统业。

先后荣获湖南省卫生示范乡镇、湖南省生态文明示范乡镇、湖南省安全生产示范乡镇、湖南省农机安全示范乡镇、永州市烟叶工作先进乡镇等30余项荣誉。

2019年7月14日，市委书记严华在平田村了解受灾情况

2019年1月18日，副市长、县委书记刘卫华在清水桥镇江河源村调研脱贫攻坚工作

2019年7月16日，市政协副主席、市卫健委主任欧阳德群在大竹源村指导灾后防疫工作

2019年5月25日，清水桥镇组织村党组织书记到九嶷山瑶族乡新塘村学习产业发展和人居环境整治工作

清 水 桥 镇

2019年7月1日，组织党员干部在道县烈士纪念园开展"不忘初心、牢记使命"主题教育

2019年10月16日，清水桥镇农民艺术节颁奖仪式

清水桥镇刘家坪村千亩连片糯高粱种植基地

2019年12月，清水桥镇召开党员冬春训大会

宁　　　远　　　县

鲤溪镇位于宁远县东北部，镇域面积162平方千米，下辖27个行政村，总人口5.6万人。宁远东春河自北向南纵贯全镇，为省级生态乡镇。2019年，鲤溪镇坚持稳中求进工作总基调，深入实施乡村振兴战略，不忘初心，砥砺前行，全面小康建设不断提升提质，经济社会呈现出“发展提速、转型加快、质量提升、民生改善、和谐稳定”的大好态势。获评县绩效评估优秀乡镇，全面小康建设、污染防治工作先进乡镇，并连续第三年保持市级“平安乡镇”称号。

2019年11月24日，副市长、县委书记刘卫华在仙马石村调研产业基地

2019年8月14日，县委副书记、县长唐何在枫木山村召开脱贫攻坚座谈会

2019年9月30日，召开人大代表团建议办理面对面答复会

2019年9月29日，组织镇机关党员干部参观九疑山廉政教育基地

2019年10月23日，镇党委组织全体党员开展“不忘初心、牢记使命”主题教育集中学习

鲤　　溪　　镇

2019年7月13日，组织党员干部抗洪救灾

2019年7月13日，组织开展抗洪救灾募捐活动

2019年3月12日，镇机关党员干部在易地扶贫搬迁点开展植树活动

2019年7月3日，组织开展地质灾害应急演练

2019年6月5日，鲤溪镇党委组织开展村党组织书记“党课大比武”

2019年9月29日，在宁远烈士公园纪念碑前组织全体党员重温入党誓词

宁　远　县

宁远二中前身为140多年前创办的泠南书院，办学历史悠久，人才辈出，先后培育出中国工程院院士何继善、欧阳晓平，湖南省政府原副省长郑茂清，中国工程院候补院士蔡小平，世界举重冠军李运利、李宏利等众多杰出人才。学校先后被认定为全国骨干教师培训科研单位、全国啦啦操实验学校、湖南省园林单位、湖南省现代教育技术实验学校、湖南省传统体育项目学校、湖南省文明卫生单位、永州市示范性高级中学和湖南师范大学教育实践基地。

学校位于宁远县南部生态文化新城园丁路，占地378亩，现有学生6100余人，在职教职工382人，其中省市县级骨干教师21人，高级教师76人，一级教师134人，硕士研究生学历11人。学校高考本科上线人数和上线率连年稳定增长，连续七年稳居全市同类学校前三甲。在2019年永州市高中办学水平评估考核中，学校被市政府评为二等奖。

湖南省原副省长郑茂清回访母校

2019年9月9日，副市长、县委书记刘卫华等领导走访慰问二中优秀教师

2019年3月3日，学校党总支组织全体党员开展主题党日活动

2019年10月8日，广东狮子会慧泽服务队到宁远二中，为44名品学兼优的学生发放奖优助学金3.6万元

第　二　中　学

2019年4月6日，2000余名家长走进宁远二中，家校合作，共商孩子教育大计

2019年12月23日，11位国家、省级书画名家走进宁远二中，现场挥毫拨墨

2019年9月21日，宁远二中6500余名师生在田径场合唱《我和我的祖国》，用歌声表达祝福，为新中国成立70周年献礼

2019年12月15日，宁远二中党总支组织退休党员参观九嶷山廉政教育基地

学校新建的高标准足球场

2019年5月31日，高三年级举行“放飞心灵，扬帆高考”心理减压团体活动

宁　远　县

2019年9月29日，宁远县教育局庆祝建国70周年“书画名家进校园”暨“师生书画巡回展”在宁远三中举行

2019年6月25日，学校举行跑操比赛

湖南省宁远县第三中学（简称宁远三中）创办于1948年，是国家级重点课题实验学校、全国校园足球示范学校，湖南省现代教育技术实验学校、湖南省园林式单位、省文明卫生单位、永州市示范性高级中学、永州市文明单位、中国教育学会十五重点课题“心理健康与心理辅导研究”合作研究单位。学校坐落在宁远县城西南泠江河畔，占地面积183亩，建筑面积47583平方米，绿化面积42600平方米。2019年学校有75个教学班，在校学生4600余人；教职工273人，其中正高级教师1人，高级教师72人，中级教师103人；国家级、省级、市级骨干教师和学科带头人26人，研究生学历15人。

2019年1月27日，宁远三中校友联谊会成立大会在学校体艺馆隆重举行，筹集捐款和会员费52万元

第　三　中　学

2019年8月21日，学校举行校友基金会颁奖大会。基金会对考入上海交大的郑东平同学奖励3万元，对各年级品学兼优的24名学生及为高考、中考作出突出贡献的30名教师进行表彰奖励，发放奖金12.3万元

2019年11月10日，在永州市中学生足球比赛中，宁远三中高中女足获得第一名，初中女足获得第三名

2019年12月7日，宁远县2019年名校“手拉手”课改现场会在宁远三中举行

宁　　远　　县

明德湘南学校是由全国百强名校——长沙市明德中学全权负责管理、引入民营资本投资建设的一所股份制民办学校。2016年，经长沙市人民政府和宁远县委、县政府批准，明德湘南学校与长沙市明德教育集团联姻，成为明德教育集团在湘南地区的一所旗舰学校。学校设计用地336亩，总建筑面积18万平方米，总投资5.9亿元，按照省级示范性高级中学标准建设。学校一期工程占地面积168亩，于2016年12月破土动工，2017年8月投入使用。有小学、初中、高中、高复4个学部，共80个教学班4350名师生。

学校南大门

2019年11月26日，副市长、县委书记刘卫华到校调研

2019年4月23日，省教育科研扶贫领导及专家到校参观指导

2019年5月21日，与长沙市明达中学合作办学签约仪式

2019年11月25日，湖南师范大学外国语学院教育实践基地在明德湘南学校挂牌

明　德　湘　南　学　校

2019年12月22日，长沙明达中学校长曹建新一行到校参观指导

2019年4月23日，明德湘南学校党支部在和平村开展“村校结对”教育帮扶

2019年7月20日，明德教育集团开展“同在明德”暑期社会实践活动

2019年10月18日，学校党支部开展“不忘初心、牢记使命”主题教育

2019年11月15日，学校举行第三届阳光体育节暨田径运动会

2019年4月26日，组织师生开展方特研学活动

宁远县实验中学

2019年10月25日，姜力强老师在湖南省初中语文教师课堂教学展示参观与观摩研讨会上上展示课

宁远县实验中学前身最初为1976年9月创办的零陵师范宁远分校，1978年9月转办为宁远二中分校，1979年10月正式创建为宁远师范，1991年8月改办为宁远县实验中学。1994年8月更名为宁远县民族中学，2004 年5月恢复宁远县实验中学校名，2016年由市委、市政府授予首届“永州名校”称号。2019年，实验中学有教职工199人，专任教师196，其中特级教师1人，高级教师34人，中级教师102人；教学班63个，学生3538人。

2019年7月12日，学校党总支在李达故居开展“不忘初心、牢记使命”主题党日活动

2019年4月28日，学校举行合唱比赛

2019年10月8日，学校开展瑶族竹竿舞培训

2019年5月26日，在道县周敦颐故里开展“整冠故里，濂唱中国”研学实践活动

目　录

特　载

大　事　记

宁 远 概 况

中共宁远县委员会

宁远县人民代表大会

宁远县人民政府

政协宁远县委员会

社 会 团 体

军　　事

法　　治

综合经济与管理

农业和农村工作

工　业

商业贸易

国土环保　城建城管

交通　通信

财税·金融

教　　育

文化 体育 卫生

社会管理与服务

乡镇·街道

附　　录

特　　载

在县委经济工作会议上的讲话

永州市人民政府副市长　中共宁远县委书记　刘卫华

（2019 年 12 月 23 日）

一、认真总结回顾，坚定高质量发展信心

今年以来，全县上下坚持以习近平新时代中国特色社会主义思想为指导，紧紧围绕年初确定的目标任务，干在实处、走在前列，迈出高质量发展的坚实步伐。一是经济运行稳中有进。在外部环境和经济下行双重挤压下，主要经济指标预计全部高于省市平均水平，地区生产总值、规模工业增加值、固定资产投资、社会消费品零售总额、地方财政收入分别增长 8.5%、8.5%、10.5%、10.5%、6.8%，地区生产总值连续三个季度排全市第一。规模工业逆势上扬，增加值增速较去年提升近 1 个百分点。工业实缴税金增长 32.8%，提升 17.9 个百分点。二是产业项目成长成势。光电智能终端、新能源新材料聚环成链，食品生物医药、轻纺制鞋等产业改造升级，商贸物流、现代农业、全域旅游等产业发展壮大，鸿盛、永杰诚、沃尔顿、顺盈芯等 52 个重大产业项目开工建设或建成投产，列入省“5 个 100”、市“5 个 10”工程项目全部超额完成投资计划。三是三大攻坚取得突破。新脱贫 2342 人，贫困发生率降至 0.28%，脱贫成果巩固提升。环保督察问题基本整改到位，一批群众反映突出的环境问题得到妥善解决，全县生态环境质量持续改善。超额完成全年隐性债务化解计划，财政管理绩效连续两年排全省第一，进入全国先进行列。四是城乡面貌不断改观。“十城同创、文明共建”、城乡一体化五大工程迅速推进，农村人居环境整治多次在省市作典型推介，获得一批真金白银的国字号省字号荣誉，全域生态文化公园的颜值气质不断提升。五是改革开放提质增效。“一件事一次办”、农村房地一体确权登记、工程建设项目审批制度改革、党政机构改革等一揽子改革措施稳步推进，为省市提了一批蓝本、模本、样本，群众办事更方便，发展活力更充沛。开放型经济量质齐升，为县域经济动能转换注入强劲动力。六是民生改善成效明显。民生投入只增不减，重点民生实事全部超额完成，城镇、农村居

民人均可支配收入连年跑赢GDP增速，“五位建设”特别是学位建设卓有成效，人民群众获得感、幸福感、安全感不断增强。

看似寻常最奇崛，成如容易却艰辛。回顾过去几年特别是今年来的经济工作，最深切的体会就是不管形势如何变化，我们始终做到“两个维护”，保持战略定力，扎实埋头苦干，踏着坚定步伐，办好宁远事情。具体有五条体会：

一是坚持三区共建、三业融合，着力推动高质量发展。通过持续推进“三区共建”搭建了一个好平台，通过“三业融合”引进了一批好产业，实现了经济结构、发展方式转变。从产业结构看，近三年淘汰落后规模工业企业21家、占全县总量的1/6。新增规模工业企业47家、总数达到116家。高技术产业和战略新兴产业产值保持两位数增长。产业升级加快，现代服务业快速增长，三次产业结构由2016年的21∶33.8∶45.2调整为今年的15.8∶30.8∶53.4。从投资结构看，产业投资增长25.3%、工业投资增长25.6%、技改投资增长40.2%、民间投资增长16.2%，全部高于固定资产投资10.5%的增速，产业投资对全县投资的贡献率超过70%。从消费结构看，由传统消费模式向多元消费模式转变，限额以上电子商务销售额增长32.8%，消费对经济贡献超过六成。从贷款结构看，年末贷款余额增长15.3%，民营和小微企业贷款余额增长26.2%，较去年提升18.4个百分点，较全县同期各项贷款平均增速快10.9个百分点，全年获得银行贷款的民营和小微企业户数增长31.1%，金融惠企信贷覆盖面突破50%，金融和实体经济的良性循环更加畅通。

二是坚持创新引领、开放崛起，着力激活发展新动能。把创新开放摆在更加突出位置，使其如车之两轮驱动发展质量变革、效率变革、动力变革。以科技创新为核心，推动技术创新、产品创新、业态创新、模式创新，带动了一批关键技术突破和相关产业发展，预计研发投入占GDP的比重接近2%；新增高新技术及高新产品企业9家、总数达到71家，产值占规模工业生产总值的比重达到71.9%；新培育的光电智能终端、新能源新材料产值分别增长24.1%、134.1%。抢抓建设湘南湘西承接产业转移示范区的重大机遇，对接省市“五大开放”行动，全方位走出去、高水平引进来，对外开放质量和水平不断增强，近三年引进过亿元项目77个，总投资524.56亿元，其中产业项目53个、总投资406.8亿元，分别占比68.8%、77.6%。

三是坚持聚焦重点、绵绵用力，着力打好三大攻坚战。保持定力、精准发力，苦干实干、善作善成。清理整合转型平台公司，11家公司整合成4家，新组建水务集团，全部实体化市场化运作。落实“五个精准、五个一批”要求，实现政府债务平稳可控。坚持脱贫标准，聚焦短板弱项，实施精准攻坚，确保了脱贫过程扎实、作风务实、结果真实。统筹山水田林路系统治理，打好蓝天碧水净土保卫战，污染整治、环境保护成效明显。更为重要的是，在打好三大攻坚战过程中，广大党员干部端正了发展观政绩观，提振了精气神，培养了精细作风，增强了贯彻新发展理念、推动高质量发展的思想和行动自觉。

四是坚持产业兴宁、产业强宁，着力推进产业现代化。以省“5个100”、市“5个10”为抓手，持续开展产业项目建设年活动，为长远发展打基础、增后劲。近两年进入“5个100”“5个10”工程项目20个，累计完成投资54.35亿元，其中重大产业项目12个、完成投资48.9亿元，带动产业项目投资114.7亿元。引进或建成了一批技术含量高、带动能力强、经济效益好的标杆企业和项目，提升了产业基础能力和产业链水平，促进了园区向集约化、专业化、特色化方向发展，由政府投入为主向多元化投入转变，由单个企业招商向产业链招商、集群入驻升级。通过抓产业项目建设，培育引进了一大批“高精尖缺”人才，锻造了一支懂产业、会招商、敢担当的干部队伍，为产业发展和经济工作提供了有力支撑。

五是坚持改革发力、服务为本，着力营造发展好环境。以企业需求为导向，以放管服改革为抓手，以信息化为支撑，以法治为保障，着力营造稳定、公平、透明、可预期的营商环境。扎实推进“一件事一次办”，实现政务服务“网上办理、全程在线”，一次办率、可网办率分别达到96%、100%。整治拖欠中小企业账款问题，减税降费超过2亿元，为企业解决实际困难。依法保护企业合法权益，着力解决执行难问题，结合扫黑除恶净化经济生态，营造诚实守信、合法经营的法治环境。大力实施“135”升级工程，新建标准厂房45万平方米，占全市总数的1/3，排全市第一，实现企业拎包入驻、快速投产。创新在全县接续开展“一学二比三提升”“亮身份、作表率、六大战役见行动”“三比三创”等主题活动，引导和激励党员干部与先行先进比速度、与急难险重比功夫、与疑难杂症比招数，深入一线服务企业、服务工地、服务群众。

二、科学把握形势，保持高质量发展定力

习总书记反复强调，领导干部要胸怀“中华民族伟大复兴的战略全局、世界百年未有之大变局”这两个大局。做好2020年经济工作，就要善于观大势、识大局，从国内外形势多方面深层次的联动关系中发现机遇、为我所用，做到因势而谋、应势而动、顺势而为。

1. 从国际看，要在贸易摩擦长期复杂的形势中增强定力。世界大变局加速演变的特征更趋明显，西方资本主义制度基本矛盾激化，民粹主义、单边主义盛行，全球动荡源和风险点显著增多。世界经济仍处在国际金融危机后深度调整期，长期矛盾和短期问题相互交织，结构性因素和周期性因素相互作用，经济问题和政治问题相互关联，具体表现为国际贸易摩擦愈演愈烈，绝大多数地区经济增长持续放缓。尽管中美第一阶段经贸协议已经达成，但美国将我国视为主要战略竞争对手、进行全方位遏制打压的图谋不会改变，中美经贸摩擦具有长期性、复杂性、反复性，可能对我县就业、进出口贸易、科技发展等带来不确定性影响，一些企业长期以来“卖原料、挣快钱”“铺摊子、赚大钱”的路子走不通了，有的选择就此革新、奋起直追，走上专注主业、研发核心技术、延长产业链条的创新发展之路。我县地处粤港澳大湾区辐射前沿，国际环境变化影响传导较快，尽管国家宏观调控政策及时出台对冲抵消部分，但还是影响比较明显，直接感受到切肤阵痛。从这两年实践来看，中美经贸摩擦只要应对得当，完全可以化危为机，比如光电智能终端和新能源新材料产业由外需转内需，开拓国内市场，拓展了发展空间。因此，对国际经济环境，既要增强忧患意识、居安思危、未雨绸缪，又要增强战略定力、坚定发展信心，善于危中识机，变不利为有利，扎扎实实办好自己的事。

2. 从国内看，要在三期叠加影响深化的形势中增强定力。我国正处在转变发展方式、优化经济结构、转换增长动力的攻关期，结构性、体制性、周期性问题相互交织，增长速度换挡期、结构调整阵痛期、前期刺激政策消化期的“三期叠加”影响持续深化，面临有效需求趋弱、区域发展分化、企业经营困难等诸多挑战，产业发展面临高端回流和中低端分流的“双向挤压”，经济下行压力进一步显现。但这些都是前进中必须面对的问题、发展中必须迈过的关口，我们有以习近平同志为核心的党中央坚强领导，集中力量办大事的优势，有多年来形成的推动国家治理体系和治理能力现代化的社会主义制度优势，有改革开放以来积累的雄厚物质技术基础优势，有超大规模的内需潜力和市场优势，有庞大的人力资本和人才资源优势，我国发展仍处于重要战略机遇期，经济稳中向好、长期向好的基本趋势没有改变。特别是中

央和省委经济工作会议传导出积极信号，国家宏观政策逆周期调节力度加大，积极的财政政策大力提质增效，减税降费巩固拓展、专项债券增加发行、财政支出结构优化等政策将会叠加发力；稳健的货币政策灵活适度，制造业中长期融资将增加，社会融资成本降低；注重引导资金投向供需共同受益、具有乘数效应的先进制造、民生建设、基础设施短板等领域，促进产业和消费“双升级”；从国家层面实施“一带一部”战略布局、湘南湘西承接产业转移示范区战略部署，这些都是发展的重大机遇。机遇只会青睐有准备的人，项目只会留给诚心创业、敢于拼抢的人。我们要审时度势、因势利导，抓抢机遇、创造转化、为我所用。

3. **从省市看，要在县域竞争更趋激烈的形势中增强定力**。2018 年，县域地区生产总值占全省的 67.3%，近五年增速都在 8%以上，今年预计可突破七成。在县域经济这块大蛋糕中，全省各县区你追我赶、发展竞争更趋激烈。从市内兄弟县区来看，各有优势、各有所长、各有千秋，近些年来我们获得了很多其他县区没有获得的国家级荣誉，但是其他县区也争到了不少我们没有的国家级“试点”、摘到了不少我们没有的国家级“牌子”，每一点成绩都是在激烈竞争中通过努力拼搏、用心血和汗水换来的，每一个荣誉擦肩而过都是因为在激烈竞争中疏忽松劲、麻痹大意或未尽全力。我们必须清醒地认识到，现在各县区之间不是一枝独秀、唯我独大的时代，而是千帆竞发、百舸争流的时代，宁远虽然处于全市第一方阵，但前有标兵、后有追兵，而且标兵越跑越远、追兵越追越近，稍有不慎、稍有放松，优势就会被蚕食，领跑就会变成跟跑。我们要切实增强“不进则退、慢进亦退”的危机感，坚持只有样样先进才有宁远的整体先进、只有样样优秀才有宁远的全面优秀，勇立潮头、争当标杆，积小胜为大胜，促态势成胜势，变先行为先进、先进更先进，以事事争先筑就宁远的全面领先。

4. **从宁远看，要在经济下行压力加大的形势中增强定力**。近年来面对经济下行，我们保持“稳”的态势、“进”的走势、“好”的趋势，形成了高质量发展的小气候，难能可贵、来之不易。但受经济持续下行影响，部分经济指标增速放缓，地区生产总值、消费、收入较年初预期目标分别相差 0.1、0.8、0.4 个百分点，按目前速度有的指标要完成“十三五”目标困难较大。如果从人均指标来看差距更大，我县经济总量虽然已经处于全省中上游、排全省第 32 位，近五年增长了 20 位，但是人均均量还处于全省中下游，与我县人口总量、区域面积在全省第 29 位的排名不相匹配，发展不平衡不充分的问题还比较突出。我们既不能患得患失、唱衰自己，也不能随波逐流、惯性下滑，更不能寄希望于国家施行强刺激政策来救急。要牢牢把握宁远当前仍处于跨越追赶的特殊阶段，逆势突围、逆流而上，能快则快、好中求快，更多地从工作方法、工作作风、工作能力上出实招求实效，把现有优势发挥出来，把发展潜力激发出来，确保经济实现量的合理增长和质的稳步提升，巩固发展来之不易的小气候。

总之，我们要全面、客观、辩证地分析经济形势，既要看到优势也要正视差距，既要看到挑战也要发现机遇，既要看到困难也要增强信心，审时度势、超前谋划，积极进取、奋发有为，牢牢掌握经济工作主动权。我们相信，只要全县上下坚定不移贯彻落实党中央和省委、市委决策部署，咬住县第十二次党代会和“十三五”规划确定的目标任务不放松，保持心齐气顺劲足的精神状态，在实践中不断加强学习、提高能力，锲而不舍、驰而不息地抓下去，宁远的发展就会越来越好、宁远的建设就会越来越美！

三、坚持稳中求进，加快高质量发展步伐

2020 年是全面建成小康社会和“十三五”

规划收官之年，做好经济工作意义重大。总体要求是：以习近平新时代中国特色社会主义思想为指导，全面贯彻党的十九大和十九届二中、三中、四中全会精神，认真贯彻习近平总书记对湖南工作的重要讲话指示精神，坚持稳中求进工作总基调，坚持新发展理念，坚持以供给侧结构性改革为主线，坚持以改革开放为动力，以“全面小康决胜年”为抓手，深入实施创新引领开放崛起战略，着力推动高质量发展，坚决打赢三大攻坚战，全面做好“六稳”工作，持续推进“五大战略”“三业融合”“三区共建”，统筹推进稳增长、促改革、调结构、惠民生、防风险、保稳定，确保全面建成小康社会和“十三五”规划圆满收官，加快建成宜居宜业宜游生态文化公园。

主要预期目标是：地区生产总值增长8%以上，规模以上工业增加值增长8.8%以上，固定资产投资增长10.5%以上，社会消费品零售总额增长10.3%以上，地方财政收入增长6%以上，城镇居民人均可支配收入增长9.5%以上，农村居民人均可支配收入增长10%以上，环境保护、资源节约、安全生产等约束性指标完成省市任务，县域经济实力在全省的位次持续提升。按照高质量发展要求，更加注重以下指标：全社会研发投入占地区生产总值的比重达到1.8%以上，产业投资占固定资产投资的比重达到65%以上，工业投资占固定资产投资的比重达到45%以上，单位地区生产总值能耗下降3.5%以上。县委确定这一目标，兼顾了实际与可能，有利于引导社会预期、增强市场信心。实现预期目标，最根本的是加强党对经济工作的领导，坚持党的基本理论、基本路线、基本方略不动摇，坚决落实党中央和省委、市委关于经济工作的决策部署，提高领导经济工作的专业化、精准化水平；最关键的是坚持稳中求进工作总基调，夯实“稳”的基础、保持“进”的态势、坚守“转”的定力、体现“高”的要求，认真做好“六稳”工作，在“三业融合”“三区共建”等既定部署上持续用力，确保经济实现量的合理增长和质的稳步提升；最重要的是抓重点、扬优势、补短板、强弱项，加油干、快发展、奔小康、迈新程，注重小康客观指标与群众主观感受有机统一，对照完成相关定性和定量指标，确保全面建成小康社会。主要抓好八个方面的工作：

1. **深入解放思想，落实新发展理念**。实践发展永无止境，解放思想永无止境。新时代抓发展，不是要不要发展的问题，而是怎么发展、发展为谁的问题。我们一些工作有差距，原因是多方面的，说到底是思想上的偏差，是发展理念和政绩观上的偏差。在这次中央经济工作会议上，习总书记重申了贯彻新发展理念的实践要求，强调决不能再回到简单以国内生产总值增长率论英雄的老路上去，决不能再回到以破坏环境为代价搞所谓发展的做法上去，更不能再回到粗放式发展的模式上去。贯彻新发展理念的前提是解放思想，解放思想的目的是树立和践行新发展理念，在解放思想中统一思想。要准确领会习总书记反复强调新发展理念的深刻含义，真正把坚持贯彻新发展理念作为经济工作的根本要求，作为增强“四个意识”、坚定“四个自信”、做到“两个维护”的重要标尺，贯穿经济社会发展全过程各领域，落实到决策、执行、检查各项工作中，从实际出发、按规律办事。要准确理解创新发展注重的是解决发展动力问题，协调发展注重的是解决发展不平衡问题，绿色发展注重的是解决人与自然和谐问题，开放发展注重的是解决发展内外联动问题，共享发展注重的是解决社会公平正义问题，把注意力集中到解决各种不平衡不充分的问题上来、集中到增进人民群众的获得感幸福感安全感上来，把执行力落实到实施“五大战略”“三业融合”“三区共建”“城乡一体”上来、落实到推进产业项目建设上来。要准确把握新发展理念既有各自内涵，更是一个整体，树立一盘棋的全局观念，克服单打一的思想，善于算大账、总账、长远账，不能只算地方账、部门账、眼前账，更不能为了局部利益损害全局利益、为了暂时利益损害长远利益；坚决摒弃和克服小成即满的小农思想、夜郎自大的肤浅思想、故步自封的狭隘思想、急功近利的短期思想、因循守旧的僵化思想、坐而论道的说教思想、唯条件论的畏难思想、与民争利的特权思想、等待观望的依赖思想、论资排辈的保守思想，做新发展理念的实践者、推动者、引领者。

2. **紧扣全面小康，聚焦短板强弱项**。要以全面小康决胜年为抓手，聚焦薄弱环节、短板弱项，集中主要精力、各方资源，打好攻坚战和歼灭战，努力实现“一脱贫三促进六覆盖”，即实现农村贫困人口全部脱贫，促进经济增长、促进充分就业、促进安全稳定，推动义务教育、社会保障、农村安全饮水、基层公共服务（一门式）、农村危房政造、农村通组道路全覆盖。一要聚焦县域经济短板强弱项。大力发展园区经济，围绕创建国家级高新技术开发区、打造“十亿企业、百亿产业、千亿园区”，突出“一区三园”，加快完善和充实光电智能终端和新能源新材料产业园，继续实施135工程升级版，启动中国国际大健康产业园、西部智慧产业新城建设，完善园区生产生活功能设施，提升全要素生产率。积极培育乡镇（街道）经济，进一步理顺县财政与乡镇（街道）财政的关系，推行财源收入全额返回制度，支持因地制宜抓好烤烟生产、小城镇建设开发、城乡建设用地增减挂钩项目实施、征地拆迁、闲置资产处置、协税护税和不良贷款清收等工作，实现工作完成越好、财税收入越多良性循环。不断壮大村（社区）集体经济，深化“迎老乡、回故乡、建家乡”活动，推进“双脱困、双增收、双激发”工程。二要聚焦基础设施短板强弱项。着眼“十四五”规划，谋划一批打基础、管长远、利全局的基础项目，完善交通、能源、水利、通讯四张网。积极争取兴永郴赣铁路、永清广高铁过境宁远，结合二广、厦蓉两条高速公路，做好大通道对接，加快建设已定干线公路、“四好农村路”、客运综合总站、城乡客运一体化建设，打通断头路、边界路、循环路，进一步完善出省跨境大通畅、县乡公路大循环、旅游景区大连接的交通网络。加快建设综合物流仓储运输中心、农产品冷链物流、城乡物流配送站，申报建设海关工作站，打造永州南区域物流中心。抢抓国家支持湖南电力建设、推进乡村振兴战略和5G通讯革命的机遇，加快推进电力、水利、通讯等基础设施的对接连接。三是聚焦民生事业短板强弱项。坚持量力而行、尽力而为，注重普惠性、基础性、兜底性，确保民生特别是困难群众基本生活得到有效保障和改善。聚焦“七有”目标，突出“五位”建设，谋划实施一批民生微实事，解决老百姓上学、看病、就业、出行等操心事烦心事。坚持抓民生也是抓发展、把民生作为产业来抓，深化医疗养老等民生服务领域市场化改革和对内对外开放，促进产业旺和事业兴互利共赢；加快建设社会养老服务体系，支持社会力量发展普惠托育服务，解决好“一老一小”问题。坚持房子是用来住的、不是用来炒的定位，落实稳地价、稳房价、稳预期长效管理调控机制，大力发展租赁住房，促进房地产市场平稳健康发展。

3. **突出工作重点，打好三大攻坚战**。坚持从政治战的高度来认识、从经济战的角度来推进，一战接着一战打，努力夺取最后胜利、最大战果。一要以巩固提升为重点打好精准脱贫攻坚战。聚焦“两不愁三保障”，扎实开展“回头看、回头查、回头帮”，一项一项查漏补缺，推动政策资金、项目布局、帮扶重心向深度贫困倾斜，确保剩余贫困人口如期脱贫。对标“四不摘三落实”，保持扶贫工作力量稳定，做到扶贫资金整合投入力度不减、驻村结对帮扶队伍不撤、主要政策不变，确保思想不松懈、工作不松劲、作风不松弛、考核督查不松软。统筹脱贫攻坚与乡村振兴、消除绝对贫困与解决相对贫困，继续实施“三分三千”帮扶、“三业并举”

增收、“四引四促”后扶等模式，开展“户帮户亲帮亲、互助脱贫奔小康”活动，促进行业扶贫、社会扶贫、消费扶贫，推动高质量脱贫、可持续脱贫。二要以督察整改为重点打好污染防治攻坚战。坚持方向不变、力度不减，突出精准治污、科学治污、依法治污，不搞一刀切。建立落实“三线一单”，打好蓝天、净土、碧水保卫战，实施强规、增绿、洁地、净水、治气五大工程，深化砖瓦行业、餐饮油烟、扬尘污染、自然保护区突出问题专项整治，持续推进黑臭水体、垃圾污水、工矿企业污染、机动车排放污染、农业面源污染等问题整治，建成永州东部生活垃圾焚烧发电厂，谋划创建九嶷山国家公园。对中央和省市交办督办的突出生态环境问题，组织开展“回头看”，加大整改力度，确保见底清零，推动生态环境质量持续优化。三要以金融债务为重点打好防范化解重大风险攻坚战。认真落实中央和省市关于化债的各项部署要求，用好债务风险缓释政策，统筹化存量与控增量、开前门与堵后门，确保政府债务风险可控。加速推进平台公司市场化转型，推动不断做大做强。严厉打击非法集资、高利贷、校园贷、套路贷，开展金融领域涉黑涉恶专项整治，及时有效处置各类金融风险。坚持勤俭办一切事情，切实以党委政府过“紧日子”换来老百姓的“好日子”，非生产性支出在今年基础上再压减20%以上。统筹做好意识形态、安全生产、社会稳定等领域风险点的防范化解，确保政治社会大局稳定。

4. **坚持实体为本，推进产业现代化**。紧紧围绕“六个更加注重”，以“三区三业”为抓手，以省“5个100”和市“5个10”为重点，打好产业基础高级化、产业链现代化攻坚战，构建现代产业体系，提升县域经济整体竞争力。一要加快发展现代工业。紧紧围绕发展先进制造业、建设制造强县，坚持抓传统产业转型升级，依托先进理念、先进设备、先进技术、先进工艺，促进轻纺制鞋、建材冶金、农产品精深加工等产业提质增效；抓新兴产业培育壮大，做好光电智能终端、新能源新材料、生物医药等产业补链延链强链文章；抓空白产业无中生有，瞄准国家七大战略新兴产业、全省20个新兴优势产业链，引进一批引领型、先导型、带动型产业。二要加快发展现代农业。坚持走精细化路子，推进“六大强农行动”和“十百千”工程，以融合思维促进农业“接二连三”。突出“两茶一柑一菜一稻一猪一兔”，加强与湖南现代农业、湖南农大、温氏集团等战略合作，加强与粤港澳大湾区“菜篮子”工程对接，发挥“互联网+”作用，培育壮大龙头企业、规模种养基地、专业合作社、九嶷系列品牌，促进农校、农超、农企产销一体化。保障粮食、生猪等重要农产品供给，构建生猪全产业链，推进烤烟扩面提质。三要加快发展现代服务业。坚持走全域旅游路子、精品旅游路线，大力实施旅游市场营销、主体培育壮大和服务质量提升“三大工程”，力争九嶷山舜帝陵通过AAAAA景区质量评审、舂陵古城和麻将小镇初步建成，进一步打响“锦绣潇湘·伟人故里·圣地九嶷”品牌。围绕“五大新经济形态”，发展康养、研学、会展、文创、数字等新业态，推动生产性服务业向专业化和价值链高端延伸，促进生活性服务业向高品质和多样化升级。特别是要大力发展夜市经济，以三区为平台，以扩大消费、服务民生为导向，以丰富业态种类、完善配套设施、强化日常管理为重点，出台鼓励扶持政策，打造一批特色鲜明、业态多元、靓丽美观、整洁卫生的夜市街区，挖掘消费潜力，推动消费升级。四要全力优化营商环境。集中力量解决企业反映的难点堵点痛点问题，以“放管服”改革为抓手，推进“互联网+政务服务”县乡村全覆盖、“一件事一次办”“证照分离”“双随机一公开”，完善政务服务“好差评”测评体系，落实招商引资和减税降费政策，创新民营企业直接融资机制，加强社会信用体系建设，降低企业用电用气成本，平等对待市场主体，依法保护企业家人身和财产安全，构建亲清政商关系，建立树立以产业比实力、以项目论英雄的考评体系和鲜明导向，打造政策最优、成本最低、服务最好、办事最快“四最”营商环境，培育良好产业生态。

5. **深化改革开放，培育发展新动能**。坚持创新驱动和改革开放两轮驱动，促进质量、效率和动力三大变革，源源不断地释放发展动力活力。一要激发创新驱动力。突出解决资源分散、财力吃紧、效益不高的现实问题，做好产业整合文章，加大思想解放与科技创新成果转化力度，促进产业链、创新链、资本链、供应链、亲情链“五链融合”；做好财政资金整合文章，发挥“四两拨千斤”杠杆作用，引导民间资本和社会资本优化投向、提高投效；做好土地资源整合文章，注重集约开发利用，提高投资强度和“亩产效益”；做好国有资产和公共资源整合文章，探索将集中在国有公司和各部门的资产资源整合打包后资本化，组建宁远发展公司和小额信贷、融资担保公司，促进运营增值；做好农村集体资产资源整合文章，唤醒和盘活沉睡的资产资源；做好数据资源整合文章，推进城管、媒体、应急、综合服务平台等信息系统整合，破除各自为政、条块分割、信息孤岛现象。二要深化市场化改革。突出解决制约和束缚经济高质量发展的体制机制障碍，深化“放管服”改革，以清单管理推动简政放权，完善事中事后监管制度；深化财税体制改革，强化全口径预算管理、预算绩效评价，加大乡镇（街道）财源建设；深化金融体制改革，扩大直接融资，增强服务功能，畅通资金进入实体经济渠道；深化工程建设领域改革，持续推进行政审批制度、国有公司、征地拆迁安置改革，杜绝超概算预算、超合同金额建设现象；深化农村“三地”改革，加速农村土地流转，推动土地经营权等农村产权流转交易公开、公正、规范运行；统筹抓好乡镇机构、事业单位、村自治、环保体制、司法体制、医药卫生体制、产教融合建设和学前教育等改革，让人民群众共享改革红利。三要扩大高水平开放。坚持对外抓承接、对内抓链接，融入湘南湘西承接产业转移示范区、粤港澳大湾区，对接省市“五大开放行动”“百千万”投资促进计划，围绕现有产业链、3 个“500 强”、总部经济、环保基础设施、生产性服务等，引进一批重大产业项目。大力开展委托招商、专业招商、产业链招商、亲情链招商、园区打捆招商，构建“大项目顶天立地、小项目铺天盖地”的格局。出台促进开放型经济发展的若干政策措施，建立健全招商项目定期发布及商会协会引进重大项目跟踪服务机制，提高项目履约率、开工率、资金到位率、投产达效率。坚持招商引资与招才引智结合，完善人才选用、激励、服务、保障体系，加强校地合作、柔性引才，让一切创造的源泉充分涌流。

6. **统筹城乡发展，绘好大美宁远画**。坚持以“三区共建”为龙头，促进产城、景城、城乡融合，建设山清水秀、鸟语花香、地干净、人文明、治安好、环境优的大美宁远。一要持续提升县城品质内涵。坚持以人为核心、内涵式发展，围绕“一城两翼”，深入推进“十城同创、文明共建”。按照古城要古、新城要新、产城融合的要求，完成新一轮国土空间规划、历史文化名城保护规划。精致建好南部文化生态新城、西部工业新城，抓好“一水两岸三线四园”绿化升级、“三园一带”建设，启动建设中欣文旅智慧小镇、万豪城市综合体。精心推进旧城提质改造，开展征拆攻坚行动，加快实施城中村、城郊村、棚户区、老旧小区“两村两区”改造。精心治理城市，推进“智慧城市”建设，打造智能化管理体系，强化控违拆违、市容市貌管理、交通运行信息管控。继续抓好“两供两治”，不断提升宜居宜业宜游性。二要深入实施乡村振兴战略。坚持分类推进，继续抓好“一核两廊两线两镇多点”试点示范工程，以点带面、点面结合、统筹推进。大力实施“一拆二改三清四整五化”农村人居环境整治工程，重点抓好厕所革命、垃圾污水治理、规范农村建房、村庄规划、拆旧建新、美丽乡村建设等工作，显山、亮水、露田园、整院落、美村庄，争创全国农村人居环境整治示范县。优化乡村治理，扎实开展新时代文明实践中心试点和乡风文明建设年活动，弘扬舜帝德孝文化，发挥“制度+科技”“农村综合服务平台+网格平台”作用，推行村自治，构建自治、德治、法治“三治一体”乡村治理格局，促进共建共治共享。三要大力推进特色小镇建设。注重生态立镇、产业兴镇、依山建镇、文化塑镇，实施“五个一”工程，建好禾亭、冷水、仁和、水市、中和、天堂等卫星重镇，太平、清水桥、保安、鲤溪等边贸集镇，九嶷山、湾井、柏家坪等旅游名镇，着力打造一批园区社区厂区和谐共生、一二三产业融合发展的农业、工贸、文旅特色产业小镇。

7. **加强党的领导，提高能力抓落实**。一分部署，九分落实。面对更高标准的发展要求、更加严峻的发展形势、更为艰巨的发展任务，一些干部在狠抓落实上，认识还有一些模糊，方法还有一些欠缺，力度还差一些火候，抓而不实、抓而不力、抓而不紧等问题仍然存在，比如有的抓落实的干劲不足，勤政有为不够；有的抓落实的作风不实，严谨细致不够；有的抓落实的担责不力，较真碰硬不够；有的抓落实的能力不强，政策水平不够；有的抓落实的机制不畅，协调联动不够。全县各级领导干部要主动适应治理体系和治理能力现代化要求，勤于学习、善于钻研、勇于实践，提高能力抓落实、狠抓落实提能力。一要注重效率，雷厉风行抓落实。坚持党委有决策、政府有部署、部门有举措、干部有行动、落实有效率，第一时间报告、第一时间分解、第一时间督办、第一时间回复，说了就干，定了就办，特事特办、急事急办、紧事快办，当天能办的事绝不拖到明天，该自己办的事绝不推给别人，做到对上级的决策部署落实快、不拖拉、不误事，对下面要求解决的问题处理快、不推诿、不扯皮，以最短的时间、最高的效率抓好落实。二要注重效果，用心用情抓落实。民生所向，就是我们抓落实的目标所至；群众所盼，就是我们抓落实的重心所在。抓落实行不行、好不好，关键要在群众的口碑中见分晓。要坚守“民生优先、人民至上”的为民情怀，把群众满意作为抓落实的出发点和落脚点，把群众冷暖放在心头、把民生改善扛在肩头、把民生实事抓在手头，千方百计帮助解决老百姓的操心事烦心事揪心事。三要注重效力，较真碰硬抓落实。抓落实的过程，就是解决矛盾和问题的过程。要敢于正视矛盾，勇于挑最重的担子，敢于啃最硬的骨头，善于接最烫的山芋，主动到矛盾突出的基层去，到困难较多的一线去，到难点聚焦的地方去，千方百计求得问题尽早处置、矛盾及时化解，决不能使简单矛盾演化成复杂矛盾、小问题拖延成大问题。要增强斗争意识、发扬斗争精神，敢于善于与私心杂念斗、与艰难困苦斗、与疑难杂症斗、与歪风邪气斗、与慵懒怠政斗，既要解决当前突出矛盾问题，也要解决历史遗留问题，更要解决透支未来问题。要崇尚实干、凭实绩论英雄，褒奖和重用埋头苦干、狠抓落实的干部，教育和调整坐而论道、不干实事的干部，问责和惩处弄虚作假、失职渎职、造成重大损失和严重后果的干部。在全县继续开展“三比三创”主题活动，营造干事创业、一干到底、干就干好、不达目的不罢休的真抓实干浓厚氛围。四要注重效益，见微知著抓落实。善于举一反三、触类旁通、以小见大，立足全局抓落实，通过解决一个问题推动解决一类问题、建立一套制度、造福一个群体、形成一条路子，实现落实效益最大化。要持续整治形式主义、官僚主义，继续落实基层减负措施，使广大干部从无谓事务中解脱出来，真正把注意力集中到抓经济、解难题、促发展上来。五要注重效能，增强本领抓落实。揽瓷器活，须有金刚钻。抓好落实，必须善于学习，学懂弄通做实习近平新时代中国特色社会主义思想，吃透中央大政方针和各项政策，提高战略思维和把握全局的能力，提升理论素养和政策水平。提高发现问题、分析问题、解决问题的能力，提高依法行政和驾驭风险的能力。学会做群众工作，掌握做群众工作的基本功，在统筹协调各种利益关系中精准施策，解决“最后一公里”的落实问题，解决群众身边发生的问题。

8. **抓好当前工作，结好总账起好步**。现在距离年底不到一个星期，距离春节放假也仅有1个月时间，各方面工作任务繁重、千头万绪，要统筹兼顾抓紧抓好。一要坚决完成全年目标任务。对照年初预期目标，抓紧对账盘点、查漏补缺，做好迎接上级检查考核的各项准备工作，加强与省市对接衔接，确保全面完成或超额完成年初目标任务，争先进、争上游。提前谋划好2020年各项工作，筹备好开春工作，确保取得开门红。二要全力维护社会和谐稳定。严格落实社会稳定责任制，高度重视并妥善处理征地拆迁、劳资纠纷、非法集资、环境污染等引发的矛盾，重视做好人民群众来信来访工作。加强重点区域、重点行业、重点领域安全生产巡查和问题整改，杜绝重大群体性事件发生。持续深化扫黑除恶专项斗争，扎实推进反恐防暴工作，依法加强对宗教活动的管理和引导，确保社会和谐稳定。三要做好各项民生保障工作。认真抓好扶贫惠民政策落实，及时走访慰问，帮助贫困地区、受灾地区和困难群众、困难职工解决生产生活中的实际问题。扎实做好治欠保支工作，严厉打击恶意欠薪行为，确保农民工及时足额拿到工资开心回家过年。加强市场经营行为和价格监管，保障节日市场供应和平稳运行。四要持之以恒推进正风肃纪。巩固“不忘初心、牢记使命”主题教育成果，深入贯彻落实中央八项规定及其实施细则精神和省委实施办法，进一步转作风、纠“四风”。加大监督执纪问责力度，整治违规收送红包礼金和“一桌餐”，推进政治生态持续好转。开展移风易俗，倡导勤俭文明过节。

（本文在收录时有删节）

宁远县人民代表大会常务委员会工作报告

——2019 年 12 月 30 日在宁远县第十七届人民代表大会第四次会议上

县人大常委会主任 张明贵

一、2019 年的主要工作

2019 年是中华人民共和国成立 70 周年，是全面建成小康社会、实现第一个百年奋斗目标的关键之年，也是地方人大设立常委会 40 周年。一年来，县人大常委会高举习近平新时代中国特色社会主义思想伟大旗帜，认真学习贯彻党的十九大和十九届二中、三中、四中全会精神以及习近平总书记关于坚持和完善人民代表大会制度的重要思想，在县委的坚强领导和上级人大的精心指导下，紧扣常委会年度工作计划要点，依法履职行权，狠抓工作落实，较好地完成了各项任务，为推进全县民主法治建设和经济社会发展做出了积极贡献。

（一）提高政治站位，坚定正确的政治方向

1. 党的领导贯穿始终。一年来，常委会坚定不移地强化政治机关属性，认真贯彻县委重大决策部署，坚持重大事项、重要活动、重点工作事前向县委请示汇报，按照县委的指示和决定办事，自觉将人大各方面工作置于县委领导之下，确保常委会工作与党的十九大精神同频共振、与县委决策部署同向发力。

2. 决定、任免坚守初心。一年来，常委会始终坚持党的领导、人民当家做主和依法办事有机统一，努力使党的意图和主张通过法定程序成为国家意志和人民的自觉行动。围绕全县经济社会发展中的重大事项和人民群众反映强烈、社会普遍关注的热点、难点、焦点问题，深入调查研究，广泛问计于民，依法作出的决定、决议具有深厚的群众基础和丰富的科学内涵，极具操作性。坚持党管干部和依法任免相统一，严格规范任免程序，全年共依法依程序任免国家机关工作人员 144 人次，为我县经济社会发展提供了坚强的组织保障。同时，及时听取和审议了县政府工作部门 2018 年度工作情况的报告，“两院” 2018 年专项工作情况及有关业务科（局）、室工作情况的报告，促进被任命人员忠于职守、认真履职。

3. 服务大局担当作为。一年来，常委会坚持在服务大局中找准人大定位，发挥人大职能，彰显人大作为。积极投身县委中心工作，特别是产业建设、三大攻坚、“六大战役”“十城同创”等主战场，不仅动员广大人大代表和人大工作者奋勇争先、主动作为，常委会领导更是率先垂范、靠前指挥、科学调度，有力促进了全县工作落实落地，展现了人大一线业绩。目前，县人大常委会领导和县人大机关牵头负责的招商引资项目和重点项目二十多个。舂陵古城和宏华学校项目前期工作已经完成，大宁府（二期）、莲花大市场两个城市综合体和莲花壹号公馆、中明新材料（二期）项目顺利开工建设，世纪汇城市综合体全面开业运营，S234、G537、G357 三条干线公路施工全线铺开，湘妃大道（三期）建成通车，易地扶贫搬迁后扶工程和城乡供水、污水治理一体化工程建设成效明显，人民医院新城分院和妇女儿童医院建设推进迅速，九小后续工程全面完工并交付使用，状元府休闲度假山庄生态农业养殖产业、九嶷优果产业来势很好。积极筹备成立了湖南省虞舜文化发展中心，并以此平台为依托，争取了第五届世界儒家文明大会暨中华国学文化代表大会和福建舜裔宗亲“千人团”祭祖暨舜文化万里行等活动的成功举办，展示我县全域旅游成果，宁远的知名度、美誉度持续提升。较好地完成了县委、县政府交给的房地产开发小区整治任务，小区环境明显改善，社会反响良好。

（二）坚持问题导向，努力提高监督实效

1. 加强对经济运行的监督。常委会坚持把对经济运行的监督作为监督工作的重中之重，聚力助推宁远经济高质量发展。先后听取和审议了国民经济和社会发展、财政预决算、预算执行、预算调整和财政收支审计等专项报告，并及时作出相关决定、决议，督促县政府防范和化解财政风险，扎实做好稳增长、促改革、调结构、惠民生各项工作举措。提请县委出台了《关于建立县人民政府向县人大常委会报告国有资产管理情况制度的意见》，并认真贯彻文件精神，首次听取和审议了行政事业性国有资产管理的综合情况报告和旅游国有资产专项管理情况的报告，切实加强对国有资产管理的监督。听取和审议了审计工作以及审计查出问题整改落实情况的报告，对审计查出问题整改落实情况进行跟踪检查，督促县政府高度重视存在的问题，全面深入整改。聚焦政府性债务审查监督，始终将政府性债务管理作为预算监督的重中之重，适时督促县政府及有关部门警惕债务风险，坚守债务底线，确保资债平衡。听取和审议了全县民营经济发展情况报告，并在此议题上会之前，组织省、市、县、乡（镇）四级人大代表中的80余位民营经济人士和人大常委会机关联系项目业主开展视察活动，召开座谈会，广泛听取全县民营经济人士的意见和建议，及时将审议意见和座谈会的意见、建议交办给了县政府，督促县政府及部门着力解决制约民营经济发展的问题短板，全力支持民营经济发展壮大，促进了全县民营经济持续、健康发展。

2. 加强对法律法规的监督。一是深入开展执法检查和立法调研。组织开展了《水污染防治法》《湖南省湘江保护条例》《湖南省饮用水源地保护条例》《中华人民共和国动物防疫法》和《农产品质量安全法》等5部法律实施情况的检查，既发现工作中的问题，又查找法律、法规自身缺陷和不足，保证法律法规的贯彻实施。听取和审议了县人民政府关于2018年度城乡规划实施情况的报告，推动县政府及其职能部门提高规划的严肃性和科学性。围绕开展“民族团结进步行”活动的深入开展，听取和审议了《湖南省散居少数民族工作条例实施情况的报告》，提出要用足用够优惠政策、优先培养民族干部、切实保障民族事业等富有建设性的建议。会同县人民政府及相关部门主动开展了“国家级自然保护区保护管理”和“国家森林公园管理”情况的专题调研，积极推动市人大常委会出台相关条例法规。配合市人大常委会开展了《永州市乡村房屋建设管理条例（草案）》和《永州市古树名木保护条例（草案）》的立法调研，为两项立法提供了许多可供参考的意见。加强了规范性文件备案审查工作，全年审查备案县人民政府和各乡镇人大报备的规范性文件14件，做到了有件必备、有备必审、有错必纠。二是不断促进司法公正。听取和审议了县人民检察院关于公益诉讼工作情况的报告，提出了提高思想认识、完善联动机制、加强自身建设等审议意见。听取和审议了县人民法院关于民事审判工作情况的报告，提出了加强队伍建设、完善工作机制、加大宣传力度等审议意见。“两院”针对审议意见，认真整改，效果很好。三是着力推进依法行政。开展了对县农业农村局、县市场监督管理局、市生态环境局宁远分局等三个单位的工作审议，通过听取汇报、召开座谈会、查阅资料、问卷调查、现场察看、与服务对象面对面交流等方式进行了广泛深入的调查，力求达到“评工作、议问题、促发展”的目的，督促县政府及部门依法行政，促进各项工作高质量发展。四是高度重视信访矛盾化解。把群众来信来访作为了解社情民意的重要窗口，积极畅通信访渠道，注重回应群众合理合法利益诉求，维护宪法和法律的尊严。全年依法接待和处理人民群众来信来访100余人次，促进了一批信访问题得到妥善处理，为引导社会舆论、提升公众满意度、维护社会和谐稳定作出了积极努力。

3. 加强对民生问题的监督。一是切实围绕加强环境保护抓监督。深入开展了环保执法检查和环保世纪行等系列活动，推动发现问题整改落实。听取和审议了2018年全县环境状况和环境保护目标完成情况以及2019年环境保护目标计划完成情况的报告，针对生态环境领域不平衡不充分问题，提出了坚持问题导向、完善机制建设、加大宣传力度等意见，推动全社会力量共同努力保护好宁远的蓝天、碧水、净土。二是持续聚焦百姓健康安全抓监督。深入开展“农产品质量安全行”“三湘农民健康行”活动，围绕“农产品品质低、总量少、产品单一”“老百姓看病难、看病贵”等问题，深入调研，广纳民意，形成了针对性、操作性很强的调查报告，供县委、县政府决策参考。同时，听取和审议了《全县乡镇卫生院管理建设情况调研报告》，针对制约乡镇医疗服务管理中存在的突出问题，提出了加大设施建设投入、充实人才队伍、建立创新机制等意见建议，有力推动全县乡镇卫生事业的大改善、大提升。三是持续督促办理“城区学位建设议案”和“农村饮水安全议案”。继续加大对县十六届人大二次会议《关于举全县之力，用三到五年解决城区学位紧缺问题的决议》和县十七届二次会议《关于扎实推进农村饮水安全巩固提升建设，加快城乡供水一体化进程的决议》两个大会议案的跟踪督办。深入推进全县学位建设和农村饮水安全、城乡供水一体化建设。

（三）强化服务保障，充分发挥代表作用

1. 深化代表的学习培训。采取请进来、走出去和集中培训、自主学习相结合的方式，加强代表的学习培训。今年6月，配合市人大常委会组织了部分市人大代表赴上海复旦大学进行了为期7天的履职培训。7月，组织20个乡镇（街道）人大主要负责人赴山东省青岛市、浙江省衢州市学习考察代表工作站建设和运行。精心组织了省、市、县三级人大代表集中培训和人大代表知识竞赛，大大提高了全体人大代表的学习积极性和履职的能力水平。

2. 拓展代表的履职平台。着力打造代表工作站“升级版”，在原有的基础上对全县20个乡镇（街道）代表工作站进行高标准的改造升级，实现了硬件标准化、制度规范化、活动常态化、联络信息化。丰富代表履职活动，组织省、市、县、乡四级人大代表中的民营经济人士和人大机关联系项目业主开展集中视察，通过切身感受引导各级人大代表提振发展的信心，在助推全县经济社会发展中当表率、做贡献。精心组织了迎“五一”宁远县省、市、县三级人大代表和人大工作者“徒步九嶷山”竞赛活动，增强全体人大代表团结协作、互帮互助精神，引领全县新时代文明实践活动开展，激发全体人大代表和人大工作者干事创业的精气神。坚持有计划地安排代表轮流列席常委会会议和参加常委会组织的视察调研、执法检查、审议评议等活动。人大常委会机关各委室开展的活动也尽量邀请多一些的代表参加，让全体代表知情知政，激发内生动力。充分运用人大网、人大代表微信群，推动上下左右保持紧密的工作联系和互动格局，畅通社情民意表达渠道。规范和健全了“常委会组成人员联系代表”“代表联系人民群众”“代表小组活动”等制度，强化常委会组成人员与代表、代表与选民、代表与代表的联系和沟通。制定出台了《宁远县人大代表活动经费管理使用办法》，提高了代表的活动经费，代表履职的经费得到了保障。加强了对代表的实绩管理和考核，评选表彰了乡镇（街道）人大工作先进单位、优秀县人大代表、先进人大工作者、先进人大代表工作站和优秀代表议案建议，激励广大代表和人大工作者恪尽职守、认真履职。

3. 加强代表的建议办理。常委会坚持把办好代表建议作为保障代表民主权利的有效途径，全力推动代表建议的办理落实。对县十七届人大三次会议上提出的249件议案、建议，县人大常委会会同县人民政府按照“三个面对面”办理机制的要求，进行交办、督办，有效推动承办单位及时办理答复，办复率100%，满意和基本满意率100%。同时，县人大常委会听取和审议了9个重点承办单位办理代表议案建议情况的汇报并进行评价，评价结果明天还将向大会通报。通过跟踪督办，县第十七届人大三次会议《关于切实加强传统村落保护和利用，活跃乡村文化旅游，推动实施乡村振兴的决议》的议案，县人民政府高位推动，取得了良好的开端。

（四）加强自身建设，着力提升常委会及机关的工作效能

1. 深入推进理论武装。扎实开展“不忘初心、牢记使命”主题教育和“三比三创”活动，把学习党的十九大精神和习近平总书记的重要思想、重要论述、重要指示精神，作为常委会党组理论中心组学习的必修课，着力在学懂弄通做实上下功夫，在深化消化转化上见成效。扎实开展调查研究，把调研作为决策的基础环节和必经程序，围绕县委中心工作和常委会工作计划要点，精选调研课题，改进调研方法，在发现真问题、研究好办法上下功夫，在人大监督工作、农业产业发展、重点项目建设、政务服务工作、民营经济发展、卫生工作、脱贫攻坚等7个方面，形成了高质量的调研报告，为全县重要工作决策提供了有力参考。

2. 持续加强作风建设。认真贯彻落实习近平总书记提出的“五个必须”要求，进一步强化纪律和规矩意识，全面落实从严治党的要求，坚持以制度管人管事。着力加强机关党建工作，领导干部带头讲党课，带头深入党建联系点开展调研，主动倾听群众呼声、回应社会关切、解决实际问题，带动了机关党建工作水平全面提升。严格落实党风廉政建设责任制，认真执行中央八项规定及《实施细则》、省委九项规定和市委、县委有关要求，严格履行党风廉政建设主体责任和“一岗双责”。全力支持派驻纪检组工作，适时邀请派驻纪检组组长列席常委会、党组会和主任会等重要会议，把执纪监督贯穿始终。组织开展了集中警示教育，召开了“不忘初心、牢记使命”专题民主生活会，结合市委政治建设反馈意见整改，完善了常委会机关政务、事务、财务等各项规章制度，保证了机关各项工作正常有序运转。

3. 全面提升机关效能。主动适应新形势，认真梳理人大机关各项规章制度，修订完善了《宁远县人民代表大会常务委员会决定、决议和审议意见、建议交办督办办法》、人大常委会机关财务管理工作等多项规章制度；注重加强人大常委会机关干部队伍建设，按照全县机构改革要求，县人大新设立了6个专门委员会，调整充实了各专门委员会和常委会工作机构人员，进一步优化了人大干部队伍的年龄和专业结构。扎实开展扶贫工作，县人大常委会机关联系的村有亮点、有特色、有成效，扶贫工作有力有为。积极开展市文明单位创建活动，主动参与共建活动，真抓实干，善作善成，在“十城同创”中贡献人大力量。

4. 积极传播人大声音。认真履行意识形态工作责任制，严格按照《党委（党组）意识形态工作责任制实施办法》要求，始终坚持正确的舆论导向，聚焦宣传人大制度、讲好人大故事，认真办好宁远人大网站。制定出台了人大系统新闻宣传工作考核奖惩办法，充分调动全县人大系统开展新闻宣传工作的积极性，一年来，在省市县各类报纸、杂志、网站上刊登、发表宣传人大工作的稿件100余篇（条）。注重宣传人大代表为民代言的先进事迹，10名县（乡）人大代表的履职先进事迹得到市人大常委会宣

传推介，对外传递人大声音的信息数量和质量大幅提升。

面对新时代、新任务、新要求，我们也清醒地认识到，常委会的工作还存在一些问题和不足。主要表现在：一是常委会会议的质量和效率还需提升；二是监督工作还需加力、增强刚性；三是代表参与活动、知情知政的渠道还需拓展、方式还需创新，特别是督促“一府一委两院”主动与代表联系沟通，邀请代表参加相关会议和活动方面不够，造成代表了解“一府一委两院”情况不多，问政不力；四是对乡镇（街道）人大工作联系、指导和支持不够，乡镇（街道）人大聚焦主责主业不够的问题还很突出；五是常委会机关的服务保障能力还需提升。对于这些问题，我们将在今后的工作中切实加以解决。

二、2020 年的主要任务

2020 年，是全面建成小康社会的决胜期，也是确保实现第一个百年目标、为第二个百年目标打基础的关键期。常委会工作的总体要求是：高举习近平新时代中国特色社会主义思想伟大旗帜，深入学习贯彻党的十九大和十九届二中、三中、四中全会精神以及习近平总书记关于坚持和完善人民代表大会制度的重要思想，认真贯彻落实中央、省市县委重大决策部署和县委十二届十次会议、县委经济工作会议精神，坚持党的领导这一履职之魂，聚焦服务大局这一履职之要，牢记为民尽责这一履职之本，勇于创新、敢于担当、奋发作为，为决胜全面建成小康宁远、加快建成宜居宜业宜游生态文化公园做出新的更大贡献。

（一）在强化政治自觉上要有新境界

深入学习贯彻党的十九大和十九届二中、三中、四中全会精神以及习近平总书记系列重要讲话精神，坚持用习近平新时代中国特色社会主义思想武装头脑、指导实践、推动工作。要抓住传达学习、宣传宣讲、推动落实三个环节，继续在学懂弄通做实上下功夫，既要系统学习全面掌握这一科学理论的基本观点、理论体系，又要跟进学习领会习近平总书记最新重要讲话精神，还要紧密联系自身思想工作实际及新时代新实践新要求，有针对性地进行重点学习，切实把这一科学理论落实到实际工作中去。要以习近平总书记关于坚持和完善人民代表大会制度的重要思想为指引，自觉把人大工作置于“四个意识”的政治原则中去定向，置于“四个自信”的战略定力中去把握，努力在坚持党的领导、人民当家做主、依法治国有机统一上有新实践。

（二）在全面依法履职上要有新作为

紧紧围绕全县改革发展稳定大局，聚焦事关人民群众切身利益的重点难点问题，依法行使各项职权。认真做好人事任免和重大事项决定决议工作。在县委的正确领导下，全面落实中央关于各级政府重大事项决策出台前向本级人大报告的有关要求，结合上级人大出台的规定，重新修订县人大常委会讨论决定重大事项的规定，进一步厘清重大事项决定权的适用范围，健全协调机制，严密工作程序，认真审议“一府一委两院”提请的重大事项，适时作出相应的决定决议。充分发挥人大的职能优势，发扬锲而不舍的务实精神，继续加强农村建房管理监督，坚决刹住农村违法违规建房歪风，促进农村建房规范化；继续强力推进烟花爆竹禁放工作，将禁放区域由城区扩大到全县广大乡村；督促政府大兴移风易俗、厚养薄葬之风，加大县乡公墓区建设力度，加快殡葬改革步伐；督促政府合理布局城乡集贸市场，取缔马路市场，改造升级旧危市场；坚持不懈地为加快宁远发展鼓与呼，努力争取渝永清广高铁早日开工建设并在宁远设站，努力争取我县早日实现县改市的宏伟目标。坚持党管干部原则和人大依法任免相结合，依照法定程序做好地方国家机关工作人员任免工作，保证组织人事意图的全面落实。高质量实施正确监督、有效监督。认真做好国民经济和社会发展计划，财政预算、决算和调整，审计工作以及审计查出问题整改情况等报告的审议工作，依法审查批准县本级预决算，督促审计查出问题的整改落实；依法听取和审议关于我县环境保护、城乡规划和国有资产管理等专项工作报告，推动经济高质量发展。着力推动民生福祉改善，围绕人民群众普遍关心关注的热点、难点问题发力，促进“一府一委两院”担当作为、优化服务、切实解决突出问题。持续深入开展“环保世纪行”“农产品质量安全行”“三湘农民健康行”“民族团结进步行”等专项活动，督促进一步完善社会保障体系，让人民群众有更多、更直接、更现实的获得感、幸福感、安全感。继续抓好今年三个被审议单位工作整改情况的跟踪监督，开展好满意度测评，切实抓好“一府两院”所属部门的述职评议工作，防止走过场，评价结果要报告县委，并向“一府一委两院”通报和向社会公告。要围绕推进依法治县，进一步强化人大法律监督，不断提高国家行政、监察和司法机关法律水平，促进依法行政、依法监察和公正司法，提升依法治县水平。深化民生实事项目代表票决制工作，确保把实事办好、好事办实。

（三）在密切联系群众上要有新成效

充分发挥代表来自人民、植根人民的特点和优势，贯彻落实群众路线，保证人民当家做主。继续加强代表培训，不断提高代表思想政治素质、法律政策水平和专业知识素养。进一步健全联系机制，密切常委会组成人员与人大代表、人大代表与人民群众的联系，广泛听取和充分反映人民群众的意见和诉求。加强代表履职管理，落实代表知情知政制度，有主题、有计划、有重点、有实效地组织代表活动，拓展代表参与常委会、专委会工作的广度和深度，督促“一府一委两院”加强与代表的联系沟通，主动邀请代表参加其相关的会议和活动，拓宽代表知情知政的渠道，增强监督实效。加强代表工作站的运行和维护，进一步丰富活动形式，提高运行实效。持续深化代表议案建议办理工作，强化联合督办和专项督办，不断提高办理质量和问题解决率，议案建议内容和办理结果及时向社会公开。继续跟踪督办县十七届人大三次会议《关于切实加强传统村落保护和利用，活跃乡村文化旅游，推动实施乡村振兴的决议》的议案，确保取得良好成效。继续评选和表彰乡镇（街道）人大工作先进单位、先进代表工作站、优秀人大代表、先进人大工作者和优秀议案建议，让典型引领示范，进一步调动代表履职的热情和主观能动性。

（四）在致力自身建设上有新气象

坚持把思想政治建设放在首位，树牢“四个意识”，坚定“四个自信”，做到“两个维护”，坚决贯彻中央的方针政策和省市县委的决策部署，不断改进学习方式，强化理论武装，扎实推进“三比三创”活动常态化制度化，巩固提升“不忘初心、牢记使命”主题教育成果。教育和引导人大工作者始终牢记党的宗旨，严守中央八项规定，坚决抵制各种不良习气，维护好人大队伍和人大常委会机关的良好形象。深入推进党风廉政建设，坚持严管与厚爱相结合，激励和约束并重，真正把铁的纪律，转化为日常习惯和自觉遵循，努力营造风清气正的政治生态。加强人大制度和人大工作理论研究，总结提炼好经验好做法，及时研究新情况新问题，努力形成一批立足宁远人大实践的高质量创新成果。完善人大工作机制，加强与“一府一委两院”的联系沟通，密切与上级人大、兄弟县区人大的交往交流，加强对乡镇（街道）人大工作的联系与指导，推动乡镇（街道）人大工作步入规范化轨道，形成人大工作的整体合力。进一步优化常委会和专门委员会组成人员结构，进一步提升常委会和专委会的整体素质。拓展人大新闻舆论宣传的广度和深度，全面深入地宣传好人大工作，讲好人大故事，努力把县人大及其常委会建设成为依法履职的工作机关、密切联系群众的代表机关。

（本文在收录时有删节）

政府工作报告

——2019 年 12 月 29 日在宁远县第十七届人民代表大会第四次会议上

县人民政府县长　唐　何

一、2019 年高质量发展迈出坚实步伐

2019 年，在县委的坚强领导下，在县人大、县政协的监督支持下，我们应对风险挑战、破解发展难题，聚焦聚力建设宜居宜业宜游生态文化公园，敢于斗争、勇于担当，有力推动了经济社会高质量发展，打造了一批新亮点，探索了一批新经验，获得了一批新荣誉，交出了一份沉甸甸的答卷。

——全面小康积厚成势。面对经济下行压力持续加大，全县齐心协力、共克时艰，保持了“稳”的态势、“进”的走势、“好”的趋势，全县地区生产总值增长 8.5%（预计数，下同），规模工业增加值增长 8.5%，固定资产投资增长 10.5%，社会消费品零售总额增长 10.5%，地方财政收入增长 6.8%，均高于省市平均增速，稳居全市第一方阵。全面小康实现程度达到 99.3%，比去年提升 4.8 个百分点。全面建成小康社会取得新的重大进展。

——三大攻坚战成效明显。立足当前，着眼长远，展开补短板、强弱项、防风险的强大攻势。债务风险总体可控、金融运行总体稳定。精准脱贫巩固提升，今年有 2342 名贫困对象如期脱贫，贫困发生率下降到 0.28%，119 个已出列贫困村巩固率 100%，全县 103355 名建档立卡贫困人口已有 101136 人实现了脱贫，脱贫攻坚力度之大、规模之广、影响之深前所未有，进展符合预期。污染防治和生态建设很有成效，绿色已成为宁远最亮丽的名片、最鲜明的特质。

——民生福祉普惠共享。把全县人民对美好生活的向往作为一切工作的出发点和落脚点，尽心竭力保障和改善民生。在财政收支压力加大的情况下，民生投入只增不减，支出占比达 73.9%。城镇、农村居民人均收入连续九年高于 GDP 增速，分别达到 29129 元、15904 元，增长 9.3%、10%。16 项省市重点民生实事全面兑现。城乡居民医保参保率达到 100%，基本养老实现全覆盖，城乡供水一体化让 11 万农村居民喝上放心水，改造棚户区 620 户、农村危房 1202 户，人民生活水平又有了新的提高。

——真抓实干有为有位。成功通过全国卫生县城、基层中医药工作先进县复审，获全国新时代文明实践试点县、财政工作先进集体、农房建设示范县、绿化模范县、政府网站集约化建设优秀县，全省园林县城、茶油大县、烟叶生产优秀县、公共文化服务体系建设示范县、再生资源回收利用网络体系建设示范县称号，连续两年入选中国最美县域榜单。生猪生产、就业扶贫、城乡环境基础设施建设等 23 项工作在全国和省、市作典型发言，承接产业转移、易地扶贫搬迁、农村综合改革等 15 个省市现场会在宁远召开，极大提振了全县人民的荣誉感和自豪感。

一年来，我们主动对标对表，强化精准施策，奋力开拓创新，主要抓了以下七个方面的工作：

（一）着力兴产业、上项目，质量效益持续向好

针对结构调整、转型阵痛、环境约束、区域

竞争的多重挑战，采取有力措施建项目、强工业、富农业、活三产。产业项目强力推进。深入开展产业项目建设年活动，安排重点产业项目65个，完成投资130.4亿元。省“五个100”、市“五个10”(1)重大产业项目完成投资36.7亿元，两次在全市产业项目建设现场会上作典型发言。新型工业提质升级。新兴产业快速成长、传统产业改造优化、园区活力加快释放。完成规模工业总产值157亿元，增长12%，新入统规模工业企业15家，排全市前列。新增高新技术企业10家，高新技术产业产值占比达到71.3%。光电智能终端、新能源新材料两大产业补链延链强链，新型环保建材产业园开工建设。园区环评成功获批，园区路网建设进展顺利。“135”工程升级版(2)新建标准厂房45万平方米，排全市第一。获全省节约集约用地先进产业园区、省级大数据产业园区、绿色园区、智慧园区、新型工业化产业示范基地称号。现代农业稳产增效。收购烤烟16.86万担，超额完成市分配任务，连续七年保持全省第二、全市第一。积极应对生猪产能下降、猪肉价格飙涨的双重影响，率先启动生猪生产转型升级，引龙头、建基地、扩规模、保供应，集中开工建设生猪标准化养殖小区10个，成功举办全省生猪全产业链建设现场会。4家农业企业认定为粤港澳大湾区“菜篮子”生产基地。新增家庭农场、专业合作社、休闲农庄144家，市级农业龙头企业7家。旅游服务业蓬勃兴起。按下全域旅游示范创建“快进键”，九嶷山舜帝陵景区创国家AAAAA级旅游景区取得阶段性成效，三分石和下灌景区创AAAA级旅游景区通过景观质量评审。成功举办中国户外健身休闲大会、环中国国际公路自行车赛、第五届世界儒家文明大会、福建舜裔宗亲“千人团”祭祖暨舜文化万里行等活动，获评最受海外游客欢迎的内地旅游目的地，下灌村获评湖南省旅游名村。接待游客、旅游收入分别增长22.3%、23.5%。商贸流通“千百工程”(3)和“优供促销”推动消费升级，完成电商交易总额45.8亿元，增长18.4%。产业结构的优化、质量效益的提升，为宁远高质量发展注入了强大的动力！

（二）着力强基础、促振兴，城乡一体持续推进

举全县之力开展“十城同创、文明共建”，绘好大美宁远工笔画，城乡颜值气质提升。县城辐射带动增强。“一城两翼”(4)矗立成型，昔日的旧城变新城，路宽了、楼高了、景美了、街靓了、人更文明了。南部生态文化新城展露新姿，城区路网纵横互通，九嶷大道、湘妃大道、文化路基本建成。旧城提质步伐坚实，老旧小区、棚户区改造提速加力。“双修双改”(5)“两供两治”(6)“气化宁远”“五化行动”卓有成效，城北水厂建成投运，莲花山公园、沿江风光带绿化提质。卫生保洁、禁燃禁放、占道经营、交通秩序管理精细长效。两供两治、双修双改工作经验在省市推介，跻身全国装配式建筑园区示范基地。乡村振兴推进有力。紧扣“20字方针”(7)，抓实“五个振兴”(8)。率先推行“三清一拆一改一挂钩”(9)“五治五化”(10)农村人居环境治理模式。“厕所革命”深入推进，新（改）建农村户厕9989座。“一户一宅”“建新拆旧”落地见效，拆除空心房1.3万间，腾退土地345亩，复耕复绿320亩。传统村落保护扎实推进，天堂大阳洞等10个村入选第四批“全国传统村落”。九嶷山西湾村入选全国乡村治理示范村。湾井镇获评全国卫生乡镇、九嶷山乡获评全省卫生乡镇。弘扬舜帝德孝文化，推动形成文明乡风、良好家风、淳朴民风。全市新时代文明实践中心建设现场会在我县召开，农村饮水安全、农村人居环境整治在全市作典型发言。基础设施不断完善。全方位、全覆盖、全贯通的基础设施网络加快形成。实施重大基础设施项目65个，完成投资50亿元。柏柑、二广高速宁远东互通至天堂、仁和至冷水公路进展顺利，天堂至梅岗、禾亭至太平两条道路改扩建启动

实施，全县所有25户以及100人以上的自然村都实现了通水泥（沥青）路。城乡客运一体化示范县创建稳步推进，60万农村群众出行更方便了。涔天河灌区宁远段、仁和坝大型水闸以及病险水库除险加固全面铺开，水毁水利工程进展顺利。开发耕地1.8万亩。梅岗风电场并网发电，65个行政村农网改造完成。农村无线和光网覆盖率分别达到96.8%、98.8%。一幅山清水秀、鸟语花香、地干净、人文明、治安好、环境优的美丽画卷正在徐徐展开！

（三）着力大承接、增活力，改革开放持续深化

坚持深化改革与扩大开放“两手抓”，以革故鼎新之势破陈规、辟新途、降成本，极大释放了市场活力。各项改革全面深化。基本完成县级机构改革任务。210项“一件事一次办”改革上线运行，下放乡镇（街道）和村（社区）29项，让群众办事更便利。工程建设项目审批制度改革、不动产登记集约改革，让营商环境更优化。财税和投融资、城镇建设、农村土地确权颁证等改革有序推进。积极响应市委的号召，率先开展农村房地一体确权登记试点。全市深化农村改革推进会在我县召开，农村集体产权制度改革在全省作典型发言，荣获省农村承包地确权登记颁证纠错工作、数据互联互通工作试点县。创新创业能力增强。市场活力、创新潜力充分激发，发放创业贷款3870万元，市场主体达到2.3万户。国家级星创天地，省级众创空间、工程技术研究中心不断涌现；荣获全省技能培训先进县。开放承接步伐加快。主动对接开放崛起“五大专项行动”(11)，积极融入粤港澳大湾区建设，引进500强企业2家，实际利用外资、内联引资分别增长16.7%、19.8%。外贸进出口额达到19.1亿元，增长27%，增势强劲。成功举办全市承接产业转移示范区建设现场会，并作典型经验推介。获评国家级外贸转型升级基地。改革开放极大地释放了新潜力，培育了新动力，积聚了新活力，宁远正在扩大开放中加速崛起。

（四）着力治污染、重保护，生态建设持续增效

坚持绿水青山就是金山银山，推动生态环境高颜值和经济发展高质量协同共进。中央和省级环保督察以及“回头看”反馈问题整改取得实效。餐饮油烟整治、垃圾焚烧治理、扬尘污染防治、工业企业污染整治深入实施，城区空气质量优良率达96.7%，同比提升6个百分点。永州东部生活垃圾焚烧发电厂推进迅速。河长制、路长制、楼长制巡查常态化，饮用水源地环境保护专项整治工作获生态环境部通报表扬；工业园污水集中处理实现在线监控。集中式饮用水水质达标率100%。土壤污染防治、农业面源污染治理扎实有力。国家和省级森林城市创建厚植生态底色，造林绿化4.2万亩，“四边”绿化315公里，建设全国森林乡村4个。国家森林公园管理工作在全省作典型推介，九嶷河国家湿地公园被评为省生态文明教育基地。全省“大美湖南，绿行三湘”活动首发式在我县举行。“天然氧吧”工作在全市作典型发言。清洁的空气、纯净的水源、绿色的生态惠及全县人民。

（五）着力真脱贫、惠民生，人民生活持续改善

坚持打好增投入、保基本、补短板、兜底线、促公平的民生“组合拳”，切实解决群众“头等大事”和“关键小事”。脱贫攻坚纵深推进。聚焦“两不愁三保障”，创新实施“五单预警”(12)“问题清零”“六个一”(13)活动。率先推行“三分三千”(14)帮扶模式、“兴产业帮就业促创业”增收模式、“四引四促”后扶模式，落实“3+X”(15)差异化帮扶措施，开设“致富车间”216个、特设岗位1512个，吸纳贫困劳动力就业4776人。产业、就业、教育、医疗、住房保障政策全面落地，水、电、路、信、房、环等“六到农家”全面巩固提升。全省脱贫攻坚实地考核取得预期成效，易地扶贫搬迁迎国检获得

好评，就业扶贫在全省作典型发言，全省教育科研扶贫现场会在宁远县召开。社会保障精准有效。新增城镇就业6314人，农村劳动力转移就业5231人，就业工作在全市作经验推介。养老、医疗、生育、工伤、失业等社会保险制度不断完善，城乡低保、医保和救助水平稳步提高，退役军人服务保障明显增强。全省西南片区养老服务体系建设现场会在我县召开。社会事业蓬勃发展。学位、床位、车位、摊位、厕位"五位建设"深入实施。二中、八小、九小、十二小后续工程和九中、十中、十一中一期工程建成并投入使用，七小、十三小、一中新校区、新职业中专全面开工，169所农村薄弱学校、25所学校标准化食堂改造完工。新增学位1.4万个，化解大班额623个。教育质量不断提升，高考二本以上上线1181人，增长9.8%。健康惠民稳步推进，妇女儿童医院、人民医院新城分院、乡镇卫生院、村卫生室标准化建设提速，县域紧密型医共体、分级诊疗体系、医疗卫生网格化管理启动实施，计划生育政策全面落实。基层公共文化服务体系建设不断加强，在全市率先建成图书馆、文化馆总分馆体系；3处文物古迹入选全国第八批重点文物保护单位，居全省第一；文体活动丰富多彩、文化创作佳作迭出，成功举办省青少年举重锦标赛，被评为省体育后备人才基地。全国公共文化服务示范区创建全市第一。老百姓的日子越来越殷实、越过越红火，获得感、归宿感、幸福感更加充实！

（六）着力防风险、保安全，社会大局持续稳定

坚持明界限、盘底数、化存量、控增量、堵后门、开前门，超额完成全年化债任务，争取上级债券资金5.03亿元，获评省预算编制审核及财政运行指导试点县，财政绩效考核获全省第一，财政管理工作4次在全省作经验介绍。积极推动国有公司市场化转型，务实推进政银企对接合作。严厉惩治非法集资，"一签两查三控四治"[(16)]模式在全市推介。年末存、贷款余额分别增长8.3%、15.3%，排全市第二。安全生产持续向好，大排查大整治大管控百日行动推动隐患"清零"；全力抓好防汛抗旱、森林防火、减灾救灾，安全生产事故和死亡人数"双下降"。落实"四个最严"要求，食品药品安全风险防控有力。信访形势平稳，"百案攻坚""三无"创建成效明显。大力开展集打斗争、扫黑除恶、"三贷三霸"[(17)]、农村道路、酒驾醉驾专项整治和新一轮禁毒人民战争，扫黑除恶走在全市前列。获评全省"七五"普法中期先进县。人民群众的生命财产安全有效保障，呈现出人民安居、社会和谐、大局稳定的景象。

（七）着力转作风、勇担当，行政效能持续提升

认真开展"不忘初心、牢记使命"主题教育和"三比三创"[(18)]活动，全体党员干部把深入学习习近平新时代中国特色社会主义思想作为首要政治任务，在学深悟透做实上下功夫，干事创业敢担当、为民服务解难题、清正廉洁作表率。自觉接受人大和政协监督，县级领导带头领办民生建议和重点提案，办理人大代表建议249件、政协提案78件。认真办理县十七届人民代表大会第三次会议上作出的《关于切实加强传统村落保护和利用、活跃乡村文化旅游、助力实施乡村振兴的决议》，编制传统村落规划12个，投资1.6亿元修缮县内历史建筑、文物古迹2600余栋（座）；重点打造"两镇两线"[(19)]精品传统村落旅游线路。严格落实"一岗双责"，深入推进政府系统党风廉政建设，自觉接受省市巡视巡察，做好反馈问题整改落实。大力整治形式主义、官僚主义等问题，严肃查处各类违法违纪案件。审计监督作用成效显著，连续两年获全省先进。广大党员干部讲政治、强责任、勇担当、敢斗争，用辛苦和付出换来了群众有品质的生活，风正、心齐、气顺、劲足的氛围蔚然兴起！

一年来，国防动员、消防、人防、史志、档

案、保密、气象、民宗、科协、工会、侨联、残联、台办、共青团、老科协、健康协会等都做出了新贡献，妇联、工商联荣获全国先进集体称号。

回望一年走过的路，我们过得很充实，干得很坚定。我们始终坚持党的集中统一领导，坚定不移贯彻习近平新时代中国特色社会主义思想，以绝对忠诚的政治操守、坚如磐石的政治定力，不折不扣推动中央和省、市的决策部署在宁远落地生根、开花结果；我们始终坚持践行新发展理念，坚定不移贯彻创新、协调、绿色、开放、共享的新发展理念，扭住发展第一要务不动摇，围绕“三业三区一公园”[20]发展思路，适应新形势，把握新要求，探索新路子，加快推动经济社会高质量发展；我们始终坚持以人民为中心，坚定不移把人民立场作为根本立场，不忘初心、牢记使命，撸起袖子加油干、全心全意为人民，让改革发展成果更多更公平惠及全县人民，全面建成小康宁远的庄严承诺正在我们手中实现。

思危方能居安。在充分肯定成绩的同时，我们也要清醒看到发展仍然面临不少困难和问题：一是稳增长的压力较大。传统产业仍在转型、新兴产业尚在培育，新动能还不强，投资、消费等少数指标、部分项目没有达到预期目标。二是发展质效有待提升。经济总量不大，园区集聚效应、引领作用没有充分发挥，企业盈利和创税能力还不够强，财源建设单一、财税质量不高。三是风险防范任务艰巨。政府性债务还本付息压力大，化债任务重，生产安全、环境安全、防汛安全、森林防火、金融安全等问题不容忽视。四是民生事业存在短板。基本公共服务供给与人民群众对美好生活的向往不相适应，医疗健康、教育文化、住房保障、就业养老、救助救济等群众关注的问题仍然突出；五是营商环境还需优化。“放管服”改革有待深化，行政审批和办事效率还不高，担当意识、服务意识、执行意识还不强，营商环境需要大力优化。在今后的工作中，我们一定要直面问题和挑战，勇于担当、恪尽职守，竭尽全力做好工作，决不辜负人民的期待！

二、决战决胜2020年全面建成小康社会

2020年是全面建成小康社会和“十三五”规划收官之年，我们要实现第一个百年奋斗目标，做好2020年工作意义十分重大。当前，宁远发展仍然处于重要战略机遇期，机遇不容错过、信心不可动摇、干劲不可松懈。从大局看，虽然面临百年未有之大变局，经济形势错综复杂，但经济稳中向好、长期向好的基本趋势没有变，中央和省市加快现代化经济体系建设、深化改革开放、基础设施补短板的政策环境总体向好，要坚持辩证地看待问题，增强必胜信心，善于把外部压力转化为抓经济工作的强大动力，集中精力办好自己的事。从宁远看，虽然面临增速换挡、转型阵痛、改革攻坚，但优势产业发展壮大，新兴动能加速成长，创新活力充分迸发，支撑能力不断提升，高质量发展的基础更加牢固。我们必须保持战略定力，提振精气神、跑好接力赛、建树新业绩、全面奔小康。

2020年政府工作总体要求是：坚持以习近平新时代中国特色社会主义思想为指导，全面贯彻党的十九大和十九届二中、三中、四中全会精神，坚决贯彻党的基本理论、基本路线、基本方略，增强“四个意识”、坚定“四个自信”、做到“两个维护”，紧扣全面建成小康社会目标任务，坚持稳中求进工作总基调，坚持新发展理念，坚持以供给侧结构性改革为主线，坚持以改革开放为动力，推动高质量发展，坚决打赢三大攻坚战，全面做好“六稳”[21]工作，大力实施全面小康决胜年攻坚行动，持续推进“五大战略”“三业融合”“三区共建”，统筹推进稳增长、促改革、调结构、惠民生、防风险、保稳定，确保全面建成小康社会和“十三五”规划圆满收官，加快建成宜居宜业宜游

生态文化公园。

2020年发展主要预期目标是：生产总值增长8%以上；地方财政收入增长6%以上；规模以上工业增加值增长8.8%以上；固定资产投资增长10.5%以上；社会消费品零售总额增长10.3%以上；城镇居民人均可支配收入增长9.5%；农村居民人均可支配收入增长10%，环境保护、资源节约、安全生产等约束性指标完成省市任务，县域经济实力在全省的位次持续提升。按照高质量发展要求，更加注重以下指标：全社会研发投入占GDP的比重2.3%以上，产业投资占固定资产投资的比重65%以上，工业投资占固定资产投资的比重45%以上，单位GDP能耗下降3.5%以上。

围绕上述要求和目标，重点抓好以下六个方面的工作：

（一）坚定打赢三大攻坚战，在建成全面小康上奋力冲刺

三大攻坚战是决胜全面小康的“三大底板”，不仅要守住，更要打赢打好，确保实现脱贫攻坚目标任务，确保污染防治取得实效，确保不发生系统性金融风险。

攻克精准脱贫坚中之坚。聚焦“两不愁三保障”，对标“四不摘三落实”[22]，集中兵力打好深度贫困歼灭战，完成2219名贫困人口脱贫任务，精准精细排查化解已脱贫对象返贫风险、非建档立卡“四类对象”致贫风险，全面落实到户到人政策，确保全面小康路上一个都不能少。在不摘责任上加力加压，始终把打好脱贫攻坚战作为重大政治任务，自觉担当政治使命，一鼓作气、尽锐出战，不获全胜决不收兵。组建县乡两级脱贫攻坚业务指导组，强化各层级的业务培训和指导。配合做好脱贫攻坚普查。在不摘政策上对标对表，进一步巩固完善“三分三千”工程，继续实施“3+X”差异化帮扶措施，专项扶贫、行业扶贫、社会扶贫共同发力，扶贫、扶智、扶技相结合，兴产业、帮就业、促创业，着力激发贫困对象内生动力，引导一起来创业、一起来奋斗，一起来改变命运。在不摘帮扶上落实落地，坚持“大稳定、小调整”，在保持驻村和结对帮扶基本稳定的情况下，对无法形成合力的联合驻村工作队，适当进行调整，工作能力差、工作责任不强的工作队坚决召回或撤换，制定完善驻村工作队管理和考核办法，充分调动驻村和结对帮扶工作积极性。在不摘监管上从严从实，分别组建县乡常态化脱贫攻坚督查督办组，面上督查与专项督查相结合，全面督查行业扶贫部门、乡镇（街道）、村（社区）、驻村工作队各层级的责任落实、政策落实、工作落实，确保全县上下保持昂扬的攻坚斗志，夺取脱贫攻坚战的全面胜利！

攻克污染防治难中之难。要直面全县生态环保基础较弱的问题，持续开展污染防治攻坚战“夏季攻势”，精准治污、科学治污、依法治污，抓好强规、增绿、洁地、净水、治气工程，持续推进中央和省级环保督察以及“回头看”反馈问题整改。打赢蓝天保卫战。综合整治“散乱污”企业、工业炉窑、燃煤锅炉、渣土扬尘，取缔违法违规采石采砂采矿。建好4个建筑垃圾消纳场，实施好秸秆综合利用重点县项目，确保全年空气质量优良率90%以上。打好碧水保卫战。深入推进湘江保护和治理第三个“三年行动计划”。严格落实河长制，常态化开展县乡村三级巡河工作。实施河库保护修复，加强饮用水水源地管护。治理农业面源污染，实施畜禽粪污资源化利用整县推进，完成城区3条黑臭水体治理，建好天堂、鲤溪、水市、太平、冷水5个乡镇污水处理厂。推进净土保卫战。全面治理废弃矿山和尾矿库，建设清水桥、禾亭、中和、冷水、鲤溪、湾井6个生活垃圾中转站，建成永州东部生活垃圾焚烧发电厂，确保生活垃圾无害化处理率达到100%。抓好国家森林城市和省级生态文明建设示范县创建，造林4.2万亩，建好13个乡镇休闲公园、295个村庄公共绿地。力争“绿色中国行”活动走进九嶷山。加快九嶷山国家公园创建工作。建好九嶷河国

家湿地公园配套基础设施，迎接国家评估验收。带着责任和使命，守护好湘江源头。

攻克风险防范重中之重。坚持以对历史负责、对全县人民负责、对宁远长远发展负责的态度，坚定不移防范化解重大风险，千方百计保民生、保运转、保发展，推动经济持续健康发展。防控政府债务风险。严格落实隐性债务化解方案，坚决完成年度化债任务。聚焦老旧小区改造、生态环保、污水处理、垃圾处理、城乡基础设施等领域，争取更多的专项债券支持。加强政府投资项目全过程管控，严控债务增量。完成国有公司整合及市场化转型，做好债务债权关系、合并重组、工商注销等工作。统筹抓好稳金融工作，聚焦产业项目、三农发展、小微企业和民生事业加大信贷投放，力争新增贷款15亿元。管控金融机构风险，开展“一非三贷”(23)依法打击和金融领域涉黑涉恶专项整治，加大非法集资积案处置力度，坚决守住金融风险的“总闸门”。

（二）坚定产业项目建设，在推进产业现代化上奋力突破

宁远最大的县情仍然是底子薄、欠发达、不平衡，要更加注重产业链的搭建、产业生态的形成，重点抓好“一化两端、三区三业”(24)，打好产业基础高级化、产业链现代化攻坚战。

加快发展现代工业。虽然我县在交通区位、工业基础方面优势不明显，但向制造强县目标迈进的决心不能动摇。力争通过三到五年的努力，创建国家级高新技术开发区，向“十亿企业、百亿产业、千亿园区”的目标迈进。全年完成规模工业总产值175亿元，新入统规模企业15家。在新兴产业培育上，大力发展数字经济、健康产业，启动中国国际大健康产业园建设。在新兴产业壮大上，紧盯新能源新材料、光电智能终端、食品生物医药三大产业强龙头、补链条、聚集群，建成投产湘迪科技、千洋智能科技等12家科技企业，高新技术产业产值达到121亿元。在传统产业改造升级上，鼓励引导建材冶金、轻纺制鞋、农产品加工等产业拓展“智能+”，推进新型环保建材产业园建设，全力打造国家级装配式建筑产业示范基地。实施百企“上云上平台”行动计划，力争工业技改投资增长15%。积极引导中小企业走“专精特新”之路，力争培育小巨人企业1家以上。持续抓好省“五个100”、市“五个10”重大产业项目建设，建成光电智能终端和新能源新材料产业园，以大项目推动园区大发展，以工业的先行突破带动县域经济的整体提升。

加快发展现代农业。要着力解决农业大县大而不强不优的问题，深入实施“六大强农行动”(25)、“十百千”工程(26)，走精细农业和一二三产业融合发展之路，致力打造粤港澳大湾区“菜篮子”生产基地。大力发展烟、稻、茶、柑、菜、猪、兔、牛等支柱产业，推进高标准基地建设。种植烤烟7万亩，收购烟叶17万担以上。新建500亩以上连片特色商品蔬菜基地10个，直供粤港澳大湾区。新造油茶1万亩，建好万亩有机茶园。实施优质湘猪工程，建成舜陵、中和、天堂、水市、太平、禾亭、冷水、保安等10个标准化生猪养殖小区，年出栏2万头养殖小区达到40个，年出栏生猪100万头以上。新增合作社30家、家庭农场30家，创建市级以上龙头企业3家，市级农业标准化示范基地7个、省级示范合作社2家，培育省级知名品牌2个。依托整省推进信息入户工程，大力发展“互联网+农业”，实施农校、农超、农企产销对接，建立完善县农产品产销联盟、冷链物流、仓储运输、市场销售等服务体系，加快推动宁远由农业大县向农业强县迈进！

加快发展现代旅游服务业。充分激发消费这驾“马车”的驱动力，实施服务业高质量发展三年行动，实现投资消费并驾齐驱。以全域旅游示范县创建为抓手，着力推进旅游市场营销、主体培育壮大和服务质量提升“三大工程”，力争九嶷山舜帝陵通过AAAAA景观质量评审，加快三分石和下灌景区创AAAA、状元故

里文化旅游、舂陵古城旅游开发、孝德研学实践基地、九嶷山休闲度假酒店、县游客中心等项目建设，举办好中国户外健身休闲大会、九嶷山国际马拉松赛等活动。主动对接内贸流通促进工程，加快现代流通体系建设，抓好大数据、云计算、区块链等新一代信息技术应用，健全城乡物流配送网络，力争新增限额以上贸易企业5家。积极培育体验消费、夜市消费等新业态，打造一批特色鲜明、业态多元、靓丽美观、整洁卫生的夜市街区，挖掘消费潜力、推动消费升级。加强消费者权益保护，让老百姓消费更加放心、更加安心、更加称心。

（三）坚定抓好产业承接，在深化改革开放上奋力先行

当前，我们正处在爬坡过坎的转型期、滚石上山的攻坚期、厚积薄发的窗口期，必须坚持以改革推动开放，以开放倒逼改革，实现改革开放的互动并进。

强化开放对接。要重点破解开放步伐太慢、招商成本过高、产业不成体系的问题，统筹抓好对外开放与对内搞活，招商引资与优化环境，促进贸易与投资便利化，着力打造承接产业转移排头兵。深度对接粤港澳大湾区，瞄准三类“500强”企业，围绕五大重点产业[27]和“2个优势产业链”[28]，建好项目、客商、企业、资金、人才“三库两池”，建立以“亩产论英雄”的导向机制，为新产业新动能腾出空间。要大力开展产业链招商、基金招商、供房招商、以商招商、高科技人才和科研成果转化招商，批量引进行业领军企业、高新技术企业以及产业链关键环节、上下游配套企业。力争引进“500”强企业2家以上，规模工业项目10个以上，实际利用外资、内联引资增长10%以上。大力实施“破零倍增”计划，力争新增外贸破零倍增企业10家、外贸进出口总额增长15%以上。让开放的宁远成为企业家的投资旺地、成长胜地、生财福地！

强化支撑能力。面对平台建设滞后、要素约束趋紧、人才资源不足的现实状态，必须下决心破解产业、物流、技工、功能不配套的问题，大力提升全要素生产率。实施园区开放平台提质升级工程，拉通崇德路、重华北路等园区路网，建好污水管网以及住宅小区、商贸娱乐、便民服务中心等设施。抓紧抓实135工程升级版，力争年内新建标准厂房30万平方米。全面启动西部智慧产业新城一体化项目。加快建设综合物流仓储运输中心，申报建设海关工作站，打造永州南区域物流中心。积极发展“归雁经济”，深化“引老乡、回故乡、建家乡”活动，各级各部门和乡镇（街道）要大力引进能人老板回家乡，到景区、园区、农村兴办企业，力争全年创办企业100家以上，对引进年纳税50万元以上企业的有功人员进行奖励。深入实施“芙蓉人才行动计划”，真心真情为人才提供全方位服务，力争新引进一批优秀科技人才（团队）。通过厚植人才优势、激发人才活力，为宁远高质量发展输送源源不断的强大动力。

深化改革创新。坚决破除束缚改革创新的观念和体制机制，坚持巩固、增强、提升、畅通的八字方针，不断激发高质量发展的新动力。推动改革走深走实。以深化经济领域改革为龙头，抓好放管服改革，完善事中事后监管制度；抓好财税体制改革，实行全口径预算管理、预算绩效评价，加大乡镇（街道）财源建设。抓好金融体制改革，扩大直接融资、增强服务功能；抓好工程建设领域改革，持续推进行政审批制度、征地拆迁安置改革。加快推进农村集体产权制度改革和农村承包土地经营权登记变更试点工作，加强行政村“三资”监管。抓好农村宅基地房地一体确权颁证工作。加快培育创新主体，抓好产业链、创新链、资本链、供应链、亲情链“五链融合”，充分激发创新活力，新增高新技术企业6家以上，力争创建国家级众创空间，让创新真正成为发展的第一动力。

（四）坚定推进十城同创，在新型城镇建设上奋力开拓

坚持项目为王、精准发力，深入推进“十

城同创、文明共建”，着力提升城镇建设的前瞻性、针对性、有效性，力争城镇化率提升至48.8%，促进我县城镇建设继续领先发展。

狠抓县城品质魅力提升。强化城市“精明增长”理念，着力营造宜居宜业宜游的生活环境。高起点编制新一轮国土空间规划、历史文化名城保护规划，实现“多规合一”。按照“一城两翼”布局，继续大力建设南部文化生态新城、西部工业新城，建设印山公园和人工湖，完成明德路、舜帝南路延伸线、文化路、和谐路、安康路等路网建设。启动建设中欣文旅智慧小镇、万豪城市综合体。拉通重华南路和印山西路等路网，整体推进重华南路片区开发。精细推进旧城提质改造，大力开展征拆攻坚行动，推进共有产权房建设，抓好城中村、城郊村、棚户区、老旧小区改造、历史文化街区保护、“一水两岸三线四园”(29)绿化升级。加快县城公交站及公共停车场、立体过街设施、星级公厕、垃圾中转站建设；扩容印山水厂、新建城南、城东水厂，配套引水供水管网。精心管理城市，推进“智慧城市”建设，打造智能化管理体系，强化控违拆违、市容市貌管理、交通运行信息管控。通过精建细管，让我们的县城更加美丽、更加宜居！

狠抓特色产业小镇建设。着力打造一批特色鲜明、要素集聚、宜居宜业、富有活力的特色产业小镇，建好禾亭、冷水、仁和、水市、中和、天堂、棉花坪等农业小镇，太平、清水桥、保安、鲤溪、五龙山等边贸小镇，九嶷山、湾井、柏家坪、桐木漯等旅游产业小镇。完善公共服务设施，实施“五个一”工程，建设一个农贸市场、一个市民公园、一个文化广场、一个高标准敬老院（幸福家园）、一个公共停车场。创新体制机制，促进资金、人才、技术各类要素集聚，开展闲置土地综合整治，保障小城镇建设用地；建立镇银对接机制，抓好物流电商配套。促进生产、生活、生态“三个融合”，尽力做到不挖山、不填湖、不毁绿，让小城镇留下记忆，让人们记住乡愁。

狠抓基础设施补短板。以项目建设推动经济高质量发展，全面做好“十四五”规划编制，聚焦国家省市战略、发展所需、民生改善，瞄准基础设施、产业、生态等领域，谋划一批打基础、管长远、利全局的大项目好项目，力争在省市规划中体现更多“宁远元素”。织密织牢水电路讯“四张网”。交通方面，围绕打造现代综合交通枢纽，积极争取永清广高铁、兴永郴赣快速铁路过境宁远，规划建设高铁新城。推进县客运综合总站建设，加快二广高速宁远东互通至天堂、仁和至冷水、柏家坪至道县柑子园、二广高速宁远互通至新田公路等项目建设，抓好湾井至道县四马桥、九嶷山至道县湘源温泉公路前期工作。建成中和西山至双牌、五龙山至祁阳、天堂岭脚至道县、清水桥黄沙坪至双牌边界路、断头路，加大县乡道提质改造，拓宽天堂至梅岗、禾亭至太平公路，持续推动危桥改造和“四好农村公路”建设，完成安防工程180公里。加快城乡客运一体化建设，延伸乡镇之间、乡镇与建制村之间绿色客运班线。水利方面，启动九嶷山水库和龙形头水库建设，提速涔天河灌区宁远段、仁和坝大型水闸和小型水库除险加固、城乡供水一体化等项目建设。能源方面，抓好城区110千伏变电站扩容、36个行政村农网改造，加快实施“气化宁远”工程。通讯方面，加强城区5G网络、农村4G网络和光纤宽带设施建设。通过抓实基础设施建设，让群众出行更方便、饮水更安全、用电更可靠、通讯更便捷！

（五）坚定实施乡村振兴，在共建美丽家园上奋力迈进

坚持农业农村优先发展，全面推进“一核两廊两线两镇多点”(30)试点示范工程，全力打造乡村振兴的县域典范。

大力振兴乡村产业。乡村振兴最大的短板是产业兴旺，要吸引人财物等各类资源充实到农村产业发展中来，加快引进龙头企业带动乡

村产业振兴，力争引进龙头企业3家以上。积极推行“村社合一”村集体经济发展模式，实行“一村一品”，每个村重点培育1个优势产业和品种，引导发展水果、家禽、肉牛、肉羊以及特色种养业。充分发挥农建投在农业产业中的重要作用，建成九嶷山兔产业园，力争年产值达到2亿元。抓好“一所一社一链”[(31)]建设，大力引导和鼓励青壮年劳动群体返乡就业创业，培训职业农民1万人、创业致富带头人300人，既让农民兄弟的“钱袋子”鼓起来，又能照顾好家庭、照顾好老人、照顾好下一代，真正实现双增收、双激发、双脱困。

大力整治人居环境。要以创建全国农村人居环境整治示范县为抓手，实施“一拆二改三清四整五化”[(32)]系统工程。大力拆除农村空心房、废弃房，全县所有行政村空心房拆除率达到85%以上。大力改善和巩固农村饮水安全，实现农村自来水普及率、水质达标率80%以上，深入实施农村“厕所革命”，新（改）建农村厕所6000户以上，卫生厕所普及率达到100%。清洁地面、清洁田园、清洁水源，推动化肥农药使用量负增长，畜禽粪污资源化利用率达到90%以上。大力整治农村集贸市场，改造提升集贸市场5个、新建扩建集贸市场9个。农村生活污水处理率达到60%。抓好净化、绿化、亮化、序化、美化，通过“分级管理、就地回收、财政奖补、严格考核”四条硬措施，清除历史积存垃圾，健全垃圾分类、收集、转运和处置体系，建好餐厨垃圾处理中心，所有村庄全面建立日常保洁机制，村庄生活垃圾集中收运率达到100%，乡镇休闲公园、村庄公共绿地达标率100%。新增省市级美丽乡村示范村5个。

大力规范农村建房。坚决遏制未批先建、少批多建、批东建西、无序建房的行为，对原有违法建房要全面摸清底子，分类分批处理；对新增违法建设要严查快处快拆，做到发现一起拆除一起，确保违法建房“零增长”。坚持“先规划、后审批、再建设”，强化规划与用地审批管理，编制好“多规合一”村庄规划406个，引导农民规范集中建房。一律禁止在基本农田保护区、饮用水源一级保护区、历史文化核心保护区、河道管理和公路两侧建筑控制区建房。农村建房执行“一户一宅”“建新拆旧”规定，实行统一设计、统一户型，保持传统特色和湘南民居风格，新建房屋不得超过3层，面积不得超过省市要求。简化建房审批程序，乡镇（街道）和村两委要履行主体责任，对符合建房条件的村民严格按“个人申请—村公示—乡镇（街道）批准”的流程进行。每个行政村要成立规范农村建房工作组，把规范村民建房纳入村规民约，实行批前选址、建前放线、建中监督、房屋封顶、竣工验收“五到场”。通过全过程从严监管，坚决刹住农村违法违规建房歪风！

大力建设文明乡风。紧紧抓住全国新时代文明实践中心试点县建设的有利契机，培养时代新人、弘扬时代新风，广泛开展道德模范、五好家庭、十星级文明户评比，大力创建文明村镇、文明家庭，积极开展健康有益的文体活动，让更多村民从牌桌酒桌中走出来。健全完善村规民约，把婚事新办、丧事简办、孝亲敬老纳入村规民约，建好老年人协会、村民议事会、道德评议会，对村内红白喜事大操大办、不赡养老人等进行教育、规劝和治理。建立农村党员干部操办婚丧事宜报备制。开展“刹人情歪风、治婚丧陋习、树文明新风”专项行动，减轻“人情债”、增加“人情味”。抓好殡葬改革，加大宣传引导，大力推进公益性公墓建设，倡导节地安葬、破除旧的丧葬习俗。切实解决天价彩礼“娶不起”、豪华丧葬“死不起”、人情礼金“还不起”等问题。

（六）坚定改善社会民生，在增进人民福祉上奋力作为

人民政府为人民，当家理财惠百姓。要把保障改善民生作为政府工作的永恒主题，量力而行尽力而为，无论财政压力有多大，坚决做到民生投入只增不减，民生支出只升不降，让

发展的每一项成果真正惠及全县人民。

强力实施社会保障工程。稳定就业总量、改善就业结构、提升就业质量，实现新增城镇就业6000人以上、农村劳动力转移就业5000人以上。着力稳岗增岗，解决好高校毕业生、农民工、退役军人等群体就业。加强劳动保障监察执法，依法治理农民工工资支付问题。完善城乡低保制度，落实优待抚恤、救灾救济、五保供养和孤儿救助，推进社会救助精准化管理。健全县乡村三级退役军人服务保障体系。完善医疗保障体系，加大医保支付方式改革和医疗服务价格调整力度，全面推开按病种付费，落实异地就医结算政策，扩大定点机构覆盖，开展打击欺诈骗保专项行动。坚持“房子是用来住的、不是用来炒的”定位，落实稳地价、稳房价、稳预期长效管理调控机制，大力发展租赁住房，促进房地产市场平稳健康发展。加强残疾人康复服务。实施“一老一小”[(33)]关爱工程，大力发展社区居家养老服务，抓好贫困失能失智人员集中供养，建好社会福利中心二期、水市镇区域性中心敬老院，提质改造乡镇敬老院和幸福家园，让老年人拥有幸福的晚年。

强力实施教育强县工程。推进城乡义务教育一体化发展，加快建设一中新校区、新职业中专、十三小、芙蓉学校、宁远外国语学校，强力推进九中、十中、十一中二期工程和二中、七小、八小、九小续建工程，年内新增学位1万个，彻底消除55人以上大班额。抓好标准化食堂改造和38所乡镇寄宿制学校、107所小规模学校、农村网络联校群、教学点信息化建设，保障农村偏远地区孩子方便就学。全面实施教育提质工程，加大优质教育资源引进，探索集团化办学，推行委托管理、强校带弱校、学校联盟等办学形式，让家门口的好学校、好老师多起来。办好音体美特色高中教育，为特长学生发展提供坚实平台，整体提升高中教育竞争力。加快发展公办和普惠性民办幼儿园，多渠道扩大学前教育供给，努力实现“幼有所育”。推动职业教育、民办教育、特殊教育、网络教育有序发展。建设一批劳动教育实践基地，教育引导学生崇尚劳动、尊重劳动。切实减轻学校负担，优化育人环境，把宁静还给学校、把时间还给老师、把快乐还给学生。深化教师管理和教育领域职称、人事、考核制度改革，把师德师风作为评价教师素质的第一标准，对师德失范行为依法依规严肃惩处，努力建设一支政治素质过硬、业务能力精湛、育人水平高超的高素质教师队伍！

强力实施健康宁远工程。切实增加医疗优质资源供给，加快人民医院新城分院、妇女儿童医院建设，支持县人民医院、县中医院争创三级医院，妇幼保健院争创二级医院。建好全市一流的体检中心，为干部群众提供最优最好的体检服务。抓好乡镇卫生院、标准化村（社区）卫生室建设，务必让基层群众受益。加快县域紧密型医共体建设，健全网络诊疗平台，推行卫生健康服务网格化管理，构建有序的分级诊疗格局，基层医疗机构患者就诊率要达到65%以上，县域内患者就诊率要达到90%以上。实施“人才强卫”战略，深化与知名医学院校合作，大力引进高水平医疗团队、高级专业技术医卫人才，提升医疗服务水平；开展名医院、名科室、名医生、名护士建设，做好医卫人员考核及收入分配制度改革，实行岗位绩效工资制。全面提升出生人口质量。进一步发展好中医药事业。巩固提升“百岁健康村”创建成果。坚决打击“医闹”“医赖”，加强医德医风建设，塑造行业清风正气。

强力实施平安宁远工程。以“平安宁远”巩固创建为抓手，加强治安防控体系建设，提高风险防控能力，应对各类风险挑战。防控安全生产风险。坚持党政同责、一岗双责、失职追责，深入开展安全生产隐患大排查大管控大整治行动，加强重点领域安全监管，加大案件办理和处罚力度。加强防灾减灾救灾、公共卫生、食品药品、森林防火等应急管理，启动森林火灾应急能力建设项目，坚决杜绝较大安全生产事故发生。抓好交通问题顽瘴痼疾集中整治行动，降事故、保安全、保畅通。防控社会稳定风险。深入开展扫黑除恶、宗族势力干政专项斗争，严厉打击黑恶势力犯罪及其“保护伞”，保持对黄赌毒等犯罪打击的高压态势，彻底铲除毒品生存土壤，打造“无毒宁远”。坚持和发展新时代“枫桥经验”，畅通和规范群众诉求表达、利益协调、权益保障通道，加大信访积案化解力度。健全公共法律服务体系，深化普法宣传教育。加强全民国防教育，大力完善国防动员机制，抓好人民防空和兵役征集工作。以义不容辞的责任和使命，坚决守护好人民群众的幸福平安生活！

强力实施文体惠民工程。以创建国家公共文化服务体系示范区为抓手，大力弘扬社会主义核心价值观，传承发展优秀传统文化。加快建设图书馆、文化馆、大舜博物馆、全民健身公园，提质改造体育中心，统筹推进农家书屋、村级文化服务中心“七个一”建设。实施文化名人培育、文艺精品创作工程，多讲宁远好故事、传播宁远好声音。组织开展健康向上的群众性文化活动，推动文化繁荣发展。倡导全民阅读，开展群众性精神文明创建活动。做好文遗保护利用工作，抓好舂陵侯古城遗址保护开发、万亩自然杜鹃及古文化发掘。广泛开展全民健身运动，办好全国青年举重锦标赛等一批富有宁远特色的重大赛事。

扎实开展第七次全国人口普查，统筹做好对台、保密、档案、气象、科普、慈善、地方志、外事侨务、民族宗教、新闻出版等工作。发挥工会、妇联、共青团等群团组织作用。

三、建设人民满意的服务型政府

服务型政府就是要让老百姓满意。我们将一如既往尊重人民意愿、尊重历史规律、尊重客观实际，用硬指标交账、用硬成绩说话，用辛苦指数换取幸福指数，让老百姓发自内心地为政府工作点赞。

全力提升治理能力。突出政治建设，制定形成“不忘初心、牢记使命”长效机制，切实增强“四个意识”，坚定“四个自信”，做到“两个维护”，确保政令畅通、令行禁止。突出依法履职，严格按照法定权限和程序履行经济调节、市场监管、社会管理、公共服务、生态环境保护等职能，实行政府权责清单制度，全面推进行政执法“三项制度”(34)改革。突出政府执行力建设，大力倡导“钉钉子”的精神，对中央、省、市和县委的决策部署，思想上坚决对标对表、行动上坚决跟紧跟进、任务上坚决落实落细，让“马上就办、真抓实干”蔚然成风。健全担当作为激励机制，让干部放下包袱、甩开膀子在真抓实干中夺红旗、当标兵。突出廉政建设，担起党风廉政建设主体责任，严格落实“一岗双责”，严格执行中央八项规定精神，守纪律讲规矩重自觉，干干净净为人民做事。切实抓好省市委巡视巡察、政治建设反馈问题和主题教育检视问题整改，严查违纪违规案件，坚决整治群众身边腐败和作风问题。带头过紧日子，一般性支出压减20%以上，“三公”经费再压减4%左右，切实把每一分钱都用在推动发展、改善民生上。筑牢监督防线，加强公共权力、公共资金、公共资源和项目资金的审计监督，支持开展派驻监督、监察监督。健全代表、委员联络机制，密切与人大代表、政协委员的联系，认真执行人大及其常委会决定决议，高质量办好人大议案、建议和政协提案，认真落实人大执法检查、视察、专题询问和政协协商意见，自觉接受人大及其常委会法律监督和工作监督、政协民主监督以及监察、司法、社会、舆论等各方面监督，更好凝聚各方面共识，寻求最大“公约数”，画好最大“同心圆”，确保人民赋予的权力始终为人民服务。

全力夯实基层基础。以贯彻执行省委“1+5”政策文件为总抓手。大力规范乡镇（街道）职责权限，建立权责清单和赋权指导目录，扩大经济社会管理权限；规范机构设置，全面清理不合规内设机构。整合乡镇（街道）站所执法力量和资源，组建统一综合执法机构。关心爱护基层干部，加大人力、财力、物力向基层倾斜的力度，全面保障干部工资薪酬、津补贴、表扬奖励和各种正常的福利待遇，完善运转经费正常增长机制，健全干部基本社会保障制度。大力减轻基层负担，坚决反对和整治一切形式主义、官僚主义，全面清理“责任状”和“一票否决”事项，开展调研务求实效，精简会议、各类文件材料，让基层腾出更多时间抓落实、抓发展。大力加强和创新农村社会治理，以问题为导向，把专项治理和系统治理、综合治理、依法治理、源头治理结合起来，把广大群众发动起来、组织起来，形成人人尽责、人人参与的治理局面，下决心整治村痞村霸黑恶势力在建设工程、土地承包、矿产资源、交通运输等领域的暴力胁迫、威胁恐吓、敲诈勒索、强拿硬要等违法犯罪行为，切实保障人民安居乐业、社会安定有序、农村长治久安！

全力优化营商环境。围绕营造稳定、公正、公平、透明、可预期的经济发展环境，大力推进政府“效能革命”，打造“四最”营商环境。坚持以大数据、云平台、互联网为支撑，纵深推进第二批110件“一件事一次办”改革，调整编制目录清单、推动业务整合和流程再造、推行集成服务，构建标准规范体系，不能让烦琐证明来回折腾企业和群众。不动产抵押登记5个工作日、一般登记10个工作日，一天都不能超、一次都不能多跑、一个小时都不能浪费。抓好“互联网+政务服务”一体化平台迭代升级，加快对接国家和省市政务服务平台，加快“1+N”模式县级政务服务“综合窗口”建设，加强乡镇（街道）、工业园便民服务中心、村（社区）服务站点建设，推进城管、媒体、应急等信息系统整合，打破信息孤岛、数据壁垒，推动信息共享、全县通办，让老百姓办事不出村、企业办事不出园。深化“证照分离”改革，建立全覆盖许可事项清单，清单以外事项一律不得作为限制企业经营依据。持续推行“双随机、一公开”监管，实现市场监管领域全覆盖，对违法者利剑高悬、对守法者无事不扰，用公正监管管出公平、管出效率、管出活力。

全力扶持实体经济发展。坚持真心实意、真金白银支持实体经济发展，支持企业做强做优。制定并实施好促进实体经济发展的优惠政策，设立1亿元产业发展扶持资金、工业实体经济发展专项资金，对企业自筹资金建设工业厂房和仓储厂房、租赁和装修政府标准厂房、企业搬迁、设备购置、对外贸易、跨境电商、发展总部经济、企业挂牌上市等分别按不同标准给予奖补，支持中小企业“升规”“升高”，增强核心竞争力。新增建设用地计划指标优先保障招商引资项目和农产品批发市场、农贸市场、物流配送中心等重大基础设施建设。“三类”500强企业采取“一事一议”供地。加强融资扶持，深化政银企对接，引导金融机构扩大信贷投放、降低贷款成本，精准有效支持实体经济。做大做强政府性融资担保公司，解决中小企业贷款难题。不折不扣落实减税降费政策，阶段性降低失业和工伤保险费率政策，降低企业用工、用水、用电及物流成本，切实减轻企业负担。保障企业合法权益。健全政企沟通机制，深入推进县级领导联系企业工作制，深化政务服务“好差评”测评，服务绩效由企业和群众来评判，让在宁远发展的企业家和创业者更有尊严、更有预期、更有获得感！

（本文在收录时有删节）

《政府工作报告》名词解释：

（1）省“五个100”：实施100个重大产业项目、100个重大科技创新项目、100个重大产品创新项目，引进100个500强企业、100位科技创新人才。市“五个10”：实施10个重大产业项目、10个重大科技创新项目、10个重大产品创新项目，引进10个500强企业、10名重点科技创新人才。

(2)“135”工程升级版：在巩固“135”工程成效的基础上，再扶持100个以上优势特色产业园区，建设产业发展、技术支撑、融资担保3大平台，引进5000家以上产业型企业落地，实现园区动能升级、功能升级、效能升级。

(3)商贸流通“千百工程”：到2020年，每年培育新增限额以上商贸流通样本企业1000家左右，培育壮大100家重点零售企业、100家重点批发企业、100家重点餐饮企业、100家重点酒店、100家重点电商企业，新建改造100个商贸流通综合体。

(4)一城两翼：一城，即中心城区；两翼，即南部生态文化新城和西部工业新城。

(5)双修双改：在城市进行生态修复、城市修补；在农村改造居民房屋、改善人居环境。

(6)两供两治：供水、供气、污水治理、生活垃圾治理。

(7)20字方针：产业兴旺、生态宜居、乡风文明、治理有效、生活富裕。

(8)五个振兴：产业振兴、人才振兴、文化振兴、生态振兴、组织振兴。

(9)三清一拆一改一挂钩：三清，清理农村生活垃圾、村内塘沟、畜禽养殖粪污等农业生产废弃物；一拆：拆除废弃房、残破房，一改：改变不良习惯；一挂钩，与“三比三创”活动挂钩。

(10)五治五化：五治，即治厕所、治垃圾、治房、治水、治陋习；五化，即绿化、净化、亮化、美化、序化。

(11)开放崛起“五大专项行动”：对接500强提升产业链、对接新丝路推动走出去、对接自贸区提升大平台、对接湘商会建设新家乡、对接北上广优化大环境。

(12)五单预警：建档立卡贫困户和非建档立卡困难边缘户收入不达标、安全饮水、义务教育、基本医疗、住房安全无保障的预警机制。

(13)六个一活动：宣讲一次扶贫政策、填写一次扶贫手册、开展一次核查评估、推进一次问题清零、排查一次信访舆情、整治一次人居环境。

(14)三分三千：分色、分类、分片管理，百企帮千户、特岗帮千户、万人帮千户。

(15)“3+X”：对深度贫困对象落实“3+4”帮扶措施；对易返贫对象落实“3+3”帮扶措施；对巩固提升对象落实“3+1”帮扶措施；对稳定脱贫对象落实三保障政策。

(16)一签两查三控四治：一签，签订不非法吸收存款承诺书；两查，排查乡镇（街道）辖区可疑点，排查以高额提成诱使业务员、代办员发展熟人储户。三控，控苗头、控事态、控风险；四治，开展高利贷专项整治、互联网金融风险专项整治、农村大操大办专项整治、金融领域扫黑除恶专项整治。

(17)三贷三霸：套路贷、校园贷、非法高利贷，村霸、市霸、行霸。

(18)三比三创：比忠诚，创一流形象；比实干，创一流作风；比贡献，创一流业绩。

(19)两镇两线：打造麻将小镇、舂陵古镇和下灌—东安头—久安背—路亭、猫仔凼—小桃源—琵琶岗—骆家—神下—百美两条精品传统村落旅游路线。

(20)三业三区一公园：三业，工业、农业、旅游服务业；三区，城区、园区、景区；一公园，宜居宜业宜游生态文化公园。

(21)六稳：稳就业、稳金融、稳外贸、稳外资、稳投资、稳预期。

(22)四不摘三落实：摘帽不摘责任、摘帽不摘政策、摘帽不摘帮扶、摘帽不摘监管；责任落实、政策落实、工作落实。

(23)一非三贷：非法集资、套路贷、校园贷、非法高利放贷。

(24)一化两端、三区三业：一化两端，产业化的传统产业升级、新兴产业培育；三区三业，城区、园区、景区，工业、农业、旅游服务业。

（25）六大强农行动：品牌强农、特色强农、质量强农、产业融合强农、科技强农、开放强农行动。

（26）“十百千”工程：新增农业龙头企业10家，专业合作社、规模基地100家，家庭农场、种养大户1000家。

（27）五大重点产业：新能源新材料、光电智能终端、食品生物医药、建材冶金、轻纺制鞋。

（28）2个优势产业链：新能源新材料产业链、光电智能终端产业链。

（29）一水两岸三线四园：一水，即泠江河；两岸，即泠江河两岸；三线，即公安局—国际大酒店、农业局—二中、原人武部—招待所；四园，即印山公园、莲花山公园、九狮岭公园、狮子山公园。

（30）一核两廊两线两镇多点：一核，即九嶷山核心示范区；两廊，即下灌—九嶷山十里画廊和永连公路经济走廊；两线，即厦蓉高速和二广高速沿线；两镇，即南部麻将小镇和北部舂陵古镇；多点，即多个乡镇（街道）示范点。

（31）一所一社一链：农民讲习所、农民专业合作社、培训考核问效链。

（32）一拆二改三清四整五化：一拆，全面拆除农村空心房、废弃房；二改，改农村自来水、改农村厕所；三清，清洁地面、清洁田园、清洁水源；四整，整治违规建房、整治农贸市场、整治污水乱排、整治安全隐患；五化，净化、绿化、亮化、序化、美化。

（33）一老一小：养老服务、托幼服务。

（34）行政执法三项制度：行政执法公示制度、执法全过程记录制度、重大执法决定法制审核制度。

中国人民政治协商会议
宁远县第九届委员会常务委员会工作报告

——2019 年 12 月 28 日在政协宁远县第九届委员会第四次会议上

县政协主席 李苏昭

2019 年工作回顾

2019 年，是新中国成立 70 周年，也是人民政协成立 70 周年。一年来，县政协在中共宁远县委的坚强领导和省、市政协的精心指导下，深入学习贯彻党的十九届四中全会和中央、省委、市委政协工作会议精神，认真履行职能，工作创新发展，迈出坚实步伐，交出满意答卷。

一、坚持思想引领，政治立场更加坚定

一年来，常委会坚持用习近平新时代中国特色社会主义思想武装头脑，不断夯实团结奋斗的共同思想政治基础。

强化理论武装，铸就思想政治基础。自觉把政治建设摆在首位，把理论学习作为履职之基，深入学习贯彻习近平新时代中国特色社会主义思想和中共十九大及十九届二中、三中、四中全会精神，认真领会习总书记系列重要讲话精神，系统学习宪法、党纪党规、政协理论、政协章程以及全国、省、市“两会”精神，形成了“以用促学、学用结合”的良好局面。

树牢“四个意识”，把握正确政治方向。始终把坚持习近平新时代中国特色社会主义思想作为筑牢共同思想政治基础的主轴，坚定不移地贯彻执行党的方针政策，牢固树立“四个意识”，增强“四个自信”，坚决做到“两个维护”，不断增强政治认同、思想认同、理论认同、情感认同，切实做到政治忠诚、思想纯洁、组织服从、行动同步。

维护县委领导，保持高度政治自觉。始终坚持在县委领导下开展工作，自觉向县委请示汇报，重大活动、重大决策、重要会议提前向县委汇报，坚持把维护县委领导体现在政协工作的全过程、各方面，坚决做到县委的工作部署到哪里、政协的力量就汇聚到哪里，县政府的工作推进到哪里、政协的作用就发挥到哪里。积极引导社会各界人士和广大人民群众更好地理解县委的决策意图、落实县委的决策部署，在聚焦中心、服务大局、促进发展中发声出力。

二、深入协商议政，助推发展更加有力

一年来，常委会牢牢把握人民政协作为协商民主专门协商机构的新方位新使命，致力推动党的方针政策和县委决策部署落实落地。

协商民主深入推进。一是搭建好协商平台。充分发挥人民政协专门协商机构和联系人民群众的桥梁纽带作用，组织各界别、各阶层、各团体参与协商议政和监督视察活动，让政协成为“有事好商量、众人的事情众人商量”的重要协商机构和平台。二是把握好协商重点。按照年

度《协商计划》，围绕“一府两院”工作报告开展全委会整体协商，提出15个方面共130余条意见建议。围绕防范化解重大风险、脱贫攻坚、民生改善、旅游强县、高质量发展等全县重点工作深入推进重点协商，围绕“生态旅游环境建设”“促进民办教育健康发展”开展专题协商，提出对策建议50多条，得到相关部门的高度重视。三是丰富了协商形式。全年通过全委会、常委会、主席会、专委会、专题会等形式，有效协商19次。政协九届三次全会期间，政协委员与县政府领导及部门负责人，就全县经济社会发展的热点、难点、焦点问题零距离、面对面深入协商建言，着力提升协商议政的精准性、实效性。

民主监督扎实有力。常委会坚持把推动县委、县政府重大决策落实作为民主监督的重要内容。一是认真履行监督职能。向有关部门和单位委派35名特约监督员担任民主监督员，参加有关部门的座谈会、听证会、评议会、民主测评会和专项检查等活动20余次，有效履行了监督职责。二是注重提案办理效果。九届三次会议期间，共收到委员提案87件，立案78件，采取党政领导牵头办理、政协领导领衔督办、专委会会同县委督查室、县政府督查室督办考核等有效措施，切实提高提案办理实效，78件提案现已全部办结，达到了提案人、承办单位、政协组织三方满意。三是深入反映社情民意。广泛开展“委员大走访”和委员进社区、进园区(企业)、进农村“三进”活动，大量民意诉求和基层呼声上报党政决策层，65件关系群众切身利益的民生问题得到协调解决。

参政议政紧扣中心。紧紧围绕全县经济社会发展大局和人民群众关切资政建言。一是多角度调研资政。围绕乡村振兴、实体经济发展、食品安全、全民健身、生态环境保护、农村饮水安全等与人民群众密切相关的热点难点问题，结合“大学习、大讨论、大调研”活动开展，深入“三边村”、产业园区、工程项目一线开展调研。形成了《推进承接产业转移示范区建设，加强与粤港澳大湾区产业融合发展》《加强生态环境治理，助推美丽乡村建设》《推进“全民健身”，实现全面小康》《推进公共法律服务体系建设，打通服务群众“最后一公里”》《大力发展中药材产业，加快农民脱贫步伐》等40余篇高质量的调研报告。二是多层面视察献策。围绕脱贫攻坚，组织开展了全县易地扶贫搬迁和九嶷山旅游扶贫专题视察活动；为助推法治宁远、平安宁远建设，组织开展了法治社区建设、消防安全专题视察活动；围绕污染防治工作推进，开展了乡镇污水处理厂建设视察活动。通过视察调研提出的“一户一就业，巩固提升易地扶贫搬迁成果”“加强高层建筑消防安全的建议”“理顺关系，健全机制，让合并新村健康发展的建议”等系列意见建议，得到县委、县政府及有关部门的高度重视。三是多举措促转化落实。主动与政府及其相关部门沟通协调，与县委县政府督查室联手跟进，抓实建议建言督促跟踪落实，促进参政议政成果转化见实效。

三、聚焦民本民生，为民履职更加精准

一年来，常委会坚持以人民为中心的理念，努力做到“民有所呼、我有所应，民有所求、我有所为”。

为民建言用真情。一是提案撰写聚焦民情。九届三次会议期间，收集梳理委员提案78件，其中民生类提案占55.2%。如《强化全县道路交通安全管理工作的建议》《规范小区地下停车场车位及收费的建议》《改善环卫工人工作待遇及工作环境的建议》等提案均得到了较好的落实。二是大会发言直面热点。在九届三次全会开幕大会上，6名政协委员围绕推进乡风文明建设、支持返乡青年创业就业、建设生态宜居新农村、办好特殊教育、维护正常医疗秩序、解决城区停车难问题等民本民生课题作协商发言，县委、县政府主要领导高度重视，相关建议都

得到了有效落实。

推进脱贫用实劲。县政协倾注大量人力物力用于脱贫攻坚，大力开展履职成果帮扶、驻村联户帮扶、界别特色帮扶、创业带动帮扶、社会爱心帮扶“五个帮扶”活动。选派5名机关干部到贫困村任驻村工作队长、第一书记，全面投身脱贫攻坚主战场；20多名政协机关干部结对帮扶149户贫困户；全县218名县政协委员联系帮扶500多户贫困户，实现了政协组织、政协委员、政协干部投身脱贫攻坚全覆盖。全年筹集扶持资金37万元，协调相关单位配套资金103余万元，为联系村修缮和硬化机耕道520米，通畅公路886米，引水沟渠200米，新建烟叶集中烘烤房15个。派驻文庙街道三合元村扶贫工作队受到上级通报表彰。

聚焦民生办实事。持续深入开展“三个一”扶贫行动，积极倡导政协委员和爱心人士投入到捐资助学、扶贫帮困的行列中来。全年累计帮助83名贫困大学生圆了大学梦，资助2300多名中、小学贫困学生上学，帮助残障人士76人，帮助留守老人198人，帮助城镇贫困家庭人员就业357人。组织政协委员、机关干部深入五龙山瑶族乡、仁和镇、中和镇、文庙街道等多个乡镇（街道），开展送农资下乡、送科技下乡、送医药下乡、送“微心愿”下乡等内容丰富的“政协惠民送温暖”活动10余场次，惠及群众2000余人。

四、广泛凝聚共识，团结协作更加有力

一年来，常委会充分发挥政协开放包容的独特优势，扩大团结面，提高开放度，为社会各界有序政治参与畅通了渠道，搭建了平台。

团结协作不断深化。对各人民团体、工商联和新社会阶层人士进行定期走访，主动邀请他们参加会议，参与调研、协商、视察、监督等履职活动，不断拓展团结联谊的途径和形式，努力营造畅所欲言、平等协商、合作共事的政治氛围，为宁远高质量建成小康社会增进最大共识度、汇聚最大正能量、画好最大同心圆。

联谊交往广泛拓展。积极参与县委、县政府对外宣传工作，主动加强与省、市政协对口部门的联系，协助和配合省、市政协来宁开展调研考察等活动。同时，加强与各地县（市、区）政协的横向联系与沟通，全年共接待外地政协来宁考察15批次，外出学习调研6次。另外，我们还加强了与非公有制经济人士、新的社会阶层人士等的联系沟通，动员他们为宁远的发展献计出力，政协团结的层面越来越宽，团结的合力越来越大。

五、强化自身建设，履职基础更加坚实

一年来，常委会坚持以政治建设为统领，不断加强自身建设，全面提升政协工作的制度化、规范化水平。

着力加强政协党的建设。建立健全了全县政协系统党的组织机构设置，实现了党的组织对所有党员全覆盖，党的工作对所有工作对象全覆盖，全县政协系统党建工作主体责任得到有效落实。同时，以深入开展“不忘初心、牢记使命”主题教育为契机，通过重温入党誓词、到革命圣地延安学习、开展庆祝人民政协成立70周年系列活动和相关知识竞赛、与农村贫困户结对子等各类主题活动，搭建党建工作平台，丰富党建工作载体，有效夯实了党建基础，充分发挥了党建工作的引领作用。

充分发挥委员主体作用。深入开展政协委员“开展一次调研活动、撰写一篇理论文章、提交一份高质量提案、反映一条社情民意、提交一个群众身边事的微建议”履职“五个一”活动。不断改进和创新专委会服务界别、委员联系群众的方法，让委员议政有舞台、协商有平台，界别的代表作用和委员的主体作用更加凸显。

坚持持之以恒正风肃纪。始终把纪律和规

矩挺在前面，以《准则》《条例》为准绳，认真贯彻落实中央“八项规定”和省、市、县作风建设相关规定，积极支持派驻纪检监察组开展工作，持之以恒正风肃纪。坚持严字当头，重在预防，管在平常，真正做到严纪在先、挺纪在前；按照“强基础、抓管理、促履职”的要求，加强对党员委员的教育、管理和监督，充分发挥党员委员在坚持党对政协工作全面领导中的模范引领作用，在建言资政和思想政治引领两方面双向发力，既做到“懂政协、会协商、善议政”，更做到“守纪律、讲规矩、重品行”。

在肯定成绩的同时，我们也清醒地看到，与新时代对人民政协工作的新要求相比，与县委的要求和全县人民的期望相比，政协工作还有很多差距和不足。比如，建言献策、助推发展的水平和实效还需进一步提高；协商式监督机制探索还不够深入，履职成果的转化、落实机制还不尽完善；委员的责任意识和建言能力还需进一步增强；联系服务委员的方式、载体还需拓展和创新等等。这些问题，是我们今后重点发力的方向。

2020年工作安排意见

2020年是全面建成小康社会和“十三五”规划的收官之年。县政协工作总的要求是：以习近平新时代中国特色社会主义思想为总揽，全面贯彻落实十九届四中全会和中央、省委、市委政协工作会议精神，在中共宁远县委的坚强领导下，紧扣县委十二届十次全会和县委经济工作会议确定的目标任务，坚持以党的建设为统领，认真履行政治协商、民主监督、参政议政职能，着力发挥社会主义协商民主重要渠道和专门协商机构作用，全面做好思想引导、汇聚力量、议政建言、服务大局各项工作，凝聚新共识，奋进新时代，展现新作为，在助推新时代宁远新发展中彰显政协作为、贡献政协力量。

一、全面加强党的建设，在忠诚履职中践行新思想

一是坚持思想引领。牢牢把握党对政协工作全面领导这一根本政治原则，进一步发挥好政协党组的领导核心作用，政协组织中的共产党员先锋模范作用，实现党的组织对党员委员的全覆盖、党的工作对政协委员的全覆盖，团结带领政协各参加单位、广大政协委员牢固树立“四个意识”、切实坚定“四个自信”、自觉践行“两个维护”。做到思想上高度信赖、政治上坚决维护、组织上自觉服从、感情上深刻认同，始终与党同心、与党同向、与党同为。二是把牢政治方向。将学习贯彻习近平关于加强和改进人民政协工作的重要思想作为长期政治任务，准确把握习总书记“五个首次阐明”科学内涵，紧紧抓住汪洋主席提出的“六个更进一步”要求，针对政协工作与新时代新要求不相适应的薄弱环节和不足之处，对标校表、选准切口，找差距、找方法、找思路、找方向，在抓深化中真正学懂、抓消化中真正弄通、抓转化中真正做实，努力使习近平总书记对政协工作的新思想新论断新要求在政协实践中落地生根，奋力开创我县政协工作新局面。

二、紧扣全县中心工作，在建言献策中彰显新作为

一是加强和改进政治协商工作。聚焦全面落实“六稳”要求、大力加强产业建设、推进治理能力和治理体系建设、继续打赢“三大攻坚战”、融入粤港澳大湾区建设、推动经济高质量发展等目标任务，精准选择课题，开展调查研究，广泛协商议政，积极建言献策，为县委、县政府科学决策、民主决策提供参考。充分发挥全委会、主席会、常委会、专委会协商平台作用，以乡村振兴、基层社会治理、精准脱贫、小康建设、产业发展、民营经济为议题，开展广泛多层协商，为我县转型跨越发展提出有见解、

有价值的意见建议，不断提高“商以求同、协以成事”的成效。二是加强和改进民主监督工作。注重组织化和程序化、经常性和突击性、集中性和分散性相结合，加强同党内监督、行政监督、司法监督、社会监督、舆论监督的协调配合，对事关人民群众切身利益的社会治理、安幼养老、安全生产、食品卫生、教育医疗等问题开展专项监督，对民生领域投资项目的实施情况和民生微实事的落实情况进行知情性、推进性和调研性监督，促进相关工作得以改进和加强。三是加强和改进参政议政工作。围绕实体经济、人居环境、项目推进、法治建设等社会关注的热点难点问题，广泛开展视察调研，推出一批站得高、看得远、谋得准的议政成果，提高建言议政的针对性和实效性；加强和改进调查研究工作，建立完善调研制度，改进调研方式方法，充分发挥社会各界作用，聚焦问题、深度调研、联合攻关、提高实效，使调查更加精准，研究更加深入，建议更加管用。

三、高举团结民主旗帜，在凝心聚力中做出新贡献

一是深化团结合作，凝聚发展共识。始终坚持“有事好商量，众人的事情由众人商量”人民民主真谛，高扬团结民主大旗，进一步加强同各界别、各社会阶层、各人民团体、工商联人士的联系与合作，做团结的黏合剂、界别的连心桥，把更多有志之士、有识之士和新生力量团结凝聚在县委周围。进一步加强与宁远在外人士的联系，利用亲情友情乡情开展招商引资引智，通过商会联谊、实地走访、项目推介等方式介绍家乡变化、发展优势、政策环境，让更多的能人志士了解宁远、投资宁远、建设家乡、回报家乡。二是加强交流联谊，凝聚各方智慧。进一步加强与上级政协、外地政协的沟通联系、联谊交往，深化和拓展系统联动，讲好宁远故事，传播宁远声音，努力为我县跨越发展营造良好的外部环境，使“准确定好位，履职不缺位，工作干到位”的政协共识在建设社会主义现代化宁远实践中不断得到巩固。三是加强文史征集，凝聚文化力量。注重以文化人、以史资政，协助做好“十城同创、文明共建”工作，保护宁远文化遗迹，增加宁远文化元素，擦亮宁远文化品牌，提升宁远文化影响力。努力探索新形势下做好文史资料征集编纂工作的新思路、新途径，立足县情，抓住重点，进一步加大文史资料的征集力度，继续做好《下灌文史》《舂陵逸事》等文史题材的征集编纂工作。

四、牢记为民服务宗旨，在勤勉尽责中展现新担当

一是广开为民言路。践行以人民为中心的发展思想，围绕学位、床位、车位、摊位、蹲位“五位”建设三年行动计划等民本民生问题，通过调研、协商、视察、提案、反映社情民意信息等方式，助力解决人民群众的操心事、烦心事、揪心事，让新时代的发展更加惠及全体民众。二是广献利民良策。积极搭建向群众延伸、向基层延伸的协商平台，使社会各群体中个别、分散的意见和愿望，通过协商的渠道得到全面、系统、综合的反映，使各阶层、各界别的利益诉求通过协商的方式得到充分的表达，各方面、各团体的利益关系通过协商的途径得到较好的调节，让协商于民、协商为民更具体、更务实。三是广办惠民实事。持续关注农村困难群众脱贫，继续组织广大委员扎实开展“三进三助”，“爱心接力助脱贫”活动，大力发展“委员+公司+合作社+农户”等产业模式，积极组织开展助贫、助学、助医、助业、助残、助老等精准帮扶活动，努力为贫困群众办实事、办好事、办成事，用实干和实效为小康宁远添砖加瓦。

五、强化履职能力建设，在固本强基中取得新成效

一是切实加强政协党组建设。严格履行“一岗双责”职责，自觉把党建、党风廉政建

设、意识形态、法纪教育等工作与政协本职工作同部署、同检查、同落实，推动主体责任“横向到边、纵向到底”。建立“上下衔接、立体覆盖、各尽其责、无缝对接”的政协党的组织体系，全面实现党的组织对所有党员委员的全覆盖，党的工作对政协委员的全覆盖。二是切实加强常委会、专委会、委员活动组建设，建立健全政协各专委会与党政部门对口联系制度，努力构建“协商有序、监督有方、参政有为、履职有效”的运行机制，推动政协工作高质量发展。加强委员队伍建设，鼓励和支持政协委员在本职岗位和政协工作中“双责担当、双岗奉献”，交出一份无愧于时代、无愧于历史、无愧于人民的崭新答卷。三是切实加强纪律作风建设，巩固“不忘初心、牢记使命”主题教育成果，常态化推进“两学一做”学习教育，严格贯彻落实中央八项规定和实施细则精神，用严格的标准要求，用严格的措施管理，用严格的纪律约束党员队伍，真正做到信念过硬、政治过硬、责任过硬、能力过硬、作风过硬，着力构建敬业的工作常态、饱满的精神状态、廉洁的机关生态。

（本文在收录时有删节）

大 事 记

1月

2日，全县经济运行调度会在县政府六楼会议室召开。县领导唐何、黄永英、邓小英、邓传文、欧阳国春、胡红灯、杨友忠及相关部门负责人参加会议。会议听取宁远县全年经济运行有关情况汇报，分析全年主要经济指标运行的基本态势和高质量发展绩效评估预判情况、全面小康考评指标情况。各分管副县长及相关部门先后汇报有关经济指标完成情况、存在的困难及下步工作打算。

3日，宁远县举行2018年度退役军人返乡欢迎仪式暨立功人员表彰大会。县领导黄永英、陈云生、张志林和退役军人代表等共160余人参会。会上，创业就业典型代表肖如成和立功退役军人代表胡志祥作典型事迹报告。会议还对两名荣立三等功人员进行表彰，并组织参观南部生态文化新城成就展，参加退役军人专场招聘会。

4日，副市长、县委书记刘卫华主持召开2019年县委第1次常委会议，专题学习省市经济工作会议、习近平总书记在民营企业座谈会上的讲话精神，研究落实中央八项规定有关法规制度和扶贫领域作风专项整治等工作。唐何、张明贵、李苏昭、刘庚旺、曹辉正、黄永英、雷军平、曾海波参加会议，相关部门负责人列席会议。会议传达省、市委经济工作会议精神、全市扶贫领域和作风问题专项治理工作推进会精神，学习习近平总书记在民营企业座谈会上的讲话和《落实中央八项规定精神政策摘编》有关法规制度，听取迎接2018年度全市重点工作绩效评估和2018年第35次常委会议定事项落实情况汇报。

4日上午，宁远消防救援大队举行授衔和换装仪式，标志着从“橄榄绿”变身“火焰蓝”，以崭新的面貌全面开启宁远消防救援新篇章。副市长、县委书记刘卫华，县领导唐何、曾海波、陈云生出席仪式。仪式上，全体消防救援人员身着新式制服高唱《国歌》，县委副书记、县长唐何宣读授予消防救援衔命令，大队长钱小庆带领全体消防救援队员宣誓并向队旗庄严敬礼。

7日，宁远县召开2018年度全县优化经济发展环境和机关作风效能建设工作“满意不满意单位”测评会议，对158个单位在构建和谐共生的生态环境、工作作风及廉洁从政等方面的情况进行民主测评。县领导陈海平、黄永英和县重点企业和项目业主代表、个体工商户代表、有关单位代表共160人参加测评。

8日，全市乡村振兴暨“六大战役”重点项目建设现场推进会走进宁远。市委书记、市人大常委会主任李晖，市委副书记、市长赵应云，市领导何录春、高建华、石艳萍、唐能武、杨永、吴志雄、罗建华、周荣峰、贺辉、冯紫英一行参观宁远县工业园区。副市长、县委书记刘卫华，县委副书记、县长唐何，县委副书记刘军君等陪同参观调研。李晖、赵应云一行先后参观湖南聚力新能源科技有限公司与湖南鑫和美新能源科技有限公司，对宁远通过联合深圳无界投资控股集团引进高新企业的做法给予高度评价。

10日，县委经济工作会在县政务中心召开，传达贯彻中央和省、市委经济工作会议精神，总结2018年经济工作，部署2019年工作。副市长、县委书记刘卫华主持会议并讲话，唐何、刘军君、张明贵、刘庚旺、曹辉正、陈海平、黄永英、雷军平、曾海波等全体在职在家县级领导，县直单位及乡镇（街道）负责人，农村、社区党组织书记、规模工业企业和重点企业负责人等参加会议。2019年全县经济工作主要预期目标是：经济增长8.5%以上，规模工业增加值增长8.5%以上，固定资产投资增长12%以上，社会消费品零售总额增长11%以上，财政总收入增长保证8%、争取10%以上，城镇居民人均可支配收入、农村居民人均可支配收入分别增长9%、10%以上，城镇登记失业率4%以内，万元GDP能耗下降3.5%以上，全面小康实现程度达到96%以上，县域经济实力在全省位次持续提升。

10日，副市长、县委书记刘卫华主持召开2019年县委第2次常委会议，专题研究春节走访和机构改革等工作。唐何、刘军君、张明贵、李苏昭、刘庚旺、曹辉正、陈海平、黄永英、雷军平、曾海波等县领导参加会议。会议传达省市机构改革相关文件和会议精神，听取2019年春节前夕走访慰问活动实施方案和机构改革实施意见情况汇报。

14日，在全省商务工作会议中，宁远县工业园区获2018年度“全省经济技术开发区先进单位”称号。2018年，县工业园专业化招商33家企业，合同引资250亿元以上，园区全年进出口额超过1.95亿美元，外贸进出口额同比增长59.6%，光电智能终端和新材料新能源产业园入选全省产业项目建设年“五个100”十佳优秀项目。

18日，应县纪委监委邀请，县政协主席李苏昭带领25名县政协委员先后参观县纪委监委办公区、县党员干部教育警示基地等地，并召开座谈会，听取县纪委监委工作情况通报，就执纪审查、干部监督、警示教育等方面进行深入探讨和交流，全面了解2018年全县党风廉政建设和反腐败工作及巡察工作成效。县领导陈海平、蒋家安、欧桥贵、李春茂、肖红梅一同参加。

19日下午，县召开2019年企业家代表迎新春座谈会。副市长、县委书记刘卫华，唐何、刘军君、张明贵、李苏昭等县领导和县直相关部门负责人、60名企业家代表参加座谈会。会上，唐何通报2018年全县经济社会发展情况，邓传文代表县政府与深圳无界集团签订合作打造智慧园区的协议，企业家代表上台作了典型发言。

20日上午，宁远县召开2019年优秀人才迎新春座谈会。副市长、县委书记刘卫华，县领导曹辉正、雷军平和来自全县教育、卫生、科技等领域25位优秀人才代表等参加座谈会。会上，雷军平介绍全县人才工作情况；25位优秀人才代表围绕经济发展、民生福祉和人才队伍建设等方面作交流发言，并就大力实施“人才强县”战略提出意见和建议。

21日，宁远县召开全县乡镇（街道）党（工）委书记和部分县直单位党组织书记履行基层党建、党风廉政建设、意识形态责任述职评议会议。副市长、县委书记刘卫华现场一一点评，县委副书记刘军君主持会议，县领导张明贵、李苏昭、刘庚旺、曹辉正、陈海平、黄永英、雷军平、曾海波、向胜出席会议，市委组织部有关领导到会指导。

22日晚，宁远县与南华大学附属二医院（湖南省第三家教学医院）签订合作办医框架协议，标志着南华大学附属二医院正式落户宁远。副市长、县委书记刘卫华，南华大学校长助理、附属二医院党委书记罗志刚，刘军君、黄永英、胡昕若、欧阳国春、胡红灯等县领导见证签约仪式。

23日上午，副市长、县委

书记刘卫华组织县委常委班子召开2018年度民主生活会。刘军君、张明贵、李苏昭、刘庚旺、曹辉正、陈海平、黄永英、雷军平、唐浩、向胜参加会议，市纪委有关领导到会指导。会议通报民主生活会准备情况和2017年度县委常委班子民主生活会、2018年巡视巡察专题民主生活会整改落实情况。

27日，副市长、县委书记刘卫华在县领导曹辉正、杨友忠陪同下深入景区调研，先后查看湾井下灌景区、九嶷山瑶族乡福娃基地和舜帝陵景区，详细听取景区的情况介绍，了解春节期间景点准备、活动筹划和景区安全、节日值班等情况。刘卫华指出，要转变观念，因地制宜，精雕细刻，做足“农”字文章，打造原创作品，推动旅游升温。

29日，副市长、县委书记刘卫华带领县“四大家”领导走访慰问驻宁部队、武警消防官兵、公安民警和社区工作人员，向其致以新春祝福，感谢其为宁远经济社会发展和社会稳定做出的积极贡献，县领导曹辉正、黄永英、向胜、何为民、肖红梅参加。

30日晚，副市长、县委书记刘卫华主持召开县委第4次常委会议，县领导唐何、刘军君、张明贵、李苏昭、刘庚旺、曹辉正、陈海平、黄永英、雷军平、唐浩、曾海波参加会议，相关县直部门负责人列席会议。会议传达贯彻全市推进社会主义核心价值观建设暨“向日葵工程”现场会议精神，传达省委农村工作会议精神和省、市两会精神及全市深化供销合作社综合改革现场推进会精神、贯彻市五届纪委四次全会精神，听取新时代文明实践中心建设试点工作情况汇报、县十二届纪委四次全会报告起草情况汇报。

31日，县第十二届纪委第四次全体会议召开。副市长、县委书记刘卫华出席会议并讲话，县委常委、县纪委书记、县监委主任陈海平作工作报告。会议由县委副书记、县长唐何主持，在家的县级领导、县纪委委员、县纪委监委领导班子成员及各部室主要负责人、县直单位主要负责人、各乡镇（街道）党（工）委书记、乡镇长（街道办主任）、纪（工）委书记、副书记、县委巡察办正副主任、县委巡察组正副组长、县纪委派驻纪检监察组组长、县直单位纪检组长，村（社区）党支部书记共750人参加会议。会上集中观看警示教育片《亮剑2018》，总结回顾2018年纪检监察工作，部署2019年七个方面的重点任务。

31日，县政府党组召开2018年度民主生活会。县委副书记、县长唐何主持会议，县领导黄永英、陈云生、邓传文、欧阳国春、胡红灯、杨友忠、赵利民参加会议，副县长邓小英列席会议。

2月

1日，副市长、县委书记刘卫华带领县扶贫办相关人员走访扶贫干部及家属。县领导曹辉正陪同。刘卫华指出，各级部门要多关心关爱为扶贫事业做出贡献的干部家属，多听取其意见和建议，为其的生活排忧解难，让其过一个欢乐、祥和的春节。

5日，大年初一，市委书记、市人大常委会主任李晖到宁远县调研旅游、扶贫、乡村振兴和森林防火等工作。副市长、县委书记刘卫华和县领导曹辉正、杨友忠陪同。李晖一行先后到九疑山瑶族乡新塘村福娃基地、柏家坪镇曙光新村等地，并走访部分贫困户，详细了解宁远县旅游、扶贫等工作。

10日下午，县委副书记、县长唐何带领县领导杨友忠、刘初成及相关部门负责人深入规模猪场开展非洲猪瘟防控督查，实地查看位于天堂镇平口源村康源农业发展有限公司，仔细检查养殖场的免疫、用药和销售记录，并深入生产区详细了解生猪来源及屠宰各个环节情况。唐何强调，要充分认识当前非洲猪瘟防控的严峻形势，树立危机意识，破除麻痹、懈怠情绪，攻坚克难，严防死守，坚决打赢非洲猪瘟防控战，确保养殖业生产安全。

12日上午，宁远县举行湘南湘西承接产业转移示范区暨全市产业建设年活动首批项目集中开工仪式。副市长、县委书记刘卫华宣布首批重点项目开工，县委副书记、县长唐何讲话，县领导刘军君、李苏昭、刘庚旺、曹辉正、黄永英、曾海波出席仪式。此次集中开工的重点项目共19个，总投资130亿元，年计划投资43.9亿元，涵盖脱贫攻坚、城镇提质、旅游升温、交通提速、环境治理、园区升级等多个领域。

市委常委、副市长周荣峰一行深入柏家坪镇瓦渣坪村，先后回访蒋太柳、满顺荣、皮光文、龙红义4户贫困户，详细了解他们近期的生产生活状况及困难。周荣峰对瓦渣坪村村支两委所做的工作给予充分肯定，要求村支两委进一步加强班子团结，结合“三清一改”工作，合理规划村庄，切实抓好扶贫产业发展，壮大村集体经济，巩固脱贫成效，为建设美丽乡村打好坚实基础。

市委常委、宣传部部长贺辉到宁远调研新时代文明实践中心建设工作，先后到位于宁远县城莲花山公园的新时代文明实践中心场所和柏家坪镇曙光新村、柏家坪社区详细了解情况，并听取宁远新时代文明实践中心建设相关工作情况汇报。副市长、县委书记刘卫华和县领导刘庚旺、曹辉正一同参加调研。贺辉强调要把习近平新时代中国特色社会主义思想融入文明实践工作，充分调动社会各界力量加入志愿服务队伍，践行社会主义核心价值观，让精神文明扎根德孝之乡，结出丰硕成果，发挥种子效应，通过以点带面，让新时代文明之花开遍永州大地。

14日，全县基层党组织书记培训会在县政务中心101会议室召开。副市长、县委书记刘卫华主持培训会并讲话，唐何、刘军君、张明贵、李苏昭、刘庚旺、曹辉正、陈海平、黄永英、雷军平、曾海波等县领导出席会议，各县直单位、乡镇街道主要负责人和村（社区）党组织书记等共700余人参加培训会。

15日下午，县委理论学习中心组举行2019年第一次集中学习报告会，副市长、县委书记刘卫华为大家上党课，县委副书记、县长唐何主持并作总结讲话，刘军君、张明贵、刘庚旺、曹辉正、陈海平、黄永英、雷军平、曾海波等在家的县领导，县直单位主要负责人和各乡镇（街道）、村（社区）党组织书记等参加报告会。刘卫华以《不忘初心，牢记使命，担当作为，奋勇前行》为题，强调，各级各部门要珍惜宁远来之不易的成绩，把“三比三创”作为干事创业的重要平台、推动工作的重要抓手、锤炼党性的重要熔炉、改进作风的重要载体、服务群众的重要方式，在改革发展稳定主战场比上进、争先进、共奋进；要在县委、县政府的领导下，带领全县人民全面建成小康宁远，加快建成宜居宜业宜游生态文化公园，为中华民族伟大复兴梦做出宁远贡献，彰显宁远担当。

16日，副市长、县委书记刘卫华深入五龙山瑶族乡开展“大走访、大调研”活动。刘卫华先后深入该乡杨桂坪、陈家湾、茶坪源、五龙山、石家洞、牛塘岭、大坝、象村洞等村，进村入户与困难群众亲切交谈、嘘寒问暖，详细了解其生产生活条件，并与五龙山瑶族乡干部职工进行座谈交流，就五龙山瑶族乡的发展进行交流与探讨。刘卫华强调，要将扶贫与“扶志”结合起来，激发贫困群众发展生产、脱贫致富的主动性，引导贫困群众依靠勤劳双手和顽强意志实现脱贫致富；五龙山瑶族乡要从“抓班子、谋发展、惠民生、创文明、保稳定”五个方面着手，深入巩固提升脱贫攻坚成效，拿出新担当、新作为，全面推动五龙山瑶族乡经济社会发展。

17日，副市长、县委书记刘卫华到棉花坪瑶族乡柑子园村、排山拗村走访调研，先后走访黄求付、赵桐旺、盘国清等困难群众，并与乡村干部、茶农等进行交流，详细了解各村产业发展、集体经济收入、基础设施建设等情况，并就打通棉花坪排山拗与柑子园公路进行实地调研。刘卫华要求，要进一步坚定做大做强茶叶、茶油产业的决心，立足现有资源，扩大招商引资，加强技术引进，搞好人才培养，将茶叶产业发展与脱贫攻坚、乡村旅游、生态建设有机结合，助推两茶产业更好更快发展，带动百姓致富奔小康。

18日下午，宁远县召开新时代文明实践工作推进会，传达学习新时代文明实践中心建设工作文件精神，对该工作进行目标任务分解和安排部署；与会人员就任务分解、志愿服务活动安排等提出建议意见。县委常委、宣传部部长刘庚旺强调，各部门、乡镇要高度重视，进一步拓宽思路，结合实际认真谋划新时代文明实践工作，迅速行动，整合资源融合发展，全面提升工作水平。

19日，县委副书记、县长唐何主持召开县政府2019年第2次常务会，就关于防范化解重大风险攻坚战、精准脱贫攻坚战、污染防治攻坚战等有关工作进行专题研究。县领导黄永英、邓小英、邓传文、欧阳国春、胡红灯、黄生强、杨友忠参加会议，县领导周方、蒋家安及县政府办、财政局等相关部门负责人列席会议。

20日上午，副市长、县委书记刘卫华，县委副书记、县长唐何带领曹辉正、曾海波等县领导和相关单位负责人调研征地拆迁和棚户区改造工作，实地了解各片区征地拆迁和棚改工作进展情况，并召开会议，听取相关情况汇报，就下段工作进行安排部署。刘卫华强调，棚户区改造是重点民生工程，征地拆迁和棚户区改造进度要加快，各项配套服务要同步；各个部门要同心发力，为城市建设开绿灯；要坚定改造棚户区的决心，切实增强棚改工作的责任感和为民服务的使命感，不断满足宁远人民对美好生活的追求；对在征地拆迁和棚户区改造中发现的问题要狠抓落实，加快推进县域建设和棚户区改造工作。

22日上午，2018年市管领导班子和领导干部年度考核述职、领导干部执行力考核测评、干部选拔任用工作“一报告两评议”会议在政务中心召开。副市长、县委书记刘卫华主持会议并述职，唐何、刘军君、张明贵、李苏昭、刘庚旺、曹辉正、陈海平、黄永英、雷军平、唐浩、曾海波等县领导和各乡镇（街道）、县直单位负责人及部分“两代表一委员”参加会议。会上，副市长、县委书记刘卫华代表县委常委会向大会报告全县2018年度干部选拔任用工作情况，县委副书记、县长唐何向大会述职，县委、县人大、县政府、县政协其他领导干部作书面述职。

23日，副市长、县委书记刘卫华带领县领导曹辉正、黄永英和县安监、国土、农委、交通等部门负责人，深入县气象局、志诚校车公司、运管所、防汛办进行调研，详细了解县气象业务平台的运行管理、功能发挥、覆盖面和全县校车运行与监管、驾驶员与照管员培训管理及全县河流汛情、防汛工作开展等方面情况。

24日上午，县委副书记、县长唐何主持召开资产处置、土地出让现场办公会。黄永英、欧阳国春等县领导和相关部门负责人参加。唐何一行先后到九嶷大道（舜文化产业园、同心大厦）、九嶷南路法院对面（市公交车站场）、司法局前面地块、石板塘（拖拉机站）、西部工业园（药材公司），查看地块实际情况，并召开座谈会，听取近期资产处置、土地出让进展及需要解决的问题等相关情况汇报。唐何强调，要正确处理眼前利益与长远发展、收入与公共利益的关系，兼顾社会效益；要妥善解决地块处置中的各种矛盾问题；各级各部门要理清工作思路，深度分析土地出让政策，科学合理地制订供地计划及出让方案，实行有序供地，确保全县土地市场持续健康发展。

25日下午，县政府召开2019年第一次全体会议。唐何、黄永英、邓小英、邓传文、欧阳国春、胡红灯、赵利民等县领导及相关单位负责人、乡镇长（街道办主任）参加会议。会上，赵利民就2019年《县委经济工作会议报告》和《政府工作报告》任务分解作说明；县财政局、县税务局就财税工作进行专题授课；黄永英传达县委财经领导小组会议精神，并就应对低温阴雨寡照天气进行安排部署。唐何强调，要树立“一日无为、寝食难安”的责任意识、“上接天线、下接地气”的协作意识、“抓铁有痕、踏石留印”的实干意识、“先人一步、快人一拍”的争先意识和“一身正气、两袖清风”的廉洁意识，在县委的坚强领导下，撸起袖子加油干、扑下身子真正干，落实落实再落实，奋力推动全县经济社会高质量发展，加快建设宜居宜业宜游生态文化公园。

27日上午，副市长、县委书记刘卫华主持召开2019年县委第6次常委会议，听取2019年宁远县重点项目建设计划编制情况的汇报；听取县人大党组、政府党组、政协党组、法院党组、检察院党组工作情况报告，肯定前段时间的工作成绩。县领导唐何、刘军君、张明贵、李苏昭、曹辉正、黄永英、雷军平、唐浩、向胜参加会议，相关副县长和相关县直部门负责人列席会议。

28日，在棉花坪瑶族乡召开2019年前4个月全县计划生育工作形势分析会。刘军君、胡昕若、胡红灯等县领导及相关单位主要负责人参加会议。会议分析总结全县当前计划生育工作面临的形势和问题，安排部署2019年工作。后进单位负责人在会上作表态发言。刘军君强调，各级各部门要坚守三条底线，对标五项指标，强化三项措施，齐抓共管，形成合力，努力实现计生工作争先创优。

3月

1日，宁远县召开民生领域突出问题专项整治、“一季一专题”集中治理和二级机构集中整治动员部署会。县领导陈海平、黄永英和各乡镇街道、县直单位主要负责人等共170余人参加会议。会议要求，要坚持从高认识，坚持问题导向，坚持靶向施策，扎实推进3个专项整治工作，推动全面从严治党向纵深发展。

4日上午，全县深化机构改革动员大会在县政务中心101会议室召开。副市长、县委书记刘卫华，刘军君、张明贵、李苏昭、刘庚旺、曹辉正、陈海平、黄永英、雷军平、向胜等在职在家县级领导，各乡镇（街道）、县直单位负责人等共360余人参加会议。会上，雷军平作全县机构改革方案说明。刘卫华要求，各级各部门要按照方案要求，提高政治站位，明确目标任务，加强协同联动，加强组织领导，精准把握方法步骤，加快推进党政机构改革，协同推进事业单位改革，统筹推进其他各项改革，高质量高标准完成全县机构改革工作，为全面建成小康社会、建成宜居宜业宜游生态文化公园提供坚强有力的体制机制保障。

4日下午，副市长、县委书记刘卫华主持召开宁远县2019年度金融工作暨银企合作洽谈会。黄永英、邓传文、欧阳国春、杨友忠等县领导和各乡镇（街道）、相关县直单位、企业负责人参加会议。会上，黄永英作金融工作报告，邓传文宣读表彰决定，刘卫华等领导为先进单位及个人颁奖；各乡镇（街道）提交不良贷款清收责任状；与会的各家银行与相关企业签订银企合作协议。刘卫华强调，要认清形势，辩证分析金融形势，主动适应经济高质量发展的新形势新要求，把为实体经济服务作为金融工作的出发点和落脚点，引导金融活水更好浇灌实体经济，更大力度地支持宁远经济社会发展；要牢固树立守土有责意识，坚持底线思维，坚决打好防范化解包括金融风险在内的重大风险攻坚战，推动全县金融业健康发展。

5日，在文庙广场举行以“新时代、新雷锋、新风尚”为主题的学雷锋志愿服务活动集中启动仪式。县领导雷军平、邓小英及相关部门志愿服务队参加仪式。活动中，县教育局、卫计委、交警大队、民政局等21个机关单位设点开展志愿活动，为群众提供健康义诊、政策咨询、文化体育、法律援助、便民利民等志愿服务，宣讲政策和发放各类宣传手册，吸引许多市民参加活动。

5日下午，副市长、县委书记刘卫华在副县长杨友忠和相关部门负责人陪同下深入乡镇指导防汛和安全生产工作。刘卫华一行从湾井下灌沿着冷江河道仔细查看下灌至冷水段水情、河堤、防洪设施等情况，听取县水利部门防汛工作开展情况汇报。刘卫华要求，各级各部门要切实克服麻痹大意的思想，时刻绷紧防汛这根弦，进一步强调防汛值班纪律，组织人员认真排查整治河堤、水库、山塘存在的防汛安全隐患，及时加固河堤、疏通河道，全力抓好防汛和安全生产各项工作，确保全县安全度汛。

6日，召开南部文化生态新城项目建设调度会。副市长、县委书记刘卫华，县领导张明贵、曹辉正、陈海平、黄永英、邓传文、欧阳国春和各项目建设指挥部、相关部门负责人参加会议。会议听取各相关单位负责人关于城市业态培养、项目建设进度、配套设施建设、规划用地等情况汇报，研究项目建设推进过程中遇到的困难和问题，安排部署下段工作。刘卫华强调，要进一步完善修改新城整体规划，明确城市功能布局，做好顶层设计和基础设施建设；要明确目标，抓住重点，加快建设进度，全面掀起项目建设新高潮；要加强城市经营理念，解放思想、大胆经营，加大资金、土地等要素保障力度，营造高质高效经济业态；要做好征地拆迁安置工作，积极探索安置用地合作开发新模式，调动群众拆迁积极性，推动城区建设高品质高质量发展。

7日下午，省烟草专卖局党组成员、副总经理徐文军一行到宁远县调研烟草工作。副市长、县委书记刘卫华，县委常委、常务副县长黄永英陪同。徐文军一行实地察看湾井镇烟叶工场、周家坝村烤烟移栽和田园综合体建设现场、仁和镇孙家铺烟叶工场，走访卷烟零售户和烤烟种植大户，听取烟叶生产管理情况介绍，了解基层存在的困难和问题，对宁远县烟草工作给予充分肯定。

8日，县领导刘军君、黄永英、陈云生带领相关部门负责人到县武警中队就“智慧磐石”工程及其后续建设进行现场办公。刘军君一行实地参观县武警中队，详细了解“智慧磐石”工程建设进展情况，就工程建设存在的困难和问题与相关部门负责人进行交流探讨。刘军君要求，要按照“顶层设计、特色融合、军地共建、属地负责、分级保障”的原则，打造经得起历史检验的放心工程。

11日下午，副市长、县委书记刘卫华带领县领导曹辉正、欧阳国春和相关单位负责人，先后深入柏家坪、清水桥、禾亭等乡镇详细了解信访维稳工作情况，查看柏家坪镇垃圾焚烧站处理中心、柏家坪污水处理厂、礼仕湾社区污水处理厂、清水桥平田污水处理厂、禾亭社区污水处理厂和恒源再生资源回收责任有限公司等项目建设进展及运行情况。刘卫华要求，要切实提高思想认识，转变思想观念，做好矛盾化解，建设好、运营好、管理好农村污水处理和垃圾中转站点项目；在垃圾焚烧上要建立规章制度，加大处理力度，做到日清日扫日烧全天候处理；在污水处理项目实施上要做好村与村、户与户管网配套建设，尽快让农村污水运行处理到位，实现供治一体化，达到河清岸绿景美。

12日，全国第41个植树节，组织3600余名新时代文明实践志愿者到太平镇单营村山场开展义务植树活动，全面掀起植树造林热潮。刘卫华、刘军君、张明贵、李苏昭、曹辉正、陈海平、雷军平、曾海波、文小武等在家县领导以志愿者身份参加植树活动。当天，志愿者共种植油茶和松树等树种5万1千余株，面积360亩。

13日下午，副市长、县委书记刘卫华带领县领导曹辉正、杨友忠和相关单位负责人深入天堂镇调研信访维稳和温氏养猪项目建设工作，详细了解该镇全国“两会”期间信访维稳工作和产业发展，并到温氏养猪场项目，查看项目规划设计、养殖范畴、养殖规模、养殖模式、无害化处理以及项目用地规划、环保、建设进度等，指出存在的不足，就如何加快项目建设提出意见和办法。刘卫华要求，各级各相关部门要改进工作作风，深入基层，加强要素保障，真抓实干，切实解决好项目推进过程中遇到的困难和问题，加速推进项目建设；乡镇党委政府要沉下心化解信访矛盾，找准问题症结，找到解决问题办法，做到情况清底子明，为项目建设创造良好的条件。

15日下午，副市长、县委书记刘卫华主持召开县委第7次常委会议。刘军君、张明贵、李苏昭、刘庚旺、曹辉正、陈海平、黄永英、唐浩，曾海波、向胜参加会议，相关县直部门负责人列席会议。会议组织学习习近平总书记在全国“两会”期间的重要讲话精神、习近平总书记关于“三大攻坚战”的重要论述和市委市政府关于改进文风会风，严肃政治纪律的相关要求，传达全市“三大攻坚战”推进会议及全市第一季度经济形势分析会议精神，听取全县“三大攻坚战”情况汇报，研究“大棚房”专项治理和2018年全县重点工作绩效评估考核等工作。

18日上午，副市长、县委书记刘卫华带领县领导刘军君、杨友忠和相关部门负责人深入乡镇指导农业产业化项目建设。刘卫华一行走进田间地头，认真查看各基地种植、规模、管护等情况，详细了解产业基地建设管理、企业经营发展等情况，围绕如何加快推进农业产业化项目建设、做大做强现代农业科技园区、带动群众增收致富等问题与大家进行交流探讨。刘卫华要求，各乡镇要立足现有发展基础，坚持以市场为导向，加强管理、扩大规模、形成特色；要结合乡村振兴，按照现代科技农业管理的要求，整合资源，更新理念，做好规划设计，依靠科技，坚持农民主体，坚持农地干农活，在本地特色种养上做文章，在规模特色上下功夫，充分调动周边百姓积极参与，带动群众脱贫致富。

19日，宁远县召开2018年保障性安居工程审计交换意见会议。市审计局党组成员、副局长曾庆廉，副县长欧阳国春出席。会上，审计组宣读审计征求意见稿，指出存在的问题，提出审计建议。2018年，上级下达宁远县棚户区改造开工任务1991套，基本建成任务2136套。审计核查表明，2018年实际完成开工任务1991套，基本建成任务2328套，分别完成当年目标任务的100%、108.98%。

20日，宁远县召开机构改革人事调整任前集体谈话暨更名、新设机构集中授牌仪式。副市长、县委书记刘卫华为更名、新设机构授牌并讲话，县委副书记刘军君主持会议，县领导张明贵、李苏昭、刘庚旺、曹辉正、陈海平、黄永英、雷军平、唐浩、曾海波、向胜在主席台就座，其他在职县级领导，县直正科级及以上单位班子成员和乡镇（街道）、中央、省、市驻宁单位主要负责人等参加会议。会上，雷军平宣读人事任免决定，陈海平进行集体廉政谈话；刘卫华为县委机构编制委员会办公室、县自然资源局、县农业农村局、县卫生健康局、县文化旅游广电体育局等更名和新设机构授牌。刘卫华要求，要提高政治站位，深刻领会人事调整要求；要服从改革大局，正确对待个人进退留转；要注重团结干事，凝聚干事创业强大合力；要严守纪律规矩，带头树立清正廉洁形象；要带着感情和责任，全身心投入到新的征程和事业中，迅速进入角色，切实做好当前工作，敢于担当、善谋实干，以优异的成绩向组织和人民交上满意答卷。

21日上午，宁远县召开2018年度工作总结表彰会议暨“三大攻坚战”推进会。副市长、县委书记刘卫华和刘军君、张明贵、李苏昭、刘庚旺、曹辉正、陈海平、黄永英、雷军平、唐浩、曾海波、向胜等全体在职在家县领导及各乡镇（街道）、县直单位主要负责人等参加会议。刘卫华指出，考核表彰只是手段，促进工作才是目的。刘卫华要求，要深化思想认识，坚持以习近平新时代中国特色主义思想为指导，认真贯彻全国“两会”精神和习总书记关于“三大攻坚战”的重要论述，坚决落实中央、省、市关于“三大攻坚战”的各项决策部署，进一步明确目标和任务，完善政策和措施，强化责任和担当，确保完成“三大攻坚战”目标任务。

22日下午，副市长、县委书记刘卫华主持召开县委常委扩大会暨扶贫领导小组会议，专题学习习近平总书记关于脱贫攻坚系列讲话精神和重要论述，传达市委相关会议精神，听取全县扶贫领域突出问题集中整改和信访舆情处置意见汇报，就扶贫工作进行再安排再部署。县领导刘军君、张明贵、李苏昭、曹辉正、陈海平、黄永英、雷军平、唐浩、曾海波参加会议，副县长、乡镇党委书记及相关单位负责人列席会议。

24日晚，全县安全生产工作专题会议在县政府八楼会议室召开。副市长、县委书记刘卫华，曹辉正、黄永英、曾海波、杨友忠等县领导以及各乡镇（街道）、县直相关单位主要负责人等参加会议。会议传达学习习近平总书记、李克强总理等中央领导对江苏响水“3·21”爆炸事故作出的重要指示批示精神，传达贯彻省委、省政府相关通知精神和全市安全生产工作专题会议精神，分析通报全县安全生产形势，安排部署下段安全生产工作。刘卫华要求，要吸取血的惨痛教训，进一步增强风险意识、忧患意识和底线思维，坚持隐患就是事故，在全县迅速开展地毯式的安全生产大排查、大整治、大执法、大宣传，把安全生产工作做深做细做实，全力做好安全生产等稳定工作，为人民群众过好美好生活和庆祝新中国成立70周创造安全稳定的社会环境。

25日，市扫黑除恶督导组组长、市纪委监委正处级纪检监察员陶爱民带队到宁远县督导扫黑除恶工作，并召开汇报会，听取情况汇报。县委副书记刘军君主持会议并代表县委、县政府作表态发言，刘庚旺、陈海平、曾海波等县领导及相关单位主要负责人等参加会议。

27日，民革中央社会服务部副部长、民革中央画院秘书长张长宏带领调研组到宁远县调研旅游扶贫工作，实地查看九疑山瑶族乡和湾井镇下灌村旅游扶贫项目，深入了解全县旅游扶贫工作推进情况，并走访慰问部分抗战老兵，对旅游扶贫工作表示肯定。副县长杨友忠及相关部门负责人陪同。

28日，在全省“两癌”检查重点民生实事项目总结会暨专题培训班现场，宁远县妇联获评“全省‘两癌’免费检查重点民生实事项目先进集体”，胡会娟、骆有建获评先进个人。2016年以来，县妇联联合县卫健局、财政局在全县开展农村适龄妇女“两癌”免费检查重点民生实事项目，为35554名农村适龄妇女进行“两癌”免费筛查，为促进农村妇女健康脱贫贡献巾帼力量。

29日上午，宁远县公安工作会议在县公安局二楼大会议室召开。曾海波、陈云生、赵吉永等县领导及县公安局全体民警、职工等共计300余人参会。会上，陈云生作公安工作报告，总结2018年全县公安工作，安排部署2019年工作。

曾海波强调，要突出主题主线，聚焦主业主责，注重共建共享，围绕大局全局，强化忠诚赤诚，努力在风险防控、惩治犯罪、平安创建、服务发展、队伍建设上彰显新担当。

4月

1日上午，县委常委、常务副县长黄永英主持召开2019年县政府第二次党组会议。陈云生、邓传文、胡红灯、杨友忠等县领导及关部门负责人参加会议，副县长邓小英、黄生强列席会议。会议学习全国“两会”精神、习近平总书记关于“三大攻坚战”的重要论述，传达全市“三大攻坚战”工作推进会议精神，学习中共中央《关于加强党的政治建设的意见》《关于加强和改进关于中央和国家机关党的建设的意见》，学习习近平在主持中共中央政治局在第十三次集体学习时的讲话以及湖南省集中整治形式主义官僚主义20条措施。

1日下午，省粮食和物资储备局巡视员石少龙一行到宁远督导全国政策性粮食库存大清查工作，实地查看县九嶷粮油购销公司柏家坪粮库的库存实物、账务收支、安全储粮和安全生产等情况，听取宁远县情况汇报，并深入中和镇雄虎水稻种植合作社调研粮食生产情况，对宁远县进一步做好相关工作提出意见建议。副县长邓传文陪同。

8日下午，副市长、县委书记刘卫华主持召开县委2019年第9次常委会议。县领导刘军君、张明贵、李苏昭、刘庚旺、曹辉正、陈海平、黄永英、雷军平、唐浩、曾海波、向胜参加会议，相关副县长及相关县直部门负责人列席会议。会议传达全市党务工作会议精神，学习市委书记严华在全市党务工作会上的讲话；听取县委办公室、组织部、宣传部、统战部工作情况汇报；传达全市农业农村、水利、林业、河长制工作会议精神，研究贯彻落实意见；听取2019年第一季度监督责任落实情况汇报。

8日，全县基干民兵群众性练兵比武活动在县民兵训练基地举行。各乡镇（街道）的20支代表队参加比赛，比赛项目有应知应会理论知识、基础体能、防汛救灾想定作业和组织指挥、100米自动步枪精度射击等。副市长、县委书记、人武部党委第一书记刘卫华，市军分区副司令员黄萍、战建处处长张玉龙，县领导曹辉正、黄永英、向胜、文小武出席开幕式并参观比赛活动。

10日下午，副市长、县委书记刘卫华主持召开西部新城项目建设座谈会。县领导曹辉正、黄永英、邓传文和相关部门负责人参加座谈会。会议听取产建投、西部新城指挥部、工业园相关负责人关于西部新城各项目建设进度、配套设施建设、规划用地等情况的汇报；与会人员围绕项目建设存在困难、问题进行交流讨论，提出意见和建议。刘卫华要求，要进一步明确建设主体，加大基础配套设施建设，加大招商引资力度，加强用地保障，合法科学推进项目涉及的征地、拆迁等工作；要倒排工期，挂图作战，加快项目建设进度，确保按照时间节点如期完成各项目标任务；要提高工程质量意识，严格按程序施工，保持廉洁工作作风，确保西部新城项目建设又好又快发展。

10日，在县政府八楼会议室召开县政府第五次常务会议。县委常委、常务副县长黄永英主持会议，邓小英、陈云生、邓传文、胡红灯、杨友忠等县领导出席，相关部门负责人列席会议。会议传达市政府工作会议等会议精神，研究省级和国家级森林城市同步创建工作，听取并研究市场监督管理工作、宁远县外语学校建设工作、总工会资产处置工作等工作，并研究贯彻执行意见。

13日，中国户外健身休闲大会首站——宁远站在九嶷山舜帝陵开幕，近6000名户外运动爱好者参与。这是中国户外健身休闲大会连续两年在宁远设站。中国登山协会副主席颜金安，湖南省体育局副局长苏健全，永州市副市长、宁远县委书记刘卫华，刘军君、张明贵、李苏昭、刘庚旺、曹辉正、黄永英等县领导，省、市相关部门负责人出席开幕式，奥运会举重冠军王明娟、举重世界冠军乐茂盛莅临现场。大会设有10千米联赛（含5千米健康跑）、自行车联赛（29千米）、徒步毅行（徒步36千米）等三个竞赛项目；还设有趣味嘉年华、音乐狂欢晚会、露营体验、自驾游等多个体验项目；有速度攀爬三分石特色传播项目。宁远县作为湖南省发展开放型经济先进县、旅游强县、体育强县，在“体育+旅游+文化”发展模式上具有天然优势，体育元素的融入，为宁远县传统旅游注入新的内涵。

15日，市政协副主席彭爱华一行到宁远县调研非物质文化遗产的传承和开发利用工作。县领导李苏昭、胡红灯、赵吉永陪同。彭爱华一行实地考察天堂镇高源村高源土陶制作基地、湾井镇下灌社区民俗馆等地，并召开座谈会，与宁远县相关部门负责人进行交流探讨，充分肯定取得的成绩，希望宁远县进一步出台政策，加大投入，加强宣传培育，传承并开发利用好非物质文化遗产。

17日，2019年永州市新时代文明实践中心建设试点工作现场会在宁远县举行。市委常委、宣传部部长贺辉，各县（区）委宣传部部长等参加会议。县领导刘军君、刘庚旺陪同。贺辉一行先后参观柏家坪镇曙光新村、仁和镇春水村、文庙广场、莲花山公园、司法局、湾井镇下灌社区等新时代文明实践站（所），并召开经验交流会，听取宁远县新时代文明实践中心建设试点工作经验介绍。贺辉对宁远县新时代文明实践中心建设试点工作领导重视、高位推进、成绩斐然给予充分肯定，希望各县区认真学习，借鉴利用，创造性开展本地的试点工作，为全省、全国的试点工作贡献永州智慧和永州经验。

18日，县委常委、常务副县长黄永英主持召开县政府第四次常务会议。邓小英、陈云生、邓传文、欧阳国春、胡红灯、黄生强、杨友忠等县领导及相关部门主要负责人参加会议。会议传达市农业工作会议精神，研究贯彻落实意见；听取关于拨付2018年乡镇街道粮食生产、省定样本村奖补资金的情况汇报，审议并原则同意《2019年宁远县粮食生产工作意见》《宁远县2019年示范创建和农村人居环境整治工作方案》《宁远县关于支持和规范村集体组织小规模开发利用水田后备资源促进我县耕地占补平衡工作的实施意见》。

19日，召开全县税收专项清理和综合治税工作会议。县领导曹辉正、黄永英、陈云生出席会议，各乡镇（街道）及有关部门主要负责人参加会议。会议表彰2018年度税收专项清理工作先进单位，并向34个单位发放税费统征工作交办函。会议要求，要进一步提高认识，创新和完善税收征管模式，加强对重点行业、重点税种的控管，加强税收稽查和执法，确保综合治税工作顺利开展。

21日，宁远县申报的全省油茶大县项目高分通过省财政厅审核。该项目分2019、2020年2个年度实施，共实施油茶新造4.5万亩、油茶抚育4.0万亩、油茶低改4.0万亩。全现有油茶面积达40.8万亩，油茶专业合作社46个，100亩以上油茶经营大户53个，千亩以上种植基地18个，油茶产业从业人员达到8.2万人。

22日上午，副市长、县委书记刘卫华带领县应急管理部门负责人深入乡镇检查安全生产工作。刘卫华一行深入中和镇坦坝村小、新开完小、新开幼儿园、凤仙桥水库和禾亭镇华创粉体有限公司等地，与有关部门、企业负责人进行交谈，详细了解学校、企业和库坝的安全生产防护措施、安全设备运转、安全生产责任制落实等情况。刘卫华要求，要进一步提高对安全生产工作的认识，压实责任，加强安全生产监管，定期开展安全检查和隐患排查，及时整改销号，确保人民群众生命财产安全；要加强汛期防范保安，做好山塘水库堤坝隐患排查，严格落实各项防汛措施，做好应急预案，确保安全度汛。

23日下午，副市长、县委书记刘卫华主持召开全县2019年一季度经济形势分析会。刘军君、张明贵、李苏昭、曹辉正、陈海平、黄永英、雷军平、唐浩、曾海波等县领导，县直有关部门和各乡镇（街道）主要负责人等参加会议。会议学习贯彻习近平总书记相关重要讲话精神、省委常委（扩大）会议和全市一季度经济形势分析会精神，通报1至3月全县经济运行情况，分析研判一季度经济形势，安排部署下段经济工作。

24日下午，副市长、县委书记刘卫华深入九疑山瑶族乡调研九嶷河国家湿地公园保护建设管理和防汛抗旱等工作。副县长杨友忠陪同。刘卫华一行从九疑山电站出发，沿着九嶷河至上洞、鲁观，听取九嶷河国家湿地公园负责人的情况介绍，了解项目工程进展和规划，有无遇到什么困难和问题。刘卫华还考察九疑电站、福娃基地和九嶷山森林植物园。刘卫华强调，要对标国家湿地公园验收细则，抢抓时间、抢抓机遇，加快湿地公园主体项目建设，完善公园基础设施，把九嶷河国家湿地公园打造成“舜文化大花园”的一个亮点、美丽新宁远的一张名片；要结合乡村振兴战略实施，整合资金资源，加强村庄环境整治，加大矛盾协调处理，确保九嶷河国家湿地公园“十一”黄金周能够对外开园。

26日，省委扶贫工作视频会议结束后，宁远县继续召开全县扶贫工作会议。会上，副市长、县委书记刘卫华就如何贯彻落实会议精神进行安排部署，要求各级各部门认真学习贯彻习总书记关于脱贫攻坚的重要论述，聚焦“两个目标”“三项保障”“三大风险”，狠抓减贫返贫措施跟进、特色创新工作推进、结对帮扶活动开展，全力打好精准扶贫攻坚战。刘军君、张明贵、李苏昭等县领导和各乡镇（街道）、县直单位负责人、扶贫工作队队长等参加会议。

30日上午，在政务中心102会议室召开纪念五四运动100周年暨表彰大会。县领导刘军君、邓小英、赵吉永出席会议。会议宣读表彰决定，听取团县委的工作报告。

5月

7日，召开校园安全重点隐患整改工作推进会议。刘军君、黄永英、胡昕若、邓小英、陈云生、邓传文、欧阳国春、胡红灯等县领导及相关部门主要负责人参加会议。会议传达市暗访组对全县校园安全工作的检查情况，就校园安全重点隐患问题和整改方案进行讨论。刘军君要求，要提高认识，压实责任，加大投入，加强隐患整改和督促指导，切实防范和遏制校园安全事故发生。

10日，在县政府八楼会议室召开县政府第五次常务会议。县委常委、常务副县长黄永英主持会议，邓小英、陈云生、邓传文、胡红灯、杨友忠等县领导出席，相关部门负责人列席会议。会议传达市政府工作会议等会议精神，研究省级和国家级森林城市同步创建工作，听取并研究市场监督管理、宁远县外语学校建设、总工会资产处置等工作，并提出贯彻执行意见。

12日上午，副市长、县委书记刘卫华到汇盛鞋业新厂区调研，仔细查看厂区布局、厂房建设和车间内设备调试情况，询问当前还存在哪些困难和问题以及今后的规划和打算，对该公司新厂区即将投入使用表示祝贺，希望该公司进一步完善绿化和配套设施建设，尽快投产达效，带动宁远县经济高质量发展。副县长欧阳国春及相关部门负责人陪同调研。

13日，副市长、县委书记刘卫华主持召开县委第10次常委会议。刘军君、李苏昭、刘庚旺、曹辉正、陈海平、黄永英、雷军平、唐浩、曾海波等县领导参加会议，相关县直部门负责人列席会议。会议原文学习习近平总书记在纪念五四运动100周年大会上的重要讲话精神，传达全省已脱贫摘帽县市区座谈会精神、全市对台工作会议精神和2019年第一次全省贫困县纪委书记例会、全市廉洁区县建设现场会及全市干部队伍形式主义官僚主义六大突出问题专项整治工作视频会精神，听取县老科协工作情况汇报、全省第三轮县级教育工作“两项督导”意见反馈情况汇报，并研究贯彻落实意见。

14日上午，县委理论学习中心组在县政务中心101会议室举行2019年第二次集中学习。市委常委、市纪委书记、市监委主任杨永和市国安局党委书记、局长罗国飞受邀为大家授课。副市长、县委书记刘卫华主持集中学习，刘军君、李苏昭、刘庚旺、曹辉正、陈海平、唐浩、曾海波等县委理论学习中心组成员和其他在职在家县级领导，各乡镇（街道）、县直相关单位主要负责人等400余人参加学习。会上，杨永以《形式主义官僚主义是党的大敌、人民的大敌》为题为大家上作风建设辅导课，罗国飞从《国家安全法》和总体国家安全观阐释等方面上国家安全课，进一步增强与会人员对形式主义、官僚主义表现形式、危害及国家安全概念等的认识，为进一步做好宁远县国家安全工作和坚决打赢形式主义官僚主义整治攻坚战提供有力保障。

15日上午，宁远县召开落实中央扫黑除恶第16督导组督导永州反馈问题整改工作推进会。县领导曾海波、陈云生、吕新陵、周辉出席会议。会议听取相关工作组、单位、乡镇的整改工作进展情况汇报，总结前期整改工作，分析当前工作中存在的短板，提出下步工作建议。曾海波强调，要进一步深化思想认识，深化问题整改，深化工作推动，对标对表抓实整改，推动整改工作落实到位。

16日上午，县委理论学习中心组在县政务中心101会议室开展第三次集中学习。省委党校经济学教研部主任戴军教授、公共管理教研部唐琦玉教授分别以《深入学习领会习近平新时代中国特色社会主义经济思想》《坚持底线思维，着力防范化解重大风险》为题，为与会人员上高质量的学术课，进一步增强与会人员对习近平新时代中国特色社会主义经济思想和防范化解重大风险的认识。县委副书记刘军君主持集中学习。张明贵、李苏昭、刘庚旺、陈海平、黄永英、曾海波等县委理论学习中心组成员和其他在职在家县级领导，各乡镇（街道）、县直单位主要负责人参加学习。

17日，市委常委、统战部长石艳萍带队到宁远县督查指导宗教工作。县领导刘军君、李苏昭、唐浩、邓小英陪同督查或参加座谈。石艳萍一行深入九嶷山永佛寺进行实地督查指导，并召开座谈会，听取宗教重点工作开展情况汇报，查阅相关资料，同宁远县交换意见。石艳萍强调，要提高政治站位，坚持问题导向，强化工作举措，有效解决好宗教领域有关问题的整改落实。

18日下午，副市长、县委书记刘卫华主持召开县委第11次常委会，就县委理论学习中心组第二次、第三次集中学习进行研讨交流，并专题研究城乡环境基础设施建设、卫生健康等工作。县领导刘军君、张明贵、李苏昭、刘庚旺、曹辉正、陈海平、黄永英、雷军平、唐浩、曾海波参加会议，副县长及相关县直部门负责人列席会议。

20日下午，宣布永州军分区党委第一书记任职大会在宁远县政务中心召开。省委常委、省军区政治委员冯毅出席会议并代表省军区党委宣布：永州市委书记严华兼任永州军分区党委第一书记。省军区战备建设局局长张涛，市领导罗建华、冯紫英、熊壮、刘卫华，各县（区）委书记，县领导刘军君、张明贵、李苏昭、刘庚旺、曹辉正、陈海平、唐浩、向胜等参加会议。冯毅强调，要坚持用习近平新时代中国特色社会主义思想和习近平强军思想武装头脑，坚定政治站位，把握职责定位，强化担当使命的责任意识，常想党管武装之责、常谋履职尽责之事，切实管好、建好、训好、用好人民武装队伍，激活党管武装对政治、军事、经济、社会的倍增效益。严华指出，要坚决扛起党管武装政治责任，全力聚焦备战打仗主责主业，加快推动军民融合深度发展，继承和发扬永州重视拥军优属的优良传统，高标准抓好党管武装工作落实，为国防和军队建设发展提供良好环境。

21日上午，市住建局党组书记、局长彭晓东一行先后深入县舜德社区、中和镇、水市镇和湾井镇等地，采取入户走访、现场察看、听取汇报等方式，详细了解宁远县农村危房改造及城乡环境基础设施建设项目开展及竣工情况等，对宁远县工作给予充分肯定，希望全县进一步紧抓政策机遇，坚持问题导向，加强资金管理，抓紧抓实农村危改和城乡环境基础设施建设工作。

21日，在湾井镇召开全县农村人居环境整治工作现场推进会。刘军君、杨友忠等县领导出席会议。刘军君一行先后深入湾井镇路亭村和下寨岗村进行实地观摩，并召开座谈会，听取第一季度督查情况通报和湾井镇、禾亭镇新柏家村的典型发言及天堂镇、柏家坪镇北屏村的表态发言。刘军君指出，各乡镇要提高认识，学习先进找差距，狠抓落实，创先争优，切实做好农村人居环境整治工作。

22日上午，副市长、县委书记刘卫华带领县应急管理部门负责人深入乡镇检查安全生产工作。刘卫华一行深入中和镇坦坝村小、新开完小、新开幼儿园、凤仙桥水库和禾亭镇华创粉体有限公司等地，与有关部门、企业负责人进行交谈，详细了解学校、企业和库坝的安全生产防护措施、安全设备运转、安全生产责任制落实等情况。刘卫华要求，要进一步提高对安全生产工作的认识，压实责任，加强安全生产监管，定期开展安全检查和隐患排查，及时整改销号，确保人民群众生命财产安全；要加强汛期防范保安，做好山塘水库堤坝隐患排查，严格落实各项防汛措施，做好应急预案，确保安全度汛。

23日上午，县委全面深化改革委员会第一次会议召开。副市长、县委书记刘卫华主持会议，刘军君、张明贵、李苏昭、刘庚旺、曹辉正、唐浩、曾海波等县领导参加会议。会议传达中央深改委、省委深改委、市委深改委相关会议精神，听取2018年全县改革工作总结及2019年工作安排情况汇报和各深改小组的情况汇报，审议通过《中共宁远县委全面深化改革委员会成员名单》等。刘卫华强调，要提高政治站位，对标对表把牢改革方向；要始终把改革作为一项重大政治责任，扛在肩上、抓在手上，当好改革的促进派和实干家，务实求变、务实求新、务实求进，推动各项改革在宁远落地生根、开花结果。

27日下午，县委副书记刘军君主持召开非洲猪瘟防控工作紧急调度会。县直相关部门负责人参加会议。会议分析全县非洲猪瘟防控态势，安排部署生猪产品市场监管和打击违规调运、非法屠宰生猪及防控非洲猪瘟交通堵疫等工作。会议要求，各相关部门要认清形势，提高认识，压紧压实防控责任，严格落实防控措施，把非洲猪瘟疫情牢牢堵在县域之外。

28日，县委常委、宣传部部长刘庚旺深入保安镇黄土岭村督导调研脱贫工作，听取该村脱贫工作情况汇报，实地察看黄土岭村村容村貌和基础设施建设情况，并就该村如何巩固扶贫工作成果提出解决办法。刘庚旺指出，要进一步加强基层组织建设，切实选好带头人；要加快项目建设进度，进一步完善基础设施；要加大宣传教育力度，让群众真正懂政策、理解政策，切实巩固脱贫攻坚成效。

28日，副市长、县委书记

刘卫华主持召开学位建设重点项目推进专题办公会。刘军君、曹辉正等县领导及相关部门负责人参加会议。会上，各在建校区建设指挥部、学位办等单位汇报当前学位建设工作情况，与会人员就如何加快推进学位建设工作进行讨论。刘卫华指出，要加快学位建设进度，加强工程建设的保障力度和工程建设管理，明确责任，加强领导，确保全县学位建设工作任务按期按质完成。

29日，宁远县退役军人服务中心正式挂牌成立。县退役军人服务中心主要承担退役军人关系转接、来信来访、接待办理、心理疏导、权益咨询、政策解答等事务性工作，负责退役军人和其他优抚对象信息采集、资料整理、情况反映、立功喜报等具体事务，为退役军人提供就业创业扶持、政策咨询、技能培训，搭建就业创业、困难退役军人军属帮扶援助平台，并指导全县退役军人服务站工作。

30日上午，召开2019年禁毒工作会议。曾海波、眭晓棠、陈云生、蒋家安、周辉等县领导及县禁毒委成员单位、各乡镇（街道）分管领导、禁毒专干等参加会议。曾海波强调，各级各部门要进一步提高政治站位，切实加强领导，切实把责任放在心上、扛在肩上、抓在手上，切实对标对表补齐禁毒工作短板，推动全县禁毒工作再上新台阶，为永州市创建全国禁毒示范城市做出宁远贡献。

31日，在政务中心召开县人大常委会关于2018年工作审议总结暨2019年工作审议动员会和全县干部队伍形式主义、官僚主义六大突出问题专项整治推进会、全县推进城乡环境基础设施建设现场会、全县重点项目推进会。副市长、县委书记刘卫华，刘军君、张明贵、刘庚旺、曹辉正、陈海平、黄永英、唐浩、曾海波等全体在家县领导和相关部门负责人参加会议。会议深入学习贯彻习近平新时代中国特色社会主义思想和省市相关会议精神，总结和动员人大审议工作，安排部署城乡环境基础设施和重点项目建设工作及干部队伍形式主义、官僚主义六大突出问题专项整治工作。刘卫华强调，全县各级各部门坚持问题导向，高度重视审议工作，抓好审议整改，提升审议成果，认真做好人大审议工作；要真抓真干，常抓常新，抓实实抓，坚持开展干部队伍形式主义、官僚主义六大突出问题专项整治；要认真总结前段重点项目建设情况，盘点推进过程中的突出问题，进一步明确努力方向和工作重点，加快推进重点项目建设，推动经济社会高质量发展。

6月

1日上午，副市长、县委书记刘卫华主持召开南部文化生态新城项目建设推进办公会。曹辉正、黄永英、欧阳国春等县领导及相关单位负责人参加会议。会议听取南部生态新城、新二中、党校项目指挥部和中科建公司负责人就项目建设进展、遇到困难、需要解决问题等情况汇报。与会人员分析项目推进过慢等原因，就如何解决当前问题提出意见和办法。刘卫华强调，要咬定目标不放松，坚定信心齐上阵，紧紧围绕南部新城的规划设计，全力做好污水管网、水、电、路、信等基础设施配套建设，加快项目建设进度；要坚持问题导向，做好项目前期工作准备，做足做实做细项目概算，加强部门协调，搞好矛盾化解，加大政策宣传，确保项目如期完工；要进一步加强领导，加强协调，再掀南部生态文化新城建设的新高潮。

3日上午，省民政厅党组成员、副厅长杨薇率调研组到宁远调研养老服务工作。副县长邓小英和相关单位负责人陪同。杨薇一行先后深入县社会福利中心、三联体指导中心和冷水镇中心敬老院，详细了解宁远养老服务体系中的基础建设、容纳能力、人员配备等工作情况，对宁远养老服务体系建设工作给予充分肯定，并对宁远县提出继续优化“医养结合”的养老新模式等意见建议。

4日上午，副市长、县委书记刘卫华深入县各高考考点，巡查考前准备工作。县委常委、县委办主任曹辉正陪同。刘卫华实地察看县一中、二中、三中等考点的考务办公室、广播室、考场视频监控室、保密室等地，详细了解考务工作安排、监控设备运行以及考点周边环境等服务保障工作情况，并听取相关工作情况汇报。刘卫华强调，各有关部门要加强沟通协调，切实做好高考期间的交通、治安、医疗、食品卫生、安全等服务保障工作，做好应急预案，消除各类安全隐患，全力保障高考安全、平稳、顺利进行。同时，要加强学生心理辅导，与学生家长进行沟通交流，让学生保持良好的心理素质，考出理想的成绩。

5日，副市长、县委书记刘卫华在县领导曹辉正陪同下深入乡镇开展巡河护河和防汛工作督查，先后察看城北水厂和仁和坝水库堤坝项目建设进展情况，详细了解宁远河河道清障、河堤建设以及中小河流治理建设和水厂引水管道铺设进展情况。刘卫华要求，要强化责任意识，全力做好防汛准备，因河施策、循序渐进推进河道治理工作，实现河畅水清、岸绿景美的目标。

6日上午，湖南省“不忘初心、牢记使命”主题教育工作会议在长沙召开，湖南省委书记杜家毫出席并作动员讲话，中央第一指导组组长冯健身出席会议并讲话，湖南省委副书记、省长许达哲主持会议。副市长、县委书记刘卫华和刘军君、张明贵、李苏昭、刘庚旺、曹辉正、陈海平、黄永英、雷军平、唐浩、曾海波等在家县领导在宁远分会场参加会议。会后，刘卫华就落实会议精神进行安排部署，要求要严格按照中央和省市委部署，贯彻落实好习近平总书记重要讲话精神和全省“不忘初心、牢记使命”主题教育动员部署会议精神，增强“四个意识”，坚定“四个自信”，做到“两个维护”，凝心聚力，将各项部署落到实处，坚决打赢三大攻坚战，交出决胜全面建成小康社会的优异答卷。

10日上午，副市长、县委书记刘卫华深入县畜牧水产事务中心、县水利局、应急管理局调研非洲猪瘟防控和防汛工作。刘卫华先查看畜牧水产事务中心值班备勤情况，听取全县非洲猪瘟检测防控工作措施及防疫现状情况汇报；随后深入县水利局、应急管理局了解全县防汛相关工作。刘卫华要求，要提高认识，严格落实大消毒、大检查、大排查、大打击、严防控“四大一严”工作措施，压实工作责任，以非洲猪瘟防治来打一场防疫防御战；水利、应急等相关部门要加强值班备勤，落实主体责任，加大雨情水情监控，加强部门协调配合，严防各类事故发生，确保全县安全度汛。

11日，“传承优良家风——讲好宁远故事”演讲比赛举行决赛。比赛中，20名选手或结合自身实际，或讲述身边典型，论述慷慨激昂，演讲激情澎湃，引发现场评委和观众的共鸣。县文旅广体局选手李露艳和仁和镇选手刘丹琴荣获一等奖。比赛还评选出二等奖4人、三等奖6人、优秀奖8人。县领导刘庚旺、陈海平到场指导，近千名党员干部、群众等到场聆听。

13日上午，县人大常委会主任张明贵主持召开海南恒基重点项目现场办公会。县领导欧阳国春、陈勇军和相关单位负责人参加。会上，与会人员围绕用地指标、土地招拍挂等问题进行研究探讨，提出意见建议。张明贵要求，要进一步统一思想认识，尽快对项目的用地指标进行报批，公平、公正、公开地对项目所需土地进行招拍挂；相关部门要加强协调配合，促使项目早日落地。

14日上午，在工业园举行宁远台湾工业园和宁远高新技术产业开发区挂牌仪式。副市长、县委书记刘卫华，省委、市委台办领导和县领导曹辉正、邓小英、邓传文、肖红梅及周边县区台办负责人参加挂牌仪式。台湾工业园是台资企业集聚发展的重要基地，也是承接沿海及岛内台资转移的重要平台，主要是以园中园形式，重点发展轻工纺织、新能源新材料、食品医药、光电智能终端等产业。刘卫华指出，台湾工业园和高新技术产业开发区的挂牌，是推进园区建设和对台工作提质升级的新起点，希望大家要牢牢把握产业革命大趋势，抢抓湘南湘西承接产业转移示范区的重大机遇，深入实施创新引领开放崛起战略，向国家高新区、千亿园区大步迈进，加快建设制造强县，助力宁远经济社会发展。

16日，举行2019年“安全生产月”启动仪式、安全生产宣传咨询日暨党员教育“乡村学堂”活动。县委常委、常务副县长黄永英出席活动并讲话。黄永英强调，全县各级各部门务必进一步强化红线、底线意识，加大安全生产执法检查和隐患排查治理力度，确保“安全生产月”活动取得明显成效。黄永英还向安全生产志愿者服务队授旗，并带头在“防风险、除隐患、遏事故”千人签名旗上签名。

17日下午，县委常委、县纪委书记、县监委主任陈海平到东溪街道指导廉洁机关创建工作，听取东溪街道2019年4月以来开展“廉洁机关”创建的主要做法、存在的不足和下步工作思路汇报。陈海平强调，要统一思想认识，准确把握创建“廉洁机关”的重大意义，对照创建标准，搞好创建工作；要加强廉洁宣传阵地建设，营造浓厚的宣传氛围。

18日，县计生协会会同县财政局、审计局对2019年申报的“计生家庭创业贷款贴息项目”和计生“三结合”项目进行项目评估督查，确保项目资金安全有效、高效利用。近三年来累计申请“创业贷款贴息”项目22个、“三结合”项目3个，项目资金达120余万元，累计帮扶贫困计生家庭增收400多万元。

19日，县职业中专举行水费退款仪式，现场将78720元“饮水费”退还给学生。在县委第六轮巡察中，职业中专通过自查自纠发现此问题并主动报告整改。最终，县纪委监委驻县教育局纪检监察组给予职业中专原政工处主任魏某东，原政工处副主任骆某平诫勉谈话处理，给予政工处相关人员及相关班主任约谈处理。

22日，副县长欧阳国春一行先后查看太平镇留佳位、鲤溪镇贵头村、中和镇杨柳田、九疑山瑶族乡石灰窑等地质灾害隐患点的地形地貌，详细了解地质灾害隐患、治理等情况。欧阳国春指出，各级各部门要加强对地质灾害高易发区和危险区的巡查监测，明确专人值守，坚持全天24小时值班制度；同时要加强防灾减灾常识和应急避险自救互救知识的宣传，确保不发生人员伤亡事故。

23日，副市长、县委书记刘卫华率领相关部门负责人深入乡镇调研农村人居环境整治、非洲猪瘟疫情防疫和污水处理厂项目选址建设等工作。县委常委、县委办主任曹辉正陪同调研。刘卫华一行先后查看了禾亭镇周家村、保安镇杨家村和太平镇塘壁村的美丽乡村建设及保安、太平污水处理厂项目选址情况，检查黄华胜猪场、建和养猪合作社及二广保安出口和保安镇临时消毒检查站。刘卫华指出，要结合各村特点，做好古村庄古院落的保护，突出地域文化，保护乡情美景、留住乡愁记忆；要围绕“三清一改一拆”，全力做好农村污水处理、垃圾分类、改水改厕、废旧房屋改造拆除等项目建设；要结合新时代文明实践中心建设，整合敬老院、幼儿园、卫生室，坚持村民为主体，形成建管并重机制；要严防死守，加强日常消毒和管理，全力做好卫生防控工作，杜绝疫情发生。

25日，县人大常委会主任张明贵深入东溪街道红岩村下访重点信访对象，听取村支两委的情况汇报和建议，并深入信访对象家中分别听取他们的诉求，并对当事人提出的问题进行正确引导和解释。张明贵要求，东溪街道要开拓思路、换位思考、加强协调，引导信访人提出合理的诉求，本着实事求是的原则，努力化解矛盾，积极回应人民关切。

26日下午，副市长、县委书记刘卫华主持召开县委第13次常委会，原文学习习近平总书记在“不忘初心、牢记使命”主题教育工作会议上的重要讲话精神，传达全省农业产业兴旺暨千亿产业发展现场推进会、全市信访工作重点管理县约谈会议精神，研究贯彻落实意见；听取上半年全县经济形势分析、全县意识形态工作情况等汇报，原则通过全县“七一”表彰决定实施方案等。

27日上午，县委理论学习中心组在县政务中心101会议室开展2019年第五次集中学习。副市长、县委书记刘卫华主持学习，县领导刘军君、李苏昭、刘庚旺、曹辉正、陈海平、唐浩、曾海波、文小武等县委理论学习中心组成员和其他在职县级领导，各乡镇、街道、县直相关单位主要负责人参加。学习会上，市委宣传部部务会成员、市社科联主席陈水恩作《深入学习领会习近平总书记关于意识形态工作重要论述的辅导报告》。

7月

1日下午，副市长、县委书记刘卫华深入工业园区现场办公。曹辉正、邓传文、肖红梅等县领导参加现场办公会。刘卫华一行先后到湖南顺盈芯智能科技有限公司、成盛科技、裕宁电子二期、新能源新材料二期等项目和企业，详细了解企业目前生产、经营情况和项目建设进度、当前存在的困难问题，并就部分问题现场给予解决。刘卫华要求，要切实提高思想认识，加快项目建设进度，完善园区功能配套，美化优化园区环境；要加强矛盾协调化解，加快征地拆迁力度，不等不靠，做好园区发展提质；要加强与企业沟通，做好谋划，加强服务，认真履职尽责，做好服务对接，推进园区项目落地生根；要多举措多路径的加大招商引资力度，加强与深圳无界投资有限公司的合作，促进招商项目落地。

2日，县委常委、县纪委书记、县监委主任陈海平深入五龙山瑶族乡督导村务公开、村务监督例会等工作。陈海平一行到大坝村，了解大坝村脱贫攻坚情况，察看该村村务公开、村务监督例会工作开展落实情况。陈海平要求，要坚持问题导向，凡是涉及村民利益的重大事项都要及时进行公开，打通群众监督的“最后一公里”，形成“不易腐”“不能腐”的机制。

3日，省生态环境厅水环境处副处长刘洪义带领专家调研评估组，先后实地考察宁远县老村河、老武装部、新华路等黑臭水体治理现场和县德丰污水处理厂、县污水处理二厂、城区污水管网改造、中和镇污水处理厂等城乡污水处理设施建设现场，并召开座谈会，听取情况汇报，对宁远县黑臭水体治理和水污染防治工作和取得的成效给予充分肯定。

5日，副市长、县委书记刘卫华带领相关人员在城区开展调研。刘庚旺、黄永英、曾海波等县领导和相关部门及四个街道负责人参加。刘卫华一行调研城区断头路、德丰污水处理厂提标、泠江大桥拓宽等项目，并召开调度会，对“十城同创、文明共建”工作进行安排部署。对标永州市“六城同创”工作，整合全县各项重要工作，开展创建全国文明城市、保持国家卫生城市、创建国家园林城市、创建全国社会信用体系建设示范城市、创建国家公共文化服务体系示范区、创建全国禁毒示范城市、创建国家森林城市、创建国家生态文明示范城市、创建国家全域旅游建设示范区、创建全国历史文化名城“十城同创、文明共建”工作。刘卫华要求，各级各部门要以“十城同创、文明共建”为目标，以创建文明城市为龙头，同步推进各项创建工作；要明确机构，加强领导，在人、财、物等方面予以保障，统筹推进各项创建；要开展“大整顿、大建设、大创建、大规范”等工作，对重点村、社区和主要街道实行分片包干和文明联点共建；要建立督办交办机制，层层压实责任，在全县迅速掀起“十城同创、文明共建”热潮。

7日上午，在泠江河畔组织开展2019年永州市第五届鱼人节宁远活动暨宁远县鱼类人工增殖放流活动。县政协副主席蒋家安和20余个县直单位、各乡镇（街道）分管领导及社会各界人士共300余人参加活动。此次活动现场放流青草鲤鲫等鱼苗100万尾，接下来的一周内还在金钩挂水库、仁江河、春陵河、九嶷河等放流鱼苗鱼种400万尾。

8日晚，县全民健身服务中心篮球馆举行永郴两市六县睦邻友好篮球邀请赛决赛，新田县代表队、嘉禾县代表队获得此次比赛的冠、亚军。县领导刘庚旺、胡红灯出席闭幕式并为获奖代表队颁奖。

9日下午，省退役军人事务厅党组成员、副厅长邓燕飞一行到宁远调研退役军人服务保障体系建设工作。副市长、县委书记刘卫华，县领导黄永英、文小武陪同调研或出席座谈会。调研组先后到县退役军人服务中心、水市镇、水市社区、县烈士公园等地，实地察看县退役军人服务中心（站）和烈士纪念设施建设和运行情况，并召开座谈会。

11日上午，副市长、县委书记刘卫华主持召开“十城同创、文明共建”建设现场办公会。县领导曹辉正、欧阳国春参加现场办公会。刘卫华一行先后查看城区、园区路网、市场和背街小巷的绿化、美化、亮化和卫生等工作，了解莲花酒店及周边棚户区改造（城市综合体）项目，针对城区、园区存在的问题提出解决的办法。刘卫华指出，开展“十城同创、文明共建”是建设宜居宜业宜游新宁远的迫切需要，要提高思想认识，把“十城同创”作为全县的首要工作来抓，坚持目标引领、问题导向，压实工作责任，创新工作思路，全面形成全党动员、全县行动、全民动手、人人参与、人人共建的良好氛围，迅速在全县掀起“十城同创、文明共建”的新热潮。

14日下午，副市长、县委书记刘卫华深入到清水桥镇指导防汛救灾，指导群众开展生产自救。县委常委、县委办主任曹辉正陪同。刘卫华到清水桥镇大竹源袁家村，实地深入受损路段、田间地头及受灾农户家中，认真查看通村道路、饮水管线、农户房屋和农作物受灾情况，关切询问群众自身安全及生产生活情况。刘卫华要求，联系乡镇的领导和各级各部门要积极行动，主动作为，深入受灾严重村庄，组织村民开展生产自救，帮助村民最大限度地降低灾害造成的损失；要抓紧对水毁道路、桥涵、安全饮水工程、电力通信等基础设施的抢修，打通生命通道、物资通道、信息通道；要切实加强值班值守和应急管理调度，坚持24小时值班制度，切实提高防灾减灾应急能力；要做好水淹村庄的消毒防疫，确保大灾之后无大疫。

15日上午，九嶷山天宇生物资源研究所在原九嶷山学院挂牌成立。中科院植物研究所研究员乐捷和宁远县相关部门负责人参加挂牌仪式。研究所的成立，开启中科院植物研究所与九嶷山自然保护区全面合作的新篇章。研究所将利用中科院的前沿技术，加大对九嶷斑竹、报春苣苔等九嶷山生物的研究、保护、培育，推动九嶷山珍稀野生植物科研工作的纵深发展。

16日下午，召开全县灾后重建暨乡村振兴推进会。副市长、县委书记刘卫华，刘军君、张明贵、李苏昭、刘庚旺、曹辉正、黄永英、雷军平、唐浩、曾海波等县领导和各乡镇（街道）、县直单位主要负责人等参加会议。会议主要任务是贯彻落实中央、省、市关于抗洪救灾工作的重要批示指示精神和近期召开的系列会议精神，安排灾后重建工作，统筹部署农业农村各项工作，在全县迅速掀起重建家园、振兴乡村、共奔小康的新热潮。刘卫华要求，要妥善安置受灾群众，全力修复损毁设施，抓紧推进农业补损，积极发动自救互救，共建美丽家园；要统筹结合，加快补齐乡村振兴短板，抓住灾后重建的契机，进一步树牢问题导向，加快补齐农村人居、农村厕所、农村公路、农村建房、河长工作、民生实事、健康扶贫等工作短板，整体提升乡村振兴工作质量水平。

17日上午，县委副书记、县长唐何深入县工业园区汇盛鞋业、裕宁电子等企业，调度全市承接产业转移示范区建设推进会筹备工作。黄永英、邓传文、欧阳国春、肖红梅等县领导及相关部门负责人一同参加。唐何要求，各级各相关部门要各司其职、各负其责，注重细节、精心筹备，高标准、高质量展示全县改革发展的良好形象；要以承办全市承接产业转移示范区建设推进会为契机，进一步贯彻落实中央、省、市决策部署，在湘南湘西承接产业转移示范建设中展现宁远作为，彰显宁远担当，贡献宁远力量。

19日上午，永州市承接产业转移示范区建设研讨会暨永商永才回乡创业启动及项目签约仪式在宁远县举行。市委书记、市人大常委会主任严华出席并致辞，市委副书记、市长何录春主持会议，市领导吴志雄、欧阳元初、谢景林、李旦梅、刘卫华、吕斌，以及唐何等县领导出席。签约仪式上共签约项目27个，总投资119亿元。其中宁远县智能小家电、智能家居、手机配件项目和触摸屏及玻璃盖板项目、动力电池项目、电池隔膜及电芯项目成功签约，总投资13.5亿元。与会人员还参观考察宁远县工业园区的永州市汇盛鞋业有限公司、永州聚力新能源科技有限公司、湖南宇拓新能源科技有限公司和永州市成盛科技有限公司。

22日上午，中共宁远县第十二届委员会第九次全体会议召开。会上，副市长、县委书记刘卫华代表县委常委会作工作报告，县委副书记、县长唐何向全会报告上半年经济发展情况，县委副书记刘军君就《关于深入开展“十城同创、文明共建”不断满足人民美好生活需要的决议（草案）》向全会作说明。会议审议并通过《关于深入开展“十城同创、文明共建”不断满足人民美好生活需要的决议（草案）》。张明贵、李苏昭、刘庚旺、曹辉正、陈海平、黄永英、雷军平、唐浩、曾海波等县领导及相关部门负责人参加会议。

23日下午，市委常委、宣传部部长贺辉一行到宁远县调研创建国家AAAAA级旅游景区工作，先后查看舜帝陵景区、下灌麻将影视小镇项目、舜德书院等，详细了解宁远县的历史人文和旅游发展情况，要求要对创建工作进行全面梳理，严格对照标准，做细做实各项准备工作；要统筹安排，搞好对接，科学调度，加快景区基础设施建设等工作，为创建工作奠定坚实基础。

24日上午，在柏家坪镇召开舂陵古城项目建设工作推进会议。刘军君、眭晓棠等县领导及相关部门、乡镇负责人参加会议。刘军君一行深入二广高速宁远北出口、舂陵侯城遗址、柏家坪镇曙光新村等地实地调研，并召开座谈会，听取项目建设情况汇报。

25日上午，“茅以升公益桥——小桥工程”项目宁远县川岩桥竣工仪式在中和镇高子洞村举行。中国工程院院士、长沙理工大学原校长、公路养护技术国家工程实验室主任郑健龙，市委常委、副市长周荣峰，县领导唐何、刘军君出席。川岩公益小桥由茅以升科技教育基金会联合尚德建设集团和中铁二院建设。该桥建成竣工，中和镇幕投村、库里村、坝眼村、高子洞村等地村民到县城的时间只需20分钟，比以前足足缩短40分钟，有效改善了当地交通条件，带动当地经济发展。

8月

1日上午，副市长、县委书记刘卫华在县委常委、县委办主任曹辉正的陪同下，到五龙山瑶族乡杨桂坪村、洋塘村、大坝村走访慰问退伍老兵，为其送去党和政府的关怀及节日的问候。刘卫华强调，支部是堡垒，党员是旗帜。希望他们继续发挥部队优良作风，积极支持村支两委的工作，在基层党建、扶贫攻坚、灾后重建、易地搬迁、分散安置、人居环境整治等方面发挥党员先锋模范作用。

2日，副市长、县委书记刘卫华主持召开县委第16次常委会。会上，县委理论学习中心组举行2019年第六次集中学习，原文学习习近平总书记关于民主集中制重要论述等系列讲话。会议研究整治形式主义官僚主义、全面小康、纪检监察、禁毒、承接产业转移和乡村振兴等工作。

3日，县首届“人防杯”少年排球赛历时三天在八中落幕。此次比赛由县人民防空办主办，八中协办，永州阳光排球俱乐部承办，旨在丰富青少年学生暑期生活，培养青少年勇敢顽强、超越自我的品格，磨炼自身意志和团结协作的精神。比赛共有11支代表队参加，橙子美学美术队和职业中专队分别获得男子组、女子组冠军。

4日，县委副书记、县长唐何组织召开中央、省市环保督察问题整改工作推进会，对问题整改工作进行再安排、再部署。会议通报中央、省环保督察问题整改情况，并要求，各相关部门要提高思想认识，增强底线意识；要坚持问题导向，将责任明确压实；要加强部门间协调配合，从严督查问责，确保圆满完成环保问题整改的各项工作任务。

6日，副市长、县委书记刘卫华在湾井镇下灌游客中心主持召开下灌片区乡村振兴现场办公会，听取麻将小镇开发、人居环境治理等方面工作的汇报，要求进一步坚定信心决心，科学规划，创新机制，整合资源，做足“特”字文章，进一步激发群众内生动力，加大力度，加快进度，把下灌片区打造成湖南最美丽乡村。曹辉正等县领导及相关部门负责人参会。

7日，副市长、县委书记刘卫华对全县城区学位建设重点项目进行现场办公。刘卫华一行先后察看十三小、九中、十一中、明德湘南中学等学位在建项目，要求各级各部门要搞好配合，排除困难，主动担当，主动作为；要加强管理，科学施工，加快进度，倒排工期，全力打造学位建设的样板工程、放心工程、满意工程，夺取学位建设的全面胜利。曹辉正等县领导及相关部门负责人参会。

8日，副市长、县委书记刘卫华深入乡镇（街道）调研农村改厕工作，县委常委、县委办主任曹辉正陪同。刘卫华一行先后到文庙街道欧家村、舜陵街道莲花塘村、桐山街道高福村和中和镇陈家洞村、麻田村，实地查看农村厕所现状和改造情况。刘卫华指出，农村改厕是民生工程，要坚持因地制宜，一切从实际出发的原则，高标准、严要求、重规划，统筹推进改厕工作落实。

9日上午，副市长、县委书记刘卫华在副县长欧阳国春及相关部门负责人陪同下，深入舜陵街道开展“十城同创、文明共建”调研。刘卫华一行从九嶷中路，经园艺路、印山路、莲花路至老县委家属楼，先后查看街道路网、绿化、美化、亮化和市场卫生等工作，了解城市管理相关办法，就城区建筑围挡、摩托车停放、背街小巷空坪余地管理、市场监督等问题提出意见和解决的办法。刘卫华要求，要以绣花的功夫精准精细推进“十城同创、文明共建”。

11日下午，2019环中国国际公路自行车赛组委会一行到宁远县对接赛事相关事宜。县领导唐何、刘庚旺出席对接会。环中国国际公路自行车赛宁远站拟定于2019年9月13日至15日举办，届时将有22支职业车队132名选手参赛，荣誉骑行600人。比赛起点设在文庙广场，经九嶷大道、下灌、九嶷山、鲁观、大界，完成两圈半后到达终点九嶷山游客中心，全长130公里。唐何要求，思想上再提升，全县上下要树立“一盘棋”意识，认真谋划，精心组织，确保各项筹备工作顺利推进；工作上再升温，要按照职责分工，及时与大赛组委会沟通，共同完成好此次赛会的工作任务；宣传上再加力，要充分做好赛前各项宣传，让更多媒体关注宁远，关注赛事动态；安保上再加强，拿出切实可行方案，做好赛事沿线的交通管制、交通疏导和秩序维护，确保此次赛会顺利、圆满、成功。

12日下午，县委副书记、县长唐何在县自然资源局主持召开自然资源重点工作调度会。县自然资源局全体班子成员参加会议。会议听取县自然资源局关于前段时间全县自然资源工作开展情况和下阶段工作计划的汇报，就“三调”工作、土地开发、耕地保护、不动产登记、地质灾害防治、违建别墅清理、卫片执法等工作中存在的问题和困难进行研究解决。

16日，副县长胡红灯到桐山街道五里桥村，向村支两委干部及与会的相关部门负责人传达市“六城同创”和县“十城同创、文明共建”会议及相关文件精神，要求村支两委、街道办要增强“十城同创”工作的信心和决心，进一步加强领导，扩大宣传，抓紧整改，开展评比，争创特色，争当典型，确保“十城同创、文明共建”工作任务圆满完成。

19日，副县长杨友忠到湾井镇马脚洞村、东安头村指导省、市级美丽乡村示范村建设工作，实地查看两村美丽乡村建设进展情况，听取湾井镇情况介绍，并与镇、村干部及相关部门负责人就下段工作进行探讨。杨友忠指出，要对照省、市级美丽乡村示范村建设的标准和要求，结合农村人居环境整治、“十城同创”等工作，以问题为导向，切实解决农村脏乱差等现象，为群众营造良好的生活环境。

21日上午，县委常委、常务副县长黄永英到县税务局，为全县纳税人代表和减税降费工作领导小组成员单位及征管一线的税务工作人员讲授“县长税课”。课上，黄永英阐释国家减税降费大政方针的重要意义，指出减税降费主要政策要点，介绍宁远县减税降费工作的开展情况，深入剖析减税降费工作对税收收入的影响，并对下一步的减税降费工作提出要求。

22日下午，市委书记严华，市委副书记、市长何录春带领全市产业项目建设现场推进会参会人员到宁远县工业园现场观摩产业项目建设情况。副市长、县委书记刘卫华，唐何、刘军君等县领导陪同参观。严华、何录春一行先后参观永杰诚新能源科技、沃尔顿新能源科技等企业，听取宁远县重大产业项目建设情况介绍，对宁远县产业项目建设速度快、重点企业发展势头好给予充分肯定。严华要求，要坚持稳中求进工作总基调，坚定不移抓产业强实体、争上游创先进，积极对接粤港澳大湾区建设，进一步扩大招商引资，培育壮大光电智能、电子信息等新兴产业，提质升级传统产业；进一步优化营商环境，完善功能配套，优化公共服务，围绕现有优势产业做好补链强链延链科技文章，争取在创国家级高薪产业园区上走在全市前列，创造宁远模式。

25日上午，副市长、县委书记刘卫华带领县委办、县扶贫办负责人深入到九疑山瑶族乡开展“三走访三签字”活动，先后深入凤凰村、山头源村、三亩田村和文武冲村，详细了解党建、扶贫、村级产业发展、人居环境整治等工作开展情况，听取村支部书记和第一书记的工作汇报，督导检查脱贫攻坚各项工作的落实情况。刘卫华要求，要提高认识，转变观念，充分发挥村支部战斗堡垒和党员模范先锋作用，认真落实好驻村帮扶和结对帮扶责任，大力开展自己家园自己建活动，进一步巩固脱贫成果，提升扶贫发展质量，更好地带动村民致富奔小康；要结合全县开展的“十城同创、文明共建”活动，在各乡镇各村开展星级文明共创、孝老敬老等活动评比，提升群众精气神。

27日上午，宁远县2019年秋季开学工作会议在政务中心101会议室召开。县人大常委会副主任胡昕若、县政府副处级干部欧初旺出席会议，教育局机关及全县各学校、幼儿园800余名教育工作者齐聚一堂，共谋宁远教育发展大计。会议总结上半年成绩，安排部署本学期工作，并就“十城同创”、扫黑除恶、禁毒工作、党建工作、防溺水安全教育等工作作出详细安排。

28日，在县档案馆7楼会议室举行2019年湖南省“两癌”贫困妇女救助金（省级专项彩票公益金）发放仪式。县领导何为民、邓小英、蒋家安和来自全县20个乡镇（街道）的妇联主席、35名受助对象参加仪式。共计发放救助金42万元，每个救助对象获救助金1.2万元。

9月

2日上午，县委副书记、县长唐何主持召开县政府第九次常务会议。张明贵、李苏昭、黄永英、向胜、文小武等县领导参加会议。会议听取县政府第二次全会、九嶷山建立国家公园工作、全县稳定生猪生产保障市场供应、收购宁远县华源建筑有限公司等情况汇报、审议并原则通过《关于深化“放管服”、做好“一件事一次办”改革工作的实施方案（草案）》。

4日，省市场监督管理局副巡视员欧阳黎明带队到宁远县开展安全生产重点工作专项督查。唐何、黄永英、邓传文、欧阳国春等县领导陪同检查或参加汇报会。督查组听取汇报，并采取明察与暗访相结合的方式，深入九嶷山舜帝陵景区、安泰烟花爆竹、县客运总站等地检查消防安全、危化品整治、道路交通和建筑领域安全生产等方面工作，对宁远县近年来安全生产工作取得的成果给予充分肯定。

5日上午，召开“不忘初心、牢记使命”主题教育前期筹备工作会议，宣读主题教育工作方案，明确领导小组办公室及内设机构人员名单和工作职责。县委常委、组织部部长雷军平要求，要提高政治站位，深刻领会精神，抓紧做好筹备工作，集中时间做好安排部署，严明工作纪律，做到主题教育的目标明确，理论学习有收获，确保主题教育取得实效。

7日上午，副市长、县委书记刘卫华带领县委办、县扶贫办负责人深入五龙山瑶族乡开展脱贫攻坚“三走访三签字”活动。刘卫华一行先后到五龙山瑶族乡上庄源村、天鹅园新村、洋塘村、牛塘岭村等地，与乡村干部、驻村工作队、易地搬迁户进行座谈交流，详细了解脱贫攻坚工作进展情况，并实地走访盘春友、盘运女等贫困户。

8日，副市长、县委书记刘卫华深入冷水镇开展脱贫攻坚“大走访、大调研、大排查、大整改”活动。刘卫华通过实地走访、召开驻村工作队和村两委班子座谈会等形式，详细了解冷水镇脱贫攻坚工作开展情况，对该镇在脱贫攻坚工作中取得的成绩给予肯定。刘卫华要求，要将扶贫与“扶志”“扶智”相结合，激发贫困群众的主观能动性，引导贫困群众依靠勤劳双手和顽强意志脱贫致富；要以“三比三创”活动、“不忘初心、牢记使命”主题教育和脱贫攻坚“大走访、大调研、大排查、大整改”活动为契机，把精准扶贫各项工作落实落地，大力发展壮大村集体经济，抓好村两委班子建设，为如期高质量全面建成小康社会贡献智慧力量。

9日，副市长、县委书记刘卫华主持召开县委第18次常委会，学习习近平总书记在7月30日中共中央政治局会议上的重要讲话精神、习近平总书记在深入推动长江经济带发展座谈会上的重要讲话精神等，传达市委财经委员会第二次会议精神，听取全县2019年前三季度经济运行、安全生产、创建九疑山国家公园工作和森林督查迎国检等工作情况汇报。

11日上午，副市长、县委书记刘卫华率县委常委会组成人员赴水市烈士陵园、舜帝陵廉政教育基地、乐天宇生平事迹陈列馆等地，聚焦“传承红色基因，牢记初心使命”主题，开展革命教育，缅怀革命先辈，传承革命精神，以此作为县委常委会开展“不忘初心、牢记使命”主题教育的第一课，并正式启动全县“不忘初心、牢记使命”主题教育。刘卫华要求，要永葆一心向党的忠诚本色，始终做到心中有党不动摇；要永葆一心为民的公仆本色，始终做到心中有民不忘本，以实践、实效、实惠赢得人民群众的信任和拥护；要永葆一心干事的担当本色，始终做到心中有责不懈怠；要永葆一心奉公的清廉本色，始终做到心中有戒不妄为。

12日，2018年全县敬老院管理工作考核通报表彰会暨2019年养老院服务质量提升推进会在县民政局召开。副县长邓小英、各敬老院院长等共60余人参加会议。会议传达学习了省、市养老院服务质量提升相关文件精神和要求，总结分析2018年工作，表彰冷水镇、水市镇、保安镇3个敬老院和4名优秀敬老院院长以及2名优秀护理员，并对今后敬老院管理工作进行部署。

16日上午，副市长、县委书记刘卫华主持召开县委第20次常委会，学习习近平总书记在中央全面深化改革委员会第十次会议上的重要讲话精神、习近平总书记在视察北京香山革命纪念地时的重要讲话精神、习近平总书记在庆祝全国人民代表大会成立六十周年大会上的重要讲话精神；研究并原则通过宁远县开展“不忘初心、牢记使命”主题教育实施意见和方案，研究全县建设工程审批制度改革等工作。

17日上午召开“不忘初心、牢记使命”主题教育工作会议。副市长、县委书记刘卫华出席并讲话，县委副书记、县长唐何主持会议，市委第三指导组组长、市发改委原调研员唐早君等到会指导。刘军君、张明贵、李苏昭、曹辉正、陈海平、黄永英、雷军平等在职县级党员领导干部，县委主题教育领导小组成员及办公室工作人员，乡镇（街道）党（工）委书记等参加会议。

17日上午，召开创建全国社会信用体系建设示范城市推进会。县委常委、常务副县长黄永英出席会议，要求各部门要强化组织领导，加强协调配合，勇于担当作为，严格督查考核，坚决打赢创建攻坚战，2019年年底基本建立社会信用体系建设基础框架。

19日，全县工程建设项目审批制度改革工作培训会在县政务中心召开。唐何、黄永英、周方、邓小英、欧阳国春、胡红灯、杨友忠、李春茂等县领导及相关部门负责人参加培训。会上，省住建厅、长沙市规划信息中心相关专家根据工程建设项目审批制度改革有关政策文件，结合具体实例，分别讲解工程建设项目审批制度改革政策的政策和意义、工程建设项目审批制度改革平台的具体操作和应用等。

21日上午，县委“不忘初心、牢记使命”主题教育读书班开班，副市长、县委书记刘卫华出席开班仪式并讲话。唐何、刘军君、张明贵、李苏昭、曹辉正、陈海平、黄永英、雷军平等县委理论学习中心组成员，各乡镇（街道）、县直单位党组织负责人参加学习。

23日下午，县委“不忘初心、牢记使命”主题教育读书班正式结业。副市长、县委书记刘卫华出席结业式并指出，全县各级党组织和广大党员干部要坚持思想建党、理论强党，认真贯彻落实习总书记关于主题教育的重要讲话精神，防范和避免王沪宁在“不忘初心、牢记使命”主题教育第一批总结暨第二批部署会议上指出的“六个担心”的问题，推动习近平新时代中国特色社会主义思想往深里走、往心里走、往实里走。县委副书记、县长唐何主持会议，市委第三指导组成员到场指导。

24日，十七届人大三次会

议东溪街道代表面对面答复会召开。唐何、张明贵、何为民等县领导出席，相关单位负责人以及东溪街道人大代表参加。会上，各单位围绕县十七届人大三次会议东溪街道代表提出的有关城区小学逐步恢复幼儿园、县城东溪、仪凤两条道路升级改造、失地农民保障政策、调整阶梯电价以及破解园区建设发展融资难等建议一一进行认真答复。代表们就建议承办单位的答复进行审议和测评。

25日上午，县委副书记、县长唐何主持召开耕地开发、规范农村建房有关工作会议。副县长欧阳国春和相关单位、乡镇（街道）负责人参加会议。会议讨论研究万亩土地开发、“旱改水”、市县合作开发水田、涔天河后备资源开发等耕地开发项目进展情况和推进规范农村建房工作遇到的困难和存在的问题，听取部门和乡镇负责人意见和建议。

28日，在文庙召开纪念孔子诞辰2570周年暨2019年优秀教师表彰大会，对石家梓等10名“师德标兵”、谢志成等29名“优秀班主任”、姜会平等20名“德育先进工作者”、黄新胜等10名“优秀校（园）长”、鲁成东等9名“最可爱乡村教师”、陈远明等106名“优秀教师”、宋耀远等28名“先进教育工作者”进行表彰。副市长、县委书记刘卫华要求，广大教师要牢记习近平总书记的期望和人民的期盼，为办好人民满意教育、推动教育强县步伐做出新的更大贡献。唐何、刘军君、张明贵、李苏昭、刘庚旺、曹辉正、黄永英、雷军平等县领导出席，各乡镇街道、县直单位主要负责人等参加表彰会。

10月

1日，在县政府主楼前广场举行庄严的升国旗仪式，隆重庆祝新中国成立70周年，祝福伟大祖国繁荣昌盛。副市长、县委书记刘卫华出席升旗仪式并讲话，县委副书记、县长唐何主持仪式，全体县级领导、县直副科以上单位主要负责人等参加仪式。

7日，县委副书记、县长唐何主持召开县长办公会议，专题研究县域医共体建设工作。副县长胡红灯和相关部门负责人参加会议。会议传达学习《关于推进紧密型县域医疗卫生共同体建设的通知》等文件精神，对县域医共体建设工作进行讨论研究。唐何强调，各级各相关部门务必高度重视医共体建设工作，吃透政策文件精神，对照工作重点、时间节点，稳步实施推进；要压实工作责任，抓好工作落实，以更加务实、更加高效的工作作风切实解决百姓“看病难、看病贵”的问题；要通过医共体建设，倒逼公立医院提质升级，充分发挥示范带动作用，带动各乡镇卫生院攻坚克难、干在实处、争创一流。

8日，县委统一战线工作领导小组2019年第一次全体会议召开。县领导刘军君、邓小英出席会议。会议传达学习了省委统战工作领导小组2019年第一次全体会议精神等，听取全县统战工作情况汇报，研讨审议有关文件。刘军君要求，要进一步提高认识，坚持抓重点、攻难点，全面加强党的领导，加强统战队伍建设，做深、做细、做实统一战线各领域工作。

9日下午，副市长、县委书记刘卫华主持召开县委第23次常委会，专题研究“三方面”人员和选调生比选工作。为贯彻落实省委和市委组织部相关文件精神，将从优秀村（社区）党组织书记、大学生村干部、乡镇（街道）事业编制人员和选调生中择优选拔进入乡镇（街道）领导班子成员。会议要求，要提高政治站位，严格按照上级文件精神要求，选准选好，做到条件不变、政策不变、标准不降、遴选择优、好中选好，按照程序，公开公平公正，树立正确的用人导向，更好的激励大家干事创业，让基层人员干事有奔头有甜头，切实选好配强基层班子。

11日上午，县委副书记、县长唐何主持召开全县医共体和基层医疗卫生体系建设工作会议。副县长胡红灯，县医改领导小组成员单位和各乡镇街道主要负责人等参加会议。会上，市卫健委党组书记肖东民以《健康中国战略下的县域医共体和基层卫生健康体系建设》为主题进行授课；市卫健委党组成员、副主任任水平对宁远县工作实施方案进行详细梳理，指出存在的不足，提出具体意见。

12日上午，全县“十城同创、文明共建”工作暨迎接全国文明城市文明指数实地测评工作调度会召开。副市长、县委书记刘卫华出席并讲话，县委副书记、县长唐何主持会议，刘军君、张明贵、李苏昭、刘庚旺、曹辉正、陈海平、黄永英、雷军平、曾海波等在家的所有县级领导，各乡镇（街道）、相关社区、村负责人等参加会议。会上，宁远县创全国文明城市、国家公共文化服务体系示范区等十个创建工作组汇报前段工作情况；刘军君通报督导考核情况，并对迎接全国文明城市文明指数实地测评工作进行安排部署；市监局、自然资源局等4个单位负责人作表态发言。

14日上午，县委常委、政法委书记曾海波赴文庙街道调研“十城同创、文明共建”工作。曾海波走街访巷，对各单位到位工作情况进行督导，实地查看主次干道、背街小巷的清扫保洁、占道经营整治、园林绿化提升等情况。曾海波强调，要加强对接协调，全面梳理创建工作中存在的问题，对标对表，细化指标，夯实责任，狠补短板，重点攻坚，加快推进“十城同创、文明共建”创建工作。

15日上午，副市长、县委书记刘卫华深入清水桥镇罗坝村调研乡村振兴工作，仔细察看河道环境卫生、水质等情况，认真了解河道整治工作进度，听取村两委关于精准扶贫工作开展情况的汇报，详细询问在巩固脱贫成效、防止返贫上采取的具体措施，并就人居环境整治等工作与镇村干部和村民代表进行交流探讨。刘卫华要求，要以美丽乡村建设为载体，以村容村貌整治为突破口，发动群众积极主动参与改善农村环境，实施村庄绿化、亮化、净化、美化，确保农村人居环境整治工作取得实效；要以此次“不忘初心、牢记使命”主题教育为契机，聚焦乡村振兴、基层社会治理等重点工作，运用新方法、探索新路径，推动人居环境整治取得更大成效。

16日上午，江西省武宁县委书记杜少华带领考察团到宁远考察学习。副市长、县委书记刘卫华，县领导曹辉正、肖红梅及相关部门负责人陪同。杜少华一行沿途从九嶷大道、湘妃大道，经舜阳大道、舜华大道先后到工业园智慧展厅、宇拓新能源等地进行参观学习，听取情况介绍，详细了解宁远县工业园区发展、规划布局、招商模式等情况，认为宁远县在园区建设、招商模式等方面经验值得学习和借鉴，有利于推动武宁县更好更快发展。

17日上午，全县2019年“扶贫日”活动暨“扶贫宣传月”启动仪式在县文庙广场举行。副市长、县委书记刘卫华出席并讲话，县委副书记、县长唐何主持仪式，刘军君、李苏昭、刘庚旺、曹辉正、陈海平、雷军平、曾海波、杨友忠等县领导，各乡镇（街道）、县直相关单位主要负责人和受表彰对象等参加仪式。仪式上，刘军君宣读表彰通报，与会领导为20名“扶贫先锋”和20名“脱贫能手”颁奖。刘卫华强调，全县广大党员干部要牢记初心使命，一鼓作气、顽强作战，不获全胜决不收兵；各级各部门要按照“三落实”的要求，聚焦“两不愁三保障”，用心用情用力解决好产业、教育、医疗、住房、饮水等方面的问题，切实增强人民群众获得感；要结合主题教育和“三比三创”活动，继续发扬特别能吃苦、特别能奉献的精神，真扶贫、扶真贫、真脱贫，确保扶贫工作务实、脱贫过程扎实、脱贫结果真实。

18日下午，副市长、县委书记刘卫华主持召开县委第25次常委会，听取第三季度纪检监察、迎接军委国防动员部深化民兵调整改革检查考评、全县外流贩毒重点整治、农村发展党员违规违纪问题认定及处理、公务员职务与职级并行实施等工作情况汇报，传达学习《关于加强新时代基层人民武装部、村级民兵营（连）建设的意见》，审议《宁远县乡镇（街道）工作专项补贴的试行方案》，传达市委主题教育巡回指导组紧急会议精神。

20日上午，全县道路交通安全整治工作县长办公会议在县政府会议室召开。县领导唐何、陈云生、邓传文和县直相关部门及乡镇（街道）负责人参加会议。会上，县交管大队汇报全县道路交通安全整治工作情况、当前面临的困难和存在的问题及下步工作打算。唐何强调，要高度重视，明确责任，严格实行道路安全隐患排查整改包保责任制，对涉及我县临水临崖、下坡路、马路市场等要压实责任，彻底整改；乡镇（街道）和职能部门要对标对表，主动作为，严控严管防止死灰复燃；要加强督查督办和值班监管，确保问题全部整改到位。

21日下午，全市统战工作暨同心美丽乡村现场推进会在宁远举行。市领导石艳萍、吕斌，各县（区）统战部部长，市直统战系统单位主要负责人参加会议。副市长、县委书记刘卫华，县领导刘军君、曹辉正陪同。石艳萍一行先后深入九疑山瑶族乡新塘村和宁远县高新技术产业开发区，听取相关情况汇报，详细了解全县统战工作和同心美丽乡村创建开展情况。石艳萍强调，各地要结合实际，引领统战力量助力同心美丽乡村创建。

22日下午，副市长、县委书记刘卫华先后深入到禾亭镇大砠村、朝阳社区、富村和保安镇坪石村、许家村、保安镇敬老院，认真听取各乡镇及各村支两委关于基层党组织建设、脱贫攻坚、人居环境改善、抗旱等工作落实情况汇报，并就农村失能失智人员集中供养、扶贫攻坚“两摸底一核查”等工作进行调研。刘卫华要求，乡镇村社区要坚持以人民为中心的发展思想，树牢底线意识，认真履职尽责，强化责任担当，结合“不忘初心、牢记使命”主题教育，扎实抓好“两摸底一核查”和失能失智人员集中供养，进一步改善集中供养环境，提高护理能力水平和标准，切实让其享受好社会主义大家庭的温暖。

24日上午，永州市“不忘初心、牢记使命”主题教育先进事迹报告团巡回宣讲报告会在县政务中心101、102会议室举行。副市长、县委书记刘卫华，县委副书记、县长唐何，刘军君、张明贵、刘庚旺、曹辉正、陈海平、黄永英、曾海波等县领导及县直单位副科级以上干部到场聆听。

25日上午，县科学技术协会第五次代表大会第一次全体会议开幕。副市长、县委书记刘卫华，市科协党组成员、副主席黄世轩，唐何、刘军君、张明贵、李苏昭、刘庚旺、曹辉正、陈海平、黄永英、曾海波等县领导出席，全体代表及特邀人员参加会议。县妇联主席周英华代表人民团体致辞，黄世轩对大会的召开表示热烈的祝贺，刘晓玲作县科协四届全委会工作报告。刘卫华希望科技工作者发挥职能优势，加大科普力度，提升服务质效，履职尽责、开拓创新、攻坚克难，为推动全县经济社会高质量发展贡献更大力量。

26日下午，县委副书记、县长唐何主持召开“对照党章党规找差距、严守纪律规矩重自觉”专题会议和“从干净看初心”专题研讨交流会，带领县政府党组成员围绕对照党章党规，紧扣中央提出的“十八个是否”、省委书记杜家毫指出的十一个方面的问题，深入联系各自思想和工作实际，进行问题检视、反省自查，并围绕“从干净看初心”主题进行研讨交流发言。唐何强调，理论学习要再升温，推动学习往深里走、往心里走、往实里走；检视问题要再深刻，做到见人见事见思想，画准“自画像”；整改落实要再加力，逐条逐项列出问题清单，即知即改、立行立改；纪律规矩要再严明，要严守党的政治纪律和政治规矩，真正使纪律规矩内化于心、外化于行。

29日上午，中国共产主义青年团宁远县第十八次代表大会在县政务中心开幕。副市长、县委书记刘卫华出席并讲话，要求全县广大青年要扣好扣子、勇挑担子、打牢底子、走正路子，用信念点亮青春之梦，用奋斗书写青春之歌，用学习筑实青春之路，用品德涵养青春之范，激励全县广大青年切实担负起新时代赋予的光荣使命，在决战决胜全面建成小康社会、加快建设宜居宜业宜游生态文化公园的奋斗实践中交出一份闪亮的青春答卷。县委副书记、县长唐何主持会议，团市委副书记李玲到会指导。刘军君、张明贵、刘庚旺、曹辉正、曾海波、邓小英、蒋家安等县领导出席会议，全县184名共青团代表参加会议。

11月

3日，副市长、县委书记刘卫华深入棉花坪瑶族乡关塘村、沙子田村、排山坳村等地开展“三走访三签字”活动，调研指导脱贫攻坚工作，巩固脱贫成果。县委常委、县委办主任曹辉正陪同。刘卫华要求，各级各部门要坚定信心、压实工作作风、强化工作责任，高质量完成脱贫攻坚各项任务；村干部要充分发挥引领带动作用，积极配合产业项目建设，充分利用当地资源优势，实现生态保护和产业项目共同发展，带动贫困户就业增收，更好地巩固脱贫成果；要抓好基础设施建设，保障施工安全和工程质量，确保工程早日竣工投入使用。

4日上午，县人大常委会党组副书记、副主任眭晓棠组织召开宏发学校项目建设调度会，听取近期重点项目工作落实情况，分析存在的问题及原因，制定下一步的工作措施。宏发学校是宁远县招商引资的重点项目，计划投资6千多万，占地面积60余亩，拟建设一所寄宿制、学生人数达3000多人的完全中学，建成后将有效缓解全县初高中学位紧张的问题，提升民办教育的质量。

5日上午，副市长、县委书记刘卫华主持召开中共宁远县委常委班子“不忘初心、牢记使命”主题教育调研成果交流会暨“从担当看初心”专题研讨交流会。市委第三指导组组长唐早君，县领导唐何、刘军君、张明贵、李苏昭、刘庚旺、曹辉正、黄永英、雷军平、曾海波、文小武等出席。会上，县委常委会组成人员围绕全县经济社会发展中的重点工作交流调研情况。随后，大家以“从担当看初心”为主题进行了专题研讨交流，结合工作实际谈学习体会、找自身差距、明整改措施、话工作打算。

7日上午，副市长、县委书记刘卫华深入中和镇开展脱贫攻坚“三走访三签字”活动，调研指导脱贫攻坚和农村人居环境整治工作。刘卫华先后到中和镇西山村、杨柳田村、绿源村等地，仔细查看村务公开公示栏、村卫生室等，并与村支两委及驻村帮扶队交流，详细了解村内情况及当前“两摸底一核准”工作进展等情况，听取村支两委的意见建议，并提出解决当前困难和问题的指导意见。

8日至9日，副市长、县委书记刘卫华先后深入禾亭镇石城村、团结村、水市镇柜林村、天堂山村、腊树脚村、九疑山瑶族乡紫江村、盘洞口村、石灰窑村、龙坪村、向疑村等地，开展脱贫攻坚“三走访三签字”活动，查看村务、党务公开、村级服务平台、村卫生室配套设施完善、村民看病就医等，详细了解各村贫困户数量、五保户供养、当前“两摸底一核准”工作进展、村集体经济发展等情况。刘卫华要求，要聚焦突出问题，着力解决好贫困户“两不愁三保障”及农村饮水安全、村集体经济发展等突出问题，扎实推进脱贫攻坚帮扶工作落到实处；要通过拆空心房、改旱厕和全面完善农村水、电、路各项基础设施，积极推进农村人居环境整治行动，提升村容村貌，努力打造干净舒适的农村生活环境，切实增强群众获得感和幸福感。

10日上午，县委副书记、县长唐何在湾井镇田心村主持召开规范农村建房管理工作推进会。县人大常委会副主任何为民及相关县直单位、乡镇（街道）主要负责人参会。会议学习《湖南省人民政府办公厅关于进一步加强村庄建设的意见（试行）》，听取湾井镇的情况汇报。与会人员就开展规范农村建房管理工作以来取得的成效及存在的主要问题进行总结分析，并提出具体对策。唐何要求，各乡镇、各部门要结合自身实际，认真研究，加强学习宣传，创新管理方式方法，完善审批程序，加大业务培训与执法力度，加强督查考核，强化责任追究，确保规范农村村民建房管理工作抓出实效。

12日，副市长、县委书记刘卫华主持召开重点项目现场办公会。唐何、曹辉正、黄永英、曾海波、邓传文、欧阳国春等县领导及县直相关单位负责人参加。与会人员先后来到县光电智能终端产业园、闽丰农产品综合交易中心、温氏生猪项目总部、十三小及附属幼儿园等重点项目施工现场，查看工程进展情况，并召开座谈会，听取相关情况汇报，就项目推进过程中遇到的问题进行研究探讨。唐何指出，要进一步加强项目的谋划包装、进一步统筹金融资源、进一步加大土地开发力度、进一步优化招商引资、进一步化解项目推进过程中遇到的矛盾，加快推进全县重点项目建设。

14日上午，副市长、县委书记刘卫华主持召开第29次县委常委会议。会议学习习近平总书记在第二届中国国际进口博览会开幕式上的主旨演讲精神、习近平总书记生态文明思想等，传达学习全市脱贫攻坚调度会、纪委书记例会精神和中央宣传部、中央文明办深化拓展新时代文明实践中心建设试点工作电视电话会议精神及全市学习宣传四中全会精神电视电话会议精神，听取党校工作、全县脱贫攻坚工作、烤烟生产工作等情况汇报。

15日下午，召开“马路市场”专项整治工作调度会。黄永英、陈云生、邓传文等县领导及20个乡镇（街道）负责人等参加会议。会议听取马路市场等交通问题整治工作进展和专项督查情况汇报，对好的经验和做法进行交流，对具体问题进行分析和讨论。黄永英强调，要高度重视，压实责任，明确目标，抓住重点，加强配合，加大宣传和惩治力度，确保按时、按质、按量完成整治任务。

18日上午，永州莲花水泥迁建项目开工仪式在冷水镇李铭远村举行。副市长、县委书记刘卫华出席并宣布项目开工，唐何、张明贵、李苏昭、曹辉正等县领导出席，县直相关单位主要负责人、指挥部工作小组成员、莲花水泥有限公司负责人等参加开工仪式。该项目是中国民营500强和国家重点扶持的12家大型水泥企业之一的红狮集团，通过对莲花水泥并购重组后成立永州莲花水泥有限责任公司，投资20亿兴建的新型环保建材产业园。

19日，县委副书记、县长唐何在副县长邓传文及相关部门负责人陪同下，先后到禾亭镇琵琶市场、保安镇保安市场和柏家坪镇双井圩市场，查看市容市貌、环境卫生和马路市场整治情况，听取相关部门、乡镇以及市民的意见和建议，指出当前存在的问题和不足，与大家一起探讨解决办法。唐何要求，要疏堵结合，标本兼治，一方面要开展专项整治，将市场搬离马路，加强文明劝导和市场管理，消除安全隐患；另一方面要整合利用现有资源，开辟新的市场和停车场，划行归市，切实做到人车分流。同时，要进一步理顺机制，以乡镇为主体，规范市场行为，做好卫生保洁，加强交通疏导和巡查值守，创造一个干净整洁、管理有序的市场环境。

19日下午，县委副书记、县长唐何组织召开县长办公会议，专题研究《政府工作报告》起草和真抓实干工作。黄永英、陈云生、邓传文、欧阳国春、胡红灯、杨友忠等县领导出席会议。会上，与会人员结合各自工作实际，围绕《政府工作报告》起草和真抓实干工作进行发言，总结2019年工作情况，谋划2020年工作蓝图。唐何要求，各级各部门要进一步提高站位，统一思想，认真总结2019年取得的成果，谋划好2020年的各项重点工作；要在深化“放管服”改革、创新驱动发展等方面工作下功夫，着力解决群众最关心反映最强烈的问题，增强人民群众的获得感和满意度。

21日上午，召开2020年度烤烟生产、规范农村建房、秋冬农业生产工作会议。副市长、县委书记刘卫华主持，唐何、刘军君、张明贵、李苏昭、曹辉正、陈海平、黄永英、雷军平、曾海波等县领导出席会议。会上，唐何作烤烟生产工作报告，刘军君通报团省委第四次常态化联点督查反馈等情况，黄永英宣读烤烟生产工作表彰决定，欧阳国春、杨友忠分别作规范农村建房、秋冬农业生产工作报告。刘卫华指出，对烤烟生产工作，要保持定力，通过扩面提质、让利基层、建强队伍，做优做强烤烟产业；对规范农村建房，要坚持“先规划、后审批、再建设”的村民建设审批程序，合理确定农村居民点的分布、范围、规模和设施配套；对秋冬农业生产，要深化开放创新，发动群众积极参与，围绕旅游谋划开展，促进农旅融合。

22日上午，副市长、县委书记刘卫华主持召开县委第30次常委会，学习习近平总书记关于十九届四中全会《决定》的说明等系列讲话精神，传达全市扶贫开发领导小组工作会议精神，听取《宁远县2019年财政总预算调整方案》、“不忘初心、牢记使命”主题教育专项整治工作和县人大十七届四次会议、县政协九届四次会议筹备工作情况汇报，通报市对县区1至9月绩效考核情况。

24日，上海中军投资集团有限公司董事长、投资联盟理事长王中政携考察团到宁远县就医疗健康、招商引资、科教文化等方面的合作事项进行投资考察。副市长、县委书记刘卫华，县委副书记、县长唐何，胡昕若、胡红灯等县领导和相关部门负责人陪同或参加座谈。王中政一行先后到县妇女儿童医院施工现场、县人民医院新城分院项目工地、水市镇卫生院、县人民医院、县中医院实地考察，并召开座谈会，听取宁远县情况介绍，就商贸及投资合作进行交流。当晚，县委副书记、县长唐何代表宁远县与上海中军投资集团有限公司签订全面合作协议。

25日下午，九疑山瑶族乡召开脱贫攻坚推进会。县委副书记、县长唐何出席，县政协副主席李春茂主持会议，该乡所有驻村帮扶后盾单位主要负责人和分管领导参加会议。会议通报当前脱贫攻坚工作存在的问题，并就脱贫攻坚相关政策进行交流和解答。唐何强调，打好脱贫攻坚战是一项政治任务，要坚定信心，强化领导责任，突出问题整改，全面督查检查，争先创优；要心中有数，不能盲目乐观，必须坚持问题导向，做实基础工作，做好群众工作，完善资料台账，切实打好脱贫攻坚巩固提升战。

26日上午，全市生猪全产业链建设项目现场会在宁远县召开。省畜牧水产事务中心党委书记、主任徐旭阳，省现代农业集团党委书记、董事长许维，副市长谢景林，副市长、县委书记刘卫华，唐何、曹辉正、周方、杨友忠、蒋家安等省市县领导出席现场会。会议由唐何主持。会上，与会人员观看生猪全产业链建设项目纪实宣传片，相关参会领导共同点亮启动球。现场会召开的同时，天堂镇光辉村、中和镇彰佳山村、水市镇周家村、禾亭镇龙岗村等10个大型养殖基地同时开工建设。徐旭阳认为，宁远县推进生猪全产业链建设的“五抓”措施和“稳产保供”经验，值得全省学习推广。

27日上午，“不忘初心、牢记使命”主题教育“身边典型”先进事迹演讲比赛决赛在政务中心101会议室举行。县领导陈海平、雷军平出席并为获奖选手颁奖。比赛中，参赛选手从不同层面、不同角度，诠释身边典型坚守初心、勇担使命、忘我付出的责任和担当，体现接续奋斗、生生不息的精神传承。县委组织部选送的杨兴珠摘得桂冠。

12月

2日，学习贯彻中共十九届四中全会精神市委宣讲团在宁远县举行报告会。市委宣讲团成员、副市长、县委书记刘卫华作宣讲报告，县委副书记、县长唐何主持报告会并就落实会议精神提出要求，刘军君、张明贵、刘庚旺、曹辉正、陈海平、黄永英、雷军平、曾海波等县领导，离退休处级老同志，各乡镇（街道）、县直单位副科级以上干部等参加报告会。

3日上午，副市长、县委书记刘卫华主持召开县委第31次常委会，传达全省违建别墅问题清查整治专项行动电视电话会议精神，听取全县违建别墅问题清查整治专项行动工作情况汇报。会议要求，要以违建别墅问题清查整治工作为契机，举一反三，加快推进乱建乱搭违规占用耕地、超面积建房和生活设施整治，进一步加大整改、摸排力度，整理完善工作资料，夯实责任，充分发挥各部门协同作战工作机制，确保全县整治工作有序推进。

4日，在县文庙广场启动2019年宪法宣传周活动。县委常委、政法委书记、依法治县办主任曾海波和11个县直单位相关人员参加。活动现场，各部门悬挂宣传横幅、摆放宣传展板、发放宣传资料，为市民细心讲解宣传宪法知识并提供相关法律政策咨询，共发放各类宣传小册子4000余份、宣传资料10000余张，接待群众法律咨询200余人次。

4日上午，县委副书记、县长唐何主持召开县政府党组班子“不忘初心、牢记使命”专题民主生活会。黄永英、陈云生、邓传文、欧阳国春、胡红灯、杨友忠等县领导出席，副县长邓小英列席会议。县委第七指导组到会指导。会上，唐何说明民主生活会准备情况，代表县政府党组班子作检视剖析发言，并带头作个人检视剖析发言，其他同志逐个提出批评意见；县政府党组成员依次作个人检视剖析发言，其他同志逐个提出批评意见。

6日上午，副市长、县委书记刘卫华在县委常委、县委办主任曹辉正陪同下先后深入九疑山瑶族乡和平村、舜陵街道茶里洞村，通过进村入户查资料、听汇报、实地抽查等方式，对乡镇（街道）扶贫政策是否落实、措施是否到位进行检查督促，并就危房改造、人居环境治理、“两摸底一核查”、失能失智人员管理、“四类对象”核查和贯彻落实十九届四中全会精神进行现场指导，指出存在的问题和努力的方向。

9日上午，全县森林防火紧急工作会议在县应急管理局召开。县领导黄永英、文小武出席会议。会议通报各地近期发生的森林火灾情况；与会人员就完善全县森林防火机制和森林火灾实战方案等进行交流探讨。黄永英要求，各级各部门要吸取近期森林火灾的深刻教训，迅速举一反三，认真研究森林防火机制制度，严格落实防范责任，加强宣传教育，切实抓好当前森林防火各项工作。

10日下午，全省安全生产暨交通问题顽瘴痼疾整治工作紧急电视电话会议结束后，县委副书记、县长唐何就贯彻落实会议精神和做好全县安全生产等工作进行安排部署，要求全县各级各部门要加强治超工作约谈问责，严厉惩治各类超限超载违法行为；要加大马路市场整治力度，研究好解决办法，既治标又治本；要加强森林防火宣传，严格落实禁火令，购置装备，培训队伍，严防森林火灾发生；要持续开展烟花爆竹专项整治，严防安全生产事故发生。

12日，县委副书记、县长唐何在县领导邓传文、周俊等陪同下深入县工业园区调度全市重点项目流动现场会准备工作，先后深入湘迪科技有限公司、鸿盛电子科技有限公司等企业实地进行查看，详细了解两个企业的基础设施建设及项目进展情况。唐何要求，各相关部门要做好现场会前期的各项准备工作和园区内道路的美化亮化工作，精心准备、做实做细，充分展示宁远县工业园的特色、亮点和优势；要明确职责，细化任务，保持城区、园区卫生干净整洁，保障道路畅通安全、井然有序；要抓好工作落实，抢抓时间节点，全力以赴做好各项筹备工作，以良好的精神面貌迎接现场会召开。

13日，县政协党组召开“不忘初心、牢记使命”专题民主生活会。县领导李苏昭、蒋家安、李春茂出席，县领导欧桥贵、赵吉永列席会议。县委主题教育第六指导组到会指导。会上，李苏昭首先代表县政协党组作对照检查，并带头开展个人检视剖析，其他党组成员逐一进行对照检查发言。大家剖析根源直击要害，自我批评揭短亮丑，相互批评坦诚中肯，整改落实态度坚决，达到查找差距、修正错误、增进团结、共同提高的目的。

14日上午，副市长、县委书记刘卫华带领副县长杨友忠和县农业、自然资源等部门负责人深入九疑山瑶族乡就现代农业产业园建设现场办公，详细了解九嶷山舜耕园火龙果种植基地项目规划、企业发展方向、投资规模、建设进展及存在困难、需要解决的问题，并围绕如何加快推进全县农业产业化建设、做大做强精致高效农业产业园区、带动群众增收致富等与大家进行交流探讨。

15日，全国青少年禁毒知识竞赛活动落幕，宁远县共有101所学校的73819名小学、初中、高中和中职在校学生参与禁毒知识答题，在全县青少年中掀起学习禁毒知识的新热潮。这是继11月全县3万多学生通过手机参与的“我是答题王”禁毒知识网络答题活动后，开展的又一次重要的在校学生毒品预防教育活动。

16日下午，副市长、县委书记刘卫华主持召开县委第32次常委会议军会。会前，参会人员观摩安全保卫分队军事科目表演。会上，舜陵街道、仁和镇、中和镇、五龙山瑶族乡党（工）委书记就2019年度党管武装工作作述职发言，县人武部政委邓建华传达学习《关于印发〈专职人民武装干部资格认证实施办法（试行）〉的通知》，县委常委、人武部部长文小武汇报全县武装工作情况。会议对县人武部和全县武装工作给予高度肯定。

17日至18日上午，副市长、县委书记刘卫华主持召开全县务虚工作会，围绕“今年怎么看、2020年怎么干”进行谋划。唐何、刘军君、张明贵、李苏昭、刘庚旺、曹辉正、陈海平、黄永英、雷军平、曾海波、文小武等在家的县级领导，县直单位、乡镇（街道）主要负责人等参加会议。会上，县工业园、森管局、发改局、财政局等经济部门负责人依次发言；参会县级领导结合自身分管工作，讲问题，谈思路，紧密围绕“今年怎么看、2020年怎么干”发表自己的意见，指出存在的问题，提出下一步努力的方向。

19日上午，受副市长、县委书记刘卫华委托，县委副书记、县长唐何主持召开市《政府工作报告（征求意见稿）》征求意见座谈会。黄永英、周方、陈云生、邓传文、胡红灯、杨友忠、欧桥贵、赵吉永等县领导及市人大代表、市政协委员和相关县直部门负责人参加。会上，与会人员就医疗卫生、教育教学、交通建设等方面踊跃发言，提出意见和建议，并就报告中的相关内容、措辞等提出具体修改意见。

20日上午，举行第三届新时代“孝老爱亲”模范颁奖仪式，对文庙街道欧家村、舜陵街道印山社区、湾井镇朵山村3个“孝老爱亲”模范集体以及黄建湘、何桂志、欧阳群华等12个“孝老爱亲”模范个人进行集中表彰，并现场播放孝老爱亲模范短片、表演融合“孝老爱亲”元素的文艺节目。刘军君、雷军平、胡昕若、邓小英、赵吉永等县领导出席，各乡镇（街道）、县直有关单位有关人员参加仪式。

23日上午，召开县委经济工作会议。副市长、县委书记刘卫华，县委副书记、县长唐何出席会议并讲话，县委副书记刘军君主持会议，张明贵、李苏昭、刘庚旺、曹辉正、陈海平、黄永英、曾海波、文小武等全体在职县领导，各乡镇（街道）、县直单位主要负责人及规模工业企业和重点企业负责人等参加会议。会议以习近平新时代中国特色社会主义思想为指导，深入贯彻中共十九大和十九届二中、三中、四中全会精神，认真落实中央和省委经济工作会议精神，总结2019年经济工作，分析当前经济形势，部署2020年经济工作。

24日上午，县政府召开2019年第三次全体会议。县委副书记、县长唐何出席，副县长、县公安局长陈云生主持会议，周方、邓小英、邓传文、欧阳国春、胡红灯、蒋家安等县领导出席，相关部门负责人参加会议。会议审议并通过《政府工作报告（审议稿）》《2019年国民经济和社会发展计划执行情况与2020年计划草案的报告（审议稿）》等报告。唐何要求，要把握好经济发展大形势，始终做到胸中有数，坚定信心，找准差距，补齐短板，决战决胜全面小康；要把握好履职尽责大使命，始终做到执行有力，强化政治抓落实，勇于担当抓落实，创新举措抓落实，紧盯目标抓落实，团结协作抓落实；把握好当前工作大方向，始终做到手上有招，对标对表加强经济调度，用心用情保障群众生活，加力加压维护和谐稳定，从严从实抓好廉政建设，聚心聚力开好“两会”。

12月27日～31日，县政协九届四次会议召开。会议听取永州市人民政府副市长、中共宁远县委书记刘卫华讲话，审议通过九届政协常委会工作报告和提案工作报告，举行委员大会专题发言，听取常务副县长黄永英关于县政协九届三次会议提案办理情况的说明，列席县十七届人大四次会议，听取讨论《政府工作报告》和其他报告，通过《政协宁远县第九届委员会第四次会议提案审查情况的报告》《政协宁远县第九届委员会第四次会议决议》。委员们分别就经济发展、民生改善等群众关心的热点、难点问题，提出很多建设性的意见和建议。

2019年12月28日—31日，宁远县第十七届人民代表大会第四次会议在县政务中心召开。会上，县委副书记、县长唐何作政府工作报告，宁远县人大常委会主任张明贵作常委会工作报告，县人民法院院长吕新陵作法院工作报告，县人民检察院检察长周辉作检察工作报告，县财政局局长杨国基作财政工作书面报告，县发改局局长曾彩平作国民经济及社会发展计划工作书面报告。大会表决通过上述工作报告，并决定将《关于提质改造我县农贸市场的议案》《关于提倡厚养薄葬，加强公墓区建设的议案》和《加强农村建房管理，推进乡村振兴的议案》作为大会议案办理。

宁 远 概 况

建 置 沿 革

一万多年前，宁远先民就群居农耕，种稻制陶。四千一百多年前的虞舜时代，今境域属南蛮、百越部落交错聚住处的苍梧之野，舜帝崩葬九疑，部分中原民族包括苍梧族和舜部落慕迁至此，为境域带来中原文化，蛮越文化与中原文化交融日深，渐入华夏文化圈。春秋时期，楚人南下入湖湘，楚灵王时（前540至前529）九疑舜陵即名彰楚都。至战国时，境域属楚南苍梧郡之洮阳县或郴县。楚国末期，境域疑属苍梧郡之九疑县。秦王政二十四年（前223）灭楚，设九疑县。约秦始皇二十八年（前219），改苍梧郡为长沙郡，境域属长沙郡之九疑县。

西汉初，改长沙郡为长沙国即长沙王国，吕后二年（前186），废九疑县置泠道县（县治先在今蓝山境，后迁今宁远泠水）、春陵县（县治在今柏家坪），隶属长沙国。文帝后元七年（前157），吴氏王室无嗣除国，在原长沙国南部设桂阳郡，泠道、春陵二县属之。武帝元朔五年（前124）六月壬子（二十六），封长沙国定王刘发之十三子刘买为春陵侯，春陵县遵制改为侯国，隶属桂阳郡。元鼎六年（前111）置零陵郡，并从泠道县析置营道县（县治在今道县蚣坝），泠道县、营道县、春陵侯国转隶零陵郡。元帝初元四年（前45），第三代春陵侯刘仁率族众476户北徙南阳，留子昌为两代侯王守墓，域北春陵侯国并入泠道县。王莽居摄元年（6），改泠道县为泠陵县、营道县为九疑亭，改零陵郡为九疑郡，泠陵县、九疑亭属之。东汉光武帝建武元年（25），泠陵县复名泠道县、九疑亭复名营道县，九疑郡复名零陵郡，泠道、营道二县属荆州刺史部零陵郡。

三国吴甘露元年（265），从泠道县析置春陵县，泠道、营道、春陵三县隶属荆州营阳郡。凤凰元年（272），改春陵县为春阳县，隶属依然。

西晋太康元年（280），废营阳郡入零陵郡，境域三县隶属荆州零陵郡。怀帝永嘉元年（307）置湘州，境域三县隶属湘州零陵郡。东晋穆帝永和元年（375），春阳县复名春陵县。此后析零陵郡复置营阳郡，永和八年（382），境域三县隶属湘州营阳郡。安帝义熙十二年（416），裁湘州，境域三县隶属荆州营阳郡。

南朝宋武帝永初三年（422），复置湘州，境域三县隶属湘州营阳郡。梁武帝天监十四年（515，一说天监四年），改营阳郡为永阳郡，境域三县隶属荆州永阳郡。梁元帝承圣元年（552），境域三县隶属荆州之营州永阳郡。陈因之。

隋文帝开皇九年（589），泠道、春陵二县并入营道县，治所设原泠道县城，隶属永州。炀帝大业三年（607），复改永州为零陵郡，营道县隶属零陵郡。大业十三年（617），萧铣起兵反隋建国号梁，析营道县置梁兴县（治所为今县城）。

唐高祖武德四年（621），平萧铣废零陵郡析置营州，营道县治迁州廓（今道县营江），营道县在今宁远境消亡，梁兴县更名唐兴县，隶属于江南道营州。次年，因北方有营州，南方营州更名南营州，唐兴县隶属江南道南营州。太宗贞观八年（634），南营州改名道州，唐兴县隶属江南道道州。贞观十七年（643），废道州入永州，唐兴县隶属江南道永州。上元二年（675），析永州复置道州，唐兴县隶属江南西道道州。武则天长寿二年（693），改唐兴县为武盛县，隶属江南西道道州。中宗神龙元年（705），武盛县复名唐兴县，隶属江南西道道州。玄宗天宝元年（742），改道州为江华郡，改唐兴县为延唐县，隶属江南西道江华郡。肃宗乾元元年（758），江华郡复名道州，延唐县隶属江南西道道州。代宗大历二年（767）七月癸酉（二十六，8月24日），析延唐县置大历县，治所设今清水桥镇座塘村。

大约五代后梁太祖开平元年（907），改延唐县为延昌县，隶属道州。后唐庄宗同光元年（923），延昌县复名延唐县。大约后唐末帝清泰三年（936），奉后唐正朔的楚国马希范政权析大历县置春陵场，场治疑在旧春陵侯国城址。后晋高祖天福七年（942），改延唐县为延熹县，境域二县一场隶属江南道湘州之道州。南唐保大九年（951），奉后晋正朔的楚国马希萼政权为李璟所灭，延熹县复名延唐县。

宋太祖乾德二年（964），荆湖转运使张永锡奏以户口少，大历县、春陵场并入延唐县，延唐县又奉敕改名宁远县，隶属荆湖路道州江华郡。太宗至道三年（997），隶属荆湖南路道州江华郡。高宗绍兴元年（1131），隶属荆湖东路道州江华郡。次年，隶属荆湖南路道州江华郡。

元太祖至元十三年（1276），宁远县隶属湖广行中书省道州路。

明太祖洪武元年（1368），宁远县隶属湖广行省道州府。洪武九年（1376），隶属湖广行省永州府道州。

清圣祖康熙三年（1664），宁远县隶属湖南省衡永郴桂道永州府。

中华民国建立，以《卿云歌》为国歌，当时全国有5个宁远县，经民政部长谭延闿力争，保留下宋朝开国皇帝亲敕的湖南宁远县，撤销其余宁远县。民国3年（1914），宁远县隶属湖南省衡阳道。民国26年（1937）12月，隶属湖南省第九行政督察区，民国29年（1940）4月，隶属湖南省第七行政督察区。1949年8月，隶属湖南省湘南行政区。

1950年11月，宁远县隶属湖南省永州专区。次年，隶属湖南省零陵专区。1952年10月，隶属湖南省湘南行署。1962年10月，隶属湖南省零陵专区。1969年，隶属湖南省零陵地区。1995年11月至2019年，隶属湖南省永州市，至今依然。

表1　宁远置县沿革表

九疑县（前223至前186）		
泠道县（前186至前124）		舂陵县（前186至前124）
泠道县（前124至前111）		舂陵侯国（前124至前111）
营道县（前111至前45）	泠道县（前111至前45）	舂陵侯国（前111至前45）
营道县（前45—6）		泠道县（前45—6）

续表 1

<table>
<tr><td colspan="3">九疑亭（6—25）</td><td colspan="2">泠陵县（6—25）</td></tr>
<tr><td colspan="3">营道县（25—265）</td><td colspan="2">泠道县（25—265）</td></tr>
<tr><td>营道县（265—272）</td><td colspan="2">泠道县（265—272）</td><td colspan="2">春陵县（265—272）</td></tr>
<tr><td>营道县（272—345）</td><td colspan="2">泠道县（272—345）</td><td colspan="2">春阳县（272—345）</td></tr>
<tr><td>营道县（345—589）</td><td colspan="2">泠道县（345—589）</td><td colspan="2">春陵县（345—589）</td></tr>
<tr><td colspan="5">营道县（589—617）</td></tr>
<tr><td colspan="3">营道县（617—621）
武德四年（621），营道县治移道州城</td><td colspan="2">梁兴县（617—621）
隋大业十三年（617），县治即设今县城</td></tr>
<tr><td colspan="5">唐兴县（621—693）</td></tr>
<tr><td colspan="5">武盛县（693—705）</td></tr>
<tr><td colspan="5">唐兴县（705—742）</td></tr>
<tr><td colspan="5">延唐县（742—767）</td></tr>
<tr><td colspan="3">延唐县（767—907）</td><td colspan="2">大历县（767—907）</td></tr>
<tr><td colspan="3">延昌县（907—923）</td><td colspan="2">大历县（907—923）</td></tr>
<tr><td colspan="3">延唐县（923—942）</td><td colspan="2">大历县（923—942）</td></tr>
<tr><td colspan="2">延熹县（942—951）</td><td colspan="2" rowspan="2">大历县（942—964）</td><td rowspan="2">春陵场（936—964）</td></tr>
<tr><td colspan="2">延唐县（951—964）</td></tr>
<tr><td colspan="5">宁远县　乾德二年（964），荆湖转运使张永锡奏以户口少，其大历县、春陵场割入延唐县，又奏敕改为宁远县</td></tr>
</table>

说明：907 年为后梁开平元年，其年号共 5 年，此间改延昌县；936 年为后唐清泰三年即马希范楚奉后唐年号为正朔，此年从零陵县析置东安场；942 年为后晋天福七年即马希范楚奉后晋年号为正朔；951 年为南唐保大九年，此年马氏楚国奉南唐年号为正朔

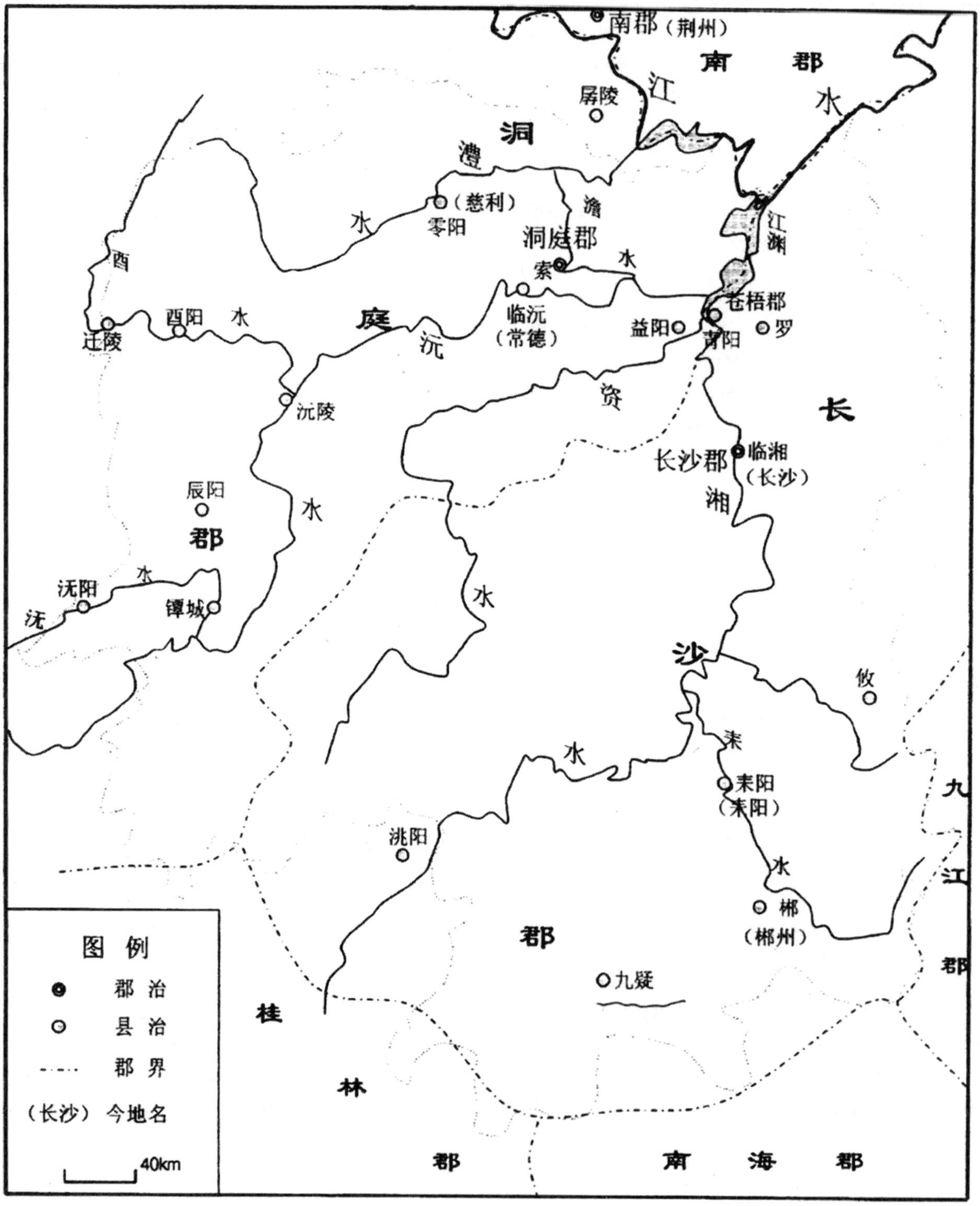

秦代湖南政区示意图

说明：《湖湘文库·乙篇·湖南政区沿革》一书中秦代湖南政区示意图绘注了九疑县。秦代长沙郡九疑县辖今之永州市南六县及郴州市嘉禾县。该书作者周宏伟，于2009年12月由湖南师范大学出版社出版。

行政区划与人口

【概况】2019年，宁远县辖舜陵街道、文庙街道、桐山街道、东溪街道4个街道，天堂镇、水市镇、湾井镇、九疑山瑶族乡、冷水镇、太平镇、保安镇、禾亭镇、仁和镇、棉花坪瑶族乡、中和镇、柏家坪镇、清水桥镇、桐木漯瑶族乡、鲤溪镇、五龙山瑶族乡16个乡镇。共有406个行政村、12个城市社区、4个集镇社区。2019年末，全县户籍总户数26.58万户，户籍总人口89.24万人。年末全县常住人口71.43万人，其中男性37.53万人，女性33.9万人，男女性别比为110.7∶100。常住人口中的城镇人口为32.09万人，城镇化率为46.33%。全年出生人口数8625人，2018年漏报人数为346人，新生儿男女性别比为114.55∶100；死亡人口数5495人，人口自然增长率为3.52‰。

自然地理

【区位面积】宁远县位于湖南省永州市南部，南有九嶷山，北倚阳明山，东临新田县、嘉禾县、蓝山县，南接江华瑶族自治县，西邻道县、双牌县，北界祁阳县、金洞林场。地处北纬25°12′01″~26°08′19″、东经111°43′39″~112°15′13″之间，南北长101.5千米，东西宽53.2千米，国土总面积2510.96平方公里。

【地质地貌】宁远属湘南山区，地形复杂，地貌四周高、中间低，呈舟状，山地、丘陵、岗地和平原俱全，其中山丘面积占全县面积的62.78%。境内最高峰海拔1959.2米，最低点海拔165米。主要分布有春水、泠江、九疑河、仁水四条河流，湖泊主要以山塘水库为主，其中水市水库、半山水库、双龙水库、凤仙桥水库、永佳水库5个中型水库总库容达到6463万立方米。

【气候】宁远县地处南岭中段萌渚岭北麓，阳明山以南，属中亚热带季风湿润性气候区。冬寒期短，夏热期长；春温多变，寒流频繁；雨季明显，局部洪涝，夏秋多旱；光照充足，无霜期长，四季分明，生长期长。主要气象灾害有干旱、暴雨洪涝、冷害与连阴雨、大风、冰雹、冻害、雷电等。

2019年，宁远年平均气温为19.0℃，比历年平均值偏高0.4℃；年极端最高气温为38.5℃，出现在9月13日；年极端最低气温为-0.6℃，出现在1月22日。年降水量为1427.6毫米，比历年平均值偏少22.7毫米；一日最大降水量为93.2毫米，出现在3月5日。年日照时数为1350.5小时，比历年平均值偏少235.7小时；年日照百分率为31%，较历年平均值偏少4%。无霜期日数为365天。2019年气温较历年平均值正常，降水量较历年平均值正常偏少，日照偏少；年内出现了重度连阴雨、暴雨洪涝、高温热害、重度干旱、强冷空气等灾害性天气，给宁远工农业生产和人民生活造成了较大损失，整体气候为偏差年景。

附：主要气象要素及天气现象

气温　宁远历年平均气温为18.5℃，年平均气温变动在17.5℃—19.4℃之间，变幅1.9℃。宁远气温年变化较大，以年较差数计算（即当年最热月份平均气温与最冷月平均气温之差），历年平均年较差为21.6℃，最大年较差为25.9℃，出现在1977年；最小年较差为18.7℃，出现在1997年。宁远年内最高气温普遍出现在7月中旬至8月上旬，极端最高气温为40.2℃，出现在2003年8月3日；年内最低气温普遍出现在12月下旬至2月初，极端最低气温为-6.2℃，出现在1999年12月23日。全年之中4至5月升温明显，正值春暖夏热之交。10—11月降温明显，正值秋凉转秋寒之际。宁远气温的日变化一般是凌晨最低，午后最高，变化幅度以气温日较差量化表示。气温的日变化有明显的季节性，一年之中的盛夏和初秋最大，春季和秋季次之，冬季最小。宁远气温日较差大，年内平均气温日较差为 8.1℃，其中 7 月最大，为 9.4℃；2 月最小，为 6.4℃。一日最高气温日较差为 23.6℃，出现在 1989 年 12 月 4 日。

2019 年气温较历年平均值（ΔT=0.4℃）正常。

表 2　宁远县历年各月平均气温表　单位：℃

月份	1	2	3	4	5	6	7	8	9	10	11	12	年
气温	7.0	8.8	12.8	18.6	23.0	26.4	28.6	27.9	24.8	19.9	14.3	9.2	18.5

表 3　2019 年宁远县各月平均气温表　单位：℃

月份	1	2	3	4	5	6	7	8	9	10	11	12	年
气温	7.2	7.4	14.0	19.7	22.5	26.8	27.8	29.4	26.6	20.7	15.6	10.7	19.0

雨量　宁远年降水量在 937.4 毫米—2186.0 毫米，年平均降水量为 1440.0 毫米。降水量年际变化较大，最大值为 2186.0 毫米，出现在 2002 年；最小值为 937.4 毫米，出现在 1969 年。从季节上看，4—6 月是宁远的雨季，雨季总雨量为 610.5 毫米，占全年总雨量的 42%；7—9 月是宁远的旱季，降水量骤减至 339.4 毫米，仅占全年降水量的 24%。2019 年宁远年降水总量为 1424.3 毫米，月降水量以 5 月最多，达 209.2 毫米；2 月降水量最少，为 17.1 毫米。宁远降水日数在 127～195 天，历年平均降水日数为 164 天，2019 年全年降水日数为 166 天。降水日数年际变化也较为明显，最多为 195 天出现在 1970 年，最少为 127 天，出现在 2003 年。降水强度以 24 小时降水量表示，最大降水强度为 166.6 毫米/天，出现在 2004 年 6 月 16 日。2019 年降水强度峰值为 93.2 毫米/天，出现在 3 月 5 日。降水分布集中、强度大、持续时间长，易引发山洪暴发，造成洪涝泥石流灾害。

2019 年降水量较历年平均值（ΔR%=1.8%）正常偏少。

表 4　宁远县历年各月平均降水量表　单位：毫米

月份	1	2	3	4	5	6	7	8	9	10	11	12	年
降水量	67.5	97.1	143.1	203.7	221.3	185.5	121.6	147.9	69.9	74.4	65.5	45.7	1440.0

表 5　2019 年宁远县各月降水量、降水日数表　单位：毫米

月份	1	2	3	4	5	6	7	8	9	10	11	12	年
降水量	70.2	122.0	244.7	323.8	213.2	207.6	113.2	36.5	5.8	36.8	8.7	45.1	1427.6
降水日数	16	16	23	23	17	18	17	8	6	9	3	11	167

日照　宁远年平均日照时数为 1616.1 小时，年日照百分率为 37%，其中 1963 年日照时数最多，达 1973.6 小时，日照百分率达 45%；1960 年日照时数最少，仅 1343.6 小时，

日照百分率为30%。年内各月日照分布不均，且季节变化较大，以夏季（6—8月）最多，达639.5小时，占全年日照总时数的40%，其中7月日照以时数251.7小时、占比全年16%列夏季最高。1978年7月日照时数达332.3小时，而2月日照时数仅60.3小时；从另一层面看，2002年2月日照时数只有9.2小时，日照时数的季节差异小时和年际变化都比较明显。

2019年日照较历年平均值偏少235.7小时。

表6　　宁远县历年各月平均日照时数表

月份	1	2	3	4	5	6	7	8	9	10	11	12	年
日照时数（小时）	65.2	56.9	62.4	98.1	135.5	165.4	247.3	218.0	158.1	136.1	126.6	116.6	1586.2
日照百分率（%）	20	18	17	26	33	40	59	55	43	38	39	36	35

表7　　2019年宁远县各月日照时数和日照百分率表

月份	1	2	3	4	5	6	7	8	9	10	11	12	年
日照时数（小时）	17.8	26.1	46.9	86.7	73.3	133.6	139.5	196.6	214.9	129.4	145.6	140.1	1350.5
日照百分率（%）	5	8	13	23	18	33	33	49	58	36	45	43	31

气压　宁远地处湘南，纬度较低，气压感应部分海拔高度为205.0米，年平均气压较低，为991.4百帕。气压年际间变化不大，年平均气压最高位993.5百帕，最低位988.6百帕。气压的年内变化较大，夏半年主要受暖湿气流影响，气压较低；冬半年主要受干冷空气的影响，气压较高。月平均气压最高为12月的1000.6百帕，最低为7月的981.4百帕。历年极端最高气压为1016.2百帕，出现在1999年12月22日；历年极端最低气压为969.1百帕，出现在2007年8月11日。

2019年年平均本站气压较历年偏低5.3百帕。

表8　　宁远县历年各月平均本站气压表　　单位：百帕

月份	1	2	3	4	5	6	7	8	9	10	11	12	年
本站气压	1000.2	998.0	994.2	990.0	986.2	982.4	981.4	982.5	988.1	994.1	998.3	1000.6	991.4

表9　　2019年宁远县各月平均本站气压表　　单位：百帕

月份	1	2	3	4	5	6	7	8	9	10	11	12	年
本站气压	996.7	992.8	988.4	983.9	981.7	976.9	976.1	976.1	984.1	989.3	992.3	995.0	986.1

蒸发量　宁远历年平均蒸发量为1438.1毫米，年蒸发量最多为1739.9毫米（1963

年），年蒸发量最少为1113.9毫米（2002年）。温度作为影响蒸发量的主要因素具有明显的季节变化，因此蒸发量也存在夏季多冬季少的季节特点。宁远县历年7月蒸发量最大为233.6毫米，1月蒸发量最少为49.8毫米,。蒸发量与光照、风速、气温呈线性关系。2019年宁远县蒸发量以8月最大达260.6毫米，1月最少仅52.7毫米。

2019年蒸发量较历年平均蒸发量偏多263.6mm。

表10 宁远县历年各月蒸发量一览表 单位：毫米

月份	1	2	3	4	5	6	7	8	9	10	11	12	年
蒸发量	49.8	54.0	71.3	97.4	134.8	160.8	233.6	199.0	158.9	124.6	87.6	66.3	1438.1

表11 2019年宁远县各月蒸发量一览表 单位：毫米

月份	1	2	3	4	5	6	7	8	9	10	11	12	年
蒸发量	52.7	53.2	81.5	134.7	121.4	177.3	197.5	260.6	252.2	144.9	123	102.7	1701.7

湿度　宁远的相对湿度年内变化不大，年平均相对湿度为79%，月平均最大为83%，最少为75%。春季3—5月相对湿度较大，平均相对湿度为82%；秋季9—11月相对湿度较小，平均相对湿度为76%。历年最小相对湿度为8%，出现在1977年5月3日和1990年12月7日。

2019年平均相对湿度较历年平均值正常。

表12 宁远县历年各月平均相对湿度一览表

月份	1	2	3	4	5	6	7	8	9	10	11	12	年
相对湿度（%）	80	81	83	82	81	81	75	77	77	76	76	76	79

表13 2019年宁远县各月平均相对湿度

月份	1	2	3	4	5	6	7	8	9	10	11	12	年
相对湿度（%）	85	87	87	88	87	84	84	72	63	75	71	72	80

地温　宁远地表温度年平均值为20.9℃，最高地温为1966年和2007年的22.1℃，最低地温为1960年的19.8℃。年内地温最高值出现在7月，最低值出现在1月。地面极端最高温度为72.4℃，出现在1971年7月16日，极端最低地温为-11.4℃，出现在1963年1月15日。研究表明，地面温度与气温成正比。5、10、15、20厘米浅层低温的历年平均值分别为20.0℃、20.1℃、20.3℃、20.3℃。每层地温年平均值差别不大，其中地面至5厘米地温降低0.9℃、5厘米至10厘米地温差0.1℃、10厘米至15厘米地温差0.1℃、15厘米至20厘米地温相近，与上层地温较深层地温变化大这一结论一致。地温随深度的变化有明显的季节性差异：一年之中，3月至9月地温随深度的增加而降低且以7月这一特性最为显著；10月至次年2月地温随深度的增加而升高且以12月份这一特性最为显著。土

壤温度的日变化以地表温度的日变化为最大，向深层逐渐减少。

表 14　　宁远县历年各月平均地温表　　单位：℃

月份	1	2	3	4	5	6	7	8	9	10	11	12	年
地温	7.9	9.8	13.9	20.0	25.4	29.9	33.7	32.5	28.5	22.7	15.9	10.2	20.9

表 15　　2019 年宁远县各月平均地温表　　单位：℃

月份	1	2	3	4	5	6	7	8	9	10	11	12	年
地温	8.1	8.7	14.8	21.6	24.5	30.0	32.0	36.1	32.0	24.2	18.4	11.9	21.9

风　风向　宁远的风向具有明显的季节性变化：冬季盛行偏北风，夏季多偏南风，春秋两季为冬、夏季风交替时期，风向较不稳定，但仍以偏北风的频率为最。宁远仅 7 月多偏南风，其他各月均以偏北风为主。

风速宁远地处丘陵地区，平均风速较小，县城多年平均风速为 1.8 米/秒。各月平均风速在 1.5—1.9 米/秒之间，常给人以微风拂面的感觉。超过 17.0 米/秒的大风出现次数不多，年均 2 次，发生最多频次为 1981 年的 10 次，宁远本站的极大风速为 24.8 米/秒，出现在 2002 年 4 月 5 日。平均风速随季节变化特征不明显。

表 16　　宁远县历年各月平均风速表　　单位：米/秒

月份	1	2	3	4	5	6	7	8	9	10	11	12	年
平均风速	1.9	1.9	1.9	1.7	1.6	1.5	1.8	1.6	1.6	1.7	1.8	1.8	1.8

表 17　　2019 年宁远县月平均风速和各月最多风向表　　单位：米/秒

月份	1	2	3	4	5	6	7	8	9	10	11	12	年
平均风速	1.2	1.9	1.3	1.4	1.2	1.2	1.3	1.4	1.5	1.3	1.4	1.4	1.4
最多风向	NE	NE	C、NE	C、NE	C、NE	C、SSE	C、SSE	C、SE	NE	C、NE	C、NE	C、SE	C、NE

说明：北（N）、东北东（NNE）、东北（NE）、东东北（ENE）、东（E）、东东南（ESE）、东南（SE）、南东南（SSE）、南（S）、南西南（SSW）、西南（SW）、西西南（WSW）、西（W）、西西北（WNW）、西北（NW）、北西北（NNW）、静风（C）

霜　宁远地理位置偏南，无霜期较长，历年平均霜日为 14 天，出现霜日的月份从当年的 10 月至次年的 4 月。年平均无霜期为 297 天。最长无霜期为 348 天，出现在 1965 年；最短无霜期为 230 天，出现在 1966 年。出现的初霜日最早为 1992 年的 10 月 29 日，最迟为 1995 年的 1 月 5 日；终霜日最早为 1980 年的 1 月 10 日，最迟为 1969 年的 4 月 6 日。

2019 年无霜期为 365 天，刷新历年无霜期最长纪录。

雾　宁远 2019 年出现雾的天数为 14 天。

表 18　　2019 年宁远县雾日数月分布表　　单位：天

月份	1	2	3	4	5	6	7	8	9	10	11	12	年合计
出现雾日数	2	1	4	3	0	0	2	0	0	2	0	0	14

霾　宁远 2019 年出现霾的天数为 5 天，为 1 月 4 天，2 月 1 天。

异常气候现象　2019 年 7 月 16 日至 10 月 9 日，全县持续晴热高温少雨，平均气温 28.0℃，较常年同期偏高 1.7℃，为有气象记录以来第一高值；日最高气温≥35℃日数总计 44 天，较常年同期偏多 18 天，为有气象记录以来第二高（2010 年为 47 天）。高温时段较多，先后在 7 月中下旬、8 月、9 月上中旬以及 10 月国庆长假期间出现了高温热害天气；高温最长时段出现在 8 月份，持续天数总计 23 天，为历史第二高（1998 年为 27 天），属于重度高温热害。7 月 16 日—11 月 15 日，宁远国家一般气象站总雨量为 88.6 毫米，较历年同期显著偏少 7 成以上。各区域站平均总雨量为 184.3 毫米，较历年同期偏少近 5 成。按（GB/T 20481）的综合气象干旱指数 CI 评估，系中等强度以上气象干旱，局部特大气象干旱。其中，7 月 16 日—8 月 24 日连续 40 天内总降水量仅 8.0 毫米，8 月 26 日—10 月 21 日连续 56 天总降水量仅 15.2 毫米，两次达到连旱标准，且两次连旱总天数为 106 天，达到特大旱标准（出现两次连旱总天数 91 天以上）。

持续不利天气影响　2019 年 1 月 20 日—22 日受中等强度冷空气影响，日最低气温降幅为 6.7℃。2 月 7 日—8 日受中等强度冷空气影响，日最低气温降幅为 7.3℃。2 月 13 日—21 日连续 9 天日降水量≥0.1 毫米，且过程中日平均日照时数≤0.1 小时，出现重度连阴雨天气。3 月 2 日—9 日连续 8 天日降水量≥0.1 毫米，且过程中日平均日照时数≤0.1 小时，出现重度连阴雨天气。3 月 21 日—22 日受强冷空气影响，日最低气温降幅为 11.8℃。4 月 9 日—10 日受中等强度冷空气影响，日最低气温降幅为 6.5℃。11 月 17 日—20 日受地面强冷空气的影响，日最低气温降幅为 9.2℃；11 月 24 日晚—26 日受地面强冷空气影响，日最低气温降幅为 5.2℃。12 月 17 日—19 日受地面强冷空气的影响，日最低气温降幅为 10℃。

重要灾害性、关键性天气及其影响　2019 年 6 月 10 日 10 时—13 日 08 时，宁远县及县内各乡镇受强对流天气影响普降大到暴雨、局部大暴雨，造成严重的洪涝灾害：受灾人口 4427 人次，农作物受灾面积 2298 公顷，倒塌房屋 25 间，直接经济损失达 5818 万元。8 月 25 日—26 日月受台风外围云系影响，全县大部分乡镇出现短时强降水，部分乡镇出现洪涝灾害，对烤烟生产和农作物生长造成一定影响。

自然资源

【土地资源】 全县土地面积 250086.52 公顷，其中耕地面积 41654.34 公顷，园地面积 12416.8 公顷，林地面积 162048.84 公顷，草地面积 8552.37 公顷，城镇村及工矿用地面积 10974.77 公顷，交通运输用地面积 3228.52 公顷，水域及水利设施用地面积 7626.41 公顷，其他土地面积 3584.47 公顷。

【矿产资源】 宁远县已发现矿种 25 种，主要是锑、铅锌、铜、铬、铀、铁、钒、镍、钨、锡、汞、银、煤、砖瓦粘土、高岭土、灰岩、页岩、玄武岩、大理岩、钾长石等矿，其中中型矿区有 2 个，分别是新开锑矿和梅岗黏土矿，小型矿区有 12 个，分别是清水桥铅锌矿、仙子山铅锌多金属矿、挂钩冲锡矿、牛头江铀矿、铜矿岭铜矿、柏万城铁矿、华石盘灰岩矿、野鹿岗灰岩矿、纸厂里灰岩矿、冷水铺灰岩矿、桂里园高岭土矿、大尧砖瓦粘土矿。

【水资源】 宁远县水资源丰富，其中地表水主要来源为大气降水。丰水年水量约 26.9 亿立方米，枯水年约 12.7 亿立方米。4—7 月径流量约占全年的 56%。南、北山区水量每平方公里 110 万立方米。东部岗丘地区仅 61 万立方米。每年从蓝山县流入水量约 1.08 亿立方米。年平均流量约 19.8 亿立方米。全县四大河流除部分河段受到污染外，总的水质良好，并正在加强对河流污染的治理。经各河流分段计算，全县水能理论蕴藏量 11.24 万千瓦，其中可供开发的水能资源为 68615 千瓦。宁远境内长度在 5 公里以上，流域面积在 10 平方公里以上的大小河流有 60 条，发源于县内的 59 条，发源于外县的 1 条。除黄司河流入祁阳县白水，下坠河经嘉禾、新田流入舂水外，其余河流均经县西注入潇水。其中，泠水、舂水、仁水、九嶷河为宁远四大河流水系。已有地下水，据湖南省地质局二十万分之一水文地质普查资料查明，全县有地下河 42 条，流量 1282.1 升/秒，较大泉井 336 个，流量 722.09 升/秒。二者总流量为 2004.19 升/秒，其中岩溶大泉 34 个，流量 478.12 升/秒。地下水分为松散岩类孔隙水、基岩裂缝水和碳酸盐类岩溶水三种类型。

松散岩类孔隙水 主要分布在泠、疑、舂、仁四水及主要支流沿岸的河漫滩和一级阶地中。含水层沙砾卵石厚度3~6 米，地下水埋藏深度 2~3 米。因含水层不深，河床下切厉害，泉井出露位置较低，涌水量不大，孔隙水仅可作为分散居民的生活用水水源。

基岩裂隙水 主要分布在县境西北角步步岭、牛塘岭及南部九疑山一带。含水层为变质砂岩、板页岩、花岗岩、石英岩等，节理裂隙发育，岩石风化破碎厉害，富含基岩裂隙水。

碳酸岩类岩溶水 主要分布在鲤溪、太平、保安、下坠、云潭、冷水、湾井、禾亭、桐山、逍遥岩等地。

县境东部太平镇，系碳酸盐岩类地层，岩溶发育，有较丰富的地下水。但地势较高，地下水埋藏深。

【动植物资源】 宁远县山地广阔，相对高差大。森林垂直分布差异明显，树种繁多。全县查明有森林植物 2000 多种，乔木和灌木树种 87 科、254 属、596 种，其中有栽培价值的 236 种，有适用推广价值的 72 种。按林种分，用材林 218 种，经济林 96 种（其中果木 33 种），防护林 152 种，薪炭林 130 种。优势树种是杉木、马尾松和油茶，其生长面积 78.8 万公顷；约占有林面积的 80%。全县有珍稀优良乡土树种 52 种。属国家一级保护树种有水杉（引种）、摇钱树、红豆杉 3 种。二级保护树种有银杏、钟萼木、胡桃、福建柏、篦子三尖杉、杜仲、观光木、半枫荷 8 种。三级保护树种有红豆树、油杉、皂荚、黄连木、红楠、光皮树、交让木、栓皮栗、椴树、领春木、桢楠、白辛树、华南五针松、紫茎、凹叶厚朴、厚朴、油杉、红椿、南方铁杉、重阳木、三角槭、拐枣、鹅耳枥、榉树共 24 种。省属重点保护树种有中华五加、檫木、香榧、南方红豆杉、红花木兰、金叶白兰、白克木、香桦、湖南石楮、金毛柯、湖南山核桃、小叶黄杞、穗状猕猴桃、罗汉松、滇楸 15 种。尤有九疑杉（属青枝杉），具有速生丰产，树干通直、木质透红芳香、材质特好、耐腐力强等特点。旧志载：叩之作铜铁声。质坚若铁、削之芳香四溢。湾井镇黄花园村将军庙原有 6 株九疑古杉，2003 年仅存一株，高 39 米、胸径 1 米，单株材积 9.79 立方米。野生动物资源丰富。属国家保护的野生动物有 22 种：属一类保护的有黄腹角雉；属二类保护的有穿山甲、水獭、鹿、果子狸、大鲵（娃娃鱼）、猕猴、苏门羚、白鹇、锦鸡、大灵猫、小灵猫、虎纹蛙、鹰；属三类保护的有竹鸡、野鸡、豪猪、黄鼬、刺猬、蛇、龟、蛙。

旅游资源

【概况】宁远，历史人文圣地。拥有中华第一古陵——舜帝陵，江南第一大孔庙——宁远文庙，科举让第第一人——李郃，湖广特科状元第一人——乐雷发。集古舜帝庙遗址等 8 处“国保”单位，“舜帝祭典”等诸多国家省级非物质文化遗产于一邑，毛泽东主席赋诗“九嶷山上白云飞，帝子乘风下翠微……”，历史人文熠熠生辉。宁远，山水生态绿地。生态禀赋出众，四季葱翠，森林覆盖率 65%，森林蓄积面积达 425 万立方米。有国家 AAAA 级旅游景区、国家森林公园、国家级自然保护区，国家级风景名胜区——九疑山保存有湘南最大的原始次生林、最大的天然植物园、最大的天然珍禽园，三分石东南角为湘江之源，北为潇水之源。被誉为“绿色海洋、天然氧吧、生态胜境”。宁远，潇湘旅游福地。聚世界罕见的人文和原生态旅游资源于一身，舜文化、儒文化、瑶文化交相辉映。江南第一大洞天福地——九疑山，湘南第一奇峰——三分石，天下第一盆景——玉琯岩，江南第一村——下灌村，永南十二名洞——紫霞岩，世界一绝——斑竹：赢得“中国最美生态文化旅游名县、最美文化休闲旅游名县、中国天然氧吧”称号。宁远区位优越，交通便捷。地处湘粤桂三省交界，素称“三省通衢”之地。二广、厦蓉两条高速穿境而过，距长沙、广州都在 350 千米内，距永州高铁站、郴州高铁站 100 公里，是“大湘南”宜商、宜居、宜游的地方。

【旅游资源单体】特品级旅游资源即五级旅游资源有 6 处：九疑山，舜帝陵，宁远文庙，紫霞岩，玉琯岩，公祭舜帝陵活动。优良级旅游资源之四级旅游资源共 13 处：灌溪仙境，舜源峰，畚箕窝，三分石，万山朝九疑，舜寝九疑，斑竹园，原始次生林，石枞，香杉，永福寺，玉琯岩石刻，水市水库；优良级旅游资源之三级旅游资源共 24 处：娥皇峰，女英峰，箫韶峰，凤凰岩，桃花岩，读书岩，五里沟，白米下锅，竹海，逍遥岩，青山尾峡谷，春陵侯城，泠道故城，森林乐园，珍稀竹类繁育场，紫霞岩题刻，云龙牌坊，骆家戏台，黄家大屋，瑶寨吊脚楼，小东江水库，水市水库大坝，下灌状元楼，五臣山，石城峰，金蛙湖，黄河瀑布，赛景岩。三级以下旅游资源单体 25 处。潜在旅游资源单体有大观堡，平头寨，智眉禅师（疑似建文帝）墓。

【九嶷山—舜帝陵风景名胜区】2017 年经国务院批准的第九批国家级风景名胜区，规划面积 150 平方公里，由舜帝陵、灌溪仙境、青山尾峡谷等三大景区组成。景区以奇特壮美的喀斯特峰林自然景观为基础，以舜帝陵古建筑群、舜帝庙遗址等历史人文资源为核心，是集自然山水、历史文化和风土民俗于一体的山岳型风景名胜区。

【景区景点】1. 舜帝陵景区。亦称九疑山景区，《舜帝陵志》作舜源峰景区，为九疑山中心景区。这里的舜帝陵庙为历朝历代祭舜之所，也是历代文人墨客朝拜观光胜地。主要景点有舜帝陵庙、舜源峰及观景台、紫霞岩、黄家大屋古建筑、马蹄石“福”字石刻，还有娥皇峰、女英峰、石城峰等。2. 玉琯岩景区。主要景点有玉琯岩摩崖石刻、古舜帝庙遗址及博物馆、无为洞、永福寺、半边山、凤凰岩、鲁女峰等。3. 三分石景区。三分石又名三峰石、舜公石、舜峰。海拔 1822 米，三分石上，三峰对拥，像舜帝与娥皇、女英相依；三分石下，林木丛生，枝繁叶茂，一派郁郁葱葱的景象。主要景点有神奇三分石、枫木铺瑶寨、原始次生林、住龙门、猴子坳、婆婆石、黄河高峡平湖、牛头江、望夫石等，以及九疑猕猴、九疑斑竹等众多珍稀动植物。4. 灌溪风光景区。位于九疑山东部，景区峰林峻峭，山水相映。主要景点有箫韶峰、石楼峰、桂林峰、桃花岩（旧名莫知岩）、泠道故城遗址、下灌状元楼、路亭云龙牌坊、久安背翰林祠、东安头翰林祠、五臣山、明月山、读书岩、象岩、青山尾十里画廊风光等。5. 潇水涵青景区。主要景点有九疑河九坳十八湾、牛亚岭瑶寨、水市水库、烈士公园等。

此外，县城景区主要景点有宁远文庙、周子先祖故里、丁字街、濂溪祠、石佛岩、逍遥岩、城头寨、五里沟等。潜在的境北舂陵景区主要景点有舂陵故城、平田宗祠、仙姑庙、怀德堂、大观堡、智眉（疑似建文帝）墓、平头寨等。

国民经济和社会发展

【概况】2019 年，面对复杂多变的宏观形势、持续加大的经济下行压力和艰巨繁重的改革发展任务，宁远县坚持以习近平新时代中国特色社会主义思想为指引，深入实施五大战略，扎实推进“三业融合”“三区共建”，加快建设宜居宜业宜游生态文化公园，全县经济社会高质量发展迈出坚实步伐。经济持续稳定发展。2019 年，全县实现地区生产总值 2255378 万元，同比增长 7.4%。其中，第一产业增加值 319895 万元，同比增长 3.5%；第二产业增加值 671306 万元，同比增长 7.7%；第三产业增加值 1264177 万元，同比增长 8.3%。按常住人口计算，人均地方生产总值为 31539 元，同比增长 8.4%。产业结构进一步调整。全县三次产业结构由上年的 13.4∶30.5∶56.1 调整为 14.2∶29.8∶56，一产业所占比重上升 0.8 个百分点，二、三产业所占比重分别下降 0.7 和 0.1 个百分点。一、二、三产业对经济增长贡献率分别为 6.8%、33.5% 和 59.7%，一、二、三产业分别拉动 GDP 增长 0.51、2.48 和 4.41 个百分点。

【农业】农业生产稳中有升。全县完成农林牧渔业总产值 611206 万元，同比增长 3.6%，其中：农业产值 263257 万元，同比增长 3.7%；林业产值 65660 万元，同比增长 10.5%；畜牧业产值 204984 万元，同比增长 1.2%；渔业产值 47086 万元，同比增长 6%；农林牧渔服务业产值 30219 万元，同比增长 12%。种植业发展平稳。全年粮食播种面积 73.83 万亩，粮食总产量达到 305880 吨，同比下降 0.06%。经济作物中，烤烟种植面积 66200 亩，收购烟叶 16.86 万担。林业发展稳步提升。全县森林覆盖率为 60.94%。人工造林面积达到 3133.33 公顷。木材采伐量 2.26 万立方米。畜牧业有起有落。全年肉类总产量 6.92 万吨，同比下降 10.24%。生猪出栏 67.87 万头，同比下降 16.33%；生猪存栏 43.75 万头，同比下降 17.79%。水产品产量 2.3235 万吨，同比增长 6%。

表 19　　2019 年主要农作物播种面积及产量

品名	播种面积（亩）	同比增减（%）	产量（吨）	同比增减（%）
粮食作物	738317	-0.93	305880	-0.06
其中：稻谷	620122	-1.69	268819	-0.95
薯类	31720	5.73	13408	7.21
豆类	52756	2.24	11766	4.07
蔬菜	131807	5.81	317002	4.18
瓜果类	6130	0.61	17114	0.58

表 20　　**2019 年禽畜存栏、禽产品、水产品产量**

品名	计量单位	数量	同比增长（%）
肉类总产量	吨	69163	-10.24
出栏肉猪	万头	67.87	-16.33
出栏牛	万头	2.11	9.33
出栏羊	万只	2.82	9.3
出笼兔	万只	401.7	3.0
出笼家禽	万羽	818.19	16.26
禽蛋产量	吨	2302	7.57
生猪存栏	万头	43.75	-17.79
牛存栏	万头	5.37	2.48
兔存笼	万只	148.7	1.96
家禽存笼	万羽	418.1	11.42
水产品产量	吨	23235	6.0

【工业和建筑业】 工业经济逆势上扬。2019 年，全县实现工业总产值 2088795 万元同比增长 13.4%，其中：规模以上工业总产值 1573954 万元，同比增长 13.7%，规模以下工业总产值 514841 万元，同比增长 12.6%。规模以上工业增加值同比增长 8.7%；年末规模以上工业企业 116 家，其中本年新增规模工业企业 17 家。工业经济效益较好。全年规模以上工业企业主营业务收入 1521549 万元，同比增长 12.5%；规模以上企业产品销售率达到 97.1%。建筑业发展良好。全县实现建筑业增加值 194040 万元，同比增长 4.9%。全县具有资质的建筑业企业达 13 家，分别实现总产值、利润 364866 万元和 29749 万元，同比分别增长 18.2%和 16%。房屋建筑施工面积 492 万平方米，同比增长 8.4%，其中新开工面积 373 万平万米，同比增长 15.5%。

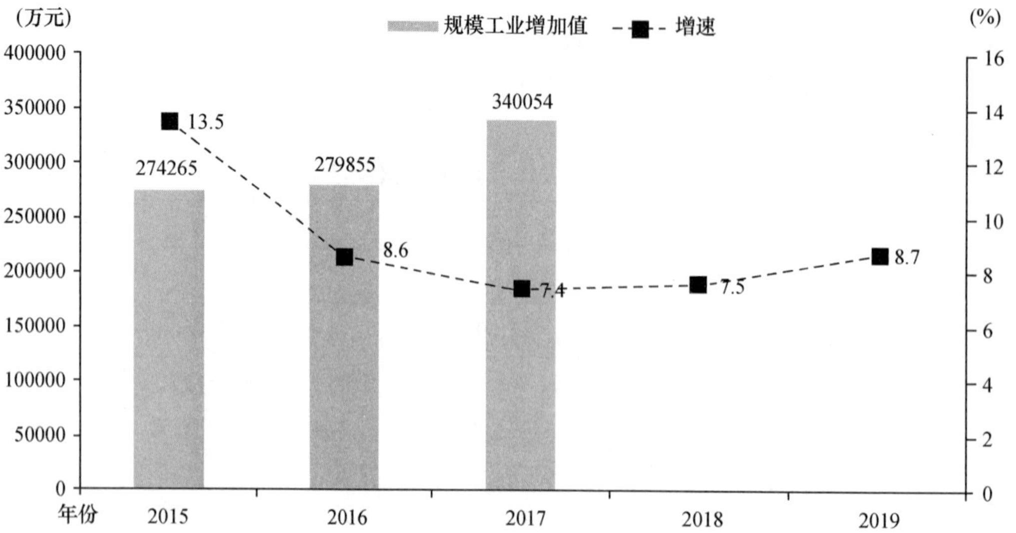

图 1　2015—2019 宁远县年规模工业增加值及增长情况示意图

表 21　　2019 年规模工业主要产品产量

品名	计量单位	产量	同比增减（%）
水泥	万吨	227.4	8.2
商品混凝土	万立方米	271.5	8.9
自来水生产量	万立方米	1657	-3.9
服装	万件	403.9	43.5
大米	吨	93114	2.9
铅	吨	11361	-28.7

【固定资产投资】投资规模继续扩大。2019 年，全县固定资产投资同比增长 10%。其中，国有投资同比下降 28.8%，非国有投资同比增长 71.2%。从产业来看，第一产业投资同比下降 32.5%；第二产业投资同比增长 48.1%；第三产业投资同比下降 2.9%。产业投资占全部投资的比重达到 74.1%。投资结构进一步优化。高新技术产业投资同比增长 61.6%；民生工程投资同比增长 26.7%；工业投资完成同比增长 48.1%。房地产市场持续升温。商品房销售面积 86.3182 万平方米，同比增长 5.4%，销售金额达到 481898 万元，同比增长 35.77%；2019 年全县商品房销售均价为 5484 元/平方米，同比增长 27.4%。

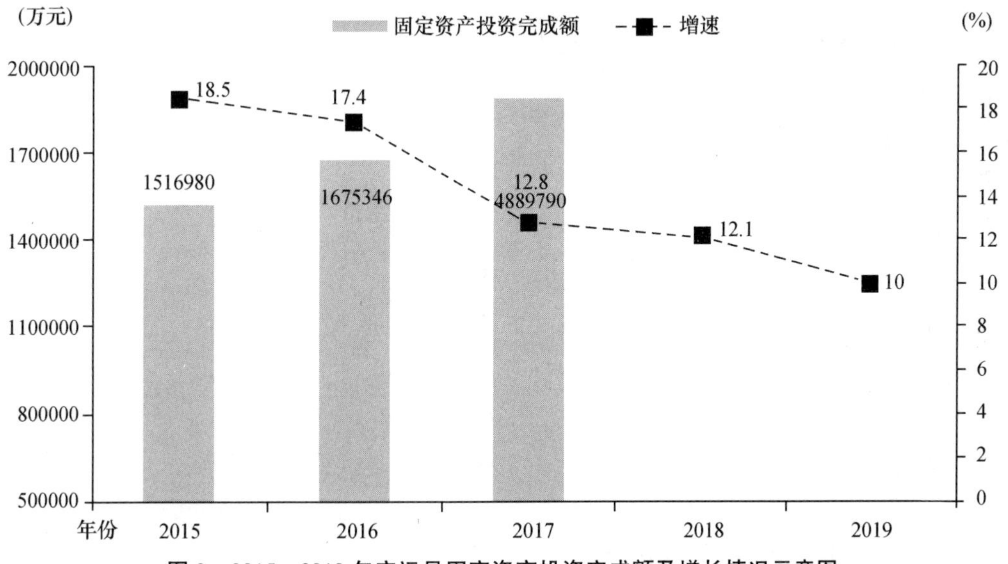

图 2　2015—2019 年宁远县固定资产投资完成额及增长情况示意图

【国内贸易】消费市场需求旺盛。2019 年全县完成社会消费品零售总额 856756 万元，同比增长 10.4%。分地域看，城镇消费品零售额 665356 万元，同比增长 10.5%；乡镇消费品零售额 191400 万元，同比增长 10%。分行业看，批发和零售业零售额 732265 万元，同比增长 9.7%；住宿和餐饮业零售额 124491 万元，同比增长 14.9%。年末限额以上批发零售贸易企业 56 家，较上年增加 3 家；限额以上住宿餐饮业企业 13 家，较上年增加 1 家。

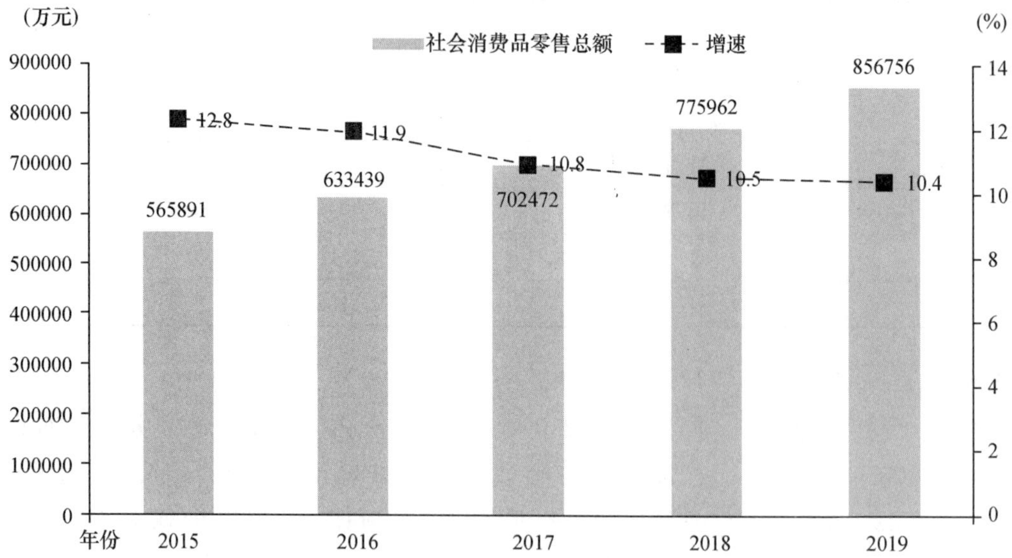

图3 2015—2019年宁远县社会消费品零售总额及增长情况示意图

【招商引资和旅游】 招商引资态势良好。全年实际到位外资14278万美元，同比增长16.7%；内联引资40.56亿元，同比增长19.9%；完成外贸进出口额191695万元，同比增长27.8%。旅游业蓬勃发展。全年共接待游客1586.2万人次，实现旅游总收入93亿元，同比分别增长22.3%和23.5%。

【交通运输和邮电】 交通条件明显改善。年末公路通车里程达2894.273公里，其中国道63.302公里，省道241.953公里，县道344.356公里，乡道713.233公里，村道1443.551公里，专用道1.878公里，高速公路通车里程86公里，其中二广高速52.7公里，厦蓉高速33.3公里。全年实现全社会货物周转量321465万吨公里，同比增长4.5%。旅客周转量52684万人公里，同比下降12.8%。邮电通信持续升级。全年邮电业务总量达33356万元，同比增长2.4%。其中邮政业务总量5827万元，电信业务总量7569万元，移动业务总量13600万元，联通业务总量6360万元。年末，移动电话用户共404200户，其中移动216000户，联通78000户，电信110200户。固定电话用户7058户。

【财政、金融】 财政实力不断增强。全年完成财政总收入190460万元，同比增长4.49%，其中县本级收入136182万元，同比增长7.32%；上划省级收入11179万元，同比下降0.28%；上划中央收入43099万元，同比下降2.41%。实现税收收入154922万元，占财政总收入的81.34%，较2018年同期下降2.66个百分点。全年财政支出636299万元，同比增长7.83%。其中，一般预算支出525083万元，同比增长3.54%。金融市场有序发展。年末，全县金融机构各项存款余额2275730万元，较年初净增168065万元，同比增长7.97%。其中个人储蓄存款余额为1809057万元，较年初净增200558万元，同比增长12.47%。全县金融机构各项贷款余额为1509477万元，较年初净增223956万元，同比增长17.42%。

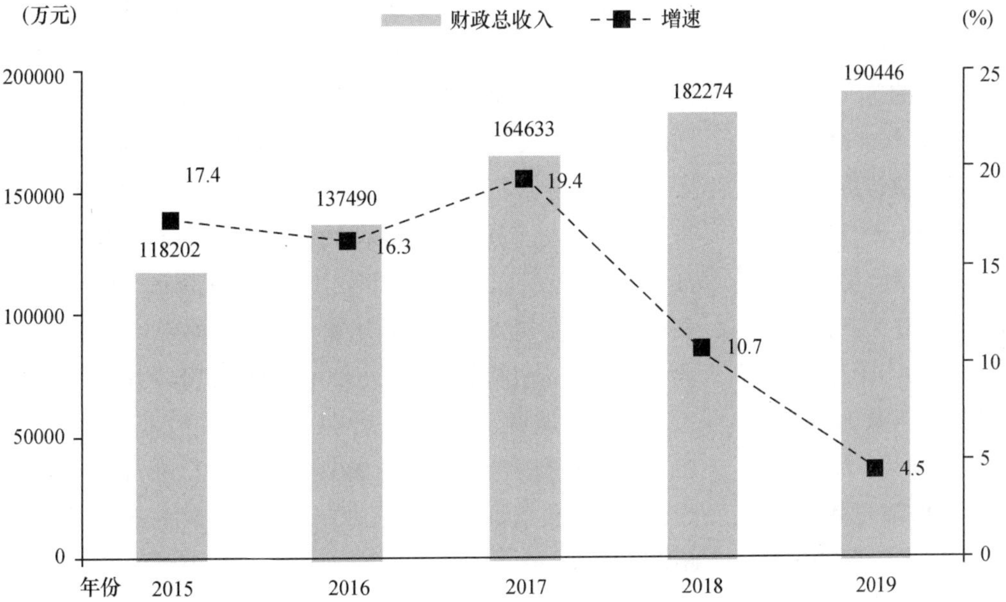

图4 2015—2019年宁远县财政总收入及增长情况示意图

【教育与卫生】 教育事业扎实推进。全县共有中小学校260所，其中：高中3所（含完全中学2所），初中19所，九年一贯制学校6所，小学52所，教学点174个，特殊学校1所，公报职高学校1所，民办职高4所。在校学生131630人，其中：高中学生18822人，初中学生38514人，小学学生66387人，特殊学校学生93人，公办职高学生5300人，民办职高学生2514人。全县教师总数6642人，其中：高中教师768人，初中教师1611人，小学教师3562人，特校教师26人，幼儿园教师289人，公办职高教师188人，民办职高教师160人，教师进修学校教师38人。全县共有公办幼儿园38所，学生8600人；民办幼儿园188所，学生2107人。卫生条件不断改善。年末，全县实有卫生机构634个，其中综合医院5个，专科医院10个，街道社区服务中心2所，乡镇卫生院16所，卫生院分院8个，村卫生室535个，校医务室5个，门诊7个、诊所43个，妇幼保健院1个、疾病控制中心1个、卫生监督所1个。年末卫生技术人员3419人，卫生机构床位数4779张。

【环境保护和安全生产】 节能减排成效突出。主要污染物总量减排四项指标均完成市级下达任务目标，化学需氧量、二氧化硫、氮氧化物、氨氮等四项主要污染物同比分别削减2.7%、3%、5.2%和3%。安全生产形势稳定。全县发生各类生产经营性安全事故0起、死亡0人，没有出现较大以及以上生产安全事故。

【人口、人民生活和社会保障】 人口保持低速增长。2019年年末，全县户籍总户数26.58万户，户籍总人口89.24万人。年末全县常住人口71.43万人，其中男性37.53万人，女性33.9万人，男女性别比为110.7∶100。常住人口中的城镇人口为33.09万人，城镇化率为46.33%。全年出生人口数8625人，2018年漏报人数为346人，新生儿男女性别比为114.55∶100；死亡人口数5495人，人口自然增长率为3.52‰。居民收入持续攀升。全县城乡居民人均可支配收入为20993元，同比增长10.4%。其中，城镇居民人均可支配收入为29134元，同比增长9.3%；农村居民人均可支配收入达到15943

元，同比增长10.3%。社会保障进一步完善。2019年末，全县参加社会养老保险的总人数达到531302人，比上年增加8137人，其中：机关事业单位参加基本养老保险人数为21891人，比上年减少392人；企业单位参加基本养老保险人数21640人，比上年增加2131人。城乡居民基本养老保险参保缴费总人数为487771人，比上年增加6398人。2019年农村最低生活保障户数12608户，人口达23506人，比2018年增加1863人；城镇最低生活保障户数4977户，人数达9948人，比2018年减少207人。“五保户”人数6348人，比2018年增加132人。国家抚恤、补助各类优抚对象人数6481人，比去年增加128人。医疗保障全面覆盖。全县参加医疗保险人数74.1616万人，其中城乡居民71.1416万人，职工3.02万人。就业形势保持稳定。全年新增就业6314人，安排就业培训5320人，其中：城镇企业职工培训2508人，农村劳动力培训2006人，失业人员培训400人，其他培训406人。

说明：

1. 根据全国第四次经济普查数据结果，全国修正GDP以及一、二、三产业增加值总量，修正后宁远县2018年GDP总量为2079867万元，其中一产业277936万元，二产业增加值634289万元，三产业增加值1167642。GDP总量数据与往年数据有偏差的，以而全国第四次经济普查修订数据为准。

2. 由于上级教育部门优化整合教育资源的要求，全县一些村小教学点（微型小学）进行了合并，故2019年全县村教学点数量较上年减少数目较多。

领导名录

一、县级领导

县委

永州市人民政府副市长 县委书记　刘卫华

县委副书记 县长　唐何

县委副书记 二级调研员　刘军君

县委常委 宣传部长 二级调研员　刘庚旺

县委常委 县委办主任　曹辉正

县委常委 纪委书记 监察委主任　陈海平

县委常委 副县长（常务）　黄永英

县委常委 组织部长　雷军平

县委常委 政法委书记　曾海波

县委常委 人武部部长　文小武

二级调研员　欧胜清　彭小兵　何国雄

县委原常委 统战部原部长　唐浩

县委党校原校长　文星平

县人大

县人大常委会主任 一级调研员　张明贵

副主任 党组副书记　周方

副主任　胡昕若

副主任 党组副书记 二级调研员　眭晓棠

副主任　何为民　谢金花

二级调研员　郑福章

原副主任　欧红杰

县政府

县委副书记 县长　唐何

县委常委 副县长（常务）　黄永英

副县长　邓小英

副县长 县公安局党委书记 局长　陈云生

副县长　邓传文　欧阳国春　胡红灯　杨友忠

一级调研员　盘湘津

二级调研员　欧初旺

四级调研员　唐桐生　李友才　蒋进红　黄生鸿　李池秀　陈勇军

工业园区管委会原主任　郑运辉

县政协

县政协主席 一级调研员　李苏昭

副主席 党组副书记 二级调研员　蒋家安

副主席（兼）工商联（商会）主席（会长）　欧桥贵

副主席　赵吉永　李春茂

副主席（兼）商务局局长　肖红梅

县人武部

县委常委 人武部部长　文小武

政委　邓建华

县法院

党组书记 院长　吕新陵

县检察院

党组书记 检察长　周辉

县公安局

副县长 县公安局党委书记 局长　陈云生

党委副书记 政委　刘欣

副处级干部　匡建华　陈慧

九嶷山国家森林公园管理局

党委书记　赵利民

党委副书记 局长　何文祥

原党委副书记 局长　唐太勇

工业园区管委会

党工委书记　蒋崇庆

党工委副书记 主任　周俊

县委党校

校长　郑志晖

副处级职级干部

三级调研员　欧鹏飞　唐和鸣　郑亮　李忠明　夏峰　刘初成　李继辉　谢志远　刘向阳　彭政超　王晓华　周正河

县消防大队

大队长　钱小庆

二、县直有关单位

县纪律检查委员会、县监察委员会

县委常委 纪委书记 监察委员会主任　陈海平

纪委副书记（排第一）监察委员会副主任　袁春芬

纪委副书记 监察委员会副主任 四级调研员　徐东青

纪委副书记 监察委员会副主任　谭双喜

纪委常委 监察委员会委员　江中主

纪委常委 正科级纪检员 监察委员会委员　刘永生　宋云蕾

监察委员会委员　聂绍进

纪委常委　欧阳勇　唐振军

办公室主任　黎俊

组织部部长　伍云

宣传部部长 二级主任科员　刘鹏

党风政风监督室主任　李运军

信访室主任 二级主任科员　刘亚辉

信息技术保障室主任　刘婷

第一纪检监察室主任　房国焘

第二纪检监察室主任　胡绵爱

第三纪检监察室主任　李文忠

第四纪检监察室主任　田剑辉

第五纪检监察室主任　刘晋

县纪委 县监察委案件审理室主任　奉城彬

四级调研员　欧志辉　骆先进

二级主任科员　张井雄　李佑军　郑卡勇

县纪委监委派驻纪检监察组

驻县委办纪检监察组组长 县委办公室室务会成员 二级主任科员　柏小白

驻县委组织部纪检监察组组长 县委组织部部务会成员 唐宏亮
驻县委宣传部纪检监察组组长 县委宣传部部务会成员 许良峰
驻县委统战部纪检监察组组长 县委统战部部务会成员 四级调研员 郑伟毅
驻县委政法委纪检监察组组长 县委政法委委员 欧阳海军
驻县政府办纪检监察组组长 县政府办党组成员 唐　振
驻县发展和改革局纪检监察组组长 县发展和改革局党组成员 杨云聪
驻县教育局纪检监察组组长 县教育局党委委员 蒋春熠
驻县公安局纪检监察组组长 县公安局党委委员 欧阳化文
驻县公安局纪检监察组原副科级干部 郑忠辉
驻县检察院纪检监察组组长 县检察院党组成员 欧日运
驻县卫生健康局纪检监察组组长 县卫生健康局党组成员 二级主任科员 成伟全
驻县农业农村局纪检监察组组长 县农业农村局党组成员 二级主任科员 黄海斌
驻县人民法院纪检监察组组长 县人民法院党组成员 李　胜

县委巡察办

主任 李胜平
副主任 四级调研员 蒋　波
县委第一巡察组组长 陈义兵
县委第一巡察组副组长 肖学富
县委第二巡察组组长 吕胜辉
县委第二巡察组副组长 李隆任
县委第三巡察组组长 杨臣山
县委第四巡察组组长 柏　敏
县委第四巡察组副组长 肖云辉
一级主任科员 郑群秀

县委办公室（档案局）

县委常委 县委办主任 曹辉正
副主任 县档案局局长 四级调研员 李木旺
副主任 县保密局局长 四级调研员 张进仁
副主任 县台办主任 欧珍爱
副主任 县史志办主任 周敬平
县纪委监委驻县委办纪检监察组组长 县委办公室室务会成员 二级主任科员 柏小白
副主任 周　宇
文秘室主任 主任科员 朱　洪
县委全面深化改革领导小组办公室专职副主任 县扶贫开发办公室副主任（兼） 薛庭勋
县委办公室督查专员 督查室主任（兼） 郑生宇
县委办公室督查专员 曾　贤
县委全面深化改革领导小组办公室专职副主任 李　力

四级调研员　蒋国亮
二级主任科员　陈爱萍　童一飞
四级主任科员　欧阳涛
原正科级干部　雷程燕　唐芳华

县档案馆

县委机要局（国家保密局、国家密码管理局）

县委办副主任、县保密局局长、四级调研员　张进仁
原副科级干部　蔡红军　唐雄群

县委全面深化改革领导小组办公室

县委组织部（直属机关工作委员会、非公有制经济组织和社会组织工作委员会、公务员局、县委老干部局）

县委常委、组织部部长、总工会主席（兼）　雷军平
副部长（排第一）、四级调研员　尹国军
副部长、县委非公有制经济组织和社会组织工作委员会党工委书记　谭学峰
副部长　郑敏娟　黄胜洪
副部长（兼）、人社局党组书记、局长、四级调研员　鲁素春
县纪委监委驻县委组织部纪检监察组组长、县委组织部部务会成员　唐宏亮
部务会成员、二级主任科员　欧阳林
基层办主任　魏阳涛
党代表联络室主任　荆道滨
四级调研员　邓爱华
二级主任科员　周运菊　朱时勇
四级主任科员　张艳燕　周　玲　阳如南
原副科级干部　曾奕发　欧　晶　蒋益军

县非公有制经济组织和社会组织工作委员会

县委组织部副部长、县委非公有制经济组织和社会组织工作委员会党工委书记　谭学峰
县委非公有制经济组织和社会组织工作委员会专职副书记　徐鸥宁
县委统战部副部长（排第一）、工商联党组书记、副主席、县委非公有制经济组织和社会组织工作委员会副书记（兼）　彭盛辉
民政局党组书记、局长、县委非公有制经济组织和社会组织工作委员会副书记（兼）、四级调研员　吴国斌
市场监督管理局党组书记、局长、县委非公有制经济组织和社会组织工作委员会副书记（兼）、四级调研员　万志湘
原副科级干部　郑　波

县人才服务中心

县老干部服务中心

主　任　刘惠元

县委宣传部［新闻出版局（版权局）文明办］

县委常委、宣传部长、二级调研员　刘庚旺
副部长（排第一）　谢茂松
副部长　陈明心　贾丽琼　欧阳友忠
县纪委监委驻县委宣传部纪检监察组组长、县委宣传部部务会成员　许良峰
外宣办主任　骆力军
四级主任科员　吴永斌
原正科级干部　徐小文

县精神文明建设指导委员会办公室

主　任　陈晓泉
原副科级干部　姜莲萍

县委统一战线工作部（民族宗教事务局）

副部长（排第一）工商联党组书记副主席县委非公有制经济组织和社会组织工作委员会副书记（兼）　彭盛辉

副部长四级调研员　罗晓峰

县纪委监委驻县委统战部纪检监察组组长县委统战部部务会成员四级调研员　郑伟毅

副部长　冯云辉

四级调研员　邓运保　赵文辉

二级主任科员　张红志　李雪莲　赵昌旺

四级主任科员　刘文华　周　波

原副科级干部县工商联党组成员　唐武成

县委政法委员会

县委常委政法委书记　曾海波

副书记（排第一）三级调研员　朱土旺

副书记　蒋贤军

副书记四级调研员　汪绪国

副书记　乐永珍　李碧海

县纪委监委驻县委政法委纪检监察组组长县委政法委委员　欧阳海军

县委政法委委员政工室主任　雷乾华

二级主任科员　李继晴

四级主任科员　谭伟东

原正科级干部　梁宏锋　王桐旺　崔习明　奉军辉

原副科级干部　刘　娟　蒋亚雄

县委网信办（县互联网信息办公室）

主任　魏纲要

副主任　唐新胜　文泉涌

二级主任科员　黎道运

县委机构编制委员会办公室

主任四级调研员　欧教荣

副主任　欧　琳

副主任三级调研员　李德祥

原副科级干部　黄　维

县机构编制信息中心

主任　乐春涛

县机构编制事务中心

县总工会

县委常委组织部长总工会主席（兼）　雷军平

党组书记第一副主席　欧阳幼志

党组成员副主席　蒋　健　刘　栋

二级主任科员　姜凌帆

四级主任科员　骆　辉

原副科级干部　冯绍春

共青团宁远县委

团县委书记党组书记　杨田田

团县委副书记党组成员　王　搯

团县委副书记　郑　昊

团县委原书记党组书记　张利军

县妇女联合会

党组书记主席　周英华

党组成员副主席　何　阳　郑姣平

原副科级干部　李辉庭

县科学技术协会

党组书记主席四级调研员　刘晓玲

党组成员副主席四级调研员　刘胜富

党组成员副主席　周银燕

二级主任科员　胡德庭

四级主任科员　黄生虎

原副科级干部　汪　霞

县文学艺术界联合会

主席　何　庆

副主席　黎成钢

县归国华侨联合会

县归侨侨眷联合会

党组书记主席　戴巧燕

副主席　周宏卫

四级调研员　唐智平

原副科级干部　刘洪军　欧艳平

县残疾人联合会

党组书记 理事长 四级调研员 樊志群

党组成员 副理事长 郑晓波

二级主任科员 郑运仕 李泉勇

原副科级干部 何　伟

县计划生育协会

原正处级干部 计生协会会长 杨丢清

县卫生健康局党组成员 副局长 计生协会常务副会长 二级主任科员 廖保发

专职副会长 四级调研员 姜德宴

秘书长 夏双青

县红十字会办公室

专职副会长 王承国

二级主任科员 张冬生

四级主任科员 欧阳光

原副科级干部 胡海玲

县工商业联合会（总商会）

县政协副主席（兼） 工商联主席 欧桥贵

县委统战部副部长（排第一） 工商联党组书记 副主席 县委非公有制经济组织和社会组织工作委员会副书记（兼） 彭盛辉

党组成员 副主席 林文才

副主席 李芳桂

党组成员 唐武成

一级主任科员 郑四清

县政府办公室（县人民政府金融工作办公室）

县政府党组成员 党组书记 主任 蒋先定

党组成员 副主任 四级调研员 吴　杰 郑　庭

党组成员 副主任 李苏辉 欧阳坤

副主任 冯　兆

县纪委监委驻县政府办纪检监察组组长 县政府办党组成员 唐　振

党组成员 副主任 欧阳永生 陈　宜

督查专员 督查室主任（兼） 张　彭

三级调研员 李友茂 陈万生

四级调研员 李德弟 欧阳群合

二级主任科员 吴　丹

四级主任科员 李艳丽

原正科级干部 刘柏华 周光镇 邓长春

县城市基础设施建设投融资中心

党组书记 县城市建设投资开发有限责任公司董事长 唐　华

党组副书记 主任 县城市建设投资开发有限责任公司总经理 骆俊平

县城市建设投资管理中心

副主任 胡青文

党组成员 总经济师 李庆云

原副科级干部 李真顺 欧日友 刘金茂

县发展和改革局（县粮食和物资储备局）

党组书记 局长 曾彩平

党组成员 总经济师 四级调研员 刘文胜

党组成员 副局长 四级调研员 蒋　全

党组成员 副局长 二级主任科员 周忠红

县纪委监委驻县发展和改革局纪检监察组组长 县发展和改革局党组成员 杨云聪

党组成员 副局长 唐国凯

二级主任科员 欧阳国友 房邦玉 高小平

四级主任科员 黄　虹

原正科级干部 刘　慧

原副科级干部 管　波 张国姣

县重点建设项目服务中心

县重点建设项目办公室主任 蔡海丰

原副科级干部 欧阳超

县科技和工业信息化局

党组书记 局长 乐宁波

党组副书记 副局长 李晓鹏

党组成员 副局长 二级主任科员 蒋晓成

总工程师 二级主任科员 朱松青

副局长 徐明霞

三级调研员 周友平

二级主任科员 骆胜辉 李中明 唐丽英

原正科级干部 陈剑

原副科级干部 唐子滔

县工业企业改制服务办公室

主任 乐军红

副主任 李翔

县中小企业创业服务中心

主任 周胜海

县民营经济发展服务中心

县教育局

党委书记 局长 毛永

党委委员 副局长 二级主任科员 李忠良

党委委员 副局长 邓文清

县纪委监委驻县教育局纪检监察组组长 县教育局党委委员 蒋春熠

党委委员（正科） 何泽涛

副局长 雷敏

党委委员 督导室主任 朱成宁

主任督学 赵和英

原正科级干部 黄好清 冯勤顺 柏太瑞 黄志辉 欧革桂

原副科级干部 欧阳德顺 欧杰庭 何绍新 高继平 汤华远

县招生考试中心

主任 谭杰

县一中

校长 刘国胜

副校长 郑久祥 李景太 陈清祥

党委委员 杨绪军 张涛

原副科级干部 仝显顺 欧阳先趣

县二中

校长 黄新胜

副校长 罗土华 黄珍平

原正科级干部 吴华忠

县三中

校长 胡顺发

副校长 吕宝军 骆征兵 谢建成

原副科级干部 郑建民

县实验中学

校长 欧阳祥华

副校长 欧阳友昌 刘俊涛 陈年成

原副科级干部 陈振华 余运富 张初杰

县职业中专

校长 唐小洲

副校长 黄权喜 睦佳旭

原副科级干部 雷德权 黄洁顺 雷柳青

县进修学校

校长 蒋理

副校长 蒋志平 刘平

原副科级干部 何桂芝

县八中

校长 杨剑万

副校长 欧阳维浩 黄文志 欧咏梅

原副科级干部 陈开益

县公安局

副县长 县公安局党委书记 局长 陈云生

党委副书记 政委 刘欣

党委副书记 交通管理大队大队长 陈勇

党委副书记 林桦

党委委员 副局长 欧阳建军 张立新

县纪委监委驻县公安局纪检监察组组长 县公安局党委委员 欧阳化文

党委委员 副局长（挂职） 刘水林

县公安局副处级干部 匡建华 陈慧

原正科级干部 黄向东 王承儒

工会

原正科级干部 唐耀军

指挥中心

主任（副科） 周　鹏

教导员（副科） 张海英

政工室

原正科级干部 王承儒

一级警长 郑春辉

原正科级干部 袁文兴　黄太辉

原副科级干部 胡乐萌　奉春平　黄　浩

警务保障室

主任（副科） 管智泽

教导员（副科） 刘云飞

原副科级干部 陈怀万

法制室

原副科级干部 郑　拓

二级警长 曾文杰

原副科级干部 胡小云

信访室

二级警长 唐胜军

原副科级干部 汤华昭　李尚道

刑侦大队

大队长 王春山

警务技术一级主管 欧阳兴中

警务技术二级主管 唐慕军

原正科级干部 李　勇

禁毒大队

大队长（副科） 欧鹏飞

原副科级干部 欧日波

反恐大队

大队长 李海彪

教导员 张　洪

原正科级干部 龙林生

治安大队

大队长 柏先锋

教导员 陈柏臣

原副科级干部 张　宁

一级警长 蒋小平

原正科级干部 荆文胜

人口与出入境管理大队

大队长（副科） 王宋成

教导员（副科） 彭海峡

国保大队

大队长（副科） 欧阳小平

教导员（副科） 蒋　刚

经侦大队

大队长 何剑辉

教导员 陈治波

原副科级干部 欧　琳

一级警长 徐文凯

原副科级干部 徐运生

网安大队

原副科级干部 何敬忠

特警大队

大队长 欧阳利平

教导员（副科） 陈明忠

二级警长 何海燕

巡警大队

大队长（副科） 陈兆喜

教导员（副科） 欧军盛

原正科级干部 毛素娟

原副科级干部 蒋洪波

看守所

所长（副科） 郑海峰

教导员（副科） 徐克光

二级警长 廖平胜　柴志元

原副科级干部 潘晓辉

行政拘留所

所长（副科） 李际芳

教导员（副科） 邝国平

原副科级干部 姜上春

舜陵派出所

所长 蔡建树

教导员 李海胜

一级警长 陈海波

二级警长 李军飞

原副科级干部 李茂军

桐山派出所

所长 胡来旺

教导员 王　竹

二级警长 周辉军

原副科级干部 刘哲胜

文庙派出所

所长 聂少军

教导员 李志斌

二级警长 黄永红

原副科级干部 何建军

东溪派出所

所长 宋冬清

教导员 夏石辉
二级警长 陈胜利
一级警长 周晔
原副科级干部 文启勇

天堂派出所

所长 曾宪麒
教导员 周辉林

水市派出所

所长 陈克承
教导员 郑家斌

湾井派出所

所长 杨正强
教导员 邓鸿文

九疑山派出所

所长 龚智军
教导员 黄雄英

冷水派出所

所长 冯勇
教导员 陈可

太平派出所

所长 欧亚利
教导员 周航冰

禾亭派出所

所长 刘江
教导员 周少斌
原副科级干部 杨胜军

仁和派出所

所长 欧阳群辉
教导员 周锋

中和派出所

所长 兰永盛
教导员 唐振宁

柏家坪派出所

所长 周湘成
教导员 王仲

清水桥派出所

所长 李云波
教导员 欧阳万利

鲤溪派出所

所长 欧阳艳利
教导员 龚景辉

五龙山派出所

所长 黄思明
教导员 夏东旭

保安派出所

所长 陈勇
教导员 朱时毅

县交通管理大队

公安局党委副书记 交通管理大队大队长 陈勇
副大队长 何红顺 陈海涛 蒋朝辉
副政委 周荣海
政工室主任（副科） 欧阳湘平
机动巡逻中队中队长（副科） 李志勇
三中队中队长（副科） 李云涛
四中队中队长（副科） 于洪军
一级警长 杨平洲 李运祝
二级警长 邱胜忠
原正科级干部 匡党春 李胜旺
原副科级干部 李金林 刘定智 姜小平 黄建平 罗道圣 彭水云 骆剑

县森林公安局

局长 张英
政委 刘学

县民政局

党组书记 局长 县委非公有制经济组织和社会组织工作委员会副书记（兼） 四级调研员 吴国斌
党组成员 副局长 周中友 欧阳丽芳 郑林凡
二级主任科员 奉春明 欧阳俊杰 张丽慧 唐牛生 李胜贵
四级主任科员 欧阳福秀 欧阳毕飞
原副科级干部 王慧 熊国旺

县低收入家庭认定中心

主任 刘志勇
原副科级干部 刘艳菊

县革命老区办

主任 陈龙波

县民政事务中心

县殡葬管理执法队

县退役军人事务局

党组书记 局长 欧小仕
党组成员 副局长 四级调研员 刘明军
党组成员 副局长 李文华 欧阳帆
一级主任科员 胡星祖
二级主任科员 李海武
原正科级干部 朱建军

县退役军人接待服务中心

主任 陈元文

县司法局

党组书记 （主持工作） 四级调研员　欧　啸
局　长　朱文登
党组成员 副局长　唐　义　冯友富
副局长　柏　艳
党组成员 政工室主任 二级主任科员　郑国华
二级主任科员　奉国喜　张广生　田光辉
四级主任科员　张松青　樊志凯　何　涛
原副科级干部　王景平　蒋国阳

县法律援助中心

主　任　郑万平

县财政局

党组书记 局长　杨国基
党组副书记 副局长　杨霞丽
党组成员 副局长 四级调研员　周胜明
党组成员 副局长 二级主任科员　陈群星
总会计师　罗群波
四级调研员　胡进雄
一级主任科员　欧阳江波　陈苏平　谢珊珊
二级主任科员　柏永顺　周新文　肖卫华　邓本生　邓大清
原正科级干部　汤华利　胡林军
原副科级干部　曹琪玲　谢双平

县财政事务中心

县国库集中支付中心

主　任　谢先成

县财政投资评审中心

县人力资源和社会保障局

县委组织部副部长（兼） 人社局党组书记 局长 四级调研员　鲁素春
党组成员 三级调研员　许仲军
党组成员 副局长 二级主任科员　黄祥云　李文明
副局长 二级主任科员　龙小荃
党组成员 副局长　蒋嶷平
四级调研员　谭全茂　欧阳文亮
二级主任科员　黄立胜　高佳义　欧阳丽
四级主任科员　雷　欣
原副科级干部　蔡春燕　周成顺　蒋胜斌　姜丽平　文胜红

县劳动保障监察大队

县工伤保险管理中心

主　任　李卫平

县工伤保险服务中心

县社会保险服务中心

县社会劳动保险管理中心

县机关事业单位社会保险管理中心

主　任　乐寿忠

县城乡居民社会养老保险中心

主　任　夏木军

县劳动人事争议仲裁院

院　长　蒋嫦春

原副科级干部　刘山宁

县就业服务中心

县就业服务管理局

二级主任科员　黄家宏
四级主任科员　刘恒毅
原副科级干部　欧芝文

县医疗保障局

党组书记 局长　欧向中
党组成员 副局长　杨小东　龚德宝
二级主任科员　刘胜祥　李　勇
四级主任科员　刘芝英　周　蕾
原副科级干部　江志红

县医疗保障事务中心

县自然资源局

党组书记 局长　周意恒
市国土局副调研员　李之强
党组成员 副局长　郑卡敏　周林茂　张国姣
党组成员 副局长 二级主任科员　宋长清
副局长（挂职）　熊阜松
一级主任科员　李光钦
副主任科员　刘朝运
原副科级干部　乐小俊　王兴国　徐忠辉　柏文德

县不动产登记中心

主　任　胡小川

县国土执法监察大队

队长 胡运松

县土地和房屋征收补偿事务中心

县住房和城乡建设局（县人民防空办公室）

党组书记 局长 胡顺斌

党组副书记 副局长 人防办主任 四级调研员 高艳娟

党组成员 副局长 二级主任科员 陈先辉

副局长 黄琼轩

党组成员 副局长 唐凌峰 蒋文

总工程师 匡宁平

四级调研员 张明旺

原正科级干部 欧阳涛

原副科级干部 曾元先 欧凌志 陈文军

县住房保障服务中心

党组书记 主任 王鋆

党组成员 副主任 夏利勇

党组成员 纪检组长 肖勇

党组成员 副主任 李怡恰 陈文军

原正科级干部 黄进

原副科级干部 杨必永

县交通运输局

党组书记 局长 欧正杰

党组成员 副局长 欧阳顺利

党组成员 副局长 一级主任科员 欧阳高尚

党组成员 副局长 姜海军

三级调研员 周万红

四级调研员 柏益早 张松和

二级主任科员 欧阳翔凤 李志宁

原正科级干部 骆清元

原副科级干部 欧阳倩

县公路建设养护中心

党组书记 主任 四级调研员 唐俊林

党组成员 副主任 陈美全

副主任 李民俊

县公路局党组成员纪检组长 欧阳道春

四级调研员 姜宏宝

县道路运输管理所

所长 陈治海

县道路运输服务中心

县地方海事局

局长 徐文泽

县水运事务中心

县交通建设质量安全监督管理站

站长 骆明昆

县交通建设质量安全监督站

县农业农村局

党组书记 局长 郑曦

党组成员 副局长 四级调研员 陈小清

党组成员 副局长 何志敏

党组成员 副局长 二级主任科员 古黎明

副局长 二级主任科员 国长勇

党组成员 总农艺师 陈同旺

党组成员 副局长 二级主任科员 何良胜

县纪委监委驻县农业农村局纪检监察组组长 县农业农村局党组成员 二级主任科员 黄海斌

四级调研员 蒋祎 樊志云 郑春毛 文和清

二级主任科员 陈冬爱 李如成 欧国耀 奉红梅

四级主任科员 谭伶俐

原正科级干部 欧阳昌顺

原副科级干部 陈运忠 范运清 蔡长元 李桂萍 姜海英 李家才 郑会懿

县农村经营服务站

站长 龙小菲

一级主任科员 雷艳芬

二级主任科员 朱胜生 樊加义

县农业技术推广中心

主任 柏小勇

县农业综合服务中心

县农业综合执法大队

队长 乐文波

县土地开发整理中心

主任 邹卫国

县畜牧水产事务中心

党组书记 主任 彭舒洲
党组成员 副主任 欧阳昌勇
党组成员 副局长 二级主任科员 欧阳斌
四级调研员 周文生
二级主任科员 周辉 郑际惠
四级主任科员 邝进安
原副科级干部 郑际国 郑玲霞

县动物卫生监督所

县农机事务中心

二级主任科员 尹代俊 欧阳辉明 陈琼鸾 李之平

县水利局

党组书记 局长 郑辉
党组成员 副局长 欧阳胜林 奉茂宣
副局长 欧阳茜
副局长 二级主任科员 柏尧清
党组成员 副局长 陈国春
四级调研员 欧阳社祥 邓昌旺
二级主任科员 欧晓春 牛爱秀 奉爱金
原正科级干部 唐奇轩 郑安明
原副科级干部 何美清 唐友胜

县水旱灾害防御事务中心

县水利和库区移民事务中心

四级调研员 张莹 陈艳青
原副科级干部 潘建文

县水市水库管理所

所长 张越

县九疑山水电管理站

站长 欧阳维宪
原正科级干部 卿永洪

县林业局

党组书记 局长 欧阳清
党组成员 副局长 一级主任科员 李剑飞
党组成员 副局长 黄宏清
党组成员 总工程师 二级主任科员 邓国旺
二级主任科员 李俊芳 张初正 李双芝 王安生 李建
四级主任科员 王建国
原正科级干部 余永安
林业局事业单位原副科级干部 郑善仲

洋塘国有林场

场长 陈世超
副场长 徐义平

雾云山国有林场

场长 胡泽成
副场长 成群生

白云山国有林场

场长 刘世红
原副科级干部 陈正如

县商务局（县政府口岸办公室）

党组书记（主持工作） 姚涛
政协副主席（兼）局长 肖红梅
党组成员 副局长 三级调研员 冯俊
党组成员 副局长 四级调研员 彭亚
党组成员 副局长 三级调研员 成国平
四级主任科员 蒋迎辉 尹君玉 唐玲

县市场服务中心

党组书记 主任 何海彪
党组成员 纪检组长 肖晓泉
党组成员 副主任 王少波 李光明 姜志宏

县投资促进事务局

县商业企业改制服务办公室

党组书记 主任 卢用军
党组成员 副主任 二级主任科员 李宇明
二级主任科员 柏益钧

县文化旅游广电体育局

党组书记（主持工作）四级调研员 乐松生
局长 周秋云
党组副书记 副局长 李松平
总工程师 孙新明
党组成员 副局长 刘四军
文化馆馆长（副科） 李小春
一级主任科员 杨世军

二级主任科员 刘德明 欧阳建中 姚建军 陈维新

原正科级干部 欧阳小飞

原副科级干部 陈发珍

县全民健身服务中心

主任 杨剑波

体校校长（副科） 江宁丽

县文化市场综合执法大队

大队长 四级调研员 魏晓清

二级主任科员 杨红莲 欧进

原副科级干部 刘小青

县卫生健康局

党组书记 局长 汤正美

党组副书记 副局长 四级调研员 李春生

党组成员 副局长 欧阳金

党组成员 副局长 计生协会常务副会长 二级主任科员 廖保发

副局长 二级主任科员 何玉兰

党组成员 副局长 二级主任科员 欧庆

党组成员 总会计师 欧阳红君

县纪委监委驻县卫生健康局纪检监察组组长 县卫生健康局党组成员 二级主任科员 成伟全

四级调研员 范顺忠

二级主任科员 欧阳国福 骆运军 蒋荣华

四级主任科员 彭文萍 朱杰利 包庆华

原副科级干部 李云志 欧阳石顺 蒋玲平

县爱国卫生运动委员会办公室

主任 欧向忠

原副科级干部 王友祥

县卫生计生综合监督执法局

局长 四级调研员 郑必成

原副科级干部 蒋琼英

县疾病预防控制中心

主任 李万忠

县妇幼保健计划生育服务中心

主任 许立军

县乡镇卫生院管理中心

主任 唐良才

县人民医院

党委书记 欧阳旭俊

党委副书记 院长 吴群辉

党委委员 副院长 刘自清

党委委员 纪委书记 黄勤

副院长 黄太苏 谢群柏

原正科级干部 鲁菊英

原副科级干部 李军 黎志胜

县中医医院

党委书记 何辉平

党委副书记 院长 张军辉

副院长 郑生勇

纪委书记 姚莉

副院长 李胜才 李小阳

县审计局

党组书记 局长 刘小珍

党组成员 副局长 秦峥峰

党组成员 副局长 二级主任科员 李红茂

总审计师 欧阳正中

四级调研员 何土万

二级主任科员 姜慈云 黎小清 郑永华 欧印钢

四级主任科员 肖火旺 雷少华

原副科级干部 王文会

县审计事务中心

县统计局

党组书记（主持工作） 柏宁清

局长 唐双萍

党组成员 副局长 李会农

党组成员 总统计师 陈键

党组成员 副局长 肖永年

二级主任科员 肖江涛

四级主任科员 郑际洋

县社会经济调查队

队长 二级主任科员 刘来富

县民意调查中心

主任 王文娟

县应急管理局（县防汛抗旱指挥部办公室）

党组书记 局长 何胜兵

党组副书记 副局长 二级主任科员 姜尚忠

党组成员 副局长 陈晓智

党组成员 总工程师 二级主任科员 冯平顺

党组成员 副局长 李少文

二级主任科员 陈运成 骆瑞成

四级主任科员 胡庆君

原副科级干部 郑云峰 李宁

县安全生产执法监察大队

县地震办

县市场监督管理局

党组书记 局长 县委非公有制经济组织和社会组织工作委员会副书记（兼） 四级调研员 万志湘

党组副书记 副局长 四级调研员 蔡明智

党组副书记 副局长 二级主任科员 李昌民

党组成员 副局长 二级主任科员 陈晋

党组成员 副局长 蔡文辉 何永辉

副局长 谢宏程

二级主任科员 徐文胜 欧光辉 张明安 李友阳 张宁 郑会利 郑光上

四级主任科员 陈志江 文建军 张志茂 黄满红 姜雄 陈艳晖 石永平 郑军 李之文 周进 欧日顺 唐小娟 任安

县市场和质量监督管理综合执法大队队长 曾苏忠

县城市管理和综合执法局

党组书记 局长 欧阳胜辉

党组成员 副局长 欧志斌 宋桐青 江仁安

总工程师 奉良松

四级调研员 蒋辉耀

二级主任科员 彭弘辉 李小平 欧小梅 何晓星

原正科级干部 刘伟珍

县城市园林局

局长 欧阳宁群

县城市环境卫生和园林绿化服务中心

县自来水公司

原自来水公司经理 樊志军

县水务集团有限公司

党委书记 董事长 朱锦生

党委副书记 总经理 郑昱胜

副总经理 柏小军

副科级干部 欧阳进勇

县行政审批服务局

党组书记 局长 蒋少军

党组成员 副局长 黄少辉 文剑军

优化办主任 邹方明

二级主任科员 唐仲友 杨小军 蒋海红

原正科级干部 郑群燕

县城乡社区网格化管理服务中心

主任 朱胜辉

原副科级干部（享受正科级待遇） 唐得鑫

县政务服务中心

主任 段振宁

县网格事务中心

县扶贫开发办公室

党组书记 主任 王进辉

党组成员 副主任 徐友利 匡云峰

县人大常委会办公室副主任 信访办公室副主任 县扶贫开发办公室副主任（兼） 王能文

县委全面深化改革领导小组办公室专职副主任 县扶贫开发办公室副主任（兼） 薛庭勋

原正科级干部 何金涛 郑辉

原副科级干部 刘桂秀 欧阳明丽 邓运忠 周科

县信访局

党组书记 局长 石循柱

党组成员 副局长 贺友金

党组成员 副局长 二级主任科员 李成义

党组成员 副局长 薛晋飞

二级主任科员 张云波 李友顺 唐红友 卢初庚 骆冬平

四级主任科员 胡永红 贺帆

原副科级干部 欧阳胜权

县信访接待中心

市生态环境局宁远分局

党组书记 局长 四级调研员 肖志亮

党组成员 副局长 三级调研员 徐义权

副局长 欧阳剑云

党组成员 张旭

党组成员 总工程师 骆胜红

二级主任科员 胡锟 黄昌勇

四级主任科员 陈青松

县人大机关

县人大常委会

县人大常委会委员 三级调研员 欧小平

办公室（信访办公室）

县人大党组成员 办公室主任 信访办公室主任 三级调研员 李国燕

办公室副主任 信访办公室副主任 万运新

县人大常委会办公室副主任 信访办公室副主任 县扶贫开发办公室副主任（兼） 王能文

四级调研员 熊波

一级主任科员 何尚成

二级主任科员 周君翠

选举任免联络工作委员会

主任 姜飞鹰

副主任 四级调研员 李运泰

民族华侨外事委员会

主任委员 田云涛

副主任委员 二级主任科员 谢长秀

监察和司法委员会（法制委员会）

主任委员 袁文辉

副主任委员 李志

财政经济委员会（人大常委会预算工作委员会）

主任委员 刘俊兴

副主任委员 郭胜英

教育科学文化卫生委员会

主任委员 邓成仲

副主任委员 黎立志

环境与资源保护委员会

主任委员 四级调研员 郑光红

副主任委员 欧阳志华

农业与农村委员会

主任委员 四级调研员 欧庆红

副主任委员 夏立宏

原正科级干部 李剑波

社会建设委员会

主任委员 四级调研员 邓水燕

信息中心

主任 石华丽

县政协机关

办公室

党组成员 秘书长 办公室主任 三级调研员 蒋珍旺

副主任 二级主任科员 杨明

副秘书长 办公室副主任（兼） 邓丽芳

四级调研员 何克勤

一级主任科员 胡建平

二级主任科员 许静 刘健林 谢景秀

原副科级干部 刘小林

委员学习联络委员会

主任 三级调研员 唐太培

提案委员会

主任 四级调研员 雷满林

副主任 三级调研员 王开富

四级调研员 阙永清

经济科技和外事委员会

主任 四级调研员 谢昌波

副主任 二级主任科员 周运胜

农业农村和人口资源环境委员会

主任 欧阳宁芳

文教卫体和文史委员会

主任 陈艳兰

社会法制和民族宗教委员会

主任 四级调研员 刘照成

副主任 王军生

政协云中心

县人民法院

党组书记 院长 吕新陵

党组副书记 副院长 欧同茂

党组副书记 副院长（挂职） 吕伟文

党组成员 政工科长 潘彦军

党组成员 副院长 肖文凯

副院长 奉丽

审判委员会专职委员 四级高级法官 何俊斌

组织员 彭宁屏

县纪委监委驻县人民法院纪检监察组组长 县人民法院党组成员 李胜

执行局局长（副科） 欧明辉

司法警察大队大队长（副科） 奉青云

二级主任科员 欧阳旦辉 胡进辉

原正科级干部 于来清 王国芝

四级高级法官 唐利辉 黄斌智 欧阳鑫 何东顺

一级法官 李裕民 蔡国辉 欧明春

二级警长 谢钟银

立案庭庭长 一级法官 关茂达

法警大队政委 一级警长 蒋波

二级警长 欧阳兴竹

审判员 民一庭副庭长 一级法官 蒋娅丽

一级警长 成少红

民一庭审判员 一级法官 杨光力

原正科级干部 邓平超

原副科级干部 谭格章 朱劲 罗四平 朱革新 卢胜富 胡建国 谭国勇 王贤顺 欧阳凯 许树生

水市法庭

庭长 谢荣成

禾亭法庭

庭长 陈智勇

柏家坪法庭

庭长 陈娟

中和法庭

庭长 王军

九嶷山法庭

庭长 欧阳运华

县人民检察院

党组书记 检察长 周辉

党组副书记 副检察长 杨军

党组成员 副检察长 欧阳永红

党组成员 四级高级检察官 郑生彪

党组成员 政工室主任 四级调研员 龚运富

县纪委监委驻县检察院纪检监察组组长 县检察院党组成员 欧日运

副检察长 蒋艳

检察委员会专职委员 四级调研员 徐晓成

反渎职侵权局局长（副科） 袁志强

四级主任科员 李国旺

四级高级检察官 陈运田

一级警长 杨宇

原正科级干部 周宁京

四级检察官助理 胡小曲

二级警长 樊昌胜

一级警长 王承松

原副科级干部 奉光辉

工业园区管理委员会

党工委书记 蒋崇庆

党工委副书记 主任 周俊

党工委副书记
企业综合党委书记（兼） 向大宣
党工委委员
纪工委副书记 王春旺
党工委委员 邓厚成 徐春旺
党工委委员
招商局局长 杨红艳
党工委委员
企业综合党委专职副书记 邓万春
办公室主任 周原辉
建设局局长 蒋兴
社会公共事务管理局局长 黄健
产业发展局局长 毛斌
原正科级干部 蒋顺清 李建锋
原副科级干部 黄雪成 黄胜顺

县委党校（行政学校）

县委党校

校长 郑志晖
副校长 姜晓明
校务委员 欧阳丽君
原正科级干部 李希圣 陈新泉
原副科级干部 蒋恒利 杨娅玲

县委党史研究室（地方志编纂室）

县党史与地方志征集编纂办公室

县委办副主任
县党史与地方志征集编纂办公室主任 周敬平
副主任 郑才林

县接待服务中心

党组书记
主任 邱向谊
副科长 崔敏
原副科级干部 周维勇

县委改革与发展研究中心

主任 郑飞兵

县融媒体中心（县广播电视台）

党组书记
主任（台长）兼总编辑 雷友胜
党组成员
副主任（副台长）
副总编辑（兼）
四级调研员 欧阳士荣
党组成员
副主任（副台长）
副总编辑（兼）
二级主任科员 王海清
党组成员
副主任（副台长） 谢剑平
四级主任科员 李成旺
原正科级干部 廖海南
原副科级干部 欧阳娣 熊仁义 欧阳丽娟
原正科级干部 欧阳悬

县机关事务服务中心

党组书记
主任
党组副书记
副主任 胡新军

县政府发展研究中心

主任 徐永宁

县供销合作联社

党组书记
理事会主任
四级调研员 杨永平
党组成员
监事会主任 李文宣
党组成员
理事会副主任 蒋小勇
党组成员
理事会副主任
二级主任科员 欧晓春
四级调研员 张进友
二级主任科员 李斌 罗铭

县烤烟生产办公室

党组书记
主任 欧阳建中
党组成员
副主任
三级调研员 陈勇
党组成员
副主任 邓少辉
二级主任科员 柏春勇
原正科级干部 刘东辉

九嶷河国家湿地公园管理局

局长 李学勤
副局长 欧阳小梅
原副科级干部 蒋春海

九嶷山国家森林公园管理局（九嶷山风景名胜区管理处、九嶷山舜帝陵管理局、九嶷山国家级自然保护区管理局）

党委书记 赵利民
党委副书记
局长 何文祥
原党委副书记
局长 唐太勇
党委副书记
副局长 蔡群峰

党委委员 副局长 卢清文

党委委员 诸文杰

办公室主任 李伟恒

旅游管理科科长 蒋崇利

财务科科长 李雪明

国土规划建设科科长 郑马五

政工科科长 李兆斌

文物管理科科长 刘培健

生态保护与研究科科长 黄 升

主任科员待遇 黄安成

原副科级干部 周桂忠

九嶷山风景名胜区综合执法队

队长 周 杰

九嶷山国有林场

场长 徐永才

副场长 文沙宁

县城市建设投资开发有限责任公司

九嶷山文化旅游发展集团有限公司

董事长 总经理 何 俊

副总经理 欧嶷琼 陈国宏 郑明辉 邓 莹 蒋 剑

总工程师 刘颖婕

总经济师 王 辉

监事会主席 贺 斌

县农村建设投资开发有限公司

总经理 邝 亮

副总经理 蒋舜军 邓元金

副总经理 住房和城乡建设局四级主任科员 陈靖萍

副总经理 李平辉

县旅游发展委员会

参与筹建 县委办二级主任科员 童一飞

县旅游发展服务中心

副主任 肖格莉

县产业建设投资有限公司

总经理 科工局二级主任科员 杨学进

副总经理 科工局二级主任科员 黄琼辉

副总经理 李昶宏 李来万 龙春明

副总经理 应急管理局四级主任科员 陈晓艳

三、乡镇（街道）

舜陵街道

党工委书记 薛忠胜

党工委副书记 办事处主任 柏令军

党工委副书记 徐湘富

党工委委员 人大工委主任 郑晨阳

党工委委员 宣统委员 政协工委主任 黄晓东

党工委委员 纪工委书记 唐志先

党工委委员 组织委员 二级主任科员 周早林

党工委委员 办事处副主任 武装部长 李日晖

党工委委员 政法委员 党政办主任 李艳梅

人大工委副主任 王承熹

办事处副主任 李拥军

二级主任科员 李启雳 黄文泉 龚志文 张萍志 向友进 李素云 周松梅

原正科级干部 欧阳柳璬

原副科级干部 欧阳艳丽 姜上旺 欧阳进平

文庙街道

党工委书记 周国建

党工委副书记 办事处主任 肖冯勤

党工委副书记 姚茂芳

党工委委员 人大工委主任 陈 伟

党工委委员 宣统委员 政协工委主任 唐文生

党工委委员 纪工委书记 刘国顺

党工委委员 组织委员 王 强

党工委委员 武装部长 办事处副主任 石卫民

党工委委员 政法委员 党政办主任 黄嶷峰

人大工委副主任 张伟荣

办事处副主任 蒋玉华

二级主任科员 欧阳高峰 龙国富

李杰胜 姜定志 李友义 何路生

原副科级干部 荆黎萍 何荣灵 陈辉任

桐山街道

党工委书记 于文敬

党工委副书记、办事处主任 胡新胜

党工委副书记 谢 军

党工委委员、人大工委主任 李立应

党工委委员、宣统委员、政协工委主任 张志清

党工委委员、纪工委书记 黄慧萍

党工委委员、组织委员 王 超

党工委委员、武装部部长、办事处副主任 冯军辉

党工委委员、政法委员、党政办主任 李 明

人大工委副主任 龙林枫

办事处副主任 奉 婕

二级主任科员 黄国庆

四级主任科员 周杰旺 郑伍元

东溪街道

党工委书记 何立群

党工委副书记、办事处主任 唐琛玮

党工委副书记 李国军

党工委委员、人大工委主任 李剑涛

党工委委员、宣统委员、政协工委主任 欧阳植攀

党工委委员、纪工委书记 蔡世主

党工委委员、组织委员 郑少华

党工委委员、武装部长、办事处副主任 欧阳新春

人大工委副主任 魏海云

办事处副主任 李红艳

二级主任科员 周辉安 张志力

原副科级干部 罗美娟 文泽旺 欧双才 王 相

天堂镇

党委书记 黄海燕

党委副书记、镇长 欧文红

党委副书记 陈盛林

党委委员、人大主席 黄小帅

党委委员、宣统委员、政协工委主任 欧阳辉

党委委员、纪委书记 续燕燕

党委委员、组织委员 何 云

党委委员、武装部长、副镇长 欧阳少华

党委委员、政法委员、党政办主任 黄宁华

人大副主席 黎逢亮

副镇长 欧阳逢华

一级主任科员 王少俊

二级主任科员 陈春生 王国生 周元早 刘俊峰 周启祥 何志辉

水市镇

党委书记 郑生权

党委副书记、镇长 周小丹

党委委员、人大主席 郑霖杰

党委委员、纪委书记 陈 健

党委委员、组织委员 高 进

党委委员、武装部长、副镇长 邓小超

党委委员、政法委员、党政办主任 卜文舟

人大副主席、二级主任科员 黎新顺

副镇长 周玉娟

二级主任科员 李见林 肖纯祥 黄文绍

原副科级干部 欧阳成义 杨友明

湾井镇

党委书记 皮国钧

党委副书记、镇长 石循斌

党委副书记 唐 颖

党委委员、宣统委员、政协工委主任 李明贵

党委委员、纪委书记 刘勇军

党委委员、组织委员 陈 彪

党委委员、武装部长、副镇长 陈斌辉

党委委员、政法委员、党政办主任 廖 湘

人大副主席　赵品雄

副镇长　肖　哲

二级主任科员　唐国生　曾根旺　李芳彦

原副科级干部　欧阳群章　李惠军　奉运旺　汤平方

九疑山瑶族乡

党委书记　何江权

党委副书记　乡长　黄成波

党委副书记　张艳旺

党委委员　人大主席　欧荣华

党委委员　宣统委员　政协工委主任　黄　敏

党委委员　纪委书记　贺胜清

党委委员　组织委员　欧　伟

党委委员　武装部长　副乡长　黄　宇

党委委员　政法委员　党政办主任　唐海涛

副乡长　冯雯琦

二级主任科员　廖长发

冷水镇

党委书记　田胜辉

党委副书记　镇长　欧阳辉

党委副书记　欧阳佳胜

党委委员　人大主席　李春勇

党委委员　宣统委员　政协工委主任　刘建国

党委委员　纪委书记　石　俊

党委委员　组织委员　李　洁

党委委员　武装部长　副镇长　吴绍辖

党委委员　政法委员　党政办主任　李文武

人大副主席　欧运辉

副镇长　柏玉姣

原副科级干部　刘智勇　李文波

二级主任科员　李运光

四级主任科员　蒋灵通

原副科级干部　许韩龙

太平镇

党委书记　周君强

党委副书记　镇长　田明俊

党委委员　人大主席　柏艳阳

党委委员　宣统委员　政协工委主任　王方亮

党委委员　纪委书记　李天云

党委委员　组织委员　薛朝辉

党委委员　武装部长　副镇长　唐才旺

党委委员　政法委员　党政办主任　张　亮

人大副主席　江秀梅

副镇长　刘　倩

二级主任科员　骆光辉　邓涣之　谭运湘

原副科级干部　杨世平

保安镇

党委书记　毛昌麒

党委副书记　镇长　刘建峰

党委副书记　尹新明

党委委员　宣统委员　政协工委主任　聂余芳

党委委员　纪委书记　邓小春

党委委员　组织委员　欧兴旺

党委委员　武装部长　副镇长　周启明

党委委员　政法委员　党政办主任　刘昌盛

人大副主席　蔡　旭

副镇长　王苏琴

二级主任科员　陈志茂　周财富

原正科级干部　廖迪茂

禾亭镇

党委书记　欧　庆

党委副书记　镇长　刘　坤

党委副书记　肖　锋

党委委员　人大主席　李群阳

党委委员　宣统委员　政协工委主任　刘　琴

党委委员　纪委书记　蒋志成

党委委员　组织委员　龚　勇

党委委员　武装部长　副镇长　邓智明

党委委员　政法委员　党政办主任　何华俊

人大副主席 汪　波

副镇长 粟玖旺

二级主任科员 刘平顺 朱志顺

四级主任科员 曾庆红 黄国弟

原副科级干部 李九清 毛运旺

原正科级干部 欧　力

仁和镇

党委书记 欧阳涛

党委副书记 镇长 伍　鹏

党委副书记 欧阳健龙

党委委员 人大主席 郑裕仁

党委委员 宣统委员 政协工委主任 刘雪丽

党委委员 纪委书记 欧碧珍

党委委员 组织委员 王承柳

党委委员 武装部长 副镇长 欧阳雅敏

党委委员 党政办主任 林　斌

人大副主席 杨成文

副镇长 二级主任科员 欧阳红新

二级主任科员 吴义菊 贺平胜 赵国顺 柏继清

原副科级干部 唐泽鸿

棉花坪瑶族乡

党委书记 唐　媛

党委副书记 乡长 赵勇军

党委副书记 胡志辉

党委委员 武装部长 政法委员 党政办主任 人大主席 蒋晶升

党委委员 宣统委员 政协工委主任 副乡长 张海清

党委委员 纪委书记 胡晓燕

党委委员 组织委员 何荣胜

人大副主席 王先文

副乡长 冯永贵

原正科级干部 周九和

中和镇

党委书记 蒋智辉

党委副书记 镇长 张成文

党委副书记 林　可

党委委员 人大主席 黄红星

党委委员 宣统委员 政协工委主任 蒋宁资

党委委员 纪委书记 李秋琳

党委委员 组织委员 黄云涛

党委委员 武装部长 副镇长 彭述彩

党委委员 政法委员 党政办主任 邓怀雄

人大副主席 欧阳东利

副镇长 黄文础

二级主任科员 欧阳展辉 唐万胜 李　毅

四级主任科员 周平胜

原副科级干部 李春喜

柏家坪镇

党委书记 黎登文

党委副书记 镇长 李少军

党委副书记 唐　武

党委委员 人大主席 蒋军明

党委委员 宣统委员 政协工委主任 刘志明

党委委员 纪委书记 李国斌

党委委员 组织委员 郑建辉

党委委员 武装部长 副镇长 周来胜

党委委员 政法委员 党政办主任 李德顺

人大副主席 吕斌诚

副镇长 欧阳峰连

二级主任科员 欧阳化日 刘述安 刘红斌 李芝秀

原正科级干部 胡永胜

清水桥镇

党委书记 周文毅

党委副书记 镇长 唐红庆

党委副书记 周双华

党委委员 人大主席 欧阳文福

党委委员 宣统委员 政协工委主任 朱太顺

党委委员 政法委员 党政办主任 何　明

党委委员 纪委书记 唐珍珍

党委委员 组织委员 黄建英

党委委员
武装部长 何俊杰
副镇长

人大副主席 彭伟

副镇长 钱春龙

二级主任科员 李炳清 郑志洪 郑松茂

原副科级干部 杨海波

桐木漯瑶族乡

党委书记 李敏玲

党委副书记
乡长 邓朝富

党委副书记 欧阳勇胜

党委委员
人大主席
武装部长 邓勇
政法委员
党政办主任

党委委员
宣统委员
政协工委主任 匡明兴
副乡长

党委委员
纪委书记 肖钦化

党委委员
组织委员 彭杲云

人大副主席 欧阳群松

副乡长 李凤花

原正科级干部 盘天林

鲤溪镇

党委书记 骆友情

党委副书记
镇长 欧阳建辉

党委委员
人大主席 欧阳华雄

党委委员
宣统委员 吴健
政协工委主任

党委委员
纪委书记 邓富超

党委委员
组织委员 唐经康

党委委员
武装部长 汪海平
副镇长

党委委员
政法委员 欧阳阿勇
党政办主任

人大副主席 雷慈丽

副镇长 周玉辉

二级主任科员 姜礼武

原副科级干部 成学善

五龙山瑶族乡

党委书记 陈祥旺

党委副书记
乡长 陈国雄

党委副书记 汪修才

党委委员
人大主席
武装部长 郑勇军
政法委员
党政办主任

党委委员
宣统委员
政协工委主任 罗军义
副乡长

党委委员
纪委书记 王承利

党委委员
组织委员 欧阳春

党委委员
人大副主席 房邦浩

副乡长 唐红艳

四、中央、省、市驻宁单位

县人武部

部长 文小武

政委 邓建华

副部长 张志林

后勤科长 刘鹏

县消防大队

大队长 钱小庆

县武警中队

中队长 康振华

政治指导员 金恩进

国家税务总局宁远县税务局

党委书记
局长 邹建军

党委副书记
副局长 刘红

党委成员
副局长 魏前明 陈阳 欧光成 唐茂冬 吴铭哲

党委成员
纪检组长 左裕琴

党委成员
副局长 范昌柱 郑冠春

县人民银行

行长 陈丽芳

副行长 李文毅 柏向东

纪检组长 邝建玲

县工商银行

行长 高明

副行长 向阳 崔馨元

县建设银行

行长 邹云山

副行长 谭航华 冯进辉 徐春梅 肖鹏

县农业银行

党委书记
行长 彭建平

党委委员
纪委书记 周降芳
工会主席

党委委员
副行长 欧飞舟 蒋伟

县农业发展银行

行长 樊向东

副行长 李佳霞 刘白云

县邮政储蓄银行

行长 彭怀忠

副行长
工会主席 刘伟

副行长 尹亮

县农村商业银行

党委书记、董事长 尹青春
党委副书记、副董事长、行长 陆骥江
党委委员、纪委书记、监事长 郑飞
党委委员、副行长 张培新 张英健

中国银行

行长 张峥华
副行长 邹杰 李文君

县财产保险公司

经理 许永佳
副经理 尹颖芳 欧少君 李利祥 欧阳彪

县人寿保险公司

经理 蒋周成
副经理 乐素娟

县中华保险公司

经理 刘青松

县邮政局

党组书记、总经理 龚剑
党组成员、副总经理 郑艳军 张智红

县电信公司

总经理 唐才喜
副总经理 李庚友 成飞

县移动公司

经理 李四生
副经理 熊勇军 黄曦

县供电分公司

总经理 秦恩德
党支部书记 徐志
副总经理 蒋永东

县电力公司

总经理 周承军
党委书记 杨君臣
副总经理 何碧军
纪委书记 黄志刚
副总经理 周顺祥
五级职员 曾义勇

县烟草专卖局

党组书记、局长、经理 吕明
党组副书记、副局长、副经理 龙晖
党组成员、副局长 彭军
党组成员、副经理 唐艳军 张勋

县新华书店

经理 何莉芳
副经理 欧光宏 郑晖

县药材公司

经理 樊佳宏
副经理 朱来生 魏国军 欧阳云亮

县盐业公司

局长、经理 周三平

县石油公司

经理 樊超
副经理 欧剑 尹龙霖

县湘运公司

经理 唐明
党支部书记 李向阳
党支部副书记 范松平
副经理 匡巍山 李向东 洪余九 许爱军
工会主席 蒋和

国家统计局宁远调查队

队长 郑会后
主任科员 姜上武
纪检监察员 雷群生
办公室主任 黄明伟

县气象局

局长 周明辉
纪检组长、副局长 刘建洁
副局长 成雄威

县住房公积金管理中心

主任 朱延辉

中共宁远县委员会

综　　述

2019年宁远县委坚持以习近平新时代中国特色社会主义思想为指导，认真贯彻落实中央、省委、市委的决策部署，统筹推进“五位一体”总体布局，协调推进“四个全面”战略布局，坚定推进“五大战略”“三业融合”“三区共建”，经济社会发展和党的建设齐头并进、创先争优，全面建成小康社会取得新的重大进展。荣获国家和省级荣誉11项，21项工作在国家和省市作典型发言，16个省市现场会在宁远召开，推动高质量发展、推进新型城镇化、现代公共文化服务体系建设和全域旅游示范区创建被省政府列为2019年度真抓实干成效明显地区予以表扬激励。

深入学习贯彻习近平新时代中国特色社会主义思想。县委坚持把学习贯彻习近平新时代中国特色社会主义思想作为首要政治任务，通过常委会带头学、读书班创新学、中心组集中学、学习强国全员学，有效推动往深里走、往心里走、往实里走。34次县委常委会会议，有24次安排第一个议题学习习近平总书记最新重要讲话指示精神。坚持“每月一次、上下同题”，县委理论学习中心组开展12次集中学习和专题讨论。按照省委、市委的统一部署，对党的十八大以来习近平总书记关于湖南工作的重要指示批示贯彻落实情况组织开展“回头看”，以整改落实推动对标看齐。党的十九届四中全会闭幕后，第一时间组织传达学习，第一时间研究贯彻落实意见，举办全县宣讲报告会，组建宣讲团深入各乡镇（街道）和县直单位开展全覆盖集中宣讲，推动精神家喻户晓、深入人心。

全力打好三大攻坚战，巩固提升脱贫成果。县委对标“四不摘、三落实”，紧扣“两不愁、三保障”，先后召开12次县委常委会、8次全县性会议、3次县委中心组集中学习、2轮集中培训，学习贯彻习近平总书记关于扶贫工作重要论述，研究部署脱贫攻坚工作。创新开展“回头看、回头查、回头帮”“大走访、大调研、大排查、大整改”“六个一”活动，探索实行“三分三千”帮扶、“三业并举”增收、“四引四促”后扶等模式，经验做法在全省推介。强化义务教育、基本医疗、住房安全、饮水安全、社会兜底五大保障措施落实，开展“户帮户亲帮亲、互助脱贫奔小康”，统筹推进行业扶贫、消费扶贫。抓好涉贫信访舆情处置和市委护航脱贫攻坚专项巡察、省委常态化联点督察整改，反馈问题基本整改落实，交办事项全部办结到位。全县累计脱贫10.1万人，新脱贫2342人，贫困发生率降至0.28%，119个已出列贫困村巩固提升率保持100%。持续优化生态环境。深入贯彻习近平生态文明思想，统筹打好碧水、蓝天、净土三大保卫战，抓好“强规、增绿、洁地、净水、治气”五大工程，主要污染物减排任务提前超额完成，小康社会环境指标全部达标，空气质量优良率达到97.1%、提升6.4个百分点，地表水和集中式饮用水达标率100%。严格抓好中央和省级环保督察“回头看”整改，54.5件信访件、23个反馈问题办结销号到位。坚持全面禁伐限伐，十年不砍树、十年栽好树，新造林4.53万亩，完成107.9%，4个村入选国家森林乡村。被评为全国绿化模范县、秸秆综合利用重点县、再生资源回收利用网络体系建设示范县和全省油茶大县，承办全省“大美湖南、绿行三湘——燃情100”首发仪式。防范化解各类风险。坚持底线思维，超额完成全年化债任务，争取上级债券资金5.03亿元，获评省预算编制审核及财政运行指导试点县，财政绩效考核连续两年排全省第一，被评为全国先进；全力抓好扫黑除恶、防汛抗旱、森林防火、减灾救灾、安全生产等工作，社会大局保持和谐稳定，扫黑除恶走在全市前列，被评为全省“七五”普法中期先进县、新中国成立70周年特护期全市信访维稳工作先进县。

着力推动经济高质量发展。加强研判调度。县委坚持稳中求进工作总基调，每季度定期分析研判经济形势，不断丰富政策工具箱，牢牢掌握发展主动权。成立县委财经委员会，抓好政策预研储备、经济运行调度、产业项目建设、重大风险防范、财政资金管理等经济工作。研究制定出台规范县财政与乡镇财政等八大关系、促进开放型经济发展、引进总部经济、综合治税工作考核等系列政策措施。在外部环境和经济下行双重挑战下，经济运行稳中有进、进中向好，主要经济指标全部高于省市平均水平，保持全市第一方阵，地区生产总值、规模工业增加值、固定资产投资、社会消费品零售总额、地方财政收入分别增长8.5%、8.5%、10.5%、10.5%、6.8%，高质量发展考核排全省第21位、全市第一位。抓实产业项目。深入开展产业项目建设年活动，对接省“5个100”、市“5个10”工程，实施重点产业项目65个，其中列入省重大产业项目2个、市重点产业项目7个，完成年度投资计划119%。新入统规模工业企业15家，高新技术产业产值占比达到71.9%。工业实缴税金增长32.8%，提升17.9个百分点。新增市级农业龙头企业7家、农产品冷链物流项目2个，4家农业龙头企业被认定为粤港澳大湾区“菜篮子”生产基地；收购烤烟16.86万担，连续七年保持全省第二、全市第一；不等不看推进生猪全产业链建设，集中开工建设生猪标准化养殖小区10个，承办全省生猪全产业链建设现场会。成功举办中国户外健身休闲大会、第五届世界儒家文明大会、环中国国际公路自行车赛等大型活动，被评为最受海外游客欢迎的内地旅游目的地，接待游客、旅游收入、电商交易分别增长22.3%、23.5%、18.4%。加快园区升级。构建“一区三园”格局，光电智能终端、新能源新材料产业园形成集群，新型环保建材产业园开工建设。打造“135”工程升级版，新建标准厂房45万平方米，排全市第一。成功创建为省级高新区，被评为国家外贸转型升级基地、全国装配式建筑园区示范基地、全省节约集约用地先进产业园区，省级大数据产业园区、绿色园区、智慧园区、新型工业化产业示范基地。

全面深化改革开放。推动改革走深走实。县委成立全面深化改革委员会，铺排4大类135小项改革，比市里新增14项改革。基本完成县级机构改革，启动乡镇机构改革。210项“一件事一次办”改革上线运行，下放乡镇（街道）和村（社区）29项。工程建设项目审批制度、征地拆迁货币化安置、财税和投融资、国有公司转型、小城镇建设、减轻基层负担与调动基层干部积极性相结合等关键领域改革有序推开。率先开展农村房地一体确权登记试点，承办全市深化农村改革推进会，农村集体产权制度改革经验在全省推介，跻身省农村承包地确权登记颁证纠错工作、数据互联互通工作试点县。提升对外开放水平。抢抓建设湘南湘西承接产业转移示范区重大机遇，主动跟进开放崛起“五大专项行动”，对接粤港澳大湾区建设，建立1亿元的信贷风险担保基金、1亿元的产业发展引导基金。签约项目22个，其中投资过亿元项目16个，引进500强企业项目2个，新增总部经济企业1家。实际利用外资、内联引资、外贸进出口额分别增长16.7%、19.9%、27%。承办全市承接产业转移示范区建设现场会。实施创新创业工程。全社会R&D经费投入4.5亿元，占GDP的比重达到1.9%，高于省定目标。高新技术产业增加值占GDP比重达到18.4%，超额完成目标任务。科技型中小企业入库12家，超额完成33%。列入全市“五个10”工程重大产品创新项目2个、重大科技创新项目2个，完成投资分别占年度计划的171%、166%。发放创业贷款3870万元，市场主体达到2.3万户，国家级星创天地、省级众创空间、工程技术研究中心不断涌现。

加快推进城乡协调发展。加快县城扩容提质。大力实施“十城同创、文明共建”，“双修双改”“两供两治”“气化宁远”“五化行动”统筹推进。南部生态文化新城展露新姿，城区路网纵横互通，九嶷大道、文化路、湘妃大道基本建成。旧城提质步伐坚实，改造棚户区620户，3条黑臭水体治理基本竣工。城北水厂建成投运，莲花山公园、沿江风光带绿化提质。禁燃禁放扩大到28个社区、村和13个易地扶贫搬迁集中安置小区。永州东部生活垃圾焚烧发电厂顺利推进。“两供两治”“双修双改”工作经验在省市推介。入围省级园林县城，通过全国卫生县城复审。春陵古镇、麻将小镇建设稳步推进。城镇化率达47.73%，提升2个百分点。推进乡村振兴战略。率先推行“三清一拆一改一挂钩”“五治五化”农村人居环境治理模式，新改建农村户厕9985座，拆除空心房1.3万间，腾退土地345亩，复耕复绿320亩，新建乡镇生活垃圾中转站3个。“一核两廊两线两镇多点”试点示范工程齐头并进。入选全国农村建房试点县，大阳洞、久安背、琵琶岗等10个村跻身全国传统村落，西湾被评为全国乡村治理示范村，下灌被评为全省乡村旅游重点村，湾井镇被评为国家卫生乡镇。城乡环境基础设施建设、农村人居环境整治、农村饮水安全等工作在省市作典型发言。完善基础设施网络。实施重大基础设施项目65个，完成投资50亿元，交通、水利、电力、通讯网络进一步完善。柏柑、二广高速宁远东互通至天堂、仁和至冷水公路进展顺利，全县所有25户100人以上自然村均通水泥（沥青）路，城乡客运一体化示范县创建工作稳步推进。涔天河灌区宁远段、仁和坝大型水闸以及病险水库除险加固全面铺开，城乡供水一体化6大供水板块分批有序实施。开发耕地1.8万亩。梅岗风电场即将并网发电，65个行政村农网改造完成。农村无线和光网覆盖率分别达到96.8%、98.8%。

积极发展社会主义民主政治。坚持和加强党的领导。县委常委会专题听取县人大常委会、县政府、县政协、县人民法院、县人民检察院五个党组的工作汇报，支持和保证同级国家机关和其他组织依法依章程履行职能。大力支持人大履职尽责。召开县第十七届人大三次会议，督促办理议案建议249件、决议3个，配合上级人大开展环境保护执法检查4次，实现党委意图与人民意志有机结合。注重发挥协商民主作用。召开县政协九届三次会议，支持县政协聚焦乡村治理、非物质文化遗产传承利用、民办教育师德师风建设等热点焦点问题开展专题协商、专项视察，聚焦加强与粤港澳大湾区产业融合发展、农村饮用水安全等重大课题开展调查研究、建言献策，督促提案全部办理落实。巩固发展爱国统一战线。开展“大学习、大引领、大交友”“迎老乡、回故乡、建家乡”“民族团结进步创建进社区、进乡镇、进寺庙”等活动，做好宗教工作督查整改“回头看”，统筹民族、侨务、对台等工作，有力助推经济社会发展。认真抓好党管武装工作。深入学习贯彻习近平强军思想，将武装工作纳入经济社会发展统一规划，对军事需求在政策、物资和经费保障上给予大力支持和倾斜，落实随军家属就业、退役士兵安置、职工招录等政策；投入2000余万元支持民兵调整改革，重新修建民兵训练基地和修缮轻武器射击靶场；承办全市民兵整组工作、民兵训练基地建设和群众性练兵比武观摩现场会。

切实加强和改进宣传思想文化工作。隆重举行庆祝新中国成立70周年系列活动。开展“壮丽70年·奋斗新时代”大型主题宣传，充分展现新中国和宁远70年发展取得的辉煌成就，极大激发全县人民为中国梦拼搏奋斗的信心决心。认真落实意识形态工作责任制。健全分析研判机制，结合县委第六、七轮巡察同步开展意识形态专项检查，推动“四个纳入”“四个责任”落实落地；推广“学习强国”平台使用，举办“学习强国之宁远答卷”大型电视知识竞赛，实现线上线下学习全覆盖。建立健全网络综合治理体系。县委设立网络安全委员会、融媒体中心，有针对性地开展舆论斗争，稳妥有效应对处置多起敏感舆情，涉贫舆情连续6个月为零，网络问政交办函回复率100%。红网留言办理、“扫黄打非”获全省先进。培育践行社会主义核心价值观。加快新时代文明实践中心建设，承办全市新时代文明实践中心建设现场会，跻身全国新时代文明实践中心建设试点县。完善现代公共文化服务体系。图书馆、文化馆数字化和总分馆制建设在全市领先，3处文物古迹入选全国第八批重点文物保护单位，增量和总量均居全省第一。成功举办全省青少年举重锦标赛，被评为省体育后备人才基地，全国现代公共文化服务示范区创建排全市第一。

保障改善民生和维护社会稳定。狠抓重点民生实事。全年民生支出占比75.7%，城镇、农村居民人均收入连续九年跑赢GDP增速，分别增长9.3%、10%。16项省市重点民生实事全面兑现。持续推进学位、床位、车位、摊位、厕位“五位建设”，教育强县取得新的突破，二中、八小、九小、十二小后续工程和九中、十中、十一中一期工程建成并投入使用，七小、十三小、一中新校区、新职业中专全面开工，169所农村薄弱学校、25所学校标准化食堂改造完工，高考二本以上上线1181人、增长9.8%。健康惠民稳步实施，妇女儿童医院、人民医院新城分院、乡镇卫生院、村卫生室标准化建设提速，县域紧密型医共体、分级诊疗体系、医疗卫生网格化管理启动实施，顺利通过全国基层中医药工作先进县复审。全县新增学位1.4万个、床位1560张、车位3500个、摊位1800个、厕位9985个，完成农村危房改造1202户，11万人户农村居民用上自来水，16项省市重点民生实事全面兑现。强化基本民生保障。新增城镇就业6314人，农村劳动力转移就业5231人，养老、医疗、生育、工伤、失业等社会保险制度不断完善，城乡低保、医保和救助水平稳步提高，退役军人服务保障明显增强，农村贫困失能失智人员集中供养有序实施，承办全省西南片区养老服务体系建设、教研扶贫工作现场会，被评为全省技能培训先进县。

扎实开展“不忘初心、牢记使命”主题教育。突出“早”，不等不看抓推进。紧跟第一批主题教育，谋在前、整在前、干在前，创新开展“三比三创”活动，及时制定主题教育实施方案和县委常委会实施方案，成立县委主题教育领导小组及办公室。突出“真”，对标对表抓推进。牢牢把握主题教育目标要求，把四个重点措施贯穿始终，实行清单化管理、一体化推进，开展3次专题研讨，在市级以上主流媒体发表学习心得文章81篇，形成高质量调研报告153篇。县委常委会班子带头高标准召开专题民主生活会，检视问题185条、提出批评意见227条。扎实推进八个专项整治，摸排问题线索987条，整改率98.99%，立案164件164人，处理处分600人次，移送司法7人，通报案例130起。突出"实"，从严从实抓推进。加强分级分类指导，向各单位派出12个指导组，向村（社区）、学校和医院派出450名指导员。创新开展"三比三创"活动，9000多名党员干部深入基层帮助办实事解难题6000余件。坚持开门搞教育，征求意见建议1500余条。创新方式方法，为2087名年老体弱党员送学上门，组织3544名流动党员通过"学习强国"网络平台、手机微信等平台载体学习，实现全覆盖。通过主题教育，全县呈现出领导当表率、干部优服务、机关提效能、基层减负担、群众得实惠、发展高质量的新生机新活力。

坚定不移推进全面从严治党。始终把政治建设摆在首位。突出以政治考察建强领导班子，开展两轮全覆盖调研谈话，配合市委完成县"四大家"领导班子政治建设考察，完成省委对我县党政正职政治建设考察反馈问题整改；坚持政治首关，推动选人用人风清气正，结合党政机构改革配齐配强乡镇（街道）和县直单位领导班子。突出以政治巡察净化政治生态，开展2轮常规巡察，巡察单位25个，延伸巡察村居党组织58个，发现问题397个，立案9起6人，移交司法3人，制定完善制度33项；配合市委完成护航脱贫攻坚专项巡察，发现问题42个，移交重点线索14条。突出以政治督察推动落实，坚持"当下改"和"长久立"相结合，对标对表做好环保督察"回头看"、脱贫攻坚督察、扫黑除恶督导"后半篇文章"，逐一制定整改方案、明确整改责任、推动整改落实，有效促进全县政治生态、自然生态、社会生态同步净化。省委和市委政治建设考察反馈都评价宁远政治生态好。树立大抓基层的鲜明导向。持续推进党支部"五化"建设，新增经费1700多万元，全年达到1.67个亿，转化升级42个后进村（社区）、26个软弱涣散村（社区）党组织，招聘乡村振兴指导员30名，选拔培养村级后备干部1084名。落实省委"1+5"文件，开展减轻基层负担和调动基层干部积极性相结合的体制机制改革试点，率先实施乡镇工作专项补贴，待遇高于同职级县直机关人员20%，被确定为全省试点县；投入2000万元，完善乡镇机关"六小"设施，建设乡镇人才周转房。培育壮大集体经济，创新将烤烟税收10%奖励村级集体经济，安排1800万元引导资金，5万元以上的村达到231个、占56%，创建中央扶持的示范村16个。完成全国农村发展党员违规违纪问题排查试点，受到中组部肯定，拟全国推介。县委组织部荣获全国"人民满意的公务员集体"，先进事迹在全省巡回宣讲。一体推进不敢腐不能腐不想腐。严格执行党风廉政建设签字背书、责任报告、廉政谈话等制度，问责"两个责任"履责不力的领导干部152人次，提拔重用纪检监察干部13名，为88名党员干部澄清正名。创新纪检监察片区协作机制，监督执纪一线力量达到81.3%，全县立案233件233人，承办赵文旺案，参与查办向顺荣案，一名县直单位中层干部主动投案，全市纪检监察片区协作机制建设现场会在宁远召开。扎实推进八个专项整治，摸排问题线索987条，整改率98.99%，立案164件164人，处理处分600人次，移送司法7人，通报案例130起，扶贫领域腐败和作风问题专项治理、扫黑除恶在全市作典型发言。加强廉政教育，汲取向力力案深刻教训，结合高建华、唐湘林、颜海林、金彪、赵文旺和宁远县个别领导干部违纪违规的典型案件，召开2次全县警示教育大会，以案示警、以案明纪、以案促改；开展"培育好家教，传承好家风"

系列主题活动，新建1处党员干部警示教育基地，厚植廉洁文化土壤；制定出台《宁远县规范公权力运行推行“四单一流程”制度工作方案》，厘清权力界线，划出纪法红线，从制度层面规范权力运行。坚持不懈加强自身建设。坚持从我做起、对我监督，严肃认真开好2018年度民主生活会、主题教育专题民主生活会，自觉落实民主集中制、“三重一大”集体决策等各项制度，认真贯彻县委常委会会议议事决策制度，做到科学民主依法决策。锲而不舍反“四风”、转作风，力戒形式主义官僚主义，着力解决群众反映强烈的突出问题。全面履行“一岗双责”，严格管好亲属和身边工作人员，为全县各级领导班子和党员干部作出示范。

重要会议

【县委常委会会议】2019年，宁远县召开县委常委会会议34次，多次对“三大攻坚战”、党风廉政建设、意识形态、安全生产、信访和综治维稳、“六稳”、农业农村、工业产业等工作进行研究部署。会议坚持以习近平新时代中国特色社会主义思想、党的十九届四中全会精神为指导，全面贯彻落实中央、省、市决策部署，严格执行县委常委会议事规则，确保完成全年目标任务。

【县委书记专题会议】2019年，宁远县共召开书记专题会议14次，主要研究部署城区、园区、景区建设工作。

【县委常委议事协调会议】2019年，各县委常委共召开议事协调会议5次，主要为推动紧急工作，调度相关部门，明确相关事项，解决具体问题。

县委办工作

【概况】2019年机构改革后，县委密码工作领导小组办公室设在县委办，将县政府办公室（县旅游发展和外事侨务委员会）的外事工作职责、港澳事务管理职责划入县委办，对外使用县政府外事办公室、县政府港澳事务办公室名称；县委台湾工作办公室（县政府台湾事务工作办公室）并入县委办，对外使用县委台湾工作办公室（县政府台湾事务办公室）名称；县委机要局（县国家保密局、县密码管理局）并入县委办，对外使用县委机要局（县国家密码管理局）、县委保密委员会办公室（县国家保密局）名称；县委、县政府接待科承担的行政职能和县人社局对乡镇（街道）的绩效评估职能划入县委办；县委办对外加挂县档案局牌子，将县档案局（县档案馆）的行政职能划入县委办。

县委办内设14个职能科（室），即：秘书室、值班室（县委总值班室、信访室、应急管理办公室）、文电室、综合调研室、督查室（县委督查室）、信息室、机要室（县委机要局、县密码管理局）、保密室（县委保密办、县国家保密局）、行政事务室、人事室、法规室（县委法规室）、档案业务法制室、台港澳事务室、绩效考核办。县委办下设4个公益一类事业单位，即：县档案馆、县信息管理办公室、县海峡两岸交流中心、县机要保密信息技术中心。设立4个县委议事协调机构办公室，即：县委全面深化改革委员会办公室、县委财经委员会办公室、县委外事工作委员会办公室、县委密码工作领导小组办公室（日常工作由机要室承担）。2019年，县委办机关共57个编制，其中行政编制35个（不含县级领导）、事业编制13个、工勤人员编制9个。

【秘书工作】2019年，县委办按照市委办“质效提升年”活动“八九十”的工作要求和“认真、高效、协调、服务”的工作思路，充分发挥服务职能，较好地完成各项工作任务。会务管理稳妥有效。按要求加强会海整治，提倡少开会、开短会、开管用的会，合并开会、套开会议，大幅度精简会议。秘书室共办理县委常委会会议34次，召开全县性会议24次，同比减少11次，下降31.4%，其中开到乡镇的会议23次，同比减少10次，下降30.3%。成功承办全市新时代文明实践中心建设试点工作现场会、宣布永州军分区党委第一书记任职暨正规化建设观摩活动、全省生猪全产业链建设现场会、2019中国户外健身休闲大会、2019环中国国际公路自行车赛、湖南省青少年举重锦标赛等省市重要会议及活动。会务管理方面，会前缜密筹备，拟定实用、可操作性强的会议筹备方案，潜心把握细节，考虑具体、安排到位，确保工作有条不紊、主动从容。会中灵活规范、精心运作，掌握会议动态，通过精心组织和良好的服务，协助领导使会议按预定方案进行。会后善始善终、尽善尽美，认真做好会议资料的回收、归档和会务工作总结。将“周密严谨、细致认真”的工作作风贯穿于会议的全过程，使会前准备、会中服务、会后落实逐步走上制度化、科学化、规范化轨道。纪要起草按时保质，在常委会议、书记专题会议、现场办公等会议上，严格做好会议记录、录音，认真撰写会议纪要，并及时征求相关部门意见，在3天内报文电室初审。统筹协调有力有序。加强同党政部门、群团组织、新闻媒体的协调联动，积极构建“大沟通”“大协调”“大保障”工作格局。建立“四大家”办公室主任联席会议制度，进一步加强沟通、交流和协作。严格会议活动审批，精心编制重大会议、活动月预安排表，对全县重大会议活动进行总揽协调。服务工作尽心尽责。协调好县委主要领导的公务活动，严格执行印章使用审批制度，每次用印都逐一登记。

【值班工作】2019年，县委办坚持讲规矩、重规范，把常规工作做深；讲实效、重实干，把重要工作做实；讲忠诚、重担当，把困难工作做好，较好地完成全年工作任务。严格落实党内请示报告工作。宁远党政主要负责同志的外出请示报告工作严格按《中共永州市委办公室永州市人民政府办公室关于进一步严格执行领导干部外出请示报告制度的通知》《中共永州市委办公室关于进一步规范领导干部外出请示报告工作的补充通知》文件精神执行，外出请示报告于外出前2天分别向市委、市政府报告，并在市委、市政府主要领导同意后外出；每周五及节假日前及时向市委值班室上报党政主要负责人去向安排；有重要领导到宁远，在收到相关通知后第一时间向市委办报送《宁远县重要客情报告单》。认真做好应急值班工作。除班子成员外的干部职工都参与周末及晚上值班，坚持24小时值班制度。迅速协调处理信访事件，2019年接到一起市委办的电话交办事项，及时进行协调处理：9月19日接到市委办电话，反馈宁远县冷水镇神下村群众李学礼反映，自家门口变压器经常自燃存在安全隐患一事。县委常委、县委办主任曹辉正立即作出批示，安排县委办分管督查工作的雷程燕进行核查处理，并将处理情况向市委办反馈。同时，协助做好会议活动和重要接待，确保相关活动规范、高效运转。

【文电工作】2019年，县委办认真学习《党政机关公文处理条例》《关于解决形式主义突出问题为基层减负的通知》等文件精神，坚决执行为基层减负相关规定，对可发可不发的文件坚决不予发文，确需发文的应符合简明扼要相关要求，严格实施发文计划，未纳入发文计划的原则上不予发文。截至12月底，以县委及县委办公室名义印发的文件总数为97件，其中非涉改文件54件，相比2018年同期109件减少48.6%，实现确保县本级文件减少30~50%的目标。发文质量明显提高。坚持按照公文办理有关规定执行，要求办文之前由起草单位先与业务相关部门协商，并送县委、县政府分管领导审核把关，有效杜绝多头报送、“倒行文”等现象。发扬“短实新”的文风，文件的内容、格式和篇幅等由县委办文电室和政府办文秘室严格把关后再报请相关领导审核、审签，防止出现疏漏，提高文件质量。办文效率显著提升。严格遵守会签流程、压缩会签时长，一般文件按程序办理，对于特别紧急和领导催办的文件，坚持急事急办、特事特办，在符合办文程序和保证公文质量的情况下，确保公文及时办理。在文件会签时间过长的情况下，对领导会签采取“超时提醒”模式，解决会签时间过长延误发文的问题。启用电子公文传输系统，要求非涉密文件通过电子公文系统发送，在一定程度上改善“人来人往、车来车往”的现象，大大提高公文办理效率。

【综合调研】2019年，县委办综调工作立足于站前排、上前台，全面增强干事创业的积极性，各项工作再上新台阶。筹备举办第四届现场写作比赛，参赛人数达200余人，发掘一大批写作高手；在2019年全市综调工作会议、全市政研系统工作会上发言，得到市委办、市委政研室领导和兄弟县区的高度肯定。市委副秘书长周生来到宁调研指出，宁远综调工作形成经验材料，拟在市委办室务会推介学习，并明确2020年全市综调工作会在宁远召开。

【督查工作】2019年，县委办围绕县委、县政府重大决策和全县工作大局，共开展督查检查230余次，办理省、市、县委主要领导批示件101件，下发《宁远督查》通报6期，联合其它单位下发通报20余次。推进决策督查。坚持把县委经济工作会、县委常委会、县委办公会等重要会议确定的事项作为督查工作的重中之重。认真梳理分解《县委经济工作会议》明确的7大任务，印发《〈2019年县委经济工作会议确定事项分解分工责任表〉的通知》，明确落实的具体事项；对全年35期县委常委会、12次常委办公会议纪要决策事项分解到99个责任单位，按照“一月一调度、一季一通报、半年一小结、年终结总账”的工作机制，对工作落实情况进行及时督查汇总，确保决策事项落实到位。开展专项督查。严格按照领导批示事项查办程序，限时抓好领导批示件和交办事项，加大催办和现场督办力度，及时办结并上报。全年共收到省、市、县主要领导批示件101件，全部高质量按期或提前办结，回复率、回访率、办结率、满意率均达到100%。做好督查调研。以“不忘初心、牢记使命”主题教育为契机，积极开展“三大攻坚战”“十城同创、文明共建”和乡村振兴工作督查调研，用心用情用力帮助困难群众、企业解决痛点难点堵点问题，全年撰写重点民生项目建设、脱贫攻坚、乡村振兴、扫黑除恶等领域调研报告21篇，为县委科学决策提供参考和依据，切实解决一批群众反映强烈的社会热点问题。深入推进“专项整治”。牵头做好全县“落实党中央决策部署置若罔闻、应付了事、弄虚作假、阳奉阴违方面问题”及“形式主义、官僚主义方面突出问题”专项整治工作，对涉及的11项153条问题进行专项交办和督促整改，均已按时完成整改；对全县各类督查、督察、督导、检查、巡查、考核、考评等事项进行全面清理，98项督查检查考核事项仅保留24项，其中对县乡村和厂矿学校的督查检查考核事项减少达90%。开展“一票否决事项”的清理，“一票否决”事项全部消除。

【绩效考核】出台印发《宁远县2019年绩效考核工作实施方案》。及时开展全县日常绩效考核工作和全县年终绩效考核工作，下发全县年终考核结果通报。完成全县重点工作表彰。根据年初的县级层面督查检查考核计划和文件要求对全县重点工作表彰进行清理、规范、统筹，在全县营造崇尚先进、创先争优的良好氛围，增强各单位、部门干事做事的激情。做好市对县绩效考核工作协调服务。根据《永州市2019年县区和工业园绩效考核工作实施方案》对县区绩效考评相关指标、将相关任务进行细化分解，促进各相关部门扎实做好2019年度考核工作，对照目标落实考核任务，推动创先争优。

【信息工作】2019年，县委办通过“不忘初心”系列演讲赛选拔优胜者，代表永州市参加全省党委信息系统“践行初心使命、争当信息尖兵”主题演讲比赛获三等奖，展示县委党办队伍形象；编写的《永州“向日葵工程”让中小学思政教育又活又新》《无锡接连发生安全生产事故引发全社会对城市治理问题大反思大讨论》2篇信息稿件被中办采用，实现正面信息直达中央“零”的突破；年底在全省137个县区信息直报点中排名第21位，连续三年获得省党办信息先进单位。

【机要保密】2019年3月机构改革后，宁远县委机要局（保密局）并入县委办公室，成为县委办公室机要室、保密室，对外使用县委机要局、县委保密委员会办公室名称，分别承担机构改革前的相应职能；县机要保密信息技术中心整体转隶县委办，职能不变。2019年党委信息化建设加快推进，党委电子公文传输系统、党委视频会议系统、幻真视频会议系统、县乡视频会议系统、电子政务内网、安可应用系统相继建成并开通。2019年被评为全省党政机要密码工作先进单位，实现连续7年省优。保密工作的对象、范围、措施也发生巨大变化，保密宣传教育培训常态化，新兴科学技术产品越来越多应用于保密业务指导和保密监督检查，机要保密服务县委政府中心工作逐步实现信息化。

【后勤服务】2019年，县委办紧紧围绕办公室中心工作和“强管理、优服务、保运转”三大职能，坚持以提供“优质、精细、高效”服务为目标，恪尽职守、齐心协力，用精益求精、精致精细的服务免除办公室干部职工的后顾之忧，使其更好地服务决策、服务发展、服务落实。攻坚克难完成新旧会计制度的各项衔接工作，执行新的政府会计制度。及时准确完成财会业务工作，其中部门决算工作在全县获得三等奖，2019年国有资产报表工作获得全县通报表扬。严格执行“中央八项规定”，进一步完善各项管理制度，严把开支审批关，各类开支比上年均有所下降。公务接待方面，凡是来客原则上按要求凭函进行接待，按程序进行统一审批，按标准定点接待，公务接待不上野味和烟酒。凡是不属于公务接待的，一律不批。在公车管理方面，加油实行车卡相符，专人保管；维修实行修前按程序报批，定点维修。保证公车正常使用。做好后勤保障工作。因机构改革人员增加，经与机关事务服务中心协调，增加十多间办公室，按照采购原则和程序，为办公室添置一些必需的办公设备。及时按程序按标准发放机关食堂伙食费补贴及县委政府表彰先进的各类奖金，确保同志们的福利得以落实。

【接待工作】2019年，县接待服务中心贯彻落实中央八项规定和党政机关国内公务接待管理规定，共接待来宾236批5898人，其中多次接待到宁远调研工作部级领导；多次承办省市级现场会，如易地搬迁扶贫现场会、世界儒家文明大会、永州军分区群众性练兵比武暨正规化建设现场会、永州市产业转移示范区建设推进会、“大美湖南，绿行三湘”大型活动、全市关心下一代工作现场会、全市统战工作暨同心美丽乡村现场推进会、生猪全产业链建设项目现场会等，接待人员1750余人；安排全国户外健身运动大会、全省青少年举重锦标赛、2019环中国国际公路自行车赛宁远站等大型体育赛，接待人员2000余人。组建一支专业素质高、形象气质佳、业务能力强的“一对一联络员”队伍，对莅临宁远的重宾进行全程跟踪服务，做好个性化服务。创新工作，联系软件公司设计一款接待软件，将接待方案、审批清单、费用清单、物品管理等业务录入系统，使接待工作变得更加便捷。

【人事工作】2019年，为深入学习贯彻习近平新时代中国特色社会主义思想，县委办公室坚持每月组织干部职工集中学习，全年共组织10次理论学习中心组学习。全体干部职工“学习强国”参学率100%。先后组织二名同志分别参加县委党校举办的科级干部调训、中青年干部培训，一名同志参加市妇联举办的“2019年全市基层妇联执委培训班”。选派一名从事扶贫工作的同志参加“宁远县2019年县域经济发展与精准扶贫专题班”学习。组织12名同志参加市委办组织的“全市党委办公室干部素质提升培训班”。开展全县党政机关电子公文操作业务知识培训。加强队伍建设。通过人才引进招录2名高层次人才，通过事业单位招考录用2名专业技术人员，从县直其他单位调入7名公务员充实到办公室工作；制定下发县委办跟班学习制度，既解决县委办自身人手不够的问题，又为全县各单位锻炼培养人才；为培养全能型人才，2019年办公室积极实施工作轮岗制度，所有的科室进行干部职工轮岗。干部职工年度考核全部评为称职以上，无受党纪政纪处分人员，做到零通报、零诫勉、零约谈。增强服务意识。做好人事工资相关工作。完成2019年养老保险参保人员、工伤保险参保人员申报工作。做好新进、退休人员的手续办理工作。完成2018年年度考核、13个月工资、9位同志年度考核优秀、4位同志连续三优的奖励申报造册报审工作和2019年部分人员的工资正常晋级工作。拟定下发《中共宁远县委办公室职能配置、内设机构和人员编制规定》的通知，按照《宁远县机构改革人员转隶工作方案》有关规定，及时办理好人员转隶相关工作。完成公务员职级套转、晋升工作，第一批共有9名同志完成职务与职级套转，3名人员进行职级晋升。狠抓党建工作。扎实推进党总支和下属党支部换届工作。县委办党总支被评为五星级党总支，第一支部被评为全县先进基层党组织；第三支部被评为四星级党支部。进一步深化“五好党支部”的创建，严格“三会一课”、主题党日等党的组织生活制度。积极开展活动。组织参加全县庆祝新中国成立70周年合唱比赛、“新时代、新女性、新风尚”庆“三八”“健康杯”趣味运动赛、庆“五一”干部职工广播体操比赛、县新时代文明实践2020年庆元旦迎新年全民健身活动邀请赛，不断激发全体党员干部新时代新担当新作为，助力抓好“三服务”等中心工作。

【法规工作】2019年，县委办按照新修订的《中国共产党党内法规和规范性文件备案审查规定》《中国共产党党内法规执行责任制规定（试行）》要求，统筹推进文件审核、文件备案和法规工作制度建设，将党内法规工作纳入全县绩效考核内容，党内法规工作取得新进展、新成效。连续三届获全市党委规范性文件法规审查赛第一名。思想认识不断提高。坚持以习近平总书记关于制度管党、依规治党重要论述为指导，始终把党内法规制度建设新部署、新要求放在发展全局的高度来看待，放在讲政治的高度来认识。县委常委会专题研究部署党内法规工作以及相关配套制度，将制度建设与党建其他工作一同部署。党内法规学习列入党员干部在县委党校学习培训的必学内容。文件审查严格规范。制定《宁远县2019年度党内规范性文件计划清单》。按照精简文件的相关要求，加强对文件文风、规范性进行审核。全年共审核规范性文件49份，并严格按程序和要求向市委上报备案规范性文件49份，做到有件必备、及时报备、规范报备。推行法律顾问制度。对宁远县法律专家人才库中的26名资深律师进行筛选评定，确定铭慧律师事务所何明辉、舜源泽律师事务所肖小勇等2人为县委法律顾问，为县委依法决策、规范性文件审查、政策法律咨询等工作提供服务，进一步提高县委工作科学化、民主化、法制化水平。

【档案工作】 2019年，出台《中共宁远县委办公室宁远县人民政府办公室关于印发〈宁远县机构改革档案处置工作实施方案〉的通知》，明确档案资料归属与流向，及时开展档案整理，健全规范移交手续。县委办协调指导部分新组建单位开展建档工作，规范建立档案全宗，配备工作人员，落实档案保管场所。加大档案行政执法检查和督查工作力度，实现档案执法检查常态化。5月、12月对县直单位和乡镇开展档案执法检查。对照权力清单和责任清单，以法律法规及各项政策文件为依据，以事项名称、办理依据、办理流程为重点，对档案公共服务事项基础资料进行逐项审核、全面梳理。落实“互联网+监管”，在权力清单基础上，按照“谁审批、谁负责，谁主管、谁监管”的原则，全面梳理形成县级档案部门监管事项目录清单，明确监管事项、监管责任主体、监管流程、监管措施和监管标准。开展档案宣传教育。加大档案法制宣传力度，认真做好档案教育培训工作，提升全社会档案法治意识。开展6·9国际档案日宣传活动。通过制作板报、挂横幅、发送手机短信、召开座谈会等形式多层次宣传档案法律法规、档案与社会和公民的关系等知识，充分反映档案在经济社会发展中的重要性，以及服务经济社会发展、服务广大群众的独特作用，进一步增强广大市民的档案意识。安排刘前程、何俊宏2名同志参加10月28日—11月1日在长沙举办的全省档案业务培训学习。11月9日举办全县档案员业务培训班，邀请市委办蒋国新等档案专家指导授课。

【台港澳事务】 2019年机构改革后，宁远县于2019年7月成立县委外事工作委员会（以下简称外事委），下设县委外事工作委员会办公室，划入县政府办公室的外事工作职责和港澳事务管理职责；并入县委台湾工作办公室。7月31日，召开中共宁远县委外事工作委员会第一次会议。会议传达学习中央、省、市外事委员会第一次会议精神；审议通过宁远县委外事委组成人员名单、宁远县委外事委工作规则、宁远县委外事委办公室工作细则、宁远县委外事委2019年工作要点；并对下段工作进行安排部署。随后，成立台港澳事务室，两机构均于7月开始正式履职。优化对台服务，文化交流迅速推进。定时联络走访，帮扶排忧解难。中秋佳节期间，县委办主任曹辉正带队，县台港澳事务室全体工作人员深入全县台资企业走访慰问，将国务院、省政府惠台政策和县委对台胞的关怀送到台胞家中，增进“两岸一家亲”的共识和友谊。经多次努力协调，于2019年10月帮助与宁远籍男子同居且生育小孩的台湾省女青年高筱玮，解决其非婚生子女高雅怡赴台入籍的“老大难”问题。自主承办节会，扩大双向交流。5月，在九嶷山举办“中国户外运动休闲大会”，包括台湾选手在内的4000名国内外户外健身爱好者参与这项“体育+旅游”盛会。6月13日~14日，在宁远分别召开永州市台协第二届第四次理监事会议，举行湖南（宁远）台湾工业园挂牌仪式，以及台商台胞参拜省海峡两岸交流基地—舜帝陵祭祀仪式。8月中下旬，应台湾友好团队邀请，由县领导带队，组团15人赴台开展农业、经贸、教育、文化交流，进一步增进友谊，为促进宁台经贸往来及合作发展夯实基础。紧扣时代主题，深化项目合作。7月19日~21日，先后在九嶷山承办国台办重点交流项目—“2019永台青少年‘品读永州’文化之旅活动”和省台办重点项目—2019年“阳明山”台湾乡里长座谈会及永州行活动。60名台湾青少年和30名台湾乡里长参观舜帝陵、游览紫霞岩、探险三分石。积极主动作为，打造交流品牌。9月13日，宁远主办第十届环中国国际公路自行车赛（国际赛事），包括台湾选手在内的150名国内外参赛选手参赛。因准备充分、服务周到，被赛事委员会网评为“最具人气赛段”。10月13日，第六届海峡两岸“阳明山”围棋邀请赛在双牌阳明山开赛，宁远承办赛后一系列交流活动，20名台湾棋手在舜帝陵、下灌景区体验“雀牌”文化，感受“两岸一家亲”和文化同根同源的独特氛围。2019年九嶷山对台交流基地接待台胞已突破900人次，同比增长15%。承办外事业务，履职履责有成效。指导本县旅游企业完成民间对外交流活动—“第五届世界儒家文明大会暨中华国学代表大会”，帮助来自尼泊尔、新西兰等4个国家（地区）的5位外宾及香港同胞完成护照备案手续和相关会议材料审核的有关工作；承办日本驻广州株式会社五十岚武到宁远九嶷山考察旅游合作的政审资料报备事项。完成两名宁远籍在非洲务工的“三非”人员劝返工作任务，与其家庭签定知情告知书2份。对入境本县的外籍人员进行全县范围大排查，分别劝返加纳籍和孟加拉国籍在县民办幼儿园非法务工的大学生2名。大力招商引资，促进外资投产达效。通过宣传国家惠台政策31条和26条及省市县减轻企业负担的有关政策、办法，增强外资在宁远县入驻投产的决心和信心。1月~11月完成利用外资任务、外贸进出口总额分别为1.4277亿美元、18.5671亿美元，到位外资、外贸进出口额分别增长16.71%、30.2%。现有外资、港资、台资企业17家，其中新引进光大集团、永州新四季庄园、永州南顺服饰等3家。光大集团已投资4000万元落地永州市南部六县最大的生活垃圾发电项目，汇盛鞋业已实现正式投产。尽心为外资企业排忧解难。与长沙银行永州支行合作设立1亿元的信贷风险担保基金、产业发展引导基金，对入园外资、台资企业项目建设、科技创新、提质改造及扩大生产给予重点扶持。利用省、市开放型经济专项奖励政策，帮助正浩制衣、汇盛鞋业等港资企业争取到位“中小开”资金、厂房租赁补贴、技术改造和外资注入等奖扶资金50余万元；在解决用工难题方面，开展“春风行动”暨就业扶贫专场招聘会，全年帮助引进企业招聘用工2957人，其中有600人输送到华荣鞋业、汇盛鞋业、正浩制衣等港台资企业，切实为企业解决实际困难。

【深化改革】2019年，县委改革办紧紧围绕县委中心工作，抓好改革任务统筹，精准推进落实，推动宁远县经济社会高质量发展。制定印发《中共宁远县委全面深化改革委员会2019年工作要点》，共4大类，135小项改革事项，比市里新增14小项，其中新增“探索建立智慧工地云监管平台”“推进工业园区和森管局人事薪酬制度改革”“征地拆迁货币化安置改革试点”等独具宁远特色且需探索试点的工作6项，改革要点总数及探索试点总数在全市县区中排第一。积极推行奖励措施，全面深化改革工作纳入全县绩效考核，设立21个改革先进单位和20个先进个人。全面承接“减轻基层负担与调动基层干部积极性相结合的体制机制”改革试点工作，在全市率先形成县区“1+5”政策体系。协调推动出台《关于宁远县乡镇机关单位工作人员乡镇工作专项补贴的试行方案》，设立差异化乡镇工作专项补贴，进一步建立完善乡镇机关事业单位工作人员乡镇工作补贴机制，实现乡镇工作补贴制度“从有到优”的改革。根据日常考勤和年度考核情况，乡镇机关事业单位人员收入高于县直机关同职级人员约870元/月，2019年8月至2020年2月按月对全县乡镇机关事业单位工作人员1085名拨付50%乡镇工作专项补贴365万元，剩余部分根据年度考核结果一次性拨付到乡镇。坚持因地制宜、有的放矢，注重挖掘特色工作，突出亮点打造，一批改革相关工作在中央、省、市有名有位，县委组织部获得第九届全国“人民满意的公务员集体”、县财政局获全国财政系统先进集体、全国农房建设示范县、国家级外贸转型升级基地、全省第一批城乡客运一体化示范创建县等16项国家和省、市级荣誉，农村集体产权制度改革、纪检监察片区协作机制建设等13项工作在省、市作典型发言，农村综合改革等8项省市现场会在宁远召开。创新开展“三比三创”活动、探索建立“三社联动”工作机制和工作体系等改革相关工作，在中央电视台、人民日报、光明日报、湖南日报等国家、省级主流媒体宣传推介。积极开展征地拆迁货币化安置、基层减负、财政管理、稳就业等重点事项的调研，出台《见云小区项目开发框架协议》《见云小区开发建设方案》等切合实际的方案，破解征地拆迁老大难问题，撰写的《宁远“三强化三提升”探索形成县级财政管理新路径》在省委改革调研专报刊发，并呈送到中央深改办批阅。

【全面小康推进】2019年，县委小康办坚持全面小康工作要在省市争先创优这一目标。对标对表把准脉，运用科学方法抓推进；聚力三区兴三业，推动内涵式发展；紧盯短板抓攻坚，全力打好三大攻坚战。全面小康工作取得决定性进展，实现程度相较于年初测算的95.4%提升4.6个百分点，全面小康总实现程度预计达到100%。

组织工作

【概况】2019年9月全县实行机构改革，县委组织部统一管理县委机构编制委员会办公室、公务员工作、老干部工作、县直机关党建工作。设立公务员一室、公务员二室，不再保留县委考核工作管理办公室；设立党员管理室、取消党建室；设立研究室、组织指导室。调整后，县委组织部内设机构11个：办公室（老干部工作室）、研究室、干部室、公务员一室、公务员二室、干部教育监督室（举报中心）、人才工作办公室、组织指导室、党员管理室、党员教育中心、直属机关工作委员会办公室。县委基层党建工作领导小组办公室与组织室合署办公。下设宁远县人才服务中心（副科级）、宁远县老干部服务中心（副科级）和宁远县党代表联络办公室三个全额拨款事业单位。

2019年，县委组织部认真践行新时代党的建设总要求和党的组织路线，深入贯彻习近平新时代中国特色社会主义思想，抓重点、强基础、补短板，为全县经济社会高质量发展提供坚强的组织保证。宁远县委组织部被评为第九届全国“人民满意的公务员集体”，先进事迹在全省巡回宣讲；全国排查解决农村发展党员违规违纪问题试点工作得到中央和省市充分认可；连续三届获得湖南省组织工作先进集体；“不忘初心、牢记使命”主题教育经验做法在全省推进会上作典型发言；市委、市政府考核的基层党建、人才工作在全市排名第一。党建促脱贫、人才促振兴、“三比三创”等36项工作被《人民日报》《光明日报》、中央电视台等国家级核心媒体推介。

【党组织和党员状况】2019年，宁远县共有党组织1491个，其中党（工）委61个，县直单位设有5个党组性质的党（工）委、16个机关党委、1个两新组织党工委，乡镇（街道）党（工）委20个，村（社区）党委28个；党总支171个，其中直属机关工作委员会辖党总支19个、乡镇（街道）党（工）委辖党总支130个、两新工委辖党总支15个、党支部1284个；直属机关工作委员会辖410个党支部，乡镇（街道）党（工）委辖772个党支部、两新工委辖102个党支部，全县有党员30895名。2019年发展党员380人，其中产业工人（含农民工、劳务派遣工）28人，农牧渔民269人，35岁以下145人，少数民族10人。

【基层党建】2019年，县委组织部坚持以新时代党的组织路线为指引，精准施策，分类指导，着力织牢织密组织体系，全面增强基层党组织的政治功能和组织力。压实责任抓落实。建立清单、述职、评议、问责“四位一体”责任体系，通过“三督三察”等方式，推动各级党组织书记扛实党建责任。完善党建片区协作管理机制，增强党建工作合力。全面推行基层党建“五个一”工作法，即：每月一次主题党日、一张任务清单、一次书记面对面安排工作、一次党代表督导、一次工作结账，确保工作落实落地。夯实基础稳根基。大力整顿软弱涣散村（社区）党组织。建立“县级领导+帮扶单位+党（工）委+驻村干部”“4+1”包抓模式，全县26个软弱涣散村（社区）党组织和20个后进村全部转化提升。发展集体经济。大力推进集体经济示范工程，创建中央扶持示范村17个，下灌村、新塘村探索“三变”改革，构建“支部+公司+农户”利益联结机制，让资源变资产、资金变股金、农民变股东，为乡村振兴提供样板，提升质量创品牌。新增党建经费1700多万元，全年达到1.67亿元，村社运转经费分别达到27万元、54.2万元，确保“有钱办事”。打造党建示范点，以厦蓉高速宁远南出口至九疑山旅游路线为重点，把周边村打造成党建引领示范走廊；建立印山花园商圈党群活动中心，培育“红色商圈”；建设宇拓新能源、汇盛鞋业、爱尔眼科、顺盈芯智能、成盛科技、山水城小区6个党建示范点，带动整体提升。管好用好服务平台，在全市率先出台管理使用办法，大力推进农村综合服务平台规范化建设，下放管理和服务权限29个，增强平台凝聚党员、服务群众功能。在新塘、西湾、周家坝等村开办便民食堂，解决五保户、空巢老人、留守儿童生活不便的问题，得到群众大力支持和拥护。

【主题教育】2019年，县委组织部认真履行牵头抓总职能，创新开展“三比三创”，精心谋划、周密部署，扎实推进全县“不忘初心、牢记使命”主题教育。组织全县1491个基层党组织、31044名党员参与其中，共举办读书班103期，开展专题研讨308期，参学党员7024人次。聚焦为发展找差距、为百姓解难题、为基层减负担3个方面，制定下发调研参考课题56项，报送调查研究计划343项，推荐上报调研报告153篇。坚持开门搞教育，召开各类座谈会征求意见建议164条，全县103个副科级以上单位都召开对照党章党规找差距专题会议，815个基层党支部全部按照要求召开会议。开展8个方面专项整治，共查找干部不担当不作为等突出问题987个，问责267人。

【党员教育管理】2019年，县委组织部确定每月10日为支部主题党日，集中开展“6+X”活动，即政治学习、交纳党费、承诺践诺、业务讲坛、志愿服务、党内关爱和自选动作。严肃党内政治生活，全面规范“三会一课”、组织生活会、民主评议党员等制度，不断锤炼党性修养。拍摄制作《初心无悔》《不负芳华》《党建70年巡礼》等视频，参与党课大比武《践行入党誓词》等八个视频VCR和党课教育片的拍摄制作，《初心无悔》获全市“不忘初心、牢记使命”主题教育视频拍摄片三等奖。承办两场全市党员教育“乡村学堂”系列活动，经验做法在全市推广。撰写的《党课抢着听秘诀在哪里》获共产党员网党员教育通讯优秀作品，是该年度全省唯一获此殊荣的县区。宁远党建网、微信公众号“九疑先锋”的管理进一步完善，党员干部通过“指尖上”的教育更加经常。

【村（社区）两委干部队伍建设】2019年，宁远县加快推进“村党组织书记素质提升”工程，7名县级领导作辅导报告，800余名各级党组织书记参加培训。招聘乡村振兴指导员30名，选拔培养1084名村级后备干部，调整121名不合格不胜任村（社）干部，进一步夯实农村基层队伍，打造“四个一”教育基地。探索推行入党积极分子、发展对象、预备党员量化积分制和发展对象“1+4”联审制度，被确定为全国排查解决农村发展党员违规违纪问题试点县。深入开展扫黑除恶专项斗争，进行村“两委”换届“回头看”，共排查出违法违纪干部113名，调整不合格不胜任不称职村（社区）干部121名，其中村（社区）党组织书记45名，并全部重新配备到位。创新开展“支部书记大比武”“党课大比武”活动，促使农村党组织书记由“推着干”变为“主动干”。

【驻村和结对帮扶】2019年，宁远县出台《关于调整2019年驻村和结对帮扶工作安排的通知》，从县直单位优秀党员干部中选拔149人到村担任“第一书记”，选派20名优秀干部到乡镇（街道）担任扶贫总队长。开展“大走访大调研”活动，推动全县各级领导干部、结对帮扶责任人进村入户宣讲政策。全面落实全市《关爱激励扶贫干部的十条措施》，县财政安排贫困村第一书记专项经费1万元，派出单位保障驻村工作队专项工作经费1万元；对全县所有驻村工作队员购买人身意外伤害保险，进行免费健康体检，建立健康档案；表彰优秀驻村帮扶工作队员59名、结对帮扶先进个人98名、村党组织“第一书记”10名；在“九疑先锋”微信公众号开设“扶贫路上”专栏，大力宣传扶贫干部暖心故事，进一步激发驻村帮扶干部担当作为，切实巩固提升脱贫攻坚成效。

【领导班子和干部队伍建设】2019年，宁远县坚持重视基层、注重实干的鲜明用人导向，全年调整干部10批次、546人次，其中5名“四方面”人员提拔到乡镇班子。完善绩效考核奖励分配机制，打破平均主义，拉开10%~20%待遇档次。关爱干部身心健康，建立全县干部谈心谈话室，部领导轮流坐班，建立健全谈心谈话机制。

【干部教育监督】2019年，宁远县紧扣城镇提质、旅游升温、脱贫攻坚、乡村振兴等内容，先后组织178人次赴上海交通大学、中国人民大学等“双一流大学”参加专题培训；邀请省市有关领导、国内知名专家教授讲课十余次；依托县委党校举办主体班4期及发展对象、妇女干部培训班、党外干部培训班等其他班次18期，参训人数达到9200余人；开展“宁远大讲堂”电商培训1次，线上与线下培训同步进行，线下培训规模230人，线上培训700人以上，着力培育高素质专业化干部队伍。打造舜帝陵省级廉政文化教育基地、乐天宇生平事迹陈列馆、宁远烈士公园三个党性教育现场教学点。认真完成领导干部个人有关事项报告工作和“一报告两评议”工作，对9名科局级党政“一把手”开展经济责任审计。进一步完善干部监督大数据库，对干部出现的各种苗头性问题早提醒、早纠正。2019年提醒、函询、诫勉谈话干部5人次。强化干部监督结果运用，作为干部考核、任免、奖惩的重要依据。

【干部考核及工资福利】2019年，宁远县制定出台《2019年度县管领导干部年度考核工作实施方案》，将原县管干部年度考核和执行力考核合并整合成县管领导干部年度考核，通过量化评分的形式开展考核。对乡镇（街道）党政正职、县直正科级单位党政正职、县委常委担任正职的单位排名第一的副职，乡镇（街道）其他班子成员，县直正科级单位其他班子成员及独立核算副科级机构主要负责人实行分类考核，提高考核的精准度，强化考核结果运用，考核的“指挥棒”作用发挥得更加充分。开展乡镇专项补贴试点，根据工作年限、工作条件、工作交通情况，探索设立差异化乡镇工作专项补贴，收入高于县直单位同职级人员的20%，让乡镇干部职工安心更用心、出工更出力、愿干争着干。公务员工资福利实行台账、系统化管理，提高工资异动变化的精细化和精准化。

【公务员队伍建设】 2019 年，宁远县坚持公平、公正、透明、公开的原则，完成公务员录用计划，全县共招录公务员 42 名。制订《宁远县公务员职务与职级并行制度实施方案》，完成 1234 名综合管理类公务员职级套转工作，完成 94 名公务员职级晋升工作。推进行政执法类、专业技术类公务员分类管理，深化法官、检察官分类管理措施。当年套转人民警察职务序列人员 372 名，法官助理 35 名，检察官助理 10 名，书记员 6 名，法、检两院司法警察执法勤务警员 16 名。做好 2194 名公务员、255 名参照公务员法管理人员的信息采集更新工作，为党委政府提供完整的、及时的、全新的公务员队伍数据。建立县管干部、乡镇（街道）干部和扶贫干部健康体检制度，并建立干部健康档案，全年乡镇（街道）体检 1557 人、扶贫队员 369 人。

【人才队伍建设】 2019 年，宁远县创新人才工作管理机制，由组织人事部门牵头抓总，协调把关，将权利主体下放到用人单位；将人才工作纳入全县绩效考核，强化结果运用；完善专家咨询制度，建立重大决策专家咨询制度，每年邮寄政府工作报告给专家，听取专家意见建议；打造“拎包入住式”人才公寓，为引进人才解决住房、子女入学等问题；成立青年人才党支部，把引进人才纳入党校培训计划，加强对人才的政治引领和政治吸纳；举办人才座谈会、联谊会、人才沙龙、人才主题日等活动，大力表彰杰出人才，营造重才、爱才、敬才的社会氛围。完善《宁远县人才引进实施办法（修订）》，继续设立 1000 万元的人才工作专项资金，拿出 150 个人才专项编制，继续推行税收返还、住房补贴、科研经费、职称评定等多项“特惠”举措，全年发放引进人才生活补贴 150 多万元，发放引进人才购房补贴 104 万元。组成引才小组先后到长沙、武汉、北京、深圳等地参加高校毕业生专场招聘会，引进急需紧缺高层次人才 117 名；采取“项目+资金+团队+人才”方式引进高端人才和创新创业团队 4 个；康德佳公司人才团队成员沈建良获得全省“湖湘青年英才”支持计划；博士陈东人才团队获得全国农林高校牛精英挑战赛一等奖，成功研发出“雪花牛肉”，提升企业市场竞争力。挂牌成立中南林科大科研教学实习基地，邀请中科院植物研究所乐捷研究员回乡授课，在九嶷山学院筹备建设九嶷山天宇生物研究所，推动校地校企合作成果转化为宁远生态产业优势。组建科技专家服务团，选派 100 多名科技特派员到贫困村开展工作，帮助发展产业项目 180 余个，产业经济效益 3 亿元，助推全县实现脱贫摘帽，宁远县科技专家服务团工作在市里考核中被评为优秀。利用县委党校、职业中专、电大、远程教育等平台，采取选送人才外出学习、跟班，邀请专家授课、指导等多种方式，培训本土实用型人才 2.4 万人，其中引进人才肖有铁在全省人才工作培训会上作典型发言。邀请国内知名专家在“九疑大讲堂”开设电商知识讲座，共培训电子商务人才 600 余人。

纪检监察

【概况】 2019 年，宁远县纪委监委机关内设部室14个，核定编制54名，其中行政编制47名，事业编制6名，工勤编制1名；现有工作人员47人，其中纪委、监委领导班子成员11人，部室负责人14人。设有13个副科级派驻纪检监察组，其中综合派驻9个、单独派驻4个，每个派驻纪检监察组核定行政编制4名，现有工作人员51人。县委设正科级巡察工作领导小组办公室1个，核定行政编制5名；巡察组4个，每个组核定行政编制3名，现有工作人员17人。全县20个乡镇（街道），现有纪检干部130人（含兼职纪委委员）。

【政治建设】2019年，县纪委监委坚持把政治建设摆在首位，扎实开展“不忘初心、牢记使命”主题教育，县委常委会会议24次安排第一个议题学习习近平新时代中国特色社会主义思想和重要讲话精神，县委理论学习中心组开展集中学习和专题讨论12次。压紧压实党风廉政建设“两个责任”，县委常委会18次专题研究党风廉政建设工作，县纪委每季度召开一次工作讲评会、下发一期工作情况通报。对20名乡镇（街道）党（工）委书记和5名县直单位党组织书记开展集中述责述廉述德。规范审核“三公经费”、重大事项报告等纪实资料1.2万余份，问责履行“两个责任”不力人员152人。严把选人用人政治关、廉洁关，对拟提拔的36名干部出具非肯定性意见。用好用实监督执纪“四种形态”，开展廉政谈话7657人次、诫勉谈话307人次、函询26人次。对所有科级干部和各单位内设股室站所主要负责人建立廉政档案。

【形式主义官僚主义整治】2019年，县纪委监委不折不扣执行中央八项规定精神，严格落实省委“约法三章”，深入开展“纠‘四风’、治陋习”专项整治、违反中央八项规定精神突出问题专项整治，下发作风通报42期，通报问责225人次。深入推进干部队伍形式主义官僚主义六大突出问题专项整治，坚决破除形式主义官僚主义，发现问题线索853条，给予党纪政务处分94人，组织处理267人。以县委、县政府名义召开的会议、下发的文件同比压减1/3以上。认真落实“三个区分开来”要求，为88名受到错告诬告的干部澄清正名，旗帜鲜明为担当者担当、为负责者负责。

【专项整治】2019年，县纪委监委扎实开展扶贫领域腐败和作风问题专项治理、民生领域突出问题专项整治、“二级机构”集中整治、“一季一专题”集中治理，统筹推进主题教育八个方面专项整治，切实维护群众切身利益，厚植党的执政根基。扶贫领域腐败和作风问题专项治理摸排问题线索1423条，立案164件，处理处分600人次，移送司法7人，追缴资金458万元，退还群众资金315万元，通报典型案例130件。二级机构集中整治查处问题303个，立案72件，处理处分288人次，追缴资金544万元。主题教育八个方面专项整治共摸排问题线索987条，立案58件，处理处分371人，移送司法4人。

【惩治腐败】2019年，县纪委监委创新信访举报办理工作，领导班子成员轮流坐班接访、带头包案化解信访疑难问题，全县纪检监察信访总量较去年同期下降20.2%，越级信访量下降20.5%。率先实行监督检查室和审查调查室分设，全面推行纪检监察片区协作，创新实施审查调查“一案一方案、一案一倒查、一案一剖析、一案一整改、一案一回访、一案一警示”的“六个一”工作措施，统筹用兵打出审查调查铁拳，立案233件、233人，成功承办回龙圩管理区原党委书记赵文旺、原主任刘功文严重违纪案，参与查办湘西自治州政协原副主席向顺荣严重违纪案。大力推进打伞破网，摸排涉黑涉恶“保护伞”问题线索65条，立案6件，处分7人。

【巡察开展】2019年，县纪委监委聚焦“六围绕一加强”和“五个持续”要求，对问题反映较多的地方和单位进行“政治体检”“排毒治病”，开展2轮常规巡察，巡察单位25个，延伸巡察村居党组织58个，发现问题线索397条，立案12件处分11人，移送司法3人，县文化旅游广电体育局原广电股股长柏某主动投案。认真办理中央、省、市、县巡视巡察交办的问题线索，做实做好巡视巡察“后半篇文章”，反馈、交办的问题和线索全部办结并整改到位，立案6件，处理处分52人，督促建立完善各类制度135项。

【廉政宣传】2019年，县纪委监委创新开展“纪委请你来监督”活动，印发廉政挂历6000本，发送公开信10000封，免邮费信封3000个、宣传资料20000份。集中推出以“发送一条廉政短信、播放一部廉政微电影、赠送一幅廉政春联、走访一户贫困农户、曝光一批‘四风’典型案例”为主要内容的“清风九疑·廉洁节日”套餐。深入开展“送纪法进机关”“送纪法下乡村”活动，演出廉政戏曲20场次，发放宣传资料40000份。新建党员干部警示教育基地1个，召开全县警示教育干部大会2次。扎实开展“培育好家教，传承好家风”系列主题活动，举办“传承优良家风，讲好宁远故事”演讲比赛，组织全县副科级以上单位“一把手”配偶集中观看警示教育片、聆听廉政讲座、签订廉洁承诺书。

【纪监队伍建设】2019年，县纪委监委坚持“两个为主”，选优配强乡镇纪委书记、派驻纪检监察组组长，调整充实派驻纪检监察组干部24名。创新开展纪检监察系统“四提升四打造”“秋冬大练兵”活动，严格落实“411”学习制度，开展集中学习28次，举办实战培训8期，纪检监察干部队伍学习力、执行力、精准力、创新力持续增强。围绕中心大局，自觉接受监督，每季度向市纪委监委和县委报告工作，聘请党风政风监督员21人，举办“政协委员走进纪委”活动，敞开大门接受监督。

（唐振军）

巡 察 工 作

【概况】宁远县委巡察办于2017年7月13日挂牌成立，为县委巡察工作领导小组日常办事机构，正科级独立核算行政单位，属县委工作机关，设在县纪委，核定行政编制5名，核定领导职数3名，配一正二副，有内设股室3个；县委设四个巡察组，每个巡察组核定编制3名，核定领导职数2名，配正副组长，现已满编。县委巡察办、巡察组现有工作人员16名，其中党员13名。

【政治巡察监督】2019年，县委巡察办、巡察组认真落实巡察监督责任，把“两个维护”作为根本任务，突出脱贫攻坚、工程建设、民生等领域，聚焦“六围绕一加强”和“五个持续”要求，开展巡察监督。2019年开展第六和第七两轮常规巡察，巡察县直单位25个、延伸巡察村（社区）58个，共发现问题596个、移交问题线索70条。两次组建巡察组赴其他县（区）开展巡察，得到市委巡察办的高度肯定。县委巡察工作连续两年获评全市优秀等次。

【巡察问题整改】2019年，县委坚决扛实巡察整改主体责任，推动市委第三专项巡察组反馈的42个问题、交办的14条重点线索基本整改和查办到位，立案4件、给予党纪政务处分3人、约谈及组织处理34人次。着力压实本级被巡察党组织巡察整改主体责任和党组织主要负责人“第一责任人”责任，推动县委第五轮、第六轮巡察反馈的543个问题基本整改到位，督促被巡察单位建立健全各类制度135项。

【巡察成果运用】2019年，县纪委监委、县委组织部切实强化巡察整改日常监督和问题线索查办，立案12件、给予党纪政务处分11人、留置1人、组织处理10人（其中免职5人、通报批评2人、辞退2人、调整岗位3人）、移送司法2人、诫勉谈话15人、约谈13人、提醒谈话10人；以县纪委通报的形式对10起巡察发现的典型案例进行公开曝光，达到“问责一个、警醒一片”的效果。

【巡察队伍建设】2019年，县委巡察干部始终遵循“打铁必须自身硬”的要求，以“不忘初心、牢记使命”主题教育为统领，以“411”学习制度为载体，扎实开展“秋冬大练兵”活动，每周进行1~2天的政治理论和业务知识学习；认真组织巡察干部参加市委巡察办和省委巡视办举办的业务培训班，不断提高巡察干部政治素养和业务素质。切实加大宣传力度，2019年在《湖南日报》《永州日报》和省市廉政网站中发表信息文稿10余篇，县委巡察工作得到有力推介。

（刘智连）

宣传思想工作

【概况】中共宁远县委宣传部主管全县宣传思想工作，2019年机构改革后内设办公室、意识形态工作室、理论和宣传教育室、对外推广和新闻室、精神文明建设指导委员会办公室、文艺文产室（电影管理室）、新闻出版和版权室（行政审批室）、反非法违禁室（县“打黄扫非”领导小组办公室），下设二级事业单位志愿者服务中心。主要负责统筹协调全县党的意识形态和理论研究、学习、宣讲及精神文明建设、对外宣传、新闻发布等工作，负责全县新闻出版行政事务、电影行政事务。

2019年，宁远宣传思想工作对标“举旗帜、聚民心、育新人、兴文化、展形象”使命任务，坚持党对宣传思想工作的全面领导，坚持围绕中心、服务大局，坚持以人民为中心的工作导向，各项工作都取得新成效。宁远县成功列入全国新时代文明实践中心建设试点县。湾井镇获评第三批全国“扫黄打非”进基层示范点。舜帝陵、东安头翰林祠、神下李氏宗祠成功入选全国第八批重点文物保护单位，新增数量居全省第一。农村春晚活动经验受到中宣部、省委宣传部推介。在湖南省城市文明程度指数测评中位列全省第二、全市第一。获评2018年、2019年“湖南省全域旅游示范区”。县“扫黄打非”办获2019年湖南省“优秀集体”。下灌村古建筑群、宁远濂溪祠、小桃源村古建筑群获批湖南省第十批文物保护单位。在省政府“真抓实干”项目湖南省现代公共文化服务体系建设三年行动计划、全域旅游示范区创建等工作中排名前列，是全省十个表彰县之一，是全市唯一获得省文化综合发展专项资金奖励的县。在全市2019年度意识形态责任制考核工作中位列全市第一。县委宣传部在2019年全市宣传思想工作目标管理考核中位列全市第一。

【理论学习】2019年，宁远县紧紧围绕学懂弄通践行习近平新时代中国特色社会主义思想，运用县委常委会、党委（党组）理论学习中心组、“学习强国”学习平台等载体，结合“不忘初心、牢记使命”主题教育，通过常委会带头学、读书班规范学、中心组深入学、学习强国全员学等方式，推动学习贯彻习近平新时代中国特色社会主义思想往心里走、往深里走、往实里走。全年县委理论学习中心组集中学习12次，县委宣传部发表理论文章40余篇。组织党的十九届四中全会精神宣讲团和文艺宣传队，深入乡镇（街道）、县直单位、中央省市驻宁单位宣讲260余场，参加学习人数达5万人次，是历年来理论学习场次最多、参加学习人数最多的一年。“学习强国”推广使用，强化通报督导，在全县形成以上率下、以学为荣、比学赶超的学习氛围，使党的创新理论走进千家万户、做到家喻户晓，学习强国覆盖率、参与度、日人均积分和上稿率均居全市前列。

【意识形态工作】2019年，宁远县建立意识形态工作联席会议制度，进一步健全全县意识形态工作队伍，按照简化考核为基层减负的原则，改进完善意识形态工作考评机制，以日常考评为主，以工作实绩为先，发挥绩效评估指挥棒作用。充分运用党委（党组）书记意识形态述职评议结果，推动意识形态点评意见的整改落实，结合县委第六、七轮巡察，对26个单位开展意识形态专项检查。采取“四不两直”方式，全年组织四次意识形态工作调研，调研单位170余个。通过巡察和调研，督促相关单位履职责、抓整改、补短板、强弱项，着力推动意识形态工作责任制“四个纳入”“四个责任”落实落地。组织意识形态工作队伍县内培训2期、县外培训1期。深入开展扫黄打非“秋风” “固边”“护苗”“净网”“清源”行动，责令整改各类文化经营单位（户）经营场所19家，取缔“黑网吧”11家，查处书报刊2家，取缔无证经营电子游戏室1家。

【新闻舆论宣传】2019年，宁远县围绕“三大攻坚战”“三区共建”“三业融合”“十城同创、文明共建”“新时代文明实践”“扫黑除恶”“庆祝新中国成立70周年”“不忘初心、牢记使命”主题教育等重点内容，加大宣传力度，形成高端发声的宣传态势。积极推进媒体融合，顺利组建县融媒体中心，实现媒体资源的互联共享，构建宁远新闻网、宁远手机报、宁远发布微博微信、时刻新闻宁远频道、“新宁远”APP“六位一体”的网络工作格局，建成“一部手机游宁远”——湖南省首家县级智慧旅游导览系统，积极组织开展“国家网络安全宣传周”、网络安全进校园等相关宣传活动，实现网宣阵地全覆盖。全县共在《人民日报》《光明日报》《经济日报》等中央重点党报党刊上稿60余条，《湖南日报》上稿160多条，《永州日报》上稿1200多条，在湖南卫视、永州电视台等省、市新闻媒体上稿5000余条，其他报刊和网站上稿8000余条。2019年，共下达网络问政交办函240余件，回复率100%，办理涉宁扶贫舆情帖文14件，全部处理到位。

【思想道德建设】2019年，宁远县按照“一村一主题、一镇一特色、全县创品牌”的工作思路，围绕“德孝之源，文明宁远”新时代文明实践主题，以创建全国文明县城为载体，探索推进“1333”文明实践模式，构建以县、乡镇（街道）、村（社区）为核心的三级新时代文明实践中心、所、站网络，全县共组建党员干部职工志愿服务队100余个、各种民间志愿服务组织100余家，统筹推进“十城同创、文明共建”工作，着力提升城市文明程度，扎实开展“四清四治四化”和“六整顿三取缔”行动，基础设施建设提质整治、园林绿化提质整治、交通秩序提质整治等行动持续推进，“斑马线前让行人”“红绿灯下规范行”等“微文明”逐步得到普及，“山清、水秀、地干净、人文明、治安好”的美好愿景正在变成美丽实景。

【文化小康】2019年，宁远县推进文旅融合，不断发挥聚合效应，成功举办中华人民共和国成立70周年“走过七十年·醉爱新宁远”微视频大赛、“我和我的祖国”合唱比赛、万人快闪等系列活动、2019中国户外健身休闲大会（首站）宁远站活动、环中国国际公路自行车赛（宁远获最具人气赛段奖）、第五届世界儒家文明大会暨中华国学代表大会、2019年粤港澳大湾区“万车游永州”（宁远）启动仪式等大型活动。大型纪录片《人民教育家乐天宇》、电影《天下麻将》在九嶷山开机，《知否外传》《警嫂》《职责》等多部原创影视作品创作完成。成立宣传中共十九届四中全会精神文艺宣传队，下到全县422个村，演出节目400余场，观看群众达4万余人次。2月7日19点在CCTV—2频道播出《家乡年味》之湖南宁远篇，用镜头聚焦宁远年俗和美食，展现宁远独特年味。在乡镇，以农民艺术节、农民书画赛、乡村篮球赛、村级春晚等为载体的基层文体活动如火如荼，其中211个村开展农村春晚，被新华社作为典型在全国推介。

统战工作

【概况】2019年机构改革，将县政府办公室（县民族宗教事务局、县旅游发展和外事侨务委员会）的民族事务、宗教事务、侨务管理职责划入县委统一战线工作部，对外加挂县民族宗教事务局牌子、对外使用县政府侨务办公室名称。县委统一战线工作部设办公室、干部室（加挂无党派人士和党外知识分子工作室）、民族事务工作室、宗教事务工作室、非公有制经济和新的社会阶层人士统战工作室、侨务和港澳台统战工作室等6个内设机构。县委统一战线工作部机关行政编制10名，设部长1名（由县委常委兼任），常务副部长（正科级）1名，副部长（副科级）3名。县委统一战线工作部网络信息中心核定全额拨款事业编制7个。2019年，县委统战部《深化“万人帮千户”工程，“以购代捐”激发脱贫致富内生动力》获“全市统战工作实践创新成果奖”、《关于加强基层党外代表人士队伍管理的调查与思考》获“全市统战理论政策研究创新成果奖”，九疑山瑶族乡西湾村成功创建市级“同心美丽乡村”。

【思想政治引领工作】2019年，县委统战部把增进政治共识放在首位，扎实开展“大学习”、实施“大引领”、推进“大交友”活动，引导广大统战成员深入学习习近平新时代中国特色社会主义思想和中共十九大精神，不断增强“四个意识”，坚定“四个自信”，做到“两个维护”，筑牢共同思想政治基础。

【服务中心大局工作】2019年，县委统战部聚焦全县发展大局，引导党外代表人士围绕“三大攻坚战”、乡村振兴战略、生态环境保护、提高教育质量、改善城市建设规划、发展全域旅游等方面深入调研，形成专题调研报告4篇。深入推进“万企帮万村”“万人帮千户”“暖阳工程”“泛海助学”等统一战线扶贫行动，组织25家民营企业定点帮扶47个贫困村，投入产业帮扶资金4720.2万元，实施项目39个；10000名爱心人士对接1200余户贫困户，采购农副产品260余万元；资助贫困学生400余人100余万元。扎实开展“同心美丽乡村”创建活动，成功创建市、县两级“同心美丽乡村”示范点11个。

【统一战线各领域工作】2019年，县委统战部组织30余名企业家到山东考察学习新旧动能转换经验，举办“银企合作洽谈会”“民营企业招聘会”“民营企业家座谈会”，帮助企业解决困难，提振了发展信心。县工商联获2018年—2019年度全国“五好”县级工商联。民族团结进步得到发展。民族特色村镇建设和民族文化传承进一步加强，推荐九疑山瑶族乡牛亚岭村申报省级最美少数民族特色村镇、棉花坪瑶族乡棉花坪村申报省级民族团结进步创建示范村，4个瑶族乡和实验中学瑶文化传承开展有声有色。265名高考学生、500名中小学生享受民族优惠加分政策，到宁少数民族服务管理工作进一步优化。宗教领域突出问题得到解决。圆满完成永福寺大型露天弥勒尊佛造像整治工作，成立县佛教协会、县基督教三自爱国运动委员会。扎实开展擅自建设小庵小庙、民间信仰场所及基督教私设聚会点专项整治，依法取缔东溪街道下岭村基督教非法聚会点。县、乡、村三级宗教工作网络和乡、村两级宗教工作责任制不断完善。党外知识分子和新的社会阶层人士统战工作不断加强。创建新的社会阶层人士实践创新基地，搭建党外知识分子和新社会阶层人士交流平台。港澳台海外统战工作得到深化。成功举办、承办“海外侨胞宁远行”、侨胞侨眷“我与五星红旗合个影”等主题活动，为宣传推介宁远、促进宁远和港澳台海外人士的交往交流发挥积极作用。党外代表人士队伍建设扎实推进。进一步加大党外代表人士储备、培养和任用力度，完善组织部、统战部党外干部工作“六个共同”机制，全年提拔重用交流副科级以上党外干部34人次。2019年，全县共有副科级以上党外干部124人，其中副处级党外实职领导干部5人；20个乡镇（街道）配备党外实职领导干部12人；县政府组成部门配备党外实职领导干部19人，其中正职4人；“法检两院”各配备党外副职1名。党外县人大代表106名，占36.3%，党外县政协委员135名，占60.3%，县人大党外常委10名，占30.3%，县政协党外常委28名，占65.1%。

（唐武成）

政法工作

【概况】按2019年机构改革要求，中共宁远县委政法委员会（简称县委政法委）是县委工作机关，为正科级，作为县委领导和管理政法工作的职能部门。不再设立宁远县社会治安综合治理委员会及其办公室；不再设立宁远县委维护稳定工作领导小组及其办公室；将宁远县委防范和处理邪教问题领导小组及其办公室职责划归县委政法委员会、公安局。县委政法委机关行政编制16名，领导职数6名，书记1名（由县委常委兼任），常务副书记（正科）1名，副书记（副科）3名，政工室主任1名。下设办公室、政工室、维稳指导室、综治督导室（专项行动办公室）、反邪教协调室、执法监督室、宣传教育室，承担宁远县国家安全工作领导小组办公室（宁远县国家安全人民防线建设办公室）的日常工作，并设立宁远县法学会办公室，核定全额拨款事业单位编制3名，设立宁远县社会治安综合治理中心，核定全额拨款事业单位编制4名。2019年综治考核评估，保持省平安县，县婚姻家庭纠纷人民调解委员会被评为“全国维护妇女儿童权益先进集体”，宁远县被评为全省“七五”普法中期先进县，国安工作评为湖南省先进基层防线办，评为全市新中国成立70周年庆祝活动特别防护期间信访维稳工作先进县区，扫黑除恶工作在全市作典型发言。

【扫黑除恶专项斗争】2019年，宁远县召开县委常委会会议6次、县政府常务会议2次研究扫黑除恶工作。副市长、县委书记刘卫华亲自督办交办件；县扫黑除恶专项斗争领导小组出台《宁远县扫黑除恶专项斗争督导方案》，开展四轮督导，县委巡察办将扫黑除恶列入巡察内容，对市场监管局等17个单位开展巡察。以“深入推进扫黑除恶，全面建设法治宁远”为主题开展农村法治宣传教育月活动。突出线索摸排，全年受理群众举报涉黑涉恶线索42条，摸排涉黑涉恶线索176条；侦办涉黑案件1起，破获6个涉恶团伙；摸排涉黑涉恶腐败问题线索79条，查处党员干部涉黑涉恶、“保护伞”问题案件6件，立案审查调查8人，给予党纪政务处分2人。整顿提升42个后进村（社区）和软弱涣散村；对村（居）“两委”成员、“两代表一委员”等1.1万人进行违纪违法涉黑涉恶问题全面排查、部门联审，建议调整不合格不胜任不称职村（社区）干部117名；410个村（社区）将扫黑除恶纳入村规民约（居民公约）。在自然资源、住建、交通、水利、文化旅游、金融等领域开展整治“三贷三霸”专项整治行动。按照“一问题一分析一整改”的要求，扎实做好中央扫黑除恶第16督导组第一次对接会交办事项、第一轮下沉督导永州市反馈的5个方面问题、督导湖南反馈意见指出的9个方面问题的整改工作。宁远县扫黑除恶工作在全市作典型发言，湖南新闻联播4次报道宁远县扫黑除恶专项斗争成果。

【平安宁远建设】 2019年，宁远县进一步加强新形势下平安建设工作的领导，县委、县政府成立议事协调机构县平安建设领导小组，由县委副书记任组长、县委常委、政法委书记任常务副组长，公检法司四长、县委政法委副书记任副组长，相关部门主要负责人为成员，领导小组下设办公室，办公室设在县委政法委，办公室主任由一名县委政法委副书记兼任。制定出台县平安建设领导小组及其办公室工作规则，10月31日召开县平安建设领导小组第一次会议。严打各类违法犯罪，公安机关立刑事案件1189起，办理行政案件2320起。严格公共安全监管，查获道路交通违法行为15.6万余起，共建护学岗89个。进一步完善“六推六化”矛盾多元化解机制，大力推进人民调解委员会建设，加强道路交通、婚姻家庭、环境保护、消费者权益、民间金融、劳动、旅游、医疗等9个行业专业性调委会建设，全县各级调委会共调解矛盾纠纷2311件。持续推进立体化治安防控体系建设，已建视频监控点4985个、人脸识别点位550个，农村辅警、城区快警全面建成；投入100余万元实现社会治安保险全县覆盖。全县省公众安全感指数达到90.86分，同比提高1.67分，继续保持省平安县。

【维护社会稳定】 2019年，宁远县从严从细从实推进维护国家政治安全和社会稳定工作，探索完善“全面排查、共同会商、深度研判、研处一体、精准导控、重点交办、滚动落实”的研判预警机制，加强情报队伍建设，加强重点人员管控，深入开展反分裂反渗透反恐怖反邪教专项斗争，侦破1起反宣煽动案件。扎实做好重大活动、敏感节点安保维稳工作，确保全国、省、市两会和中华人民共和国成立70周年大庆等重要节点社会安全稳定。宁远县被评为全国“两会”期间全市信访工作先进县，新中国成立70周年特护期全市信访维稳工作先进县；县国安办被评为全省先进基层防线办。

【法治宁远建设】 2019年，宁远县强化公共法律服务，基本建成“县—乡—村”三级公共法律服务体系。加大普法宣传力度，开展农村法治宣传月等全县性专题法治宣传10余次，扎实开展“法律八进”活动。加大法律援助和司法救助力度，受理法律援助案件335件，发放司法救助金150余万元。积极实施人民陪审员改选计划，新任命人民陪审员72名。县人民法院收结案数再创历史新高，首次进入全省一类法院行列。宁远县被评为全省“七五”普法中期先进县。

【司法体制改革】 2019年，宁远县人民检察院按照“1∶1∶1”重新组建12个员额检察官办案组，进一步落实员额检察官办案组建设要求。率先试行“捕诉一体”机制，将公诉、侦监合二为一，组建8个独任检察官办案组，配足配齐刑事检察办案力量。严格落实入额院领导直接办案机制，明确由入额院领导牵头办理重大涉黑案件和职务犯罪案件，让更多的检察资源回归办案一线。县人民法院积极开展繁简分流和速裁工作，组建速裁团队，在立案阶段对案件进行分类，对案件事实清楚、法律关系明确、双方争议不大的案件引导适用速裁程序，实行快立、快审、快结，全年通过速裁程序结案1630件，平均结案周期为14.7天，大大提高审判效率；探索民事案件专业化审理，对不宜适用速裁程序的案件按照案由分流到不同的审判部门进行集中办理，统一类案裁判尺度。

【政法队伍建设】 2019年，宁远县政法系统扎实开展“不忘初心、牢记使命”主题教育，筑牢全县政法干警听党指挥、忠于使命、服务人民的思想基础。深入贯彻《中国共产党政法工作条例》，组织政法干警开展大讨论大学习。开展县委政法委班子成员联系政法基层党支部活动。建立政法委班子成员联系基层政法党支部制度，推动及时掌握干警思想动态；开展政法“大调研”，县委政法委班子成员带队赴县政法各单位等开展调研。举办全县平安建设培训会，平安建设成员单位、各乡镇（街道）、村（社区）分管负责人及政法单位基层队所庭室负责人600余参加。政法单位开展各类培训64期，培训干警千余人次。政法系统受到市级及以上表彰集体42个、个人48人次。

【法学会工作】2019年，宁远县法学会以“扫黑除恶与乡村综合治理”和“乡村旅游发展与法律服务”为主题举办第三届“九嶷山法治论坛”，面向社会广泛开展论文征集活动，经评审，确定9篇论文获奖，其中二等奖3篇、三等奖6篇，5个单位获得优秀组织奖。

机构编制

【概况】中共宁远县委机构编制委员会办公室为县委机构编制委员会的办事机构，承担县委机构编制委员会日常工作，作为县委工作部门，对外使用县事业单位登记管理局名称，归口县委组织部管理。内设机构：办公室、机构编制管理股、实名制管理股、事业单位登记管理股。核定行政编制7名，实有6人。下设县机构编制事务中心，核定全拨事业编制9名，实有7人。

【机构改革】2019年，全县党政机构改革上半年完成机构改革动员部署、班子调配、办公用房调整、挂牌授牌、人员转隶等工作。随后，县委编办审核并印发部门“三定”方案或机构编制调整事项，推进乡镇机构改革并完成乡镇公益性事业单位人员转隶工作，开展综合执法机构改革，配合生态环境体制改革等。

党政机构改革。全面完成三定初审工作，全县涉改的38个党政机关通过审核并经分管县级领导签字同意，已印发35个。优化人员编制，将2011年乡镇机构改革时上收到省里的75名行政编制调剂到县直机关，并对2015年县政府机构改革时置换为事业编制的工青妇和市场监管分局，全部转换回行政编制。全县撤销28个事业单位，并根据工作需要新设35个股级事业单位，对全县涉改事业单位编制进行调整。完成人员转隶工作。逐条梳理部门间职能职责调整，反复与划出、划入单位及人员转隶领导小组沟通，形成《宁远县机构改革人员转隶工作方案》，并组织人员做好政策解答，安抚转隶人员思想。该轮党政机构改革中，全县共转隶人员812名，涉及行政机构30个，事业机构37个。

乡镇（街道）机构改革。制订机构改革方案。拟定上报《宁远县深化乡镇（街道）机构改革方案》，以县委名义印发《宁远县乡镇（街道）机构改革实施方案》。全县乡镇（街道）设置党政机构6个，直属事业单位4个，综合行政执法机构1个。8月底，新组建机构全部启用新印章、悬挂新牌子。优化人员编制。按照各乡镇（街道）公益性事业编制总量维持不变的要求，将各乡镇（街道）6个事务中心的编制调整到4个直属事业单位及综合执法机构，另从县级编制库中调剂80名事业编制补充到乡镇（街道）综合行政执法机构。开展人员转隶工作。乡镇（街道）6个公益性单位的991名人员均纳入改革范围（含原从乡镇人口和计生事务中心分流至乡镇卫生院的56人），分别转隶到本乡镇（街道）的4个新设事业单位。理顺管理体制。进一步下放经济社会管理权限，乡镇（街道）事务中心人、财、物、事等均由乡镇（街道）管理，业务由上级对应部门指导；派出机构除法院、公安、税务等部门实行派驻体制外，其他县直部门设在乡镇（街道）的机构原则上实行属地管理，并实行财政权、考核权、人事管理权“三下沉”。

综合行政执法机构改革。严格按照文件精神上报生态环保、市场监管、文化市场、交通运输、农业、城市管理六大领域机构及人员编制台账，同时锁定涉改机构及人员编制。城市管理执法改革方面，住房城乡建设领域法律法规规章规定的全部行政处罚权（含城区范围的规划执法职能）调整到县城管综合执法局，相关人员编制进行相应调整。涉改执法机构暂时使用事业编制，并按照“老人老办法，新人新办法”的原则管理。

生态环境体制改革。2019年3月起，冻结环保部门人员编制，积极配合垂直管理体制改革，设立市生态环境局宁远分局。严格执行人员编制划转政策，主动与市委编办及县直有关部门沟通衔接人员划转意见，对划转部分执法权到市生态环境局的部门，按执法权比例划转人员编制。

生产经营类事业单位改革。推动组建宁远县水务集团，拿出组建方案，将县自来水公司、县市政建设工程公司及县水利局管理职能范围内的涉及水源的水库和电站进行资产评估后划入集团公司。同时，保留县自来水公司、县市政建设工程公司的自收自支事业单位性质和名称，仅作为原干部职工保留身份、办理档案工资、缴纳“五险一金”等手续使用。

【**机构编制管理**】2019年，县委编办严格执行机构改革期间的纪律规定。严格遵守政治纪律、组织纪律、机构编制纪律、干部人事纪律、财经纪律和保密纪律的要求，机构改革期间，暂停调整机构编制。加强机构编制实名制管理。机构的设立、更名、撤销以及人员的出入编、调整异动等信息，及时在机构编制实名制系统进行更新，同时注重数据运用，加强与人社、财政等部门进行人员编制联合管控，实现实有人员与系统数据的一一对应。采用自愿报名、小班教学的形式，组织力量对各单位政工人事干部开展机构编制综合管理平台使用培训，进一步提高其熟用度，确保进出编工作实现100%网上办理。

【**事业单位登记管理**】2019年，县委编办严格把好受理关、审核关和核准关，做好事业单位法人设立、变更登记，并实行归档管理，完善台账资料。圆满完成事业单位法人年度报告公示工作，年报公示率100%。

（乐春涛）

网信工作

【**概况**】中共宁远县委网络安全和信息化委员会办公室于2019年3月成立。作为县委工作机关，并加挂宁远县互联网信息办公室牌子。主管全县网络安全和信息化工作，内设综合办公室、网络网评网监管理办公室、网络安全和信息化办公室（网络社会工作办公室），下设股级公益一类事业单位县网络舆情研究中心（加挂县互联网违法和不良信息举报中心牌子），现在编在岗人员6人。2019年4月，宁远县委网信办被省红网评为“2018年度红网网民留言办理工作先进单位”。

【**建章立制**】2019年6月27日，副市长、宁远县委书记、县委网络安全和信息化委员会主任刘卫华在县委8楼会议室主持召开县委网信委第一次全体会议，传达全国网信办主任会议精神、全国网信办主任座谈会精神、省委网信委第一次全会精神、全省网信办主任会议精神、市委网信委第一次全会精神、全市网信办主任会议精神，审议并原则通过《中共宁远县委网络安全和信息化委员会工作规则（审议稿）》《中共宁远县委网络安全和信息化委员会办公室工作细则（审议稿）》《宁远县党委（党组）网络安全工作责任制考核办法（审议稿）》《关于进一步加强和改进全县网评工作的意见（审议稿）》《关于引导和支持宁远县新媒体健康有序发展的实施意见（审议稿）》《宁远县网络问政工作暂行办法（审议稿）》，并以网信委红头文件予以印发。

【正面宣传】2019 年，围绕“六大战役”“新时代文明实践”、全国“两会”“十城同创、文明共建”“庆祝新中国成立 70 周年”“国家网络安全宣传周”“不忘初心、牢记使命”主题教育等重点工作，宁远县委网信办与融媒体中心“六大平台”开展一系列集中宣传活动，吸引大批网民关注，取得良好宣传效果。围绕“脱贫攻坚”“新时代文明实践”“扫黑除恶”和“2019 中国户外健身休闲大会”“庆祝新中国成立 70 周年”“不忘初心、牢记使命”主题教育等推出一系列展示精准扶贫、新时代文明实践、“不忘初心、牢记使命”主题教育等工作成效和宁远经济社会发展盛况的稿件，形成高端发声的宣传态势，确保网上正面宣传。

【网络舆情】2019 年，宁远县委网信办对多起涉及宁远的敏感舆情，妥善进行回复处置，正面引导舆论，将社会不稳定隐患消灭在萌芽状态，保证全县网络舆情平稳。

【网络问政】2019 年 1 月至 11 月，宁远县委网信办先后向各单位下达网络问政交办函 240 余个，回复率 99%，办理涉宁扶贫舆情帖文共 20 件，回复 20 件。年初，宁远县委网信办敢于亮剑，向省委网信办申请，于 4 月中旬关停缺乏行业自律且不服从管理的自媒体“宁远人宁远事”，起到震慑作用，网络生态稳中向好，精神家园日渐清朗。围绕精准扶贫工作，安排专人搜集网上群众关于精准扶贫工作的意见建议，及时向县扶贫办及涉事部门交办，切实维护贫困群众利益，为全县脱贫攻坚战役开展做出应有贡献。

【队伍建设】2019 年，宁远县委网信办认真贯彻落实习近平总书记关于建设强大网军的重要指示精神，进一步加强网军队伍建设，使之做到政治强、业务精、纪律严、作风硬。2019 年新增房产局、应急管理局、消防大队、科工局、发改局等县直单位网评员。积极谋划乡镇网评队伍建设，要求乡镇（街道）根据各自实际建立一支人数符合工作需求的网评员队伍，并推荐一名网评员加入全县骨干网评员队伍。2019 年底，全县骨干网评员队伍扩大至 100 人。

【网络治理】2019 年，县委网信办扎实开展网络生态治理专项行动、净网 2019 行动、“清朗”专项行动，坚持对网络违法犯罪行为进行全力惩治，强化网络治理，努力维护清朗的网络空间。配合公安部门破获网络诈骗团伙利用网络，以交友恋爱为名实施诈骗案件 1 起，抓获网络诈骗犯罪嫌疑人 17 名，摧毁诈骗犯罪窝点 3 个，缴获涉案手机 60 余台、涉案电脑 15 台。破获女网友微信诈骗案 1 起，抓获犯罪嫌疑人 1 人。侦破网络侵犯公民个人信息案 1 起，破获买卖公民个人信息的团伙 1 个，抓获犯罪嫌疑人 6 人，涉案金额达 20 余万元，查扣涉案手机百余台，电脑 3 台，银行卡数十张。查处发布虚假信息案件 1 起，对违法嫌疑人处以 10 日行政拘留和 500 元罚款的处罚。

（唐新胜　文泉涌　徐艳）

机关事务管理

【概况】2003 年，宁远县设立机关事务局，是直属宁远县人民政府的事业机构，负责县委、县政府大院的所有机关事务。2015 年机构改革，更名为宁远县机关事务服务中心，内设办公室、保卫股、物业管理股、公共机构节能管理股、公务用车管理股，所属股级事业单位：机关物业管理中心、机关物业服务中心、公务用车管理服务中心。2019 年机构改革，定为政府直属公益一类正科级事业单位，2019年有工作人员68人。

【安保服务】2019年，机关事务服务中心聘有安保人员32人。严格执行门卫制度，所有机关工作人员来大院开会、上班、办事都必须佩戴好服务中心统一制作的工作人员证。外来人员前来办事，必须事先预约，凭身份证或其他有效证件，进行登记允许后方可进入；安保工作做到24小时不间断巡逻。积极配合相关部门妥善处理群体性上访事件，全年共处理群访人员78批，计1457人次；单个上访756件，计973人次。实现机关大院无政治事件、无刑事案件、无大案要案、无责任事故。

【会务服务】2019年，机关事务服务中心坚持把会务工作当作办公室服务工作的第一窗口、第一形象抓牢、抓实，通过人性化、标准化、规范化服务，全力提升会议服务水平，认真执行“五不四净”卫生标准，即不见积水，不见积尘，不见杂物，不漏垃圾，不乱倒垃圾，廊面净，桌面净，玻璃净，窗帘净，确保容貌全天候保持整洁。加强消防巡查和会议设施设备保养和维护。全年中心共计各类会议、活动、培训服务千余场次，优质接待省、市领导二十余批次，各类参观团体十多个，会务工作基本做到“全天候”“无条件”“零差错”和“高规格”。

【食堂服务】2019年，机关事务服务中心“四大家”廉政食堂以“实惠、便捷、卫生”为原则，坚持厉行节约、定额供餐、成本核算、经济实惠的标准，分别对餐厅的食品卫生、环境卫生、炊事员的个人卫生、原材料采购、验收、保管、加工、出售、餐具消毒提出明确要求，做到职责明确，管理制度齐全，环环相扣，层层把关，流程合理，操作规范。全年食堂共承担三十桌以上的接待任务三十多次，圆满完成每一次接待任务。

【公共场所卫生服务】2019年，机关事务服务中心以巩固国卫为契机，制定完善机关卫生管理制度，加强对机关大院的环境卫生治理。会同四大家办公室对各办公单位的文明卫生每月进行两次检查评比，对文明卫生工作做得好的单位予以悬挂流动红旗，差的单位亮黄牌警告，机关大院内各办公单位办公室不整洁、地面不干净、垃圾清理不及时等现象明显减少，机关大院内环境卫生焕然一新。

【物业管理】2019年，机关事务服务中心强化扶贫小区管理职责，建立扶贫小区管理考核机制，层层压实工作责任，为扶贫小区物业管理提供制度保障。全年共为六个易地搬迁扶贫小区安装楼道灯电表178个，为富民、惠民、福源、舜华4个小区改建物业管理办公室及社区便民服务用房，为全县易地搬迁扶贫工作做出新的贡献。

【公务用车运行管理】2019年，机关事务服务中心坚决贯彻落实安全第一、服务至上的原则，定期对驾驶员进行安全教育，组织学习各项法律、法规，增强驾驶员的安全意识。完善车辆费用审核管理，对各项申报费用进行详细审核、落实，确认无误后进行签批，确保各项费用合理支出。制定公务用车管理制度，对各类车辆的使用运行进行登记和日常管理。建立一车一档，让车队管理有档可查，有账可查。严格执行车辆派车审批制度和节假日期间车辆管理封存制度，有效禁止公车私用、私车公养等问题。全年以“零失误”的工作标准完成约7760次派车任务，行驶约80.69万公里。先后保障县“四大家”公务出行，各县直单位公务用车，保障团省委驻县扶贫工作督查及县扶贫办日常扶贫工作用车，完成县委、县政府交办的“省、市扶贫组检查扶贫工作”和“团省委扶贫调研工作”等大型活动的派车任务。

【办公用房清理】2019年，机关事务服务中心会同县纪委、县委办、政府办等单位成立办公用房清理工作组，制定《宁远县办公用房统一管理制度》，对各单位办公用房使用情况进行检查，对不符合标准的办公用房进行整改，有效缓解办公用房紧张的状况。

【节能工作】2019年，机关事务服务中心继续按照“意识节能、管理节能、技术节能”工作思路，成功创建全省节约型公共机构示范单位，积极探索合同能源管理模式。充分发挥政府机关节能降耗示范和导向作用，切实履行职责并及时上报数据，把公共机构节能工作作为节约型机关建设的重头戏，大处谋划、小处入手，全面推进全县公共机构节能工作，取得明显成效，达到预期目的。

【安全生产】2019年，机关事务服务中心做好公务车辆的定期维修、保养工作，破除侥幸心理，确保车辆安全运行。做好食品安全工作，完善出纳、采购、仓管、验收等多个环节的管理制度，对餐厅人员进行食品安全责任分解，对餐厅的环境卫生、储存加工、清洁消毒等工作流程进行优化，对原材料购置、食品加工等各个环节严格把关，不定期开展安全检查，确保食品卫生监管无盲区。做好机关大院安全保卫和消防器材的检查和维护，水电服务方面主动安排预防性维修，及时完成日常性维修，认真进行改善性维修。工程技术人员定期对机关大院的电力设施、消防设备、市政设施等进行全面排查，填写好排查日记，切实消除安全隐患。全年共维修电路故障万余次，维修下水管道、更换水龙头上千次，为机关大院内的水电供应提供有力保障。

【创建“绿色机关”】2019年，机关事务服务中心共补栽草花3800多平方米，累计修剪草坪6万多平方米、树木3000多棵。重要节假日、重大活动在机关大院显著位置增加各种形式的宣传内容，提升大院节日气氛，努力营造文明、和谐、优美的办公环境。机关大院绿化覆盖率保持在85%以上，为广大干部职工营造出一个优美舒适的工作环境。

（胡新军）

改革与发展研究

【概况】2019年10月，根据《宁远县机构改革实施方案》文件精神，成立县委改革与发展研究中心，为县委直属正科级公益一类事业单位，设4个内设机构，即办公室、政研室、调研室、财经室，核定全额拨款事业编制12名，其中主任1名，副主任2名，内设机构设股长4名。主要围绕事关全县全局性、综合性、战略性、长期性的问题开展政策跟踪研究和超前谋划，为县委决策提供符合实际的决策依据和参谋服务。搜集整理县内外政治、经济、文化、社会、生态等方面的重要资料，为县委领导提供信息和依据。负责起草县委经济工作报告以及全局性、综合性的新闻发布、检查汇报、典型经验等材料；积极参与和配合有关部门起草、修订县委有关政策性文件、意见、制度。围绕县委总体工作部署、党的中心工作和县委领导交办的调研课题开展调查研究，提出预案和建议；针对党的路线、方针、政策开展专题研究，为县委决策提供参考。承办县委交办的其他事项。2019年，在全市综调工作会议、政研系统工作会议上作典型发言。年度绩效考核为优秀。

【政研工作】2019年，宁远县委改革与发展研究中心政研室按照“谋全局、当参谋、出精品、创一流”的要求，紧扣全县中心大局，紧跟领导工作思路，紧靠基层群众实际，进一步聚焦主责主业，为县委、县政府提供优质文稿服务。全年精心起草各类文稿310余篇、290万字，平均每月26篇、24万字。在市级以上报刊发表文章19篇，其中省级8篇，有力推介宁远经验、提升宁远形象、打造宁远样本。

【调研工作】2019年，宁远县委改革与发展研究中心调研室坚持把调查研究作为谋事之基、成事之道，围绕三大攻坚战、三业融合、三区共建、乡村振兴、民生保障等各类重点难点工作和群众关注焦点，组织开展调研13次，一批调研成果和建议转化为县委主要领导讲话并进入县委决策部署，其中农村贫困失能失智人员集中供养调研报告直接转化为实施方案。

【财经工作】2019年，宁远县委改革与发展研究中心财经室坚持稳中求进工作总基调，对标高质量发展根本要求，紧紧围绕贯彻新发展理念，突出抓好政策预研储备、经济运行调度、产业项目建设、重大风险防范、财政资金管理等工作，向市委财经办报送财经工作信息12篇，财经特色亮点工作6项。组织召开县委财经委员会第一次会议，审议并通过《中共宁远县委财经委员会工作规则》《中共宁远县委财经委员会办公室工作细则》《关于进一步严控财政支出的若干措施》《关于进一步规范县财政与乡镇财政等八大关系的通知》《关于进一步强化招商引资加快发展总部经济的政策措施》《关于进一步加强政府投资项目工程管理的通知》《综合治税工作实施办法》《综合治税工作考核办法》8个文件。统筹协调预算安排和执行，开展全县经济领域重大问题调查研究5次，组织分析全县经济形势3次，有效助力加强县委对经济工作的领导、推动经济高质量发展。

【队伍建设】2019年，宁远县委改革与发展研究中心围绕打造“三手型”干部，注重人才梯队培养，在岗7人，平均年龄24岁，均为本科以上学历，为历届材料班子平均年龄最小、学历最高、后劲最足的一届。引进复合型人才2名，分别为中科大研究生、海南大学本科生，为中心注入新的源头活水，干部队伍结构进一步优化。举办宁远县第四届现场写作比赛，参赛人员200余人，一大批写作能手、优秀种子选手脱颖而出，交流到相关部门受到重用。

（郑飞兵）

党史研究与地方志编纂

【概况】1981年7月，县委设立党史资料征集办公室，开始征集、整理宁远党史资料。1986年8月，成立宁远县地方志编纂委员会，下设办公室，新中国诞生后，开始第一轮编纂宁远县志。1992年，成立宁远县中共党史联络组，组织离退休老同志撰写回忆录。2002年3月，史志合一，成立宁远县党史与地方志征集编纂办公室（简称县史志办）。内设综合股、党史征研股、地方志股三个股室，定编7人，实有6人。2017年，增加1名编制。2018年，招录参公人员1名，编制8名，实有7人。2019年3月，县史志办更名为中共宁远县委党史研究室（县地方志编纂室），编制10名，实有6人。

【出版发行《中国共产党湖南省宁远县历史（1978—2002）》】2019年，县委党史研究室按照“一突出”“两跟进”的要求，牢牢把握“党史姓党”的方向，为党修史立传、续写“红色家谱”，统筹推进党史工作全面发展。党史研究、党史宣传教育等取得新成果。出版发行《中国共产党湖南省宁远县历史（1978—2002）》，全书30万字，该书作为党史基本著作，记录1978年12月至2002年10月改革开放以来，历届县委团结带领宁远人民进行改革开放和社会主义现代化建设的历史，记述和总结宁远改革开放的光辉历程和宝贵经验，为全县开展“不忘初心、牢记使命”主题教育提供学习书目。内部发行《嶷山铸魂》，搜集整理了宁远的革命遗址遗迹，图文并茂，全书12.5万字。该书作为红色乡土教材，免费发放至全县党员干部、中小学校，并作为“不忘初心、牢记使命”主题教育的必读书目。

【编辑出版《宁远年鉴（2019）》】 2019年，县委党史研究室根据“一纳入、八到位”的地方志工作机制，紧扣“两全目标”，实现志书编修、年鉴编纂、旧志整理等统筹并进、协调发展，全力推动地方志事业转型升级。2019年9月,《宁远年鉴（2019）》，由团结出版社出版发行，同步发行网络电子版。《宁远年鉴（2019）》为全省2019年发行最早的县区综合年鉴。《宁远年鉴（2018）》获得第六届全省地方志优秀成果（年鉴类）评选二等奖。

【整理出版1942年版《宁远县志》影印本】 2019年，县委党史研究室整理出版1942年版《宁远县志》影印本，内部发行。该书按旧志格式重新整理为上下两册出版，既保持旧志的原汁原味，又对志书字迹不清或缺失的内容经过考订并加以修补校正。为文史研究者和爱好者、社会各界了解宁远历史、传承地方文化提供参考依据。

【服务大局】 2019年，县委党史研究室推进“两学一做”学习教育常态化、制度化与机关党建规范化建设。深入学习习近平新时代中国特色社会主义思想、党章党规，开展主题党日活动、观看警示教育片，分享学习心得。实行党员积分管理，结合“不忘初心、牢记使命”主题教育，通过学习教育、检视问题，促进史志工作。脱贫攻坚稳增收。联系中和镇白公殿村，扶贫工作对标对表，逐步落实。2019年在巩固脱贫攻坚成果的基础上，完善基础设施和公共服务建设，外出务工转移就业，发展生姜产业项目，促进农民增收致富。做好帮扶工作。37户贫困户按照脱贫不脱政策，帮扶人精准“一对一”帮扶，动态跟踪巩固脱贫成果，未脱贫扶贫户3户，4人全力重点帮扶。

（刘怀剑）

档案工作

【概况】 宁远县档案馆成立于1958年11月，是全国首批建立的539个县档案馆之一。1980年12月设立宁远县档案科。归口县委办。1953年11月改科为局，1985年局、馆合并，1987年局馆分设，2002年机构改革，局馆合一，“一个机构，两块牌子”，为县委直属正科级事业单位，参照公务员管理。2019年机构改革，实行局、馆分设，在县委办增挂档案局牌子，承担原档案局（馆）的行政职能，档案馆则单独设立，作为独立的县委办管理的公益一类副科级事业单位。2019年，档案局（馆）内设5个股室，分别为办公室、管理利用股、业务指导股、法规宣传教育股、信息编研中心。

【档案队伍建设】 2019年，机构改革后，县档案馆具有公务员身份的同志调离至其他单位，由原来的21人减少至14人。年终，通过事业单位公开招聘方式招录一名专业技术人才。同时，组织单位全体干部职工分批次参加湖南省档案学会举办的2019年档案业务培训班学习。年底，组织全县150多个单位的专（兼）职档案员进行业务培训，邀请永州市档案局领导、专家授课，促进全县档案员的业务素质提高。

【档案管理和利用】 2019年，县档案馆建立方便人民群众的档案利用体系，5楼民生档案馆得以充实；2楼的档案数字化完成9000多卷，70%的查阅工作可以在电脑上进行；年接待档案查阅利用一万多人次，调卷查阅两万多卷（册）；结合“不忘初心、牢记使命”主题教育设立党员先锋模范岗，9月的全县“窗口好差评”24个单位中，列11名（97.22分）。建立确保档案安全保密的档案安全体系，年初抽调一名工作人员参与组织部开展的全县党员档案清理指导；3楼库房配置10万元的水感、温感、烟感预警系统，馆内设施进行一次大检修；3月和4月，对各单位档案室进行安全保密大检查。

【档案业务指导】 2019年3月，宁远县下发关于印发〈宁远县国家综合档案馆档案接收服务工作流程〉的通知》文件，档案移交进馆工作有序进行，其中土地确权档案接收进馆20多万卷，该项工作在全省排前列，涉改单位药材公司和商粮局的档案正在做交接手续。2019年，到全县100多个单位进行业务指导及移交催收督促。

【档案编研】 2019年，县档案馆参加湖南省第二十七次学术论文竞赛，选送5篇论文参赛，其中陈靖撰写的论文《地方综合档案馆档案信息资源开发研究》获三等奖。10月份，编印出版发行《2018年宁远县大事记》，印刷300份，免费赠送各单位；搜集资料充实6楼舜文化展厅。

【档案宣传与执法】 2019年“6·9”档案日，县档案馆通过现场、网络等多种方式开展宣传活动。全年订阅《档案时空》300余册，发行量居全市前列，覆盖到全县各单位。

（王巍峰）

信访工作

【概况】 2019年，宁远县认真贯彻落实习近平总书记关于信访工作重要批示精神和中央、省、市关于信访工作的系列决策部署，牢固树立以人民为中心的思想，紧紧围绕“为民解困、为党分忧”促进社会和谐稳定这一目标，夯实基层基础工作，开展“三无”创建“四重攻坚”“千案攻坚”“中央扫黑除恶督导组交办案件”化解等活动，扎实推动信访工作上档进位，促进全县信访形势持续向好发展。突出抓好省、全国“两会”、新中国成立70周年庆典特护期信访稳定工作，提早谋划部署、狠抓措施落实、筑牢九道防线，确保圆满完成安保任务，实现“五个不发生一个确保”的工作目标任务。

【信访会议】 2019年，副市长、县委书记刘卫华3次召开县委常委会议，县委副书记、县长唐何4次组织召开政府常务会，县委副书记刘军君4次组织召开信访联席会议，专题研究、安排部署“三无”创建、办理中央督导组交办件、“四重攻坚”“千案攻坚”新中国成立70周年大庆等特护期的工作；研究制订《宁远县办理中央扫黑除恶第16督导组交办件工作方案》以及《“三无”乡镇、社区创建工作方案》，成立由县委副书记刘军君任组长的工作领导小组；先后4次召开全县性大会进行动员部署，各乡镇（街道）、县直单位向县委、县政府递交《信访工作责任状》，强力推进信访稳定工作。

【信访宣传】 2019年5月、10月、12月，宁远县3次开展部门联合集中普法宣传活动，将《信访条例》、网上信访口袋书及其他信访工作相关的法律、法规编辑印发2万余份宣传资料，完善并建设好“宁远信访”微信公众号，在今日头条、《法制周报》、政府网等及时宣传宁远信访工作动态，加大信访法治化建设的宣传力度。

【夯实基层基础】 2019年，宁远县继续开展“三无”创建工作，各乡镇（街道）、县直单位向县委、县政府递交《信访工作责任状》，明确目标任务、工作步骤、主要措施、工作保障。通过“三无”乡镇（街道）和“三无”村（社区）创建活动，宁远县尚未达到“三无”县区标准，96.5%的村（社区）、85%以上的乡镇（街道）达到“三无”标准，进一步压实基层和属地责任，最大限度地减少矛盾积累、信访上行，做到一般信访矛盾不出村（社区）、较大信访矛盾不出乡镇（街道）、重大信访矛盾不出县。通过“三无”创建，加强源头治理，基层基础工作得到夯实。

【畅通信访渠道】2019年，宁远县完善领导接访长效机制，坚持县级领导周一大接访，其他工作日安排一名（特护期每天2名）县级领导在信访接待中心视频接访室坐班接访，信访局和联席办班子成员轮流到县政府机关大院和视频接访室值班接访，乡镇（街道）、县直单位每天由班子成员带班接访。要求各级领导干部主动下访或约访、回访，到问题最突出、矛盾最集中的地方，主动听取群众的意见和诉求，对诉求反映强烈的群体或对象主动约谈、回访。1—12月，县级领导有540人次带队坐班接访，全县共接待群众来访2710批、5787人次，比2018年同期增加1469批、2098人次。其中：集体访204批、1998人次，当场处理信访问题342件，交办257件，比2018年同期增加98批、715人次。其中副市长、县委书记刘卫华，县长唐何2次参加“视频接访活动”，唐何县长4次组织约访，会商所包信访积案化解工作，书记、县长接待群众来访29批、38人次，当场解决信访问题11件次。

【规范信访业务】2019年，宁远县强化首办责任制，随时接访、及时交办督办，推动初信初访问题依法、及时、就地解决；完善“互联网+信访”建设，打造网上信访主渠道，深化“一网一微一端”平台和视频接访系统应用，加快推进让群众“最多访一次”的做法。深入推进信访事项群众满意度评价。全年，按期办结市委书记、市长批示交办督办件13件，其中息访息诉5件；网上受理来信282件、来访569件、网上建议274件、网上投诉591件，合计1716件，同比增加751件；县信访事项复查复核办公室受理复查信访事项26件，不予受理6件，分流5件。

【信访积案化解】2019年，中央扫黑除恶督导组受理交办宁远县信访件75件已全部按期办结；市“千案攻坚”交办宁远县124件已经基本办结，其中化解56件；县“两办”集中交办信访积案80件，多数按期办结；“四重攻坚”活动各级交办信访件13件，全部办结，其中化解12件，1件进入司法程序，息访8件。

【专项行动】2019年，宁远县圆满完成省“两会”、全国“两会”、新中国成立70周年庆典等特护期安保任务。对特防期信访维稳工作研究早、安排早、要求高、抓得实、卓有成效，实现“五个坚决不发生”、进京访零登记零挂号的工作目标，得到市委肯定。让信访老人回家专项行动成效显著。制订工作方案，排查交办7件信访件，通过走访、协调、疏导、帮扶、救助，确保“信访老人”安心生活，没有发生越级访。顺利完成县内重大活动的安保任务。

【信访督查】2019年，县信访联席办对每个周一大接访都进行督查，每周一通报。对进京非访严格追责，下发7期追责通报，对21个责任单位、12位责任领导、责任人在全县通报批评，对21位单位主要领导进行约谈，对8名包案领导进行诫勉谈话，对3名责任人报请县纪委问责，要求21个单位对相关责任人追责到位，对湾井、柏家坪、清水桥、文庙、东溪、司法局6个单位实行信访工作重点管理。

【依法治访】2019年，宁远县对违法上访，或扬言进京上访滋事、报复社会的，敢于亮剑，坚决依法惩治到位。2019年，共判刑6人，刑事拘留8人，直接监视居住1人，行政拘留39人次，教育训诫33人次。

（谢兴明）

党校工作

【概况】宁远县委党校成立于1956年。2019年，中共宁远县委党校（宁远县行政学校）内设办公、教务、科研、政工、总务五室，共有教职员工22人。对标示范性县级党校评定细则和市委督查通报的要求，强主责、聚主业、攻主课，力求创新，力求突破，全面完成各项工作。2019年，被评为永州市党校系统唯一的科研工作先进单位，全县绩效考核评估和重点工作表彰通报中获人才工作先进单位、意识形态工作先进单位及重点项目良好单位。

【教学工作】2019年，县委党校扎实抓好干部培训。以主体班培训为载体，加强对党员干部的理论培训。按照年初计划，全年共开展2期主体班，共4个班次，通过主体班授课，为全县党员领导干部搭建起学习党的理论、路线、方针、政策的重要平台。以“不忘初心、牢记使命”主题教育为契机，送课下乡，送课到其他县直单位。在“不忘初心、牢记使命”主题教育期间，党校教师到县直单位和乡镇等20多个单位宣讲，充分发挥党校理论培训主渠道作用，使全县党员领导干部进一步掌握习近平新时代中国特色社会主义思想，牢记初心使命，锤炼党性，进一步在思想上政治上行动上与党中央、省市县委保持高度一致，增强工作的执行力和创新力，铸就忠诚、干净、担当的政治品格。勇于开展教学创新。丰富党性教育形式。规范形成“宁远烈士公园——舜帝陵廉政教育基地——乐天宇生平事迹馆——司法局警示教育基地”的统一红色教育路线，利用每一个现场教学点开展对应的现场教学课程。如烈士公园的《长征精神永放光芒》、舜帝陵廉政教育基地的《朗朗虞舜德　习习清廉风》、乐天宇生平事迹馆的《煤油灯的光芒》、司法局警示教育基地的《知敬畏，守底线》等。自编自导自演《践行入党誓词》等情景党课。通过探索创新党课授课形式，使党课课堂不仅局限于三尺讲台，还搬上舞台，走进朋友圈。创新党性教育主体，充分发挥学员主体作用。2019年，党校突破以往的授课方式，在主体班开展“感动自己感动他人党史国史故事分享会”，学员不仅是听课者，也是授课者，让学员在上台分享红色故事的过程中锤炼党性。以县“不忘初心、牢记使命”主题教育晚会为契机，全体教师和学员共90多人参与党校编排的《芙蓉国里尽朝晖》情景舞台剧，让学员在党史国史中感受祖国的辉煌、苦难、复兴，增强奋斗的动力。注重打造精品党课。2019年，党校举全校之力精心打造《科学把握新时代我国社会主要矛盾》《坚持以人民为中心——积极践行中央一号文件精神》两堂课参加党校系统第十三届教学比赛。教师吴向辉在省级比赛中，获县区级党校二等奖，在市级比赛中，获县区级党校一等奖，其个人获市“劳动模范”称号。在宁远县“党课大比武”中，党校2名参赛教师获一等奖和三等奖。在全县“党支部书记大比武”中，党校创新开发的《践行入党誓词》情景党课获一等奖，并多次在重要场合演绎。市委组织部专门调这堂课参加庆祝新中国成立70周年“学习强国之永州答卷”大型电视知识竞赛活动总决赛的节目表演。该党课被冠以“可以在朋友圈上的党课”，湖南红网、学习强国APP、永州在线、宁远政府网等媒体对《践行入党誓词》这种创新型党课进行宣传报道。在全市党性教育精品课比赛中，党校打造的精品课《践行入党誓词》《不过小生活》分别被评为一等奖和二等奖。

【科研工作】2019年，县委党校立足于党委、政府决策咨询思想库的定位，始终把科研工作围绕党的中心工作开展，聚焦全县社会发展的重点难点热点问题开展基础性、前瞻性、对策性研究，努力发挥党校“地方智库”主阵地作用。《中部地区现代化县域经济发展的路径研究》《宁远县重点项目中如何保障群众利益的实证研究》等4个课题，紧紧围绕宁远县当前的现实问题，对县委、县政府决策有一定的参考价值，于2019年顺利结项。其中《宁远县红色文化资源在党性教育中的挖掘与运用研究》被湖南省委党校行政学院系统社会科学届联合会评定为优秀等级，是永州市所有党校，包括市委党校在内的唯一被评为优秀的结项论文。《宁远旅游“火起来”研究》《从农业大县到农业强县的“嬗变”——以宁远县为例》《扭转农村教育薄弱问题研究》《新时代文明实践中心建设宁远模式的实践与思考》《党建实功实做研究》5个课题由湖南省党校行政学院系统社会科学届联合会审定后成功立项，占永州市12所党校（包括市委党校在内）总立21项的24%，在11个县区党校中排名第一。党校教职员工撰写多篇调研论文，其中1篇获2019年度全省党校行政学院系统理论研讨会三等奖，2篇获市二等奖，2篇获市三等奖。2019年11月，宁远县委党校在湖南省党校行政学院系统第九届科研工作中被评为先进单位，为永州市党校系统唯一获此殊荣的单位。

【扶贫工作】2019年，县委党校帮扶禾亭镇禾亭社区，当年脱贫15户、32人。改选村情复杂的大谷网格支委，把政治素质好、引带能力强的王松清等人选拔到大谷任职。突出产业带动，增强脱贫攻坚活力。在周家、肖家、刘家，引导村民种植烤烟900亩，增收200余万元；刘家的新力鞋厂就业扶贫车间，扩大规模增加流水线，吸纳65名劳动力在家门口就业，人均月收入2500元以上；在大谷桃源岭自然村流转土地50亩种植红薯，利用红薯干加工扶贫车间，带动周边贫困户30多人就业。争取资金项目，鼓足脱贫攻坚后劲。争取资金20万元在周家网格永兴河上兴建一座桥梁，为村民出行和生产带来便利。抓实驻村帮扶和点对点帮扶，巩固脱贫攻坚成效。真正为老百姓做实事、解难事。

（唐娟）

宁远县人民代表大会

综　　述

【概况】1954年6月27日，宁远县第一届人民代表大会第一次会议召开，标志着人民代表大会制度在宁远县正式确立，至今已达十七届。1980年12月15日，宁远县第八届人民代表大会第一次会议召开，选举设立宁远县人民代表大会常务委员会，为县人民代表大会的常设机关，对县人民代表大会负责并报告工作，至今已更迭10届。2019年，宁远县人大常委会机关共有在编人员42人，其中正处级领导干部3人、副处级领导干部12人、正科级干部11人、副科级干部6人、科员1人、工人9人。2019年机构改革，县人民代表大会设有财政经济委员会、监察和司法委员会（法制委员会）、教育科学文化卫生委员会、民族华侨外事委员会、环境与资源保护委员会、农业与农村委员会、社会建设委员会7个专门委员会；县人大常委会设有办公室（信访室）、选举任免联络工作委员会2个办事机构，另设立宁远县人大信息中心，为副科级事业单位。2019年，宁远县人大常委会高举习近平新时代中国特色社会主义思想伟大旗帜，认真学习贯彻中共十九大和十九届二中、三中、四中全会精神以及习近平总书记关于坚持和完善人民代表大会制度的重要思想，在县委的坚强领导和上级人大的精心指导下，紧扣常委会年度工作计划要点，依法履职行权，狠抓工作落实，较好地完成各项任务，为推进全县民主法治建设和经济社会发展做出积极贡献。全年共召开常委会会议6次、主任会议13次，听取和审议专项工作报告26项，开展调研、视察、执法检查16次，作出决议、决定8项，进行人事任免6次。

【人事任免】2019年，宁远县人大常委会坚持党管干部原则和人大依法任免相统一，进一步规范人事任免工作流程，认真落实任前调查、法律知识考试、拟任职发言、投票表决、宪法宣誓、颁发任命书等法定程序，增强被任命人员的宪法意识、法治意识和责任意识，确保任免工作的规范性和严肃性。一年来，依法任免国家机关工作人员144人次，任命人民法院陪审员72人次，为全县经济社会发展提供坚强的组织保障。同时，及时听取和审议县政府工作部门2018年度工作情况的报告,“两院”2018年专项工作情况及有关业务科（局）、室工作情况的报告，督促被任命人员忠于职守、认真履职。

【依法监督】2019年，宁远县人大常委会坚持把解决人民群众最关心、最直接、最现实的利益问题作为工作的出发点和落脚点，认真行使宪法和法律赋予的职权，突出监督重点，创新监督形式，提升监督水平，增强监督实效。先后听取和审议国民经济和社会发展、财政预决算、预算执行、预算调整和财政收支审计等专项报告，并及时作出相关决定、决议，督促县政府防范和化解财政风险，扎实做好稳增长、促改革、调结构、惠民生各项工作举措。提请县委出台《关于建立县人民政府向县人大常委会报告国有资产管理情况制度的意见》，首次听取和审议行政事业性国有资产管理的综合情况报告和旅游国有资产专项管理情况的报告，切实加强对国有资产管理的监督。组织省、市、县、乡（镇）四级人大代表中的80余位民营经济人士和人大机关联系项目业主开展视察活动，召开座谈会，听取他们的意见建议，并及时交办给县政府，督促县政府及其工作部门认真解决相关问题，全力支持民营经济发展。组织对县农业农村局、县市场监督管理局、市生态环境局宁远分局3个单位进行工作审议，通过听取汇报、召开座谈会、查阅资料、问卷调查、现场查看、与服务对象面对面交流等方式，有效地促进这些单位的依法行政和工作开展。组织开展《中华人民共和国水污染防治法》《湖南省湘江保护条例》《湖南省饮用水源地保护条例》《中华人民共和国动物防疫法》和《中华人民共和国农产品质量安全法》等5部法律实施情况的执法检查，确保法律的正确实施。积极开展“三湘农民健康行”“民族团结进步行”“农产品质量安全行”“环保世纪行”等“四行”活动，进一步督促解决“老百姓看病难、看病贵”“民族地区发展不平衡、不充分”“农产品质量低、总量少、产品单一”“天欠蓝、水欠碧、土欠净”等问题。加强房地产小区整治。围绕县委、县政府“两个清零”目标，针对集体土地上的违规建设项目处置难的问题，深入调研，有针对性地提出县城规划范围内集体土地上的违规开发房产项目的处理意见，为县委、县政府提供决策参考，进一步推动解决一批长期想解决而没有解决的突出问题，有效规范全县房地产开发小区的秩序。加强规范性文件备案审查工作，审查备案“一府两院”和各乡镇人大报备的规范性文件14件，做到有件必备、有备必审、有错必纠。高度重视信访矛盾化解。把群众来信来访作为了解社情民意的重要窗口，注重回应群众合理合法利益诉求，积极畅通信访渠道，全年依法接待和处理人民群众来信来访100余人次，使一批信访问题得到妥善处理，为引导社会舆论、提升公众满意度、维护社会和谐稳定作出积极努力。

【代表工作】2019年，宁远县人大常委会坚持尊重代表、依靠代表、服务代表，不断创新工作机制，丰富活动内容，积极为代表履职创造条件，不断提高代表的履职能力。6月，配合永州市人大常委会组织部分市人大代表赴上海复旦大学进行为期7天的履职培训。7月，组织20个乡镇（街道）人大主要负责人赴山东省青岛市、浙江省衢州市学习考察代表工作站建设和运行。12月，组织全县省、市、县三级人大代表集中培训和人大代表知识竞赛，大大提高全体人大代表的学习积极性和履职的能力水平。在原有的基础上对全县20个乡镇（街道）代表工作站进行高标准的升级改造，实现硬件标准化、制度规范化、活动常态化、联络信息化。组织省、市、县、乡四级人大代表中的民营经济人士和人大机关联系项目业主开展集中视察，通过切身感受引导各级人大代表提振发展的信心，在助推全县经济社会发展中当表率、做贡献。精心组织迎“五一”宁远县省、市、县三级人大代表和人大工作者“徒步九嶷山”竞赛活动，增强全体人大代表团结协作、互帮互助精神，引领全县新时代文明实践活动开展，激发全体人大代表和人大工作者干事创业的精气神。坚持有计划地安排代表轮流列席常委会会议和参加常委会组织的视察调研、执法检查、审议评议等活动。充分运用宁远县人大网、人大代表微信群，推动上下左右保持紧密的工作联系和互动格局，畅通社情民意表达渠道。规范和健全“常委会组成人员联系代表”“代表联系人民群众”“代表小组活动”等制度，强化常委会组成人员与代表、代表与选民、代表与代表的联系和沟通。制定出台《宁远县人大代表活动经费管理使用办法》，提高代表的活动经费，代表履职的经费得到保障。加强对代表的实绩管理和考核，评选表彰乡镇（街道）人大工作先进单位、优秀县人大代表、先进人大工作者、先进人大代表工作站和优秀代表议案建议，激励广大代表和人大工作者恪尽职守、认真履职。坚持把办好代表建议作为保障代表民主权利的有效途径，全力推动代表建议的办理落实。对宁远县十七届人大三次会议上提出的249件议案、建议，宁远县人大常委会会同宁远县人民政府按照“三个面对面”办理机制的要求，进行交办、督办，有效推动承办单位及时办理答复，办复率100%，满意和基本满意率100%。宁远县人大常委会听取和审议9个重点承办单位办理代表议案建议情况的汇报并进行评价，评价结果向县委、县政府通报，向社会公告。通过跟踪督办，宁远县第十七届人大三次会议通过的《关于切实加强传统村落保护和利用，活跃乡村文化旅游，推动实施乡村振兴的决议》，经宁远县人民政府高位推动，取得良好的开端。

【视察调研】2019年，宁远县人大常委会热情服务县委中心工作，紧紧围绕《宁远县人大常委会2019年度工作计划要点》以及重大民生、热点问题开展专题调研，重点对乡村振兴、民营经济发展、乡镇卫生院建设、少数民族发展等方面进行调研，提出许多富有建设性的意见建议，为县委、县政府的决策部署提供重要的参考。其中，《〈湖南省散居少数民族工作条例〉实施情况的调研报告》，提出“要用足用够优惠政策、优先培养民族干部、切实保障民族事业”等富有建设性的建议。《关于全县乡镇卫生院管理建设的调研报告》针对制约乡镇医疗服务管理中存在的突出问题，提出“加大设施建设投入、充实人才队伍、建立创新机制”等意见建议，有力推动全县乡镇卫生事业的大改善、大提升。

【人大自身建设】2019年，宁远县人大常委会扎实组织开展“不忘初心、牢记使命”主题教育和“三比三创”活动。通过办读书班、听报告、上党课、集中研讨、看警示教育片、接受革命传统教育、召开民主生活会等形式，认真系统地学习中共十九大、十九届四中全会精神、习近平新时代中国特色社会主义思想以及习近平总书记的重要论述、重要指示精神，并切实在学懂弄通做实上下功夫，把学习成效转化成担当履职的强大力量。不断加强机关党组织建设，认真落实“三会一课”制度，大力强化政治建设、思想建设、作风建设，强化示范引领，促使机关党员干部牢固树立“四个意识”，坚定“四个自信”，做到“两个维护”。提升机关效能。主动适应新形势，认真梳理人大机关各项规章制度，修订完善《宁远县人民代表大会常务委员会决定、决议和审议意见、建议交办督办办法》、人大机关财务管理等多项工作制度；注重加强人大机关干部队伍建设，按照全县机构改革要求，县人大新设立6个专门委员会，调整充实部分专门委员会和常委会工作机构人员，进一步优化人大干部队伍的年龄和专业结构。扎实开展扶贫工作，县人大机关联系的村有亮点、有特色、有成效，扶贫工作有力有为。积极开展市文明标兵单位创建活动，主动参与共建活动，真抓实干，善作善成，在“十城同创”中贡献人大力量。

【宣传工作】2019年，宁远县人大常委会坚持正确的舆论导向，聚焦宣传人大制度、讲好人大故事，认真办好宁远人大网站。制定出台人大系统新闻宣传工作考核奖惩办法，充分调动全县人大系统开展新闻宣传工作的积极性，年内在省市县各类报刊、网站刊登宣传人大工作的稿件100余篇（条）。注重宣传人大代表为民代言的先进事迹，10 名县（乡）人大代表的履职先进事迹得到市人大常委会宣传推介，对外传递人大声音的信息数量和质量大幅提升。

重要活动

【纪念地方人大设立常委会 40 周年系列活动】2019 年 12 月 27 日，宁远县纪念地方人大设立常委会 40 周年庆祝大会在县政务中心召开。县人大常委会主任张明贵代表常委会作工作报告，副市长、县委书记刘卫华作重要讲话。除召开庆祝大会外，还编纂成果集式的《坚实的脚步 辉煌的历程》一书、举办宁远县纪念地方人大常委会设立 40 周年成果展、人大代表知识抢答赛暨文艺演出等，多形式、多角度、全方位回顾总结 40 年来宁远县人大及其常委会工作取得的成就和经验。

重要会议

【县第十七届人民代表大会第四次会议】2019 年 12 月 28 日—31 日，宁远县第十七届人民代表大会第四次会议在县政务中心召开。会上，县委副书记、县长唐何作政府工作报告，宁远县人大常委会主任张明贵作常委会工作报告，县人民法院院长吕新陵作法院工作报告，县人民检察院检察长周辉作检察工作报告，县财政局局长杨国基作财政工作书面报告，县发改局局长曾彩平作国民经济及社会发展计划工作书面报告。大会表决通过上述工作报告，并决定将《关于提质改造我县农贸市场的议案》《关于提倡厚养薄葬，加强公墓区建设的议案》和《加强农村建房管理，推进乡村振兴的议案》作为大会议案办理。

【宁远县人大常委会会议】2019 年，宁远县人大常委会共召开 6 次会议，先后听取和审议财政预算决算、部门审计、城乡规划、环境保护、国有资产管理、学位建设、农村安全饮水、民营经济发展、公益诉讼工作、民事审判工作、议案和建议办理等方面的工作报告，及时形成了决定决议，促进有关问题的解决。

（李国燕　万运新　张坚飞）

宁远县人民政府

综　　述

2019年，宁远县人民政府聚焦聚力建设宜居宜业宜游生态文化公园，敢于斗争、勇于担当，有力推动经济社会高质量发展，打造一批新亮点，探索一批新经验，获得一批新荣誉，交出一份沉甸甸的答卷。成功通过全国卫生县城、基层中医药工作先进县复审，获全国新时代文明实践试点县、财政工作先进集体、农房建设示范县、绿化模范县、政府网站集约化建设优秀县，全省园林县城、茶油大县、烟叶生产优秀县、公共文化服务体系建设示范县、再生资源回收利用网络体系建设示范县称号，连续两年入选中国最美县域榜单。生猪生产、就业扶贫、城乡环境基础设施建设等23项工作在全国和省、市作典型发言，承接产业转移、易地扶贫搬迁、农村综合改革等15个省市现场会在宁远召开，极大提振全县人民的荣誉感和自豪感。

*着力兴产业、上项目，质量效益持续向好。*针对结构调整、转型阵痛、环境约束、区域竞争的多重挑战，采取有力措施建项目、强工业、富农业、活三产。产业项目强力推进。深入开展产业项目建设年活动，安排重点产业项目65个，完成投资130.4亿元。省“五个100”、市“五个10”重大产业项目完成投资36.7亿元，两次在全市产业项目建设现场会上作典型发言。新型工业提质升级。新兴产业快速成长、传统产业改造优化、园区活力加快释放。完成规模工业总产值157亿元，增长12%，新入统规模工业企业15家，排全市前列。新增高新技术企业10家，高新技术产业产值占比71.3%。光电智能终端、新能源新材料两大产业补链延链强链，新型环保建材产业园开工建设。园区环评成功获批，园区路网建设进展顺利。“135”工程升级版新建标准厂房45万平方米，排全市第一。获全省节约集约用地先进产业园区、省级大数据产业园区、绿色园区、智慧园区、新型工业化产业示范基地称号。现代农业稳产增效。收购烤烟16.86万担，超额完成市分配任务，连续七年保持全省第二、全市第一。积极应对生猪产能下降、猪肉价格飙涨的双重影响，率先启动生猪生产转型升级，引龙头、建基地、扩规模、保供应，集中开工建设生猪标准化养殖小区10个，成功举办全省生猪全产业链建设现场会。4家农业企业认定为粤港澳大湾区“菜篮子”生产基地。新增家庭农场、专业合作社、休闲农庄144家，市级农业龙头企业7家。旅游服务业蓬勃兴起。按下全域旅游示范创建“快进键”，九嶷山舜帝陵景区创国家AAAAA级旅游区取得阶段性成效，三分石和下灌景区创国家AAAA级旅游区通过景观质量评审。成功举办中国户外健身休闲大会、环中国国际公路自行车赛、第五届世界儒家文明大会、福建舜裔宗亲“千人团”祭祖暨舜文化万里行等活动，获评最受海外游客欢迎的内地旅游目的地，下灌村获评湖南省旅游名村。接待游客、旅游收入同比分别增长22.3%、

23.5%。商贸流通“千百工程”和“优供促销”推动消费升级，完成电商交易总额45.8亿元，增长18.4%。

着力强基础、促振兴，城乡一体持续推进。举全县之力开展“十城同创、文明共建”，绘好大美宁远工笔画，城乡颜值气质提升。县城辐射带动增强。“一城两翼”矗立成型，昔日旧城变新城，路宽、楼高、景美、街靓、人更文明。南部生态文化新城展露新姿，城区路网纵横互通，九嶷大道、湘妃大道、文化路基本建成。旧城提质步伐坚实，老旧小区、棚户区改造提速加力。“双修双改”“两供两治”“气化宁远”“五化行动”卓有成效，城北水厂建成投运，莲花山公园、沿江风光带绿化提质。卫生保洁、禁燃禁放、占道经营、交通秩序管理精细长效。两供两治、双修双改工作经验在省市推介，跻身全国装配式建筑园区示范基地。乡村振兴推进有力。紧扣“20字方针”，抓实“五个振兴”。率先推行“三清一拆一改一挂钩”“五治五化”农村人居环境治理模式。“厕所革命”深入推进，新（改）建农村户厕9989座。“一户一宅”“建新拆旧”落地见效，拆除空心房1.3万间，腾退土地345亩，复耕复绿320亩。传统村落保护扎实推进，天堂镇大阳洞村等10个村入选第五批“中国传统村落”。九疑山西湾村入选全国乡村治理示范村。湾井镇获评全国卫生乡镇、九疑山瑶族乡获评全省卫生乡镇。弘扬舜帝德孝文化，推动形成文明乡风、良好家风、淳朴民风。全市新时代文明实践中心建设现场会在宁远县召开，农村饮水安全、农村人居环境整治在全市作典型发言。基础设施不断完善。全方位、全覆盖、全贯通的基础设施网络加快形成。实施重大基础设施项目65个，完成投资50亿元。柏柑、二广高速宁远东互通至天堂、仁和至冷水公路进展顺利，天堂至梅岗、禾亭至太平两条道路改扩建启动实施，全县所有25户以及100人以上的自然村都实现通水泥（沥青）路。城乡客运一体化示范县创建稳步推进，60万农村群众出行更方便。涔天河灌区宁远段、仁和坝大型水闸以及病险水库除险加固全面铺开，水毁水利工程进展顺利。开发耕地1.8万亩。梅岗风电场并网发电，65个行政村农网改造完成。农村无线率96.8%，光网覆盖率98.8%。

着力大承接、增活力，改革开放持续深化。坚持深化改革与扩大开放“两手抓”，以革故鼎新之势破陈规、辟新途、降成本，极大释放市场活力。各项改革全面深化。基本完成县级机构改革任务。210项“一件事一次办”改革上线运行，下放乡镇（街道）和村（社区）29项，让群众办事更便利。工程建设项目审批制度改革、不动产登记集约改革，让营商环境更优化。财税和投融资、城镇建设、农村土地确权颁证等改革有序推进。积极响应市委的号召，率先开展农村房地一体确权登记试点。全市深化农村改革推进会在宁远县召开，农村集体产权制度改革在全省作典型发言，获省农村承包地确权登记颁证纠错工作、数据互联互通工作试点县。创新创业能力增强。市场活力、创新潜力充分激发，发放创业贷款3870万元，市场主体达到2.3万户。国家级星创天地，省级众创空间、工程技术研究中心不断涌现；获全省技能培训先进县。开放承接步伐加快。主动对接开放崛起“五大专项行动”，积极融入粤港澳大湾区建设，引进500强企业2家，实际利用外资、内联引资分别增长16.7%、19.8%。外贸进出口额19.1亿元，增长27%，增势强劲。成功举办全市承接产业转移示范区建设现场会，并作典型经验推介。获评国家级外贸转型升级基地。

着力治污染、重保护，生态建设持续增效。坚持绿水青山就是金山银山，推动生态环境高颜值和经济发展高质量协同共进。中央和省级环保督察以及“回头看”反馈问题整改取得实效。餐饮油烟整治、垃圾焚烧治理、扬尘污染防治、工业企业污染整治深入实施，城区空气质量优良率为96.7%，同比提升6个百分点。永州东部生活垃圾焚烧发电厂推进迅速。河长制、路长制、楼长制巡查常态化，饮用水源地环境保护专项整治工作获生态环境部通报表扬；工业园污水集中处理实现在线监控。集中式饮用水水质达标率100%。土壤污染防治、农业面源污染治理扎实有力。国家和省级森林城市创建厚植生态底色，造林绿化4.2万亩，“四边”绿化315公里，建设全国森林乡村4个。国家森林公园管理工作在全省作典型推介，九嶷河国家湿地公园被评为省生态文明教育基地。全省“大美湖南，绿行三湘”活动首发式在宁远县举行。“天然氧吧”工作在全市作典型发言。

*着力真脱贫、惠民生，人民生活持续改善。*坚持打好增投入、保基本、补短板、兜底线、促公平的民生“组合拳”，切实解决群众“头等大事”和“关键小事”。脱贫攻坚纵深推进。聚焦“两不愁三保障”，创新实施“五单预警”“问题清零”“六个一”活动。率先推行“三分三千”帮扶模式、“兴产业帮就业促创业”增收模式、“四引四促”后扶模式，落实“3+X”差异化帮扶措施，开设“致富车间”216个、特设岗位1512个，吸纳贫困劳动力就业4776人。产业、就业、教育、医疗、住房保障政策全面落地，水、电、路、讯、房、环等“六到农家”全面巩固提升。全省脱贫攻坚实地考核取得预期成效，易地扶贫搬迁迎国检获得好评，就业扶贫在全省作典型发言，全省教育科研扶贫现场会在宁远县召开。社会保障精准有效。新增城镇就业6314人，农村劳动力转移就业5231人，就业工作在全市作经验推介。养老、医疗、生育、工伤、失业等社会保险制度不断完善，城乡低保、医保和救助水平稳步提高，退役军人服务保障明显增强。全省西南片区养老服务体系建设现场会在宁远县召开。社会事业蓬勃发展。学位、床位、车位、摊位、厕位“五位建设”深入实施。二中、八小、九小、十二小后续工程和九中、十中、十一中一期工程建成并投入使用，七小、十三小、一中新校区、新职业中专全面开工，169所农村薄弱学校、25所学校标准化食堂改造完工。新增学位1.4万个，化解大班额623个。教育质量不断提升，高考二本以上上线1181人，增长9.8%。健康惠民稳步推进，妇女儿童医院、人民医院新城分院、乡镇卫生院、村卫生室标准化建设提速，县域紧密型医共体、分级诊疗体系、医疗卫生网格化管理启动实施，计划生育政策全面落实。基层公共文化服务体系建设不断加强，在全市率先建成图书馆、文化馆总分馆体系；3处文物古迹入选全国第八批重点文物保护单位，居全省第一；文体活动丰富多彩、文化创作佳作迭出，成功举办省青少年举重锦标赛，被评为省体育后备人才基地。全国公共文化服务示范区创建全市第一。

*着力防风险、保安全，社会大局持续稳定。*坚持明界限、盘底数、化存量、控增量、堵后门、开前门，超额完成全年化债任务，争取上级债券资金5.03亿元，获评省预算编制审核及财政运行指导试点县，财政绩效考核获全省第一，财政管理工作4次在全省作经验介绍。积极推动国有公司市场化转型，务实推进政银企对接合作。严厉打击非法集资，“一签两查三控四治”模式在全市推介。年末存、贷款余额分别增长8.3%、15.3%，排全市第二。安全生产持续向好，大排查大整治大管控百日行动推动隐患“清零”；全力抓好防汛抗旱、森林防火、减灾救灾，安全生产事故和死亡人数“双下降”。落实“四个最严”要求，食品药品安全风险防控有力。信访形势平稳，“百案攻坚”“三无”创建成效明显。大力开展集打斗争、扫黑除恶、“三贷三霸”、农村

道路、酒驾醉驾专项整治和新一轮禁毒人民战争，扫黑除恶走在全市前列。获评全省“七五”普法中期先进县。

着力转作风、勇担当，行政效能持续提升。认真开展“不忘初心、牢记使命”主题教育和“三比三创”活动，全体党员干部把深入学习习近平新时代中国特色社会主义思想作为首要政治任务，在学深悟透做实上下功夫，干事创业敢担当、为民服务解难题、清正廉洁作表率。自觉接受人大和政协监督，县级领导带头领办民生建议和重点提案，办理人大代表建议249件、政协提案78件。认真办理县十七届人民代表大会第三次会议上作出的《关于切实加强传统村落保护和利用、活跃乡村文化旅游、助力实施乡村振兴的决议》，编制传统村落规划12个，投资1.6亿元修缮县内历史建筑、文物古迹2600余栋(座)；重点打造“两镇两线”精品传统村落旅游线路。严格落实“一岗双责”，深入推进政府系统党风廉政建设，自觉接受省市巡视巡察，做好反馈问题整改落实。大力整治形式主义、官僚主义等问题，严肃查处各类违法违纪案件。审计监督作用成效显著，连续两年获全省先进。

重要会议

【政府常务会议】2019年，县政府召开政府常务会议共15次。1月10日，县委副书记、县长唐何主持召开2019年县政府第一次常务会议。会议听取县交通运输局关于全县城乡客运一体化创建工作和运营补贴及司法局关于全县公共法律服务体系建设的情况汇报与讨论研究，会议原则通过《宁远县管道燃气安装费和销售价格方案》《宁远县财政资金管理办法》。

2月19日，县委副书记、县长唐何主持召开2019年县政府第二次常务会议。会议传达学习习近平总书记在省部级主要领导干部坚持底线思维着力防范化解重大风险专题研讨班开班式上的重要讲话精神和2019年全国、全省、全市安全生产电视电话会议精神。会议听取县财政局和安监局关于防范化解重大风险攻坚战及县扶贫办关于精准脱贫攻坚战、县环保局关于污染防治攻坚战的情况汇报与讨论研究。

4月1日，受县委副书记、县长唐何委托，县委常委、常务副县长黄永英主持召开2019年县政府第三次常务会议。会议听取县公安局、县禁毒办、县卫健局、县科工局、县商务局、县住建局和县自然资源局等工作情况汇报并进行讨论研究。会议传达学习省委书记杜家毫关于“大棚房”问题专项清理整治行动的批示精神，并对贯彻实施意见进行讨论研究。审定乡镇燃气管道建设和湾井镇下灌湿地公园污水处理厂项目结算工作等有关事项。

4月18日，受县委副书记、县长唐何委托，县委常委、常务副县长黄永英主持召开2019年县政府第四次常务会议。会议传达全市农业农村工作会议精神，并就如何贯彻落实会议精神进行讨论研究。会议听取县农业农村局关于拨付2018年乡镇（街道）粮食生产、省定样本村奖补资金的情况汇报，审议《关于做好2019年宁远县粮食生产工作意见》《2019年示范创建和农村人居环境整治工作方案》《宁远县支持和规范村集体组织小规模开发利用水田后备资源促进我县耕地占补平衡工作的实施意见》。

5月10日，受县委副书记、县长唐何委托，县委常委、常务副县长黄永英主持召开2019年县政府第五次常务会议。会议听取林业局、市监局、总工会、水利局、财政局、统计局、应急管理局、信访局、发改局、教育局、人社局、住建局（人防办、住房保障服务中心）、交通运输局、文旅广体局、退役军人事务局、医疗保障局、卫健局以及市生态环境局宁远分局关于中央环保督察“回头看”和省环保督察交办的情况汇报。会议审议《宁远县易地同步搬迁工作实施意见》，研究《宁远县依法打击破坏野生动物资源违法犯罪专项行动工作方案》。

6 月 17 日，受县委副书记、县长唐何委托，县委常委、常务副县长黄永英主持召开 2019 年县政府第六次常务会议。会议听取相关部门关于全县 1—5 月经济运行情况汇报，听取关于全县脱贫攻坚工作情况汇报，全县防范化解金融风险（非法集资）的情况汇报，以及全县污染防治攻坚战的情况汇报。

7 月 10 日，受县委副书记、县长唐何委托，县委常委、常务副县长黄永英主持召开 2019 年县政府第七次常务会议。会议听取民兵训练基地、“十四五”规划、公益性岗位清理、收购福嘉综环科技有限公司情况汇报。审议《宁远县 2019 年经济运行目标任务完成绩效考评奖惩办法》和《宁远县 2019 年固定资产投资实施意见和考核办法》《宁远县国有企业财务管理和监督暂行办法》《宁远县 2019 年财政收支总预算》《平台转型发展战略规划及管理体系优化方案》《宁远县水务集团组建工作方案》《宁远县产业引进项目顾问咨询及招商引资服务协议》。

7 月 12 日，受县委副书记、县长唐何委托，县委常委、常务副县长黄永英主持召开 2019 年县政府第八次常务会议。会议听取县政府办、发改局、行政审批服务局、自然资源局、禁毒办及有关部门情况汇报。传达市政府第 41 次常务会议有关生态环境保护工作精神，审议《宁远莲花山公园休闲旅游项目合同书》《腾飞名城相关遗留问题处理协议》。

9 月 2 日，县委副书记、县长唐何主持召开 2019 年县政府第九次常务会议。会议听取县政府办、行政审批服务局、农建投、九嶷山森管局情况汇报，会议传达学习 8 月 20 日李克强总理在黑龙江考察的指示精神、8 月 21 日国务院常务会议关于确定稳定生猪生产和猪肉保供稳价措施精神和 8 月 29 日全市稳定生猪生产保障市场供应视频会议精神及 8 月 30 日市禁毒委组织召开国庆 70 周年禁毒安保工作推进会议精神。

9 月 19 日，县委副书记、县长唐何主持召开 2019 年县政府第十次常务会议。会议听取县融资担保公司、水利局、自然资源局、城建投、市生态环境局宁远分局、消防救援大队情况汇报，会议传达学习省人大常委会副主任、党组书记刘莲玉在全市生态环保整改调研督导会上的讲话精神，传达学习《中共中央办公厅　国务院办公厅关于印发〈关于深化消防执法改革的意见〉的通知》文件精神。

10 月 24 日，县委副书记、县长唐何主持召开 2019 年县政府第十一次常务会议。会议听取副县长杨友忠、副县长、公安局长陈云生情况报告，会议分别听取各副县长关于贯彻落实《湖南省人民政府办公厅关于进一步完善真抓实干督查激励措施的通知》文件精神的情况汇报，审议《关于切实做好 2019 年秋冬农业生产的实施意见》，会议传达学习全市公安工作会议精神，传达学习全市迎接中央扫黑除恶督导“回头看”工作会议精神。

11 月 14 日，县委副书记、县长唐何主持召开 2019 年县政府第十二次常务会议。会议听取县委常委、常务副县长黄永英关于《宁远县城乡供水一体化（中和水厂供水区域）农村供水价格方案》《关于明确县直党政机关公务活动用餐有关事项的通知》《宁远县县直机关差旅费管理办法》《宁远县人民政府　湖南省农业信贷融资担保有限公司合作协议》，副县长欧阳国春关于《关于建设宁远县圆梦廊桥项目合同书》《宁远县莲花城市广场都市综合体项目合同书》，县财政局关于《宁远县 2019 年财政总预算调整方案》、县政府办关于《宁远县加强传统村落保护和利用，活跃乡村文化旅游，助力乡村振兴工作实施方案》、县应急管理局关于《宁远县自来水公司仓库“12·2”消防火灾事故调查报告》和《宁远县碧璟园小区“12·9”电气起火事故调查报告》、副县长杨友忠的工作情况汇报，传达全省冬春农田水利建设暨秋冬种生产工作电视电话会议精神。

12月15日，县委副书记、县长唐何主持召开2019年县政府第十三次常务会议。会议听取县政府发展研究中心关于《政府工作报告》、县发展和改革局关于《宁远县2019年国民经济和社会发展计划执行情况与2020年计划草案的报告》、县财政局关于《宁远县2019年预算执行情况和2020年预算草案》、县政府办关于《宁远县印山公园游乐园项目合同书》、县政协副主席、商务局局长肖红梅关于《大健康产业发展战略合作协议》《宁远县促进开放型经济发展的若干政策措施》、县委常委、常务副县长黄永英、副县长杨友忠情况汇报。会议传达全国、全省安全生产工作电视电话会议精神。

12月22日，县委副书记、县长唐何主持召开2019年县政府第十四次常务会议。会议听取县委常委、常务副县长黄永英关于2019年全县重点民生实事项目、《湘南湘西承接产业转移示范区宁远县发展规划》《宁远县乡村振兴战略规划（2018—2022年）》、副县长胡红灯关于《宁远县人民政府 南华大学附属第二医院合作共建医院合同书》、副县长欧阳国春关于《加强和规范农村建房管理的实施意见》、副县长杨友忠情况报告。会议传达学习12月20日召开的省委经济工作会议、《湖南省农村住房建设管理办法》精神。

12月29日，县委副书记、县长唐何主持召开2019年县政府第十五次常务会议。会议听取副县长欧阳国春关于《万豪城市综合体项目补充协议书及回报测算说明》《中欣文旅小镇项目补充协议书及回报测算说明》《“海汇家居建材商贸城”经营类项目投资回报测算说明》《宁远县生态保护红线评估调整方案》、县政协副主席、商务局局长肖红梅关于《宁远县年产万吨碳纳米导电材料项目合同书》、副县长胡红灯关于九嶷山国防教育基地项目情况汇报。

【县长办公会议】2019年，县长办公会议，根据需要召开，全年共召开42次，择要简介12次。

1月1日下午，县委副书记、县长唐何主持召开会议，专题研究全县财政有关工作。

1月20日上午，县委副书记、县长唐何在六楼政府会议室主持召开会议，专题研究农村土地流转工作。

2月24日上午，县委副书记、县长唐何深入舜文化产业园、同心大厦、公交车站、司法局前面地块、石板塘拖拉机站、西部工业新城药材公司等地就资产处置、土地出让现场办公，并在六楼县政府会议室主持召开会议。

7月24日下午，县委副书记、县长唐何在六楼政府会议室主持召开会议，专题研究全县扶贫小额信贷风险防控处置工作。

7月29日下午，县委副书记、县长唐何在六楼政府会议室主持召开会议，专题研究“一件事一次办”改革工作。

8月1日上午，县委副书记、县长唐何在六楼政府会议室主持召开会议，专题研究全县禁毒工作。

8月14日下午，县委副书记、县长唐何在六楼政府会议室主持召开会议，专题研究全县平台公司融资问题整改工作。

9月30日上午，县委副书记、县长唐何在八楼会议室主持召开会议，专题研究全县“迎大庆、保稳定”工作。

10月8日上午，县委副书记、县长唐何在六楼政府会议室主持召开会议，专题研究全县生猪生产保障市场供应工作。

10月21日下午，县委副书记、县长唐何在六楼政府会议室主持召开会议，专题研究全县“三超三驾”专项整治工作。

11月7日上午，县委副书记、县长唐何在县医保局会议室主持召开会议，专题研究全县医疗保障工作。

11月10日上午，县委副书记、县长唐何在湾井镇田心村会议室主持召开会议，专题研究规范农村建房管理工作。

重要政务活动

1月23日，宁远县2019年“春风行动”暨就业扶贫招聘会启动仪式在文庙广场举行。45家招聘企业提供就业岗位5000个，吸引1500余名贫困劳动力、返乡农民工、高校毕业生、残疾人进场求职。

2月25日，宁远县政府2019年第一次全体会议召开。会议深入贯彻习近平新时代中国特色社会主义思想和中央、省、市、县委经济工作会议精神，迅速落实省、市、县各级“两会”精神和《政府工作报告》所作的安排部署，对新一年的工作列清单、明责任、早行动，推动县政府各项工作落地生根、创先争优，确保高质量完成全年目标任务。

3月6日，宁远县新时代文明实践系列活动之“新时代、新女性、新风尚”庆“三八”“健康杯”趣味运动赛在宁远一中体艺馆举行，活动有99支参赛队1000余名选手参加。

3月15日，国际消费者权益日，宁远县在文庙广场开展主题为“信用让消费更放心”的系列庆祝活动。此次活动为加快消费领域信用系统建设，尽快形成公正、科学、公开的信用评价体系，营造安全放心消费环境，发挥积极的推动作用。

3月29日，宁远县退役军人事务局、人武部、民政局、史志办、教育局、水市镇政府等部门联合在宁远县烈士陵园开展“传承·2019清明祭英烈”主题宣传教育活动，旨在缅怀革命先烈、弘扬烈士精神。

4月13日，2019中国户外健身休闲大会首站——宁远站自行车联赛在宁远县九嶷山舜帝陵激情开赛，男子公路组、男子山地精英组、男子山地大师组、女子山地组四组500余名选手参加。

4月26日，宁远县2019年庆“五一”干部职工第九套广播体操比赛在县八中运动场举行。

4月30日，宁远县举办“青春心向党·建功新时代·三比三创展风采”纪念五四运动100周年系列活动。

5月12日，宁远县在文庙广场举办以“提高灾害防治能力·构筑生命安全防线”为主题的全国第十一个防灾减灾日宣传活动。

6月5日，宁远县2019年“六五”环境日宣传公益演出活动在文庙广场举行。

7月26日，宁远县2019年男子篮球夏季联赛在县政府大院篮球场正式开赛，由此拉开8月8日全民健身日系列活动的序幕。

8月8日，宁远县“献礼新中国成立70周年，全民健身健康宁远”主题活动在全民健身中心球馆举办，活动旨在引导全县广大人民群众，科学健康，快乐健身，积极追求我运动、我健康、我快乐。

9月2日，宁远县政府2019年第二次全体会议召开，会议表决通过《关于深化“放管服”，做好“一件事一次办”改革工作的实施方案》。

10月17日，全国第六个扶贫日，宁远县举办2019年“扶贫日”活动暨“扶贫宣传月”启动仪式。活动现场共发放扶贫政策宣传册3000余份，接受群众咨询90余人次，解答群众疑难问题50余个。

12月4日国家宪法日，宁远县在文庙广场启动2019年宪法宣传周活动。县委常委、政法委书记、依法治县办主任曾海波，政法委、公安局、法院、检察院、司法局等11个县直单位相关人员参加。

12月24日，宁远县政府2019年第三次全体会议召开。审议通过《政府工作报告（审议稿）》《2019年国民经济和社会发展计划执行情况与2020年计划草案的报告（审议稿）》《宁远县2019年预算执行情况和2020年预算草案的报告（审议稿）》。

县政府办公室工作

【概况】2019年，机构改革后，县政府办内设机构有：机要室、党建办、综合调研室、督查室、文秘室、人事室、金融室、禁毒办、行政事务室、信息室、值班室、社会发展室。宁远县人民政府办公室机关行政编制为35名，实有行政编制数29人。机关后勤服务人员事业编制数9名，县级领导编制在县行政编制总额内单列，2019年有县级领导编制数29名。

【文秘工作】2019年，县政府办以围绕县委、县政府中心工作，结合"不忘初心、牢记使命"主题教育，组织专题调研16次，完成2019年《政府工作报告》，全年起草领导讲话稿、汇报材料、调研报告500余篇，文稿一次送审合格率达到85%以上。

【信息工作】2019年，县政府办以"信息服务、挖掘亮点、宣传宁远"为主线，广泛搜集各类信息，准确捕捉工作亮点，整理、编撰、上报各类信息1800余条，采写编辑《今日要情》204期。生猪生产、就业扶贫、城乡环境基础设施建设等多项工作经验总结，在省市推介。

【督查工作】2019年，县政府督查室紧紧围绕党中央、国务院和省、市系列决策部署，以及县委经济工作会议、县《政府工作报告》提出的各项目标任务开展督促检查、推动工作落实。全年组织开展各类项督查行动133次，其中重点督查67次、专项查办55次、督查调研4次、跟踪督办7次，下发督办函（交办函）32期、督查通报30期，通过真督实查、较真碰硬，充分发挥督查激励、督查问责的导向作用，有力地推动各项工作落地落坎。跟踪督办的县十七届人大三次会议议案1件、代表建议249件、政协九届三次会议委员提案78件、市五届人大三次会议代表件6件、县人大代表中的民营经济人士和人大机关联系项目业主座谈会所提意见建议17件、共计351件，办理及时率与提议人见面率、满意率均达到100%。

【办文办会】2019年，县政府办以开展文山会海专项整治为抓手，严把公文办理起草关、审核关、缮印关、校对关、发送关"五关"。全年起草或审核文件451件。高水平承办会议500余次，无一延误会议现象。积极推进机要档案管理标准建设，共收到机要文件1011份，其中处理件400余件，对三密文件实行严格管理，全年没有失密泄密现象发生。

（张彭　郑英杰）

行政审批服务

【概况】2019年3月20日，县行政审批服务局正式挂牌成立，将行政审批、"创信"、优化营商环境、网格服务、电子政务职能并入行政审批局，形成"1+1>2"合力，行政审批和审批服务提速都在50%以上。2019年，县行政审批局认真贯彻县委、县政府决策部署，切实践行以人民为中心的发展思想，聚焦企业群众生活办事堵点、难点等问题，以更快更好方便企业群众办事创业为导向，多措并举创新政务服务方式，着力构建"进一扇门、到一个窗、办多件事"的政务服务新格局，实现多项改革任务精准落地凸显成效，企业和群众的获得感、满意度逐步增强。县行政审批局全年为公民、法人和其他组织办理政务服务事项231358件。通过宁远县政府门户网站公开政府信息48614多条，网站访问量达2601298人次。2019年，县行政审批服务局"互联网+政务服务"标准化建设被同时列为国家和省级试点，"放管服"

改革和“一件事一次办”改革获评全市先进县区，被评为“全县党风廉政建设先进单位”“全县政务服务好差评先进单位”“全县园区升级先进单位”“全县创信工作先进单位”“全县创文创卫先进单位”“全县污染防治工作先进单位”“全县重点项目建设优质服务单位”“全县社会治安综合治理工作先进单位”“全县安全生产工作先进单位”“全县全面深化改革工作先进单位”“全县依法治县工作先进单位”“全县放管服改革和一件事一次办工作先进单位”。

【“放管服”改革和政务服务】2019年，宁远县共调整、取消、承接、下放行政许可事项163项，其中调整151项政许可事项，取消8项政许可事项，承接3项政许可事项，下放1项行政许可事项。全县共梳理发布事项3380项，可网办率100%，其中全程不见面审批事项347项，发布数量全市第一、全省领先。组织开展政务服务“好差评”工作，以整改问题到位倒逼政务服务工作上水平。

【“一件事一次办”改革】2019年，宁远县高度重视“一件事一次办”改革工作，县委常委会、县政府常务会议都对此项工作进行专题研究，制定下发《关于成立宁远县“一件事一次办”改革领导小组的通知》《宁远县“一件事一次办”改革实施方案》。6月27日第一批第一期43项事正式上线运行，第二期57项事7月15日上线，12月2日第二批又上线110项，7月底县自主第一批29项事已下放到乡镇村。截至12月31日，共接件231391件，办结231358件，居全市各县区第一，在全省处于领先位置。从办理情况来看，企业群众办事材料平均减少60%以上，办理环节平均压缩70%以上，办理时间平均缩短80%以上，取得较好的效益。

【行政审批】2019年，宁远县加快企业开办速度，将企业名称预先核准与设立登记并行办理，同步采集、推送公章刻制与涉税登记所需信息，并邀请商业银行指导企业完善开户手续，压减审批环节；将企业设立登记由“一审一核”改为“审核合一、一人通办”，减少重复审批；将企业设立登记3个工作日办结压缩至1个工作日完成。新办企业仅需一个窗口提交一套申请材料，通过内部流转，实现企业营业执照办理、公章刻制、税务登记、银行开户等环节在5个工作日内完成。不动产登记再提速。宁远不动产登记再提速，办证资料也“瘦身”，办事群众负担更轻。税务、财政、不动产三部门联合对房产交易的事项表单进行重新梳理，将原办理业务所需的办事资料精简60%以上，大大减少办事人资料复印量，提升便捷度。宁远不动产登记大厅综合窗口承诺：正常不动产权证5个工作日办结，有纠纷矛盾的原则上10个工作日办结，违法违规的交由执法大队按程序处理。建设项目审批再提速。宁远县在全省县级领域率先完成工程项目审批制度改革，加快推进宁远县“证照分离”改革，深化“互联网+政务服务”，实现行政审批服务事项线上“一网通办”、线下“只进一扇门”和“最多跑一次”，省级服务事项网上可办率90%，市县级不低于70%，企业和群众提供办事材料减少60%以上，实现宁远县各类工程建设项目审批时间压缩50%。

【优化营商环境】2019年，宁远县对2018年度优化经济发展环境、机关作风效能建设“满意不满意单位”评比结果进行通报，对先进单位进行表彰通报（宁优办通〔2019〕3号）。开展企业服务环境调研，抓实“限时办结制”。截至12月11日，共交办13批次、72个问题，均已按时办结。典型的是交办远威鞋业消防验收、汇盛鞋业门口交通安全隐患解决、国有资产处置等。全力抓好全县政务服务“好差评”测评。9月—10月上旬对全县有关单位开展第一次考评性测评。对其中收集的7条违纪违法线索按程序移交给纪检监察部门进行查实查处。12月5日，组织开展全年第二次考评性测评。期间协调组织开展三轮日常测评。

【网格化服务】2019年，出台《宁远县网格事件联动处置办法》《宁远县网格事件联动处置考核细则》等规章制度，健全网格员考核机制，以责任落实倒逼问题解决。全年共开展9次集中培训。拓宽问题事件反用云平台，实现“多台合一”，拓宽群众反映渠道。规范网格事件处置工作。智慧宁远综合应用云平台共接收上报事件30840件，作废277件，受理交办30563件，较2018年（共受理案件8942件）增加了21621件，增长率为241.79%。在交办的30563件事件中，已办结30429件，事件办结率为99.56%，较2018年（办结率91.30%）有很大提高，群众满意率99%。各项工作跻身全市先进行业。

【其他中心工作】2019年，县行政审批服务局认真履行党组书记亲自抓党建职责，严格按党组织要求组织、开展好党建工作。强化党支部建设，每季开展1~2次支部活动。深入开展“亮身份、优服务，争创党员示范岗”和“三比三创”活动，有力地促进服务质量上台阶上水平。扶贫工作。认真落实县委、县政府扶贫工作部署，安排扶贫工作队到水市联海洞村和天堂高源村，为完成全县精准扶贫任务做出应有的贡献。创文工作。积极开展夜巡和文明劝导。率先提出并践行“到得早一点，走得晚一点，微笑甜一点，服务优一点，干得多一点”优质服务“五个一点”标准。微信公众号已发布400余期，实时宣传本局各种动态，为老百姓提供便民服务咨询，畅通便捷的投诉渠道。创信工作。严格按照县委、县政府的要求，完成各项任务，成立创信工作领导小组，每季度对成员单位进行打分、排名，对排名靠后的单位在全县范围内进行通报。全年上传“信用永州”的信息量、诚信宣传教育等工作在全市各县区处于领先位置。

网格事务

【概况】2019年机构改革后，原网格办与原电子政务办合署办公，成立县网格事务中心，隶属县行政审批服务局管理。2019年，县网格事务中心坚持以人民为中心，以服务为主线，完成各项既定任务，政务联动处置工作稳步推进，政府网站管理水平不断加强，网格化管理工作水平有效提升。2019年3月，宁远县被评为“全市政府网站工作先进单位”。

【政务联动处置】2019年，政务联动处置工作以“听民意、察民情、解民忧”为目标，依托城乡网格化平台，全面整合政府各类平台资源，不断完善工作机制，群众咨询、求助、投诉办理更为方便，架起与群众的连心桥。推动问题发现多元化，将县长信箱、12345公共服务热线、微信公众号、网格员手机APP、数字城管平台、政协云微建议等多条接报渠道上报处置的事件整合至智慧宁远平台，实现事件统一受理、派发、处置、回复和归档。推动事件处置规范化，修改完善《宁远县网格事件联动处置执行标准》，对政务联动处置的范围、流程、标准均实行流程再造，为政务事件联动处置提供操作遵循。出台《宁远县网格事件联动处置办法》《宁远县网格事件联动处置考核细则》等规章制度，以责任落实倒逼问题解决。推行政务联动处置月例会制度，开展9次集中培训。2019年，智慧宁远综合应用云平台共接收上报事件43404件，废件123件，受理交办43281件，办结43281件，事件办结率为100%，群众满意率达99%。

【政府网站建设】2019年，政府网站工作整体形势向好，政务公开、网站集约化建设、网站监管、综合服务等工作有序开展。全年县政府网站总访问量2601298人次，共主动公开各类政务信息48614条，公众知情权、参与权、表达权和监督权得到保障，政府公信力执行力得到增强。根据“开普云”平台的日常监测情况，宁远县网站健康指数全年均在2800分以上，高于全国政府网站平均指数，网站连通性100%。2019年9月，完成政府网站集约化建设，新版政府网站上线运行，政府门户网站更加安全高效。

【网格化管理】2019年，宁远县全面推行社区（村）网格化管理，把管理和服务的触角进一步向社区（村）延伸。制定完善网格员管理制度，下发《宁远县社区网格管理员管理考核办法》《宁远县社区网格管理员工作实绩考核细则》，实行月考核、月通报制度，每月通报考核成绩与网格员年终绩效挂钩。拓展网格事件上报渠道，通过“智慧宁远官方平台”微信公众号，开展“你上报，我奖话费”活动，对上报网格事件的给予一定话费奖励。开展网格管理便民服务基础设施建设，2019年完成全县20个乡镇（街道）、410个村的网格管理便民服务中心（站）第三批建设，为网格便民服务奠定坚实基础。

（周文敏）

政协宁远县委员会

【概况】2019年机构改革，中国人民政治协商会议宁远县委员会设办事机构1个：县政协办公室，办公室下设县政协云中心，为办公室所属副科级公益一类事业单位；设专门委员会6个，分别是：县政协委员学习联络委员会、提案委员会、经济科技和外事委员会、农业农村和人口资源环境委员会、文教卫体和文史委员会、社会法制和民族宗教委员会。2019年，机关有干部职工38人（含县级领导）。

重要会议

【县政协九届四次会议】2019年12月27日—31日，县政协九届四次会议召开。会议听取永州市人民政府副市长、中共宁远县委书记刘卫华讲话，审议通过九届政协常委会工作报告和提案工作报告，举行委员大会专题发言，听取常务副县长黄永英关于县政协九届三次会议提案办理情况的说明，列席县十七届人大四次会议，听取讨论《政府工作报告》和其他报告，通过《政协宁远县第九届委员会第四次会议提案审查情况的报告》《政协宁远县第九届委员会第四次会议决议》。委员们分别就经济发展、民生改善等群众关心的热点、难点问题，提出很多建设性的意见和建议。

政治建设

【强化理论武装】2019年，县政协自觉把政治建设摆在首位，把理论学习作为履职之基，深入学习贯彻习近平新时代中国特色社会主义思想和中共十九大及十九届二中、三中、四中全会精神，认真领会习总书记系列重要讲话精神，系统学习宪法、党纪党规、政协理论、政协章程以及全国、省、市“两会”精神，形成“以用促学、学用结合”的良好局面。

【树牢“四个意识”】2019年，县政协始终把坚持习近平新时代中国特色社会主义思想作为筑牢共同思想政治基础的主轴，坚定不移地贯彻执行党的方针政策，牢固树立“四个意识”，增强“四个自信”，坚决做到“两个维护”，不断增强政治认同、思想认同、理论认同、情感认同，切实做到政治忠诚、思想纯洁、组织服从、行动同步。

【维护县委领导】2019年，县政协始终坚持在县委领导下开展工作，自觉向县委请示汇报，重大活动、重大决策、重要会议提前向县委汇报，坚持把维护县委领导体现在政协工作的全过程、各方面，坚决做到县委的工作部署到哪里、政协的力量就汇聚到哪里，县政府的工作推进到哪里、政协的作用就发挥到哪里。积极引导社会各界人士和广大人民群众更好地理解县委的决策意图、落实县委的决策部署，在聚焦中心、服务大局、促进发展中发声出力。

协商议政

【政治协商】2019年，县政协充分发挥人民政协专门协商机构和联系人民群众的桥梁纽带作用，组织各界别、各阶层、各团体参与协商议政和监督视察活动，让政协成为“有事好商量、众人的事情众人商量”的重要协商机构和平台。按照年度《协商计划》，围绕“一府两院”工作报告开展全委会整体协商，提出15个方面共130余条意见建议。围绕防范化解重大风险、脱贫攻坚、民生改善、旅游强县、高质量发展等全县重点工作深入推进重点协商，围绕“生态旅游环境建设”“促进民办教育健康发展”开展专题协商，提出对策建议50多条，得到相关部门的高度重视。全年通过全委会、常委会、主席会、专委会、专题会等形式，有效协商19次。

【重点调研】2019年，县政协围绕乡村振兴、实体经济发展、食品安全、全民健身、生态环境保护、农村饮水安全等与人民群众密切相关的热点难点问题，结合“大学习、大讨论、大调研”活动开展，深入“三边村”、产业园区、工程项目一线开展调研。形成《推进承接产业转移示范区建设，加强与粤港澳大湾区产业融合发展》《加强生态环境治理，助推美丽乡村建设》《推进“全民健身”，实现全面小康》《推进公共法律服务体系建设，打通服务群众“最后一公里”》《大力发展中药材产业，加快农民脱贫步伐》等40余篇高质量的调研报告。

【专项视察】2019年，县政协围绕脱贫攻坚，组织开展全县易地扶贫搬迁和九嶷山旅游扶贫专题视察活动；为助推法治宁远、平安宁远建设，组织开展法治社区建设、消防安全专题视察活动；围绕污染防治工作推进，开展乡镇污水处理厂建设视察活动。通过视察调研提出的“一户一就业，巩固提升易地扶贫搬迁成果”“加强高层建筑消防安全的建议”“理顺关系，健全机制，让合并新村健康发展的建议”等系列意见建议，得到县委、县政府及有关部门的高度重视。

民主监督

【提案工作】县政协九届三次会议收到委员提案78件，其中民生类提案占60%以上，涉及医疗卫生、食品安全、社会保障、教育养老等诸多民生领域。为加大提案办理落实力度，县政协确立“办一件成一件，突出一件带动一片”的提案督办理念，确定10件重点提案和25件重要提案，分别由正、副主席和常委领衔督办，确保每一件提案都能落地生根。

【社情民意】2019年，县政协收集反映社情民意信息及微建议250多条，经主席会议协商筛选有价值、事关群众切身利益且操作性强的信息59条，涉及交通、城建、医疗、教育等一批民生保障类意见建议被县委、县政府和有关部门吸收采纳，65件关系群众切身利益的民生问题得到协调解决。

【委员监督】2019年，县政协积极发挥民主监督作用，按照聘请与选派相结合的原则，共组织80多名政协委员参加教育卫生、公检法司、招标投标、结对帮扶以及软环境建设等行业部门的行风评议、现场监督和问卷调查等活动，在促进公正司法、依法行政、精准扶贫和优化发展环境等工作中发挥民主监督作用。

团结联谊

【团结协作】2019年，县政协坚持对各人民团体、工商联和新社会阶层人士进行定期走访，主动邀请他们参加会议，参与调研、协商、视察、监督等履职活动，不断拓展团结联谊的途径和形式，努力营造畅所欲言、平等协商、合作共事的政治氛围，为宁远高质量建成小康社会增进最大共识度、汇聚最大正能量、画好最大同心圆。

【联谊交往】2019年，县政协积极参与县委、县政府对外宣传工作，主动加强与省、市政协对口部门的联系，协助和配合省、市政协到宁开展调研考察等活动。同时，加强与各地县（市、区）政协的横向联系与沟通，全年共接待外地政协到宁远考察15批次，外出学习调研6次。加强与非公有制经济人士、新的社会阶层人士等的联系沟通，动员其为宁远的发展献计出力，政协团结的层面越来越宽，团结的合力越来越大。

【文史宣传】2019年，县政协按照“抓重点、创特色、出精品”的工作思路征集编纂文史资料，《舜文化与新时代》《宁远知青史》等文史书籍已纂毕待印，共计70余万字。组织开展庆祝新中国成立70周年和人民政协成立70周年理论征文等文体活动。支持县政协联谊会、书画联谊会根据自身特点开展活动，为广泛联谊社会各界、扩大政协工作影响力搭建有效平台。

精准扶贫

【脱贫攻坚】2019年，县政协大力开展履职成果帮扶、驻村联户帮扶、界别特色帮扶、创业带动帮扶、社会爱心帮扶“五个帮扶”活动。选派5名机关干部到贫困村任驻村工作队长、第一书记和驻村工作队员，全面投身脱贫攻坚主战场；20多名政协机关干部结对帮扶149户贫困户；全县218名县政协委员联系帮扶500多户贫困户，实现政协组织、政协委员、政协干部投身脱贫攻坚全覆盖。全年筹集扶持资金37万元，协调相关单位配套资金103万余元，为联系村修缮和硬化机耕道520米，通畅公路886米，引水沟渠200米，新建烟叶集中烘烤房15个。

【“三个一”扶贫行动】2019年，县政协持续深入开展“三个一”扶贫行动，积极倡导政协委员和爱心人士投入到捐资助学、扶贫帮困的行列中来。全年累计帮助83名贫困大学生圆大学梦，资助2300多名中、小学贫困学生上学，帮助残障人士76人，帮助留守老人198人，帮助城镇贫困家庭人员就业357人。组织政协委员、机关干部深入五龙山瑶族乡、仁和镇、中和镇、文庙街道等多个乡镇（街道），开展送农资下乡、送科技下乡、送医药下乡、送“微心愿”下乡等内容丰富的“政协惠民送温暖”活动10余场次，惠及群众2000余人。

政协自身建设

【党的建设】2019年，县政协建立健全全县政协系统党的组织机构，实现党的组织对所有党员全覆盖，党的工作对所有工作对象全覆盖，全县政协系统党建工作主体责任得到有效落实。以深入开展“不忘初心、牢记使命”主题教育为契机，通过重温入党誓词、到革命圣地延安学习、开展庆祝人民政协成立70周年系列活动和相关知识竞赛、与农村贫困户结对子等各类主题活动，搭建党建工作平台，丰富党建工作载体，有效夯实党建基础，充分发挥党建工作的引领作用。

【委员队伍建设】2019年，县政协采取专题报告会、座谈交流会和委员培训班等形式，组织委员深入学习中央及省、市、县委有关会议精神和习近平总书记系列重要讲话精神。组织委员赴陕西延安接受红色教育。深入开展政协委员“开展一次调研活动、撰写一篇理论文章、提交一份高质量提案、反映一条社情民意、提交一个群众身边事的微建议”履职“五个一”活动。不断改进和创新专委会服务界别、委员联系群众的方法，让委员议政有舞台、协商有平台，界别的代表作用和委员的主体作用更加凸显。采取履职量化考核、先进评比表彰、出席出勤通报等办法，强化委员管理，激发委员活力，委员履职成果丰硕，一大批委员获得优秀企业家、道德模范、行业标兵、先进工作者等荣誉称号。

【专委会建设】 2019年，县政协积极探索专委会、界别之间的联合组团履职方式，不断完善县政协领导联系专委会界别制度，组织有关专委会和界别委员参加调研视察、提案工作、反映社情民意信息等活动。分别对民办学校教育教学、非物质文化遗产保护、生态环境治理等课题开展调研考察和议政活动10次，对九嶷河湿地公园建设与管理、城乡教育均衡发展、农村饮水安全等课题开展座谈协商5次，组织委员提交大会发言材料12篇，向县委、县政府及相关部门提出各类意见建议50多条。

【机关作风建设】 2019年，县政协始终把纪律和规矩挺在前面，以《中国共产党廉洁自律准则》《中国共产党纪律处分条例》为准绳，认真贯彻落实中央“八项规定”和省、市、县作风建设相关规定，积极支持派驻纪检监察组开展工作，持之以恒正风肃纪。坚持严字当头，重在预防，管在平常，真正做到严纪在先、挺纪在前；按照“强基础、抓管理、促履职”的要求，加强对党员委员的教育、管理和监督，充分发挥党员委员在坚持党对政协工作全面领导中的模范引领作用，在建言资政和思想政治引领两方面双向发力，做到“懂政协、会协商、善议政”，更做到“守纪律、讲规矩、重品行”。

（刘健林）

社会团体

宁远县总工会

【概况】2019年，宁远县总工会编制共9人，实有干部职工9人。县总工会机关设7个职能部（室）：办公室（加挂宣教部牌子）、组织部（加挂基层工作部牌子）、劳动和经济服务部（加挂劳模协会办公室，加挂技术协会办公室）、权益保障部、财务资产部、女职工部（加挂女职工委员会办公室牌子）、经费审查委员会办公室。2019年，县总工会紧紧围绕服务大局、服务基层、服务职工，在推进建功立业、依法维权、实施帮扶救助、构建和谐环境、推动工会改革等方面取得新进展、彰显新作为。税务局第一税务所等6个单位被评为省、市工人先锋号，司法局法律援助中心等2个单位获市“五一劳动奖状”、李格利等6人获市“五一劳动奖章”。

【组织建设】2019年，宁远县总工会坚持哪里有职工，哪里就要建立工会组织的建会原则，在乡镇（街道）、各企事业单位普遍建立工会组织。全年新建各类基层工会组织60家，发展会员2760人。继续加强基层工会组织规范化建设，大力开展基层工会组织和工会会员实名制管理工作，共有239家工会组织25019名工会会员纳入湖南省工会组织和会员实名制信息采集系统，增强基层工会活力，县税务局获全国模范职工之家，县卫健局、电信公司获省模范职工之家，县工业园、邮政银行、远威鞋业、硕宁电子被评为市模范职工之家，湾井镇、东溪街道创建市“六好乡镇街道”工会。2019年12月16日—17日，胜利召开宁远县工会第十三次代表大会，选举产生新一届工会领导班子。11月19日，省总工会副主席彭晛丹到宁远督查工会改革工作，对宁远县工会改革工作给予充分肯定。

【思想引领】2019年，县总工会深入开展“不忘初心、牢记使命”主题教育，全会干部职工的思想政治受到洗礼。组织基层工会参加“我和我的祖国湖南百万职工同声唱”活动，大力弘扬劳模精神。5月工人阶级宣传月活动期间，对17位全国、省级劳模进行集中宣传。五一劳动节、国庆节期间，市委、市政府和县委、县政府走访杨振宇、李德生等部分全国、省、市劳模，在全县营造尊重劳模、学习劳模、争当劳模的良好氛围，丰富职工精神文化生活。举办全县庆“五一”第九套广播体操比赛，参加全市汽排球赛荣获二等奖。

【帮扶救助】2019年，宁远县制定下发《关于做好城市困难职工建档立卡、脱困退出动态调整工作的通知》，在个人申请、基层工会审核、县总工会入户调查的基础上，对114名城市困难职工建档立卡，分类管理。严格执行分类帮扶，实名救助和先建档后救助的原则，对困难职工群体的帮扶实行动态化管理。加大资金投入，做到真心帮扶。元旦春节期间，对160名困难职工劳模进行走访慰问，发放慰问金26万元。3月，联合县人社局等单位举办春风行动招聘会3

场，成功签约1115人。8月，开展夏送清凉活动，慰问一线农民工、执勤交警、环卫工人500余人，送上饮料、毛巾、十滴水等防暑用品3万余元。9月，开展“金秋助学”活动资助困难学子20人，发放助学金9.5万元，开展职工医疗互助活动，共有143家单位、9697人参加职工医疗救助，收缴互助金91万元，累计报账450人次，发放互助金60余万元。开展大病救助活动，救助困难职工19人，发放救助金8.76万元。

【维护权益】2019年，县总工会与县司法局共同开展“遵法·守法携手筑梦”服务农民工公益法律服务活动，全年共调处农民工劳动纠纷7起，开展工资专项集体合同履约行动，努力构建社会主义和谐劳动关系，全县集体合同和工资集体签订率98%以上，女职工权益保护专项集体合同签订率95%以上，与人社部门等一道开展拖欠农民工工资清理专项行动，为农民工追回拖欠工资197万元。

【建功立业】2019年，县总工会以技能大赛为平台，深入开展重点项目劳动竞赛活动。湖南建工六公司等3个集体获市重点项目劳动竞赛先进班组。与人社局、住建局等单位联合举办宁远县职业技能大赛，并选派优秀选手参加永州市职业技能大赛，获一等奖1个，二等奖2个。以“评优树模”为契机，树立职工学习标杆。在全县开展“工人先锋号”和“五一劳动奖章”“五一劳动奖状”的推荐和评选工作，县国税局第一税务所荣获“湖南省工人先锋号”，县国库集中支付中心支付岗、县行政审批服务局行政审批服务窗口、邮储银行宁远支行营业部、县人民医院介入科、华荣鞋业有限公司人事股获“永州市工人先锋号”，县法律援助中心、裕宁电子有限公司获市五一劳动奖状，县工商银行助理经济师欧阳建中、县二中教师李格利、县十二小校长曹俊、硕宁电子产品研发部主任欧家杰、湖南中明新材料有限公司焊接工奉昌卿、原自来水公司（现水务集团）工会主席柏小军获市“五一劳动奖章”。以“安康杯”知识竞赛为抓手，增强职工安全意识。联合县应急管理局举办“安康杯”知识竞赛，共有86家企业、13850名职工参加比赛。

（刘栋）

共青团宁远县委

【概况】1926年，中国共产主义青年团宁远特支成立，有团员4名，新中国成立后，改称中国新民主主义青年团。1950年3月，新民主主义青年团宁远县工作委员会成立。1954年，更名为新民主主义青年团宁远县委员会。1957年5月，更名为共产主义青年团宁远县委员会。“文化大革命”初期，团组织活动停止。1968年3月至1972年4月，共青团工作由革委群众工作组代行。1972年5月1日，召开共青团宁远县第八次代表大会，成立新的团县委，恢复共青团各级组织活动。1978年，中国共产主义青年团宁远县委会（简称团县委）内设办公室、组宣部、活动部。至2003年，团县委内设综合性办公室（加挂县希望工程工作办公室牌子），有在编在岗人员5人。2019年，团县委主动创新工作载体、完善工作机制、强化团的组织建设，宁远共青团不断焕发新的活力，获永州市少儿才艺大赛优秀组织奖。

【青少年思想引领】2019年，团县委以雷锋活动月、纪念五四运动100周年、新中国成立70周年等重大节庆活动为契机，举办了“新时代、新雷锋、新风尚”为主题的学雷锋志愿服务活动、“青春心向党·建功新时代·三比三创展风采”主题竞演、“我与祖国共奋进——国旗下的演讲”等活动，不断丰富青少年思想教育的形式，坚定青少年爱党、爱国、永远跟党走的意志和信念。

【服务返乡青年】2019年，团县委组织青年志愿者开展服务"春风行动"招聘会志愿服务活动，为返乡求职青年提供文明劝导、政策咨询等服务，实现在家门口就业。主动对接邮储银行等金融部门，努力为更多创业青年、农民朋友提供方便、快捷的优质金融服务，解决全县创业青年"融资难、融资贵、担保难"的实际问题，农担担保方式累计为全县返乡青年提供创业资金350万元。持续深化"共青团与人大代表、政协委员面对面活动"，深入农村、社区等基层召开返乡青年座谈会，走访各行各业返乡青年，倾听青年心声。

【选树典型模范】2019年，团县委以"双红双优"评选和共青团"青"字号品牌创建工作为载体，"五四"集中表彰宁远县"五四红旗团委""五四红旗团支部（总支）""宁远县青年文明号"等先进单位23个，宁远县"优秀共青团员""优秀团干部""优秀青年志愿者""青年岗位能手"等优秀个人85名。团县委将宁远县优秀青年、优秀青年组织向团中央、团省委和团市委推荐宣传，其中向团中央推报主题项目2个，个人会员1名，向团省委推报优秀集体4个，先进个人11名；向团市委推报优秀集体5个，先进个人31名。

【"网上共青团"建设】2019年，团县委充分利用官方微博"宁远共青人"、微信公众平台"逐梦宁远"及时发布创建文明城市、志愿服务活动、预防青少年违法犯罪等相关信息，将广大团员青年的先进性和担当精神延伸到网上。深入开展"青年大学习行动"，坚持领导班子"带头学"，团员青年"自主学"，基层团组织"辅助学"，已有3.5万余人次参与学习。大力推进"智慧团建"工作，截至2019年12月底，成功录入团组织1182个，团干部948名，团员15431名。

【希望工程】2019年，团县委持续开展"希望工程"捐资助学活动，团结和凝聚社会力量助力全县贫困学子"求学梦"，全年共开展捐资助学活动2次，累计为120余名贫困学生发放助学金14万余元，积极争取"国酒茅台" "芙蓉学子"等爱心助学款项5.1万元。

【志愿服务】2019年，团县委组织青年志愿者服务"德孝之源·福地九嶷"2019中国户外健身休闲大会·宁远站、"环中国2019年国际公路自行车赛·宁远站"等国际旅游赛事，助力全县旅游经济。组建"景区青年志愿者服务队"，在"五一"、"十一"等节假日期间提供文明劝导、旅游咨询、引路指示等服务。开展助力农村人居环境整治村庄清洁活动，组织团员青年带头参与村庄清洁行动，清理生活垃圾、村内塘沟、畜禽养殖粪污等农业生产废弃物，全面改善农村人居环境，为建设美丽宜居乡村贡献青春力量。7月，宁远多地遭受洪涝灾害，团县委组织青年志愿者深入清水桥、柏家坪、桐木漯、五龙山、鲤溪等乡镇开展灾后清淤工作，重塑美丽家园。

【第十八次团代会】2019年，顺利召开共青团宁远县第十八次代表大会，选举产生共青团宁远县第十八届委员会，常务委员会，副书记（含挂、兼职），书记。与会的184名代表中专职团干部46名，占代表总数的25%；基层和一线代表177名，占代表总数的96.2%；各条战线先进模范人物和先进集体负责人代表121人，占代表总数的65.76%。团的代表大会和委员会制度得到完善，广泛性和代表性也得到增强。

【招募兼职副书记】2019年，宁远县发布公开选拔招募宁远籍在校大学生兼职宁远县乡镇（街道）团（工）委副书记的公告，吸引164名在校大学生报名参加，经过层层选拔审核，最终录用24名返乡大学生，兼任时间为1年。促进校地合作的同时，引导广大宁远籍大学生积极参与脱贫攻坚、投身乡村振兴，加深宁远籍学子对家乡的归属感和认同感。

（熊小玲）

宁远县妇联

【概况】宁远县妇女联合会（以下简称县妇联）是正科级参公管理单位，机关内设3个部室，分别为办公室、权益部、组织宣传发展部、县政府妇儿工委办公室，共有在岗在编人员6名，提前退休人员1名。县妇联的主要职能是代表和维护妇女儿童合法权益，促进男女平等，引领广大妇女积极投身幸福宁远的建设，是党和政府联系妇女的桥梁和纽带。2019年，县妇联紧紧围绕县委、县政府中心工作，充分发挥妇联组织优势，以“引领、服务、联系”为工作主线，深入开展“三比三创”“不忘初心、牢记使命”主题教育，在推进宁远经济社会又好又快发展中充分发挥桥梁纽带作用，妇女工作取得新成效，获得“全国维护妇女儿童权益先进集体”“省禁毒课件三等奖”“县绩效评估优秀单位”、县禁毒工作先进单位、县社会治安综合治理工作先进单位。

【巾帼心向党】2019年，县妇联扎实开展“三比三创”“不忘初心、牢记使命”主题教育，结合每月“主题党日”活动，精心组织全体党员干部开展普法禁毒宣传、参观警示教育基地、走访困难群体、扶贫村开展大调研大走访等活动，筑牢党员干部意识形态阵地。通过面对面宣讲、利用“宁远女声”等新媒体线上展示等方式，深入开展中共十九大精神、中共十九届四中全会和中国妇女十二大精神、社会主义核心价值体系宣传教育。在“宁远女声”公众号开辟“巾帼初心耀三湘，红色湘女故事会”“新时代巾帼风采”“最美基层妇联干部”“三八红旗手风采”等专栏，推出典型事迹宣传10余期，扎实推进“百千万巾帼大宣讲”活动。同时，指导各级妇联组织依托城乡“妇女之家”，广泛开展“巾帼心向党　礼赞新中国”群众性主题教育活动30余场次，生动诠释广大妇女群众的家国情怀。

【巾帼建新功】2019年，县妇联深入开展“文明实践巾帼行动”。以新时代文明实践中心试点建设为契机，先后利用“三八”节、国际家庭日等节点，联合县文明办、县卫健局等单位开展以“新时代、新女性、新风尚”为主题的庆“三八”趣味运动赛；联合县纪委、县文明办等单位开展新时代“好家庭”“好婆婆”“好媳妇”“好母亲”“好女儿”评选活动；联合文明办、文旅集团开展“疑山雅聚　七夕缘起”单身青年交友联谊会等系列活动，丰富活动内涵，为助推宁远县新时代文明实践中心建设添砖加瓦。深入开展“巾帼脱贫行动”。以“户帮户亲帮亲　互助脱贫奔小康”活动为抓手，发动全县各级妇联执委、联动社会各方力量，开展“姐妹守望、邻里相助”妇联执委帮困活动，实现“3+1”帮扶模式，重点关爱留守妇女、留守儿童、留守老人。深入开展“十城同创　文明共建——巾帼在行动”活动。开展形式多样的宣传，带领各级妇联组织及巾帼志愿者积极参加文明劝导、义务植树、学法普法、保护生态环境、“不让毒品进我家”等活动，组建“禁毒妈妈联盟”队伍，大力实施“乡村振兴美家美妇行动”，表彰20名新时代“最美基层妇联干部”、50名新时代“好家庭”“好婆婆”“好媳妇”“好母亲”“好女儿”等优秀典型，为“十城同创”贡献巾帼力量。深入开展“家庭助廉”行动。与县纪委、文明办联合举办“传承优良家风　讲好宁远故事”演讲比赛、“清风常伴　廉洁齐家”家庭助廉立德活动大会，邀请市妇联宣讲团开展“不忘初心、牢记使命”主题教育暨“传承红色家风·莲姐姐故事汇”活动，全面推进家庭廉政文化建设，筑牢拒腐防变思想防线。

【巾帼暖人心】2019年，县妇联实施巾帼健康行动。共为12191名农村及城镇低保适龄妇女进行“两癌”免费检查；为67名“两癌”贫困母亲每人送去1万至1.2万元全国或省级“两癌”救助金，共计74万元。实施巾帼普法行动。利用春节、“三八”维权周、全县法治宣传月、“6·26”国际禁毒日等节点，深入各乡镇（街道）广泛开展普法、禁毒等宣传活动，发放资料近8万份，“建设法治宁远 巾帼在行动”常做常新。实施巾帼维权行动。全县婚姻家庭纠纷调解“三级联动”项目顺利通过省妇联验收评估，婚调委被全国妇联评为“全国维护妇女儿童权益先进集体”。各乡镇婚调服务站、各村婚调室工作日常化、规范化，县乡村三级婚调机构共接待婚姻家庭矛盾纠纷咨询700余人次，县婚调中心调解案件228件，其中调和85件，调离143件。实施关爱妇儿行动。“六一”期间，县“四大家”主要领导及部分县委常委都走访慰问部分学校及少年儿童，送去党和政府的关怀；争取“中国烛光教育基金”助学金，支助30名品学兼优的贫困学生每人每年1500元；举办“父母成长计划讲座”“书香飘万家 亲子共悦读”“预防儿童意外伤害知识讲座进校园”“儿童青少年近视防控妈妈行”等活动。

【县第十四次妇女代表大会】根据《中华全国妇女联合会章程》及《妇女联合会选举工作条例》等有关规定，2019年10月30日至31日宁远县召开第十四次妇女代表大会，有各行各业妇女代表255名参加会议。会议听取、审议并通过宁远县妇女联合会第十三届执行委员会提交的工作报告，选举产生县妇联第十四届执委、常委，在第十四届执委第一次全会上选举产生主席周英华，专职副主席郑姣平、何阳，挂职副主席欧阳季鹏，兼职副主席柏云菊、欧阳瑶力，兼挂职副主席从先进妇女典型、女性专业人才等有关行业部门和两新组织中选拔。会上表彰“巾帼文明岗”等30个先进集体和“三八红旗手”等32个先进个人，激励广大妇女向先进学习，形成赶超先进氛围。

（周英华 何阳 李辉庭）

县归侨侨眷联合会

【概况】1978年，成立侨务办公室和侨联小组。1983年5月，成立宁远县归国华侨联合会。2016年10月，宁远县召开第一次归侨侨眷代表大会，选举产生主席、副主席、秘书长。首次实现宁远县侨联“有牌子、有人员、有经费、有场地、有活动”的五有目标。2017年内设综合办公室。2019年机构设置依然。

【政治引领】2019年，县侨联通过活动开展加强对侨界群众的政治引领。精心策划、组织县侨联委员、侨界代表人士开展进同心美丽乡村考察调研、中秋联谊座谈、“我与五星红旗合个影”等活动，增强了侨胞侨眷的认同感和归属感。特别是国庆前夕的“同根同源同心共庆70华诞——我与五星红旗合个影”系列活动，发动海外侨胞、在家侨眷与五星红旗合影，为伟大祖国点赞。海内海外、线上线下联动，进一步激发大家的爱国热情。

【为侨服务】2019年，县侨联春节期间，上门走访慰问侨眷100余户，进一步了解侨眷生活状况及其海外亲人情况，传递祖国和家乡的真诚祝福。通过走访调研，新结交欧美、东南亚侨眷朋友20多人。首次与越南、柬埔寨、阿联酋宁远同乡会取得联系。中秋期间走访慰问7月洪灾中受损的侨眷和部分重点侨眷20余人。全年接待侨胞来信来访10人次，为空巢美国侨眷李某及时协调解决房屋排水处理难题。针对阿联酋侨胞咨询办理“华侨证”一事，与市县相关部门进行咨询协调，通过详细解释，消除他们对归侨、侨眷证件办理和归侨侨眷权益保障等方面的误解。

【平台建设】 2019 年，县侨联以舜文化、德孝文化为根，积极参与打造九嶷山寻根祭祖、对外交流平台建设。4 月 2 日，承办海外侨胞永州行——清明寻根祭祖活动，近 30 位永州籍海外侨胞回乡祭祖。6 月 8 日—10 日，参与、服务首次在宁远召开的第五届世界儒家文明大会暨中华国学代表大会，接待来自新西兰、西班牙、尼泊尔等海外专家学者 10 人，进一步提升宁远的知名度和美誉度。为做好舜帝陵中国华侨国际文化交流基地申报工作，多次向省、市侨联汇报，并积极主动向湖北省随州市侨联学习创建武当山基地的成功经验，已准备好基础资料。

（戴巧燕）

县工商业联合会

【概况】 宁远县工商联筹建于 1950 年 1 月，正式成立于 1953 年 1 月。至 1996 年 5 月，共举行九届会员代表大会。1996 年 10 月，成立宁远县总商会，与工商联合署办公，“两块牌子，一个机构”。1999 年 8 月 14 日，县委决定设立县工商联党组。2019 年机构改革，县工商联机关核定事业编制 7 名，其中，主席 1 名，副主席 2 名。设置 3 个内设机构：办公室、会员部（宣传教育部）、经济联络部（企业部）。2019 年荣获全国“五好”县级工商联、“湖南省‘五好’县级工商联建设示范点”称号。

【万企帮万村行动】 2019 年，为真实、全面、准确反映民营企业在精准脱贫攻坚战中的贡献，切实防止脱贫攻坚中的形式主义和数字扶贫，县工商联、县扶贫办、县光彩会召开专题会议，成立了县“万企帮万村”精准扶贫行动台账评估交流专项行动领导小组，制定《关于落实“万企帮万村”精准扶贫行动台账评估交流专项行动的方案》，明确工作目标，评估核查内容，落实责任领导、责任单位和责任人。安排部署“万企帮万村”精准扶贫行动台账自查自纠、补齐纠错专项工作，并将 2019 年 3 月列为“台账专题月”。评估核查组于 3 月 7 日—4 月 7 日分别协同湖南省康德佳林业科技有限责任公司、湖南天利成农业科技有限公司、宁远季丰农业有限公司、宁远九嶷山兔业有限公司、宁远鑫农淮山种植专业合作社等 31 家帮扶企业到柏家坪镇多喜村、冷水镇山脚村、天堂镇百步岭村、鲤溪镇仙马石村等 49 个帮扶村开展为期一个月的现场核查工作。并且取得显著效果，管理系统数据统计新录入信息 7 对，调整录入信息 24 对，纠错信息 12 对。2019 年，有 25 家企业与 47 个贫困村进行定点帮扶，企业投入帮扶金额 4720.2 万元，帮扶贫困人口 8806 个，企业实施项目 39 个，其中，产业帮扶投入 4361.1 万元，帮扶人口 7076 人，就业帮扶投入 252 万元，帮扶人口 236 人，公益帮扶投入 72.1 万元，帮扶人口 2448 人，技能帮扶投入 35 万元，帮扶人口 180 人。

【举办民营企业用工招聘会】 2019 年“五一”期间，县工商联联合人社局、工业园、扶贫办举行以“就业政策惠民企，就业服务促发展”为主题的民营企业招聘会，组织 42 家企业入场，提供各类就业岗位 4000 多个。招聘会现场设立政策咨询服务台，提供法律咨询、政策解读、就业指导、创业指导等服务，以实际行动支持民营企业发展，搭建共需平台，帮扶就业用工。

【县总商会第二届男子篮球联赛】 为庆祝新中国成立 70 周年，县总商会举办“迎国庆中南驾校杯”第二届男子篮球联赛。联赛由中和商会承办，县机关事务中心协办，共有 10 支商会代表队近 200 名会员参赛，比赛时间从 9 月 20 日到 9 月 27 日，历时八天共 32 场比赛，最后水市商会代表队、中和商会代表队、九嶷山商会代表队分获冠军、亚军、季军。

【开展经贸考察缔结友好工商联（商会）活动】2019年10月21日至10月22日，县工商联组织近30余名企业家到山东省烟台市龙口市考察学习新旧动能转换经验，考察团一行先后参观南山集团、龙湖威龙国际酒庄、龙湖万亩葡园、威龙葡萄酒股份有限公司、威龙国际大酒窖、威龙现代化生产中心、龙口市工商联综合体。双方召开“友好工商联”签约仪式暨新旧动能转换经验交流会，企业家代表交流发言，共同签订《缔结友好商会协议书》。

【县工商联九届四次执委会议】2019年4月29日，县工商联九届四次执委会在县政务中心102会议室召开，98名执行委员参加会议。会议进行选举，增补执行委员4名，副主席2名，副会长2名。县政协副主席、工商联主席欧桥贵代表常委会通报县工商联2018年工作和2019年工作思路。通报2018年度会费收支情况。传达学习《关于营造企业家健康成长环境、弘扬优秀企业家精神更好发挥企业家作用的实施意见》文件精神。

【投身光彩事业】2019年，非公企业在力促自身发展的同时，县工商联积极开展光彩事业主题活动，积极引导广大非公有制经济人士致富思源、回报社会，自觉履行社会责任。“六一”国际儿童节期间，组织开展关爱留守儿童暖阳工程，县工商联（总商会）组织非公经济代表人士筹资3万元对实验小学70名留守儿童进行走访慰问。8月27日，中和镇商会在中和镇政府会议室举行高考学子表彰大会，63名中和籍高考优秀学子和3名特困家庭优秀学子获得奖励，现场发放助学金近14万元。在2019年救灾扶贫中，号召非公经济人士捐款20余万元。

（林文才）

县残疾人联合会

【概况】截至2019年12月31日，全县持有第二代残疾人证的残疾人数为20016人，其中残疾等级为一、二级的重度残疾人数为10594（其中一级残疾人2161人，二级残疾人8433人）。残联现有在职在岗干部职工20人，退休人员8人。其中公务员8人，副科级以上干部6人，班子成员2人（理事长1人，副理事长1人）。下设残疾人服务社（全额拨款事业单位，职工12人）、办公室（含办证办）、计财股、组宣股、康复股、教就股。

【残疾人康复】2019年，县残联完成脑瘫儿童康复69名，对彩票公益金项目的智力残疾、孤独症儿童开展康复训练13人，装配人工耳蜗2人。筛查残疾儿童矫治手术219人，为4名贫困残疾儿童进行矫治手术，矫形器适配17人，辅助器具适配83人。为22名残疾儿童适配助听器，为11名低视力残疾人适配助视器。对急需辅助器具的贫困残疾人，实名制登记，建立信息台账，免费发放残疾人轮椅300台，腋杖、坐便器、助听器、助行器等辅助器具170件。对100名贫困精神病患者，每人实施价值600元的免费医疗救助。联合永州职业技术学院附属医院、爱尔医院、县中医院免费对50名白内障患者进行复明手术。

【残疾人就业】2019年，县残联通过“就业援助月”、国庆节期间和扶贫专场招聘会活动促进就业，配合人社局和工业园组织3场招聘会，有56名残疾人与县内15家企业达成用工意向。做好全县各用人单位按比例安排残疾人就业年检年审工作，下达“残保金”年审通知书280余份，对未按要求按比例安排残疾人就业的单位共收取残疾人就业保障金210万元，引导用人单位安排残疾人就业。组织畜牧、果业专家对160多名贫困残疾人进行创业和实用技术培训。并输送3名视力残疾人参加盲人按摩培训。组织1名残疾人到长沙市参加残疾人驾校培训。对19名残疾人进行创业项目扶持，帮助残疾人更好就业。

【残疾人教育】2019年，县残联会同教育部门完成未入学适龄残疾儿童统计工作，掌握残疾学生情况，对84名未入学适龄残疾儿童情况函交给教育局。筹措资金4万元支持宁远县特殊教育发展。配合做好宁远县特殊教育学校和永州市特殊教育学校的招生工作，配合教育部门对149名重度残疾儿童少年送教上门。选送3名优秀的残疾学生到湖南省特教中专就读。对29名高中阶段残疾人学生和困难残疾人家庭子女进行申报资助。对考入大中专院校的15名残疾学生和残疾人家庭子女学生给予一次性奖励，总金额9.14万元。

【残疾人权益保障】2019年，县残联开展残疾人机动轮椅车燃油补贴调查统计，新增下肢残疾人建档立卡，数据录入，对359名下肢残疾人申报残疾人燃油补贴，并发放燃油补贴资金9.334万元。开展下乡办理残疾人证服务，为20个乡镇（街道）有需求办理残疾证的群众共办理1100余本残疾人证，让所有残疾人的权益得到保障。

【助残活动】2019年，县残联认真实施精准扶贫工作，配合扶贫开发办公室在去年的基础上对全县建档立卡残疾人重新进行动态管理，对4857名人员全部录入全国扶贫系统数据库子系统。结对帮扶残疾人4857人，积极开展面对面帮扶。争取资金19万元，对全县19名残疾人创业进行扶持。配合民政部门审核残疾人两项补贴。为7622名残疾人申报“两项补贴”；其中6998名残疾人申请重度残疾人护理补贴；5115名残疾人申请困难生活补贴。开展“连千村帮万户残疾人扶贫工程”，新确定五龙山乡杨桂坪村16名贫困残疾人为帮扶对象并开展“一帮一”“面对面”的精准帮扶工作，为他们送去走访金和生产生活物质，组织单位工作人员捐款。对800名因病、因灾等贫困残疾人进行走访慰问救助。通过购买鸡苗、鸭苗32万元免费对全县168名贫困残疾人家庭发展生产进行扶持。按照两线融合政策，对1182名未纳入农村残疾人低保范围的贫困重度残疾人函交给民政部门。保证建档立卡贫困残疾人享受政策的普惠性得到充分落实。通过政府购买服务的方式，为120户贫困智力、精神和重度肢体残疾人购买第三方为其提供上门家政、医疗等服务。

县科学技术协会

【概况】1959年5月，宁远县科学技术委员会和科学技术协会（简称科委和科协）成立。“文化大革命”期间，机构瘫痪，科技人员调走，科技工作停滞。1978年7月，宁远县恢复科学技术委员会。同年12月，恢复科学技术协会。科委科协合署办公，“两块牌子，一个机构”。1985年3月，宁远县科协单设，编制4人，2019年扩编至12人。内设综合办公室，有干部职工7人，全县20个乡镇（街道）均成立科协组织，配备科协主席，兼职副主席，明确分管领导。县科协参加永州市第二届全民科学素质大赛、永州市第24届青少年科技创新大赛、永州市“筑梦航天”青少年航天知识大赛、组织开展全国科普日、中国流动科技馆湖南永州宁远站（第二轮）巡展等科普活动，承办“科普到田间　党员做模范”——永州市党员教育“乡村学堂”系列活动，全面推进新时代文明实践中心科技志愿服务工作，积极配合湖南大学调研团队完成古村落（特色民居）书稿撰写第一批重点村落调研，10月24日至25日召开宁远县科学技术协会第五次代表大会，选举产生县科协第五届委员会和领导班子。获中国科协“2019年全国科普日活动优秀组织单位”称号、“永州市第二届全民科学素质大赛优秀组织奖”、2019年永州市科协系统全民科学素质行动计划纲要实施评估优秀单位、2019年宁远县重点工作绩效评估优秀单位。

【全民科学素质工作】 2019年，县科协牵头开展宁远县第二届全民科学素质大赛，全县20个乡镇（街道）100名选手参赛，选送五名选手参加永州市第二届全民科学素质大赛，其中2人分别获公务员组、城镇劳动者组一等奖。参加永州市第24届青少年科技创新大赛，报送参赛作品28件，其中，18人获二等奖，10人获三等奖，获奖率100%。参加永州市科协组织的“筑梦航天”青少年航天知识大赛，其中3人获二等奖，1人获三等奖，获奖率100%。经县科协培育推荐，湖南裕宁电子有限公司科协获“全国优秀企业科协”组织。

【全国科普日活动】 2019年9月20日，围绕“礼赞共和国、智慧新生活—宁远科技志愿者在行动”主题，在文庙广场举行2019年宁远县全国科普日活动启动仪式暨主场活动，市科协、县委、县人大、县政府、县政协相关领导出席，活动表彰科普工作先进单位和个人、优秀科技工作者、青少年科技创新大赛先进个人。主场活动设立20个科普服务台，发放宣传资料5万多份，制作科普宣传展板40多块。现场开展科普咨询、“科普中国”“科普湖南”扫码、科技成果及青少年创新作品展示等活动。在宁远县十二小、湾井镇、九疑山乡、柏家坪镇分别举办以“校园科普志愿服务行动”“科技助力精准扶贫志愿服务行动”“卫生健康科普志愿服务行动”“互联网科普服务行动”为主题的分场活动，形式灵活多样，内容丰富多彩。

【科普到田间　党员做模范】 2019年5月16日，科普到田间　党员做模范——永州市党员教育“乡村学堂”系列活动在宁远县九疑山瑶族乡西湾村举行，湖南农大教授、博士生导师邓子牛和石雪晖为来自全县部分农村党员、共青团员、大中专毕业生、退伍军人、村组干部、扶贫工作队队长、科技示范户、科普示范基地负责人、种植大户等80余人进行理论、田间授课，为广大农村党员和种植大户提供一个良好的学习平台。

【科技与科普志愿服务】 2019年，县科协全面推进新时代文明实践中心科技志愿服务工作，成立31支科技与科普志愿服务队，注册队员601人，队伍涵盖各学会会员、学校在职老师、“五老”（老干部、老战士、老专家、老教师、老劳模）、“三长”（医院院长、学校校长、农技站长）、科普教育基地、城乡科普e站、科普示范基地、农技协等科技工作者。服务队结合全国科普日、全国科技工作者日、科技活动周、科技文化卫生“三下乡”等科普工作，组织开展科普报告、科技培训、技术咨询、农技服务、医疗服务、青少年科技教育等各类科技志愿服务活动，为科技助力、科学普及、扶贫攻坚等工作增添生力军，成为科协事业和科技创新发展的一支重要力量。

【特色民居书稿撰写】 2019年，县科协积极配合湖南大学调研团队在宁远县境内的骆家村、城盘岭村、琵琶岗村、小桃源村、下灌村、路亭村、久安背村等7个村开展永州市古村落（特色民居）书稿撰写第一批重点村落调研工作，为宁远发展特色古民居旅游提供参考模式和范本。

【宁远县科学技术协会第五次代表大会】 2019年10月24日至25日召开宁远县科学技术协会第五次代表大会，选举产生主席1名，专职副主席2名，兼职副主席3名，常委15名，委员39名。

【流动科技馆巡展】 2019年11

月至12月，在宁远三中体艺馆举办中国流动科技馆湖南永州宁远站（第二轮）巡展，共展出展品50余件，参观人数7万余人次。巡展活动搭建公众接触优质科普资源的平台，为促进全县公民科学素质整体提升发挥重要作用。

县文学艺术界联合会

【概况】宁远县文学艺术界联合会（简称“宁远文联”）成立于1986年10月。2013年5月，经市委组织部批准为正科级单位，编制核定为3人。下设作家、书法、美术、摄影、音乐、舞蹈、京剧、戏剧与曲艺、诗词、企业书画家等10个专业协会。截至2019年，共召开四次文代会，每次召开文代会均产生新的文联主席、副主席、秘书长。每一届文联，都非常重视文艺培训、创作、展览、采风及对外交流活动，为繁荣宁远文学艺术、丰富人民群众文艺生活做出积极贡献。2019年，宁远文联坚持文艺“为社会主义服务，为人民服务”的方向和“百花齐放，百家争鸣”的方针，充分发挥联络、协调、服务职能，团结带领各艺术家协会，围绕中心、服务大局，积极主动，开拓创新，很好地完成上级安排的各项工作任务，为繁荣宁远文艺创作，培养文艺新人，不断满足人民群众精神文明生活的需要，促进全县的物质文明、精神文明建设做出积极贡献。

【党建活动】2019年，宁远文联深入学习习近平总书记系列重要讲话和十九大精神，积极开展“不忘初心、牢记使命”主题教育，组织党员干部读原著、学原文、悟原理。规范作家协会、书法家协会、京剧协会党支部落实“三会一课”，坚持组织生活的正常机制，明确纪律规范，提高组织生活的政治性，落实党员教育规划，建立党员学习教育的长效机制。督促作家协会、书法家协会、京剧协会多次召开专题民主生活会、组织生活会，开展民主评议党员活动，不断加强党性教育。支部成员严格执行双重组织生活制度，与党员一起学习讨论、一起查摆解决问题、一起接受教育、一起参加党员民主评议。加强党风廉政建设，严格落实“第一责任人”和“一岗双责”制度，形成认识到位、责任明晰、履职尽责的主体责任体系。

【队伍建设】2019年，宁远文艺队伍不断壮大，省市县会员数量实现新的突破。坚持“请进来”和“走出去”，对全体会员持续进行思想政治宣传教育和业务知识培训，增强会员的组织纪律和文学素养，各协会会员的凝聚力不断增强，吸引力逐步加强，协会成员不断增加。培养蒋志勇、龙国成等8位诗词爱好者加入湖南省岳麓诗社。

【精品创作】2019年，宁远作家在域外文学期刊和报纸上发表作品900余篇次，在社会上产生广泛影响。柏兴武、陈立新等人的一大批精品力作被国家、省、市级的报纸刊物发表、转载。宁远作家创作、发表约20万字作品，为宁远发展集聚正能量。在中华人民共和国成立70周年之际，文联与县委宣传部、文德学校联合举办“文德杯·我和我的祖国”征文活动，全国各地的文学爱好者积极响应，在全国产生一定影响。文联所属刊物《九嶷山》围绕移风易俗、文明乡风创作、编辑出版三期专刊，鲜活的作品、满满的正能量受到省市领导的高度赞扬；戏剧与曲艺家协会拍摄《知否外传》《警嫂》《职责》等多部优秀影视作品，倡导新风尚、传递正能量。

【文艺活动】2019年，宁远文联按时、按质完成省市文联、县委、县政府交办任务的同时，积极组织开展一系列活动。1月25日至2月2日，文联组织书法家协会、摄影家协会联合举办为期一周的“义务送春联、全家福下乡活动”；3月15日—16日，组织戏剧与曲艺家协会的部分会员陪同中国曲艺党组书记、驻会副主席董耀鹏、湖南省文联副主席、曲艺家协会主席任军等20余位艺术家深入九嶷山等地实地采风、调研；3月18日—26日，组织艺术家开展为期一周的书画艺术进校园活动；4月20日，组织诗词爱好者陪同湖南省诗歌学会副会长、湖南第一师范学院文学与新闻传播学院教授张占等5人到九嶷山采风、调研地域文化；4月24日—27日，组织宁远本土作家陪同湖南省作家协会副主席蔡测海先生来九嶷山、大观堡等地采风、创作；5月—8月，组织开展“文德杯·我和我的祖国征文”活动，活动于8月30日结束，9月15日—16日，组织专家对作品进行评选，10月1日举行颁奖仪式；6月29日—30日，组织艺术家与永州日报、湖南省诗歌学会永州分会的艺术家一同到来远开展为期两天的采风创作活动；7月9日，组织九嶷诗社会员与湖南省岳麓诗社、潇湘齐白石艺术研究院院长赵焱森等艺术家一行36人到宁远开展为期三天的采风创作活动；7月2日至8月12日，分儿童班和少年班两个班举办书法、美术免费培训活动，培训学生达100人次；8月2日至8月12日，组织党员艺术家到芷江、十八洞开展红色之旅采风活动；11月7日—14日，开展为期一周的“书画艺术‘五进’”活动，艺术家走进冷水完小、自来水公司等单位采风创作；11月11日，组织部分宁远作家陪同澳门作家到九嶷山、下灌采风交流；11月20日—21日，组织部分艺术家与湖南省文联22位艺术家到下灌采风；11月25日，组织艺术家深入文联扶贫村——排山坳村采风、走访。2019年，宁远文联围绕移风易俗、文明乡风开展文艺采风活动，创作各类体裁作品三千余篇（幅），出版《九嶷山》专刊三期，受到广大干部群众的好评。音乐家协会举办的“德孝之源·福地九嶷”迎新年音乐晚会，吸引协会会员100余人参与，精彩的表演，博得阵阵掌声。2019年，音乐家协会举办40余场禁毒宣传、法治宣传专场演出，既宣传法律法规知识，又增强协会的凝聚力，极大地丰富群众文化生活。

【作品出版、入展、获奖】 2019年，作家黎成钢深入水市、鲤溪等地采访烈士蒋学远的亲属，到保安镇、河北、新疆等地采访李影超的亲人、战友，创作的湖湘英烈故事《人民公安为人民——蒋学远》《献身强军目标的好兵—李影超》成功出版；黎成钢的散文《同志，我好想摸摸你的脸》获湖南省第六届网络微文学大赛散文类三等奖；荆庚红的诗歌《一棵病树的告白》《红花岗，托起共和国的太阳》获广州市花都区等地举办的全国征文优秀奖；戏剧与曲艺家协会拍摄的《嶷山解铃人》获湖南省法制公益广告及法制微视频大赛二等奖；何俊霖的散文《老家的石板路》收入原创重制版高中一年级《语文读本》。

（黎成钢）

军　事

人民武装

【概况】2019年，宁远县人武部坚持以党在新形势下的强军目标为引领，全面贯彻政治建军、改革强军、科技兴军、依法治军总方针，形成与新体制新职能新使命相适应的工作状态和建设局面，推动各项工作上台阶。2019年被省军区评为“先进人武部”“先进团级单位党委”“军事训练先进单位”，被军分区评为“征兵工作先进单位”。

【政治教育】2019年，县人武部组织开展“传承红色基因、担当强军重任”和“不忘初心、牢记使命”两项主题教育，完成4个专题党委中心组理论学习，积极参加省军区组织的“学习大讲堂”和军分区组织的“读原著、讲故事、见行动”以及“五微”活动，官兵忠诚基因进一步纯正，忠诚思想进一步牢固。利用民兵整组、集中轮训、遂行任务等时机，通过授课讲解、发放学习资料、讨论交流、集中辅导学习等形式，开展民兵思想政治教育。紧密结合宁远县实际，不断创新教育方式方法，落实国防教育“六进”制度，全面提升国防教育实效。2019年，将国防教育纳入县委常委会议程，专题研究部署国防教育工作；结合征兵工作，人武部部长带领县国教专干、军事科参谋深入5所中学开展征兵宣传暨国防教育讲座；结合主题教育，组织全县专武干部、部分基干民兵赴道县陈树湘纪念馆开展缅怀英烈主题党日活动；扎实开展第19个全民国防教育日配套活动；10月，在全市“爱我国防”演讲比赛中，宁远县获“二等奖”和“先进组织单位”称号。制作的国防教育微视频获得国家级“文荣奖”。

【战备训练】2019年，县人武部持续抓好习近平主席训令的学习贯彻，领悟习近平主席备战打仗的战略考量，在全县掀起大抓军事训练的热潮。全军开训动员会议后，宁远县人武部组织专题学习、讨论交流，切实让训令入脑入心。结合两次党委民主生活会以及中央巡视问题整改工作，开展自查自纠，检视剖析，深刻反思，问题整改，进一步提高官兵战备意识和战备观念。根据领导指挥体系和力量规模结构调整变化，结合宁远县辖区应急维稳、抢险救灾实际，重新修订完善各类战备方案，组织经常性战备演练。2019年，共组织8次营区防卫演练，1次全县防汛救灾应急演练，1次全县森林防火应急演练。坚决落实习主席训令，严格按新大纲要求，高标准组织好干部和民兵队伍训练。组织机关干部在职训练和全体专武干部集中训练暨业务培训，选送4名民兵教练员参加军分区集训，取得团体考核总分第二名；组织军训骨干进行7天的教学法集训；开展2期基干民兵集训，高标准完成军分区下达253人的基干民兵年度训练任务；组织3批基干民兵参加军分区集训，集训民兵的出色表现得到军分区首长的高度赞扬；在全市率先开展基干民兵群众性练兵比武活动，承办全市正规化建设暨群众性练兵比武现场观摩活动，省委常委、省军区政治委员冯毅，市委书记严华、各县（区）党委书记以及人武部1名主官、军事科参谋等400余人参加观摩活动。选送1名文职干部和3名基干民兵参加省军区练兵比武。通过这些集训，较好地提高各级队伍业务技能和组织指挥能力。

【兵员征集】2019年，县人武部将征兵宣传贯穿全年，充分利用春节、暑期返乡等重要时机，牢牢抓住重点人群，积极开展征兵宣传工作。结合国防教育和高中毕业生填报志愿讲座，先后6次开展入校宣传活动；组织全县各中学校长、毕业班班主任、就业服务中心工作人员进行政策解读培训，并聘请为义务征兵宣传员；开展大学生征兵工作“三走遍、三签字”活动，并安排专人电话联系在外就读大学生，进行属地应征政策优势宣讲，多措并举，成效显著。2019年大学生征集比例超额完成指标，完成多年未实现的大学生征集任务。

【安全稳定】2019年，县人武部落实从严治军要求，围绕省军区关于安全工作“三个不能出”的目标，紧盯17个安全要素，以“我的安全我负责，他人的安全我有责，单位的安全我尽责”的安全理念，抓牢抓实抓细安全工作。通过开展“条令条例月”和“百日安全活动”，结合重大活动和重要时间节点，多次开展安全隐患大排查，树立反面教材抓好警示教育等方式，确保高度安全稳定，全年未发生安全事故。

【党管武装】2019年，宁远县委、县政府高度重视武装工作，将武装工作纳入经济社会发展统一规划、统一部署，坚持富民强县与兴武强军有机统一。为大力支持民兵调整改革，在政府化债和经济下行的双重压力下，投入资金重新修建民兵训练基地和修缮轻武器射击靶场。2019年4月，正式投入使用。从动工到交付使用仅用10个月，多项工作创造宁远速度。县委、县政府严格落实党管武装十项制度。延续往年做法，县人武部向县委、县政府推荐的5个“先进单位”和20个“先进个人”在县综合表彰大会上予以表彰；各乡镇、街道也充分发挥主观能动性，坚持从工作实际出发，积极研究出台一些具体措施，强力推动了党管武装工作常态长效发展。同时，县委、县政府在随军家属就业、转业干部安置、职工招录方面也给予关心关怀，2019年议军会议上提出的问题，县委、县政府照单全收、全部解决，体现很强的政治意识和责任担当。为进一步促进党管武装工作落实，在宁远县组织召开永州军分区党委第一书记严华任职命令大会。

【参建参治】2019年，县人武部牢固树立宗旨意识，带领民兵预备役人员积极参建参治、抢险救灾、扶贫帮困。2019年，共出动各类民兵800余人次，参加抢险救灾2次、义务植树2次、助民劳动6次、防汛演练1次，森林防火演练1次，协助党委政府维持秩序1次，参加新城区治安巡逻30次，116人次下乡扶贫帮困。积极组织官兵和民兵预备役人员参加“十城同创、文明共建”，努力在地方经济社会建设中发挥作用。7月13日，宁远县暴发特大洪灾，在基地轮训的第二期冲锋舟操作手专业分队闻讯而动，奔赴最危险地带，进行孤岛救援、搜索救援，转移群众2000余人，抢运物资100余吨。面对突如其来的灾情险情，全体官兵和广大民兵预备役人员坚决把抢险救灾当作投身国防建设的实际行动，大力发扬“一不怕苦、二不怕死”的精神，闻令而动，听令而行，始终战斗在最前线，发挥主力军、突击队、排头兵的作用，赢得广大群众好评和高度赞誉。

（周安娜）

消防救援

【概况】1949年11月17日宁

远和平解放后，消防工作由公安局主管。1955年，宁远县有义务消防队18个，防火小组221个，防火突击队18个，林区护林防火员72人。1978年，县公安局设立消防股，消防员由公安干警义务担任。1983年1月，消防股改为消防中队，纳入中国人民武警部队序列。1984年12月，消防中队改为宁远县公安消防股。1997年5月，消防股升格为宁远消防大队，称中国人民武警部队宁远县消防大队，隶属永州市消防支队。1998年，宁远县成立专职消防队，由消防大队管理。2002年12月，专职消防队撤销。2003年1月，中国人民武装警察部队宁远消防中队成立，与县公安消防大队合署执勤，2003年底，全县有公安消防大队（中队）1个。2018年3月，中央印发《深化党和国家机构改革方案》，公安消防部队不再列武警部队序列，全部退出现役。2018年10月9日，“公安消防部队移交应急管理部交接仪式”举行，53年的消防部队成为历史。2018年11月9日，国家综合性消防救援队伍授旗仪式在人民大会堂举行。中共中央总书记、国家主席、中央军委主席习近平向国家综合性消防救援队伍授旗并致训词。宁远县消防大队和全国消防部队一起，正式划归应急管理部门，由应急管理部门管理，实行统一领导、分级指挥，设有专门的衔级职级序列和队旗、队徽、队训、队服。宁远消防大队更名为宁远县消防救援大队，全体消防救援人员从“橄榄绿”变身“火焰蓝”，以崭新的面貌全面开启宁远消防救援新篇章。2019年，在全市消防救援队伍三个阶段的比武竞赛活动中，大队分别获得团体第三名、团体第二和团体第四的佳绩；大队荣获宁远县房地产开发小区集中整治工作先进单位；中队荣获全市优秀基层党组织。年终，大队被省消防救援总队评为全省“安全工作先进大队”，中队被市消防救援支队评为“全面建设先进中队”，大队被县政府评为“安全生产工作先进单位”。

【火灾扑救及抢险救援】2019年，宁远县消防救援大队共接警312起（含增援），出动车辆530辆次，出动警力3692人次，抢救被困人员57人，抢救直接经济财产损失约1003.7万元，间接保护经济财产损失约6243.6万元。圆满完成以“7·13”清水桥抗洪抢险和“9·11”三分石19小时山岳救援为代表的各类急难险重任务。

【消防安全及责任落实】2019年，宁远县委、县政府全面落实消防安全责任，确定县委副书记、县长唐何为全县消防安全工作第一责任人，常务副县长黄永英为消防安全工作主要负责人，并任县消防安全委员会主任，分管全县消防安全工作。县委、县政府分别就解决消防工作重点、难点问题召开县委常委会议1次，政府常务会议2次。县委书记刘卫华、县长唐何、县委副书记刘军君、人大常委会主任张明贵、常务副县长黄永英、县委办主任曹辉正、副县长、公安局局长陈云生等主要领导带头落实消防安全责任，多次带队开展消防安全检查。各行业领域消防安全工作认真实行“谁主管、谁负责”的工作原则，明确消防安全行业主管部门责任。县人民政府与各职能部门、各乡镇人民政府（街道办事处）以及消防安全委员会成员单位，层层签订消防安全工作责任状，贯彻落实消防安全责任。2019年，宁远县消防救援大队重新调整确定消防安全管理重点单位162家。各社会单位消防安全工作实行“安全自查、隐患自除、责任自负”的消防安全管理机制，落实消防安全主体责任。

【消防宣传及教育培训】2019年，宁远县消防救援大队按照《全民消防安全宣传教育纲要》，以宣传为抓手，深入开展消防宣传“七进”活动，“3·15”消防产品专项治理行动，消防控制室值班人员培训，“消防教育进军训”，“防范火灾风险、建设美好家园”119消防宣传月等一系列消防宣传活动。2019年，宁远县消防救援大队继续在县广播电视台开辟《直通119》消防宣传栏，深度报道消防安全知识和典型火灾案例，利用LED显示屏播放宣传标语1万余条，发送手机短信40余万条，发放宣传资料5万余份，全方位、多层次开展消防宣传。全年印制《家庭消防安全知识读本》23万册，并分发到户，全面提高广大群众消防安全意识和自防自救能力。

【消防检查及监督执法】 2019年，宁远县消防救援大队以机构改革为契机，协调县应急管理局结合安全生产督查考核，对全县20个乡镇（街道）开展国庆70周年“防风险保平安迎大庆”及安全生产和消防工作督查3次。联合消防安全委员会成员单位深入开展“冬春”火灾防控、夏季消防安全专项行动、歌舞娱乐及人员密集场所消防安全大检查、电动自行车消防安全综合治理、大型商业综合体消防安全专项整治“回头看”、博物馆和文物建筑消防安全大检查等一系列消防安全专项治理工作，排查整改火灾隐患。2019年，共排查单位1108家，发现和火灾隐患2023处，整改火灾隐患2016处，办理消防行政处罚案件32起，责令“三停”6家，临时查封6处。全年提请政府挂牌督办重大火灾隐患单位5家，并全部整改到位，销案摘牌。

【岗位练兵及优抚优待】 2019年，宁远县消防救援大队根据训练要求，把握正确导向，推动训练由操场转向实地、由技术训练转向战术训练，积极组织指战员深入到辖区内重点单位和场所，开展实战演练，全年共修订完善灭火作战预案51份，开展各类演练100余次，战评率100%，实战能力显著提高。大队积极主动向县委、县政府汇报，经政府常务会议研究并出台《宁远县人民政府办公室关于宁远县消防救援队伍职业保障机制的实施意见》，就工作机制、职业荣誉保障、优先政策、生活待遇保障、社会优抚保障、财政预算保障等进行明确，有力地鼓舞全体消防救援人员的士气，全面营造消防救援队伍拴心留人的优抚优待环境。推进解决专职消防员的住房问题，1人已获得县公租房资格；大队2人解决子女入学问题。不断丰富消防员的文化生活，分别与辖区健身房、舞蹈工作室、心理咨询中心、电视台签订协议，聘请专业人员对消防员开展文化学习和培训，丰富指战员的文化生活，培养消防员的业余才干技能。

【队站建设及装备建设】 2019年，永州市消防训练基地暨宁远县第二消防站项目建设稳步推进，训练教学楼、公寓房、室内训练馆等主体已全部完工，辅助配套生活设施基本安装到位，营房基本具备投入使用的条件。在财政收紧，政府各部门预算减幅6%的环境下，大队积极汇报政府主要领导，增加20万元装备经费和20万元应急救援专项经费，业务经费拨款485万元；年初针对小火亡人和一氧化碳中毒事件报请政府直接投入27.6万元印制《宁远县消防安全知识读本》；消防训练基地暨宁远县第二消防站全年累计拨付497万元工程项目建设经费；财政投入273万元作为各乡镇42名专职消防队员的工资和保险；投入146.3万元专项经费，用于多种形式消防队伍建设；新招聘16名乡镇政府专职消防队员，全年消防经费累计1155.9万元。2019年，继宁远县冷水镇、中和镇、水市镇、太平镇、柏家坪镇、湾井镇、禾亭镇、鲤溪镇、清水桥镇后，新组建仁和、天堂、保安、九疑山4支乡镇政府专职消防队、3支少数民族乡和10支（试点村）农村志愿消防队，其余农村志愿消防队由各乡镇参照试点村全面建成。历时5年，实现消防救援力量全覆盖，全面完成多种形式消防队伍建设工作。有效提升乡镇、农村排查火灾隐患和处置初起火灾的能力，确保关键时刻能够及时、正确处置。

（何基胜）

人民防空

【概况】2019年3月全县机构改革，县人防办与住建局合署办公，实行“一个机构，两块牌子”。2019年人防办充分履行“战时防空、平时服务、应急支援”的职能，圆满完成年度各项工作任务并取得较好的成绩。2019年被市人防办评为绩效考核先进单位，宣传工作先进单位（永防办发〔2020〕5号）。年终绩效考核被县委、县政府评为优秀单位；保持县文明单位（宁文明委发〔2018〕1号）；精准扶贫先进工作事迹《这个“兵支书”靠得住》被中国基层网推介；2019年被县评为扶贫工作先进工作队；联系村获“发展村集体经济先进村”“全县乡村振兴工作先进村”等称号。

【人防指挥能力建设】2019年，县人防办编制好宁远县城区警报规划布局图，对今后指挥系统建设做好规划布局，建立警报建设台账。全县城区安装警报器，鸣响覆盖已延伸到城区附近的农村，警报器统控率、覆盖率100%，全部实现集中统控，统控中心在县政府大楼顶层，进一步强化人防无线电短波电台训练，提高人防指挥通信系统“统、通、用”能力，为战时防空提供保障。增加并确保警报信号覆盖面和覆盖率。10月，在南部新城区新二中、西部工业园产建投公司等地方，加装2台警报器。经费保障有力。2019年12月16日，在县召开的议军会上，专题研究人防工作，认真听取人防工作开展情况汇报。会议确定，加快推进人防指挥专网建设，给予专项经费保障，同意将人防指挥专网建设经费列入2020年度人防专项工作经费。

【人防宣传教育】2019年，县人防办积极开展“五进四化”工作，在微信开通“宁远人防”公众号，及时刊发人防重要新闻、重点工作动态和人防信息。5月12日，在县文庙广场，举办防灾减灾宣传活动，向广大市民发放《中华人民共和国人民防空法》2000册，《防空防灾安全手册》（口袋书）1000册及其人防标志等，全面提高群众自我保护意识。2019年8月1日在县八中举办“巩固国防、加强人防”为主题的“人防杯”少年排球赛。全县共11支队伍报名参加角逐，比赛现场通过人防动员讲话、防空防灾图板展示、发放人防标志运动服等方式将人防宣传寓教于乐，受到比赛队员和市民的一致好评；2019年8月，人防办、县书法家协会举办“巩固国防、加强人防”为主题的“人防杯”书法比赛，比赛筹备历时2个月，共征集作品200余幅，共计展出优秀书法作品80件，分男子组、女子组、中小学生组“优秀奖”和“入展奖”等奖项，所有参赛作品主题突出，意境深远，或宣扬国防意识，或展示人防风采，或展现军人风貌，或讴歌社会和谐，为建设文明城市、和谐宁远增添亮丽的色彩。

2019年8月底，会同人武部在县一中、二中、三中、职业中专，利用新生军训之际组织开展“校园防灾、减灾暨防空袭疏散演练”活动，组织28个班近2800名师生模拟空袭状态下紧急疏散演练，通过演练，使广大师生能准确识别防空警报类别，懂得紧急情况下如何疏散、自救、互救。根据《中华人民共和国人民防空法》第四章第三十五条和《湖南省实施〈中华人民共和国人民防空法〉办法》，2019年11月1日上午9时30分至9时49分在县城区域内进行防空袭警报试鸣，增强全体市民的国防意识，检验防空警报的可靠性，保障战时人民防空的组织指挥。2019年初，在人群聚集比较集中的鸿星帝景湾沿江休闲广场选址2000平方米投资89万元新建一个开放式宣教基地，通过塑像、雕刻、灯箱、展板并嵌入带有互动趣味性图文并茂的可滚动的人防知识标板等多种形式向广大市民宣传人防知识。

【人防工程建设】 县第二消防站人防工程建设项目于 2018 年 2 月动工建设，2019 年 9 月 30 日主体工程建设完工。该地下人防工程建成后，在保障平时训练和停车用途外，战时可避难疏散 2000 名市民，确保人民群众生命财产的安全。另碧桂园地下人防工程已完成主体浇注。修建的这两个人防工程提高整个县城区域的空袭防护和抗震减灾能力，并为城市建设开辟新的空间。

【稽查执法】 2019 年，县人防办严格按省办统一样式规范执法案卷，行政执法做到程序合法、文书规范、案卷完整。按照《湖南省人民防空工程建设与维护管理办法》、湘价费〔2014〕60 号、湘发改价费〔2017〕1187 号文件，按照“应建尽建、收费为辅”的原则，严格执行防空地下室易地建设费收费标准，无违规减、免、缓、降现象发生。2019 年全年共办理报建项目 337 件，征收人防易地建设费 1700.27 万元。

（赖小斌）

法 治

公 安

【概况】1949年11月24日，宁远县人民政府设立公安局。1967年，受“文化大革命”冲击，公安机关处于瘫痪，公安中队改为中国人民解放军建制，由人民武装部领导。是年11月成立中国人民解放军宁远县公、检、法军事管制小组，1968年10月，县革命委员会设立人民保卫组代行公、检、法职能。1973年7月，恢复公安局。1977—1979年，先后恢复和新建柏家坪、水市、禾亭、中和4个派出所。1986年，设立林业公安股。1987年8月17日，接收全县交通管理，成立宁远县公安局交警队，1989年10月增设户政股。1995年10月，组建宁远县公安局巡警大队。1997年6月正式开通“110”报警服务平台。2002年8月，组建宁远县公安局禁毒大队。2003年4月增设宁远县公安局警务督察队，年底，宁远县公安局内设办公室、户政管理股、公安信息网络安全监察与通信股、法制股、行政财务装备股、政工室等机构。2005年8月，公共信息网络安全监察与通讯股并入办公室，禁毒大队、预审股并入刑事警察大队，涉税犯罪侦查大队并入经济犯罪侦查大队，户政管理股更名为出入境管理大队，设立监所管理大队，由原来的18个派出所调整为13个派出所，泠江并入城南，桐山并入城北，湾井并入九嶷山，保安并入禾亭，荒塘并入鲤溪，纪检（监察）机构按有关规定设置，并加挂警务督察队牌子。2007年12月31日，行政财务装备股更名为警务保障室，交通警察大队更名为交通管理大队，法制股与信访室合并法制与信访室，刑事警察大队更名刑事侦查大队，禁毒大队并入刑事侦查大队，治安警察大队更名治安管理大队，出入境管理大队更名为人口与出入境管理大队，设立18个派出所。2010年8月增设禁毒大队。2011年6月增设网络安全保卫大队，2015年12月撤销政工监督室，设立政工室，增设纪委；撤销法制与信访室，设立法制大队，增设信访室；增设反恐怖大队、预审大队，城南派出所更名为舜陵派出所，城北派出所更名为文庙派出所，泠江派出所更名为东溪派出所，荒塘派出所更名为五龙山派出所；县森林公安分局更名为县森林公安局。2019年底，县公安局共有编制435人，实有民警职工422人（其中交警69人）。

2019年，全县公安机关坚持以习近平新时代中国特色社会主义思想为指导，牢牢把握对党忠诚、服务人民、执法公正、纪律严明的总要求，全面贯彻落实全国、全省、全市公安工作会议精神，坚持稳中求进工作总基调，以开展“践行新使命、忠诚保大庆”主题实践活动为载体，以做好新中国成立70周年大庆安保维稳为主线，以防范化解各类重大风险为基点，强化斗争意识、提高斗争本领、讲究斗争策略、提升斗争效能，全力以赴打好“五大硬仗”，强化“五项保障”，推进“四个大抓”，实现全县政治安全、社会安定、人民安宁，全县没有发生危害国家政治安全的重大敏感事件，没有发生暴恐袭击案件，没有发生规模性赴省进京集访事件和大规模群体性事件，没有发生影响恶劣的个人极端暴力犯罪案件，没有发生重特大公共安全事故。全县公安工作主要指标继续在全市领先领跑，绩效评估连续两年排名全市第一，命案侦破、社会治安环境整治战役排名全市第一，警务评议排名全市第二。获“全国公安机关执法示范单位”“全国示范刑事科学技术室”“全省公安机关侦破命案工作成绩突出单位”“全省刑事技术工作成绩突出单位”“全省执法质量考评优秀单位”“2019年县区公安局绩效评估标兵单位”“全市公安机关侦破现行命案工作成绩突出单位”“全市公安刑侦工作成绩突出单位”“2019年度全市公安机关打击多发性侵财犯罪工作成绩突出单位”“2019年度全市公安机关打击治理电信网络新型违法犯罪工作成绩突出单位”“2019年度全市公安刑事科学技术工作成绩突出单位”“全市公安机关新中国成立70周年大庆安保维稳工作优秀单位”“全市缉毒执法优胜单位”称号，交警大队被评为“全省公安交管系统优秀基层单位”“全省公安机关春运战时交通安保工作成绩突出单位”，法制大队被评为“全省公安法制工作成绩突出集体”。

【风险防控】2019年，县公安部门加强邪教人员管控，成功侦破公安部督办的“8·13”涉港专案。全面落实“大教转”“大提速”“大防控”“大联动”工作措施，全县未发生一起涉军人员赴省进京非访聚集案事件。坚决依法打击非访行为，刑事拘留9人，行政拘留39人，实现“两会”和新中国成立70周年大庆安保期间进京非访“零登记”。

【侦破打击】2019年，县公安部门立刑事案件1189起，破650起，破案率54.67%。侦办涉黑案件1起，破获6个涉恶团伙，13起现行命案全破，破命案积案2起，侦办电信网络诈骗目标案件3起，破获盗抢骗团伙9个，扫黑除恶、命案侦破、打侵财犯罪和网络电信犯罪排名全市前列；破获黄赌窝点14个，排名全市前列；破获市督毒品目标案件7起，禁毒执法进入全市先进。

【基础防控】2019年，县公安部门成立技侦大队，建成并投入使用执法办案管理中心、“一平台五中心”，执法管理和刑事技术室被评为全国示范。全面落实节点警务、全天候警务工作要求，完善城区快警、农村辅警运行管理机制，常态化开展大巡防、大管控、大整治，加强重点部位、重点场所、重点物品、重点人员管控，全力做好社会面整体防控，刑事发案同比下降12.19%。

【警务改革】2019年，宁远县结合职务序列改革和职务职级并行改革，做好职务套改、职务晋升、警衔评授等工作，125名民警晋升上一职级工资，360人完成首次套改。深化“互联网+公安政务服务”，大力推动“湖南公安服务平台”，全县15万余人推广注册，受理回复各类咨询件500余件，优化简化行政审批事项88类、156项，公安机关行政审核、审批、咨询、预约、求助等事项实现网上受理、办理、回复。

【队伍管理】2019年，县公安部门坚持政治建警，深入开展“不忘初心、牢记使命”主题教育和“践行新使命、忠诚保大庆”实践活动，全面落实政治建警“1+8”意见规定，开展清朗警营专项督察和政治、业务“双督察”，“三个服从”“十个严禁”“二十个不准”落地落实，全面接受县委巡察和省厅政治、业务双督察检阅。加强战时思想政治工作，53名民警立功受奖。认真履行党风廉政建设“两个责任”，坚持从严正风肃纪，立案查处民警违纪案件3起、3人。

（周鹏）

道路交通安全管理

【概况】 宁远县公安局交通警察大队位于桐山街道建设路149号，是县公安局领导下的负责全县道路交通安全管理工作的正局级行政单位。2019年，有民警职工70人，平均年龄44.5岁，其中授衔民警44人（男民警33人，女民警11人），职工26人，大队内设一、二、三、四中队、机动巡逻中队、网络安全中队、交通事故处理中队、车辆管理中队、驾驶员管理中队、政工监督室、办公室、法制与信访室、处罚中心。

2019年，大队坚持“压事故、保安全、保畅通”的工作思路，紧紧围绕“道路交通事故主要指数稳中有降，坚决防止发生重特大道路交通事故，有效预防和减少较大道路交通事故”总目标，集中力量狠抓伍政治建设、源头隐患清零、路面秩序整治、农村安全守护、交管服务便民、法治规范建设、宣传警示曝光，为新中国成立70周年大庆和服务全县经济社会高质量发展创造良好的道路交通环境。圆满完成春节、两会、国庆、中秋等重要节点以及2019中国户外健身休闲大会（宁远站）、2019环中国国际公路自行车赛（永州宁远站）道路交通安保任务。获得“省二级档案室”“2019年全省公安机关春运战时交通安保工作成绩突出单位”“全市道路交通管理‘百日安全行动’成绩突出单位”“2019年全市公安机关春运道路交通安保成绩突出单位”“永州市文明单位”称号，以及“2019年度宁远县春运工作先进单位”“2019年度全县社会治安综合治理工作先进单位”称号。

【道路交通管理队伍建设】 2019年，宁远县公安局交警大队把党风廉政、纪律作风建设摆在重要位置，以政治建警工作为统领，强化基层党组织“五化”建设，以党建带队建，狠抓队伍教育管理。以“不忘初心、牢记使命”主题教育为契机，深入学习贯彻中共十九大精神和习近平新时代中国特色社会主义思想，积极参加全省交警系统领导干部素质提升网络培训和网校学习，经常性开展使用“学习强国”学习积分竞赛，树牢“四个意识”、坚定“四个自信”，坚决做到“两个维护”，确保交警队伍绝对忠诚、绝对纯洁、绝对可靠。以“三比三创”主题实践活动，引导党员民警职工践行忠诚干净担当要求，大力开展岗位大练兵、大评比活动，强化岗位竞争和作风养成，先后调整交流8名窗口单位人员到其他部门工作。以“二级机构整治年”活动、县公安局“践行新使命、忠诚保大庆”实践活动、公安机关干部队伍形式主义官僚主义六大突出问题专项整治，开展违反政治纪律、政治规矩突出问题六个专项整治为抓手，切实加强民警职工和协管员队伍管理，强化风险岗位线索摸排，积极受理人民群众的投诉，加强日常监督检查，强化执纪问责力度，交警队伍凝聚力、执行力和约束力明显提升。

【道路交通安全社会化管理】 2019年，宁远县公安局交警大队认真贯彻市道安委《关于进一步推动县区“路长制”工作意见》《关于实施“五个一”工作的通知》，积极向县委、县政府请示汇报，推动县道安委办实体化运作和道路交通管理“路长制”落地落实。先后两次通过道安委工作平台组织全县“两站两员”“一村一辅警”开展业务培训。全县20名农村交通安全管理员、475名劝导员及农村辅警积极履职，维护辖区交通秩序，大大加强农村地区交通安全监管的力度。同时，通过宁远县农村道路交通秩序集中整治行动、交通问题交通问题顽瘴痼疾“三超四驾一市场”专项行动，各相关职能部门与乡镇（街道）按照行动部署，责任上肩，高标准高质量抓好工作落实，形成协同共治的生动局面，在农村道路交通管理要素监管、交通安全隐患治理、交通秩序专项整治、交通安全宣传教育等方面做到竞相发力、齐抓共管，深层次的预防和减少农村道路交通事故，切实维护人民群众生命财产安全。

【道路交通安全源头管控】 2019年，宁远县公安局交警大队围绕农村、城市二大战场，紧抓“两客一危一货”、校车、挂车、农村面包车、“营转非”大客车等八类重点车辆，全警动员、全力以赴开展源头隐患清零，8类重点车辆平均检验率达96%，交通违法清零率整体稳定在99%以上。提请市道安委挂牌督办事故多发路段4处，排查交办各类隐患426处。约谈客危企业6家，向运管部门及所属企业抄告违法突出客运车辆23台。累计曝光重点车辆严重违法10余起、严重违法驾驶人20余人、安全隐患突出运输企业1家，推送提示警示信息8500条。大庆安保期间，大队会同有关部门共投入人工148人次、机械11台套对S229线、S230线、G357线、G537线、S345线、X057线等线路上的抛洒物进行清扫，对临崖路段增设防撞墙，对急弯、陡坡路段增设警示标志、防护设施；会同有关部门和乡镇（街道）联合开展专项行动，全面取缔“马路市场”、整治占道经营，排查整治全县20个乡镇（街道）38个“马路市场”，在市场道路两端设置警示标志，安排人员值勤留守。2019年大队共接警6127起，其中亡人事故67起，死亡72人，伤人事故147起，594人受伤。事故四项指数与去年同期相比均有所下降。

【道路交通违法集中整治】 2019年，宁远县公安局交警大队严格按照市交警支队和县政府工作部署，深入推进城市道路“六个严查”、农村“六个严禁”断然措施，连续开展农村道路交通秩序集中整治、酒驾醉驾专项整治行动、普通国省道交通秩序集中整治、摩托车电动车专项整治、农村安全守护行动，治理交通问题顽瘴痼疾专项行动，重拳横扫各类交通违法行为。2019年大队现场共查获各类道路交通违法行为4.9万余起，其中涉牌涉证9001起，客车超员464起，摩托车不戴安全头盔3244起，三轮车非法载客2254起，醉驾236起，酒驾713起，超载2011起，无证驾驶4369起，违法停车18428起，不按车道行驶4393起，其他违法行为4638起，刑事拘留216人，行政拘留20人，形成严打整治高压态势。现场重点违法行为查处量在全市公安交警系各项专项行动考核中始终名列前茅。

【道路交通基础设施建设】 2019年，宁远县公安局交警大队与时俱进加快信息化建设步伐，推进智能型交通建设，商请相关单位及专业技术人员对全县道路通行情况、交通信号设施、标志标牌等交通技术监控设备进行全面实地勘察和研究，积极推进智能化交通管理进程。全县新增43处违章停车电子抓拍系统、25处红绿灯指挥系统及电警抓拍系统、5处限行路段电子警察抓拍系统，3处固定测速卡口、3处违章掉头抓拍，10处不礼让斑马线系统，1处行人闯红灯抓拍系统、1处区间测速设备。

【交管业务“放管服”改革】 2019年，宁远县公安局交警大队在去年推出20项“放管服”改革措施的基础上，进一步扩大改革受益面，推出5类业务“异地通办”、5项服务“便捷快办”等10项新举措。自6月1日起全面推行小车驾驶证全国“一证通考”、异地分科目考试、大车驾驶证省内异地申领、摩托车全国通检和6年免检、简化抵押登记手续、扩大使用原号范围、4S店代办临时号牌、车辆购置税信息联网等8项措施，群众办理车驾管业务更加高效便捷。2019年大队共受理机动车业务36341台次，其中注册登记9407辆、转移登记2646辆、变更登记2676辆、抵押登记3296辆、注销登记681辆、转入登记932辆、档案更正业务12次、核发检验标志 12430 辆。受理驾驶证业务 13400 人次，其中初次申领 1802 人次，增驾申请 1122 人次，补证换证 8060 人次，满分学习 992 人次，注销登记 100 人次，驾驶证转出 1322 人次。机动车业务和驾驶员业务与 2018 年同比分别上升 0.96%、1.31%。2019 年在宁远县参加科目一考试人数 1.2 万人次，科目二考试人数 2.65 万人次。

【道路交通安全宣传教育】 2019 年，宁远县公安局交警大队通过广泛开展“大宣传”“大警示”“大曝光”三大宣教活动，以及“七进”“两个教育”活动，大力提高全民交通安全意识。2019 年，宁远县公安局交警大队开展满分学习教育 3534 人次，驾驶证审验教育 3296 人次，有效地对违法的机动车驾驶人进行再教育。并在广播、电视、报刊、网络发表信息 145 篇，在客运站场、广场及乡镇（街道）悬挂横幅、播出电子显示屏标语 3000 条，发放宣传单 4 万余份，张贴摩托车提示贴 2 万余张，推送微博微信 320 条。发放《致司机朋友的一封信》《致广大市民朋友的一封信》等 12000 份，在城区主要街道和路口设置永久性交通宣传标牌，引导广大群众和司机朋友文明出行、安全行车，进一步提高广大道路交通参与者的交通安全意识。

检　察

【概况】 1955 年 10 月成立宁远县人民检察院。1967 年 11 月，县公、检、法实行军管。1968 年 8 月，检察院被撤销，检察职权由公安机关行使。1978 年 7 月，恢复重建县检察院。2010 年 9 月，宁远县人民检察院由九嶷南路 90 号搬迁至九嶷南路最南端，占地面积 16849 平方米，检察综合技术大楼总建筑面积 8315 平方米，2019 年 3 月新竣工干警食堂 1 栋 1500 平方米；2019 年 10 月改建“党建活动中心”290 平方米、“检察书吧”“荣誉室”400 平方米，藏书 1 万余册，停车场 700 平方米。2019 年全院总编制 49 人，实有 45 人；内设机构 11 个，分别是：办公室、政工科、侦监科、公诉科、民行科、控申科、监所科、技术所、生态环境检察科、案件管理办公室、司法警察大队。2019 年继续保持省级“文明单位”称号，被授予“永州市园林单位”称号，在全市检察机关基层院综合考核中连续三年排名第一，11 个内设机构中 9 个排名第一。全年获 25 个集体奖，10 名干警受到县级以上表彰，3 名干警被市人民检察院记个人三等功，扶贫对象——中和镇杨柳田村 45 户贫困户全部脱贫摘帽。

【主要检务】 2019 年，县检察院侦监科全年受理审查逮捕案件 412 件、583 人，审结 409 件、578 人，批准逮捕 321 件、459 人。公诉科受理移送审查 596 件、823 人，审结 589 件、777 人；提出抗诉 7 件、11 人，抗诉成功 6 件、8 人。在扫黑除恶整治活动中，受理提请批准逮捕涉黑涉恶案件 19 件、30 人，批准逮捕 18 件、29 人，受理移送审查起诉 19 件、69 人（含积案），经并案后报送市人民检察院审查起诉 1 件、31 人，县人民检察院提请公诉 13 件、36 人，一审法院判决认定涉黑恶 12 件、38 人。生态环境检察科批准逮捕 13 件、19 人，提起公诉 33 件、36 人，监督恢复被破坏林地 1500 余亩；提前介入一起跨省特大非法运输倾倒处置危险废物污染环境案，对 11 名犯罪嫌疑人批准逮捕，监督清理废料 4500 余吨。公益诉讼共摸排线索 77 件，发出诉前检察建议 64 份，为国家和社会挽回经济损失 715 万元。未成年人检察工作批捕 19 件、26 人，提起公诉（含积案）26 件、36 人。监所检察（又称刑事执行检察）交付社区矫正人员 333 人。控申接待 116 件、162 人，办理申诉案件 6 件、6 人，办理司法救助 6 件、6 人，发放司法救助金 31 万元。司法警察送达法律文书 781 件，押解 1 件、1 人，保护公诉人出庭 3 件次。

【队伍建设】2019年，县检察院以提高业务素质和执法水平为重点，狠抓队伍建设，通过本院培训、脱产培训、学历升级的“三级”培训模式，形成系统化教育培训体系。开展岗位练兵、案件质量评比、业务竞赛和专题培训。全年共组织40余名干警分别到北京、重庆等院校参加业务培训一周，3名干警通过司法考试，首次招录聘用制书记员18人。

【文化建设】2019年，县检察院借助“两微一端”平台创新检察宣传工作，“讲好宁检故事、传递宁检好声音”，发布微博195条，推送微信61条，发表检察信息稿件148篇，在《检察日报》、最高检官网、正义网等国家刊物媒体发表14篇、《永州日报》59篇、县级刊物7篇、制作公益诉讼专题宣传片1集（5分40秒），全方位、多角度、立体化宣传检察职能和宁检工作特色。投入38万余元；创建290平方米的“党建活动中心”；投入39万余元，创建“检察书吧”“荣誉室”，面积400平方米，藏书万余册。

【后勤保障】2019年，县检察院有办案车辆7台：其中警用车辆1台、民用车辆6台；新建干警食堂1500平方米，投入300余万元；新建“干警之家”（健身房）400平方米，投入29万余元，改建停车场700平方米，投入20余万元；新添影像设备：无人航拍机1台、照相机1台、摄像头20个、投入19万余元。

（王承松）

法　　院

【概况】1949年11月宁远和平解放，县人民政府宣告成立，政府各级组织机构相继设置，同时设置宁远县人民政府司法科，主管全县审判工作。1950年6月撤销司法科，设立宁远县人民法院，为全县的审判机关。同年10月，成立宁远县人民法庭，下设一、二、三分庭。1967年11月至1973年6月，审判职能由军管小组和人保组取代。1973年7月，恢复人民法院，1978年县人民法院内设机构有办公室、刑事审判庭。办公地址在城关镇北正街32号一座老公房内。1987年9月，县法院机关迁到城关镇九嶷中路120号新建机关大院办公。2002年4月，执行庭升格为执行局。2008年5月县法院综合性审判大楼建成并投入使用，县法院机关整体搬迁到九嶷南路666号现址。2019年共有在职干警109人，临聘人员76人。根据省编办、省高院关于基层法院内设机构改革的方案，在职在编人数超过100人的法院可设置10个内设机构，2019年3月内设机构改革后，院机关共设置10个内设机构即：综合办公室、政治部（机关党委）、审判管理办公室（研究室）、立案庭（诉讼服务中心）、民事审判一庭、民事审判二庭、刑事庭、综合审判庭、执行局、法警大队。共设置柏家坪、禾亭、中和、水市、九嶷山五个中心人民法庭。

【刑事审判】2019年，县法院受理刑事案件508件，审结473件，判处被告人609人。深入开展扫黑除恶专项斗争，全年受理涉黑涉恶犯罪案件18件，审结18件，判处被告人67人，无一缓刑、免刑，欧阳晓勇等29人涉黑案入选最高人民法院扫黑除恶典型案例。保护公民人身权利不受侵害，审结故意伤害、寻衅滋事、聚众斗殴、强奸等侵犯公民人身权利案件86件114人，大力提升群众的安全感。严厉惩治涉黄赌毒犯罪，审结涉黄赌毒案件40件，对61名被告人判处刑罚；为经济秩序保驾护航，受理盗窃、诈骗、抢劫等侵财类犯罪案件93件、114人。建立与纪检监察机关相衔接的工作机制，形成惩治腐败的强大合力，审结贪污贿赂和滥用职权等职务犯罪案件8件，判处被告人12人。加强与社区矫正机关的衔接配合，对廖某香等18名违反社区矫正规定的罪犯依法撤销缓刑收监执行。

积极探索适用认罪认罚从宽制度，对社会危害不大的初犯、偶犯、过失犯、未成年犯，被告人自愿认罪、真诚悔罪并取得谅解、达成和解的依法从宽处理，全年共依法从宽处理80余名被告人。认真贯彻刑事案件律师辩护全覆盖试点要求，充分保障被告人的诉讼权益，全年为70余名无力聘请律师的被告人依法指定辩护律师。

【民事审判】2019年，县法院充分发挥司法化解社会矛盾的功能，积极引导各类民商事纠纷在法律框架内获得平息，努力实现案结事了人和。共受理各类民商事案件5124件，审结4348件，涉案标的额6.34亿元。妥善审理家事案件，坚持家庭本位的裁判理念，“重修复”“慎裁判”，最大限度追求“和”的效果，共审理婚姻家庭、继承纠纷案件949件。与公安机关、检察机关、司法行政机关和住建部门联合下发《关于敦促赡养人履行赡养义务的通告》，切实维护老年人合法权益。依法审理合同纠纷案件，审判中始终贯彻诚实信用、尊重契约自由原则，充分发挥司法裁判的评价、引导功能，共审结合同类纠纷案件2339件。积极化解经济下行压力下的各类矛盾纠纷，妥善应对民间借贷、企业融资纠纷增长态势，引导民间融资秩序理性回归，审结民间借贷纠纷案件1704件。主动服务全县发展大局，积极开展服务金融专项审判活动，直接或间接为辖区金融机构回收不良贷款4000余万元，有效维护全县的金融秩序。充分发挥审判职能助力乡村振兴，依法维护农民权益、促进农业发展，共审结土地承包经营权流转、宅基地纠纷、拖欠农民工工资等案件22件。积极探索诉调对接，在城区4个街道、医疗纠纷、婚姻家庭和交通事故人民调解委员会设立法院诉调对接工作室，安排专人对接，充分发挥诉前调解的优势，采取非诉讼方式解决民商事纠纷争议，将一般案件消化在立案前，有效节约司法资源，全年共通过诉调对接办理案件121件。

【行政案件审理】2019年，县法院坚持行政审判合法性审查原则，积极开展行政案件审判。共受理行政诉讼案件59件，结案54件。依法审查行政机关申请强制执行的非讼行政案件，共执结非讼行政案件125件。在行政审判工作中，坚持从促进依法行政和维护社会稳定的大局出发，积极做好疏导和协调工作，及时化解矛盾，减少社会不稳定因素。根据湖南省全面施行一审行政案件集中管辖制度改革要求，2019年5月1日起，永州市辖区范围内一审行政案件管辖法院由4个调整为道县人民法院和零陵区人民法院，宁远县辖区内一审行政案件继续由道县法院管辖，宁远县人民法院不再受理一审行政诉讼案件。

【案件执行】2019年，县法院积极推进“决胜执行难战役”专项行动，全年共受理各类执行案件4178件，结案3897件，实际执行到位金额3.8287亿元。在县委政法委、公安、检察等部门的大力支持下，对28名涉嫌拒不履行人民法院判决裁定犯罪的被执行人协商移交公安机关予以刑事惩治，有力地打击恶意逃债、规避执行行为，维护当事人胜诉权益。完善失信联合惩戒机制，县文明办就180余家申报各级文明单位、文明校园、文明窗口的单位失信情况征求法院意见。县委组织部对200余名村（社区）党支部、两新组织党支部主要负责人拟任人选失信情况征求法院意见。加强司法网络查控平台建设，通过司法查控专网实现对被执行人在全国各地银行、车辆、土地、房屋、工商等财产信息的实时查控，全年查询执行案件6892件，涉及被执行6000余人，查询存款9800万元，反馈信息106289条，执行绩效稳步上升，排全市第2位。推广应用网络司法拍卖，提高拍卖成交率和成交价，全年通过淘宝网司法拍卖54宗，成交金额2.36亿元。完善执行款物管理等系列规程，建立“一人一案一账户”制度，规范执行案款管理，防范廉政风险；建立常态化的失信被执行人名单公布制度，通过电视、网站、微信公众平台公布失信被执行人名单，全年公布失信被执行人2批65人。

【审判监督】2019年，县法院向县人大常委会专题汇报民事审判工作；邀请代表、委员旁听庭审、见证执行14场138人次，参与座谈90余人次；依法接受检察监督，认真对待检察建议，全年邀请检察长列席审委会2次；健全民意沟通机制，认真办理群众来信来访，广泛听取群众意见，主动接受社会各界监督。

【司法救助】2019年，县法院认真落实诉讼费用减、缓、免制度，将弱势群体和涉民生案件当事人纳入司法救助范围，尽力把有限的救助资源用到最需要的当事人身上。全年依法为困难当事人减、缓、免交诉讼费20余万元，发放司法救助款70多万元。积极向县委汇报，争取160万元涉民生执行案件的专项司法救助资金，对被执行人无财产可供执行，而申请人又生活困难的涉民生案件予以救助，全年通过该途径结案50件，救助金额90余万元。加强法律援助工作，为70名符合条件的刑事被告人指定辩护律师提供法律援助，彰显司法人文关怀。

【基础设施建设】2019年，县法院深入推进基层人民法庭建设，高标准建成水市法庭、中和法庭；禾亭法庭实现开工，柏家坪法庭已经完成征地，即将开工建设。

【涉诉信访】2019年，县法院结合全县“百案攻坚”“百日会战”活动对重点领域、重点群体、重点人员、重点问题开展信访矛盾专题调研分析，切实做好矛盾化解、教育疏导和稳控等工作。全年共接待群众来访2147人次，办结巡视（巡察）组交办案件7件，省市县交办的信访案件全部如期办结。信访总量明显下降，信访形势明显好转，实现全年特护期赴省进京上访零登记、零挂号。

【司法改革】2019年，县法院根据省高院部署，全院进行内设机构改革，内设机构由13个精简为10个；积极开展繁简分流和速裁工作，组建速裁团队，在立案阶段对案件进行分类，对事实清楚、法律关系明确、双方争议不大的案件引导适用速裁程序，实行快立、快审、快结，全年通过速裁程序结案1630件，平均结案周期为14.7天，大大提高审判效率；探索民事案件专业化审理，对不宜适用速裁程序的案件按照案由分流到不同的审判部门进行集中办理，统一类案裁判尺度；建立健全院庭长办案考评机制，为院庭长明确办案任务数和奖惩办法，院领导办案416件，庭长办案1306件。推进以审判为中心的诉讼制度改革。坚持让审理者裁判、让裁判者负责原则，推进员额法官负责制，院庭长不再签发法律文书。对“四类案件”建立预警机制，保证院庭长监管不缺位，全院工作实现“以法官为中心”和“以审判为中心”的转变，法官责任感与尊荣感明显增强，为审判质效整体提升奠定坚实基础。逐步落实直接言词原则，严格贯彻罪刑法定、证据裁判、非法证据排除等法律原则，大力推进庭审实质化。充分发挥专业法官会议职能作用，为法官办理疑难复杂案件提供参考意见110余次；推动审判委员会制度改革，严格限定审委会个案讨论范围。

【法官队伍建设】2019年，县法院落实年度教育培训计划，全年共开展各类培训7次，组织51人次参加上级法院业务培训。加强岗位培训，对新录用干警和人民陪审员开展行为规范、司法礼仪、庭审技能及规章制度培训；鼓励干警参加国家法律职业资格考试和各类学历教育，着力提升干警履职能力，全年共有4名干警通过法律职业资格考试。

（潘彦军　夏小琳）

司法行政

【概况】2019年，宁远县司法局紧紧围绕县委、县政府的中心工作，以服务高质量发展为主线，以公共法律服务体系建设为总抓手，切实做好法治宣传教育、矛盾纠纷调解、社区矫正、法律援助、法律服务等各项工作，统筹兼顾，突出重点，真抓实干，积极为宁远社会经济和社会发展营造安全稳定的社会环境和公平正义的法治环境。宁远县被评为全省“七五”普法中期工作先进县；县局获全市“平安单位创建示范单位”“永州市2018届文明标兵单位”、全市“被特赦人员安置帮教工作表现突出单位”称号，司法行政工作在该系统考核中排全市第一；县交调委荣获“2017—2018年度永州市最具影响力法治人物”，县法律援助中心获永州市“五一”劳动奖状，冷水司法所被评为“全省司法所工作表现突出单位”；柏家坪司法所长张松青被评为“全国模范司法所长”，棉花坪司法所长张硕被评为“全省司法所工作表现突出个人”，办公室主任彭平胜被评为“全市政法工作先进个人”，公共法律服务中心副主任唐倩被评为“2019年永州市青年岗位能手”，社区矫正办主任陈宁波被评为全市“被特赦人员安置帮教工作表现突出个人”。

【机构设置】宁远县司法局是县政府工作部门，为正科级。2019年3月机构改革，县政府法制办成建制并入县司法局，内设办公室（信访办公室）、社区矫正管理股、行政复议与法律事务股（县政府行政复议办公室）、行政执法监督与规范性文件管理股、普法与依法治理股、人民参与与促进法治股（人民陪审员和监督员选任管理办公室）、公共法律服务管理股（县公共法律服务中心）、律师工作股、装备财务保障股、政工室（党建办）10个股室，中共宁远县委全面依法治县委员会办公室设在县司法局；派出机构有20个乡镇（街道）司法所；所属事业单位有法律援助中心（副科级公益一类事业单位）、公证处（股级公益二类事业单位）；归口管理的单位有湖南舜源泽律师事务所、湖南铭慧律师事务所、湖南盛仁律师事务所、湖南恳业律师事务所、湖南箫韶律师事务所、永州舜源司法鉴定所、湖南大鹏法律服务所、湖南舜峰法律服务所、湖南群益法律服务所。县司法局政法专项编制49名（其中局机关为19名），设局长1名，副局长3名，政工室主任1名；县法律援助中心编制25名，设主任1名，副主任2名；公证处编制5名，设主任1名，副主任1名。

【普法依法治理】2019年，县司法局深入开展法治宣传教育，营造良好法治环境。认真制定工作要点，精心部署年度普法工作。年初，围绕“七五”普法规划的总体要求，结合全县实际，研究制定《2019年宁远县法治宣传教育工作要点》，对全县法治教育工作进行安排部署。积极开展法治宣传教育专项活动。先后组织、配合、协调和参与送法下乡活动，开展“禁毒宣传”、“春节道路交通宣传”、“3·5”学雷锋、“3·8”妇女维权周、“3·15”消费者权益日、“4·15”国家安全日、“6·6”世界环境日、“6·26”国际禁毒日等一系列法治宣传活动，共出动宣传车20余次，出动宣传员120余人，发放各类宣传资料3万余份，展出法治宣传展板30余套，现场解答法律咨询500余人。强化和完善法治宣传各类教育活动。5月，组织县委治县办、政法委、县纪委、组织部、宣传部、法院等28个单位利用赶集日在全县20个乡镇（街道）及各大企业单位开展“深入推进扫黑除恶全面建设法治宁远”农村法治宣传教育月活动，共开展定点宣传22场次，印发农村普法小册子和传单20余万份，法律书籍1万余册，展出法治宣传板20块，张贴标语横幅100多条，解答法律咨询1000人次。与县教育局联合下发“关于开展2019年全县青少年法治宣传教育周活动的通知”，组织安排律师、法治副校长和司法所长到全县87所中小学开展以法律讲座、发放法律图书、展示法律展牌等多种形式的青少年普法活动。多措并举，促进工作落实。严格落实党委（党组）学习中心组集体学法制度和国家工作人员学法考法制度，继续扩大学法考法人群，2019年9月组织全县52名县处级干部进行集中学法考法，全县共有12487人员参加无纸化学法考法，参学率100%，报考率99.65%，取得良好的效果。因地制宜开展系列法治宣传。充分运用局机关新建的“党员干部警示教育基地”，联合县纪委、县委组织部在全县范围内组织开展“参观宁远县党员干部教育警示基地”活动，全县有125家单位共计7000多党干部实地参观，进一步落实全面从严治党要求，提升党员干部的党性、法纪、廉洁意识。结合全县民调工作，县司法局印制10000余份扫黑除宣传手册和30000余份“法律六进”法治宣传手册，利用乡镇工作者和社区服务志愿者上户宣传之机，发放到村民、居民家中。同时，利用县城及周边范围内道路两旁指示牌背面空置板面安装法治宣传牌158块，“宁远司法行政”微信公众号每日推出新闻报道和微法宣传，营造浓厚的法治宣传氛围。积极唱响英雄赞歌，弘扬司法工作正能量，拍摄微电影《疑山解铃人》。县委全面依法治县委员会第一次会议顺利召开。2019年7月30日，副市长、县委书记、县委全面依法治县委员会主任刘卫华主持召开县委全面依法治县委员会第一次会议。审议并原则通过《中共宁远县委全面依法治县委员会办公室和协调小组组成人员名单》《中共宁远县委全面依法治县委员会工作规则》《中共宁远县全面依法治县委员会协调小组工作规则》《中共宁远县委全面依法治县委员会工作细则》以及《县委全面依法治县委员会2019年工作要点》。

【公共法律服务】2019年，县司法局建好公共法律服务志愿点，开展好法律援助工作，营造公正公平的社会氛围。按照省司法厅要求，已建成20个标准的乡镇（街道）公共法律服务工作站和14个村级标准化的公共法律服务工作点，初步建成其他408个村（社区）公共法律服务工作点。在3月底前选好公共法律服务志愿点4220个，确保全县各村（社区）平均有10个公共法律服务志愿点，律师全部认领志愿点并在如法网上开展工作。成立“法润三湘”公共法律服务志愿者宁远县大队，各乡镇（街道）成立志愿者中队，共有志愿者4868名，以农村法治宣传教育月活动为契机，组织“法润三湘”志愿者开展“法律八进”活动24次。村“法律顾问”通过法律顾问微信群，在线解答老百姓的法律问题，积极参与公益性法律事务，到村公共法律服务点开展“志愿者坐班日”等活动，为广大人民群众提供法律咨询、法律援助、矛盾调解等法律服务，积极化解信访矛盾，引导群众通过司法渠道解决纠纷，切实维护农民的合法权益。2019年，公共法律服务中心共受理法律援助案件共计335件。县公证处出证公证文书4076件，全县律师共代理民事案件670件，刑事案件及辩护276件。

【社区矫正】2019年，县司法局抓好社区矫正工作，加强重点人员管控。深入开展社区矫正安全隐患大排查专项活动。对所有的社区服刑人员的情况逐一排查登记，在全面排查的基础上，做好调查摸底信息的分析梳理工作，确定重点人员名单后，制订个性化矫正方案，逐一落实管控措施。深入开展社区矫正扫黑除恶专项斗争。对每一名社区服刑人员均进行个别谈话教育，每一名社区服刑人员均签订告知书和承诺书，开展扫黑除恶专项斗争教育活动，营造扫黑除恶人人参与的良好氛围。深入开展安置帮教领域扫黑除恶专项斗争。对所有刑满释放人员送达《扫黑除恶你我参与》公开信，对排查出的涉黑涉恶刑满释放人员按照一人一档的原则，建立专门台账，对社区矫正工作开展以来撤销缓刑（假释）、收监执行情况进行筛查，并与公安机关进行比对衔接；将两名在逃罪犯抓获归案。2019年，共计接收社区服刑人员258人，解除社区矫正459人，10月底在册社区服刑人员422人；接受有关机关委托开展适用社区矫正调查评估54例，建议适用46例，建议不适用8例；对符合特赦条件的17名社区服刑人员上报提请特赦，2人到期解矫，15人被裁定特赦；提请撤销缓刑5例，提请收监执行2例。

【行政复议与法律事务】2019年，县司法局全面推进依法行政，加强法治政府建设。深化政府合同管理。在日常工作上，凡是涉及全县招商引资、重大项目建设的合同起草、审查、签订，必须由县行政复议与法律事务股审查把关，不经审查把关不能签订。全面执行事先合法性审查制度，完善行政机关重大合同内部备案、档案管理制度，提升行政机关合同管理规范化水平。2019年共审查政府合同122份，提供法律意见226条。遵守决策程序，规范重大行政决策。2019年全县召开行政决策听证会4次，建立听证代表名录历史记录册，确保听证会无特殊情况不出现雷同代表，保证听证参与者的广泛性、代表性。每一次听证会都严格按照《湖南省行政程序规定》的要求举行。加强行政复议应诉工作。依法受理、办理行政复议案件。2019年共收到行政复议申请8件。在受理案件时，坚持依法立案，秉公办案，对行政复议案件办理过程中发现的违法行政行为坚决撤销，不留情面，对全县规范依法行政起到积极作用。认真办理县政府行政应诉工作。2019年县司法局出庭应诉案件13件次，并积极督促和指导重大行政诉讼案件中行政机关负责人主动出庭应诉。

【行政执法监督与规范性文件管理】2019年，县司法局认真完成政策法规和司法鉴定工作，保障司法鉴定质量，提升司法鉴定整体形象。开展全县行政执法人员行政执法证清理及换证工作。加强行政执法人员思想政治和业务知识培训。对法律服务案卷开展案卷评查，提升法律服务办案质量和水平。开展全县行政执法部门行政裁决事项清理规范工作；组织开展“双随机一公开”工作，对法律服务机构和人员开展随机抽查，提升法律服务意识和能力。开展司法鉴定机构和人员教育整顿。办证数量和办证质量大幅提高，群众满意度明显提升。严格审查，加强规范性文件管理。严格落实规范性文件合法性审查和“三统一”制度。对县政府出台的所有规范性文件的合法性进行审查，并出具合法性审查报告、领导签批后出具规范性文件登记通知书，确保规范性文件合法有效。全年共审查县政府文件218份，规范性文件23件，提出修改意见355条，全部得到采纳。所有的规范性文件都由原县法制办统一登记、统一编号、统一在县政府网站和《宁远政报》上公布，全部纳入“三统一”管理范围。完善工作机制，规范行政执法。按照《湖南省行政执法案例指导办法》的要求，认真开展行政执法指导案例发布工作。积极开展执法案卷评查工作。对县政府各行政执法单位抽取行政执法案卷进行评查，有效促进行政执法规范化建设。

【人民参与和促进法治】2019年，县司法局扎实推进人民调解工作。充分发挥人民调解“第一道防线”的作用，基层司法所充分发挥贴近群众、熟悉民情等优势，积极参与社会治安综合治理工作，协助基层党委、政府建立和完善基层群防、群治、群控网络，努力为基层党委、政府开展扫黑除恶专项斗争当好法律参谋和助手。加大人民调解工作力度，加强人民调解工作制度化规范化建设，不断完善矛盾纠纷调处机制，传承“枫桥精神”，力争把矛盾纠纷化解在基层、消除在萌芽状态。利用节假日，聚焦矛盾纠纷易发、多发等行业领域，开展矛盾纠纷扫黑除恶“大排查、大调处”活动，加大对社会面涉黑涉恶高危人群、事项的摸排力度，有效提供黑恶势力案件线索1条。2018年11月至2019年10月，全县共调处矛盾纠纷案件3510件，调解成功3495件，成功率99.5%，其中婚调委调处190件，交调委调处460件（重大事故35件），医调委调处21件，校调委1件，流动调解庭7件；截止到10月，排查纠纷201件，预防纠纷124件，进一步维护基层社会和谐稳定的大环境。人民陪审员选任工作全面完成。2018年12月以来，司法局坚持依法民主、公开公正、高效协同原则，会同县人大、县纪委监委、县人民法院、县公安局，认真落实选任工作要求，严格开展资格审查，组织开展个人申请和组织推荐，严格执行公告公示程序，广泛接受社会各方面的监督，努力拓宽普通群众参与人民陪审工作的渠道，提高选任工作透明度和公信度，实现选任工作政治效果、社会效果、法律效果的有机统一。根据宁远县2018年人民陪审员选任工作实施方案，现宁远县人民陪审员选任工作已全部完成，随机抽选出106名人民陪审员人选，已全部宣誓就位。

【队伍建设】2019年，县司法局以“三会一课”和主题党日为载体，加强对党员干警的政治教育，把意识形态工作纳入学习内容，切实抓好干部职工思想教育和理论学习工作。制定局中心组和机关政治理论学习制度，做到理论学习有制度、有计划、有主题、有记录。丰富学习内容。干部职工政治理论学习内容丰富，先后开展全面深化改革、新时代中国特色社会主义思想科学理论体系、民主集中制重要论述、脱贫攻坚重要论述等教育培训。对十九届四中全会精神和习近平总书记系列重要讲话，先后采取职工会议、中心组学习、讲党课等方式，反复学、扎实学，确保将精神深刻领会，并学以致用贯彻到学习和工作中。强化党支部建设，发挥战斗堡垒作用。加强党员思想教育，增强党员的先锋模范意识，强化党员管理，建立健全各种党内学习制度和生活制度，党支部建设得到不断加强。开展“不忘初心、牢记使命”主题教育和“缅怀革命先烈，激发干部工作热情”“青年干警讲法”“谈心谈话”、警示教育等活动，收到良好的效果。

（彭平胜）

综合经济与管理

发展和改革

【概况】2019 年 4 月机构改革，优化县发展和改革委员会职责。将价格监督检查与反垄断执法职责划出到县市场监督管理局，将药品和医疗服务价格管理职责划出到县医疗保障局，将社会信用体系建设职责划出到县行政审批服务局，将重大项目稽查职责划出到县审计局，将组织编制实施主体功能区规划职责划出到县自然资源局，将应对气候变化和减排职责划出到永州市生态环境局宁远分局，将农业投资项目管理职责划出到县农业农村局；将县商务和粮食局的粮食行政管理、重要消费品储备管理职责，县民政局的救灾物资储备管理职责，以及其他部门的物资储备管理职责划入县发展和改革委员会，县发展和改革委员会更名为县发展和改革局，对外加挂县粮食和物资储备局牌子。全局编制 62 人，2019 年在职编制 54 人。

【规划编制】2019 年，宁远县编制完成《湘南湘西承接产业转移宁远县发展规划》。编制完成《宁远县乡村振兴战略规划 2018—2022 年》。启动“十四五”规划编制和重大项目储备工作。

【产业投资】2019 年，宁远县受经济大环境欠佳、化解政府债务风险以及大面积的减税降费等因素影响，固定资产投资增速为 10.5%，低于年初预期目标，高于省市平均水平，更注重经济的高质量发展。

【跑项争资】2019 年，宁远县谋划包装项目 77 个，总投资 82 亿元，向上申报成功项目 24 个，获中央、省预算内资金 1.95 亿元。顺利实施中央投资项目 24 个，其中保障性安居工程配套基础设施项目 5 个、老旧小区改造项目 3 个、农村综合服务平台建设项目 1 个、政法基础设施项目 2 个、救灾应急项目涉 6 个乡镇项目 10 个、林业长江防护林工程项目 1 个、教育现代化推进工程项目 4 个、生猪养殖项目 3 个、污水处理厂项目 1 个、水源地治理项目 1 个、农网改造升级项目 1 个、“135” 工程升级版标准厂房建设 52 万平方米。申报专项债项目 6 个，获专项债资金 6.25 亿元。

【“六大战役”】2019 年，宁远县安排重点建设项目 130 个，其中列入省重点项目 2 个、市重点项目 30 个。省、市、县重点项目全面超额完成建设任务，完成投资分别为 16.6 亿元、82.17 亿元、160.23 亿元，投资完成率分别为 150.9%、152.59%、105.21%。宁远光电智能终端和新材料新能源产业园项目进入全省“5 个 100” 产业项目，受到省产业项目建设联席办推介和表彰。市重点项目形象进度和投资增速超过全市平均增幅，县重点项目开复工率超过 80%，开工项目全部入统。

【产业发展】2019 年，宁远县入选省重大产业项目 2 个，入选市重大产业项目 7 个，入选市级重大产品创新项目 2 个，入选市级重大科技创新项目 2 个，引进 500 强企业 1 家，引进科技创新人才12个，均超额完成年度投资计划和任务。在两次全市产业项目建设流动现场会上均作典型发言。在永州市经济工作会议上，湖南宇拓新能源科技有限公司湖南宇拓新能源科技项目（宁远县）获得重大产业建设优秀项目、湖南裕宁电子有限公司微能采集技术应用项目获得重大科技创新优秀项目、湖南省康德佳林业科技有限责任公司沈建良获得引进的科技创新优秀人才表彰。获得2019年度全市产业项目建设年活动“5个10”工程一等奖。

【重点改革】2019年，宁远县大力推进供给侧结构性改革。落实减费降税政策，支持进入电力交易平台参与市场交易。开展去产能和调整结构的排查工作。行政审批改革。组织《政府投资条例》专题培训，加强政府投资项目审批及概算管理，实行工程建设项目审批时限再次精减50%以上，通过湖南省投资项目在线审批监管平台共办理审批、核准、备案项目182个，总投资254.31亿元。获得全县政务服务“好差评”测评第二名。价费调控及管理。完成城区新能源空调公交车票价调整工作，制定宁远县城乡供水一体化（中和水厂供水区域）农村供水价格，核定管道燃气安装费和销售价格，降低一般工商业及其他用电价格，明确转供电用户的到户终端价格，公示涉企行政事业性收费目录清单和行政事业性收费目录清单，实行目录清单管理。招投标监管。开展工程建设领域违规招标投标专项整治行动，清查2017年以来公开招标的政府投资工程项目206个，共查出存在严重超概算、关键岗位人员不到位、重复押证、未按期开工等问题项目11个。

【三大攻坚】2019年，宁远县大力推进精准脱贫。搬迁4181户、17493人，搬迁入住率100%；拆除旧房4098套，拆除率98%；复垦或复绿土地834亩，复垦复绿率达93.8%。国家、省发改委对宁远易地搬迁的就业和产业帮扶、社区融入和管理、特困群众安置、配套服务等方面的经验在全国范围内通报表扬。积极防范化解风险。严把项目关，对资金没有落实和新增政府债务的政府投资项目一律不予审批。积极申请发行专项债，为项目建设提供有力支持。抓好污染防治。严格节能审查，全年超额完成能源消费总量控制78.15万吨标准煤、能耗增量控制3.49万吨标准煤、单位GDP能耗下降0.4676吨标准煤/万元、年目标降低率为3.5%等节能目标任务。

【粮食安全】2019年，宁远县完成粮油加工总产值4.53亿元，完成率为106%。全面完成政策性粮食库存大清查，库存数量、库存质量、粮食安全等指标完成100%。顺利完成宁远县1500吨粮食轮换工作。完成县级储备粮4300吨和成品粮1350吨任务。抓好粮食收购，杜绝收购“打白条”和“农民卖粮难”的问题。开展粮食安全生产大排查，全县24个站、点安全正常运行。

【保供稳价】2019年，宁远县加大民生领域价格监管，每日对菜篮子工程的物价进行采集、上报。非洲猪瘟疫情暴发以来，对猪肉价格进行特别监管，落实猪肉保供稳价措施，启动价格补贴联动机制，对低收入群众发放临时价格补贴约700万元，惠及困难群众37万人。

【农网改造】2019年，宁远县新建、改造10千伏线路197.68千米，新建、改造220~400伏线路509.28千米，新增、改造配变308台/57995千伏安，涉及77个行政村、55个县城台区、36条10千伏线路改造项目，动态概算投资为9939.13万元。农网升级改造5月开工，12月15日全部完工。

【前期能源】2019年，宁远县重点推动光大国际永州东部生活垃圾焚烧发电项目，宁远智慧20兆瓦渔光互补光伏发电项目，华电永州梅岗风电送出工程，宁远远阳120兆瓦大型地面光伏电站项目，九疑河水源地综合治理项目，泠江河综合治理项目以及特变电工中和宝峰50兆瓦分散式风电试点项目，华电鲁观48兆瓦分散式风电试点项目等20余个重大项目的前期准备工作，一批项目在可研、选址、审批等关键环节取得重要进展。其中：永州东部生活垃圾焚烧发电项目、太平五里坪20兆瓦渔光互补光伏发电项目、华电永州梅岗风电送出工程、九疑河水源地综合治理项目已在年内开工建设。

（管波　欧阳超）

审计管理

【概况】 2019年，县审计局职责和机构编制进行调整，设宁远县审计委员会办公室，新设政策跟踪和重大项目稽查审计股、财政预算监督检查股，企业外资审计股更名为经贸审计股，县政府投资审计中心更名为县审计事务中心。调整后，审计局内设机构10个：办公室、审计执行股、审计技术法规股、经济责任审计室、财政金融审计股、行政事业审计股、固定资产投资审计股、经贸审计股、政策跟踪和重大项目稽查审计股、财政预算监督检查股。设下属两个机构：县审计事务中心，县审计技术服务中心。2019年，审计局共有在职干部职工36名。

【审计工作】 2019年，宁远县审计局完成审计项目185个（政府投资审计项目133个）。审计查出管理不规范金额29970万元，违规金额484万元，归还原渠道资金18万元，增收节支1202万元，移送处理问题线索2起，向县委、县政府主要领上报审计专报和审计要情8篇，向被审计单位和部门提出合理化审计意见及建议160余条。政府投资审计金额为11.09亿元，在财政评审的基础上核减工程价款1238万元。宁远县“社会扶贫资金审计项目”“天堂镇经济责任审计项目”获省、市审计先进项目。

【预算执行审计】 2019年，宁远县审计局完成对县财政局、县文体广电新闻出版局、宁远三中3个部门的预算执行审计。审计中发现：以上部门未纳入或未缴入预算管理资金、预算拨付资金不合规等管理不规范资金共计4058万元等问题。

【经济责任审计】 2019年，宁远县审计局完成对县农业农村局、科协、水市镇党委、保安镇党委、房产局、九疑山水电管理站、残疾人联合会、鲤溪镇党委、九疑山瑶族乡党委、全民健身服务中心等10个单位主要领导人的任期经济责任审计，审计发现：超预算列支“三公”经费13.12万元、违规使用专项资金18.237万元、白条列支34.78万元、违规发放补助48.65万元、采购商品物资未办理政府采购手续155.90万元、往来账款未及时清理1789.78万元等问题。

【政府投资审计】 2019年，宁远县审计局完成政府投资审计项目133个，审计金额11.09亿元，在财政评审的基础上核减工程价款1238万元。

【重点领域审计】 2019年，宁远县审计局在防范化解重大风险攻坚战方面，有效摸清县级政府性债务的规模与结构、投向与作用，对全县政府债务进行审计认定，为防范化解宁远县债务风险出谋划策提供科学建议；在精准脱贫攻坚战方面，派遣3个审计组共计23人次，开展易地扶贫搬迁、扶贫资金、医保资金等审计，有效促进扶贫政策措施在宁远县落实落地；在污染防治攻坚战方面，派出审计组对九疑山瑶族乡开展自然资源资产审计，为宁远县环境和污染治理工作提供有效决策参考。

【配合上级审计机关工作】 2019年，宁远县审计局抓好县委、县政府临时审计工作。抽调10余名审计精干力量，组成3个审计组，开展对2个民营企业、四个平台22家分公司、“三分石”景区和福嘉有色有限公司的清产核资审计，为促进全县税务增收，顺利收购民营企业发挥重要作用。完成上级审计机关安排的审计任务。派遣2个审计组共计19人次，顺利完成保障性安居工程、易地扶贫搬迁审计。针对审计发现的问题提交审计要情4篇，提出合理化审计建议12条。

【精准扶贫工作】 2019年，宁远县审计局加强帮扶力度，积极组织全局干部职工对2019年脱贫户、边缘户、易返贫户多次进行入户走访，核实扶贫政策落实，确保所有贫困户2019年全部脱贫的工作目标。创新扶贫思路，强化产业意识，以沃柑种植为主打产业着力改善贫困户的生产生活条件，在原有500亩的基础上又增加沃柑200多亩，套种麒麟瓜300亩，发展山塘养鱼100多亩，种植青蒿、颠茄等药材，使这些项目成为村级集体收入和村民增收的主打产业，提高贫困人口的自我发展能力。把脱贫攻坚与乡村振兴结合起来，积极争取上级资金，进一步完善基础设施，改善贫困村人居环境，修建村道、水渠、开挖山塘20余口，安装自来水、太阳能路灯、修建综合服务广场。

【助力巡视巡察工作】 2019年，县审计局抽调8人分别参与省、市、县巡视巡察工作，提供审计报告30份，有效发挥审计资源优势、经验优势、专业优势，助力巡视巡察工作。

（张文）

统计调查

【概况】 1956年6月，设统计科。1958年9月，并入计划委员会。1962年恢复统计科。1968—1980年，与计划等机构合并。1982年2月，宁远县统计科恢复。1982年年初，统计科下设农村抽样调查组。1983年12月，统计科改为统计局。1984年10月，组建宁远县农村抽样调查队，隶属统计局，后改为宁远县农村社会经济调查队。1989年统计局内设办公室，业务股。次年设电子计算站。1992年增设统计法检查股。1996年7月，增设城市调查队和统计事务所。2003年，统计局设办公室、业务股。股级事业单位有电子计算站、统计事务所。2011年以前为政府职能部门，2012年开始定性为政府工作部门。2015年12月，统计局设3个内设机构：办公室、政策法规股、统计业务股。三个下属事业单位：县社会经济调查队为副科级公益一类事业单位，县民意调查中心为副科级公益二类事业单位，县电子计算机站为股级公益二类事业单位。2019年，县统计局有编制数24名，实有人数16人。

【基层统计】 2019年年底，全县共有“四上”联网直报企业和项目330个，较上年增加21个。全年新增入统规模工业企业17家，排全市第二位，新入商贸10家、服务业7家、建筑业企业1家，新入统房地产项目10个，5000万元以上投资项目43个。

【统计报表】 2019年1—12月全县GDP完成225.54亿元，同比增长7.4%。其中：第一产业、第二产业、第三产业分别同比增长3.5%、7.7%、8.3%，三次产业结构调整为14.2∶29.8∶56，分别拉动GDP增长0.5、2.5和4.4个百分点。规模工业增加值同比增长8.7%；固定资产投资同比增长10%；社会消费品零售总额完成85.68亿元，同比增长10.4%；财政总收入完成19.04亿元，同比增长4.5%。城镇、农村居民人均可支配收入分别增长9.3%、10.3%。

【统计执法】 2019年，县统计局抽查单位4家、企业20家，查出迟报统计资料1起，并责令责任单位进行整改。

（张勤）

国家统计局宁远调查队

【概况】国家统计局宁远调查队（以下简称“宁远调查队”）为中央驻宁单位，隶属国家统计局，成立于1984年，原名宁远县农村社会经济调查队。2006年，统计调查体系改革，国家统计局将原农村社会经济调查队、城市社会经济调查队和企业调查队三支队伍整合为一个调查队，各省设立调查总队，市县设调查队。2007年，该队正式改名为国家统计局宁远调查队。新成立的国家统计局宁远调查队正式编制为8人，目前在编在岗7人。内设办公室、业务股、监测股三个股室。单位性质为参照国家公务员管理的正科级事业单位。主要承担住户调查、农产量调查、畜禽监测调查、劳动力调查、退耕还林调查、主要农产品生产价格调查、农产品中间消耗调查、农民工监测、农户固定资产投资调查、工业生产者价格调查等国家统计局交给的常规专业调查任务，同时承担湖南调查总队和地方政府安排的临时性专项调查任务及地方政府安排的中心工作等。

【数据质量】2019年，宁远调查队贯彻国家局、总队统计调查业务规范化流程及数据质量控制办法，修订完善相关专业调查业务规范化细则、工作流程，进一步明确责任分工，各专业按“工作制度化、流程规范化、台账电子化、资料档案化”的标准落实到位。住户调查、县级粮食产量抽样调查、畜禽监测等较大专业继续实行包点负责、交叉管理的办法，进一步量化工作，细分责任，全面落实，逐步形成人人肩上有担子、个个身上有责任，全队上下齐抓共管的工作格局。加强“三员”业务培训力度。采用“以会代训”“专题培训”“上门专训”等多种方式加强县级调查队员、农村辅助调查员、农村调查户业务培训力度，共计培训40余次、560余人次。全面夯实基层基础工作。各专业调查按照常态化、精准化、问题导向化要求，有针对性地开展业务指导培训，坚决杜绝统计数据弄虚作假，圆满完成全年报表任务。严格落实入户访户、电话回访和工作日记等制度，明确要求农村辅助调查员每月入户不低于2次，县队每季入户不少于1次，进一步密切与调查对象联系，及时填写工作日记，及时掌握更新调查对象情况，建立健全调查对象样本动态管理库。成立由队务会成员为主，专业负责人共同参与的督导组，定期、不定期开展各专业数据质量检查和基层基础工作自查10次，及时发现问题、解决问题，有效提升各专业数据质量。扎实开展住户调查电子记账工作。2019年宁远县财政安排20万元的电子记账工作经费，全县14个调查网点140户城乡记账户，实行电子记账的有130户，普及率为92.85%。创新调查方法，升级调查设备，积极推进农产量、劳动力调查工作。全队充分利用无人机飞行速度快、图片清晰等特点，辅助开展农作物播种面积遥感测量，最大限度提高工作效率。2019年12月购买华为M6平板7台，用于农产量、劳动力调查工作。

【服务地方】2019年，宁远调查队共向县两办报送各类信息、分析材料45篇，进一步强化与县两办的信息共享，及时为县委政府提供经济形势预测预判，主动服务地方政府。充分利用队内网站、县红网、县手机报等大众媒体，宣传宁远调查队业务，发布相关统计调查数据，树立宁远调查队形象，扩大宁远调查队影响。加强与调查对象、辅助调查员的沟通联系，充分利用节假日对一些家庭困难的调查对象进行走访慰问，以增进感情，最大限度争取他们的支持和配合。及时反馈分户数据，真正体现“为国记账，为己理财”。扎实开展精准扶贫工作，集体走访慰问12次，进村入户指导帮扶40余次100余人次，送去扶贫慰问金5000元，支持紫江、茶罗、田心3个扶贫联系村基础设施建设6.5万元；开展综合治理联系村活动，协助兴旺山搞好各项工作，支持兴旺山基础设施建设2.2万元；积极参与县城创建、文明劝导、街道卫生清扫、社区治安巡逻等；参与县绩效考核工作及全面小康社会建设推进工作，全面完成全年全县各乡镇（街道）城乡居民人均可支配收入考核评比工作等。

（唐艳文）

市场监督管理

【概况】 2019年3月，组建宁远县市场监督管理局。将县食品药品工商质量监督管理局的职责，以及县发展和改革委员会的价格监督检查与反垄断执法职责，县商务和粮食局的经营者集中反垄断执法职责，县盐务管理局的盐业监管职责，县科技和经济信息化委员会（县知识产权局）的知识产权管理职责整合，组建县市场监督管理局，加挂县食品安全委员会办公室牌子，内设股室21个，即办公室、政工股、政策法规股、计划财务股、行政审批股、消费者权益保护股、市场规范监督管理股、信用监督管理股、价格监督检查和反不正当竞争股、食品安全综合协调股、食品生产安全监督管理股、食品流通安全监督管理股、特殊食品安全监督管理股、餐饮服务食品安全监督管理股、药品医药器械监督管理股、不良反应监测股、计量与认证监督管理股、标准质量监督管理股、特种设备安全监察股、知识产权股、非公有制经济组织党建工作股。派出机构12个，即舜陵分局、桐山分局、文庙分局、东溪分局、水市分局、九疑山分局、冷水分局、太平分局、禾亭分局、中和分局、柏家坪分局、清水桥分局。事业单位4个，即县市场监督管理综合执法大队、县市场监督管理检验中心、县计量检定测试所、县市场监督管理局信息中心、县市场监督管理局价格事务中心。挂靠社团组织机构2个，即县消费者权益保护委员会、县个体劳动者私营企业协会。

【市场主体】 2019年，全县共有市场主体23115户，其中个体工商户18803户，各类企业4312户，认缴注册资本275.36亿元。2019年共新设企业703户，注销登记149户，变更登记455户，换照23户，备案160户，企业名称核准923件。2019年，企业登记受理“最多跑一次”申请2652件，办结率100%，取得阶段性成效。

【信用监管】 2019年，全年应年报市场主体数19815户，年报数19672户，年报率为98.23%，全局综合年报率位居全市第一。通过双随机监管解决监管部门吃“点菜”的问题，加大年报公示力度，强化异常名录和黑名单管理。清理整治无证无照经营，全年共吊销营业执照9户，排查临街市场主体无证无照249家，已全面整改到位。扎实推进“双随机、一公开”抽检工作，全年共抽查231家，抽查企业118家，个体113家，已完成抽查结果的录入和公示。

【企业经济发展】 2019年，县市场监督管理局进一步压缩企业开办时间，由原来的15个工作日压缩到2.5个工作日以内，注销公告时间由45天压缩至20天。推行“一件事一次办”改革，为进一步方便群众办证，县局又推出“告知承诺即发证”，企业主承诺即可先发证后建设，打通群众办理许可事项的最后一公里。落实非法集资风险专项排查工作，排查46家融资担保类市场主体，进一步控制非法集资行为，防范担保风险。开展企业“上云上平台”，完成企业上云40余家。对县质量管理体系认证工作现状进行摸底，并组织企业进行申报。

【食品安全监管】 2019年，县市场监督管理局置换7台巡逻执法车用于基层日常监管执法，并获得省市场监督管理局支持，配发一台巡逻执法车，大力推进基层食品监管机构规范化建设。积极开展小作坊监督管理工作，进一步规范小作坊生产加工行为，全年对10户食品加工小作坊进行备案登记。开展食品流通领域突出问题专项整治等多项食品专项整治，全面推进餐饮服务“明厨亮灶”工程和“学校（单位）食堂标准化建设”工程，推荐宁远三中等25所学校为标准化食堂改造学校，引导学校（单位）食堂等参与服务单位和机关事企业单位提质改造，确保年底全县中小学“明厨亮灶”率达到85%以上。结合“创国卫”复核工作，对城区范围内700余家餐饮服务单位进行量化分级，并对检查出的170个问题点全部整改到位，极大提升全县食品安全水平。全年共完成各类重大活动食品安全保障16次，全县未出现食品安全事故。

【药品监督管理】2019年，县市场监督管理局开展对中药饮片、高风险医疗器械、药店等专项整治行动10余个，加大对特殊药品、专管药品、疫苗和含特殊药品复方制剂的监管力度，加大对药品流通领域的监管力度，全年专项整治共检查药店178家，镇以上医疗机构33家，对药品经营企业不按GSP规范经营的下达责令整改通知书60余份；立案查处16起，责令关停药店3家，达到整治的预期效果。全年上报药品不良反应事件监测报告650余份。结合日常监督检查，共检查医疗器械经营企业112家，镇以上医疗机构33家，对存在问题的单位责令改正12家次，对2家经营企业未按条件贮存的医疗器械进行立案查处，进一步规范医疗器械流通市场。

【食品药品检测】2019年，全县完成食品抽样检验任务366批次，合格350批次，合格率为95.62%；完成食用农产品抽检1091批次，合格1061批次，合格率为97.25%；完成快速检测2070批次，快速检测合格率为100%。所有结果已全部录入国家食品安全抽样检验信息系统中，顺利完成省市局下达的食用农产品抽检任务。

【特种设备安全监管】2019年，县市场监督管理局共开展特种设备执法行动297次，出动执法人员1127人次，对297家特种设备、危险化学品、烟花爆竹、重点工业产品相关单位进行现场检查；排查各类安全隐患183起，已整改到位安全隐患179起；下达《特种设备安全监察指令书》78份，立案查处安全生产相关案件36起，已入库罚没款30.3万元；受理新增和换领特种设备使用登记证190台件。

【专项整治】2019年，县市场监督管理局深入开展“护苗”（学校食堂）、“护老”（保健品）、“护美”（化妆品）、“护康”（药品）、“护源”（食用农产品）等“五大集群战役”，积极开展非洲猪瘟防控工作、扫黑除恶专项斗争、打击传销等多项专项整治行动。全县共查处355起案件，其中食品药品违法案件220起，工商案件69起，质监案件62起，化妆品案件4起。全年罚没款363.4万元。移送司法案件1件，批捕1人（假冒牛栏山酒案）。其中“宁远县微笑堂贸易有限责任公司微笑堂大药房商业贿赂案”处罚3万元，被评为2019年度全省案例典型推荐；“宁远县熊猫商行销售侵犯商标权“牛栏山陈酿白酒案”“宁远县印山清泉有限公司生产经营混有异物及标签不符合规定的桶装饮用水案”被评为整治食品安全问题联合行动十大典型案例；“张某某侵犯“LESSO联塑”注册商标专用权案”被评为“雷霆行动”十大典型案例。

【宣传维权】2019年，县市场监督管理局开展食品、药品和特种设备从业人员培训共计1000人次；同时对422名村级食品安全协管员进行了面对面培训，开展3·15消费者权益保护日、食品安全宣传周、安全用药月等各项宣传活动20余场次，发放宣传资料3万余份，受众达1.5万余人次，发送各类媒体新闻信息300余条。全年共受理各类消费投诉352起，成功调解消费纠纷156起，为消费者挽回经济损失110万元。2019年度宁远县消委工作在全市县区消委组织工作考核中评为优秀单位。

【知识产权】 2019年，宁远县专利申请量为409件，其中发明专利申请量为146件；专利授权量为190件（其中发明专利3件、实用新型专利30件、外观设计专利157件）；有效发明专利43件（万人发明专利拥有量为0.53件）；2019年商标拥有量为1509件，较去年增加627件；2019年注册成功马德里商标数为12件。宁远县促成企业通过专利质押融资500万元。

【质量监管】 2019年，宁远县出台《宁远县质量强县战略实施方案》。与国家总局、省局、市局衔接重启地理标志产品保护申报事项，修改编撰申报材料。组织协调舜帝陵景区筹备全国知名品牌创建示范区对标建设工作。出台《关于加强质量认证体系建设促进全面质量管理的意见》，对质量工作给予有力政策支撑。巡查五家工业产品生产企业，未发现落后产能。对企业生产全过程监管，帮助企业排查质量隐患，有效提升全县生产企业产品质量。2019年全县市级抽检工业产品86个批次，国家抽检工业产品2个批次，合格率100%。开展畜禽农产品质量提升专项行动，全年农产品快检5500多次，合格率99%；全年畜禽产品9900批次，合格率100%。

（陈思怡）

市场管理

【概况】 宁远县市场服务中心于2000年成立，属自收自支正科级事业单位。2017年7月，事业单位改革纳入财政预算，实行收支两条线管理，为正科级公益二类事业单位，2019年县机构改革调整县商务局所属正科级公益类事业单位。内设办公室、人教股、财务股、市场建设规划股、市场经营股、市场管理股，派出13个市场管理所和3个私营市场管理办公室。现有干部职工182人，管辖46个国有市场，监管13个私营市场。

【市场标准化建设】 2019年，县市场服务中心对全县农贸市场建设进行精心调研，完成全县城区农贸市场建设规划。启动家禽批发市场建设。参照永州市零陵、冷水滩活禽批发市场模式，外迁建设高规格标准化的集销售、宰杀、冷链、配送等功能的专业批发市场，市场选址位于桐山街道七里岗垃圾填埋场旁，新市场完成征地和规划工作。完成鸡鸭批发临时市场建设，并投入使用。根据“十城同创、文明共建”的要求，对城区城北、桐山、重华、泠江、高峰等7个农贸市场及工业品市场进行改造修缮。指导笔架山市场私营业主完成该市场的标准化改造建设。消除道路交通安全隐患，取缔马路市场。完成对鲁观、太平、琵琶、鲤溪、下灌、仁和、云潭、东城、石家洞、五龙山和麦地等乡镇集贸市场改造和维修。通过建设和改造，全县农贸市场新增市场摊位914个，增加就业人员1000余人，新增市场交易额6550万元，增加税收11万余元。

【市场经营交易】 2019年，全县有农产品交易市场58个，其中有蔬菜、水果和鸡鸭3个临时批发市场。农贸市场59个（国有市场46个，私营市场13个）。市场交易面积12.2万平方米，（柜台）8800余个，年交易额约28.74亿元，带动2.4万人就业。全年完成经济收入619.36万元，其中，市场收入（摊位租赁费、交易服务费、卫生费）471.36万元，湖南省财政转移支付（工商“两费”返还款）收入148

万元。超额完成经济指标79.36万元，同比增长14.70%。完成增值税上缴13.73万元。

【市场管理】2019年，县市场服务中心落实常态化管理措施，实现农贸市场标准化、规范化、精细化管理。中心与基层所、基层所与所员签订目标管理责任状，明确职责任务。市场实行分区包干管理，定岗定责定人，责任人包秩序、包卫生、包设施守护。加大市场环卫投入，聘请专业保洁公司负责城区冷江、高峰、杨家岭、东溪、鸡鸭批发5个农贸市场和工业品市场的日常保洁服务，实行绩效考核，实现市场清扫保洁精细化。利用专业清洗车定期对市场进行清洗和大扫除，保证市场地面和摊位整洁。开展马路市场专项整治。通过对现有市场改造维修后划行归市、划定区域规范摊担摆放、设置物理障碍隔栏和值班备勤留守等措施，对全县38处马路市场完成了整改。加强节假日市场管理。针对节假日市场购销旺季，人流、物流、车流骤增，为保稳定保安全保有序，工作人员一律取消请休假，全员上班，佩戴市场管理袖章，值班备勤，维护秩序，参与市场卫生保洁和清扫，营造井然有序的节日氛围，提升市场形象。全力做好“H7N9”禽流感和“非洲猪瘟”防控工作，严把市场准入关。建立市场经营户档案。落实索证索票制度，督促经营户建立进货登记和销售凭证制度，确保产品的可追溯性。加强日常巡查，对入场销售活禽和猪肉及其产品“两证两章”进行筛查，建立台账。严格落实“三个一”（即：一日一清洗消毒，一周一大扫除，一月一休市）常态化防控措施。

（黄春洪）

应急管理

【概况】宁远县应急管理局于2019年3月20日成立，负责应急管理工作，指导全县各乡镇（街道）各部门应对安全生产类、自然灾害类等突发事件和综合防灾减灾救灾工作。负责安全生产综合监督管理和工矿商贸行业（含煤矿）安全生产监督管理工作。内设机构有办公室、应急指挥中心、救灾和物资保障股（风险监测和综合减灾股）、救援协调和预案管理股、火灾防治管理股、防汛抗旱股（地震和地质灾害救援股）、矿山和工贸行业安全监督管理股、危险化学品和烟花爆竹安全监督管理股、安全生产综合协调股（调查评估和统计股）、政策法规股（行政审批股）、规划财务股、宣传教育股（科技和信息化股）、政工室，下设安全生产执法监察大队、地震办、应急救援指挥中心、森林消防事务中心。2019年全局编制人数67人，在岗人数51人。2019年，县应急管理局按照政府机构改革后新的职能要求，边组建、边应急、边建设，不断健全完善应急管理体系，严格落实安全监管责任，统筹推进防灾减灾救灾工作，取得阶段性成效。

【安全生产】2019年，县委、县政府先后召开县委常委会议、政府常务会、安委会全体会议、安全生产工作会13次，县级领导带队开展安全生产督查检查70余次。县安委会按照《湖南省党政领导干部安全生产责任制实施细则》组织制定县委、县政府领导班子成员安全生产工作责任清单、县政府领导干部2019年度安全生产重点工作责任清单、县安委会工作规则、安全生产巡查工作等多项制度，新修订安全生产和消防工作考核办法，成立交通运输、工矿企业等12个专业委员会，开展安全生产综合督查调研4次，深入开展落实“一活动两行动”（“企业安全生产主体责任年”活动、“安全生产大排查大整治大管控百日行动”“强执法防事故”行动）、“防风险、保安全、迎大庆”集中攻坚行动，整改风险隐患2990处，立案处罚218起，罚款343万元，责令停产停业28家，取缔关闭22家，有力推动安全生产责任落实。

【道路交通顽瘴痼疾集中整治】2019 年，宁远县成立由县委书记任顾问、县长任组长的高规格领导小组，从县委办、政府办和有关监管部门抽调 20 余人脱产集中办公。县财政投入整治和建设经费 500 余万元。县整治办印发工作简报 28 期，在重要路口路段书写大型宣传标语 40 余条，悬挂横幅 370 余条，发放整治告知单 10000 余份，张贴告示 6000 余份。约谈客危企业 6 家，推送提示警示信息 8500 条。提请市道安委挂牌督办事故多发路段 4 处，排查交办各类隐患 455 处，均按照道路交通安全隐患“一单四制”工作要求进行整改。对马路市场相对严重的 12 个集贸市场实施改造修缮，已完成 9 个，新建交易铁厂棚 1350 平方米，新增摊位 624 个。对一时无法取缔的 20 个马路市场划出经营区域或界限，设置警示标志牌和物理隔离栏，安排专人值守。

【防汛抗洪抢险】2019 年，宁远县根据预警情况举行 5 次防汛会商会，发布预警文件及调度命令 40 余次，发布预警短信 7600 余条。组织投入抗洪抢险救灾人员 5110 人，抗洪抢险资金 860 多万元，发放救灾物资价值 25 万余元，有力应对了洪灾。7 月 12 日，在冷水镇金钩挂水库组织开展全县防汛抢险应急演练，进一步提升自救互救能力。

【森林防灭火】2019 年，宁远县印发森林防火禁火令、森林火灾扑救等宣传资料 70 万余份，群发短信 80 万余条，警示木牌 6000 余块。对全县森林消防专业队伍、半专业队伍、专职巡逻员、基层森林防火工作人员共 2000 余人开展了森林防火专题培训，切实提升了全县森林消防队伍业务能力。

【救灾救助】2019 年，宁远县积极争取国家和省里的支持，争取中央自然灾害、地质灾害、冬春救助等救灾资金 4 批次共计 1000 万元。对全县因灾倒房重建的 97 户补助资金 2.5 万元~3 万元每户，对困难家庭和重点优抚对象家庭按规定标准进行救助，切实保障受灾群众生活。抗旱救灾、紧急救助有序开展。

【应急管理基础建设】2019 年，县财政按上级政策标准安排应急管理和消防部门办公经费 337.5 万元，安排应急管理项目经费 4490 万元，应急经费 400 万元。争取到国家森林消防应急能力建设项目，是全省 15 个县之一，中央投资 553.64 万元。县委、县政府已在西部工业园划拨 6 亩地用于建设森林火灾应急项目，国土、住建等部门已前期进行规划，县编办已为森林消防队伍保障 30 个编制。县民兵训练基地已建成，第二消防训练中心正在建设。县应急救援指挥平台已经投入 60 多万元，建成有 100 多平方米的多媒体会议厅、24 小时应急值班室、独立的设备室。成立由县应急救援分队、消防救援大队、森林防灭火专业队和乡镇半专业灭火队伍、专职消防队及村级巡逻员组成的三级应急救援队伍，覆盖全县所有的村和社区。推进社区综合减灾能力建设，舂陵社区成功创建省级综合减灾示范社区。加强应急管理知识宣传教育，创新开展“最美应急管理人”评选，发挥先进典型的示范引领作用，精心组织“全国应急管理普法知识竞赛”，在全县范围内营造应急管理学习氛围。

（罗行玉）

住房公积金管理

【概况】宁远住房公积金管理部成立于 1995 年，隶属宁远县房改办，2002 年 11 月机构改革上划永州市住房公积金管理中心，更名为永州市住房公积金管理中心宁远县管理部（以下简称：宁远管理部），是不以营利为目的的正科级事业单位。现有在编人员 3 名，劳务派遣人员 4 名。主要负责全县住房公积金开户登记、缴存、提取、贷款等业务。

【主要业务】2019年，全县住房公积金共有缴存单位510个，缴存人数19913人，全年完成资金归集2.8亿元，同比增加0.31亿元，归集余额为9.12亿元；全年共提取住房公积金15201万元，同比增加2276万元，增长17.61%。其中：购建房提取4465.25万元，还贷提取6784.80万元，离退休提取3357.73万元，其他提取593.90万元；全年共向493户职工发放个人住房公积金贷款1.9121亿元，其中：现房抵押贷款155户、5542万元，期房按揭贷款338户、13579万元，累计6444户职工发放贷款13.38亿元，贷款余额8.95亿元，贷款逾期率为0.0026%，稳定控制在省办考核目标0.03%内。

【支持地方经济建设】2019年，宁远管理部为推动当地房地产市场健康、有序、平稳发展，主动转变工作作风，改变工作思路，经常深入各房地产楼盘进行实地调查情况、核实需求、摸清底子、宣传政策，始终贯穿主动服务的理念。2019年市中心分配到宁远的贷款计划仅有1.4亿元，贷款计划实行按月发放，贷款供需矛盾非常突出。为均衡有序的发放贷款，管理部工作人员深入各开发商楼盘详细了解各楼盘贷款需求，制定贷款发放计划需求表，实行贷款轮候制，并多次向市中心领导汇报，争取贷款额度，缓解贷款压力，年底市中心为宁远管理部增加5000万元贷款额度，解决大家的贷款需求，得到各开发商及购房户的高度评价。年底将贷款逾期降为0.0026%，控制在省办考核目标0.03%以内。有效维护广大缴存职工的切身利益，促进当地经济社会的快速发展。

【推动脱贫攻坚】2019年，宁远管理部与县接待科一起驻中和镇砠江村开展驻村帮扶工作，管理部在人员紧张的情况下，仍选派一名工作队员长期驻村，配合村支两委，按照县委、县政府对脱贫攻坚工作总体要求，精准制定各项帮扶规划、方案、措施。全村共有66户建档立卡贫困户，其中14户由管理部负责结对帮扶，管理部每月组织帮扶责任人深入贫困户家中了解生产生活情况，填写扶贫手册，帮助其发展产业，宣传扶贫政策，落实各项扶贫任务。

【提升服务质量】2019年，宁远管理部按照国务院“放管服”改革工作要求，转变工作作风，提升服务质量，加强员工素质教育，加强业务技能学习培训，提高办事效率，设身为办事职工着想。结合中心下发放的各类文件要求，进一步简化办事程序，完善窗口服务职能，缩短办事流程。对所有前来办理业务的缴存职工，坚持平等、耐心、细致、热心的服务态度。2019年11月按照县委、县政府要求所有住房公积金业务办理进驻县政务中心服务窗口，各项业务办理实行“一件事一次办、最多跑一次”。

农业和农村工作

综　述

2019年，宁远县完成农林牧副渔总产值51.91亿元，增长3.5%，实现增加值29.09亿元，增长3.5%，其中，农业实现增加值12.78亿元，增长0.2%；林业实现增加值2.05亿元，增长8%；牧业实现增加值11.15亿元，增长6%，渔业实现增加值2.95亿元，增长5.2%。2019年，全县粮食种植面积73.83万亩，粮食总产量31.22万吨。完成早稻集中育秧秧田面积0.14万亩，插栽大田13.2万亩；高档优质稻23.5万亩，建立“湘米工程”高档优质稻订单基地13.3万亩。2019年，全县11种经济作物（果、茶、烟、瓜、蔬、糖、棉、麻、蚕、花、药）总种植面积48.1万亩，总产量55.3万吨，总产值16.2亿元。其中，水果种植面积15.8万亩，完成蔬菜总播种面积20.17万亩。新扩果园0.8万亩，低改1.5万亩，新增100亩以上新基地49个，水果总面积达到15.8万亩；茶叶种植面积0.96万亩，其中扩园1600亩，低改500亩。2019年宁远县通过“整万千百”梯级示范，推广良种、合理密植、绿色防控、减药减肥及机械育插秧等先进技术，全县办好优质稻绿色高效万亩示范片3个，千亩片17个，百亩片50个，优质稻种植面积51.2万亩，为全县17个乡镇（街道）250个村（其中贫困村39个），3.56万户（其中贫困户2155户）户平增收1500元以上。建立病虫害绿色防控核心示范区面积1万亩，绿色防控辐射面积5.1万亩；培植专业化防治队伍70个、防治人员850人，完成专业化防治服务面积12.2万亩。发展冬季绿肥18.5万亩，建设舜陵街道冯家村、桐山街道刘子用村、柏家坪镇蔡地里村、鲤溪镇虎形村、天堂镇平口源村等绿肥示范片1200亩；完成农作物秸秆直接还田面积51万亩；推广测土配方施肥技术面积100万亩，商品有机肥推广应用面积4.5万亩；建立耕地地力监测网点20个，节水农业45万亩，推广水肥一体化技术面积0.65万亩。

农 村 工 作

【**概况**】2019年3月机构改革，将县农业委员会（县委农村工作办公室）的职责，以及县发展和改革委员会的农业投资项目、县财政局的农业综合开发项目、县国土资源局的农田整治项目、县水利局的农田水利建设项目等管理职责整合，组建县农业农村局，作为县政府工作部门。县委农村工作领导小组办公室设在县农业农村局，县农业综合开发办公室和县农村能源办公室职能划入县农业农村局。县畜牧水产事务中心为所属正科级公益类事业单位，县农机事务中心为所属副科级公益类事业单位。整合县农村能源服务、农业技术推广等公益服务职能，组建县农业综合服务中心，为所属副科级公益类事业单位。2019年，宁远县加大农业农村发展投入，加快农业现代化建设，推进农村产业结构调整，深化农村经济体制改革，优化农产品技术服务，提升农产品质量，推动美丽乡村建设，改善农村村容村貌。农村工作成绩显著，获得湖南省农村人居环境整治先进县、湖南省庆祝新中国成立70周年“追梦三农人”微视频大赛二等奖等荣誉。

【农业农村产业化建设】2019年，宁远县农业产业化建设提升，全县农产品加工企业发展到443家（其中，2019年新增15家），规模以上农产品加工企业共有67家（其中，2019年新增8家）；规模以上加工企业的加工产值达63.15亿元（同比增长13.5%），农产品加工总值预计可达65.17亿元（同比增长14.5%），农业总产值达58.11亿元（年增长3.8%），加工产值与农业总产值比值为112.15%，产值过亿元农业产业化龙头企业7家。现有省级重点龙头企业2家，市级重点龙头企业28家。全县具有一定规模休闲农庄达96家（2019年新增12家），其中农家乐54家、休闲农庄42家，省级四星级休闲农庄9家，省级五星级休闲农庄2家。宁远县种粮大户4804户，2018年新增151户。农业合作社1250家。

【农业技术服务】2019年，宁远县大力推行“水稻+”、水稻集中育秧和农作物绿色高产高效栽培技术，完成“烟—稻”轮作8万亩、“稻—（稻）—油/肥”7.5万亩，“稻—（稻）—菜”8万亩；完成早稻集中育秧机插秧13.2万亩；建立粮、油、菜、水果、茶叶等绿色无公害高产高效“万、千、百”基地150个。建立湾井周家坝、水市旗形、仁和刘安仲三个高档优质稻万亩基地，冷九大道万亩油菜基地，太平沙漯塘九疑小籽花生千亩基地。2019年，建立柏家坪镇神山下村水稻新品种试验农业科技示范基地、鲤溪镇虎形村再生稻农业科技示范基地、冷水镇神下村“稻+鱼”农业科技示范基地各100亩。建立病虫害绿色防控核心示范区面积1.1万亩，绿色防控辐射面积5.2万亩；培植专业化防治队伍70个、防治人员850人，完成专业化防治服务面积12.3万亩。发展冬季绿肥18万亩，建设舜陵街道冯家村、桐山街道刘子用村、柏家坪镇蔡地里村、鲤溪镇虎形村绿肥示范片1000亩；完成秸秆还田面积50万亩；推广测土配方施肥面积90万亩，建立耕地地力监测网点20个，节水农业45万亩。

【美丽乡村建设】2019年，宁远县围绕建成宜居宜业宜游生态文化公园，强力推进农村人居环境整治，开展显山、亮水、露田园、整院落、美村庄建设，打好乡村振兴第一仗。宁远县被评为全省农村人居环境整治先进县。实施1个省级、5个市级、50个县级美丽乡村示范创建村、1个乡村振兴核心区10个乡村振兴试点村、50个农村人居环境整治重点村建设。全县召开农村人居环境整治现场推进会两次，完成农户改厕省定任务9989口；按照“受益者付费”原则，根据农户家庭情况适当收取垃圾处理费，共收取资金600余万元；实现村规民约、“门前三包”所有行政村全覆盖，261个村建立“红白”理事会，拆除空心房残破房1.38万座62.3万平方米。

【精准扶贫工作】2019年，县农业农村局组织相关部门编制《宁远县2019年产业发展和生态补偿扶贫工作方案》《关于2019年重点产业扶贫项目的申报指南》《宁远县2019年贫困户农业实用技术培训实施方案》等产业扶贫年度实施方案。全县共成立农民专业合作社1250多家，成员达到6.85万人，共吸纳贫困户15880户、贫困人口43026人，实现村村有扶贫产业。2019年，投入产业帮扶资金208.8万元，按照3000元/人的标准，对2018年年底新识别新纳入建档立卡贫困户223户、贫困人口696人给予产业帮扶资金，全县实现有发展能力和意愿的贫困户得到产业扶贫资金100%全覆盖。按照“龙头企业（合作社）+贫困户”或“龙头企业+合作社+贫困户”的联结方式，组织贫困户以土地资源、资金等入股，或与贫困户签订生产合作协议或委托帮扶协议、提供保底价收购，或聘用贫困人口务工等帮扶措施，联结有产业发展能力、意愿的贫困户 6502 户，实现建立利益联结机制 100%全覆盖。积极引导规模以上龙头企业在贫困村开展“千企帮千村活动”，2019 年，有 18 家龙头企业与 82 个贫困村签订结对帮扶协议，在贫困村开展技术服务、建设农副产品基地、安置贫困人口就业、保底收购农产品等产业帮扶结对活动，效果明显。2019 年，投入产业帮扶资金 7792.91 万元，打造九嶷素米、九嶷葛根、九嶷金叶、九嶷黑木耳等十大九嶷系列农产品品牌，建立 20 万亩优质稻、20 万亩蔬菜水果、20 万亩油茶、10 万亩烤烟、10 万亩中药材、0.5 万亩有机红茶、110 万头生猪、1000 万只肉兔等规模优势产业，构建“村村有产业、户户有项目、人人有收入”的特色农业产业扶贫新格局，带动贫困人口 2.5 万人发展产业增收致富，实现人均年增收 1600 元以上。

种　植　业

【概况】 宁远县农作物种植历史悠久，粮、油、经全面发展。粮食作物主要有水稻、红薯、大豆、玉米、高粱、小麦、荞、蚕豆、豌豆、绿豆、马铃薯等，以水稻为主，近年来大力发展高档优质稻；油料作物主要有油菜、花生、芝麻等，近几年大力推广杂交油菜、两糯高粱和九疑小籽花生；经济作物主要有烤烟、水果、茶叶、糖、西瓜、花卉、药材等，烤烟和水果是支柱产业，茶叶、花卉和药材比较效益高，近几年越来越受到重视。2019 年，农业生产结构优化，粮食生产稳定，经济作物提质改造，“菜篮子”工程良好，农业技术服务效果突出，农业产业化程度提升。

【农业综合生产】 2019 年，全县粮食种植面积 73.83 万亩，粮食总产量 31.22 万吨。完成早稻集中育秧秧田面积 0.14 万亩，插栽大田 13.2 万亩；高档优质稻 23.5 万亩，建立“湘米工程”高档优质稻订单基地 13.3 万亩。在湾井、水市、仁和三个镇创建 3 个高档优质稻万亩示范片和 3 个千亩创新型示范样板。全县新扩果园 6000 亩，低改 1.5 万亩，新增 100 亩以上新基地 46 个。水果种植面积 15.7 万亩，比上年新增 0.7 万亩，总产 10 万吨。全年蔬菜种植面积 20.3 万亩，蔬菜产量 40.35 万吨，共建设湾井蔬菜基地、太平沙落塘蔬菜基地、柏家坪可亭蔬菜基地、水市过水岩蔬菜基地等对接粤港澳大湾区及外销蔬菜基地 10 个，面积 5 万亩。

【农业名牌产品】 2019 年，宁远县整合各个企业品牌，打造“九疑”品牌为宁远农业系列公用品牌。确定以九嶷山兔为主的“一县一特”建设，因地制宜，立足发展以“两茶一柑”（茶叶、茶油、柑橘）为主的农业产业品牌。宁远县积极对接国内大型综合展会，共组织农业企业参加展会和农产品推介活动 12 起。季丰农业在第二十一届中国中部（湖南）农业博览会上获“袁隆平特别奖”，在第二十届中国绿色食品博览会暨第十三届中国国际有机食品博览会上获第二十届中国绿色食品博览会“金奖”。宁远县知足生态农业发展有限公司的葛根等 6 个产品已获得中国绿色食品发展中心的绿色食品认证。农业企业代表省、市参加国内外重点展会 10 余次，如台湾国际食品展、第五届中国南亚博览会、海南首届国际进口博览会、中国食博会、日本千叶食品展、第一届中非博览会、第四届中阿博览会等，参展企业 20 家，意向订单交易额达 2000 万人民币。

【农业科技重点推广项目】 2019 年，宁远县农技推广中心确定水稻、水果、烤烟、蔬菜为全县的主导产业，推广测土配方施肥技术、秸秆还田技术、柑橘黄龙病综合防控技术、蔬菜标准化生产技术、烤烟营养与施肥技术、水肥一体化栽培技术、水稻病虫综合防治技术、“稻+”综合种养技术、水稻机插机抛技术、集中育秧技术等10个技术作为全县2019年主推技术。组织基层农技人员90人参加连续不少于5天的脱产业务培训，其中60人参加县级业务培训、30人参加省级业务培训。围绕优势农产品和特色产业发展，建设规模适度、相对稳定、农机农艺结合、种养综合示范和可持续发展的农业科技示范基地3个：柏家坪镇神山下村水稻新品种高产栽培技术示范基地；鲤溪镇虎形村再生稻高产栽培技术示范基地；冷水镇神下村“水稻+鱼”稻田高效种养技术示范基地。示范基地示范水稻集中育秧、水稻软盘抛秧、水稻安全齐穗、水稻测土配方施肥、水稻病虫害统防统治等先进适用技术模式，在生长期间以农民“田间学校”培训班模式开展4~5次观摩培训活动。示范基地统一竖立“全国基层农技推广体系改革与建设补助项目农业科技示范基地”标牌。以家庭农场主、种养大户、新型职业农民等农业新型经营主体为重点，培育农业科技示范主体，全县遴选250户种养水平较高、乐于助人的农户作为农业科技示范主体，按每个乡镇农技人员指导服务农业科技示范主体3~5户，对每个农业科技示范主体上门指导服务次数不少于5次，从现有岗位助理农艺师职称以上择优遴选75名专业技术人员作为技术指导员，开展一对一的技术指导，建档培育，促进农业科技示范主体产业壮大、效益增加，并带动周边农户共同发展。

【**设施农业**】2019年，全县设施农业发展比较迅速，设施农业基地达到402个（块），总面积120万平方米。烟草、水果、蔬菜、优质稻等的育苗基本上实现设施化，5500亩葡萄全部使用避雨设施栽培，8000亩新建经作标准化示范基地安装滴、喷灌系统。在九嶷山农科园新建15000平方米的高标准智能大棚，用于花卉种植、展示和娃娃鱼养殖、科普。

【**农资市场治理整顿**】2019年，宁远县开展春季农资打假专项整治、高毒剧毒禁限用农药专项整治、生产基地禁限用农药专项整治、秋季农资打假专项整治等行动，出动执法人员1080余人次，检查农资店220家次，抽查种子样品54个，送检肥料、农药各30份，立案查处问题农药化肥5起，涉案金额2.5万余元，直接挽回经济损失30万元；联合畜牧水产局开展渔政执法，缴获打鱼设备3套；开展非洲猪瘟防控专项行动，捕杀生猪1.1万头。2019年，检测蔬菜样品5463个、水果580个，农残总合格率99.85%。

【**农民科技培训**】2019年，宁远县开展新型职业农民培育培训913人，开展贫困户农业实用技术培训1304人，开展农业科技培训6期、410人次，发放资料2万余份，咨询服务1000余人次。

烤烟生产

【**概况**】1978年，宁远县政府成立烤烟服务机构，优先、优惠供应烤烟生产所需物资。1981年实行家庭联产承包责任制后，烤烟分户生产，开始建立烤烟生产基地。为更好贯彻落实县委、县政府关于全县农业产业结构调整和打造农业支柱产业的政策，1993年5月成立宁远县烤烟生产办公室。2019年有干部职工15人，是参照公务员管理的正科级公益一类事业单位，内设综合办公室。

【**烤烟生产成果**】2019年，全县共落实种烟乡镇（街道）19个，种烟村332个，种烟户1731户，育苗7.43万亩，种烟面积6.62万亩，地膜覆盖5.4万亩，两段育苗1.1万亩，共收购烟叶168637担，完成计划的102.2%，超额完成市、县分配的收购任务，是全市唯一完成且超额完成收购任务的县区。其中上等烟比例72.1%，比上年度提高6.24个百分点；收购均价1435元/担，含补均价1615元/担，位列全市前三，分别比上年度提高65元/担、72元/担；实现烟农收入2.72亿元，同比增加0.36亿元；实现烟叶税5326万元，同比增加711万元。宁远县烟叶工作在全省排位第二，全市排位第一，分别获2019年度湖南省烟叶工作优秀单位、2019年度永州市烟叶工作先进单位称号。

【精益化生产管理】2019年，全县兴办烟叶精益生产示范片26个，示范户676户，示范面积2.42万余亩。5个烤烟生产合作社全面进入实质性运作，组建育苗、机耕、植保、烘烤、分级等专业队伍56支，专业化机耕覆盖率达到90%，专业化植保、采收、编杆、烘烤、分级覆盖率达到80%。大穴深栽、合理密植、覆盖栽培、中耕培土、配方施肥、优化结构等精益管理技术深入推广，烟叶质量大幅提升。

【基地建设】2019年，为巩固烤烟生产主产县地位，县委、县政府整合相关部门项目和资金，在全县16个乡镇（街道）150个行政村安排烟基项目184个，其中新建机耕道59条33607米；机耕配渠89条15530米；河堤22738米；整修塘坝提升闸26处；电排3座；工场维修13个；新建烤房100座配套设备款150万元，共计投入资金1925.8万元。积极争取烟草上级部门项目资金1208.19万元，用于烤房设备改造和农用机械设备购置以及烟基项目修复等。目前所有项目建设已完成并通过验收，投入使用，大部分项目在抵御上半年的洪涝灾害中发挥重要作用。县烤烟办还从往年项目结余资金中调剂46万元解决保安、鲤溪、天堂、柏家坪、中和、舜陵6个乡镇（街道）的项目遗留问题。为建设优质烤烟基地，稳定烤烟生产规模，推进烤烟产业高质量发展，在湾井镇田心村采取种植草籽的方式对200亩烟田进行调整土壤结构试点。

【产业助力脱贫】2019年，全县1737户烤烟种植户中有贫困户123户（527人）种植烤烟，共4330.5亩，交售烟叶111.9万斤，烟叶销售金额1677万元，户均售烟金额近13.63万元，人均售烟收入3.18万元，解决就业用工90万个，通过产业扶助现已全部实现脱贫目标。烤烟产业是宁远县解决在家剩余劳动力就业、巩固脱贫成果的重要农业产业。

畜牧水产事务

【概况】2019年4月1日，宁远县畜牧水产局正式更名为宁远县畜牧水产事务中心，8月5日，宁远县畜牧水产事务中心正式挂牌成立。宁远县畜牧水产事务中心是正科级公益一类事业单位，隶属于县农业农村局，下辖县动物卫生监督所、县动物疫病预防控制中心、县饲料管理办公室、县鱼苗鱼种场、县良种猪繁育场5个二级机构，2019年底有在职在编人员56人，其中参公管理人员15人，事业编制人员41人，专业技术人员中有中级以上职称的17人，其中有副高级职称的4人，正高级研究员1人。2019年，出栏生猪67.87万头、牛2.11万头、羊2.82万头，出笼家禽818.19万羽，实现水产品总产量2.23万吨。

【养殖业重点项目建设】温氏生猪一体化养殖项目。天堂坪岭种猪场于2019年10月3日建成投产，12月底存栏种猪8000头。公司总部、饲料厂和花板塘基地主体工程已经开工建设。天宇农林荒山综合开发特色种养建设项目。新建3栋猪舍，完善防疫配套设施，种植水果600亩。九嶷山兔产业园项目。在水市镇小欧家村选址租地85亩；建成高标准兔舍1200平方米人工宿舍500平方米。舜天恒禾肉牛养殖项目。湘南肉牛实验站于9月23日正式挂牌成立，2019年公司先后获湖南省沼气生态循环典型模式、湖南省农业产业化龙头企业和湖南省高新技术企业称号。

【恢复生猪生产保障市场供应】 2019年，宁远县畜牧水产事务中心为有效恢复生猪生产，保障市场供应，采取积极措施，促进生猪生产。10月6日、10月8日县委副书记、县长唐何组织召开政府常务会议专题研究恢复生猪生产工作，印发《关于贯彻落实国务院办公厅省政府办公厅关于生猪生产文件的会议纪要》《关于研究生猪生产保障市场供应的会议纪要》，10月24日县政府印发《关于促进生猪生产保障市场供应的实施意见》。10月11日，县政府与湖南省现代农业集团签订现代畜牧业合作框架协议书，总投资12亿元，建设年出栏60万头的生猪生产基地。温氏、正邦、佳美、新五丰等其他国内养殖龙头公司开发的合作养户共有62栋(户)。温氏花板塘种猪场正积极建设当中，建成投产后可存栏母猪1.6万头，年产猪苗32万头。11月26日，全省生猪全产业链项目建设现场会在湖南省现代农业集团位于宁远县天堂镇晓石村的生猪养殖基地成功举办。11月30日，宁远县作为全省生猪生产先进县代表出席在河南省驻马店召开的全国畜牧业大会，并做书面典型交流，12月3日中央电视台对宁远县生猪生产情况进行报道。

【重大动物疫病防控】 2019年，宁远县畜牧水产事务中心坚决落实党中央国务院和省市的各项防控工作决策部署，突出非洲猪瘟等重大动物疫病防控和各项措施落实，没有发生口蹄疫、高致病性禽流感等重大动物疫情，非洲猪瘟可疑疫情均得到有效处置，防控工作得到省市督导组的高度评价。狠抓春秋季集中免疫工作，实行自主免疫与集中免疫相结合。全县口蹄疫、高致病性禽流感、小反刍兽疫等重大动物疫病免疫率达100%，免疫抗体合格率达到70%以上。2019年，全县多次组织开展疫情排查，实行党政领导包片、驻村干部包村、村组干部包户，对所有行政村、养殖场户、屠宰场点实行逐一排查，对生猪养殖户不漏一户一猪，确保及时发现隐患。先后于1月8日、5月9日、12月2日举办3次生猪养殖场防控技术培训，培训1000余人次。

【非洲猪瘟防控】 2月8日永州市经济技术开发区发生全市首例非洲猪瘟疫情以来，宁远县高度重视非洲猪瘟防控工作，坚持每日排查报告，建立生猪户口制，确保生猪出栏、填栏、死亡等情况及时掌握。副市长、县委书记刘卫华，县长唐何，县委副书记刘军君，副县长杨友忠高度重视，多次研究部署，多次到养殖场、公路检查站、指挥部现场指导、督促检查。县财政保障经费，设立非洲猪瘟防控专项经费，保障防控工作的正常开展。2月17日，副市长、县委书记刘卫华到太平镇开展疫情排查和防控督导，要求抓好非洲猪瘟等各类动物疫病防控。2月10日，县委副书记、县长唐何带队深入康源农业开展疫情排查和指导。6月10日，副市长、县委书记刘卫华到畜牧水产事务中心调研非洲猪瘟等重大动物疫病防控工作就提高认识、落实责任、强化措施及防控保障提出要求。严格落实"两场"保护，坚持全面落实监管责任。严格按照要求对全县所有的生猪规模场和种猪场明确了行政监管责任人、技术监管责任人，并进行挂牌公示。监管责任人切实履行监管职责，定期对"两场"进行巡查。在宁远南、平田、保安、梅岗等进出全县的主要交通路口设立17个非洲猪瘟防控公路检查站，对进出全县的生猪进行监管，对生猪运输车辆进行消毒。加大市场监管力度，落实每日巡查责任领导和责任人员，将每日巡查结果报县防指办。实行举报奖励制度，县农业农村局、市场监管局、公安局、城市管理局联合印发《关于严厉打击违规调运非法屠宰生猪等违法行为的通告》。5月10日，省防治重大动物疫病指挥部办公室下发文件，宁远县兽医实验室正式获得非洲猪瘟检测授权，是全市首批获得授权检测的兽医实验室。5月30日，禾亭镇高寨村欧阳某猪场发生宁远县首起可疑疫情，县政府组织有关力量当晚即对该场存栏的427头生猪予以扑杀并进行无害化处理。2019年，共查处违规调运生猪等案件28起，销毁违规调运生猪300余头，有效阻止非洲猪瘟疫情的传入。

【畜禽污染防治】2019年，宁远县根据省市污染防治攻坚战和长江经济带污染治理的要求，先后对骆耕运、龚顺昌、张光亮等7个规模养殖场进行提质改造。12月30日，县人民政府正式发布《宁远县畜禽养殖布局规划（2020—2024年）》。

【畜禽屠宰管理】2019年，宁远县畜牧水产事务中心狠抓“两项制度”落实，与屠宰企业签订责任状，明确其主体责任，全面落实屠宰企业入场查验、同步检验、出场记录、非洲猪瘟检测等制度和要求。县动物卫生监督所派驻6名官方兽医实现轮流组值班，依法实施检疫监督，对入场生猪坚持严格查验，严防疫区省份生猪和未经检疫生猪入场，累计查验生猪4000批次11万余头（截止到2019年12月20日），追溯疫情发生前2个月的生猪559批次16232头，未发现来源于疫区省份和省内疫情市的生猪和异常发病死亡情况。同时，组建多部门参加的打击私屠滥宰专项治理行动小组，坚持对屠宰场点、市场肉品经营摊贩保持高压态势，对检疫证明实行实名制管理，确保来源清楚，质量安全。在指挥部的统一指挥下，行动小组共清查超市、冷库63家，肉品摊位206户，查扣无检疫证明生猪产品500余公斤，没有发现来自疫区省份的生猪产品。

【畜禽水产品质量安全监管】2019年，宁远县畜牧水产事务中心多次开展养殖业投入品检查及节假日畜禽水产品质量安全、“瘦肉精”、非法处置病死动物专项整治等行动，联合食药监局依法对县生猪定点屠宰场、集贸市场、冷库、超市进行检查，先后出动执法人员220余人次，累计检查屠宰场105家次，集贸市场18个，冷库40个，超市20家，依法查货病死猪肉270余公斤。检测畜禽水产品、饲料、兽药投入品等200余批次样品。

【渔业生产和渔政执法】2019年，宁远县畜牧水产事务中心持续开展渔政执法，保持渔政执法态势，先后与九嶷山湿地公园管理局、东溪派出所、农业综合执法大队开展联合执法，共收缴电打鱼机6台，收缴大功率电鱼机4台，缴获渔获物30余公斤，渔船1艘，教育违法行为人40余人次，对违法行为人罚款1000元用于购买鱼苗鱼种放流。开展渔业安全生产大排查和僵尸船处置。共排查35处大中型水库，排除安全生产隐患1处，处置僵尸船2艘。开展鱼类人工增殖放流活动。7月7日，在泠江河畔举行永州市第五届鱼人节宁远活动暨2019年宁远县鱼类人工增殖放流活动启动仪式，现场放流鱼苗鱼种100万尾。7—8月共计在仁江、泠江、春陵河、九疑河、金钩挂水库等天然水域累计放流鱼苗鱼种500万尾。

【党建工作】2019年，宁远县畜牧水产事务中心在县委的统一领导下，在县委第十一指导组的指导下开展“不忘初心、牢记使命”主题教育。9月24日下午，召开“不忘初心、牢记使命”主题教育工作动员会。9月28日，全体党员在五楼大会议室观看红色革命教育片《血战湘江》《陈树湘——断肠明志铸忠魂》，集中学习《习近平新时代中国特色社会主义思想纲要》《习近平关于“不忘初心、牢记使命”论述摘编》。10月12日，全体党员到水市烈士陵园敬献鲜花祭奠革命先烈。12月6日，召开班子民主生活会，班子及班子成员严格对照反面典型，对照“四个对照”“四个找一找”，深入剖析，深入检视。先后收集意见建议29条，其中班子成员收集意见建议15条。12月27日，召开组织生活会，每名党员均按照要求开展批评与自我批评。

（彭舒洲　宋果）

林　业

【概况】 宁远县林业局成立于1950年，名称历经数次更换，1976年8月定名宁远县林业局至今。2019年有干部、职工288人。局机关内设一室六股：办公室、政工股、造林绿化和科技股、森林资源管理股、政策法规和改革发展股、计划财务审计股、生态公益林管理股。所属事业单位7个：县林业局营林工作站、县外资项目服务中心、县森林植物野生动植物保护站、县林业产权交易中心、县神下木材检查站、县国营苗圃、县国营园艺场、归口管理县洋塘林场、县雾云山林场、县白云山林场3个国有林场的业务。2019年，全县实现林业总产值28.786亿元。木竹加工企业66余家，年产总值3000余万元。

【生态建设】 2019年，宁远县完成造林任务4.32万亩，其中新造油茶林1.93万亩，一般面上造林2.39万亩，油茶低产林改造1.12万亩，中幼林后续抚育6.67万亩。大力推进“森林乡镇”建设，规划建设乡镇休闲公园13处，每处面积不低于2000平方米，小微湿地2处。大力推进“森林乡村”建设，着力打造一村一景、人文独特、别具魅力的森林乡村。栽种植物30万株，路旁绿化200千米，水旁绿化115千米。规划建设村庄公共绿地295处，每处面积不低于500平方米。以巩固现有绿化成果为主，加强防护和宣传力度，着力打造10千米泠江河和宁远河风光带。围绕创建国家森林城市工作，全县开展不少于2次义务植树活动，完成义务植树191万株，建设义务植树基地22处、2398亩，义务植树尽责率维持在95.00%以上。

发放欧投贷款油茶项目贷款资金323.885万元、“惠农担——油茶贷”贷款金额1300余万元；高位推动2019年的油茶产业建设。以培育油茶种植大户为抓手，积极推进林权合理流转，鼓励市场主体采取转包、出租、转让、入股等形式参与油茶林基地建设。全县共新造油茶19300亩，其中1000亩以上的基地3处，500～1000亩的基地2处，200～500亩的基地9处，100～200亩的大户21户，50～100亩的32户。共完成油茶低改11200亩，其中300亩以上的示范基地13处，面积4100余亩，实施垦复施肥1200余亩，完成油茶幼林抚育26000亩。创新经营模式，培育龙头企业。鼓励以“企业+基地+农户”的模式建立油茶林基地，支持企业通过科技创新和延伸产业链，培育知名品牌，提高市场竞争力，其中骆杨合油茶种植合作社投资230余万元在水市镇游鱼井村新造油茶林1300余亩，宁远县中联油茶有限公司投资350余万元在水市镇大欧家村高标准新造油茶林2000余亩。组建油茶专业合作社，提高服务水平。引导林农按照自愿、民主的原则建立多种形式的专业协会和专业合作社，开展联合种植、技术推广、生产资料供应、产品营销等服务，进而提高生产组织化程度，增强规避市场风险的能力。全县油茶专业合作社及公司达46家，其中经营油茶林面积达3000亩以上公司或油茶专业合作社6家。

【生态扶贫】 2019年，宁远县林业局加强对生态护林员的管理和考核，解聘不符合要求的生态护林员26名；指导督促各乡镇（街道）完成231名建档立卡贫困人口生态护林员的选聘（续聘）工作。做好公益林资金发放，按照公益林补偿面积、补偿标准、金额和林权建库确定的补偿对象制作公益林补偿资金发放公示表，进行实地公示。根据财政部门关于惠农资金一卡通平台发放的要求，及时采集补偿对象信息，确保资金及时打卡发放。

【林木采伐限额管理】 2019年，宁远县按照省厅森林禁伐减伐三年行动和县政府全面封山育林实行禁伐限伐管理的要求，认真开展林木采伐限额管理。2019年省林业局第一批下达宁远县采伐指标1.5万立方米，7月因洪灾导致山区林农受灾严重，9月省局给宁远县增加采伐指标1.8万立方米，专项用于解决林农灾后重建资金，共核发林木采伐许可192份，蓄积2.26万立方米，面积315.77公顷。

【保护发展森林资源通过国检】 2019年10月国家林草局对宁远县开展保护发展森林资源目标责任制进行检查，检查组通过听汇报、查看资料、现场调查、座谈走访等形式检查2018年度县人民政府保护发展森林资源目标责任制建立和执行情况，对森林督查和涉林案件查办等方面内容进行督查检查。并对2018年1055个图斑、2019年254个图斑的外业图斑进行抽查。检查组对宁远县保护发展森林资源目标责任制工作给予充分肯定，宁远最终以94分的成绩通过国家级检查。

【林地变更“一张图”更新和森林资源年报工作】 通过遥感判读区划、实地调查核实等技术手段，更新林地“一张图”，并掌握林地变化的空间分布与管理属性变化信息，完成森林资源年报工作，2019年度全县林地面积175041.60公顷，其中有林地面积135271.8公顷、乔木林地面积107749.1公顷；森林覆盖率60.94%，增长0.09%；活立木蓄积量554.74万 m^3，增长率4.09%。创新重点生态区位补偿机制，在九嶷河国家级湿地公园进行重点生态区位商品林赎买试点，2019年10月政府已将面积24.33公顷、蓄积4482立方米的商品林赎买，赎买金额205万元，其林地调整为生态公益林进行补偿，为宁远县全域旅游打下一定的绿色基础。

【森林火灾防控】 2019年，宁远县通过大力开展培训、宣传、巡查值守、督查督导，及时制止违规野外用火行为，严厉惩治失火肇事者，确保全县无较大以上森林火灾和人员伤亡事故发生。2019年全县共发生森林火灾5起，未发生较大以上森林火灾和人员伤亡事故。全力做好古树名木挂牌保护。组织人员对全县2930株古树名木登记造册，并对古树名木挂牌保护。

【林地管理】 2019年度共查处非法占用林地案件95起，涉及刑事案件7起，已移交森林公安查处。全县共审核审批重点项目永久性占用林地111.932公顷，收缴森林植被恢复费1443.5428万元；审批临时性占用林地45.0299公顷，收缴森林植被恢复费312.0857万元，确保全县城市建设发展的需要。

【野生动植物保护】 2019年，县林业部门认真开展保护野生动植物主题宣传活动，出动宣传车8次，发放宣传资料5000余份，宣传册600余册，张贴宣传标语30条，悬挂宣传横幅3条。发表鸟类等野生动物保护宣传报道7篇。野生动物的保护意识深入民心，在全县形成“携手保护野生动植物、共建生态宁远”的良好氛围。开展候鸟等野生动物保护专项行动。共出动执法人员50余人次，开展突击检查6次，发现非法出售野生动物3起，对缴获的野生动物全部没收并放生，发现一起，查处一起，确保野生动植物案件查处率达到100%。做好野生动植物疫源疫病防控。认真执行疫源疫病监测疫情信息网络日报制度。加强对重要野生动物集中地和鸟类主要繁殖地的疫情监测。在非洲猪瘟防控工作上，对全县所有野猪繁育场所全面排查和监控，要求建立每日的消毒和出栏台账，并安排专人加强野外巡护，做到有效应对。加强森林植物检疫、林业有害生物监测、防治工作和陆生野生动物疫源疫病监测工作，特别是有效控制危险性病虫害（松材线虫病、红脂大小蠹 dù）传播蔓延，林业有害生物监测率在95%以上，无公害防治率在88%以上，成灾率控制在3.5‰以内，确保森林资源和国土生态安全。

【**涉林信访维稳**】2019年，县林业部门积极解决人民群众信访反映强烈的热点、难点问题，强化服务意识，认真处理涉林信访问题，促进林区维稳。全年共接待来访干部群众127人次，及时解答、调查反馈林业信访件，受理各类林业信访件23件，已办结反馈3件。

（罗斌　骆华军）

森 林 公 安

【**概况**】宁远县森林公安局原名宁远县林业局公安股（宁远县公安局林业股），成立于1986年3月29日，1997年8月7日更名为宁远县公安局林业分局，2003年12月2日更名为宁远县林业局森林公安分局（宁远县公安局森林分局），2009年10月26日正式更名为宁远县森林公安局一直沿用至今。宁远县森林公安局是宁远县林业部门和公安机关的重要组成部分，是具有武装性质的兼有刑事执法和行政执法职能的专门保护森林及野生动植物资源、保护生态安全、维护林区社会治安秩序的重要力量。负责宁远县内涉林涉野（包括森林资源、野生动植物资源、林地资源等）案件立案侦查；根据《中华人民共和国森林法》、林业主管部门授权，立案查处有关林业行政案件；立案查处辖区内有关治安案件；负责森林防火等工作。宁远县森林公安局为行政单位，内设法制股、刑治股、消防股、办公室四个股室，辖九疑山、柏家坪、中和三个林业派出所。办公地点文庙街道春陵路67号，编办核定政法编制为25名，现有民警职工30人，设局长1名、政委1名、副局长3名。2019年，宁远县森林公安局被国家林业和草原局授予“全国保护森林和野生动植物资源先进集体”称号，被省森林公安局授予“打击破坏野生动物资源犯罪专项行动先进集体”“全省森林公安执法质量考核评议优秀单位”称号，被市森林公安局评为“全市森林公安执法质量考核评议优秀单位”。

【**队伍建设**】2019年，宁远县森林公安局从整章建制和“星级支部”创建入手，制定完善挂牌上岗、每日晨练、每日点评、绩效考核等管理制度，全面抓实“三会一课”、组织生活会、民主评议党员等措施，并结合实际组织开展“两学一做”“不忘初心、牢记使命”主题教育，组织开展“生态文明建设新时代森林公安民警应具备的素质能力”等主题学习讨论，纠正民警认识偏差，解开民警思想心结，激发民警想事、谋事、干事的工作热情，进而在全局上下求得认同、赢得共识，队伍精神面貌焕然一新。办公楼虽然陈旧，但内务管理规范，干净整洁、物品摆放有序，多次受到省、市领导的赞誉和好评。

【**执法办案**】2019年，宁远县森林公安局始终坚持“破案才是硬道理”，紧握执法质量生命线，全面加强对各类涉林违法犯罪行为的惩治力度，在抓好扶贫、党建、综治民调、安全生产工作的同时，适时在全县范围内开展“利剑Ⅲ号”行动、惩治破坏野生动物资源违法犯罪专项行动，有效保护森林及野生动植物资源，维护林区和谐稳定，圆满完成各项惩治任务。全局民警全力以赴投入案件侦破查处工作，做到案子不破，队伍不撤，责任不减。全年共办理各类案件61

起，其中刑事立案53起，破案45起，抓获犯罪嫌疑人50名，其中刑拘16人，移送起诉案件54起；办理行政案件8起，处罚8人次，其中行政拘留4人。

【野生动物保护】2019年，宁远县森林公安局全面开展惩治破坏野生动物资源犯罪专项行动。全体民警充分发挥人民警察“特别能吃苦、特别能战斗、特别能奉献”的新时代精神，主动放弃节假日和周末休息，深入基层一线，义无反顾地投入惩治破坏野生动物资源犯罪专项行动中去。据统计，共立野生动物类刑事案件23起，破案23起，抓获犯罪嫌疑人23人，缴获各类野生动物936只，战果排名全省前列，被省森林公安局授予“打击破坏野生动物资源犯罪专项行动先进集体”称号。

【法制建设】2019年，宁远县森林公安局始终把执法质量工作作为森林公安业务工作的生命线，通过从严要求、从严把关，办案数量有大幅提升，执法质量有明显提高。完善执法办案制度。成立以局长张英为组长，政委刘学，副局长欧日曜、黄利民，法制股长何俊为成员的五人小组。对重大疑难案件和变更强制措施集体讨论决定，避免因个人观点的偏差而造成案件的出错。加强硬件建设，执法办案场所管理规范有序。按照标准建造执法办案区，配备新的办案设备，实现了讯问、询问取证、信息采集等多项工作的一站式流水线作业，确保执法安全，在功能使用上做到无缝连接。为规范执法办案场所的管理和使用，建立健全《宁远县森林公安局执法办案区使用管理规定》《宁远县森林公安局涉案人员随身财物管理办法》等相关制度和规定，并建立相关台账，进出执法办案场所必须严格遵守上述规定，确保执法安全。在省、市森林公安执法质量考核评议中，被评为优秀单位。

（何宇）

国家森林公园、自然保护区和风景名胜区管理

【概况】1992年7月，林业部（林造批字〔1992〕106号）批准九嶷山为国家森林公园，1994年7月成立九嶷山国家森林公园管理局。1995年1月，九疑山国有林场划归九嶷山国家森林公园管理局管理。公园规划面积8226.7公顷，园内有林地面积8025.8公顷，森林覆盖率97.55%。2014年7月，为了更好地建设和管理森林公园，九嶷山国家森林公园管理局向国家林业局提出改变森林公园管理范围的申请。2015年4月20日，国家林业局（林场许准〔2015〕227号）同意九嶷山国家森林公园改变经营范围，公园面积由8226.7公顷变更为8454.6公顷，其中有林地面积8310.40公顷，森林覆盖率98.29%。园内植物资源丰富，有维管束植物214科，905属，1910种。其中，有国家一级保护植物南方红豆杉、钟萼木、报春苣苔等3种；有国家二级保护植物华南五针松，白豆杉、闽楠等19种。森林公园生态环境优良，野生动物资源丰富，园内脊椎动物共有5纲、30目、84科208种。其中列入国家二级保护野生动物物种20种，列入中国特有物种30种。

2019年，九嶷山国家森林公园接待游客135.9万人次，同比增长8.9%，旅游收入完成3715万元，同比增长5.5%。2007年以来，九嶷山国家森林公园管理局先后荣获国家AAAA级旅游景区、湘江源头区域国家生态文明先行示范区、全国景区带村旅游扶贫项目、全国文明旅游景区、湖南省十大平安景区、湖南省生态文明教育基地、中国天然氧吧等多项殊荣。

【自然保护区管理】1982年4月，经湖南省人民政府批准建立省级自然保护区；2013年12月，经国务院审定（国办发〔2013〕111号），在原九嶷山省级自然保护区基础上，扩大范围建立九嶷山国家级自然保

护区，面积10236公顷。其中核心区面积3825公顷，缓冲区面积3019公顷，实验区面积3392公顷。2016年，湖南省编办批复，在九嶷山国家森林公园管理局加挂“九嶷山国家级自然保护区管理局”牌子，完善机构编制，下设文武冲管理站、仙子山管理站和牛头江管理站，加强自然保护区的管理。2019年4月，《九嶷山国家级自然保护区总体规划》通过国家林草局评审并下文。重新编制三定方案，增设自然保护区科学研究所，进一步明确内设科室、队、站所的工作任务，压实工作责任，加强九嶷山自然保护地生态环境的保护和管理。

【风景名胜区管理】 1987年，经省人民政府批准，建立九嶷山风景名胜区，是首批省级重点风景名胜区。1995年，成立九嶷山风景名胜区管理处，同九嶷山国家森林公园管理局合署办公，实行“两块牌子，一个机构”。2008年，设立九嶷山风景名胜区综合执法队；2009年，加挂“九嶷山舜帝陵管理局”牌子。为加强风景名胜区的保护管理，突出舜帝陵的历史文化价值，2013年6月，经省政府同意更名为“九嶷山——舜帝陵风景名胜区”申报国家级风景名胜区。2017年3月，国务院审定公布“九嶷山——舜帝陵风景名胜区”为第九批国家级风景名胜区，规划面积调整为150平方公里。2019年，增设风景名胜区下灌管理站。2019年10月，国务院核定公布九嶷山舜帝陵为第八批全国重点文物保护单位。

【资源保护】 2019年，九嶷山国家森林公园管理局坚决贯彻落实习近平生态文明思想，切实履行“共抓大保护、不搞大开发”的政治责任，筑牢森林旅游安全屏障，推动绿色发展。全面实行封山育林。2015年以来，在九嶷山“两区一园”范围内全面实行封山育林，改“背斧头上山”为“背锄头造林”，坚持“十年不砍树，十年栽好树”，保护青山绿水。牵头对辖区内10万余亩集体山林进行租赁保护，公园内原生植被、森林群落、自然景观和自然地形等生态环境得到有效保护。加大生态修复、林相改造，完成舜源峰等处森林公园造林和中幼林抚育2300亩；投资4000万元对舜帝陵的景观绿化进行整体提升，公园内森林资源持续增长，森林覆盖率达98%以上，为发展森林旅游打下坚实基础。抓好自然保护区保护管理工作。2019年4月，《九嶷山国家级自然保护区总体规划》获国家林草局批准实施，积极申报一期建设项目；12月31日，国家林草局《关于湖南九嶷山国家级自然保护区保护及监测设施建设项目可行性研究报告的批复》核定项目总投资2404万元，其中中央安排1923万元，地方配套481万元，九嶷山国家级自然保护区将按照要求抓紧编制项目初步设计文件，报省林业局审查，扎实开展自然保护区一期项目建设。开展自然保护区管理评估工作，积极迎接国家“绿盾2019”监督检查专项行动，自然保护区环境问题整改销号工作取得较好成效。九嶷山国家级自然保护区环境问题共27个，已整改到位并销号22个，持续整改未销号5个（均为小水电项目，县委、县政府成立专门领导小组进行专项整改）。同时，进一步开展九嶷山“两区一园”生态环境共性问题排查，无新增环保问题。开展保护地役权试点工作。8月，省林业局在九嶷山等4个国家级自然保护区及周边区域进行调研摸底，10月下旬正式启动役权试点工作。11月5日，召开宁远县保护地役权试点工作会议，专题研究保护地役权试点实施方案，安排部署役权试点工作。相关资料已上报省林业局，待审核通过后组织村民签订役权保护协议。开展动植物资源保护与研究工作。7月中旬，县委组织部、森管局邀请中科院植物研究所研究员、博士生导师、人民教育家乐天宇之孙乐捷来九嶷山自然保护区调研九嶷斑竹、报春苣苔等九嶷山珍稀植物生长和分布情况。7月15日，九嶷山天宇生物资源研究所在九嶷山学院挂牌成立；7月20日，中南林业科技大学林学院产学研基地在九嶷山森管局挂牌，开启九嶷山自然保护区与中科院植物研究所、中南林科大等高等院校科研合作新篇章。加强专技人才队伍建设，广泛引进林业、生态系统专技人才。在专家学者和森林公园的共同努力下，动植物物种和古树名木得到科学有效的保护。依法治理九嶷山“两区一园”。加强日常巡查力度，对辖区内的开发建设项目开展全面督促检查，严厉查处盗采河砂、非法捕猎、污染环境、乱砍树木等破坏自然资源的行为。开展违建别墅清理工作，全面排查九嶷山“两区一园”内的违规建房。严格落实防火措施，强化工作责任，“两区一园”成立以来没有发生重大森林火灾和文物损毁现象。风景名胜区保护管理工作，连续六年获湖南省住建厅表彰。森林公园工作连续4年获全省质量管理十佳单位。4月，九嶷山国家森林公园在常德召开的湖南省国有林场和森林公园工作会上作典型发言。抓好旅游开发监管。严格监管景区内的旅游企业开发行为，对不符合规划和破坏资源的建设行为进行有效制止和查处。切实加强景区安全生产监督管理，杜绝旅游安全事故发生。切实加强创国家AAAAA级旅游景区环境综合治理工作，对舜帝陵周边环境进行综合治理。规范旅游商品摊点摆放，对明德广场外社会停车场和商业街经营铺面遮阳雨棚进行清理整治。对鲁观马路市场进行集中整治，实行划行归市，分区经营，确保摊点规范有序摆放在指定市场内。管理好临时停车场，规范社会车辆停放。设置关卡2个，对明德广场、商业街实行交通管制。清理景区道路两旁违规广告牌等，景区周边环境明显改善。

【森林旅游发展】2019年，宁远县大力发展生态旅游，改“卖木材为生”为“卖风景致富”。继续坚持依山抓转型，把绿水青山作为“金饭碗”，大力保护与开发丰富多样的生态资源、独具特色的瑶族风情，向绿水青山要金山银山。全力推进九嶷山舜帝陵申创国家AAAAA级旅游景区。3月，赴四川成都来也旅游发展股份有限公司、剑门蜀道剑门关学习考察AAAAA级景区建设。全面启动智慧旅游建设，加快“互联网+旅游业”智慧景区建设和电子票务及智慧门禁系统项目建设进度，实行景区全数字化建设，九嶷山景区所有景点已安装并投入使用。9月，九嶷山国家森林公园作为全省一期5~10个重点森林公园开发全景地图、智慧导览等深度推介功能，完成720高等级高清云全景拍摄和信息采集。加快推进公园建设，加大九嶷山生态旅游推介力度。2019年7月，积极参加北京世园会永州主题专场推介活动；10月，赴江苏南通参加2019中国森林旅游节，由宁远县承办的永州展馆，被中国森林旅游节组委会评为“优秀参展市县”；9月，成功举行“第十届环中国国际公路自行车赛”。主动到福建联络舜裔宗亲，应邀到香港参加世界舜裔宗亲联谊会第26届国际大会，向海内外舜裔宗亲宣传推介九嶷山舜帝陵，进一步提升九嶷山的知名度。6月，九嶷山景区获评“最受海外游客欢迎的内地旅游目的地”。

【创建九嶷山国家公园】2019年，九嶷山国家森林公园管理局依托九嶷山生态资源优势，超前谋划，主动作为，按照《关于建立以国家公园为主体的自然保护地体系的指导意见》文件精神，全面对标《建立国家公园体制总体方案》，借鉴体制试点单位先进经验，对创建重点任务进行全面梳理，重点抓好考察评估、体制机制、生态保护、政策规划、社区发展、社会合作等方面工作，不断夯实九嶷山自然保护地基层基础，扎实推进九嶷山国家公园创建工作。

【制度保障】2019年，九嶷山国家森林公园管理局紧紧围绕创建九嶷山国家公园的目标，在抓好硬环境的同时，狠抓软环境建设。抓立法保护。做好立法调研，由县人大牵头，赴常德、湘西、湖北神农架、广东等三省8个保护地，考察学习自然保护区立法工作、国家公园机构设置和管理执法等方面的先进经验，做好一区一法的立法起草准备工作。同时，出台《九嶷山国家级自然保护区管理办法（试行）》《九嶷山国家森林公园管理办法（试行）》《九嶷山国家级风景名胜区管理办法（试行）》，自2020年1月1日起施行，加强九嶷山生态环境的保护和管理。抓体制改革。2019年7月，县深改办拿出森管局管理体制改革方案，广泛征求各部门意见，通过调整优化组织架构、职能职责、综合执法，进一步完善相关配套制度，强化改革联动。抓制度建设。坚持以制度管权管事管人，制定完善一系列管理规章制度，规范工作流程，明确岗位职责，九嶷山“两区一园”的管理和保护实现制度化、规范化和科学化。抓业务培训。通过采取专家讲课、岗位练兵、责任考核等方式加强业务培训，组织12期干部职工基础培训、生态环境管护培训、法律法规培训和执行力培训，培训人员100多人次。组织工作人员外出交流考察学习，切实提高管理水平和业务素质，形成争先创优、奋发进取的工作理念和干事氛围，九嶷山的绿水青山得到有效保护。

（欧阳贤君）

九疑山国有林场

【概况】宁远县九疑山国有林场建场于1958年，2015年国有林场改革后，定性为公益一类全额拨款的正科级事业单位，国有林场的职能：国有林场实行“营林为本、生态优先、合理利用、持续发展”办场方针，主要任务是培育和保护森林资源，维护国家生态安全和木材安全；保护林业生态文化资源，促进人与自然和谐发展。核定事业编制68人，所定编制人员经费全部纳入县财政预算。九疑山国有林场下辖3个股室（综合办公室、生产经营股、工青妇办公室、资源保护与林政管理股）5个工区（大六冲工区、三亩田工区、八角冲工区、紫江工区、舜源峰工区），在职干部、职工61人（其中管理人员8人、专业技术人员6人、工勤技能人员47人）。国有林场现有经营面积15.2万亩，其中：国有林面积3.9万亩（国家级生态公益林面积1.2万亩、商品林2.7万亩），联营造林11.7万亩、全场活立木总蓄积量72万立方米、国有活立木蓄积量22万立方米，历年来累计造林面积5.22万亩。2018年2月，九疑山国有林场被湖南省林业厅授予“湖南省秀美林场”称号。九疑山国有林场是湖南省216个国有林场中的13个国有林场改革试点检测林场之一。

【森林资源保护】宁远县九疑山国有林场属一级火险区，林场结合实际，强化举措，坚持在“防”上下功夫，采取多种有效措施，确保森林资源安全，实现连续12年无森林火灾。全场上下高度重视森林防火，强化管理。分别与5个工区、20名管护人员签订森林防火目标责任书、护林员森林管护合同，将防火责任落实到人、落实到每个山头地块。加强防火宣传，强化防火意识。2019年，出动防火宣传车60余车次，行程5000多公里。发放宣传单2500余张，在林区各要道路口增设防火标识标牌50幅，刷新防火宣传标语200幅，强化群众森林防火意识。常态排查隐患，彻底整治到位。有计划排除森林火灾隐患20处，及时清除林区道路两旁和高压输配电设施下可燃物，彻底消除森林火灾隐患。加强对周边村组智力残疾人员的排查管理，严格把控野外火源管理关。加强队伍备战，防患于未“燃”。加强扑火技能培训，做好防扑火训练和应急演练，保持队伍和装备处于良好应急状态，确保一旦发生森林火情火灾，能够“拉得出、用得上、打得赢”。

【林业投入】2019 年，九疑山国有林场加大林业投入，抓好以中幼林为主的抚育管理和护林防火工作，着力培育后备资源。在营林管理上，根据全场林木生长现状，制订全场全年生产管理计划并分类实施，分别采取垦抚、割抚、块抚、间伐等不同技术措施，制定相应的劳动定额和价格，2019 年完成中幼林抚育 3500 余亩，育苗 3 亩，造林 680 亩。有效地培育后备资源，增强林场发展后劲。

九嶷河国家湿地公园

【概况】2019 年，宁远九嶷河国家湿地公园管理局围绕“建设高品质湿地公园、高分通过 2020 年国家评估验收、打造国家 AAAA 景区”的目标，坚持着眼长远、艰苦创业、争创一流，机构建设、队伍建设、项目建设、争资跑项、湿地修复、科普宣教、扶贫攻坚等工作扎实推进。副市长、县委书记刘卫华 12 月 13 日批示：“九嶷河国家湿地公园管理局工作起色大、成效显著，小单位有大作为，应予肯定，全县其他单位都要学习，一年做点事，年年有变化。”

湿地公园管理局人员编制从 12 个增加到 16 个，内设机构从 4 个增加到 5 个（增设规划建设与旅游发展科），局机关工作人员通过公开招考等方式从 7 人扩充到 15 人（含引进研究生 1 人、大学生见习岗位 1 人）。针对工作人员以新招聘年轻人为主的实际，加强干部队伍能力建设、作风建设，扎实开展“不忘初心、牢记使命”主题教育，注重“传帮带”和培养培训，全年组织参加省、市、县组织的政策、业务培训 52 人次。按照省局统一安排，先后组织业务骨干到双牌日月湖国家湿地公园、桂阳春陵国家湿地公园、江苏同里、沙家浜国家湿地公园等地考察、学习。

【湿地保护】2019 年，九嶷河国家湿地公园管理局聘请专业团队开展湿地公园动植物资源本底调查和科研监测，摸清“家底”和动态。全市自然保护地大检查交办的 7 个历史遗留问题全部整改到位并销号，对九龙坝、荞麦花采砂场、龟形洞原桶装水厂、卜家违建民房 4 处整治迹地实施生态修复，经验做法在全省推介。在湿地公园持续开展植树造林、鱼类增殖放流、环境整治，以及盗采、捕猎、渔政、违建联合执法。加强日常巡护、森林防火、河道保洁，选聘 6 名生态护林员并加强管理考核。全年实现“零火灾、零事故、零上访”。九嶷河（九疑山瑶族乡段）被评为湖南省美丽河湖。

【项目建设】2019 年，九嶷河国家湿地公园管理局成功争取第一批湘江保护和治理（退耕还林还湿）奖补资金 111.7 万元（其中市局拨付工作经费 5 万元）、中央财政湿地保护补贴资金 100 万元；精心包装争取到九嶷河水源地治理项目中央预算内资金支持，总投资 6800 万元，其中中央资金支持 2000 万元，是全市唯一入选的重点流域水环境综合治理项目。同时，组织申报政府专项债券 5742 万元，入库待审 2871 万元；引进社会资本开发建设人工湿地 350 亩（种植荷花、水稻等）；与县文旅集团包装推介九嶷河国家湿地公园建设招商项目，总投资 8.9 亿元；积极开展“引老乡、回故乡、建家乡”活动，与稻香别院文旅公司达成投资 2000 万元开发管理局扶贫村九嶷湖村梨子根民宿项目的意向协议。与九嶷山乡政府在湿地公园合理利用区完成征地任务 75 亩（含土地调规报批、失地农户社保等工作）、租赁土地 1298 亩（租期 20 年）。完成湿地公园一期工程修建性详规设计。基本完成投资 1400 余万元的湿地公园宣教中心、访客中心主体工程。九嶷河国家湿地公园标识标牌项目挂网招标。湿地公园宣教研学馆布展、全县首个湿地植物苗圃、湿地公园游步道建设等项目有序推进。

【**科普宣教**】2019年，九嶷河国家湿地公园管理局坚持日常宣传与重要时间节点宣传相结合，充分运用各种手段和载体，大力宣传湿地保护知识和生态文明理念。开展湿地摄影、征文、书法比赛，启动湿地自然学校建设，推动湿地知识进学校、进课堂。公开征集、遴选确定湿地公园logo，开设运行湿地公园微信公众号。在湿地公园新安装宣传牌80块。加强媒体宣传，通过报刊、电视、微信公众号、湿地中国网站发布湿地新闻、湿地科普文章37篇，湖南卫视、湖南公共频道等省级主流媒体专题报道九嶷河湿地保护工作的做法和成效。《守护一江碧水，建设绿色家园》微视频跻身新中国成立70周年“走过七十年、醉爱新宁远”微视频大赛前七名，荣获三等奖。认真谋划做好湿地宣教中心、宣教长廊策划设计。九嶷河国家湿地公园被省林业局、省教育厅、团省委联合授予“湖南省生态文明教育基地”。

【**脱贫攻坚**】2019年，九嶷河国家湿地公园管理局抓实联系的2个扶贫村（水市镇九嶷湖村、先锋村）的脱贫攻坚，支持2个村基础公共设施建设2.5万元，抓好结对帮扶工作。积极推进投资200万元的龟形洞村整村推进扶贫项目。配合县林业局在湿地公园九嶷湖、紫源洞等村对14个小班365亩林木率先探索开展商品林政府赎买，实现“林农得实惠、生态得保护”目标。通过湿地公园建设，为当地贫困户提供就业机会，增加就业收入、租金收入。

（李学勤　杨超杰）

水　　利

【**概况**】2019年机构改革，划出编制实施水功能区划、排污口设置管理、流域水环境保护、农田水利建设项目管理、部分水旱灾害防治职能；划入原县防汛抗旱指挥部办公室承担的部分行政职能，改为水旱灾害防御事务中心，为水利局所属副科级公益类事业单位；划入县移民开发局承担的行政职能，组建县水利和库区移民事务中心，为水利局所属副科级公益类事业单位。内设机构有办公室（行政审批股）、人事与科教股、规划计划与财务股、水资源与水土保持股（县节约用水办公室）、建设与运行管理监督股、农村水利水电股、水库移民股、安全法制股（信访维稳办公室）；所属事业单位有水旱灾害防御事务中心、水利和库区移民事务中心、水政监察大队、河道管理与河长制工作委员会办公室、水利工程管理站、水利勘测设计与工程质量监督管理站、地方电力管理站、九嶷山水电管理站、水市水库管理所、半山水库管理所、仁和坝管理所、凤仙桥水库管理所、双龙水库管理所、永佳水库管理所、金钩挂水库管理所。

【**水旱灾害防御**】2019年，宁远县面对严峻的防汛抗旱形势，严格按照上级的有关要求，制订切实可行的工作预案，层层压实工作责任，遇到险情，严格按照预案果断决策，排险除险，全年有效应对了多次强降雨过程和局部的长时间干旱，科学调度全县水利工程，有效处理好防汛、抗旱、发电三者之间的关系，确保全年防汛抗旱统筹兼顾取得胜利。

【**河长制工作**】2019年，宁远县全力推进河长制由“有名”向“有实”、由“全面建立”向“全面见效”转变。全县设立19名县级河长、60位乡级河长（含河段长）、327位村级河长，开展县级河长巡河271余人次，镇级河长巡河1989人次，村级河长巡河8536人次，各级河长真正履行“管、治、保”三位一体职责。大力开展河库“清四乱”专项行动，制订《关于开展宁远县河库“清四乱”专项行动实施方案》，要求各乡镇（街道）每月对管辖内的河道进行巡查，查出问题12个，其中乱占4个，乱堆7个，乱建1个，均按要求销号处理到位。拆除违章建筑3宗，面积486平方米；强制拆除2处非法采制沙场。完成宁远河、泠江河、九嶷河、西春水、中河等82条河流“一河一策”编制工作任务。成立护河护水志愿者队伍2个，聘请“民间河长”、社会监督员60余名。河道划界完成19条河流五座中型水库一座大型涵闸河库划界工作实施方案，全年县政府投入资金520万元。开展“双河长制”进“百校千村”宣传活动。全面启动河长制“六化”建设，对标对表开展全面核查工作。河长制工作在全市年度考核中被评为优秀，并获得全市“优秀河长办”称号；在全省美丽河湖评选中九疑河成功创建全省美丽河湖。

【水利项目建设】 涔天河灌区项目。黄龙头支渠完成：渠道现浇混凝土1200米、东山渡槽一座长180米、石古隧洞281米、青山下隧洞205米。油湘及水市支渠完成：渠道衬砌900米、陡坡4处长288米；倒虹吸3处：罗家井长1052米、东茅冲长305米、马蹄冲长147米。半山水库左干渠整修加固完成：渠首加高防渗480米、塘角湾箱涵30米、大石坝渡槽维修、路亭村渠道现浇砼485米、清淤22.4千米、更换闸门13处。仁和坝左干渠整修加固完成：渠首护砌防281m、陈普全村箱涵长40m、难工段箱涵长600m、清淤10.60千米、更换闸门6处；全年完成总投入3686.5万元。仁和坝大型水闸除险加固工程，完成抽水设备的采购、安装及运行；土建完成拆除原砼闸门、坝体充填灌浆及坝基帷幕灌浆，完成新建护坦、新建闸墩、新建工作桥、新建交通桥，完成溢流面凿除重建、新建启闭机房，基本完成新建防汛公路，安装完成12扇泄洪闸门，进水渠完成侧墙及底板加固及进水闸安装，完成投资约2100万元。病险水库除险加固工程，完成8座（仁形大、神塘口、沙田井、大山窝、社教、里古冲、凹门岭和冲头）小（2）型水库除险加固，总投资647万元。中小河流治理，完成九嶷河二期综合治理河长6.9千米，完成投资1420万元。水毁水利设施修复工程，2019年，报请县政府安排2350万元，用于修复第一批水毁水利设施，由乡镇组织实施，水利局作为行业指导和监管部门，组织安排专业技术人员分片包干，负责工程质量和施工进度的监管，全年已完成投资1871万元。

【农村饮水安全】 2019年，县水利局完成全县农村饮水工程情况的调查摸底，开展农村饮水工程“回头看”、突出问题专项排查整治工作，着力解决农村饮水工程存在的突出问题，不断提高农村饮水安全保障水平。2019年完成重点民生实事项目及乡村振兴战略项目考核任务10548人，超额完成任务548人。2019年度宁远县农村饮水巩固提升工程计划总投资3.0亿元，实际到位3.4781亿元，超额完成0.4781亿元。实现新增农村自来水47个行政村、265个自然村、36827户、13.467万人（其中贫困人口0.2828万人），改善农村自来水91个行政村511个自然村、32122户、12.101万人（其中贫困人口0.1931万人），全县农村集中供水率80%，供水保证率95.62%，完成预期目标任务。全县农村人口，包括2019年精准识别调整后的建档立卡贫困人口为10.3355万人，均已全面实现安全饮水有保障。即：100%农户已通过自来水、打井、饮用山泉水等方式有效解决安全饮水问题，全面实现“安全饮水有保障”，工程建设质量合格、效益好、水质安全有保障。全县农村饮水安全和城乡供水一体化建设位处全省一流，全市领先行列。6月，在全市农村饮水工作推进会上作典型发言。8、9月，省水利厅、省扶贫办到宁远县调研农村饮水安全，对城乡居民供水一体化高度认可，认为宁远农村供水模式能够在全省推广和复制，宁远县在 2019 年全市农村饮水安全年度考核中被评为“优秀”。

【精准扶贫】2019 年，县水利局始终将脱贫攻坚作为一项重大的政治任务，认真做好水利扶贫工作。做好驻村帮扶工作。2019 年向禾亭镇团结村，中和镇绿源村、新开村、下吴村派出 4 个驻村工作队，组织全局干部职工开展驻村帮扶工作。开展“水利+精准脱贫”工作。结合河长制、河道保洁工作，优先聘请 359 名符合要求的建档立卡贫困户担任河道保洁员。认真做好脱贫攻坚农村饮水安全工作。2019 年实现贫困人口 2828 人通上农村自来水，改善农村自来水贫困人口 1931 人。

【水政执法】2019 年，县水利局制订《河道采砂整治工作方案》，在全县范围内开展集中整治，对采制砂场进行摸底调查，对需停业整顿的，下发停业整改通知书，对要拆除的企业下发限期拆除通知书。联合自然资源局、公安局等部门开展联合执法行动，共拆除违法制砂设备 12 处，查封中和顺旺砂场在内的违规采砂制砂场 13 处，查处违法采砂 6 例，行政处罚 3.9 万元。为进一步规范违规采砂制砂，县局向县政府汇报，县政府召开常务会成立以县长为组长，以分管副县长为副组长，相关职能部门为成员的工作领导小组，设立县河道采砂综合治理办公室。县政府授权农建投统一对全县河道进行综合治理，出台《宁远县河道采砂综合治理暂行办法》；开展采砂制砂领域“扫黑除恶”线索摸排工作，积极排查采砂制砂领域涉黑涉恶线索，不断规范河道采砂，实现河道综合治理更加有效的工作目标。

【水土保持】2019 年，县水利局有效完成 46 个砖厂、石场、房地产、学校水土保持方案的评审、批复，有序开展巩固提升砖厂、石场水土保持监督管理工作，对县内建设项目需完善水土保持措施的单位下达执法文书 50 余份。完成 2014 年至 2018 年 94 个开发建设项目水土保持信息系统录入工作，全年完成水土保持方案报告编制 42 个，追缴水土保持补偿 300 余万元。

【水资源管理】2019 年，县水利局按照长江流域取水工程（设施）核查登记工作要求，启动全县取水工程（设施）核查登记工作，制定《宁远县取水工程（设施）核查登记工作实施方案》，成立取水工程（设施）核查登记工作领导小组，完成 597 处取水工程（设施）核查登记工作；全年发放取水许可证 245 项，组织开展“世界水日”“中国水周”宣传活动，有效地提升全县节约水资源意识。

【水利和库区移民】2019 年，县水利局切实落实移民后扶政策，落实后扶资金 1852.42 万元，安排项目 106 个，其中整村推进项目 1 个，确定重点移民村 33 个，培训移民 245 人次，移民群体整体稳定，没有发生赴省进京到市上访事件。

【安全生产】2019 年，县水利局有效完成“两会”特护期的信访维稳工作；积极开展水利系统扫黑除恶工作，全面开展线索排查；积极开展汛期安全生产大检查工作，对全县各项水库站所进行认真排查。

【小水电清理整改】2019 年，县水利局按照《湖南省小水电清理整改实施方案》湘水发〔2019〕4 号等相关文件要求，完成全县农村水电站基本数据、坐标、调查摸底核实等工作，与业主签订《依法下泄生态流量承诺书》；委托第三方编制《宁远县小水电清理整改综合评估报告》《宁远县小水电清理整改“一站一策”实施方案》，并获市级、省级小水电清理整改联席会议办公室审核通过。

（于昶　何日佳）

水市水库管理所

【概况】水市水库坐落于宁远县水市镇境内，所在河流为湘江二级支流九嶷河上游，是一座以灌溉为主，兼顾防洪、发电、城镇供水等综合利用的中型水利工程，是湖南省重点中型水利工程。水库总库容 1985 万 m^3，兴利库容 1460.0 万 m^3，年产水量 3 亿立方米，控制流域面积 274 平方千米，干流比降 11.5‰，设计灌溉面积 6.2 万亩。水库始建于 1963 年 10 月，1968 年 12 月大坝（土石坝）竣工，1972 年开始发电，1981 年进行坝体加固，2011 年 4 月完成大坝除险加固。水库枢纽工程包括大坝、灌溉发电输水涵管、冲砂底洞、左、右干渠渠首电站和坝后电站等建筑。水库大坝为混凝土重力坝，坝高 37.2 米，坝长 112 米，坝后电站总装机容量 3610 千瓦，正常蓄水位 128.80m，设计洪水位 129.4m，校核洪水位 130.46m。工程等别为Ⅲ等，主要建筑物为 3 级，次要建筑物为 4 级，工程地震设防烈度为Ⅵ度。水库设宁远县自来水公司取水口一处，水市镇自来水取水口一处，年取水量 1500 万吨。宁远县水市水库管理所属宁远县水利局管辖，于 2017 年 11 月定性为全额拨款事业单位，定编 30 人。主要工作职责包括防汛抗旱、水源保护、发电生产等工作，并认真完成县委、县政府及上级水利部门安排的各项工作。

【防汛抗旱】每年的 4 至 9 月为汛期，水市水库集雨面积达 274 平方公里，灌溉面积 6.2 万亩，是湖南省重点防汛单位。防汛方面：全面做到“五个到位”。责任明确到位。进一步明确行政责任人、技术责任人及防汛值班人员责任。隐患排查到位。进行隐患排查全覆盖，并建立台账，发现问题限期整改。物资储备到位。安排专项资金购置好编织袋、砂石、木桩等防汛物资。预案编制到位。编制针对性、可操作性强的防洪抢险应急预案。值班备勤到位。实行 24 小时领导带班值班制度，确保各项指令通畅，调度有序。2019 年 6 月 25 日，洪峰安全渡过。抗旱方面：强化抗旱用水的统一管理和科学调度，维护良好用水秩序，使有限的水资源发挥最大的效益。

【水源保护】水市水库为国家一级水源保护区，是重要的饮用水源点，肩负起半个县城及水市、天堂两镇的供水重任。管理所高度重视水源保护工作，设立安全警示牌，安排专人进行巡视，发现非法垂钓人员立即劝离，并加大水库污染治理力度，安排人员及时对库区内垃圾进行清理，确保水质优良。2019 年出动船只 50 余次，清理库区垃圾 40 余立方米，驱离非法垂钓人员 50 人次。

【发电生产】发电行业作为特种行业具有一定的危险性，管理所高度重视安全生产工作，时刻紧绷安全生产这根弦，发电作业时 24 小时安排专人值班。所有发电人员均考取特种作业操作证，持证上岗，并严格按照制定的《安全规程》规范操作，以确保人员和设备安全。通过科学管理和规范操作，全年未发生一起安全事故。8 月 19 日，新建 1950 千瓦的 5 号机组顺利完成 72 小时试运行，正式投产发电。2019 年完成发电量 800 万度，实现年初预定目标。

（张越　胡勇）

农机事务

【概况】宁远县农机事务中心为县农业农村局所属副科级一类事业单位。内设机构 5 个：综合部、生产服务部、产业发展部、技术推广部、安全监理部；直属事业单位 1 个：宁远县农机化技术推广服务站。全中心现有干部职工 31 人，其中参照公务员管理人员 7 人，事业专业技术人员 7 人，事业工勤人员17人。

【农业机械化】2019年，宁远县拥有农业机械13.97万套、总动力117.19万千瓦，较上年净增1.37万千瓦，增长1%。机械耕整地面积118.9万亩，耕整地机械投入量9879台套，其中水稻机耕水平96.54%，油菜机耕水平94.94%；水稻机插秧面积20万亩，水稻插秧机投入量484台，机插水平31.4%；油菜机播面积0.5万亩，油菜直播机投入量15台；水稻机收面积57万亩，水稻机收收割机投入量984台，水稻机收水平74.8%；油菜机收面积1万亩，油菜机收收割机数量10台；跨区作业的收割机数量5台，参加跨区作业的收割机作业量0.9万亩。2019年插秧机拥有量484台，烘干机拥有量81台，稻谷烘干数量1.7万吨；植保飞机拥有量13台，机械化植保面积9.5万亩。全县工商登记注册合作社49个，入社成员308户，服务农户1064户；入社经营土地面积2.87万亩；作业服务面积10.7万亩；合作社年度总收入6245万元，其中田间作业收入5967万元，修理服务收入336万元，其他收入145万元。

【农机购置补贴】2019年，宁远县国补分配资金500万元，其中2018年结转资金34.981万元，国补可用资金534.981万元，国补使用资金456.852万元，国补资金使用比例85.4%，国补结算比例75.36%，国补使用结算比例88.25%。截至2019年12月底，全县共实施农机购置补贴资金456.852万元，补贴机具1373台套，受益农户1145户。其中，补贴旋耕机111台、微耕机476台、起垄机57台、碾米机504台、轮式拖拉机51台、联合收割机70台、遥控飞行喷雾机1台。

【农机安全监理】2019年，县农机事务中心坚持“安全第一、预防为主、综合治理”的方针，以落实安全生产责任制，提高农机安全监管水平为重点，以源头管理、执法监控、宣传教育为抓手，认真落实安全生产有关文件精神和工作部署，扎实开展农机安全“安全生产月”“变型拖拉机集中整治”“安全生产大排查大整治”“交通顽瘴痼疾整治”等活动，巩固“平安农机”创建成果，严防重特大事故的发生，促进农业机械化安全发展。2019年发放农机安全生产宣传资料4600份，制作宣传标语45条，给机手倡议信2470封。组织5期拖拉机、收割机、农业工程机械驾驶（操作）培训和考试，考试通过32人。全年拖拉机注册登记84台、年检年审171台次；联合收割机注册登记70台；遥控飞行喷雾机注册登记1台。

【农机科技推广】2019年，县农机事务中心大力推广先进适用农机化技术，加快推进“飞防减药、深施减肥、转化减污”为主要内容的农机“三减量”行动，把无人植保飞机、畜禽养殖废弃物利用设备等农机“三减量”机具作为农机推广的重点工作，采用理论结合实际的措施，带领农民参观烤烟、水稻育秧示范基地，并进行现场作业演示，引导农民熟悉并应用农机新技术和新机具。全年推广拖拉机51台、联合收割机70台、遥控植保飞机1台、农业废弃物无害化处理制肥设备1组。先进适用农机化技术、农机具的推广大大提高农机作业生产效率。

【农机科技培训】2019年，县农机事务中心采取集中授课、现场指导、以师带徒等方式进行农机化技术教育培训。全年举办各类培训班7期、现场演示会6次，发放技术资料9600份、培训各类农机人员2430人，其中农机管理人员63人、农机技术推广人员45人、农机维修人员52人，培训植保无人直升机操控手、拖拉机、联合收割机驾驶操作人员214人，其他农机手2080人。新培育农机专业合作社6家，其中2家合作社成功创建为“省现代农机专业合作社”。

（唐志璇）

农村经营管理服务

【概况】 1984年，设宁远县农村经营管理服务站，后各乡镇陆续建立农村经营管理站。1991年全县46个乡镇，有40个乡镇设立经营管理服务站。1995年，宁远县撤区并乡建镇，全县17个乡镇除棉花坪、桐木漯两个瑶族乡外，均设立经营管理站。2002年，宁远县设农村经营管理局，17个乡镇均设经营管理站。2015年，机构改革，撤销农村经营管理局，设宁远县农村经营服务站，为宁远县农业农村局下属副科级公益一类事业单位。2019年12月，宁远县农村经营服务站有工作人员12人。

【农村承包土地经营确权登记颁证】 2019年，宁远县农村承包土地经营权确权登记颁证工作继续保持在全市领先、全省领跑地位。6月，省里确定宁远县作为确权登记颁证信息变更登记纠错试点县，完成275个行政村的信息纠错变更登记。全县发放承包经营权证书15.58万本（应发16.023万本）。完成农户档案整理和档案扫描15.9万户。发现并纠正存在问题3000余个。

【农村集体产权制度改革】 2019年，宁远县圆满完成410个行政村（社区）、2514个村（居）民小组的清产核资工作及2个县级试点村的产改任务。全县共清查核实集体资产45.41亿元，其中经营性资产2.19亿元，非经营性资产43.22亿元；集体土地面积359.16万亩，并向省市两级成功提交全县清产核资工作完成情况报告。2019年3月，省农业农村厅组织的农村集体资产清产核资省级抽查验收中，宁远县代表永州市县区迎检并顺利过关，省级检查组对宁远产改工作给予充分肯定。11月11日—12日，永州市深化农村改革推进会在宁远县召开。

【集体经济组织成员身份确认工作】 2019年，宁远县开展集体经济组织成员身份确认工作，出台《宁远县农村集体经济组织成员身份确认工作的指导意见》。宁远410个行政村都按时间节点完成村民大会表决和三榜公示，共确认集体经济组织成员780379个。

【集体经济组织登记赋码颁证及股份制改革】 2019年，宁远县组织开展农村集体经济组织登记赋码颁证工作，全县410个有清产核资任务的农村集体经济组织递交了集体经济组织赋码申请，宁远县通过全国农村集体组织登记赋码管理系统为410个农村集体组织完成登记赋码，并打印登记证书。28个有经营性资产的村集体组织开展股份合作制改革试点，成立股份经济合作社。

【土地流转工作】 2019年，宁远县进一步建立健全土地流转规范管理制度和大户合同备案制度，在县政务中心开设专门窗口，负责受理农户和经营主体的农村土地经营权证书变更登记、地块和人口信息变更登记等业务。

【新型经营主体培育】 2019年，宁远县新注册登记新型农民专业合作社72个，新增家庭农场64家，全县农民专业合作社累计1200余家，家庭农场累计580余家。全县共创建国家级农民专业合作社6家、湖南省百强农民合作社2家，省级示范合作社11家，省级家庭农场5家。

【农村集体“三资”管理】 2019年，宁远县加强对农村集体“三资”的管理。对各乡镇（街道）开展农村集体“三资”专项清理工作日常督查，进一步完善“三资”监管机制，畅通监督渠道。通过加大对问题线索的查处力度，全年发现并查处各类“三资”问题线索38个，追缴违纪金额13.35万元。

【农民负担监管】 2019年，宁远县聚焦基层和群众反映强烈的突出问题，组织开展全县年度减负调研，进一步落实惠农补贴政策，规范涉农收费行为，涉农部门收费行为得到有效规范，违规收费、超标收费行为得到有效制止。

【村集体经济发展】 2019年，宁远县对全县申报的17个集体经济省级示范村进行逐一摸底调查，全面推进村级集体经济项目。组织财政、林业、畜牧等部门对各行政村2018年申报实施的90个项目进行全面核实，剔除69个未开工的项目，成功验收21个集体经济项目，全年下拨奖补资金420万元。

（王小旺）

农业综合执法

【概况】 2016年6月，根据县委、县政府机构改革方案撤销县农委农业执法大队，设立县农业综合执法大队，属县农业委员会二级机构。主要职责是负责全县农业领域综合执法、监督检查、承担全县农产品质量安全、种子管理、农药管理、植保检疫、肥料管理、农业环境保护等方面行政处罚和农业法律宣传职责。2019年有在职干部职工11人，内设4个股室。2019年，县农业执法大队完成市交办案件两件，共查处不合格农资案件7起，有效维护县农资市场安全。

【农资市场整顿】 2019年，县农业综合执法大队有序组织开展"春季农资打假""夏季农资打假百日行动"等专项治理行动，对全县范围内的种子、农药、肥料经营企业（户）进行拉网式排查。出动执法人员1080人次，执法车辆150辆次，检查全县所有农资店。对全县所有农资经营店下发限期办理农药经营许可证事先告知书，全县提交资料115家门店，已办理115家，办结率100%。抽查种子样品54个，送检肥料、农药各30份，查处农资案件7起。

【农业法律宣传】 2019年，县农业综合执法大队围绕"放心农资下乡进村""农产品质量安全"等宣传活动，大力普及农资识别辨假常识，以引导群众理性购买、科学使用农资产品，提升农民依法维护自身权益的能力。出动宣传车30辆（次），印发《假冒伪劣化肥、农药识别》、新《农药管理条例》等宣传资料10000份，张贴标语横幅12条，接待群众咨询8000多人次。

农村建设投资开发

【概况】 宁远县农村建设投资开发有限公司成立于2016年3月25日，是宁远县人民政府直属的国有独资企业，注册资本1.68亿元。公司经营范围为投资、开发和建设农田水利、高标准粮田、土地整理、农村饮水、农村道路、农村信息化、农产品仓储、农产品物流、环境整治、生态园林等农村基础设施及农业配套设施项目；投资农业产业化、新农村建设、健康养老、扶贫开发等产业。公司内设综合办公室、计划财务部、工程技术部、招商融资部、农村工作部。下设8个子公司（华源建筑工程有限公司、兴隆建设工程有限公司、领航现代农业发展公司、富发新能源开发有限公司、花样年华园艺工程有限公司、远丰农牧有限责任公司、舜隆建材有限责任公司、勇航农业开发有限公司）。2019年公司切实履行县政府赋予的农村建设投融资主体职能，坚持建设新农村、发展新农村的工作思路，以内部管理为先导，以银行贷款为依托，以资产储备为基础，以项目建设为纽带，立足于抓项目、保支付、防风险、促发展，公司项目建设进展顺利，园区升级稳步前行，公司经营质量稳步提升。

【市场融资】 2019年，县农村建设投资开发有限公司按照国家防范金融风险的要求，为切实消除新增隐形债务隐患，宁远县农建投公司采取市场化置换之前政府购买服务的隐形债务3.3亿元，开创宁远县"六个一"化解隐形债务的先河；

在建设银行融资6000万元，为全县各乡镇卫生院标准化建设提供资金保障。

【九嶷山兔产业园】九嶷山兔产业园位于宁远县水市镇小欧家村，园区占地面积400亩（其中：一期占地84亩），总投资1.5亿元。2019年，园内新建高标准兔舍1100平方米和活动板房等附属设施，每年可出笼肉兔5万只，与山东阳光兔业有限公司达成意向合作，推动宁远县“一县一特”产品产业化发展。

【小城镇开发】2019年，县农村建设投资开发有限公司积极探索与乡镇合作建设小城镇，尝试开发商业性项目。投入1000余万元先行在条件成熟的湾井镇征地103亩、在中和征地85亩开发建设集农贸市场、超市、物流中心、商住于一体的综合体，提升小城镇品质，推进城乡统筹发展。

【生猪全产业链建设】2019年，为促进宁远县生猪养殖、屠宰、冷链、洗消、加工产业转型升级，增强猪肉供应保障能力，实现由生猪调出大县到猪肉调出大县的转变，宁远县农建投公司与现代农业集团合作投入10亿元，建设年出栏60万头生猪的生态养殖项目和集屠宰、加工、冷链、配送一体化的生猪屠宰洗消冷链物流中心。投资1.2亿元开工建设天堂源石、水市周家两个能繁母猪养殖项目。2019年11月26日，湖南省生猪全产业链项目建设现场会在宁远县顺利召开，得到省市领导的高度认可，省政府分管副省长批示，将宁远县的经验在全省推介。

【中小河流治理】2019年，宁远县农建投公司承担全县中小河流采砂、治砂，河道治理的工作任务，为达到采治统一的目标，农建投公司会同水利部门迅速到各乡镇调研摸底，综合治理成本、河道疏浚现状，先行在鲤溪、仁和、冷水3个乡镇布置制砂点，仁和、鲤溪两个点已启动运营。

【农村基础设施建设】2019年，农建投公司共投入1.39亿元用于农村基础设施项目建设，累计实施项目339个，为全县脱贫攻坚做出积极贡献，极大改善群众生产生活条件。

扶贫工作

【概况】2002年，宁远县被列为省级扶贫开发重点县。2018年4月，省政府批复同意宁远县脱贫摘帽。脱贫摘帽后，深入学习贯彻习近平总书记关于扶贫工作重要论述，不忘初心、牢记使命，继续前进、接续奋斗，推动脱贫攻坚战由“打赢”向“打好”转变，巩固提升脱贫摘帽成果。截止2019年年底，全县有建档立卡贫困人口27290户、103355人，脱贫101136人，未脱贫2219人，贫困发生率降至0.28%，119个已出列贫困村巩固提升率100%。教育扶贫、健康扶贫、易地搬迁、就业扶贫、资金整合等多项工作被评为全省先进，先后承办全市脱贫攻坚巩固提升、易地扶贫搬迁、就业扶贫、健康扶贫、教育科研扶贫等多个现场会。2015、2016、2017、2019年，四年进入全省脱贫攻坚先进行列。2015年至2019年，连续五年被评为全省全面小康十快进县或优秀县。

【扶贫资金保障】2019年，宁远县集中财力投向脱贫攻坚主战场，让有限的资金发挥最大的效益，突出巩固提升这一主线、产业就业这一重心、贫中之贫这一重点，出台涉农资金整合使用方案和调整方案，全县计划整合涉农资金8550.32万元，实际整合涉农资金10566.16万元，构建起“多个渠道引水、一个龙头放水”的财政涉农资金整合投入机制。切实保障扶贫资金效益，严格控制财政专项扶贫资金闲置和结转，收回闲置资金996.5633万元；2018年扶贫专项资金4749万元，结余率为0；2019年财政专项扶贫资金11693.2万元，年度使用10801.01万元，使用率92.370%；1年以内财政专项扶贫资金结转结余率为7.63%，2年以上财政专项扶贫资金结转结余率为0。着力强化扶贫资金监管，以扶贫资金使用范围为依据，以省级“负面清单”为遵照，瞄准贫困人口，聚焦绩效评价，注重利益联结，建立健全脱贫攻坚项目库，年内先后2次开展项目库动态清理调整，确保每一分扶贫资金都用在“刀刃”上。成立扶贫资金动态监控领导小组，明确专人专责专抓，严格执行县乡村三级公开公示制度，2018—2019年，扶贫项目均委托第三方评估公司进行跟踪管理和评价。

【**扶贫责任落实**】2019年，宁远县把脱贫攻坚作为重大政治任务和第一民生工程来抓，坚决打好打赢脱贫攻坚战。摘帽不摘责任。将“1+13+X”拓展为“1+15+X”的组织架构，先后召开16次县委常委会（领导小组会议）、21次政府常务会（专题会）、12次全县性会议、4次县委中心组集中学习、3轮集中培训。摘帽不摘政策。制订全县《脱贫攻坚成效巩固提升总体方案》《涉农资金整合使用方案》，配套出台水、电、路、讯、房、环、业、教育、医疗、兜底保障、公共服务等21项政策文件，实行“3+X”差异化帮扶措施，确保解决“两不愁三保障”问题清零所需和产业就业扶贫到户资金只增不减。摘帽不摘帮扶。为每一个乡镇（街道）选派一名驻村工作总队长，为每一个重点帮扶的贫困村和非贫困村安排一个大科局驻村帮扶，为每一户深度贫困户选派一名科级领导干部结对帮扶，全县派驻扶贫工作队336个、结对帮扶责任人9015人，实现驻村结对帮扶全覆盖，开展常态化督查，下发通报19期，问责干部171人次。摘帽不摘监管。加强扶贫资金项目、小额信贷、涉贫信访风险防控，深入开展扶贫领域作风和腐败问题专项治理，摸排问题线索1313条，立案135件，处理526人，党纪政务处分96人，移送司法7人，收缴违纪资金425.52万元，退还群众资金260.55万元，经验做法在全省推介。

【**扶贫成果巩固**】2019年，宁远县按照全省“3+1”保障政策，既不降低标准，也不吊高胃口，确保脱贫成果经得起历史检验。强化义务教育保障。大力实施学位建设三年行动计划，在全省创新出台《“四包一”控辍保学工作手册》，新建或改扩建中小学校14所，新增学位3.7万个，完成合格学校验收75所、寄宿制学校改建48所、教学点标准化建设136所，建档立卡贫困学生入学率、资助率均达到100%。强化基本医疗保障。建档立卡贫困人口城乡居民医保和大病保险参保率100%，县域内住院综合保障比例达到89.5%，大病专项定点医院救治率达到96.39%，4种慢病签约服务率100%，县域内就诊率达到96.87%，完成16个乡镇卫生院标准化建设，消除村卫生室“空白村”，新增床位1077张。强化住房安全保障。对县内4.9万户“4类重点对象”的住房安全性开展地毯式入户核查，近三年实施危房改造6500余户，发放补助资金2.28亿元，2017年、2018年农村危房改造工作连续两年被列入省政府真抓实干成效明显县予以表扬激励。强化饮水安全保障。大力实施城乡供水一体化、区域供水规模化、工程建管专业化“三化”建设，先后投入2.4亿元，兴建千吨万人规模水厂12处、单村供水工程219处，建成具备42项指标检测能力的农村安全饮水水质检测中心，巩固提升农村人口饮水安全42.1万人，实现100%农村居民安全饮水有保障。强化社会兜底保障。严格落实城乡低保提标政策，做好“两项制度”有效衔接，确保应保尽保、应兜尽兜，低保标准提高到4020元/年。

【**扶贫方式探索**】2019年，宁远县探索建立稳定脱贫、脱贫致富长效机制，确保全面小康路上一个都不能少。创新“三分三千”帮扶模式。分区划好片、分类锁定村、分色甄别户。对建档立卡对象，按“红、黄、蓝、绿”四色进行分色标识，实行“3+X”的差异化帮扶措施，经验做法在全市推广。创新“三业并举”增收模式。因村因户兴产业、就近就地帮就业、自立自强促创业，全县建立农民专业合作社1140家、扶贫企业105家、扶贫车间216个、特设岗位1852个、生态护林员589个、河道巡逻员200个、乡村治安员128个、乡村保绿员252个，年户均增收4000元以上。创新“四引四促”后扶模式。就业引领促增收、产业引领促发展、乡风引领促文明、党建引领促强基，县城集中安置点企业提供就业岗位2.8万个，吸纳易地搬迁对象就业3233人，搬迁入住率、拆旧复垦率均实现100%。经验做法在全省作典型发言，全市现场会在宁远召开。

雾云山国有林场

【概况】雾云山国有林场位于宁远县东部，始建于1958年10月，下辖青风庵、中峰庵、场部、茅岭庵四个工区，场部设在东溪街道卜家岭村洋江头自然村，距县城14公里，管护国有林地面积1.255万亩，其中县级生态公益林0.79万亩（已向省林业厅申报为省级生态公益林），占国有林地面积的63%，森林蓄积量2.59万立方米，森林覆盖率86.29%。林场于2018年5月升格为正科级单位，核定为公益性一类全额拨款的事业单位，定编20人，2019年，在职干部职工18人；其中林业技术人员2人，中级以上职称11人。财政预算与职工社会保障等全部到位，建立新的管理体制相适应的财务管理制度和会计核算办法，有效解决林场职工生活困境。林场的主要工作由原来的造林、育林、木材采伐运输销售发挥其经济效益为主，向重点培育保护森林资源，厚植生态优势，充分发挥森林的生态效益和社会效益。

【秀美林场建设】2019年，雾云山国有林场筹集20多万元资金用于林场基础设施建设，其中林场场部至永连公路主道水泥硬化加宽1.56千米；对茅岭庵工区老旧房屋进行维修改造；充分盘活土地资源，利用闲置土地修建鱼塘两口10亩，为秀美林场建设添砖加瓦。

【森林资源保护】2019年，雾云山国有林场全面落实禁伐政策，全年无乱滥伐、无违法流转林木林地，无违法抵押地贷款、无违规占用林地、无乱采松脂，无乱捕滥猎现象。同时加强生物防控和野生动物保护，摸底排查疫情，严控有问题的木制品进入林场范围，全年未发生森林疫病和疫情。

【森林防火】2019年，雾云山国有林场把森林防火作为林场工作的重中之重，认真制定防火应急预案，层层签订责任状，将森林防火与目标管理考核有机结合，细化领导包干、干部包片、职工包山头地块的“三包”工作机制，任务明确到每一座山头和地块，形成层层负责、上下联动、通力协作，横向到边，纵向到底的网格工作体系。同时，把森林防火宣传作为做好工作的首要环节，坚持从小事抓起，不断增强人民群众的防火意识。全年共发放宣传单2000余份，张贴森林防火令200余张，粉刷更新永久性宣传标语30条，悬挂宣传横幅40条，全年出动森林防火宣传车200余台次。防火期内，林场更加注重加强森林防火宣传，更加注重加大巡查巡逻力度，更加注重值班备勤和预警预测调度，如遇高森林火险等级天气，全体干部职工取消节假日和双休日，发扬艰苦奋斗和连续作战作风，走村入户、深入田间地头进行宣传，并安排生态护林员、专职巡逻员、半专业扑火队进行流动式喊话，重点时段做到全天候不间断，及时提醒广大村民注意森林防火、安全用火，营造森林防火人人有责的良好氛围。注重日常防范，严格火源管理。不断强化岗位值班及巡查监控等防范措施，在节假日和防火特护期，将所有人员安排到重点地段值班，对重要部位严防死守。2019年春节、清明节、中秋节和国庆期间节假日期间都以晴热、高温、大风等高森林火险天气为主，森林防火形势极为严峻，特别是入秋以来，干旱高温少雨，林场周边山场时常发生森林火灾，全场干部职工精神高度紧张，全员上岗，主动放弃与家人团圆的机会，确保林场的森林防火安全。筑牢防火网络，打造铜墙铁壁防火线。由于是全额拨款事业单位，县财政除安排公用经费外，基本没有资金加强防火林带建设，林场积极向县政府申请资金，采取5月~6月生物防治和8月~9月再次砍修防火线的办法，林场干部职工冒高温酷暑，适时检查防火线修建的进度和质量，严格把关，发现问题及时处理，确保了质量和效果。全年共投入16.48万元修建防火隔离带，取得较好效果。开展林区禁烟，严控火险隐患。加强巡查宣传，及时劝阻和制止在林区内的随意吸烟行为，加强火源管理，联系周边乡镇、村，加强对特殊人群的管控，确保火源管理万无一失。夯实应急体系，提升处置能力。根据上级安排，重新组建林场30人的森林防火半专业农民队伍，开展森林防火灭火演练培训，切实提高半专业队伍森林火灾处置、快速反应、快速扑灭林火的综合作战能力，确保把火灾隐患消除在萌芽状态。

【精准扶贫】2019年，雾云山国有林场坚持工作力量下移，积极开展精准扶贫工作。林场联系冷水镇贺家村，共有贫困户86户，建档立卡贫困人口340人，全场干部职工每人联系4~5户贫困户，尽锐出战14名工作队员，联系贫困户65户，约占全村2/3。工作队员经常深入贫困户及党员群众家中，与镇村干部一道，集思广益，共谋致富发展途径，扎实开展结对帮扶活动。通过与贫困户谈心交心、宣讲国家扶贫政策、参加农家劳动、完善帮扶措施、帮助实现小心愿等形式，引导贫困户树立致富的信心和决心，进一步改善生活质量，帮助其稳步脱贫致富奔小康。2019年，召开精准脱贫专题会议10次，调整完善帮扶措施35条，开展集中帮扶活动12次，抓实抓好脱贫攻坚工作这项压倒一切的政治任务。

【完成第四期经营方案编制】宁远县雾云山国有林场第三期经营方案是2009年编制的，至2019年，已执行9年时间。在执行过程中取得了明显成效，林场的经营面积、总蓄积量、森林覆盖率都有所增加，森林资源培育和保护、场外造林等方面成效更加显著。经过国有林场改革，林场定性为公益性事业单位，明确主要定位为保护和培育森林资源，维护国家生态安全。根据上级主管部门的安排，做好充分准备和广泛调查、征求多方意见，编制了2021—2030年森林经营方案。2019年完成外业调查、数据修正和内业编修相关工作。

白云山国有林场

【概况】宁远县白云山国有林场建于1956年10月，经营面积3.3万亩，正科级公益一类全额拨款事业单位。2019年有职工39人，其中在职职工17人，退休职工22人。设办公室、生产经营股、资源保护和林政管理股3个内设机构。下设楠木漯、黄皮山、菜漯、白公殿、鸭婆漯5个工区。林场宗旨是保护培育森林资源，维护国家生态安全。林场位于宁远县西部，距离县城29公里。林场地处东经111度47分05秒至111度56分15秒，北纬25度43分35秒至25度51分35秒之间，东与柏家坪、棉花坪相邻，南与中和镇接壤，西与双牌县林江乡交界，北与清水桥镇毗邻。2019年林场紧紧围绕县委、县政府的工作部署，以“培育森林资源、保护生态环境、建设秀美林场”为中心工作，改革创新、积极进取、团结拼搏、扎实工作、为建设“绿色宁远”“生态宁远”及秀美林场做出一定贡献。

【秀美林场建设】 2018年9月中央财政下拨扶贫资金9万元，2019年，白云山林场对场部进行改造，财政局验收合格。为老仓库换琉璃瓦460平方米，维修水沟18米，建凉亭一座16平方米，安装不锈钢防盗网16平方米，铺设台湾草1000平方米。经过改造，场部面貌得到很大的改观，场部面貌焕然一新。2018年12月省厅下达全场扶贫资金30万元，用于场部改造，对1000余平方米的危旧房进行拆除，修建停车坪、护栏及附属工程，现全部完工。共拆除危房面积1050平方米；平整场地、清渣1156平方米；护坡长92米170余立方米；建不锈钢护栏92米左右；地面硬化1156平方米。

【森林资源改造】 2019年，湖南省林业局下达全县四个国有林场森林资源精准提升改造面积1600余公顷，县局分配白云山林场面积450余公顷，分一至三年实施。成立宁远县白云山国有林场森林资源精准提升工作小组，制定《宁远县白云山国有林场森林资源精准提升改造实施方案》，明确精准提升的目标、任务，确定改造项目、改造地点、改造面积、改造树种，认真做好精准提升前期准备工作。2019年底完成300亩造林地块的整修、挖穴等工作。

【森林资源管理】 2019年，白云山林场加强巡逻护林，对发现的偷盗林木行为一经查实，报森林公安处理。坚决制止非法占用国有林地和猎捕野生动物的行为。认真调处山林权属纠纷，坚决维护林场合法权益，确保国有林地不被非法侵占。完成林区公路维修8.5公里。认真做好“十四五”森林经营方案编制工作。经营方案编制工作由县政府对负责编制的单位进行招标。现编制方工作的外业调查已经验收，内业和文本编撰工作基本结束。

【森林防火工作】 2019年，白云山林场成立森林防灭火工作指挥部，场长任组长，加强对森林防火工作的领导；签订森林防火工作目标管理责任状；建立健全森林防火工作各项规章制度和考勤考核制度；加强防火队伍建设和各项软硬件建设，成立半专业扑火队伍，扑火队员23人；进行广泛的森林防火宣传工作，提高广大人民群众的防火意识。召开2019年秋冬季节森林防灭火工作动员和培训会，开展森林防火大宣传和培训活动。通过努力，确保全年春节、全国“两会”、清明节、国庆节期间无一森林火灾发生。

【二级机构集中整治】 2019年，白云山林场按照县委、县政府的“二级机构集中整治年”活动工作安排，林场对本场进行二级机构整治，对发现的问题进行及时整改，及时上报整改材料。巡察组对林场财务进行审计，对发现的问题进行整改到位，确保二级机构整治活动取得实效。

【党建工作】 2019年，白云山林场积极开展“不忘初心、牢记使命”主题教育，制定主题教育实施方案，明确主题教育的目标、任务和工作措施，按照党章找差距，学原著悟原理，通过主题教育的开展，改进林场的工作作风，提高林场干部职工工作自觉性、主动性，林场工作再上新台阶。

【精准扶贫】 2019年，白云山林场在中和镇彰佳山村扶贫村结对帮扶12户，为帮扶户解决实际问题，在技术上给予指导，在产业上给予引导，协助做好扶贫村党建工作。

（黄林进）

洋塘国有林场

【概况】 宁远县洋塘国有林场

建场于1958年。2015年国有林场改革后，定性为公益一类全额拨款的正科级事业单位，核定事业编制28人，所定编制人员经费全部纳入县财政预算。洋塘国有林场设办公室、生产经营股、资源保护与林政管理股等三个股室，下辖中心江、电话坪、安南坪、黄泥口等4个工区，现有在职干部职工23人。国有林场现有经营面积2.832万亩，其中：国家级生态公益林面积0.89万亩、商品林1.942万亩、全场活立木总蓄积量23.7万立方米。国有林场的职能：实行“营林为本、生态优先、合理利用、持续发展”办场方针，主要任务是培育和保护森林资源，维护国家生态安全和木材安全；保护林业生态文化资源，促进人与自然和谐发展。

【作风改进】2019年，洋塘林场制定完善上下班制度、值班制度、巡山制度、火灾防控制度、财务制度、目标管理考评制度等各项管理制度，奖勤罚懒，奖优罚劣，形成用制度管人，按制度办事格局，干部职工去掉懒散颓废风气，精气神焕然一新，工作积极性主动性增强，初步打造出一支有合力、有活力、有战斗力，守纪律、讲规矩的职工队伍。全场2019年内未出现一起被有关部门通报批评事件。

【森林资源管护】2019年，洋塘林场将各项工作任务量化分解到人，压实工作责任。按工区包干负责，落实森林防火责任。将各工区划分好管控区域，再按小班将每片林区、山头、路段将任务指标分到每位职工，彻底消除管理盲区，通过控、巡、管，确保看住人、管住林、控住火，全年没有发生一起火警和火灾事故，确保近3万亩森林安全。积极配合森林公安、乡镇派出所、林业局执法大队等执法力量，加大对盗伐林木、盗猎野生动物的非法行为进行严厉打击，有效遏制破坏森林资源的违法犯罪行为。全年共查处盗伐林木案件5起，制止盗猎野生动物行为3起。加强森林资源提质改造，争取省级林业项目，在林业主管部门指导下，全年共择伐杉木2000立方米，种植楠木500亩。

【其他工作】2019年，洋塘林场加强支部“五化”建设，注重“三会一课”质量，党员先锋模范作用和支部战斗堡垒作用发挥愈加明显。扶贫工作。组建工作队常住鲤溪镇姜家洞村，并按要求帮扶该村易返贫的社会兜底户。通过经常走访慰问，协调解决困难，落实扶贫政策，全村48户建档立卡贫困户没有出现一例返贫，全村四类对象没有一户致贫，得到镇村和群众的认可。安全生产工作。严格落实安全生产“一岗双责”制度，严格履行安全职责，落实安全责任。加强安全隐患排查整治，全年没发生一起安全生产事故。信访维稳工作。尊重法律、尊重历史、尊重现实，紧紧依靠县委、县政府、相关职能部门和乡镇党委政府，加强与周边村村支两委和群众的沟通协调，积极化解遗留矛盾，确保国家利益与群众利益并重，全年没发生一起非正常上访和其他突发事件。

气象工作

【概况】宁远县气象局（站）成立于1959年6月，永州市气象局下属的正科级公益事业单位，又是宁远县人民政府主管气象工作的职能部门，担负着本行政区域内气象工作的政府管理职能，实行气象部门与地方人民政府双重领导以气象部门领导为主的管理体制。2015年12月17日，成立宁远县气象防灾减灾指挥部办公室（加挂宁远县防灾减灾预警中心牌子）。县气象局内设办公室、气象台、气象防灾减灾科、人影办、防雷办，辖县气象防灾减灾指挥部办公室。2019年干部职工12人，专业技术人员中有中级以上职称的4人，其中有高级职称的1人。2019年，宁远县气象局获得“2019年度全市气象部门目标管理考评优秀单位”“永州市气象局2019年度综合观测先进集体”，宁远县气象台获湖南省气象局嘉奖。2019年9月，局长周明辉被中国气象局评为“全国气象部门优秀县气象局局长”。

【防灾减灾】2019年，宁远县气象局聚焦重大灾害、重点流域、重点地区，做好气象防灾减灾工作，上半年及时更新防汛责任人号码，多方式多渠道发布天气预报预警信息，基本上做到气象信息广覆盖。2月23日永州市副市长、宁远县委书记刘卫华到气象局进行调研，对县局气象防灾减灾工作充分肯定。7月15日至10月上旬，全县出现持续晴热高温少雨天气，县气象局强化旱情监测和预报，并及时报告县委、县政府及主要领导；及时开展人工增雨作业，有效地缓解全县旱情。

【气象服务】2019年，宁远县气象局继续推动公众气象服务全媒体融合发展。上半年做好森林防火、烤烟生产、交通、教育、旅游等专业领域气象服务，春运、春节等重要节假日和县内重大社会活动气象保障服务工作，得到县委、县政府领导的肯定和表扬。4月13日，在宁远县举办的“2019中国户外健身休闲大会”活动和9月14日在宁远县举办的2019第十届环中国国际公路自行车赛宁远站比赛活动，宁远县气象局为活动组委会提供优质的现场气象保障服务，得到举办方的高度赞扬。继续强化气象为农服务，宁远县是全省烟叶种植大县，县气象局在年初就组织人员深入到全县各烟叶专业合作社调研气象服务需求情况，与全县8个烟叶专业合作社签订《烟叶生产气象公益服务协议书》，向烟农推广“湖南智慧气象为农服务”APP，定期和不定期及时向全县广大烟农发送烤烟生产气象服务信息，并组织业务人员多次深入烟田开展气象服务。强化精准脱贫气象保障服务，构建乡镇全覆盖的气象灾害监测网，以及行政村全覆盖的气象预警信息发布体系。将全县所有驻村扶贫队员纳入到气象手机短信免费发送用户群，并做好贫困地区气象信息服务工作。为全县光伏扶贫工程提供气象资料服务，为贫困村特色农业、乡村文化旅游提供个性化、交互式的“直通式”气象服务。

【人工影响天气】2019年，宁远县气象局开展烤烟防雹、森林防火、抗旱增雨和生态环境修复的人工影响天气作业。在2019年烤烟生长期间，烤烟防雹区域无重大雹灾事故发生。在下半年几次开展人工增雨抗旱作业中，有效地缓解全县旱情。

【观测网络与信息保障】2019年，宁远县气象局全面提高观测业务运行质量和效率。全年台站传输及时率、数据可用率达省局要求标准，质量稳步提高，仪器维护良好，区域自动气象站稳定运行，业务学习与集体观测等业务活动每月按时开展。继续认真贯彻落实国务院《气象装备和气象探测环境保护条例》，气象探测环境保护良好。大力推进“道安监管云”气象监测网建设和进一步完善负氧离子监测网络。被永州市气象局评为综合观测先进集体。

【气象现代化建设】2019年，宁远县气象局加快推进气象现代化建设。建立健全政府主导推动气象现代化的长效机制。以“项目建设年”和“开放合作年”为抓手，推进公共气象服务、气象防灾减灾、生态文明气象保障业务能力建设，扎实推进气象现代化。进一步加快突发事件预警信息发布系统建设，与县文旅广体局的农村广播“村村响”系统也正在对接中。全力推动现代气象预报业务发展。以提高预报预测准确率和精细化水平为目标，全力做好预报业务一体化平台运用，提升预测预报能力与水平。

（谢徐强）

工 业

综 述

【**概况**】2019年机构改革，县科经委改名为县科技工业和信息化局，简称县科工局，主管全县的科技、工业和信息化工作，内设办公室、科技服务股（加挂科技人才工作办公室牌子）、经济运行监测股、中小企业和非公经济发展服务股、产业政策和合作交流股、能源运行股（对外称宁远县电力执法大队，加挂行政审批股牌子）、电子信息产业和信息化推进股（加挂军民融合协调服务股牌子）。机关行政编制14名，机关后勤服务人员事业编制2名。所属事业单位4个：民营经济发展服务中心、经济科技信息研究所、新型墙体材料和散装水泥管理办公室、工业企业改制服务办公室，共有事业编制30名。

【**科技**】2019年，宁远县研究与开发（R&D）经费投入5.4亿元，占GDP比重2.1%；财政科技投入10249万元，地方财政科技投入占公共财政支出比重1.9%；新增高新技术企业9家累计22家，高新技术产业产值109.48亿元，同比增长10.4%；高新技术产业增加值完成29亿元，占GDP比重12.56%；科技型中小企业入库12家，完成目标值的133%，享受研发费用税前加计扣除政策企业18家。成功创建省级星创天地1家（金恒农业公司）、市级星创天地1家（瑞果生物科技）、市工程技术中心1家（康德佳林业科技），申报省级工程技术研究中心2家（康德佳林业科技、宇拓新能源）、国家级众创空间1个。被评为2018—2019年度湖南省科技特派员工作先进单位、全市科技工作目标管理绩效考核先进单位。

【**工业**】2019年，宁远县完成规模工业总产值157.40亿元，同比增长13.7%；规模工业增加值同比增长8.7%；工业用电量4.07亿千瓦时，同比下降1.2%；工业实缴税金3.12亿元，同比增长54.4%；其中工业实缴增值税2.26亿元，同比增长49.9%；入统规模工业企业17家总数104家；工业固定资产投资同比增长48.1%，居永州市第二；工业技改投资增幅45.8%。宁远县被评为2019年度湖南省工业经济运行监测协调工作先进县，宁远县科工局被评为湖南省中小企业运行监测先进单位、永州市规模企业培育工作先进单位。

【**信息化**】2019年，宁远县5G网络、宽带扩容、农村光纤、“数字宁远”等项目快速推进，442家企业实现“上云”。联通公司新建4G基站61个，铺设光纤覆盖约300公里，信号宽带覆盖率大幅提升。电信公司新建4G基站6个，新增光纤覆盖60个行政村，扩容稳步推进。移动公司新建4G基站19个，新增光纤覆盖贫困自然村112个，新增宽带服务小区53个。

【**企业服务**】2019年，宁远县继续开展“工业企业服务年”活动，选择59家重点工业企业，实施一对一的“母亲式”帮扶。指导企业向上争取科技口、工业口项目资金 964 万元，创近年来新高。牵头开展“减税降费”清理，清理拖欠民营企业账款 638.06 万元，清偿进度 100%。宁远县中小企业公共服务平台建成开通，通过湖南省工信厅验收。开展“科技活动周”“科技三下乡”等系列科普活动，全民科普意识不断增强。

【行政执法】 2019 年，宁远县进一步梳理权力清单和公共服务事项，推进权力规范运行，落实事中事后监管办法，推进行政许可标准化和“互联网+监督”工作。大力开展电力“六大整治”专项行动，取消葫芦坦等 3 个村特殊电价；共查获窃电 196 户，追缴窃电金额 85 万元，线损下降到 90%；完成 27 处跨鱼塘绝缘化改造，砍伐树障 52519 棵，排查安全隐患 220 处。

【精准扶贫】 2019 年，宁远县科工局全面完成鲤溪镇白兔村，天堂镇天堂村、狮子头村、和谐村的脱贫攻坚工作。基层组织建设进一步加强，村级集体经济进一步壮大。全县 119 个贫困村实现科技人才联系帮扶全覆盖，全年共开展培训 80 余次，培训贫困人数达 8000 余人；112 个贫困自然村通光纤，完成率 100%。

【其他工作】 2019 年，宁远县科工局始终坚持党建引领，大力开展支部“五化”建设和星级创建，2019 年度被评定为四星级党组织。扎实推进“不忘初心、牢记使命”主题教育，获得学习强国之永州宁远知识抢答赛三等奖。办理人大代表建议 2 件、政协委员提案 2 件。坚持民主集中制，严格执行“三重一大”集体决策制。深入开展主题教育“八个”专项整治，机关作风明显好转。全面深化改革、全面建成小康、“十城同创”等工作齐头并进。成功创建县文明单位，被宁远县委、县政府评为 2019 年度重点工作绩效评估优秀单位、全面建成小康工作先进县直单位、重点项目建设和产业项目建设年活动优质服务单位、人才工作先进单位、统一战线工作先进单位。

（周胜海）

宁远高新技术产业开发区

【概况】 宁远高新技术产业开发区前身为 1997 年创建的逍遥岩工业小区，2006 年为湖南省首批省级开发区，时称湖南宁远工业园区，2019 年改名湖南宁远高新技术产业开发区，园区以打造“十亿企业、百亿产业、千亿园区”、争创国家级高新技术产业开发区为目标引领，注重稳增长和转型升级统筹推进，高质量发展成效明显。园区绩效综合考评位列全市前三；先后获批为省级高新区、省级大数据产业园、国家级外贸转型升级基地（鞋类）、省级绿色园区、省级新型工业化产业示范基地，获评全省土地节约集约利用园区二等奖、全省商务工作先进园区，困扰园区多年的环评和调区扩区工作全部获批通过。

【经济总量】 2019 年，宁远县完成规模工业总产值 142.6 亿元，同比增长 14.1%；规模工业增加值增幅 9.0%；规模工业实缴税金 1.86 亿元，同比增长 50.2%；工业投资占比 76.2%；工业技改投资增幅 45%；高新技术产业产值占比达 71%。

【重点项目】 2019 年，宁远县工业园区共有 11 个市级重点项目（其中新建项目 7 个，续建项目 4 个），其中光电智能终端和新能源新材料产业园建设项目列入“5 个 100”省级重点项目。11 个项目总投资 68.15 亿元，2019 年度计划投资 26.5 亿元，截至 12 月底，累计完成投资 27.68 亿元，占年度计划的 115.3%，全面完成投资计划。

【园区企业】 2019 年，宁远县硕宁电子、顺盈芯、海粤达 3 家企业获得湖南省 2019 年制造强省专项资金支持。裕宁电子微能采集技术应用项目、康德佳科技中药材综合开发与应用项目列入全市重大科技创新项目名单。光电智能终端和新能源新材料产业园标准厂房建设项目成功争取中央专项债资金6亿元，占全市当年该项目总争资数的50%。

【平安创建】2019年，宁远高新技术产业开发区严格遵守安全生产、环境保护相关法律法规，认真贯彻“安全第一、预防为主、综合治理”的方针，加强制度建设和监管力度，不断完善防治设施建设，全面落实安全生产、环境保护责任制，全年未发生一起安全生产和环境污染事故；全面扎实推进扫黑除恶专项斗争，在园区内积极开展禁毒教育，全年未出现毒品、黑恶势力线索和危害；积极做好群众来信来访工作，积极化解信访积案，坚决杜绝新的访情。

【党群工作】2019年，宁远高新技术产业开发区坚持党建引领，确立园区的初心和使命就是要办人民满意的园区，培育民族复兴大任的产业、企业和企业家。大力开展“三比三创”主题活动，扎实开展“不忘初心、牢记使命”主题教育，坚持“五化”建设，严格落实三会一课制度，认真开展学习教育活动和主题党日活动。进一步树牢“四个意识”、坚定“四个自信”、做到“两个维护”；持续抓好非公企业党建工作，实现非公企业党建制度化、规范化、程序化。

【脱贫攻坚】2019年，宁远高新技术产业开发区负责鲤溪镇雷家源村、冷水镇下胡家村两个贫困村的扶贫工作，共有贫困户123户、贫困人口490人。贯彻“发展产业带动脱贫，推动扶贫政策落实，巩固扶贫成果”工作总基调，分别派驻2名工作队员驻村帮扶，全面协助村委会开展经济发展、精准扶贫、综治民调、计划生育等各项工作。全体帮扶责任人坚持每月走访入户，开展大走访大调研，督促贫困户参合参保、核实扶贫政策落实情况、帮助贫困户脱贫致富，做好结对帮扶工作。园区全年没有一起扶贫领域作风不良现象。

国网宁远县供电公司

【概况】国网宁远县供电公司前身为宁远电力公司，成立于1999年11月。1951年10月从宁远电力公司前身——宁远县裕民锯木发电厂成立先后经历宁远县裕民锯木发电厂、宁远县发电厂、宁远供电站、宁远县小水电管理站、宁远电力公司、国网宁远县电力公司等多次名称更迭。2000年4月，由湖南省电力公司委托永州电业局代管。2015年12月，成功上划到省电力公司直管，2017年12月完成“一县两公司”合并。现有主业在职职工318人，其中在职在岗301人，内退职工17人；设九个职能部门（不含集体企业、农服公司）：办公室、人力资源部、党建工作部、安监部、配电部、营销部、供电服务指挥中心、财务资产部、物质供应分中心；9个乡镇供电所（清水桥、柏家坪、仁和、冷水、水市、九疑、中和、天堂、太平）。公司辖区内现有35千伏及以上变电站17座，其中220千伏变电站1座、110千伏变电站5座、35千伏变电站11座，主变容量62.91万千伏安，35千伏及以上输电线路长402千米。10kV线路全长2610千米，电缆化率0.55%，绝缘化率11.72%。城区及周边共4座110kV变电站和1座220kV变电站，实现县城工业园区变电站全覆盖，10kV线路互联率12.3%。负责全县20个乡镇（街道）、4个国有林场、406个行政村、27.31万户的供电。2019年，完成全社会用电量7.805亿千瓦时，同比增长5.34%；全年完成电网投资8500万元，截至2019年12月31日，实现人身安全7407天，设备和电网安全6928天。公司在2018年、2019年连续两年获省公司“安全工作先进集体”称号。

【电力保障】2019年，宁远供

电公司深入开展“百日攻坚”活动，集中对频繁跳闸、投诉量大的线路进行特巡，缺陷消缺率 100%；全面开展电力线路通道砍青扫障工作，完成 69 条配电线路树障治理工作，通道治理 697 公里；积极应对迎峰度夏、迎峰度冬、春节超强负荷等关键时段用电保供，新增、改造、轮换配变台区 140 台，圆满完成各项保电任务。

【电网基础】 2019 年，宁远供电公司完成电网建设投资 8500 万元，新建改造 10 千伏线路 197.68 千米、低压线路 509.28 千米、配变 308 台、57995 千伏安，进度排名全市第一。竣工投产 35 千伏郑古元变电站，完成 110 千伏逍遥岩变扩建工程，全面启动 110 千伏宁远变扩建、桐木漯 35 千伏变电站重点工程开工建设，供电可靠性得到有力加强。

【电力服务】 2019 年，宁远供电公司深入开展配网“三降五提升”工作，主动服务工业园区用电需求，提前谋划园区的电力专项规划、用户资产接收和变电站的布点工作；持续完善营商环境，精简业扩报装流程，推广“三省”“三零”服务，切实降低客户接入成本；成立城区供电服务站，依托共产党员服务队平台，开展“网格化”服务，为城区客户提供更为贴心的精准服务。

【电力扶贫】 2019 年，宁远供电公司把光伏发电作为脱贫攻坚主导产业之一，2018 年全县 14 个光伏电站发电 1619.7 万千瓦时，结算电费 729.49 万元，结算电价补贴 649.48 万元。对 4180 户易地扶贫搬迁户和 16292 户五保、低保、特困户，给予每年 120 度电量电费减免，去年共减免电费 144.45 万元。国网宁远县供电公司对九疑山瑶族乡茶罗村、紫江村，湾井镇田心 3 个村开展驻村帮扶工作，组建扶贫工作队，选派党员同志分别担任茶罗、紫江 2 个贫困村第一书记，安排 7 名工作队员驻村、128 名职工开展结对帮扶工作。

（柏江涛）

产业建设投资

【概况】 宁远县产业建设投资有限公司成立于 2017 年 4 月，注册资本 6.6 亿元，包括宁远县绿园投资开发有限公司、宁远县建发实业有限公司两个子公司。主要负责全县产业投资、融资、担保、资本运营、土地一级开发、标准厂房、基础设施和公共配套服务设施建设、咨询服务，县人民政府授权的其他经营活动。2019 年在建项目 14 个，总投资额约 27 亿元，包括 200 万平方米在建标准厂房，学位建设项目县七小、八小、九小及新职业中专，兴工路、廊青路、前进路、见云路、白云路等园区路网工程。公司设有 7 个职能部门，分别为综合办公室、计划财务部、工程技术部、规划设计部、投资融资部、物业管理部、政工人事部，现有干部职工 43 人，其中产建投高层管理队伍 6 人：公务员身份 3 人，全额拨款事业单位身份 2 人，自收自支事业编制身份 1 人；基层职工中事业单位借调人员 5 人，专业技术人员 20 人，临时聘用人员 12 人。2019 全年共融资到位 6.632 亿元。其中长沙银行到位 2 亿元，农发行到位 2 亿元，国开行到位 1.5 亿元，农商行到位 2900 万元，社会资本融资到位 8420 万元。产建投公司（包括绿园、建发）2019 年度缴纳税款 6868.603 万元，其中协税 6205.606 万元。获宁远县 2019 年度综合治税工作三等奖。

【标准厂房建设】 2019 年，宁远县光电智能终端产业园 B 区完成标准厂房 11.8 万平方米，已入驻企业 5 家。其中千洋智能、湘迪、顺盈芯已投产，鸿盛、成盛已完成装修正进行设备调试；C 区建成 3 栋标准厂房共 5.6 万平方米，其中 1 栋永杰诚入驻已投产，另 2 栋厂房主体结构基本完成；新能源新材料产业园一期已完成厂房 5 栋共 10.7 万平方米，另 2 栋主体已封顶，入驻企业沃尔顿、宇拓、聚力、鑫和美等已投产，二期共建成8.2万平方米，其中2栋厂房已完成交付，另有2栋主体已完工。

【园区路网建设】2019年，宁远县产建投建设李部路、德阳路、德泽路等三条道路完成立项及可研，准备进场施工；兴工路已完成70%的沥青铺设，廊青路路基已完成78%，给排水工程正在施工；江源路、兴民路已完成立项，正准备招标；朝阳路、宁中线、宝峰路园区段已竣工；前进路、见云路、白云路正进行管道施工。

【学位建设】2019年，宁远县产建投坚持以人民为中心，解决人民最关心、最迫切的问题，承担着县七、八、九小及职业中专新校区的学位建设任务，提供基础教育学位超过2000个，有力缓解群众上学难的问题。其中县八小2018年秋季正式开学，2019年完成部分扫尾建设；县九小主体工程已完成，2019年秋季已开学；县七小教学楼基本完成，食堂及综合楼主体完工；新职业中专已完成招标及地勘工作，正组织进场施工。

【转型改革】2019年，宁远县产建投实现政府债务融资功能的全部剥离，并初步制定未来转型发展的方向。通过委托湖南对策咨询有限公司，产建投就公司财务债务、人事变动、项目建设等方面的问题提出建议对策，形成《宁远县产建投转型发展战略规划及管理体系优化方案》，明确以提高国有资本效率、增强国有企业活力为中心，完善产权清晰、权责明确、管理科学的现代企业制度。公司转型后积极发挥市场主体作用，坚持市场化运作，在建设方面积极引入社会资本参与园区建设，并逐步探索园区内可开发利用的小区，以充实公司资产。在管理方面按照市场要素，强调工作效率，按照工作能力和工作成绩对职工进行考核，针对员工工作效率和业绩，调整工资水平，按市场化的原则实现优胜劣汰。

工业企业改制服务

【概况】2019年，宁远县工业企业改制服务办公室为县科技工业和信息化局管理的过渡性事业机构，核定全额拨款事业编制6名，主要承担工信系统企业改制相关事务和离退休人员管理服务等工作。现有在编工作人员4人，其中公务员2人，职工2人。班子成员为主任1人，副主任1人；借调工作人员1人；留用厂长、书记13人。现管理18家改制国有工业企业，35家集体企业。

【企业改制】2019年，工改办始终秉承以人民为中心的发展理念，牢记“为人民服务”的宗旨，着力解决群众的操心事、烦心事，以为民谋利、为民尽责的实际成效取信于民，从根源上控制产生新的信访矛盾。全年到各厂区走访、调研200余人次，及时解决企业和职工涉及安全生产、公共卫生、生活困难等方面问题100余个。为900余名下岗职工和困难退休职工下发帮扶慰问金27万余元；为100名因病因灾特困职工发放解困金额5万余元。

【信访维稳】2019年，工改办成功化解3起积案，全年共接待来信来访800余人次，对所有来信来访及交办的重点信访事项确保办结率100%，息访息诉率90%。

【脱贫攻坚】2019年，工改办通过结对帮扶、特色岗位、基础建设、产业发展等帮助贫困村巩固脱贫成果。全年帮助13户“四类人员”完成危房改造；为庄里洞村争取山塘维修资金5万元；为庄里洞村争取健身器材安装指标；拨付3万元安排8个保洁公益岗位；完善村规民约，教育规范村民日常行为。

（乐军红）

商业贸易

宁远县商务局

【概况】 2019年3月，按照机构改革的要求，将“宁远县商务和粮食局”更名为“宁远县商务局”，并将粮食系统的管理职能、原粮食系统的干部职工划转到县发改局。新成立的宁远县商务局加挂“宁远县人民政府口岸办公室”牌子。设6个内设机构：办公室、计划财务股、商贸服务股、电子商务股、外资外经外贸股、市场秩序股。机关行政编制13名，副科级公益一类事业单位县投资促进事务局核定全额拨款事业编制16名。2019年度，宁远县商务局坚持稳中求进工作总基调，抓住湘南湘西承接产业转移示范区新机遇，真抓实干攻坚克难，争当商务系统排头兵，实现了商务工作高质量发展。分别获评国家级外贸转型示范基地（鞋）、省级电子商务示范基地；被省商务厅表彰为招商引资工作先进单位、商务工作先进园区。

【招商引资】 2019年，宁远县共签约项目25个，合同引资452.26亿元，成功引进三类“500强”企业2家落户宁远。7月，承办永州市承接产业转移示范区建设研讨会暨永商永才回乡创业启动及项目签约仪式，宁远县在会上做典型发言。利用内资、利用外资等开放型经济指标列全市第一方阵。

【电子商务】 2019年，宁远县完成电商交易总额45.75亿元，同比增长20.4%；网络零售额完成8.75亿元，同比增长3%；快递包裹出口量增幅达33%；线上线下电商培训3500人；新增省认定电商企业10家。全面完成电商扶贫工作目标任务。

【对外贸易】 2019年，宁远县外贸进出口完成191695万元，同比增长27.8%；对外承包工程和劳务合作完成营业额（外经）3716.4万美元，同比增长44.35%；完成加工贸易6359万美元；培育破零、倍增外贸企业各5家。

【内贸流通】 2019年，宁远县实现社会消费品零售总额85.68亿元，增长10.4%；完成社零新入统企业12家。加强市场监测，密切关注“五一”、国庆、春节等节假期间市场供求状况、主要商品价格动态，及时预测预警。开展非洲猪瘟防控，监测猪肉价格，保障市场猪价平稳。积极组织“宁远第三届国际美食节”“宁远湘南汽贸城第六届车展”等扩内需、促消费活动。全面完成消费扶贫目标工作任务。

【安全生产】 2019年，宁远县商务局组织开展“强执法、防事故”“大排查大管控大整治”“防风险保平安迎大庆”等安全生产专项行动，开展执法行动20次，检查生产经营单位108家次，督促整改问题22个。组织成品油市场秩序专项整治行动，取缔非法加油点2家，查封超范围经营的加油点1家，责令整改安全隐患12处。所监管的领域未发生安全事故。

（柏花园）

供销合作

【概况】 宁远县供销合作联社为县人民政府直属事业单位，2019年机关编制17人，实有15人。宁远供销社全面贯彻落实中央和省、市、县关于深化供销合作社综合改革文件精神，按照“改革强社、服务兴社、项目富社”的总体要求，积极探索、稳步推进供销合作社综合改革，完善农业社会化服务体系，取得一定成效。供销社的综合实力、服务水平和发展活力明显增强。工作勇于担当、创先争优，成功申报“2019年度湖南省综合改革惠农综合服务工程规范化县建设”项目，获得省财政项目建设资金290万元；获“湖南省再生资源回收利用网络体系建设示范县”，是永州市唯一获此殊荣的县区。

【经济指标】 2019年，宁远县供销系统完成销售总额1.25亿元，其中：农业生产资料销售8500万元，完成农副产品购销总额3000万元，完成再生资源物质销售3640万元，实现利润总额195万元，全面完成上级社下达的经济指标任务。

【夯实基础】 2019年，宁远县供销合作联社坚持把领办创办农民专业合作社作为推动供销社体制创新的重要途径，通过共同出资、共创品牌、共享利益等方式，创办一批管理民主、制度健全、产权清晰、带动力强的农民专业合作社。2018—2019年，供销社领办创办农民合作社12个，打造省级农民专业合作社标杆社2个，入社社员6000多人，带动农民12000多人。做好恢复重建文章。按照“因地制宜、分步实施、分类指导”的思路，通过采取招商引资合作、出资入股共建等办法加快恢复重建乡镇基层社和村级综合服务社。在湾井、柏家坪等乡镇和下灌、大阳洞、新天、慕投、冷水、梅翠等十个村完成布点工作。做好企业发展文章。大力培育壮大社有企业，进一步增强为农服务实力。先后投入1800多万元组建宁远县供销社恒源再生资源有限公司；完成新方向农资经营有限公司的股份制改造，并对企业的服务网点、服务设施和机械设备进行改造升级。注资160万元帮助农产品骨干企业康德佳生态农业有限责任公司完成农业社会化服务平台建设。

【完善平台】 2019年，宁远县供销合作联社搭建现代流通服务平台，健全农资、农副产品、日用消费品、再生资源回收等网络，加快形成连锁化、规模化、品牌化经营服务新格局。以新方向农资经营有限公司为龙头，大力建设农资农家店，延伸服务触角，供销社为农服务网点从改制时的空白发展到现在拥有农资配送中心2家，农资供应网点70多个，庄稼医院40多个，90%以上的农资商品实现配送下乡。完善再生资源回收利用网络和全县餐厨垃圾综合处理利用体系建设，对县恒源再生资源有限公司进行资源重组，吸收民营企业、民营资本入股。通过社有资本和民营资本，先后投资1800多万元，建立一个分拣处理中心、一个中心转运站，初步实现收购、分类、初级加工、销售一体的目标。回收网络体系建设实、业务开展好，2019年7月，经过省市的层层筛选，宁远县成功申报为全省再生资源回收网络体系建设示范县。大力发展电子商务平台。加快基层经营服务网点信息化改造，整合线下物流资源，打造“网上供销社”，积极推动地方特色农产品上线销售。2019年2月“供销惠万家”县级电商运营中心开业。计划用2年的时间完成县、乡、村三级电商服务和物流配送体系的建设，打通农村电商“最后一公里”。创新农业社会化服务平台。通过创新农业生产方式和服务手段，推动供销合作社由流通服务向全程农业社会化服务延伸，大力推广农业社会化服务项目，推进农村土地托管和流转。组建县域农业社会化服务平台恒春农业发展有限公司，广泛开展农业社会化服务，公司在全县托管土地1.3万余亩，提供服务面积2万多亩。

【**惠农工程**】综合改革惠农综合服务工程规范化县项目建设是2019年综合改革的一项重要内容。项目总投资640万元，其中：省级财政项目建设资金290万元，县财政配套建设资金200万元，民营企业资金150万元。建设内容包括县级农业社会化服务平台、“供销惠万家”县级运营中心、乡镇惠农示范服务中心、村级惠农服务社、“供销惠万家”农村加盟站等内容。“供销惠万家”县级运营中心和县级农业社会化服务平台建设完成已开业运营。按照目标责任书，落实项目建设的各项工作任务，保证项目工程质量。

【**惠农产业园**】2019年，宁远县惠农产业园开始筹建。通过EPC招标由湖南省第三工程有限公司与上海交大规划设计有限公司联合摘牌。产业园占地面积约200亩，惠农产业园作为县级物流集散中心和三级物流配送体系龙头企业，建设内容主要包括：农资配送中心、日用品配送中心、农产品加工冷链物流配送中心、物流分拣配送中心、电商服务中心，配套的仓储和物流配送设施等。乡村两级物流配送体系的建设，包括在全县乡镇建立标准化的物流配送站和建制村、农村社区建立标准化的物流配送点。总建筑面积约10万平方米。

【**再生资源网络建设**】2019年，宁远县按照“县有产业园、乡镇有回收站、村有回收点”三级联建方式，建设再生资源和农村可回收垃圾利用网络体系。规划建设恒源再生资源产业园综合交易市场，打造集交易、分拣、初级加工、储存、集散、二手交易为一体的再生资源集散交易市场。把产业园打造成为永州南六县再生资源物质集散交易中心。乡镇建立全覆盖的标准化再生资源回收站（区域分拣中心）；60%的行政村建立规范化的再生资源回收点，其余的村建立回收屋，形成与全国农村人居环境整治示范县相适应的再生资源回收利用体系。建成一个日处理能力50吨的餐厨垃圾处置中心。2019年，产业园基础设施已开工建设。

（何月）

商业企业改制服务

【**概况**】宁远县商业企业改制服务办公室，是隶属县商务局管理的参公事业单位，主要职能是承担商业（百货、五金、副食品、肉食水产、饮食服务、湘南木制品公司）、物资系统（物资总公司）企业改制相关事务和离退休人员管理服务工作。2019年有在编人员6人〔参公编制5人，自收自支编制（商业学校）1人〕，企业留守经理17人。下辖企业有县商业资产营运中心，主要承担县牲畜定点屠宰场经营管理和宁远大酒店资产的保值增值工作。

【**党建工作**】2019年，商改办党组中心组加强理论学习，以“两学一做”学习教育常态化、制度化为抓手，切实提高党组班子和全体工作人员理论素养、科学决策水平和开拓创新能力。始终将党建与意识形态工作、党风廉政建设同研究考核，做到意识形态、党风廉政建设工作有小结、有总结、有安排部署；始终将党建与机关中心工作、企业生产经营、脱贫攻坚等同研究、同部署、同考核。制定2019年办党组党建工作要点及支部工作规划。严肃党内生活，充分发挥“三会一课”作用。实现“一月一事一登记、一季一报一公开、半年提醒找差距、年度评议定等次”的党员积分管理考核机制。在“不忘初心、牢记使命”主题教育中举办读书班，采取外请党校教授上课、异地体验教学、观看教育专片等学习方式。学习内容按上级要求，结合工作需要，选学信访、扶贫、法律法规等，力求学以致用提升工作水平。同时，结合“十城同创”“扫黑除恶”“非洲猪瘟防控”等方面需要，向财政争取资金20万元亮化办机关场所，自筹资金10万余元，创建办机关和屠宰场文化长廊，开展“党建+”文化模式建设，大力营造党建引领中心工作的良好氛围。获2019年度“学习强国”学习平台推广使用先进集体商改办在全县110个支部学习总积分排名第四位。

【信访维稳】2019年，商改办按照中央、省、市、县的统一部署，坚持抓源头、抓重点、抓导向，全力做好信访稳定工作，尤其是在中华人民共和国70周年庆祝活动期间，把信访稳定工作作为贯穿2019年全县信访工作的一条主线，是压倒一切的重大政治任务，实现“五个不发生、一个确保”目标。深入开展“拉网式”矛盾纠纷排查，建立问题台账、明确工作责任，做到矛盾不积累、信访不上行；特别关注“苗头”“动向”类问题，尽可能将突出问题解决在萌芽状态，全面畅通正常信访渠道。重点信访人员按一人一策、一案一策的要求成立专门班子，压实工作责任，坚决将问题化解在萌芽状态，人员吸附在当地。全年商业、物资系统2000多名下岗职工思想观念改变，做到“不上访、不缠访”，从“上访”转变为“思想汇报”，加深个人情感交流。2019年度县商改办在每个维稳特护期均被县政府评为维稳工作先进单位。

【生猪定点屠宰】2019年，为防止非洲猪瘟病毒侵袭县屠宰场，保证城区市场生猪肉品供应，县屠宰场从讲政治的高度，认真落实企业主体责任，坚决防止疫情扩散，投入100余万元购回“非洲猪瘟”检测仪器和扩建生猪静养猪舍，成立专门督查组，实行24小时监控，思想认识到位、工作措施到位、落实责任到位，充分发挥生猪定点屠宰场的主阵地作用，保证县城市民吃上“放心肉”和市场猪肉价格稳定。2019年屠宰场内未出现一例非洲猪瘟病毒侵蚀，未出现无生猪屠宰的现象，未出现生猪屠宰头数不足的现象，未出现一例生猪养殖户、贩运户哄抬物价的现象。全年县城区市场生猪肉品价格维持在省内、市内最低水平，有效地保障了市场供应。因受非洲猪瘟的影响，在全国生猪存栏严重不足、同比下降50%的情况下，屠宰场全年共屠宰生猪7.5万头，比2018年同期9.2万头，减少1.7万头，同比下降18.48%。

【脱贫攻坚】2019年，商改办牵头与太平洋保险公司、桐山街道等共同帮扶桐山街道幸福村111户405人的结对帮扶任务，在人员配置、时间保证、资金安排困难的情况下，巩固脱贫成果，改善基础设施。主动与县交通局、水利局衔接，积极争取项目资金加强基础设施建设，修通杨家冲古、鹅公坝自然村（含邹家）950米长的水泥路，筹资5万余元修复鹅公坝自然村何家坝水毁工程，保证60亩稻田灌溉有保障。协助村谋划出台《关于幸福村大力培育种桑养蚕产业的若干规定》。凡在2019年12月30日前，建档立卡贫困户种桑1亩以上，非贫困户种桑3亩以上，补助购苗木资金50%。村干部、打工能人带头种桑养蚕，带动贫困户种植桑树，从而增加村民和贫困户的收入。村支部班子战斗力明显增强。幸福村党总支被评为全县“先进基层党组织”。

（姚楚阳）

石油销售

【概况】中石化永州宁远县石油分公司2019年在营加油站10座，在岗员工46人，其中加油站40人，公司机关6人。公司践行“1234567”发展战略思路，秉承“为美好生活加油，促进企业和人全面发展”的企业使命，以经营为龙头，以安全为保障，充分发挥宁远县成品油供应市场主渠道作用，忠实履行国有企业的社会责任和担当，全年供应市场成品油销售近3万吨，为宁远县社会经济发展做出积极贡献。2019年，获湖南石油分公司综合竞争力第4名，中心站、泠江站、水市站、天堂站、五里桥站被市公司评为数质量管理先进加油站。公司被永州石油分公司评为优秀通联单位。一人被市公司评为“优秀管理者”，一人被省公司评为“2019年度零售专业督查先进个人”。

【市场经营】 2019年，宁远县石油公司经营实现成品油零售量28816吨，同比增量539吨，增幅1.9%，完成目标任务97.1%。其中汽油销售21800吨，同比增加973吨，增幅4.7%，完成目标任务98.1%；柴油销售7016吨，同比减量435吨，减幅5.8%，完成目标任务94.3%；高标号汽油销售4330吨，高标号汽油同比增加61吨，增幅1.4%。2019年非油品全口径完成918.3万元，与2018年同比增幅21.9%，毛利完成172万元，与2018年同比增幅58.8%，沉定资金完成1080元，持卡消费比32.5%。

【经营管理】 2019年，宁远县石油公司投入310万元对宁新路加油站和冷水加油站进行双层罐改造。投入69万元对泠江路加油站和天堂加油站进行油气回收改造。2019年，公司开展全员非油销售竞赛活动，打造“比学赶帮超”平台，以赛提量，以服务促进销售，努力提升客户满意度。更换新增非油设施设备，使每个加油站都能开展省公司开展的营销活动，2018年底开通中心站，五里桥站驿公里智慧洗车，推动公司非油步步攀升。以打造本质安全为目标不断强化“三基”工作，扎实落实安全生产责任制。加强基层组织建设，创新开展党员“学习强国”积分竞赛；深入推动“春运党员示范岗”和“学习雷锋示范岗”创建。在春运保供中，积极妥善组织资源确保油品充足供应。全年未发生安全环保、油品数质量、媒体舆情上报等级事故，公司基本保持健康发展、和谐稳定的良好态势。

（欧剑）

烟草专卖

【概况】 2019年，宁远县烟草专卖局（分公司）实现税利1.14亿元，同比增加2.7%。全年核定费用预算金额10134.30万元，调整预算9980万元，同比增加314.56万元。烟叶收购费用预算419.63万元，调整预算374.50万元，调整减少45.13万元。费用总比减少2.1%，其中招待费、会议费和车辆运行费等重点费用指标同比减少56.5%。市局下达降本增效目标为14万元，全年实现可控费用降本增效目标59.48万元。

【烟叶种植】 2019年，永州市烟草局下达宁远县烤烟种植面积计划6.6万亩，高端卷烟原料定制化开发3.36万亩、3.0万担。宁远县烟草公司通过抓培训、抓督查、抓考核，生产技术得到广泛推广和有效落地，积极广泛开展“烘烤110”技术服务，烟叶烘烤损失控制在8%以内，工作做法在全省得到推广复制，取得较好工作实效。全面完成市局（公司）下达烤烟目标任务，是全市唯一一个完成收购计划的县分公司。

宁远县烟草公司在基层烟站全面推行片区管理、网格实施、单元考核烟叶生产组织管理模式创新改革，建立健全片区长负责制及相应管理办法，致力提高烟叶工作管理水平，深度激发员工干事创业热情，充分挖掘烟站内生动力，大幅提升服务烟农质量。同时在基层烟站大力开展了创新争优活动，以创建“五好烟站”为契机，坚持党建引领，推行实施党员烟苗管理示范棚、党员烟叶生产示范片、党员结对示范户等做法，并建立完善系列考评制度。全县各基层烟站共建立党员示范棚43个、育苗示范面积3.45万亩，参与示范建设党员43人；党员烟叶生产示范片26片、19237亩，参与示范党员48人；党员结对示范户84户、5514亩，参与结对党员58人。通过开展系列创优活动，比学赶超的良好氛围正在基层烟站逐步形成。

【烟叶收购】2019年，永州市烟草局下达宁远县烟叶收购计划16.5万担，宁远县实际收购16.86万担，完成计划的102.2%，收购均价1435元/担，含补均价1615元/担，分别比上年提高65元/担、72元/担，上等烟比例72.08%，比上年提高6.22个百分点；收购等级质量检查及工商交接质量检查等级合格率均达到规定比例要求。其中国家烟草局、湖南省烟草局收购检查合格率分别为81.28%、81.37%，省局工商交接合格率74.4%，国家局工商交接合格率69.67%；烟叶亩产值达到4127元/亩，高于全市平均水平9.87%。

【卷烟营销】2019年，宁远县烟草局（分公司）围绕“抓规范、夯基础、育品牌、用小组、强队伍”要求开展经营管理，卷烟销售稳中有进、市场状态稳中向好、基础工作稳中趋优。2019年永州市局下达卷烟销售任务22055箱，截至12月底完成2.21万箱，完成全年销售计划的100.31%，销量全市占比12.18%，销售总量全市排名第三；单箱均价年度任务2.75万元/箱，截至12月底为2.70万元/箱，同比增加0.19万元/箱，增幅7.4%，增幅排名全市第二；实现销售收入5.98亿元，同比增加0.33亿元，增幅5.95%，排名全市第四，毛利增幅11.06%；市局下达电子结算率98%的目标任务，实际达到99%以上；零售户的毛利率大幅提升已达12%以上，客户满意度和获得感进一步增强。将规范经营挺在前面，用自律小组建设统揽卷烟营销工作，努力打造优秀品牌培育商。聚焦终端，力推自律小组提质。把零售客户自律互助小组提质建设作为工作重中之重。提质自律小组155个、小组之家48个，组员2854户，总体覆盖率98%以上，客户自主参与率100%。创新开展党建+自律小组建设活动，成立自律互助小组志愿服务队，助推小组与政府、支部、专销、中烟、金融、社区、烟站、非烟共管共享共赢，全面保障小组运行质量。精耕市场，提升客户服务水平。实现“1236”小组维运、明码标价和明码实价、终端提质达标率、卷烟与非烟商品分离、客户获得感提升面“五个100%”，搭建起“小组拜访、线上拜访、实地拜访”相结合的立体化客户拜访服务模式和“一店一品、一组一品”的品牌培育集群模式，带动客户卷烟销量和结构同步提升，全县零售客户平均毛利率提升至12%以上，形成卖烟不讲价、卖烟能赚钱的广泛共识，客我关系渐入佳境，客户综合满意度全市排名第二。

【专卖管理】2019年，宁远县烟草专卖局查获各类违法卷烟639.02万支，同比增长1.74%，其中真品卷烟市局下达任务242万支，完成453.9万支，假私卷烟市局下达任务157万支，完成185.12万支，查获烟叶、烟丝23.89吨；申报省标真烟网络案1起，刑拘1人，批捕1人，判决1人；国标网络案1起，刑拘3人，批捕2人，判决3人，网上追刑1人，另案处理1人。联合多部门在全县范围内集中开展“春雷9号”、“飓风行动”、“3·15”消费者权益日等市场清理整顿专项行动，排查清理无证经营户26户，排查显性、隐性大户共12户，取消经营资格或劝退4户。全面落实放管服改革要求，继续推广“并联审批”行政许可模式，许可证管理再上新台阶。新办、延续、变更三大许可类事项和停业、恢复营业、歇业、补办四大管理类事项全部纳入政府“最多跑一次”事项管理清单，烟草专卖零售许可流程实行“前台综合受理、后台分类审批、EMS寄证上门”的运作模式。全年新办烟草专卖零售许可证 592 户，延续 426 户，注销 253 户，变更 3 户，在网零售户 3094 户；无证户数量市局下达任务不超过 2%，目前数量 1.2%；无行政复议和行政诉讼案件。

（周全力）

国土环保　城建城管

国土资源管理

【概况】 2019 年 4 月组建县自然资源局。内设办公室、人事教育股、行政审批服务股、政策法规股、信访室、财务审计股、自然资源调查监测股、自然资源确权登记股、自然资源所有者权益和开发利用股、耕地保护监督股、城乡建设用地管理股、国土空间生态修复股、国土空间规划股、地质勘查和矿产资源管理股、国土测绘和地理信息管理股、城乡规划管理股 16 个股室，辖县自然资源执法监察大队、县不动产登记中心、县土地和房屋征收补偿事务中心、县国土空间生态修复中心、县土地收购储备中心、县城乡规划技术服务中心、县测绘事务中心 7 个二级机构，20 个乡镇（街道）自然资源所、1 个工业园分局，为自然资源局的派出机构。

2019 年，获“永州市首届‘自然资源测绘杯’测绘技能竞赛组织奖”“2018 年度开发区节约集约用地先进单位”、等称号。土地集约节约被国务院表彰奖励宁远县 10 公顷建设用地指标，为全县经济社会发展做出贡献。

【土地市场建设】 2019 年，宁远县国土资源交易实行网上招拍挂。全年共组织土地挂牌出让 32 次，涉及 85 宗土地，其中成交 47 宗土地，面积 54.7273 公顷，土地成交价款 10.5328 亿元，征缴土地划拨价款 185.3075 万元。

【耕地保护】 2019 年，宁远县耕地开发总面积 25552.7 亩。其中，与市政府合作开发水田实施 22 个项目 2500 亩。与省厅合作的万亩土地开发项目共分 9 个项目，总建设规模 12270 亩，总投资 14885 万元。自行实施的土地开发项目 3 个，建设规模共 1061 亩。泠天河土地开发项目立项 41 个 3639 亩，有 20 个项目已全部开工建设。城乡建设用地增减挂钩项目 2018 年度批次 778 亩已全部完工；2019 年度一期完成新增农用地面积 52.8794 公顷；二期完成新增农用地面积 58.9957 公顷。2014 年至 2017 年，宁远县使用“旱改水”承诺政策报卷用地项目 35 个，承诺“旱改水”指标 892 亩，2019 年已全部兑现完毕。以上项目的实施，保障全县耕地占补平衡，通过“旱改水”，极大缓解全县未来两年的耕地占补平衡指标紧缺问题。

【地籍地产管理】 2019 年，宁远县不动产登记中心受理业务 74016 宗，其中：发放证书 14408 本，抵押证明 3335 份，首套房证明 5273 份，提供各种查询服务 51000 次。通过设立 10 个窗口统一受理、信息共享推送、整合精简申请材料、简化审批程序明确办理时限。实现“让数据多跑路，让群众少跑腿”，极大的节约登记时间，方便群众办事。

【矿产管理】 2019 年，宁远县自然资源局受理延续登记 3 宗，共收缴采矿权价款 420 万元。共出动执法人员 356 人次，关闭非法采制砂场 14 家，立案查处非煤矿山超深越界行为 4 起，责令停产停业 2 家，处罚没收入 41.7 万元，扣押挖机1台。对全县范围的采矿挖砂企业进行全面整治，共排查出违法违规采制砂企业26个、越界开采建筑用岩4个，责令当事企业限期整改或自行拆除机械设备、进行清理场地，共查封机械设备26台（套）。

【建设用地规划】2019年，湖南省自然资源厅预下达宁远县用地计划指标为31公顷，宁远县争取集约节约用地奖励用地指标10公顷，向省厅争取“5个100”项目用地指标26公顷。共上报项目18个，总面积224.0518公顷。拿回批文项目共16个，总用地面积135.7184公顷。涉及调规项目共27个，其中县级16个、市级7个、省级4个。湾井、冷水、清水桥、仁和等4个供电所及九嶷河国家湿地公园、鲤溪镇卫生院调规已完成。全年工业用地储备100余公顷，为全县工业用地提供保障。

【执法监察】2019年，宁远县严肃查处国土资源违法案件。全年共立案查处土地违法案件36宗，罚款1574.09万元，没收建筑面积2839平方米，拆除建筑物面积42450平方米。依法查处越界开采石场9家、非法开采山砂2家，共没收非法所得45.06万元，罚款73.8万元。积极推进2019年度土地矿产卫片执法监督检查工作，完成所有土地变更调查图斑的现场核实。立案7宗，拆除地上建筑物4宗，整改复垦复绿4宗。完成全县373个大棚房的实地核查工作，对5个违法违规大棚房分别制定查处整改方案并全部整改到位，对41个“农业大棚”完善备案手续。立案处置闲置土地23宗，处置到位22宗31.72公顷（其中促进动工开发建设4宗11.36公顷，无偿收回7宗20.36公顷），收缴闲置费94.6万元。

【地质灾害防治】2019年，宁远县加强地质灾害隐患排查，共出动巡查1600余人次，巡查地灾隐患点110处。对地灾隐患点明确相关责任，对已经治理的地质灾害点报省厅销号，全年经省厅核实，消除隐患点12处。积极开展地质灾害应急演练。7月3日，县政府在鲤溪镇贵头村地质灾害点组织应急演练，取得圆满成功，20个乡镇（街道）均开展应急演练，有效提升全县的地质灾害应急处理能力。积极申报，加强治理。太平镇留佳位村、中和镇杨柳田村地质灾害隐患点入选省级重大地质灾害治理项目库，其中中和镇杨柳田村地质重大灾害纳入2019年第一批省重大地质灾害治理，争取省财政重大地质灾害治理资金160万元。项目的实施，极大地改善当地群众的生产生活居住条件，保障群众的生命财产安全，促进农村农业发展。多年来，全县从未发生一起因地灾而出现的安全生产事故。

（梁润）

国土城建城管综合执法

【概况】宁远县国土城建城管综合执法大队根据宁远县人民政府专题会议纪要宁府阅〔2017〕76号《关于研究成立宁远县“拆违控违”综合执法大队相关事项的会议纪要》，于2017年9月16日成立。办公场所暂设县自来水公司三楼。综合执法大队作为县政府直属的常态化临时机构，实行半军事化管理。大队定员130人，设大队长1名，政委1名，其他工作人员从国土局、住建局、城管局、房产局、乡镇、当年转业安置士官以及其他县直单位抽调。2019年有执法队员83人。综合执法大队设办公室、法规室、财务室以及五个中队（舜陵街道、文庙街道、桐山街道、东溪街道各设一个中队，另设一个督查中队）。主要承担“拆违控违”和应急处突任务。2019年起采取四个街道轮换执法巡查制度和单独成立督查中队监督机制，各中队日常巡查实行日报告（备案）制度。

【拆违控违】2019年，宁远县

持续加大对县规划区范围内正在施工建筑的监管和对“两违”建设的巡查力度。持续加大对“两违”建筑的拆除力度。严格按照“发现一起，查处一起，震慑一片”的工作思路，通过及时制止和拆除违法建筑，进而有效控制违法建筑的“零增长”。截至12月中旬，综合执法大队共依法组织拆除“两违”建筑（包括建筑物、构筑物）80903.2平方米（其中违法用地面积为95355.2方米），涉及户数225户，同比同期违法建筑户数和面积分别下降11.41%和18.12%，违法用地和违法建设呈现明显下降趋势，在全县范围内对违法建设行为惩治初步形成压倒性态势，不敢违、不想违、不能违的氛围基本形成。

综合执法大队对全县所有建筑进行巡查监管，共巡查471户正在建设的建房户，总建设面积255943.34平方米；非违建户数277户，建筑面积209493.14平方米；共拆除违建户214户（其中安置户1户），控制违法用地面积95355.2平方米，拆除违法建筑面积80903.2平方米。下达住房和城乡规划建设责令停止施工通知书261份、限期拆除通知书79份、整改通知书23份。对所有巡查到的正在施工建筑建立台账，对易反弹的违法建筑户数进行排查，共查58户，面积7548平方米，并进行重点监管。

全力支持和配合县自然资源局卫片执法查处非法开采和非法占地行为。践行习近平总书记绿水青山就是金山银山的理念。对中和镇谢罗塘村非法占用林地、耕地开采沙场，天堂镇非法占用农用地搭建铁棚，县城四个街道非法占用林地所开采的石场、砖厂进行执法。一共查处8家非法开采和非法占地的违法行为，面积37.6亩。对全县违法开采和非法占地进行有效打击，遏制随意破坏自然资源和自然环境的违法行为。

【应急处突】2019年，宁远县国土城建城管综合执法大队参加交通、市场整治、保障城区学位及重点民生项目建设开工（其中包括打通重华南路、印山西路、崇德路等断头路）、砖厂沙场等环境专项整治、非洲猪瘟防疫防控、参与信访维稳、柏家坪镇校园伤人事件的安保处置及祭舜、环中国自行车赛等重大活动安保。综合执法大队参加应急处突共出动执法人员2860余人次，出动执法车辆300余台次，为宁远的经济建设和社会稳定做出应有贡献。

不动产登记

【概况】宁远县不动产登记中心（以下简称“不动产登记中心”）属于县自然资源局下属独立核算的全额拨款副科级事业单位，成立于2016年，领导班子4人，全体干部职工83人，依法设立办公室、财务室、招拍挂室、受理股、权调股、档案信息股。负责全县范围内房屋、土地、林地等不动产登记。2018年，不动产登记中心受理业务79016宗，其中，发放不动产权证书14408本，不动产证明13608份，抵押证明8335份，首套房证明5273份，提供各种查询服务51000次。2019年中心推出一系列简化程序、提速增效、创新服务、提升作风的举措，努力提升全县不动产登记的服务品质，满足群众不动产登记需求，不动产登记服务效率进一步提升，已实现一般登记、抵押登记办理时间全部压缩至5个工作日内，实现不动产登记业务“最多跑一次”和部分业务全程网办。

【窗口调优】2019年，非税进驻不动产登记大厅，按照“进一扇门、交一套资料、缴一次费、领一次证”的要求，整个不动产登记办事大厅只设置综合受理、税费缴纳、发证三类窗口，同时提供咨询引导、信息查询、打印复印、快递等便民服务，最大限度减少群众多窗跑动、多次排队。

【优化流程】2019年，宁远县

在进一步精简不动产登记申请材料的基础上，整合办证、办税、非税缴纳业务流程，形成涵盖不动产登记、纳税、非税交纳等全流程、部门协同和信息共享的标准流程图，登记信息在3个部门内部推送和共享，减少登记和办税所需资料的重复提交。实行综合受理窗口，统一收件，取消“三测合一”在不动产登记大厅的受理窗口。信息推送与统一缴纳税费。完成系统对接工作。将不动产登记系统，金税三期系统，财政非税交纳系统实现对接和信息共享，实现无纸化操作。推行移动支付。推进“互联网+政务服务”，充分利用互联网支付平台，实现不动产登记相关税费（包括税金和登记费）网上支付，支持支付宝、微信等二维码扫码支付。信息互通共享，在2天内完成自然资源内部不动产、测绘、权调落宗等部门的信息共享；设立自主运行的宁远县不动产登记和信息系统；11月底全面实现不动产与税务、财政（非税）三个部门的信息共享；12月底按方案要求实现不动产与公安、法院、市场监管、住建等部门的信息共享。

【优化整合】2019年，在组建宁远县“三测合一”测绘服务技术队伍（已于2018年11月30日将宁远县城乡土地测绘队与房地产测绘事务所整合）的基础上，明确不动产测绘时间不超过5个工作日。将房产部门的房产交易、房产抵押、档案管理和林业部门的林权登记职能职责及相关人员整合到不动产登记部门。2019年自然资源局城乡土地测绘队16人、宁远县房产局23人、林业局4人共43人已转隶到不动产登记中心。

（姜运祥）

生态环境保护

【概况】1979年7月，设环境保护办公室。1983年，与建委合并，成立城建环保委员会。1986年，成立宁远县环境保护局，隶属于县建委管理。1989年，下辖环境监测站。1991年，成立宁远县环境排污收费站，为县环境保护局下属自收自支全民事业单位，1997年更名为宁远县环境监理站。2002年党政机构改革，宁远县环境保护局划为政府组成部门，下辖宁远县环境监理站、宁远县环境保护监测站，内设办公室、法制管理股。宁远县环境监理站于2008年更名为宁远县环境监察大队。2011年县环境保护局“三定方案”增设总量控制股、污管环评股。2012年，县环境监察大队列为参照公务员管理事业单位。2015年县环境保护局“三定方案”增设政工股、污染防治股、自然生态保护股、固体废物管理股（核与辐射管理股）。2019年3月，根据省委办公厅、省政府办公厅印发《湖南省生态环境机构监测监察执法垂直管理制度改革实施方案》、市委改革办《关于印发〈全市生态机构监测监察垂直管理制度改革有关事项〉的通知》和县委办、县政府办下发《关于宁远县县级党政机关机构设置的通知》文件精神，撤销宁远县环境保护局，组建永州市生态环境局宁远分局，作为永州市生态环境局派出机构（正科级），由市生态环境局直接管理，办公地点设县工业园管委会三楼。

【生态环境质量】2019年，宁远县地表水环境质量稳定达到或优于国家Ⅲ类标准，集中式饮用水源泠江河马草坪断面和水市水库断面水质均达到Ⅱ类标准。空气环境质量达到国家二级标准，空气质量优良天数达355天，优良率97.3%，较2018年提高6.6个百分点；综合指数为3.05、$PM_{2.5}$年均值浓度30毫克/立方米、PM_{10}年均值浓度45毫克/立方米，分别比2018年下降4.9%、9%、6.25%，排全市第4名、全省第20名。声环境质量达到功能区标准限值内。辖区内未发生较大以上环境污染和生态破坏事件。

【主要污染物减排】2019年，宁远县化学需氧量减排379.48

吨、氨氮减排126吨、二氧化硫减排120.49吨、氮氧化物减排106.07吨、挥发性有机物减排184吨，超额完成市定的目标任务。

【建设项目管理】 2019年，宁远县积极配合省、市编制“三线一单”，划定宁远县环境管控单元，制定环境准入清单，形成初步成果。严格环境准入管理，严格执行环境影响评价制度，审批建设项目75个，预审项目17个，备案登记项目94个。

【污染源普查】 2019年，宁远县有序推进第二次全国污染源普查工作，率先完成数据内审与外审、建档立卷等工作，走在全市前列。全市污染源普查档案管理工作现场会在宁远县举行。

【污染防治】 2019年，宁远县制定出台《宁远县污染防治攻坚战2019年工作方案》《宁远县2019年大气环境提质整治行动方案》《宁远县生态文明（污染防治）工作考核办法》等文件，县委、县政府将生态文明建设和污染防治工作纳入各级各部门年度绩效考核和领导干部实绩考核内容，单独设奖表彰，实行奖优罚劣，全面压实工作责任，大环保工作格局基本形成。蓝天保卫战取得重大进展。建成项目工地智慧监控平台，建筑工地基本落实“六个不开工、七个100%”和“八个必须”的要求。完成保安大田砖厂等3家砖厂在线监控设施安装并联网运行，完成3家企业挥发性有机物排放综合治理；县城大中型餐饮企业、企事业机关食堂、学校食堂等饮食油烟净化措施覆盖率达100%。碧水保卫战扎实推进。实施中和镇上街双古弄、桐山街道新华路水渠、东溪街道原老武装部门口的水沟3处黑臭水体治理工程。完成3家规模养殖场治污设施升级改造和县工业园区污水集中处理设施、污水收集管网及在线监控运行管理年度整治任务。完成12个乡镇“千吨万人”饮用水水源保护地环境状况报告的编制工作，配合市里完成造纸、水泥制造、污水处理等11个行业23个企业排污许可证发放。建立完善饮用水源地日常巡察机制，扎实开展饮用水源地环境问题整治，获得湘江流域重要饮用水水源地达标建设奖补资金200万元、宁远河水质水量奖罚与横向生态补偿奖励资金240万元。净土保卫战有序开展。完成县域内涉镉等重金属、“三磷”和铜矿尾矿库行业企业排查整治。指导涉危险废物产生、收集、转运、处置单位和医疗机构进行规范化管理，全面完成2019年危险废物管理计划、转移计划和申报登记工作。中和、湾井等9个乡镇清理违规倾倒和堆存的陈年生活垃圾1.2万余吨，依法处置冷水镇梅翠村“7·15”案跨省非法转移倾倒的危险废物4000余吨。原老氮肥厂场地污染治理项目纳入中央环保资金重点支持，获得专项资金750万元；农村生活污水治理项目被列入中央环保投资A类支持项目库。

【生态环保督察】 2019年，宁远县扎实推进中央和省级生态环境保护督察及“回头看”问题整改，着力解决群众反映强烈的突出环境问题。2017年中央环保督察交办的13.5件信访问题和8个方面反馈意见以及省委、省政府交办的2个问题、2018年中央环保督察“回头看”交办的15件信访件和反馈的3个方面意见以及省级环保督察交办的26件信访件、反馈的12个问题基本完成整改，办结销号率98.6%。

【环境监管执法】 2019年，宁远县严格落实污染源日常监管随机抽查制度，扎实开展“绿盾2019”自然保护地强化监督检查行动、“清废行动”、涉废水废气排放以及采制砂等行业环境问题专项整治，依法查处各类环境违法行为。2019年，立案调查94起，行政处罚77家企事业单位，行政处罚金额362.4万元，其中移送公安机关4起，行政拘留3人，刑事拘留11人，检察机关逮捕11人，公安机关上网追逃4人，案件数和处罚金额均排全市前列。妥善处理环境信访和投诉180余起，依法稳妥有序处置冷水梅翠跨省非法转移倾倒固体废物案，得到省、市生态环境部门肯定，并在全省行政执法案卷评查会上作经验介绍。永州市生态环境局宁远分局获评2019年全国生态环境保护执法大练兵先进集体。

【生态文明建设】2019年，宁远县扎实推进国家生态文明示范县创建工作，印发《2019年生态文明建设示范县创建工作方案》《宁远县创建国家生态文明建设示范县考核实施细则》等文件，生态文明建设成效明显。大力实施人居环境整治，强力推进农村厕所革命，全县完成25个重点村环境综合整治、50个村生活污水治理任务，完成改厕9989户，农村生活污水处理率达83.4%。农村环境综合整治整县推进项目顺利通过省验收，国家重点生态功能区县域环境质量考核获省先进单位。

【环境宣传教育】2019年，永州市生态环境局宁远分局积极开展环境宣传，普及生态环保知识，举办“蓝天保卫战、我是行动者”为主题的“六·五”世界环境日公益演出暨新时代文明实践活动，发放宣传资料10万余份，环保购物袋、纸杯等物品4000多件，悬挂宣传横幅200余条，发布环境信息150余条，设立大型户外生态环保宣传牌10块。组织企业主参加环保法律法规宣传与培训，举办环保法治讲座、危险废物规范化管理培训、造纸和水泥行业排污许可企业培训、污染源普查培训等，提高企业主环境保护意识。2019年7月27日，“大美湖南、绿行三湘——燃情100”全省自然人文地理风貌纪实拍摄活动首发仪式在宁远县举行。湖南省文明办副主任、湖南省志工办副主任李力明，湖南省生态环境厅副厅长刘群，永州市人民政府副市长、宁远县委书记刘卫华等出席活动。

（雷永康）

住房和城乡建设

【概况】2019年3月机构改革，县住建局原承担的规划职能于8月15日划转至县自然资源局（原国土局）。县住房和城乡规划局（县人民防空办公室）是县政府工作部门，为正科级。县人民防空办公室作为县国防动员委员会的常设办事机构，与县住房和城乡建设局合署办公，实行一套工作机构，两个机关名称。县住建局内设11个股室：办公室、政工人事股（党建办公室）、计划财务审计股、行政审批服务股、法规信访与执法稽查股、勘察设计和综合验收备案股、建筑业管理股（安全生产股）、城市建设管理股（城镇提质办公室）、村镇建设管理股（农村危房改造领导小组办公室、扶贫工作办公室）、住房保障和房地产市场监管股、人防管理股。所属事业单位6个：县住房保障服务中心、县建设工程质量安全监督站、县城乡建设事务中心、县消防事务中心、县人民防空指挥信息保障中心、县建筑设计院。

【城乡规划】2019年8月15日，原城乡规划信息服务中心的规划职能划转自然资源局。县住建局全力做好机构改革期间职能划转前期工作，完成县城总体规划基础资料汇编、上版总规实施评估报告及初步方案成果。完成泠江河至乐家片区、印山路至泠江河片区、工业园区控规在政府网及现场公示；湾井镇、冷水镇总体规划修编稳步推进；完成全县282个行政村村庄规划编制的前期调研和38个村的编制成果以及部分村的地形图测量和规划初步成果；组织召开规委会3次（全体会议2次，主任会议1次），召开专家论证会9次，对历史文化名城、九嶷河国家湿地公园一期、十一中等36个重点项目的规划设计方案进行科学论证、专家评审，调研规划的科学性、合理性和可操作性，在建设源头上确保项目的设计质量。

【城镇提质】2019年，县住建局围绕把宁远全面建成宜居宜业宜游的生态文化公园，坚持项目为王的发展理念，强力推进重点项目建设。宁远县“城镇提质”战役指挥部由县委副书记、县长唐何挂帅，组织召开专题研究会3次，县委书记、县长现场办公会4次。县“城镇提质”战役指挥部制定《2019年宁远县城镇提质战役实施方案》《2019年城镇提质战役考核办法》《2019年城镇提质战役任务书时间表路线图》，各个项目按照倒排工期挂图作战顺利推进。年初，宁远县上报市级重点项目2个，3月根据县委、县政府主管领导指示，力争将项目跻进市级笼子，县住建局积极向上级部门汇报协调，宁远县成功增加市级重点项目3个，2019年宁远县市级5个重点项目总投资16.32亿元，年计划投资8.72亿元，市重点项目开工率100%，全年完成投资12.78亿元，占年度投资比例146%；县级重点项目47个，总投资118.68亿元，年度计划投资48.94亿元，全年完成投资50亿元，占年度投资比例102%。

【旧城提质改造】2019年，县住建局根据《住房和城乡建设部办公厅国家发展改革委办公厅财政部办公厅关于做好2019年老旧小区改造工作的通知》，按照“美好环境与幸福生活共同缔造”的理念，对全县4个街道建成于2000年以前、公共设施落后影响居民基本生活、居民改造意愿强烈的政府、国营企事业单位的住宅小区进行深入摸排，向上级部门积极争取共分两批项目包装和申报，其中第一批53个老旧小区提质改造项目全部纳入2019年中央补助支持老旧小区改造项目笼子，第二批谋划包装42个项目列入2020年中央补助老旧小区改造项目笼子，共涉及小区95个、楼栋293栋、户数3692户，建筑面积43.456万平方米。县局为全面做好老旧小区改造工作，按照实施一批、谋划一批、储备一批的原则，以点、线、面的形式探索、推动95个老旧小区改造项目建设。形成95个项目的可行性研究报告，完成53个老旧小区配套基础设施项目明确资金来源及不造成隐形负债进行审核与说明，会同相关部门甄选3个具有代表性的老旧小区作为首批改造示范项目，启动县舜陵街道家属区等三个“党建+”老旧小区改造示范点的施工图和施工招标。按照住建部、省住建厅老旧小区提质改造的政策要求，县住建局积极跑市进厅，共争取国家老旧小区项目改造资金4954万元，其中第一批中央资金3454万元，第二批获得2020年实施老旧小区项目改造中央补助资金1500多万元。

【建筑行业】2019年，宁远县成功创建为国家级园区类装配式建筑产业基地（全省仅宁远县创建成功）、创建省质量标准化工地2个，获得湖南省优质工程称号2个，永州市百优工程（工地）7个，市质量标准化工地培育12个。全县实现建筑业增加值130489万元，同比增长15%。全县具有资质的建筑业企业达13家，共实现总产值和利润354793万元和29749万元，同比分别增长15%和16%。房屋建筑施工面积490万平方米，同比增长8%，其中新开工面积349万平万米，同比增长8.1%。引进施工现场监控系统，创建智慧工地云监管平台，走出“从开工建设到竣工”全过程管控、全程溯源、全网格化监管的“智慧工地”之路；建筑质量安全生产进一步加强，开展专项整治行动10余次，共检查在建工程项目398个次，发现并消除安全隐患530余处。查处处罚未办理施工许可证开工建设项目12个，查处整改重大安全隐患并及时消除隐患项目3个、调查查处关键人员不到岗履职项目5个，查处处罚违反《中华人民共和国大气污染防治法》项目10个、违反《中华人民共和国环境噪声污染防治法》项目1个，查处认定违法转包项目2个，共处罚金额115余万元。

【城乡统筹】2019年，县住建局坚持以打造“宜居宜业宜游生态文化公园”为原则，大力推进城镇化进程，完善城乡环境基础设施，初步实现由“政府干、群众看”向“群众干、政府帮”的转变。全县垃圾集中处理率、资源化利用率分别为99%、80%；全县城乡污水集中处理率分别为98%、48.5%；城乡粪污无害化处理和达标排放率为65.2%，供水率54%，新楼盘用气户气化率52.74%，永州东部生活垃圾焚烧发电厂顺利推进，覆盖宁远、新田、蓝山三县180万人口，提供生活垃圾处理服务，城乡环境基础设施在全市作典型发言，中国建设报对宁远县进行专题报道。

【村镇建设】2019年，县住建局根据《关于开展全国农村住房建设试点工作的通知》文件要求，坚持“一户一宅”的政策，打造独具湘南地方特色的农村建房，成功创建“全国农村建房试点县”（全省仅8个县区），积极开展农村工匠培训工作，组织农村工匠培训420余人。同时，积极组织筹备全县传统村落创建工作，编制路亭、久安背、西湾、城盘岭、骆家、岭头、琵琶岗、平田、大阳洞、柏家等10个传统古村落的保护发展规划，并提交到省住建厅审查，柏家、大阳洞通过省住建厅技术审查，获中央财政支持600万元；路亭、久安背、西湾、城盘岭4个传统古村落待省住建厅审查通过后预计获中央资金支持1200万元。为使中国传统村落历史建筑、古树名木等文物古迹得到有效保护，对下灌、路亭、小桃源等中国传统村落的文物古迹进行登记造册，并投入30万元专项经费，制作保护标识牌2000余块，宣传海报40张、保护手册4000份。县财政累计投入资金1.2亿元，民间筹集资金4000万元，共计1.6亿元对县内历史建筑、文物古迹2600余栋（座）进行传统村落的申报、保护、修缮和利用。

【行政审批】2019年，县住建局行政审批服务力推“强筋健骨、权力瘦身”，减环节、减事项、减资料、提效率。推出一次性告知制、限时办结制等系列举措，项目报建手续办理环节缩减到6个，报建资料精简到9项，办事时限缩减到12个工作日。全年共受理政务服务事项443件，核发建设用地规划许可证229本，规划用地面积625768.86平方米，建设工程规划许可证166本，规划工程面积1268668.39平方米，完成基础设施配套建设费和罚没收入7070.12万元，财政入库4485.07万元，同比增长18%，较2018年增收700.69万元；工程建设项目审批制度改革走在全市前列，获市工程建设项目领导小组办公室表彰。积极推进工程建设项目审批制度改革与“互联网+政府服务”对接，完成多规合一平台建设，实现“系统工作一张网、信息数据一个库、项目建设一张图”。编制出台《宁远县工程建设项目审批制度改革实施方案》，结合宁远县实际，在县政务中心3楼城建口大厅特设立“工程项目审批综合服务窗口”，优化审批环节，实现“一窗受理、集成服务”的目标。

【历史文化名城创建】2019年，县住建局积极开展历史文化名城“国”字号、省字号创建工作，启动国家级、省级历史文化名镇名村申报工作。柏家坪镇申报国家级历史名镇，湾井镇路亭村、下灌村、久安背村申报国家级历史文化名村，湾井镇申报省级历史名镇，柏家坪镇柏家村、礼仕湾村等7个村申报省级历史文化名村，已完成申报材料编制并上报省住建厅。为创建国家级历史文化名城，配合棚改公司在东外街、文庙街等示范段更新建设，组织启动古城区城市设计概念研究、历史片区概念策划研究、核心区建筑一幢一册梳理、宁远县老城区模型复建等创建国家历史文化名城规划设计工作，已完成宁远县老城区模型复建等创建国家历史文化名城规划设计工作挂网招标。成为历史建筑保护利用试点县，成功跻身为省级历史文化名城。

【脱贫攻坚】2019年，县住建局把全县建档立卡贫困户、低保户、分散供养特困人员和贫困残疾人家庭的危房改造工作（简称“4类重点对象”）摆在突出位置，做到应纳尽纳、应改尽改。按照农户申请，村支两委干部和5名以上村民代表开展村级评议，经住房和城乡建设局会同扶贫、财政、民政、残联、发改、自然资源等部门对通过村级评议的名单开展联合审核后，执行村、乡镇（街道）和县级三级公示，最后由乡镇（街道）函告农户改造方式、新建房屋面积、进度、质量安全、拆除旧房等要求和补助金额等。2019年，全县农村危房改造户数1608户，经县局跑市进厅，在已是脱贫摘帽县不能享受上级资金支持的压力下争取到省级危改资金97万元，县级整合资金3155.37万元，全面完成1608户、4类重点对象危房改造任务，住房安全保障率100%。

城市管理

【概况】2019年3月，县城市管理行政执法局因机构改革更名为宁远县城市管理和综合执法局，县政府工作部门，为正科级，内设办公室、财务审计股、智慧城管中心、政工股、政策法规股（加挂信访办公室牌子）、行政审批服务股、项目建设股、燃气管理股（加挂安全股牌子）、城市管理委员会办公室、机关党委，直属单位1个，为综合执法大队，下设舜陵、桐山、东溪、文庙街道中队和机动中队、渣土中队。所属事业单位有：自来水公司、县城市环境卫生和园林绿化服务中心、县市政公用设施维护管理站、县废弃物处置和给排水事务中心、县市政建设工程公司、县城市管理服务中心。领导班子设局长1名、副局长3名、总工程师1名。2019年底局机关共有在编干部职工102人。2019年宁远县城成功通过全国卫生县城复审，通过全省园林县城评审，获评全省2019年城乡环境基础设施建设工作突出单位，宁远县污水垃圾治理、黑臭水体治理等工作走在全省前列，被评为2019年度湖南省“真抓实干”成效明显县，2019年度农村人居环境整治先进县，2019年1月被评为湖南省城市管理执法先进单位、湖南省农村人居环境整治先进单位；两供两治、双修双改工作经验在省市推介，农村安全饮水、农村人居环境整治在全市作典型发言，获2019年全市城管系统城市管理工作一等奖、项目建设先进单位；连续三年被评为全县重点工作绩效评估优秀单位，污染防治工作、全面深化改革工作、真抓实干成效明显单位、乡村振兴工作、统战、基层党建、跑项争资7项工作被评为全县先进。

【城市综合整治】2019年，县城市管理和综合执法局严格落实禁放烟花爆竹责任，实现城区和周边28个社区、村和13个易地扶贫搬迁小区全面禁放。强化黄泥渣土运输管理，城区项目建设工地和居民建设工地限时段、限路段覆盖式运输黄泥渣土，先审批备案后运输，开展渣土集中整治行动25次。加强马路市场整治，开展校园周边秩序、夜宵摊点、露天卡拉OK高音扰民、市场周边环境整治等专项集中整治行动70余次。大力开展餐厨油烟治理宣传和整治工作，着力在泠江东路、重华路建立两条油烟整治样板街。加强城市小广告治理，与社会保洁公司合作大力开展城区小广告治理，共清除11万余处非法小广告，起到较好的震慑和教育作用。加强燃气治理，开展“打非治违”执法行动，依法取缔非法经营燃气窝点5处，依法查扣12公斤液化气瓶100多个，石油液化气1000多公斤，查扣没收非法财物价值约2万元。

【园林绿化】2019年，宁远县大力推进省级和国家级园林县城创建工作，宁远县获“湖南省园林县城”称号。九亿街风光带景观绿化改造完成，莲花山公园二期建设已进入扫尾阶段。

【环境卫生】2019年，宁远县在提高机械清扫保洁率的基础上，工作效率不断提升。目前拥有清运作业、机扫作业、洒水作业等各类车辆75辆，清扫保洁作业面达580万平方米，城区道路机械化清扫率达到70%以上。实行主街道一天六洒、次街小巷三洒以上，整体卫生垃圾清运做到日产日清、无积压、无死角，日清垃圾170余吨，密闭清运率达100%，实现整体卫生整洁的常态。

【市政设施】2019年，县城市管理和综合执法局加大沥青路面、水泥路面和人行道地板以及护栏、隔离栏等设施的维护；加大城市排水防涝工作，处理下水道、雨水井堵塞、塌陷、缺失问题500起，完成疏通改造下水道2000米，雨污分流新建和改造管网5000余米，确保设施整洁完好、排水排涝畅通；城区新增、维修路灯4020盏；新增施划摩托车停车位4505个、小车停车位3500个；加快基础设施的提质改造工作，施划道路标线黄线7994米、白线28007米、网格线12170米、斑马线和停止线4381.5米、减速带994米；全县新建和改造供水管网46.81公里，启动城乡供水一体化及饮水安全工程，总投资约9.5亿元。

【数字城管】2019年，县数字城管中心共交办处理案件5149件，处理率99.13%。数字城管交办案件办结情况为县委、县政府实施的大城管考核提供重要依据，在100分的考核分中占30分，起到基础性作用。

【垃圾治理】2019年，宁远县按照“扫干净、转运走、处理好、保持住”的要求，走市场化的农村生活垃圾治理路子。引进中联重科，建立“户清扫—村收集—镇清运—县处理”四级链式收转运系统，在4个街道、16个乡镇，合并前的687个行政村全覆盖，做到垃圾不落地。引进苏州伏泰，建立“2+X”分类利用系统，配建分类亭598组、分类桶1.5万个。突出村民主体共治共享，建立日常保洁长效机制，推行生态积分卡，实现村村有垃圾收集点。引进世界500强企业中国光大国际有限公司为社会投资人，总投资4.5亿元建设永州东部生活垃圾焚烧发电厂项目，已全面完成环评、电力接入、取水等项目前期工作。完成桩基工程、清表、场地平整、临建、飞灰填埋场清运等工程，安装工程完成55%，该项目为全省第一个县域统筹且正在施工的生活垃圾焚烧发电项目。新建水市、柏家坪、太平镇三个垃圾中转站。

【城乡污水和黑臭水体治理】2019年，宁远县大力推进城乡污水治理和黑臭水体治理项目。全面启动城乡污水治理PPP项目，重点实施12个乡镇生活污水处理厂建设项目和城区5条黑臭水体综合治理项目。完成新华路水沟、老武装部水渠黑臭水体治理，德丰污水一期提标工程全面竣工，并试运行。接管中和、柏家坪镇生活污水处理厂以及新二中、明德中学污水处理站的运行工作，继续对城乡污水处理厂的运行情况进行监管，各污水处理厂的出水水质均达到国家相应排放标准。目前城区污水集中处理率达到99.87%，实现死水变活水，污泥变净泥。

【气化宁远工程】2019年，宁远县城区域华润燃气已开发居民用户1.8万户（其中老小区2800户）新楼盘用气户气化率52.74%，老小区开发率

11.2%，发展工业用户3家，气化率20%，发展商业用户18家，开发率6%。完成天然气综合站—lng气化站（一期）工程竣工验收，现已投入使用；乡镇管道燃气项目有序推进。

（刘宝玲）

城市建设投资开发

【概况】 宁远县城市基础设施建设投融资中心与宁远县城市建设投资开发有限责任公司“两块牌子，一个机构”，中心（公司）2019年在编人员45人，聘请工程技术等人员11人。下设综合管理部、计划财务部、审计监察部、工程技术部、项目管理与拆迁部、资产管理部、招商融资部、人力资源部。2019年，中心（公司）按照“五大发展理念”，紧紧围绕“筹资融资、资产储备、项目建设”，努力拓宽融资渠道，全力推进项目建设，为全县经济社会发展提供强有力的支撑。2019年年底，公司总资产达到65亿元。

【资金筹措】 2019年，县城建投公司以南部新城罗坝头片区人居环境整治项目向农业发展银行争取融资8亿元。土地出让。公司完成四块土地出让共计7.67亿元。委托自然资源局以7550万元出让印山路旁地块（莲花山市场），以5390万元出让九嶷南路旁地块（原公交公司），以36208万元出让九嶷大道旁地块（原舜文化产业园），以4560万元出让九嶷大道旁地块（原同心大厦），以23000万元出让司法局旁地块。

【资产储备】 2019年，县城建投公司以6610万元摘得双福小区二期66亩土地用于商业开发，预计实现收益5亿元。与市经投公司合作投资建设高标准的加油站，合作协议经县政府常务会通过。持续在南部新城进行土地储备，按照县委、县政府要求的“整村推进”“五个统一”和“业态安置”的征地工作机制，共测量土地2.5万多亩，主要开展已征收土地范围内插花地和拆迁工作。截至10月底，完成征地1000多亩，累计支付征地拆迁款5724万元。在西部工业新城一中新校区区域共测量土地1500亩，征地1000多亩，迁坟1180多席，付款2600多万元。

【项目建设】 2019年，县城建投公司牵头1个市重点项目，17个县重点项目。通过化解用地矛盾、解决项目建设资金等困难，强势加紧项目建设，全年完成固定资产投资12.45亿元。南部文化生态新城：框架项目九嶷大道完成改扩建一期、二期主干道路基路面和部分绿化亮化工程；完成文化路一期路基工程；完成湘妃大道（三期）所有征地工作和路基、路面和绿化施工；完成湘妃大道（柳塘段）改扩建测量、清表、工程施工招标；完成二中新校区教学楼二2、3段及办公楼装修、田径场、篮球场和绿化景观工程；完成妇女儿童医院医技楼、病房楼七层、综合办公楼主体工程；完成党校一期主体，内装修教学楼和宿舍楼的样板间完成，完成水电管线安装和空调系统安装。西部工业新城：一中新校区一期完成教学楼、食堂、培训楼基础和部分主体；完成崇德路及重华北路建设路基回填；完成十三小及附属幼儿园土地清表和规划设计，正在用地报批和施工道路建设；完成双福小区二期基础施工。城区改造提质：完成印山西路及重华南路路基填土施工。

园林绿化

【概况】 1982年，成立城镇管理所，配有专人管理城区及街道绿化，各单位、商店、居民实行门前绿化“三包”（包种、包活、包管）。2003年6月，成立宁远县园林绿化管理站。2015年12月，成立宁远县城市园林局，为副科级公益一类事业单位，内设办公室、财务室、园林绿化规划建设股、园林绿化管理股四个股室，核定全额拨款事业编制 42 名。2019 年，有在岗工作人员 36 人，其中局长 1 人，副局长 4 人。主要负责城区 13 个公园、2 个广场、120 余条道路的绿化养护管理，绿地面积 719.91 公顷、行道树 2.5 万余株。

【道路绿化】 2019 年，宁远县城市园林局加强道路绿化建设，以生态立县为工作方针、以建设省级园林县城为工作目标，力争做到一路一树，一街一景。九疑路、泠江路、舜帝路等主干道中央隔离花箱及各交通绿岛全年更换种植各类草花 130 万余株；城区各主干道、支街小巷行道树树池通过规范化改造，并补种大骨架樟树 200 余株；对各高速出入口进行绿化提质，扩宽出入口两侧道路，新建木栈道、广场、景观墙，完善路灯、围栏、公厕等配套设施，绿化面积 2.5 万平方米；九亿街沿江风光带安装树池座凳 60 余个，铺设透水砖面积达 7000 平方米，种植灌木 2 万余株。目前，除老城区部分狭窄道路外，道路两旁均种植行道树，道路绿化普及率达 91.34%，林荫路推广率达 70.10%。

【公园建设】 2019 年，宁远县城市园林局按照居民出行“300 米见绿、500 米见园”的要求，坚持“因地制宜”的原则，加大了社区公园、街头游园的建设力度，建成区人均公园绿地面积 13.28 平方米、公园绿地服务半径覆盖率 70.07%。狮子山公园新增垃圾桶及座椅各 50 套；莲花山公园二期完成舞台灯光及音响、舞台两侧 LED 显示屏、游步道路灯安装及改造、监控设备、休闲座椅及垃圾桶、裸露山体防护网、公厕等配套设施建设。

【绿化养护管理】 2019 年，宁远县城市园林局创新管理模式，加强精细化管理，匠心做好常规绿化养护管理。1—2 月重点完成城区主次干道 6000 余株行道树的干枯树枝修剪清理等工作；3—9 月重点完成苗木施肥、修剪草皮、病虫害防治、卫生保洁、抗旱浇水等工作，投入洒水、喷药等各种车辆 6 台，各类农药、化肥 18 万余元，修剪草皮约 4 万平方米；10—12 月重点完成秋季杂草、落叶的清理、涂白、防冻等工作；专门安排人员对莲花山公园、狮子山公园进行常态化管理，排除安全隐患，每日清理卫生，对绿化苗木及时进行修剪。

【湖南省园林县城创建】 2019 年，是宁远县创建湖南省园林县城的验收之年，宁远县按照“抓住重点、突破难点、突出特点、打造亮点”的创建工作思路，坚持“增绿量、建精品、强管理、创特色”的原则，突出规划、建设、管理三个关键环节，坚持高起点规划，高强度投入，高标准建设，大力实施以“绿化、美化、彩化、香化”为主要内容的“碧水蓝天”工程，省级园林县城创建工作稳步推进并取得明显成效。2019 年 4 月，顺利通过省级园林县城创建遥感测试报告专家评审会；2019 年 6 月，申报材料提交省住建厅；2019 年 10 月，顺利通过省住建厅省级园林县城实地考察，各项指标均符合省级园林县城标准，建成区绿地率达 32.57%，建成区绿化覆盖率达 35.45%，人均公园绿地面积达 13.28 平方米。2019 年 12 月，湖南省人民政府命名宁远县为“湖南省园林县城”。

【922 绿色出行】 为深入贯彻中共十九大精神，推进绿色发展，倡导绿色出行，推进城市交通可持续发展，宁远县城市园林局于 2019 年 9 月 22 日在全县范围内开展 922 绿色出行活动，主题为“安全的步行和骑行”。县委、县政府高度重视，县委副书记、县长唐何签发“922 绿色出行活动承诺书”，副县长欧阳国春出席并主持活动，全县共有 20 余家单位、200 余人参与此次活动。

（谢阳）

宁 远 供 水

【概况】 2019年，宁远县自来水公司总体收入达7272.7万元，同比增加2103.3万元，增长40.7%；完成制水2372万吨，同比增加582万吨；完成重点项目投资2.1亿元，改扩建城乡供水主管达115.51公里；发展城乡新用户16927户；水质综合合格率达100%；污水处理不低于1.5万吨/日，出厂水水质均达到了国家一级A标准。

【农村供水建设】 2019年，宁远县自来水公司共投资1.2亿元，完成湾井镇、中和镇、水市镇、鲤溪镇、五龙山瑶族乡等9个乡镇10个集中供水水厂的提质改造及管网延伸，管网延伸改造达68.7公里，发展新用户7800户，解决13.467万人的农村安全饮水。同时，按照标准对中和、湾井等9个乡镇10个集中供水水厂、全县119个贫困村以及全县409个单村的饮水工程水质进行检测，确保农村安全饮水提质达标。

【城市供水新建及改造】 2019年，宁远县自来水公司共投资近7000万元，先后对西部工业区、石板塘工业区、十里铺工业区、宁嘉公路以及九嶷南路沿线周边村等20多个区域DN110-DN500供水管网延伸达33.81公里，增扩用户达9127户。积极服务学位建设项目，先后完成九中、十中、十一中、一小、九小以及十三小等学位项目的供水主管安装，确保项目建设用水需求。共投资近2000万元，先后对湘妃大道、鹏程街、三中新校区、盛达小区、腾飞建材城、舜德花园以及商均路、女英路、凤鸣街等20多个区域DN25-DN500供水管网改造13公里，改善这些区域的供水管网漏损严重、供水压力不够、水量不足等问题，解决6万余人的用水难题。

【重点项目建设】 城北水厂项目：2019年9月城北水厂正式试运行通水，县城供水能力由日产6万吨提高到日产9万吨，城市水源地达3个，确保水质安全，为全县工业经济快速发展提供了强有力的支撑。五里桥加压泵站项目：办公楼正在进行招租，届时，五里桥园区企业的水压可得到有效保障。县城市供水能力提升建设项目一期工程（原水输水管线工程）：已完成初步设计评审，正式施工图设计也即将完成，现准备进行预算评审及招标工作。

【供水管道维修与改造】 2019年，宁远县自来水公司共维修保养消防栓52次，消防栓换新32个，改造无水缺水区域管网19处，熬夜连续抢修31次，维修不同管径的爆管达4085次，上门服务用户6125次，确保全城供水管网和设施完好无损，最大限度地保证县城正常供水。

【水表检验与更换】 2019年，宁远县自来水公司先后对税苑小区、锦秀花园、金叶馨苑等十几个区域的超期旧水表进行更换，换表共计1155块；对舜陵一小、武装部、实验小学、新华书店等53个单位用户的大口径超期水表进行更换；对保安镇、鲤溪镇、桐木漯瑶族乡、禾亭镇等农村供水的水表进行更换，共计1031户。累计检验问题水表939块，成功解决200多户用户因水表堵塞导致水压不足的问题。并对新水表进行校验，其中对卡水表校验异常水表50多块，远传水表60多块。

【创新服务方式】 2019年，宁远县自来水公司采取母亲式服务、便携式服务、精细化服务、规范化服务，不断创新服务方式，提升供水新形象。单位个人用户更名转户、用水报装、水表检定、水表销户、水费缴纳、低保用水减免、阶梯水价多人口登记7项业务办理已经实现“用户最多跑一次”。

【阶梯水价改革】 2019年，宁远县自来水公司通过电视、报纸、网络等公共媒体和发放宣传单的方式，宣传阶梯水价政策，圆满完成阶梯水价的开征工作。

【转型升级改革】 2019年，为整合全县涉水资源，宁远县自来水公司积极主动建议并推进组建水务集团。县委政府正式下发水务集团组建方案，公司正在按程序做好资产评估等前期工作，争取尽快挂牌。

【信息化升级】 2019年，宁远县自来水公司投入60余万元，对供水调度指挥系统进行全面升级，增加管网分区漏损流量监控，进一步降低供水管网漏损率，提高供水稳定性的同时降低供水成本，充分利用现有的MAS短信平台和即将上线的业务管理系统、日常维护系统、材料管理系统、水表管理系统提高供水科学化、信息化管理水平。

九疑山水电管理站

【概况】 九疑山电站是县国有水电站，位于宁远县九疑山瑶族乡九龙村，控制流域面积154.20平方公里，1976年动工兴建，设计水头238米，设计流量9.5立方米/秒，现实际引用流量3.7立方米/秒，首台机组于1980年7月投产发电，当时装机总容量7250千瓦，2012年以来通过扩容改造，现有装机容量15050千瓦（其中3500×2台，6800×1台，1250×1台）。九疑山水电管理站始设于1976年。2019年内设机构有办公室、计财办、水利办、安委办、电力办、综治办、安稳办；有干部职工251人，其中干部4人，专技人员34人，工勤人员111人。2019年九疑山电站棚户区改造项目进展顺利，接近尾声；共完成上网电量2900万度、产值950万元。

【安全生产】 2019年，九疑山水电管理站加大对各班组、检修、运行车间的管理力度，做到安全生产有序，车间环境整洁，消防设施齐备，并制定明确的岗位职责，健全制度，强化责任。在生产环节中严格遵守“三票两制”，加强交接班纪律，值班人员必须持有电工执照并清楚工作职责，安全生产责任落实到人。2019年管理站组织渠道安全大检查，采用徒步行走的方式对渠道进行全面仔细排查，并对检查结果作出相应的评估。对于渠道运行出现的垮塌、堵塞等安全隐患，及时组织管水员排除险情确保渠道通水安全。切实做好渠道、水库安全工作，以确保安全度汛。根据调研情况制订《九疑山电站渠道防汛抗灾应急预案》；根据县防汛办的要求，加强小东江水库、前池防汛值班和渠道巡视检查，加强对水工建筑的管理维护，定期对各处引水闸阀检查维护以保证启闭设备的正常功能。2019年，管理站坚持“安全重要，发展为本”的方针，将安全生产措施落实到部门、班组，以推进九疑山电站安全管理标准化，将隐患排查、突发事件应急处置、安全风险管控等工作纳入常态化管理，做到“宁可备而不用，不可用而不备”。全年共查出安全隐患5处，其中，引水工程安全隐患4处，机电设备安全隐患1处，已经全部整改到位。

【精准扶贫】 2019年，九疑山水电管理站联系九疑山瑶族乡九嶷洞村，扶贫户104户。组织帮扶责任人对扶贫村贫困户进行走访、慰问、了解、宣传。总结经验，集中学习，政策入户，扎实推进精准扶贫有效推进，为2020年全面脱贫做出积极贡献。

交通　通信

交通运输管理

【概况】2019年机构改革，县交通运输局所属事业单位有公路建设养护中心、道路运输服务中心、水运事务中心、交通建设质量安全管理站、交通劳动服务公司、城市客运管理办公室、交通运输信息中心等；内设机构为办公室、政工股（法规宣传股）、行政审批股、财务审计股、运输股（县交通战备办公室、科技信息股）、计划基建港航股、安全监管股、农村公路股（路政管理股）。局机关行政编制15名。

【干线公路建设】2019年度，宁远县干线公路建设全年完成投资4900万元。柏柑公路总长40公里，2019年完成路基清表30公里，土石方20万方，涵洞15道，完成投资4000万元；G357公路总长12.6公里，已完成路基清表6公里，土石方10万方，完成投资800万元；G537公路总长8.2公里，完成路基清表6公里，主体工程尚未动工，完成投资100万元。S345新田宋家湾至宁远二广高速宁远互通一级公路项目前期工作，通过积极争取，多次对接，取得重大突破，省里明确表态，公路项目全部由省高速公路建设集团负责承建，宁远境内路段长6.32公里，总投资达2.42亿元，直接为地方财政减少自筹配套资金2.15亿元，正在启动开工建设程序。

【县乡公路建设】2019年，宁远县交通行业扶贫工作成效显著，全年共完成投资7350万元。省市下达的全县25户以及100人以上的自然村修通水泥（沥青）路33公里建设任务，全部验收合格，完成投资1300万元；鲤溪贵头桥主体、柏家坪神山下桥、中和慕投（高子洞）川岩桥等危桥改造项目均按期完工，完成投资450万元；重要县乡道鲤溪大观堡公路、保安保朱线工程建设项目均已完工，完成投资5000万元；公路安全防护工程77公里正在扫尾阶段，完成投资300万元，水毁公路修复项目完成投资300万元。

【客运站点建设】2019年，宁远县共建设客运招呼站26个，主要分布在全县干线公路及各乡镇（街道）等县乡公路沿线，完成投资100万元。经过积极争取，成功挤入“十三五”中期调规的试点县站场建设规划的南部新城客运枢纽站（含充电桩）、西部工业园客运（公交）首末站建设项目，逐步投入使用，完成投资1100万元。

【公交及出租汽车】2019年，宁远县全省城乡客运一体化示范县创建工作稳步推进，完成投资1.79亿元，并取得明显实效。截至2019年底，已完成《宁远县城乡客运一体化发展规划》（2018—2025年》，完善城乡客运（公交）站点建设、运营线路、充电桩配置及道路安保设施建设、票价降幅标准等城乡客运一体化建设内容；完成对全县农村道路班线及车辆的（兼）并、（收）购、处置和整合。购置纯电动公交车232台，调整开通城区10条新能源公交线路，实现城区绿色纯电动公交全覆盖，并相继整合开通县城至仁和、天堂、官桥、下灌、九疑山、水市、禾亭、保安、柏家坪、清水桥、中和、冷水 12 个乡镇（街道）的新能源纯电动城乡公交线路，对 65 岁以上老人等特殊人群免费乘车的惠民政策由城市延伸到乡村，同时在农村客运班线现行票价的基础上下浮不少于 30%，实现了价格惠民，得到社会各界的高度赞扬。通过创建，客运服务能力显著提升，服务质量投诉大幅下降，社会治理民调满意度全面提高；安全监管有效加强，出行的便捷性和舒适性极大改善，得到社会各界的高度赞扬。示范县创建工作开展以来，有效提升农村公路通行能力、通达深度和服务水平，越来越多的群众共享到交通发展带来的实惠，且促进农村生态旅游日益繁荣，推动农村特色产业不断壮大。为广大农村带去人气和财气，让农村更有生机和活力，惠及全县广大农村人口，为脱贫攻坚和乡村振兴战略发挥交通先行作用。

（黄文武）

道 路 运 输

【概况】 2019 年 7 月 4 日，单位名称由“宁远县道路运输管理所”变更为“宁远县道路运输服务中心”。2019 年在岗 52 人。内设机构有办公室、财务股、政工人事股、客货管理股、安全股、办证中心、机动车维修管理股、稽查大队、驾培股、驻永汽宁远汽车站运政管理办公室、驻县汽车总站运政管理办公室、信访维稳室。

【春运工作】 2019 年，春运期间全县共投入客运车辆 307 台，完成旅客运量 68.9 万人次，其中广东方向投入车辆 120 余台（对开），开行班次 5823 个，安全运送旅客 8.3 万人，未出现旅客滞留的现象。春运期间，利用多种形式开展春运宣传，共制作标语 500 条；在人口密集地设立交通安全知识咨询台，共发放宣传单 2 万余份；利用微博、短信，及时发布辖区路况信息、交通安全知识及气象信息，营造全社会共同关注和支持春运工作的良好氛围。认真贯彻“安全第一，预防为主”的方针。春运开始前，就对全县所有营运车辆和道路进行一次全面“体检”。严格执行“三不进站、六不出站”的规定和安全告知制度，县汽车总站、湘运车站按规定配备“三品”检测仪。禁止长途客车在夜间凌晨 2 点到 5 点营运。加大路面巡察，加强长短途客运市场监管，严厉查处违章、超载、超速、疲劳驾驶等违法违规现象。维护市场稳定，向社会公布“12358”价格监督举报电话，切实保护广大消费者和守法经营者的合法权益。督促湘运车站和汽车总站推行规范化服务，实行 24 小时值班，积极处理群众咨询、求助和投诉等。春运期间，共处理投诉电话 8 起，帮助乘客找回失物 10 余件等，群众来电处理率 100%，有效地维护群众的合法权益。春运期间，共检查车辆 500 余台次，查扣非法载客营运的车辆 7 台。全县交通安全形势平稳，未发生较大交通事故。

【道路营运车辆审验】 2019 年，县道路运输服务中心将审验时间、地点、内容及程序印制成宣传单，广泛宣传；严把车辆技术等级关；全面落实承运人责任险；所有客运车辆及重型货车和牵引车按规定全部安装卫星定位车载终端。宁远县有营运客运班车共 388 辆，其中省际班车 81 辆，市际班车 18 辆，县际班车 50 辆，县内（乡镇）班车 239 辆。办理县内班线延续经营许可 44 辆，县内班线延续经营许可 5 辆，发放临时标志牌共 203 块，其中省际临时标志牌 120 块，市际临时标志牌 32 块，县际临时标志牌 10 块，县内临时标志牌 41 块。2019 年，服务窗口共受理普通货物运输经营许可 82 件，办结 82 件；受理教学车辆证核发 5 件；完成各项车辆审验工作 1214 件，其中旅客运输车辆 380 件，普通货物运输车辆 545 件，教学车辆

289件，清理各项车辆数据1000余件（总质量4.5吨以下车辆）；对总质量为12吨以上重型车辆进行了严格的日常监管，并协助环卫所收取车辆垃圾处理费14.6万余元。2019年，全县128台两客车辆全部安装智能监控安全主动防范设备；为营运车辆及4.5吨以下货车安装ETC共2650台，超额完成安装近300%。

【维修管理工作】2019年，县道路运输服务中心狠抓全县营运车辆技术等级评定，完成全县二类、三类维修企业质量信誉考核工作，圆满完成各项工作任务。对照行业标准，严把维修企业开业审查关。全县汽车维修企业49户，其中一类维修企业2户，二类维修企业9户、三类维修企业38户。引导企业建立诚信机制，将收费项目、工时定额、工时单价公开，并建立监督电话。节能减排方面，严把车辆准入关。以“节约资源、保护环境”为主题，在全县机动车维修行业中组织开展“绿色汽修”创建活动。检测和二级维护方面，严格要求检测站和二级维护企业按规定上线检测，要求道路运输经营者建立车辆技术档案，实行一车一档。2019年，完成客车建档90台次，货车303台次，教练车165台次。维修救援方面，要求企业建立维修救援网，不断提升汽车维修救援能力和服务水平。抓源头治理、超限超载治理工作。加大日常监管力度，杜绝维修企业擅自改装营运车辆，提供拆装维修作业。2019年以来，配合政府环保部门对全县维修企业进行全面整治排查。狠抓营运客车安全关。在道路运输证办证和年审过程中，要求车主实车核查，不符合安全要求，不予年审和办证。为加强维修企业安全监管和维修质量监督管理，对一、二类维修厂家每月不少于一次日常监管，并组织维修业户签订安全监管责任状，并按要求对一、二级维修企业建立维修电子健康档案，建档率达100%。同时对实现货车年审、年检和尾气排放检验“三检合一”作了大量工作，达标率百分之百。开展机动车维修企业质量信誉考核工作，对全县一、二、三类维修厂家进行质量信誉考核。通过市处考评，全县共有三家维修企业被评为“AAA”企业。2019年，所辖企业舜天汽修厂获得交通部“全国诚信企业”称号，永昌汽修厂获得全省“诚信企业”称号。

【驾培工作】2019年，全县拥有从事各类机动车驾驶培训机构14所，其中：一级驾培机构一所，二级驾培机构一所，三级驾培机构12所，拥有教练车数量为小车401台，大车9台，共计410台。按每台车每月培训5位学员计算，全县驾培机构年培训能力为24600人。2019年将驾培安全源头管理工作列入第一位，要求各驾校完善安全管理制度，层层落实安全责任，开展经常性的安全检查。维护驾驶员培训市场的健康有序发展，严格规范现有驾校的经营行为，严厉惩治无证经营、教练车异地培训等非法从事机动车教学活动，保障学驾人员的合法权益。全面启用“计时计程”培训新模式，引导驾驶培训机构优化培训方式，提供多样化培训服务，保障学员学驾的自主选择权利。加强道路运输驾驶员的动态监管，严把道路运输驾驶员“准入关”。凡在两年内未参加继续教育或继续教育考试不合格的，一律不予参加诚信考核。2019年，中南驾校获省公安厅和省运管局颁发的“十佳文明交通‘五个一’标兵驾校”称号和“五十佳示范交通安全宣传教育阵地”称号。

【道路运输安全监管】2019年，县道路运输服务中心进一步深化专项整治，组织执法人员参与道路运输行业“六大行动”“大排查、大管控、大整治”百日行动、“强执法防事故”行动，进行“农村客运安全专项整治行动”，配合开展“两客一危”车辆驾驶员涉毒排查整治工作，6家两客一危218名驾驶员全部进行涉毒毛发检测，未发现一例呈阳性；制定实施《宁远县 2019 年落实企业安全生产主体责任年行动实施方案》。全面深化“一岗双责”，指导和督促企业、站场进一步完善各项安全生产管理制度，落实岗位安全责任。强化源头管理。分别与 7 家客运企业、3 个汽车客运站、1 家危货企业签订《2019 年道路运输安全工作目标责任书》。每月对车站及运输企业进行日常检查，督促车站认真执行“三不进站，六不出站”制度、“三品”检查和驾驶员安全承诺制度，强化 GPS 监控平台督查工作。加强“三品”查堵，杜绝车辆超载出站，严禁带病车进站参营、出站营运。

【隐患清零】2019 年，县道路运输服务中心专门成立工作领导班子，结合实际制定切实可行的行动方案，确定“清零”范围，细化工作步骤，并提出以严肃追责为重点的工作要求。采取多种方式对道路运输企业进行监督检查，督促企业落实安全生产主体责任，加强源头管理，要求客运站场做到“三不进站、六不出站”。把检查和整改结合起来，对各类隐患分类归档，明确整改期限和责任人，抓好安全生产隐患的整改落实和“回头看”工作。2019 年，组织集中执法行动 170 次，出动执法人员 410 人次，下达安全隐患整改通知书 83 份，查处违反“隐患清零”规定的车辆 2 台，停业整改安全生产主体责任落实不到位的运输企业 2 家。营造氛围，提高行业全体人员的参与积极性。行动开展以来，宁远县“两客一危”重点企业已召开安全例会及驾驶员教育培训 20 余次，制作宣传标语 80 余幅，发放安全宣传单 2000 余张，参与人员达 1000 余人次。2019 年，全县“隐患清零”行动，查处违规车辆 6 台，停运整顿车辆 2 台次，驾驶员下车学习 10 人次，安装“两客”车辆智能监控平台 128 台。“隐患清零”八项指标数据明显好转，除因 GPS 信号导致“两客一危”一些车辆信号飘移出现车辆轨迹完整率低于 95%和脱离监控外，上线率、入网率均合格，无疲劳驾驶、超速及夜间 2～5 时运行的情况。2019 年获省交通厅表彰全省道路运输“安全隐患清零工作”先进单位，居全省第十一名。

【道路运输市场整治】2019 年，县道路运输服务中心加强客运市场监管，开展惩治“非法营运”整治活动。重点惩治站外上下客、不按核定线路行驶和无证经营等违规经营行为。全年共组织集中执法行动 170 次，出动执法人员 410 人次，查处各类违规违章行为 35 件，查扣非法营运面包车 16 辆。维护全县正常的道路运输市场秩序，保护群众的公共利益和出行安全。加强对道路货物运输车辆的监督检查，依法查处无道路运输经营许可证，使用失效、伪造、被注销等无效证件的经营业户。规范驾培市场，加大对辖区内驾校乱设培训点、挂靠经营、异地培训等违法行为的惩治力度，净化驾培市场环境。联合高速公路交警宁远大队、九疑山大队开展永州高速公路营运车辆“隐患清零”联合执法行动。分别在二广高速九嶷山服务区、宁远出口，厦蓉高速宁远南出口进行联合查缉。2019 年，非税任务 10 万元，实际完成 24.5 万元。

【城乡道路客运一体化建设】2019 年，按照县委、县政府关于城市公交专项规划的要求，县道路运输服务中心逐步完善城市公交基础设施建设，调整优化城乡公交线路，建立比较完善的城市公交运营管理机制及财政补贴补偿机制，推行农村班线客车区域化经营，全县所有的农村客运车辆（含城乡公交）在运营主体公司的统一管理下实现公车公营。2019 年年底，全县 228 台农村客运车辆全部按一县一公司要求统一进入宁远县城乡客运总公司进行公交化改造。12 月底正式开通中和线路、冷水线路公交车。在原有建成的 237 个农村招呼站的基础上，2019 年的 25 个招呼站建设任务也全部完成，更好地满足农村群众的出行需求。

【**综治维稳**】2019 年，县道路运输服务中心深入持续开展道路运输行业矛盾纠纷隐患排查治理，对分片包干的道路运输企业、站场、客运车辆进行日常安全监督检查的同时，深入开展矛盾纠纷隐患排查。集中力量，开展道路运输行业安全生产“打非治违”专项整治，从严从重惩治未经许可非法从事道路运输行业的经营行为，着力解决道路运输行业维稳工作中的突出问题，规范道路运输市场秩序。加大道路运输企业、站场、驾校、维修厂家的安全生产日常监管力度，加大客运车辆安全隐患排查力度，落实道路运输行业经营者的安全生产主体责任；推行客运车辆驾驶员“五不两确保”安全驾驶承诺，并在客运车辆的醒目位置公示交通运政及公安交警的举报电话，坚决杜绝安全生产重大责任事故的发生。2019 年未发生一起刑事和治安案件、未发生一起交通事故和火灾事故，道路运输行业未发生一起安全责任事故或群体性事件。

【**精准扶贫**】2019 年，县道路运输服务中心积极主动开展扶贫工作，因户施策，针对每户实际情况，千方百计助力贫困户增加收入；继续推动产业发展，每个贫困户都加入合作社；帮助发展村级集体经济；加大对贫困户的培训工作。2019 年扶贫工作在联系贫困村中和镇大塘漯村和面上村坝眼村稳步推进，全面完成各项任务。

（何清）

公路建设养护管理

【**概况**】2019 年 4 月 1 日，宁远县国家公路体制改革，宁远县公路局更名为公路建设养护中心，由参照公务员管理的正科级事业单位，调整为交通运输局所属正科级公益一类事业单位。2019 年有干部职工 126 人，负责全县 360.55 公里的公路日常管养，其中所辖公路有国道 2 条，省道 5 条，县道 20 条。2019 年，被评为全县预、决算先进单位、争项引资先进单位，继续保持永州市文明单位称号，养护、治超等工作均获得市以上荣誉。

【**公路养护**】2019 年，县公路建设养护中心始终以公路养护管理标准化、规范化、集约化和人本化的“四化管理”为目标，通过大力开展雨季养护竞赛和“四个专项”等活动，促使干线公路好路率、优良路率稳步提升。为做好“十三五”2020 年迎国检工作，开展“宁远县普通公路路域环境整治和养护保洁百日竞赛活动”。积极创新公路养护管理理念，推广应用新技术、新工艺，积极倡导专业化、精细化、机械化，提高养护工程科技含量。把公路当作街道来扫，坚持“每天一清扫”制度，采取人工清扫和机械清扫相结合的方式，有力确保公路“畅、安、舒、美、洁”；切实做好公路“绿色”文章，打造美丽公路。2019 年，投入日常养护经费 460 万元，安保工程 417 万元。截至 10 月底修补沥青路面 10200 平方米，裂缝处治 120000 米，支线水泥混凝土路面换板 1570 平方米，修复水沟 2650 米，水泥路面补灌缝 7 公里，新增各类标志、标牌 70 块，新增、更换、维修钢护栏 1280 米，新增钢筋混凝土防撞墙 3455 米，标线 9280 平方米，挡土墙 291 立方米。2019 年全市干线公路养护工作考核中被评为全市公路养护考核三等奖。

【**公路建设**】2019 年，县公路建设养护中心按照 2018 年政府工作报告的目标任务安排的工作任务，分三年实施完成。分步对县道 77.068 千米进行扩宽改造，计划总投资 11600 万元，线路分别为 X040 花石线花桥至雷玄 16 千米、X048 仁长线王朝印至太平村 17.755 千米、X049 神岭线神东村至岭头源13.232千米、X061彭岔线彭祖至岔路口13.91千米、X062天杨线天堂至周塘营21.171千米。2019年计划实施X062天杨线天堂至梅岗13.85千米和X048仁长线禾亭至太平镇13.1千米，计划完成投资4000万元，启动县道扩宽改造工程前期工作；完成宁风线（欧家加油站——五里沟段）道路改扩建工程项目的设计、预算审计、征地拆迁等前期准备工作，因上级政策调整，根据县委、县政府指示精神，现该项目处于缓建状态；完成G357线（宁嘉公路）灾毁重建及大中修工程，经过宁远县财政局投资评审中心评审，审定金额为284万元，中心积极与发改局衔接，完成G357线大修工程项目的招标工作；计划实施宁风线五里沟至保和路面改建工程，项目设计工作已经完成，准备进入施工招标阶段；计划实施永州市莲花水泥有限责任公司迁建项目连接线道路工程，该项目设计费已经过财政评审中心审定，准备进行设计招标挂网。

【路政管理】2019年，县公路建设养护中心开展路域环境建设工作，巩固路域环境建设成果，重点解决路域环境建设难点、重点问题。立足抓管理保目标、抓巡查保畅通、抓创新保发展，实现对公路路政的有效管理，严格落实路域管理责任，达到“八无”管理要求。截止12月止，共清除路障600余处，制止违法建筑60处，拆除非公路标志687块，取缔洗车加水点1处，签订爱路护路协议13份，清除摆摊设点350处，清除路面遗洒285处，处理案件6件，路政案件的查处率、结案率均达到100%。路政大队全年共收取罚款及赔补偿费5.66万元。超检站按照“政府主导、部门联动，立足源头、标本兼治，依法严管、联防联治，规范行为、追究责任”的工作要求，以提升执法为民意识，强化责任落实，狠抓联合执法为重点，切实加强治理超限超载工作，根据湖南省交通运输厅文件湘交路政〔2018〕235号《湖南省交通运输厅关于印发〈湖南省“十三五”科技治超建设规划〉的通知》及永州治超办〔2019〕2号文件精神，宁远县公路建设养护中心2019年投入840余万元建成治超信息平台和天堂镇、禾亭镇、清水桥镇三处非现场执法系统。全县治理超限超载工作取得显著成效。截止12月底，累计检测货运车辆30105辆，查处超载车辆296辆，卸载货物6917.68吨，获得全市治理车辆超限超载工作先进单位，被宁远县人民政府评为全县治超工作先进单位。

【扶贫攻坚】2019年，县公路建设养护中心结对帮扶联系村为五龙山瑶族乡大坝村和柏家坪镇蔡地里村。大坝村有建档立卡贫困户124户、498人，已脱贫121户、496人；2019年已脱贫2户、3人，蔡地里村有建档立卡贫困户135户、465人，已脱贫127户、449人。蔡地里村往年脱贫126户、119人，2019年脱贫4户、11人。

（欧阳群林）

宁远县邮政分公司

【概况】宁远县邮政分公司共设综合部、市场经营部两个管理部门。综合办公室负责宁远县分公司的文件处理、纪检监察、党建、后勤支撑、综合接待、法律事务、工会、人力资源、安全保卫等工作；市场经营部负责监控全县各项业务发展、业务政策制定、考核、统计报表等工作。专业部门有金融业务部、集邮与文化传媒部、渠道平台部等3个专业生产部室，下辖3个县城储蓄网点和一个邮政网点，10个农村支局。全局年末从业人员233人，其中在岗职工94人、聘用工46人、劳务工45人、借调1人，离岗分流2人、退休职工45人。2019年，县分公司为提高企业核心竞争力，对全县邮储网点进行全面装修改造，为所有支局员工安装空调，为支局一线员工“三小建设”配足食堂用品，建立职工阅览室、健身房等。

【业务收入】2019年，宁远县邮政分公司共实现业务收入5827万元，为年计划的101.09%，同比增长12.43%，收入进度排全市第2名，收入增幅排全市第2名。邮务类收入完成5671.86万元，为年计划的101.68%，其中：函件收入56.35万元，为年计划的64.03%；报刊收入完成304.78万元，为年计划的120.47%；零售收入完成43.46万元，为年计划的167.14%；集邮收入完成77.19万元，为年计划的102.92%。金融类业务收入完成4387.7万元，为年计划的100.96%，其中：储汇收入4022.17万元，为年计划的100.65%；保险收入完成365.52万元，为年计划的104.44%。速递物流收入完成437.19万元，为年计划的80.96%，其中：包件收入完成282.03万元，为年计划的79.67%；分销收入完成474.01万元，为年计划的137%。其他业务收入0.05万元，为年计划的0.63%。年末总资产达到277612万元。

【邮政储蓄】2019年，宁远县邮政分公司共代付财政粮补资金3600余万元，代付低保、五保、优抚2亿元，代付扶贫资金2亿元。年底，县分公司存款总额达到277612万元，活期占比32.05%，全年累计新增存款余额31961万元，市场占有率为15.35%。并且，县分公司在2019年开门红竞赛中，邮储发展进度排全市第3名，2019年保险收入位列全市第一，保险规模位列全市第二，均为历年来新高。

【邮政业务】2019年11月30日，宁远县邮政分公司率先完成2020年度报刊大收订流转额计划，成为全省第一个完成报刊大收订的单位，受到省公司的表彰。函件、集邮、分销、渠道等业务也呈现出良好的发展态势，纷纷提前一至两个月完成收入计划，为县公司各项业务的发展起带头促进作用，为全局员工坚定发展的信心。

【扶贫工作】2019年，宁远县邮政分公司增加4人深入中和镇慕投村扶贫，并增加两万元扶贫资金，按照中央扶贫文件精神，基础设施明显改善。全年，公司扶贫队14人共精准扶贫36户、156人，每个扶贫队员每月定点走访贫困户，联系的贫困户都已脱贫。

（何宁刚）

宁远电信分公司

【概况】2019年，宁远电信分公司有在册在岗员工82人，其中AB类员工61人，D类员工20。在职职工平均年龄42岁。其中领导成员3人，管理人员3人，具有大中专学历以上文化程度的55人，占比为67.07%。具有专业技术中级职称的4人，初级职称的38人。5年内离退休人员9人。机构设置为三部，即销售服务部、网络部、综合部（工会），下设7个生产班组，11个农村支局。

【网络保障】2019年，宁远电信分公司县城有线建设投入28.18万元，完成南城御园二期、汇金国际二期、富贵家园二期、祥和小区、三禾佳苑小区等新建楼盘、新建房的光网开通，新增光分箱85个，新增端口680个，城区网络全覆盖。农村有线建设投入226.56万元，完成11个支局191个自然村的光网开通，新增光分箱413个，新增端口3304个。406个行政村，覆盖402个，未覆盖行政村水市紫源洞，中和砠江、杨柳田，清水桥黄沙坪（村委现在清水桥办公，现办公地已覆盖），覆盖率达99.01%。政企、商客能力建设：投入6.59万元，完成福源宾馆、启德学校等客户的光网开通，新增光分箱15个，新增端口120个。三级分光整治（补盲延伸）：县城投入22.47万元，新增光分箱123

个；农村投入 26.68 万元，新增光分箱 123 个。无线基站建设：共新建 62 个基站。其中完成破壁行动的 44 个基站建设，普遍服务 8 基站，岁末年初新建 11 个基站，自建基站 5 个。406 个行政村，无线覆盖 399 个，覆盖率达 98.27%。机房建设：完成开通云潭、桐木漯、柏万城、保安、大阳洞、上宜 6 个机房，正在土建二中、官桥二个机房，已租大界、库里、下灌等机房。维护保障。加强装维队伍建设，注重实战培训，强化规范交付动作，不断提升装维服务质量。狠抓服务质量，打造精品服务窗口。每月对指标落后的装维工程师进行诫勉谈话，连续三个月指标落后的人员给予解聘。对指标落后、服务水平差的解除协议 4 名。经过严格的培训和考核，提高装维技能和服务意识，维护指标稳步提升。在市公司维护服务技能竞赛中获装维个人一等奖。综合维护融合进一步提升，全流程运营水平不断提高。支撑分部每天实时关注易信群的各类网络故障，及时派单各维护分部，并不断提醒，每天群里通报，形成闭环管理。对于工程开通工单，严格全流程运营进行管控，支撑分部每天管控工程的施工、录入、挂测、开通情况，群里通报，确保及时开通。维护人员日常互相学习，提升综合维护技能，维护效率、业务开通、业务响应能力得到有效的提升。设备升级改造：县城完成 8 套 MA5800 设备的替换。农村支局 7 套 OLT 设备的安装。通过割接调整 86 块 PON 板，保障业务发展扩容的需要。完成县城波分环和 2 个农村波分环的建设，完成中和、天堂、中心局波分扩容的建设。快速响应，完成应急保障能力。圆满完成祭舜活动、户外健身休闲自行车赛等各项通信保障任务。杆线整治：完成 5 个项目 57.66 万元的杆线整治，完成中心局至九嶷、中心局至禾亭两条重要 OLT 主干项目 15.73 万元的杆线整治，完成城区 1 个项目 15.91 万元的光交整治。机房整治：完成中心机房整治。完成光缆资源清理，并录入资源系统，不断加强资源的动态管理。能耗管控方面：全年能耗费用 103.67 万元，使用能耗 94.66 万，完成 91.31%。对异常站点进行长期巡查；严格审核动力费、水费；严控空调的开关时间以及夏天温度设置在 28℃；对办公电脑用电每月按期巡检，对电脑未关机的责任人予以考核；对退网设备及时下电，确保节能降耗的完成。

【安全生产】2019 年，宁远电信分公司在安全生产、网络信息安全等方面均按照上级工作要求，全面落实各项安全工作检查，确保企业安全有序运行，并积极承接国家防范惩治通信诈骗、扫黄打非等专项行动，持续推进安全管理体系化、规范化、具体化、常态化建设。全年实现无通信重大责任事故、无重大火灾责任事故、无安全生产责任事故发生。

【关爱员工】2019 年，宁远电信分公司认真实施“青春行动”，持续加强“四小建设”。积极向上争取资金，用于对农村支局和县公司院落、食堂的维修改造，为基层员工持续改善工作环境，打造整洁美观、布局合理的工作场所。加强对员工节日关怀和慰问，员工就餐补贴、节日慰问费用标准等福利待遇进一步提升。全年组织开展羽毛球、徒步、元宵节游园活动等丰富多彩的职工文体活动，充分展现宁远电信员工团结活泼、创新进取的新时代风采。2019 年暴雨洪灾期间，宁远电信公司高度重视确保员工的生命安全，在汛期强化安全措施，科学部署抢险，加强员工安全培训，对营业厅、机房、办公楼等工作场所加强安全隐患检查及整改，确保员工生命安全和企业生产安全。在汛期，公司行政和工会多次看望慰问抗洪一线员工和受灾员工，全公司众志成城，英勇抗洪，企业与员工风雨同舟。各部门全面投入救灾工作，组织广大员工奔赴抗洪抢险保通信的第一线，守护着通信生命线安全畅通，在运营商中率先恢复灾区通信。被永州市委、市政府授予“抗洪抢险先进单位”。

【党建统领】2019 年，宁远电信分公司深入开展十九大精神“大学习、大宣传、大落实”，把十九大提出的新部署、新要求认真落实到实际工作中。持续夯实基层党组织工作基础，明规范、抓落实，全面加强基层组织建设，提高党的战斗力。持续强化作风建设，深入推进作风建设常态化，强化党员干部的纪律意识、规矩意识和制度意识，持续营造风清气正的企业内部氛围。不断把党风廉政建设和反腐败斗争引向深入，严肃党内政治生活、强化执纪监督力度，认真落实推动全面从严治党的各项要求。认真传达贯彻党风廉政建设和反腐败工作会议精神，制定好年度党风廉政建设工作计划，与上级管理部门签订廉政建设责任书。2019 年未发生一起干部违法违纪现象。

【精准扶贫】宁远电信分公司作为国有企业，长期以来积极履行普遍服务的社会责任，努力为农村贫困人口搭建脱贫致富的信息通路。2019 年联系贫困村为桐木漯瑶族乡下龙盘村，公司领导组织人员积极参与该村的春耕生产，多种形式激励村民自力更生，并主动联系该村支两委，为该村脱贫致富出谋划策，紧紧围绕自身资源优势，加强贫困边远山区的通信建设，达到网络覆盖到位、信号没有盲区，在经济和技术上给予支持，截至目前扶贫帮扶村已经脱贫。

中国移动宁远分公司

【概况】1999 年，宁远移动通信业务从邮电局分离出来，组建湖南移动通信有限公司（移动公司）永州分公司宁远营业部，开展县内移动通信业务。2001 年 1 月，开通 GSM 数字移动电话。2002 年至今，移动通信业务增设 12580 移动秘书服务、大客户 STK 卡、集团短信、移动 IP 充值卡、移动 IP 记账卡、17951 移动直通车、交费卡、移动梦网，移动短信超市、移动电邮、GPRS 手机上网、随 E 行、彩信彩铃、亲情网、和家庭、平安家庭、咪咕音乐等业务。2019 年有在职员工 59 人，退休退养 14 人，其中领导成员 3 人，管理人员 2 人，具有大中专学历以上文化程度 57 人。机构设置为一部三中心（综合部、市场营销中心、网络支撑中心、政企客户中心），下设舜陵、文庙、东溪、柏家坪、禾亭、冷水、水市 7 个片区。

【市场发展】2019 年，中国移动宁远分公司新增移动用户数 6.8 万户，新增通话份额 32.71%；2019 年 12 月止期末通话客户 21.6 万户，期末通话客户份额 56.11%；全年完成计费收入 1.36 亿，期末宽带用户 5.1 万户，较 2018 年新增 1.4 万户。

【客户服务】2019 年，中国移动宁远分公司以客户“十分满意”为目标，积极响应国家“提速降费”号召，对不同的消费用户群推出不同的营销方案，并结合客户消费习惯和特点，开展个性化特色营销工作。对于 4G 合约到期用户，提供到期续约、预存送（话费、终端、流量、信用直降购机等）、老客户叠加优惠等活动；对于 2G、3G 高 ARPU 值用户，提供 4G+终端优惠购、套餐升级、流量体验等活动。公司实行家庭宽带 24 小时装机制，装机后 24 小时回访制度，宽带故障 24 小时响应制度，为客户打造稳定高速的宽带环境，提升客户使用感知。

【网络建设】2019 年，中国移动宁远分公司传输线路建设共完成 13 个项目。其中完成管道建设 21 段，完成 30.75 公里；线路完成 92 段，完成 165.32 公里。截至 2019 年底，全县光缆线路总 5500 皮长公里；管道 550 公里。无线建设：2019 年无线总计开通室分

7 个，宏站 5 个，微站 3 个，完成电普 12 个，开通 4G 住宅小区覆盖提升 1 个，完成 LTE6.3 期增补宏微站 3 个，完成日常扩容 66 个点。截至 2019 年底，全县 2G 基站 287 个，4G 基站 725 个。光宽带建设：全年共建设小区 184 个，端口 19667 个，覆盖用户 41232 户，铺放光缆超 1500 公里，投资规模超 3500 万元。截至 2019 年底，全县小区 785 个，端口 88792 个。完成 23 个电普贫困村、18 个城区高价值小区、32 个城区攻坚小区的覆盖。

【网络维护】 2019 年，中国移动宁远分公司根据网优问题收集手段（大数据、信号覆盖仿真、性能统计等）及投诉汇总，梳理市县城区深度覆盖问题点，通过拆闲补忙，开通明德湘南学校、牛亚岭拉远、创宏国际、大界拉远、富源小区、工业园、十里铺等 18 个拉远基站，解决现网存在的部分道路、扶贫点、工业园区、学校弱覆盖区域。针对影响网络性能的传输线路隐患点、动力隐患点、电力传输线路隐患点开展整治，共完成石家洞—廖家湾、宁远—水市（香妃大道路口）、宁远—柏家坪等 39 段传输隐患段落整治。

【精准扶贫】 2019 年，中国移动宁远分公司践行国企担当，落实精准扶贫，为贫困户稳定增产增收提供信息化服务。公司选派一名干部驻点扶贫，任中和镇西山村扶贫第一书记。公司领导成员多次上门帮扶，切实为贫困户解决实际困难。建成无线基站 2 座，实现网络信号全覆盖，家庭宽带到户，并为村民提供优惠的家庭宽带团购政策。贫困村的生产道路及基础设施得到明显改善，村容村貌大为改观。

财税·金融

财　　政

【概况】 2019年，财政局设21个内设机构：办公室（信访室）、人事股、综合规划股、预算股、国库股、行政政法股、教科文股、税政法规股、经济建设股、自然资源与生态环境股、农业农村股（扶贫工作办公室）、社会保障股、工交商贸外经股、国有资产管理办公室、金融股、债务管理股、会计股、财政监督股、绩效管理股、政府采购监督管理办公室、综合治税办公室。另设机关党委，负责机关和所属事业单位的党建工作。所属事业单位5个：财政事务中心、国库集中支付中心、财政投资评审中心、工资统发中心、会计函授站。辖4个街道财政所、16个乡镇财政所。

【财政收入】 2019年，宁远县财政总收入完成19.05亿元，比上年增加0.82亿元，增长4.49%。全县一般公共预算地方收入完成13.62亿元，同比增长7.32%，超额完成县人大批复的收入目标（6.1%）1.22个百分点，高出全市县区平均增幅2.21个百分点。税收收入完成15.49亿元，税占比81.34%。

【财政支出】 2019年，宁远县财政总支出（含一般预算和基金预算）63.63亿元，其中一般公共财政预算支出52.51亿，同比增长1.79亿元，增长3.53%；八项支出43.30亿元，同比增长20.90%，增幅排全市第二；民生支出43.37亿元，占一般公共财政预算支出的82.6%。

【预算管理】 2019年，宁远县财政局加强全口径预算管理，建立健全一般公共预算、政府性基金预算、国有资本经营预算、社会保险基金预算统筹协调的全口径政府预算体系；优化支出结构，优先“保工资、保运转、保基本民生”支出，全力保障三大攻坚战、乡村振兴和民生民本等重点领域和项目，大幅提高基层运转保障标准；牢固树立过“紧日子”思想，压减一般性支出10%；加大财政预决算公开力度，全县非涉密的101个县直部门、20个乡镇（街道）全方位公开预决算信息，接受群众监督。

【扶贫资金管理】 2019年，宁远县共投入扶贫资金9.56亿元，为巩固提升脱贫成效提供财力保障。其中：中央扶贫专项资金3879万元；市级扶贫专项资金90万元；整合省级涉农资金1.06亿元，重点用于产业发展、安全饮水、道路建设等项目支出；未纳入整合的中央涉农资金1.99亿元和省级涉农资金4300万元，主要用于农田水利、现代农业、林业、道路、农村环境整治及畜禽废物处理等；县本级财政投入扶贫资金2.27亿元，主要投向易地扶贫搬迁4091.56万元，健康扶贫5386.7万元，教育扶贫536.5万元，危房改造300万元，扶贫特惠保570万元，小额贷款周转金、防贫保险、激发内生动力、扶贫车间等其他扶贫项目1.08亿元，扶贫工作经费1076.61万元；融资3.41亿元，主要用于农村基础设施及“景区带村”旅游扶贫等项目。

【防范化解债务风险】2019年，宁远县坚持稳中求进工作总基调，按照“先防后化”的工作思路，主动作为、迎难而上，在开前门、堵后门、控增量、化存量、防风险、促转型等方面持续发力，防范化解债务风险成效明显。全县综合债务率117.4%，为全市最低的县，被省债务办评定为“相对安全地区”等级档次。在市防范化解政府性债务风险工作绩效考核中得满分；平台清理整合转型工作得到市国资委和市债务办高度评价，经验做法在全市推介。

【财源培植】2019年，宁远县投入园区建设资金5.78亿元，完善园区基础“筑巢引凤”。设立1亿元的产业发展扶持资金，支持企业做大做强。发展总部经济，制定优惠政策鼓励外地优势企业在宁远县注册设立总部，完成总部经济税收收入8820万元。重点支持土地储备，加快推进耕地占补平衡和增减挂钩指标上市交易，实现交易收入4766万元。做大乡村收入，支持乡镇（街道）烤烟生产、小城镇建设、征地拆迁、闲置资产处置、协税护税等工作。全力以赴跑项争资，全年争取上级补助资金32.86亿元；争取债券转贷收入5.03亿元，专项债券争取额度排全市第一。

【财政监督】2019年，宁远县实施惠民惠农财政补贴资金“一卡通”专项治理，涉及2017年惠民惠农财政补贴资金61项5.69亿元、2018年惠民惠农财政补贴资金69项4.9亿元；开展财政专项扶贫资金和整合资金专项检查，收缴结余资金1169.37万元；对县安佳财务管理咨询有限公司和县宁信财务管理有限公司开展会计监督检查，下发处理决定书要求限期整改；开展重点涉农资金、预决算公开、行政事业单位政府会计准则制度实施情况等专项检查，根据检查问题督促整改落实到位；配合县纪委监委对全县142家行政事业单位的财务进行专项检查，共发现问题线索442条，发现违规发放津补贴或奖金福利372.13万元，并予以清缴；加快推进“互联网+监督”，确定应公开民生资金目录154项，涉及录入公开各级财政资金7.76亿元，村级财务实现“互联网+监督”新平台全面对接。

【预算绩效管理】2019年，宁远县101个实行部门预算的单位全部纳入绩效目标申报范围，申报金额51.3亿元，绩效目标实行全覆盖；111个实行部门预算的单位2018年全部整体支出和部分项目支出纳入绩效自评，自评金额达37.86亿元；对农业农村局等10家单位的2018年整体支出、县扶贫办等14家2018年重点民生项目支出进行现场重点评价，涉评资金达18.09亿元。实现绩效评价结果与预算安排和政策调整挂钩，全年对5个评价结果为中或不合格的单位和项目取消或核减预算金额124.1万元。

【政府采购监管】2019年，宁远县财政局严格执行“先预算后采购”制度，落实政府采购“放管服”改革要求，进一步完善政府采购制度体系。2019年预算采购金额1.44亿元，实际采购金额1.36亿元，节约资金800万元，节约率5.56%，被市财政局评为2019年度县区政府采购工作先进单位。

【财政投资评审】2019年，宁远县财政局严格执行项目限时办结、评审质量考核、重大项目会审等机制，全年完成评审项目1369个，送审金额66.21亿元，审定金额57.36亿元，净审减9.84亿元，审减率为14.86%，项目评审数量及金额排全市第一，绩效考核评为优秀。

（魏毅）

国有资产管理

【概况】1992年，开始对全县

的国有资产产权进行登记和年检。1993年，对全县402家行政事业单位进行清产核资，共清查核实国有资产1.402亿元，并规定国有资产的购置、处理、转让、报损、调拨必须办理审批手续。2019年，全县行政事业国有资产总量24.28亿元，同比增加1.37亿元，增长6%，其中：行政单位国有资产总量占30.36%、事业单位国有资产总量占69.64%。

【国有资产监管】2019年，为有效维护国有资产的安全与完整，抑制国有资产流失，宁远县国有资产管理部门认真贯彻执行《行政事业单位国有资产管理办法》《关于进一步加强对国有资产处置监督管理的通知》等相关的政策法规，严格按规定程序审批单位资产处置方案，通过申请、审批、公开拍卖的程序，实现全过程公开、公正、公平。对资产金额较大的国有资产处置，先报县政府领导审批，再下达资产处置批复，并要求进行资产评估，公开处置。2019年，共审批国有资产处置50宗，实现收入10.53亿元。

【国有资产使用效益】2019年，宁远县国有资产管理部门认真贯彻落实相关规定，要求各行政事业单位将闲置资产进行出租，审批后统一公开招租，提高国有资产使用效益，实现国有资产保值增值。全年共有36家行政事业单位资产进行对外出租，实现租金收入3932万元。

【资产报表编报】2019年，宁远县国有资产管理部门编写《全县行政事业单位国有资产报表培训资料》，召开全县2019年国有资产报表编报工作动员暨业务培训会，对参会的227个单位211人进行业务培训，布置2019年国有资产报表编报任务。全县227个行政事业单位（64个行政单位、163个事业单位）填报资产报表，摸清家底。截至2019年12月31日，行政事业单位资产账面数为242800.37万元（不含公共基础设施等行政事业性国有资产），负债账面数为84155.94万元，净资产账面数158644.43万元。全县资产构成的情况主要是房屋、构筑物及土地使用权、专用设备和通用设备。被湖南省财政厅评为2018年度行政事业单位国有资产年度报表县区先进单位。

（李光忠）

税　务

【概况】2019年，宁远县税务局在市局和县委、县政府的坚强领导下，以习近平新时代中国特色社会主义思想为指导，加强党对税收工作的领导，进一步“干好税务、带好队伍”，有条不紊推进各项税收工作，为宁远经济社会发展目标贡献了力量。2019年，宁远县税务局先后获得全国模范职工之家、省税务系统“四合”示范单位、省“工人先锋号”、省园林单位、全市税务系统绩效考核先进单位、全县支持地方经济发展贡献奖等多项荣誉。

【党的建设】2019年，宁远县税务局始终把党建作为税收工作的统领，确保各个时期党建工作的连续性和全面性。深入学习习近平新时代中国特色社会主义思想和中共十九大精神，在学深学透中把握精髓，扎实开展第二批“不忘初心、牢记使命”主题教育，按照“守初心、担使命、找差距、抓落实”总要求，将“学习教育、调查研究、检视问题、整改落实”贯穿始终，全年共开展党委理论学习中心组集中学习12次，党委书记讲党课2次。全面推进支部“五化”建设，坚持每月开展一次主题党日活动，通过廉政学习、警示教育、缅怀先烈等形式，先后在陈树湘烈士纪念馆、九疑山廉政教育基地、水市镇烈士陵园等红色教育基地开展主题党日活动100余次。县局第五党支部被评为全省税务系统“五化”建设先进党支部，机关党委、第二党支部被县委组织部评为四星级党支部，第十党支部被县委组织部评为先进基层党组织。在全市税务系统党支部条例知识竞赛中获二等奖，在全县学习强国知识抢答赛中获二等奖，在全县支部书记大比武等活动中获三等奖。

【减税降费】2019年，宁远县税务局成立1个领导小组和8个工作组，组建10支纳税服务小分队，做实政策宣传培训，深入园区、企业、学校上门进行政策宣传和解读。对享受不同政策的纳税人实行分类管理，共建档立卡纳税人5633户，确保各项优惠政策精准落地，减税降费红利充分释放。

【税费收入】2019年，宁远县税务局坚持形势早研判、措施早部署、责任早落实，牢牢把握收入工作的主动权，全年共组织各项税费收入165010万元，其中地方级税收收入111821万元（县级税收收入100645）万元，圆满完成年度税费收入计划，为宁远经济社会发展提供坚实的财力保障。

【便民办税】2019年，宁远县税务局精简资料报送，缩短办税时间。持续对办税资料进行“瘦身”，取消20项税务证明事项。进一步精简财务报表资料报送，除全国千户集团总部及其成员企业外，一律实行按季编制报送财务报表。办税无纸化、免填单加速推行，实现纳税人报送资料再精简25%以上。推行“清单式”服务，对照178项“最多跑一次”清单，逐一抓好落实。优化办税流程，提高办税效率。依托“互联网+政务”，将不动产、房产首套房查询系统端口接入综合治税平台，推进数据归集和业务系统对接，实现“信息共享”。在县政务中心设置4个不动产综合窗口，整合房产、税务、不动产三大业务，并制作标准流程图和不动产登记一次性告知清单，实现交易、纳税、登记全过程“一窗受理、五天办结”目标。聚焦企业需求，提高纳税人满意度。以“税企支部共建”“纳税人学堂”“税企座谈”等形式畅通“税情直通车”。同时，根据企业需求，制订个性化的政策培训辅导方案，进行一对一上门辅导，破解企业难题。全年共举办纳税人学堂11期，参训人员5370人。召开税企座谈会8次，召开政策解读会、培训会23次，辅导企业1650余户，走访企业875户，印发《小微企业普惠性税收减免政策问答》等宣传辅导资料21300余份（册）。大力深化银税合作，共促成建行、农行为全县小微企业提供“云税贷”贷款926.2万元，有效缓解纳税人资金压力。在2019年度全县政务服务“好差评”测评中，位列窗口服务部门第4名。

【依法治税】2019年，宁远县税务局贯彻落实中央关于全面推进依法治国的战略部署，不断提高规范执法和依法行政水平。税收执法规范有效。全面推进税务行政执法“三项制度”，明确事项清单，税收执法有效规范。开展税务行政执法公示，公示税务行政许可216项，税务行政处罚6项。严格文字记录，规范音像记录，形成税收执法活动文字记录2789笔。加大税收风险管理与应对，全年通过税收风险系统推送纳税评估、税务核查、提示提醒等税收风险任务32批次，涉及风险纳税人236户，通过提示提醒、实地核查、纳税人自查，共入库税款1100.41万元，滞纳金43.15万元，有力化解涉税风险，税收征管质效与纳税遵从度明显提高。全力推进扫黑除恶专项斗争工作，通过对商品混凝土、河砂、建材等重点行业、重点领域开展税收专项整治，入库税款、滞纳金297.32万元。法制税务建设不断深入。落实“谁执法谁普法”责任制，结合税收宣传月和宪法宣传周，开展税法宣传进校园、进园区等“六进”活动，全局共204人参加普法学法考法，获2019年度全县无纸化学法考法先进单位。落实税收优惠成效显著。全面落实降税率、扩大抵扣范围、不动产进项税额一次性抵扣、加计抵减政策、留抵退税制度等各项税收优惠政策，全年办理出口退税4108.81万元，平均每笔出口退税时间压缩到3.9天。

【税收征管】2019年，宁远县税务局面对税费种征收任务繁重的现状，全局上下联动，攻坚克难，全面提升税收征管质效。社保征收有序划转。社保费征管职责划转和征缴工作进入正轨，全县共征收社保费4.88亿元，其中机关事业单位“四险”入库3.32亿元，城乡居民“两险”入库1.56亿元。截至2019年12月底，全县共70.32万人缴纳城乡居民医疗保险，金额1.758亿元，缴纳进度103.41%，城乡居民养老保险共完成缴费人数27.83万人，同比2018年增长7.46%。个税改革扎实推进。深化个人所得税改革政策宣传和辅导，全县个税明细申报率和申报准确率均达到100%，工资薪金所得税人均减税1377元，改革红利持续释放。税种管理规范有效。切实加强增值税、房产税等各税种管理，建筑扬尘环保税征管初见成效，高质量完成企业所得税汇算清缴，加大土地增值税清算力度，共入库地方税收3221万元。征管质量稳步提升。制订征管指标管理目标，出台征管质量考核办法，实现了税费种认定率、催报率、催缴率、二次逾期申报处罚率、滞纳金加收率100%，全年申报率达98.6%。加强欠税管理，共清理欠税98户，清理入库欠税689.6万元，确保新增欠税零增长。信息管税日趋成熟。扎实做好信息系统的建设与运维，全县网络与信息安全得到有效保障。打好金三并库“攻坚战”，确保金三系统并库版3月1日平稳上线。全面推进住宅类存量房数据库更新和新建设非住宅类存量房数据库建设，采用“一房一价”模式，预计每年新增税款600万元以上。大力推广增值税电子发票公共服务平台的运用，通过信息比对，全局共增加670户纳税人。综合治税成效显著。在减税降费的大背景下，通过政府推动部门督办，综合治税各项工作有序推进。邮政局等4户委托代征单位共完成代征税款911.72万元，完成任务114.2%；20个乡镇（街道）共完成协税护税任务763.45万元，完成任务125.82%；房地产一体化先税后证管理入库二手房交易税款1995万元；通过排查综合治税平台涉税疑点，查补税款2955.92万元。

【队伍管理】2019年，宁远县税务局加强干部业务培训。利用减税降费、社保及非税收入征管职责划转等契机，强化干部业务培训，全年共组织减税降费、个税改革等各类岗位培训20余期。同时创新培训方式，利用税务教育培训网络、微信等平台，在全局范围内开展“每日一题，每季一考”活动，线上线下共同学习，干部队伍业务素质显著提升。强化队伍作风建设。修订完善包括贯彻落实中央八项规定及其实施细则在内的各类办法和制度5个，以承接市局警示教育走基层活动为契机，深入开展党员警示教育3次。全年共开展作风纪律督查55次，明察暗访11次，发出作风建设情况通报4期，追责12人次并予以绩效扣分。深化运用监督执纪“四种形态”，例行谈话35人次，提醒谈话9人次，诫勉谈话1人次；立案1起，党内警告处分1人。实行“人才兴税”战略。突出做好“三师”资格考试工作，鼓励年轻公务员积极参与“三师”资格考试，重点培养综合文秘、纳税评估、个人所得税等方面专业人才。在全市税务系统“练兵比武”中获得一等奖，邓海平等10人获得全市系统“业务岗位能手”称号，邓玲获得“湖南省业务骨干”称号。在总局“岗位大练兵业务大比武”网络竞赛中，参赛率为100%。

（曾峥）

中国人民银行宁远支行

【概况】1949年11月，宁远县人民政府接管湖南省银行宁远办事处，成立中国人民银行宁远办事处。1950年8月，更名为中国人民银行宁远县支行。1984年，根据中共中央关于金融体制改革的指示，撤销中国人民银行宁远县支行，其业务移交至中国工商银行宁远支行。1985年1月，人、工分设，成立中国人民银行宁远支行（以下简称宁远人行），专职履行中央银行职责，管辖宁远、新田、蓝山3个县的货币发行业务，内设人秘、会计、发行、业务股4个股；2003年，宁远人行内设机构调整为人秘股、会计国库股、信贷统计股、货币发行股和保卫股等5个股；2017年内设机构调整为人秘监察、会计国库、货币信贷与统计、货币金银和保卫股等5个股，现有干部职工31人。2019年，宁远支行以政治建设为统领，牢记人民银行首先是政治机关，突出党对金融工作的集中统一领导，持之以恒加强党的建设，以实际行动践行"两个维护"和金融为民理念，不断改进作风，积极作为，贯彻落实稳健的货币政策，突出金融服务实体经济；加强金融风险监测，维护辖内金融稳定；加强内部管理，优化金融服务，推进更高水平履职。文明创建取得良好成效，支行被授予"市级园林式单位（小区）"称号；支行党支部获得人行永州市中支"先进基层党组织"荣誉称号；支行连续两年获评宁远县委、县政府支持地方经济发展先进单位；积极组织参加各项文体竞赛，获得2019永州市人民银行系统第四届气排球比赛三等奖和优秀组织奖；干部职工个人在上级行组织的多项竞赛、评比中获奖。截至2019年12月末，全县各项存款余额227.58亿元，比年初净增16.81亿元，增长7.97%，比2018年同期多增13.94亿元，存款余额及净增额均排全市九县第二位，存款增幅排名全市九县第三位。12月末，各项贷款余额150.95亿元，较年初净增22.40亿元，增长17.42%，比2018年同期多增10.15亿元，贷款余额及净增额均排全市九县第二位，增速排全市九县第四位。年末余额存贷比为66%，新增存贷比133%。年末全县不良贷款率1.65%，县域金融风险防控持续向好。

【支持地方经济转型升级】 2019年，宁远人行将2019年列为民营和小微企业金融服务提升年，推动出台《宁远县民营和小微企业金融服务提升年工程实施方案》，常务副县长黄永英任工程总指挥，于3月初在政务中心举办启动仪式，相关单位现场签订战略合作协议、向县政府递交责任书。全县银行业金融机构共推出"经营快贷""小微快贷""结算云贷""极速贷""惠农贷""云税贷""税E贷""快乐E贷"等地方特色纯信用信贷产品10余个、累计放贷40余亿元，共走访企业342户、授信覆盖面超过50%，支行组织银行业金融机构主动对接工商联、工业园管委会等企业主管部门，签订战略合作协议；携手金融办、发改局、经信局等政府机构，共同举办政银企洽谈会。2019年，共促成银行与民营和小微企业达成合作意向43个、金额70亿元。截至12月底，全县民营和小微企业贷款余额68.1亿元，比年初净增16.5亿元、同比多增14.8亿元，增速32%、同比快28.6个百分点，较全县同期各项贷款平均增速快14.6个百分点，全年获得银行贷款的民营和小微企业户数同比增长31.1%。同时，支行立足宁远实际，聚焦县委、县政府经济社会发展总体部署，出台《宁远县2019年货币信贷工作指导意见》，督导辖内银行业金融机构加强对十大特色优势产业的支持，促进现代农业和金融产业扶贫取得大发展，加强对南部生态新城、重点项目和园区企业的支持，促进工业信息化取得大突破，加强对九嶷山旅游区建设和现代物流的支持，促进新型服务业发展取得大跨越。加大货币政策工具应用力度，全年共对两家地方法人金融机构发放扶贫再贷款2.55亿元，通过三次定向降准、一次统一降准，共对地方法人机构降准3.5个百分点释放流动性2.2亿元，撬动辖内银行业金融机构全年信贷净投放22.4亿元、同比多增10.2亿元。

【深化金融风险防控】2019年，宁远人行全面做好政府性债务的统计、监测与风险缓释。按照“五个精准”“六个一批”的总体要求，主动加强与化债办、平台公司等举债单位及债权银行的沟通协调，按季做好政府性债务的数据统计与风险监测分析工作，引导有关方面按市场化、法制化方式对到期债务进行风险缓释。从监测情况来看，年末全县政府性债务余额比年初下降1.2%，其中隐性债务余额较年初下降10.2%，2019年宁远县债务水平在全市排位中下，风险可控，没有进入全省债务风险预警和风险提示县区名单。积极推动存款保险信息系统顺利上线。实施金融运行风险提示制度，支行根据辖内金融机构和金融业务运行实际情况，就房地产金融风险向所有银行业金融机构发出书面风险提示9份，就不良贷款、公司治理、经营效益等情况向两家地方法人机构发出书面风险提示2份，并同时抄报地方政府、监管机构和上级管理行，全面落实“4+1”工作机制，对县域金融风险进行联防联控。建立不良贷款监测机制。

【反洗钱工作】2019年，宁远人行有效开展日常监管。严格按照考核标准，结合义务机构整改落实、日常监管和现场检查情况，对辖内7家银行机构、14家保险机构、1家证券公司营业部进行2018年度反洗钱分类评分考核，客观、规范评价义务机构反洗钱工作，同时保持监管连续性，抓好义务机构反洗钱工作问题的整改落实，要求其在7月10日前反馈整改情况，提升监管成效。要求义务机构及时录入反洗钱制度、反洗钱联络人信息、重点可疑交易线索、宣传培训情况等工作信息，完善监管档案。做好反洗钱调查和案件协查工作情况统计表，及时在湖南省反洗钱系统中录入《反洗钱调查和案件协查工作情况统计表》。积极开展反洗钱培训和宣传。3月15日利用3.15国际消费者权益日主题宣传为契机，开展反洗钱知识和反洗钱法律法规的宣传，营造全社会反洗钱和反恐怖融资的良好氛围，提升辖内金融机构反洗钱工作水平。

【优化金融服务】2019年，宁远人行加快推进现代支付系统建设，开展移动支付便民示范工程。制订《宁远县“电子支付示范县”创建工作方案》，两次对各商业银行移动支付特别是电子支付工作开展情况进行督查，推动宁远移动支付便民工程取得成效，支行成为永州辖内3个得到长沙中支认可的支行之一，11月29日组织辖内商业银行分管领导和部门负责人参加总行召开的移动支付便民工程经验交流会，并邀请县住建局、文旅广体局等单位负责人参加。经各行的努力，年初提出的“一车、一路、一市场、一示范乡镇”电子支付示范县建设目标除公交车项目外，其余目标任务基本实现。加快推进国库电子化建设。9月13日，集中支付电子化正式上线运行。提高集中支付工作的效率。继续规范业务操作与管理。扎实做好会计核算工作，及时准确办理各级政府预算收支业务。2019年共办理国库业务21.42万笔，金额98.36亿元。其中预算收入业务16.51万笔，金额32.93亿元；预算支出2.32万笔，金额61.17亿元；预算收入退付3897笔，金额6393万元；更正调库业务66笔，金额3.6亿元；其他业务2.19万笔。各类报表数据的编制和系统数据的填报等工作均按时保质完成，全年实现无资金案件、无责任事故、无重大业务差错。加强现金服务，着力做好现金服务区的创建工作，提高辖内现金服务整体水平。多方协同，构建立体、联动的组织架构。召开金融工作座谈会，发出在宁远县辖内禾亭镇创建现金服务示范区的倡议；成立宁远县现金服务示范区创建工作领导小组；确定在禾亭镇创建现金服务示范区。明确目标巧用资源，打好软硬件设施建设攻坚仗。制订《宁远县禾亭镇现金服务示范区创建工作方案》，明确“32525”（创建3家以上银行业金融机构现金服务示范网点、25个行政村助农取款服务点、培训25名以上的反假货币宣传员）的创建目标。着力优化征信窗口服务。全年支行征信窗口服务部门共查询企业信用报告224笔、个人信用报告1448笔，办理机构信用代码业务90笔，窗口服务工作量呈上升趋势。

（吕亚清）

中国工商银行宁远支行

【概况】中国工商银行股份有限公司宁远支行内设办公室、业务营销部、营业部三个部室，下辖九嶷路支行、新桥支行两个二级支行。离行式自助网点5个，自助取款机18台，智能终端9台。支行共36人。25人取得本科及以上学历，11人取得大专学历。2019年获得总行“青年文明号”；2019年支行团支部获得湖南分行青年“五四”奖章集体；2019年度被工行永州市分行评为“先进集体”。

【业务发展】截至2019年年底，中国工商银行股份有限公司宁远支行各项存款余额17.85亿元，较年初增加2.1亿元。各项贷款余额5.22亿元，较年初增加2.2亿元，其中储蓄存款较年初增加19034万元，机构存款较年初增加4029万元，公司存款较年初减少2061万元。实现经营利润2655万元，较同期增加922万元。

中国农业银行宁远支行

【概况】2019年，宁远农行共有8个营业网点，其中城区网点四个：支行营业室、九亿支行、桐山支行、大发支行；农村网点四个：柏家坪支行、水市营业所、冷水营业所、禾亭营业所。宁远农行机关本部四个部门：综合管理部、运营财会部、个人金融部、公司业务部，下辖一个现金中心，归口运营财会部管理，主要管理宁远、蓝山、新田三县农业银行的现金管理工作。2019年宁远农行共有职工133人，其中在职职工81人，离退休职工48人，内退职工4人。宁远农行2019年深入学习贯彻习近平新时代中国特色社会主义思想，紧紧围绕中心工作，结合支行实际，研究、制定好发展方向，采取强有力措施，党建引领，锐意进取，各项工作取得长足提升，综合绩效考核排名全市一级支行第一，支行营业室被省分行评为2018—2019年度五一巾帼标兵岗。

【业务经营】2019年，宁远农行主体业务指标提升，各项存款和贷款稳步增长，各项存款余额达38.59亿元，比年初时点净增2.56亿元，完成率居全市一级支行前列；各项贷款余额达18.01亿元，比年初净增3.76亿元，其中法人贷款净增2.44亿元，列全市一级支行第一。各项存款和各项贷款在四大国有商业银行中增量均位居第一。经营效益得到快速提升，截至2019年年末，营业收入首次突破1亿元，达1.15亿元，增幅15.71%，净利润达5854万元，中间业务收入完成2174万元，增幅达55.4%，经营效益完成率和完成总量均居全市一级支行前列。资产质量进一步优化，全行2019年年末不良贷款余额917.47万元（含信用卡），比年初下降1180.13万元，不良率0.51%，比年初下降0.94个百分点，实现“双降”目标。

【服务“三农”】2019年，宁远农行为支持地方经济建设，累计投放各项贷款6.26亿元，其中项目贷款3亿元，民营和小微企业贷款3779万元，个人贷款2.88亿元。以烟农贷、养老贷为桥梁，积极推动惠农e业务，新投放惠农烟贷605笔、2475万元，养老贷76笔、413万元，有力支持三农建设；以粮食贷和油茶贷产品为重点，做好大三农业务信贷支持，通过与省农担公司的合作，发放惠农担87笔，发放贷款3463万元；积极创新担保方式和信贷产品，先后推出纳税e贷、湘汇贷、微捷贷等，累计支持民营和小微企业贷款3779万元；充分发挥金融杠杆作用，积极配合政府去库存，大力支持城镇化建设，支持农民进城购房，累计发放“农民安家贷”1.53亿元，被宁远县碧桂园房地产开发有限公司列为“2019年度优秀合作伙伴”，并发放永州市农行最高等级的私人银行绿钻信用卡；积极作为，推动乡村振兴战略，支持打造旅游强县，在2018年授信九嶷山舜帝陵创AAAAA级旅游景区4亿元项目贷款的基础上，年初及时投放3亿元贷款，为舜帝陵等风景区打造成全国AAAAA级旅游景区提供资金保障。

【“智慧宁远”及民生工程】2019年，宁远农行发挥“双智”效应，加强生态金融圈建设，搭建两户场景，积极推动E商管家、静态聚合码以及POS机具布放，开展ETC营销、5元洗车等活动，丰富结算手段，营造客户用卡环境。同时进一步推进“智慧校园”缴费业务，仅2019年秋季开学就完成线上缴费业务8300笔，金额930万元，完成智慧校园有效户16户、缴费中心6户，大大缓解学校和家长缴学费排队难的问题。宁远农行以惠农卡为载体，切实抓好惠农补贴的对接落地，代理涉农民生项目结算资金4096万元。

【脱贫攻坚】2019年，宁远农行响应号召，按照县委、县政府的安排部署，履行好后盾单位职责，派驻强有力的扶贫工作人员，抓实脱贫攻坚工作，为扶贫帮扶村筹集资金3万余元，解决贫困村用工帮扶资金1.5万元，市分行党委书记、行长尚前在2019年4月还专门到扶贫点进行指导和调研，体现农行社会责任担当，支行所在的扶贫帮扶队党支部被县委、县政府评为先进基层党组织，扶贫帮扶工作获得省检查组肯定和赞扬。

（刘松林）

中国建设银行宁远支行

【概况】2019年年底，建行宁远支行有员工46人，下设3个部门，及营业部、文庙街支行、九疑路支行、重华路支行4个网点；还设有杨家岭农贸市场自助银行、泠江中路自助银行（莲花大酒店旁）、泠江东路自助银行（原地税局旁）、九嶷中路自助银行（十二小对面）、九嶷南路自助银行、县一中自助银行等六个离行自助银行，自助设备46台。建行宁远支行紧跟和顺应改革的步伐，根植宁远，服务县域，各项业务得到跨越式大发展。建设银行宁远支行，以做好、做活宁远高中端个体经济、金融，作为发展个人存款主线。以细水长流式优质服务，加强对高中端客户的维护和服务力度，拓展建行个金发展空间。到2019年12月31日，宁远支行一般性存款46.11亿元，年新增1.59亿元，在市行系统各支行排第一；个人存款新增3.19亿元；对公存款余额9.24亿元；各项贷款余额24.32亿元，同业排名第一；对公贷款余额14.73亿元，年新增3亿元，同业排名第一；实现利润当年新增9700万元，排当地同业第一。

【打造服务品牌】2019年，宁远建行坚持“以客户为中心”的经营理念，狠抓负债业务的源头，大力发展个人存款业务，实现个人存款创历史新高。2019年，宁远建行通过自制电视宣传片，到车站、超市、商业服务区播放视频，发放宣传手册，为客户代写春联等各种宣传活动，大力营销建行品牌，打造建行品牌老店，使建行品牌横向拓展到全县各企事业单位、个体工商业主，经济强人，商业能人；纵向深入到重点乡镇，外出务工者。宁远支行抓宣传、抓源头、抓需求、抓信息等多管齐下，抢占先机，使建行品牌营销深入人心、走进千家万户。

【支持县域经济】2019年，宁远建行积极主动响应县委对教育、医疗、社保、环保四大民生领域的全程综合金融服务平台，做好项目发掘和扶持，实现银企双赢。通过支持宁远县中医医院、县人民医院项目，进一步完善县域卫生设施，提高医疗条件；通过支持九嶷山旅游公司，支持宁远县进一步改善宜居宜游环境，支持县一中建设，提升和优化县教育环境；2019年，对公贷款余额14.73亿元，年新增3亿元，同业排名第一。积极与县委、县政府对接项目，得到宁远县主要领导的高度评价，省行授信审批部、市分行与宁远县政府主要领导对此会谈，成功授信宁远县人民医院新住院大楼项目、宁远县中医医院医疗服务共同体项目、宁远县自来水公司宁远县城北水厂及配套设施建设工程项目、宁远县智慧新能源科技有限公司宁远县玉屏16.5兆瓦集中式光伏扶贫电站项目。

【全面从严治行】2019年，宁远建行加强党风廉政建设。按照“一岗双责”，标本兼治，注重预防的思路，做好全面从严治党，从严治行工作。开展党纪廉洁教育。认真按要求传达学习上级行转发违反中央八项规定相关通报，组织员工观看警示片，并写出心得体会，做好《一人一案例》的分析和讲解。要求全行员工和广大党员廉洁从业，守住底线，不踩红线。做好“两防”。严格落实“两防”工作的主体责任。对重要岗位、重要人员、重要事件进行重点分析，并作好员工排查和家庭走访，了解每一位员工上下班后的社会交友、经济开支、家庭人员关系，注重加强员工“八小时”之外的监督，2019年，银行班子成员共进行员工家访和谈话200余人次，把党风廉政建设，合规内控，案件防控和预防腐败传达到每个员工及其家属子女，为支行营造一个清风正气的良好环境打下基础。

中国农业发展银行宁远县支行

【概况】中国农业发展银行宁远县支行是宁远县内唯一一家政策性银行。2019年，宁远县支行认真贯彻落实省、市分支行行长会议精神，以十九大精神为指导，以“不忘初心、牢记使命”主题教育为契机，深入学习贯彻习近平新时代中国特色社会主义思想和中共十九届四中全会精神，坚持稳中求进的工作总基调，以服务乡村振兴战略为总抓手，统筹推进“基层党建巩固年”“合规管理标杆行”“信贷队伍建设年”建设，主动担当作为，着力强支农、促振兴，强合规、控风险，强党建、带队伍，各项工作实现提质增效，队伍面貌焕然一新。12月末，各项贷款余额267788.72万元，比年初增加29200万元，增长12.2%，贷款余额居农发行系统全市第二。存款余额124270.87万元，比年初减少29961.13万元，日均存款余额153307.81万元，比年初减少17774.11万元。全年实现各项收入12633万元，各项支出5413万元，实现账面利润7220万元。全年全行不良贷款余额、不良贷款占比为零。

【贷款业务】2019年，中国农业发展银行宁远县支行致力业务转型发展，贷款投放由以棚改为主向标准化厂房、城乡一体化、改善人居环境等多品种齐头并进转变。全年累计营销项目贷款7个、金额18.26亿元，审批贷款项目5个、金额12.26亿元，实现投放项目5个、投放金额5.69亿元，项目营销、贷款审批和新项目投放三项指标均居全市系统第一。

【粮食收储业务】2019年，中国农业发展银行宁远县支行全力保证政策性收购资金供应，落实中央和地方粮食安全储备和调控政策，确保政策执行到位。做好粮食收购资金供应与管理工作，及时足额发放储备粮轮换贷款等政策收购贷款，确保政策执行到位。全年共发放县级储备粮轮换贷款 561.6 万元，轮换收购中晚稻 2100 吨；支持地方储备粮贷款展期 4 笔，金额 900.4 万元，储备库存 5500 吨；完成宁远和蓝山粮食财务挂账贷款展期，金额 4726.7 万元。严格按照“封闭运行”管理各项要求，充分运用粮油库存远程监控系统监管辖内粮食企业库存情况，防止出现粮油库存出库而资金未归行或亏空现象。

【防范化解风险】2019 年，中国农业发展银行宁远县支行坚持把防控信贷风险摆在重要位置，全力落实全面风险管理战略，多措并举强化合规管理。资产质量保持优良。银行始终把提高信贷资产质量作为各项工作的重中之重，不断加强信贷风险管理，把资产质量管理作为强化信贷风险管理的切入点和抓手，严把风险关口，以“合规管理标杆行”要求开展工作，筑牢合规风险底线。约期还款全额收回。截至 12 月末，累计收回约期还款 10 笔、金额 12200 万元，其中：宁远开元易地扶贫搬迁项目贷款 1600 万元、蓝山元嘉易地扶贫搬迁项目贷款 1300 万元、蓝山元嘉公司安置房项目贷款 2000 万元、蓝山城投公司湘江源舜水河治理项目贷款 1300 万元、宁远开城公司南部新城项目贷款 6000 万元；基金回购 5 笔，收回蓝山污水管网项目基金 500 万元，蓝山工业园区棚改项目基金 127.5 万元，九嶷山生态旅游 600 万元，蓝山湘江源舜水河治理 600 万元，蓝山供水管网 500 万元。夯实财会和反洗钱基础工作。2019 年，财会新核心系统和财管系统纷纷上线使用，支行会计人员以“5+2”“白加黑”的工作作风，为新系统顺利上线和平稳运行保驾护航。今年上级行进行财会辅导检查共 4 次，发现问题 6 个，整改问题 6 个，整改率 100%。10 月，因人员调动，支行对坐班主任和一名综合柜员进行更换，切实防控操作风险，会计基础管理工作不断夯实。银行始终坚持勤俭办行，合规列支各项费用，规范财务开支范围、标准、审批权限、程序等，强化财务管理。会计结算部门深入贯彻执行《中华人民共和国反洗钱法》，加强组织领导，提高认识，制定规划，明确部门、人员、责任和职责，按照反洗钱相关文件规定，加强账户开立流程管理，认真落实账户实名制和客户身份识别，确保开户资料和联网核查记录真实完整，有效防范支行业务工作中的风险，为支行的稳健经营提供有力保障。

【党建统领】2019 年，中国农业发展银行宁远县支行始终坚持把党建摆在统领全行高质量发展的突出位置，推进党建工作与业务工作深度融合。思想上加强员工思想政治引领。今年“不忘初心、牢记使命”主题教育开展以来，支行党支部高度重视，组织全行员工开展主题教育集中学习 11 次，累计学习时间达 25 学时，倡导自主学习《中国共产党的九十年》《习近平在正定》等书籍。通过开展“参观红色基地，重温红色记忆”主题党日活动、青年员工座谈会、“学习强国”知识竞赛、主题教育专题研讨、撰写学习心得体会、“与国旗合影、向祖国表白”等一系列主题教育活动，丰富主题教育形式，不断引导全行员工强化理论学习，坚定政治信仰，加强党性锻炼，提高政治能力。制度上严格落实“三会一课”制度和执行党员积分管理考核制度。支行党支部全年召开党员大会 4 次、上党课 5 次、召开支委会 12 次、党员集中学习 12 次。“七一”期间精心组织员工参加全市系统“党在我心中、幸福新时代”朗诵比赛。支行张霞同志转为发展对象，另有 3 名年轻员工被确定为入党积极分子。根据市分行要求，12 月组织开好民主生活会、组织生活会和对照党章党规找差距会议，领导班子和党员深刻剖析自身问题，检视党性修养差距，开展批评与自我批评并制定整改措施，取得良好成效。作风上加强自身建设，增强廉洁自律意识。着力抓好劳动纪律和会风会纪，坚持统一着装、上班打卡和会议签到制度，开展员工异常行为排查，规范员工言行，落实从严管党治行相关要求。组织全行上廉政党课，结合反腐倡廉教育，通过反面教材开展警示教育，引导员工树立正确的价值取向，通过作风建设，员工思想认识得到提高，精神面貌得到改善，干事创业的劲头得到激发，工作执行力得到提升。

（胡利辉）

邮政储蓄银行宁远支行

【概况】 邮政储蓄银行宁远支行始终以服务县域经济发展为己任，深化改革，创新工作。针对宁远县是劳务输出大县，做好务工人员回流资金的揽收。公私联动，做好涉农、社保、教育等转移支付资金的代理，坚持品种创新和服务创新，抓住推行理财、资金归集、客户答谢会等重点工作，抓好储蓄存款攻坚战，以争取有价值的私人客户为重点，大力营销零售业务。不断优化信贷结构，积极争取扩大贷款规模，增强长期发展的潜力。2019年是邮储银行完成A股上市的收官之年。全行上下扎实开展“不忘初心、牢记使命”主题教育，坚定实施总行“12345”战略，紧紧围绕省行“十六字”工作方针，有序推进普惠金融生态工程、客户增量提质工程、学习银行赋能工程“三大工程”，加快“五化”转型，坚持稳中求进总基调，经营管理工作取得较好成绩。宁远支行获省分行“创效十强支行”称号，获市分行“2019年度先进支行”称号；宁远县支行营业部获永州市“工人先锋号”称号；宁远县支行三农金融部获永州市“巾帼文明岗”、“芙蓉标兵岗”称号；宁远县支行张婷获永州市“芙蓉百岗明星”称号。

【三服务】 2019年，邮政储蓄银行宁远支行始终坚持“两小”战略，立足服务“三农”、服务中小微企业、服务社区的战略定位，不忘初心，砥砺前行。把服务“三农”的责任扛在肩上，把普惠金融的使命落到实处。以加大零售贷款发放为抓手，以提升服务质量为主线，鼎力支持宁远乡村振兴战略和绿色银行建设，全力助推地方经济发展。累计向农户发放惠农“乡情”卡5000张（其中建档立卡扶贫户1300户），建设“金融服务站”22个，代收付农民各项涉农补贴和扶贫资金4亿多元，为改善农村金融环境、促进农村经济发展、开展金融扶贫攻坚工程做出较大贡献；全年零售信贷净增3.4亿元，净增绝对值排全市第一位，宁远县同业年增幅排第一位。全县小额创业担保贷款全部由宁远支行发放，结余金额1.21亿元，累计带动200多户建档立卡贫困户脱贫致富。

【转型发展】 2019年，邮政储蓄银行宁远支行以转型提能促个金业务发展。个人储蓄通过强化“十大抓手”和“五张卡”发展，全年保持平稳增长态势，自营储蓄余额达8.25亿元，净增8714万元，公司存款2.52亿元，净增4150万元，信用卡聚焦场景营销与存量挖潜，新增客户1448户，邮惠付商户全年新增有效商户36户，联动储蓄存款400.50万元。以挖潜创新促零售信贷提速。零售信贷突出营销方式转变和产品要素的创新，强化金融生态版图建设，变“坐贾”为“行商”，全年走访客户320户，建档260户。通过生态版图走访工作，整合资产、负债业务队伍，也整合资产、负债客户资源，让交叉营销更有效。通过利用好分层营销，让支行市场拓展工作事半功倍，成功发放自来水公司小企业贷款3000万元，为宁远供水民生工程增添强大的助力。零售信贷余额15.1355亿元。2019年，消费贷款净增2.887亿元，邮薪贷累计审批通过38户单位，放款量达147

万元，邮储花呗累计开通225户；小额贷款净增0.284亿元；小企业法人贷款净增0.237万元。

【加强管理】2019年，邮政储蓄银行宁远支行内控基础不断夯实。扎实开展扫黑除恶专项斗争、非法集资风险排查整治和上级行案件警示教育等活动，狠抓案防、合规、反洗钱和法律事务管理。严抓合规管理。筑牢“三道防线”，坚决整改违规问题，做到依法合规经营，对违规行为敢于亮剑，认真落实监管规定，有效防范监管风险。安防管理不断加强。持续深化“平安邮储”建设，巩固安全达标工作成果，全年实现零发案、零罚款、零赔付。资产质量管控取得阶段性成效。认真落实“六要”要求，强化不良压降，加大诉讼和执行力度，不良贷款清收780万元。健全内部管理制度。制定印发《“三重一大”决策办法》等重要制度文件。强化人力资源管理。针对各层级员工结构、特点，量化绩效考核指标；强化教育培训，积极开展员工专业技术职务评聘、职级晋升工作。规范财务管理。健全财务管理制度，规范财务管理流程，严守财经纪律，加强对“小金库”等违规违纪行为的清理。

【党建引领】2019年，邮政储蓄银行宁远支行以习近平新时代中国特色社会主义思想为指导，狠抓党支部阵地建设，坚持以“党建+”理念为统领，不断增强“四个意识”，坚定“四个自信”，做到“两个维护”，牢牢把握正确政治方向，严守政治纪律和政治规矩。扎实开展“不忘初心、牢记使命”主题教育，坚持将学习教育、调查研究、检视问题、整改落实贯彻始终，依托“学习强国”“中邮先锋”学习平台，有效提升党员干部理论水平和履职能力。宁远县支行认真落实“三会一课”制度和廉洁知识学习制度，认真组织开展专题学习，提高领导班子成员管理能力。开展深入基层调研活动，召开民主生活会和组织生活会，加强作风建设，提高领导班子公信力。强化班子队伍建设，认真开展领导班子合规履职检查工作。强化专业队伍建设，提高客户经理队伍的能力，积极参加省市分行和地方政府组织的各项业务竞赛活动。

【企业文化】2019年，邮政储蓄银行宁远支行积极培育和践行社会主义核心价值观。加强支行员工社会公德、职业道德、家庭美德、个人品德“四德”学习教育，树立爱岗敬业，勇于担当的责任。积极开展志愿服务工作。宁远支行党支部带领党、团员定期进扶贫村开展精准扶贫、到敬老院帮扶，慰问对口扶贫户，开展脱贫政策宣讲，特别宣讲支行绿色金融扶贫政策，从思想上、生活上促其早日脱贫。为认真落实党中央，国务院普惠金融政策，加大支持民营小微企业力度，提升零售业务整体抢占市场能力，通过精准执行上级行生态版图走访“五定”要求，结合宁远实际持续开展走访营销。

中国银行宁远支行

【概况】中国银行宁远支行始设于2012年，截至2019年12月末，中国银行宁远支行只设营业部一个机构，位于湖南省永州市宁远县舜陵街道泠江社区泠江中路30号，县财政局一楼门面，总计在岗员工12人。2019年6月获得湖南省金融消费权益保护标准化网点称号。8月个人征信自助查询机投放网点。9月，宁远县自来水公司在中国手机银行支付上线。10月，宁远县财政国库集中支付系统上线。11月，签署湖南省县财政信贷风险补偿机制三方合作框架协议，成为宁远县财政局合作的两家银行之一。11月，与宁远县自来水公司合作开发跨屏聚合支付动态码投产，宁远县所有自助缴费终端都可通过扫码支付水费。12月，获得光大环保能源（宁远）有限公司开发的宁远县垃圾焚烧发电厂2.55亿元贷款项目批复。

【存贷业务】截至2019年12月末，中国银行宁远支行存款余额44126万元，较年初新增8133万元；贷款余额67855万元，较年初新增12897万元；存贷比达到154%，新增存贷比达159%。完成年初县金融办下达的贷款新增任务1.8亿的72%。在支持实体经济方面，支行2019年通过营销获得对光大环保宁远项目授信2.55亿元，已上报宁远县人民医院授信6000万元。2019年通过与农信保合作，加强对支柱农业支持，新增农担贷款1200余万元，支持22个农业合作社和特色农业个体。截至2019年12月末，公司不良贷款余额为零，已成功核销馨园园艺495万元、福新页岩砖厂247万元；个人贷款通过催收及核销手段，压降不良贷款185万元，目前仅剩一笔阙运林517万元个人不良贷款，已上报总行核销。

长沙银行宁远支行

【概况】长沙银行宁远支行2016年年底试营业，2017年3月16日正式开业，紧紧围绕“服务地方、服务中小、服务市民”的服务理念，致力于打造县人民政府的合作银行、县老百姓的贴心银行的工作目标，积极推动宁远县经济社会的发展，各项工作取得较好成绩。截至2019年年末，各项存款余额为57605万元，较年初净增16863万元；贷款余额为83637万元，较年初净增20207万元，存贷比达到145%，新增存贷比达120%。

【主要业务】2019年，长沙银行宁远支行认真履行《政银业务合作协议》，继续加大贷款投放力度、提高服务效率、支持地方经济发展、支持平台公司做大做强。长沙银行宁远支行继投放宁远城投公司3亿元项目贷款，中科建流动资金贷款1.5亿元后，2019年年初，又投放绿园公司项目贷款2亿元，用于产建投的园区建设。绿园公司项目贷款在临近过年，面临农民工工资发放出现困难的情况，支行仅用12天就把2亿元贷款投放到位，解决产建投的燃眉之急。长沙银行宁远支行认真落实宁远“生态立县”“工业强县”“旅游兴县”“农业富县”的发展战略，对园区、城区、景区的中小企业进行大力支持。支行投放裕宁电子1500万元、九疑山实业1500万元、蓝海化纤1500万元、湘南医院1200万元、永杰诚电子500万元、荞麦花水电站1800万元，近三年对中小企业贷款投放额达9500万元。长沙银行宁远支行推出专项产品，满足特定企业需求。“暖心快贷”，针对目前中小企业大多缺乏抵押担保物、存在增信措施的瓶颈的现状。“快乐e贷—税e贷”，客户全线上自助申请，凭企业纳税金额享受贷款额度。“政采贷”，对于进入政府采购供应商名单的有效企业法人，可以根据政府与其签订的采购合同，通过支行电子渠道申请贷款产品。

【惠农政策】2019年，长沙银行宁远支行首家农经站在鲤溪正式开业，永州市分行行长助理曲亮等领导出席开业仪式并为长沙银行鲤溪镇金融服务站揭牌。长沙银行致力于改善农村结算环境，打通农村金融服务“最后一公里”的积极尝试。在服务站上村民足不出户就可以办理小额取款、余额查询、社保缴费等快捷服务，让群众在家门口就能享受到现代化、高水平的金融服务。截至2019年年底，农经站管辖银行卡3152张，管辖时点数2746.6万元。签约站点42家，达标“双50”站点21家，7家已开业，取得良好的社会效应。

【履行社会责任】2019年，长沙银行作为“湖南人自己的银行”，把履行社会责任作为自己应有的担当，全力支持宁远县委、县政府的扶贫工作。长沙银行宁远支行对接鲤溪镇仙马石村的脱贫工作，投入资金15万余元，与县审计局共同做好鲤溪镇仙马石村的扶贫工作。

宁远潭农商村镇银行股份有限公司

【概况】 湖南宁远潭农商村镇银行股份有限公司（以下简称“宁远潭农商村镇银行”）是经中国银行业监督管理委员会批准，由宁远县人民政府主导，湘潭农商银行作为主发起行，征集部分境内企业法人及社会自然人共同发起设立的具有地方性和独立法人资格的股份制商业银行。宁远潭农商村镇银行于2017年12月成立，2018年4月正式开业，机构总部位于宁远县舜帝北路伟明花园A2栋。现有员工11名，其中中共党员5名，内设综合管理部、业务拓展部、财务部、合规风险部、营业部，有营业网点1个，在行式自助银行1个，自助设备3台。截至2019年12月末，资产总额31949.77万元，其中各项贷款18913.44万元；负债总额27013.69万元，其中各项存款19270.04万元；不良贷款为0，资本充足率为22.99%。

【支持地方经济建设】 宁远潭农商村镇银行自成立以来就定位在支持宁远县地方经济发展，支持“三农”、支持民营小微企业、支持实体经济。截至2019年12月末，涉农贷款17260.52万元，占比91.26%，共计319户，占比96.67%；小微企业（小微企业法人、个体工商户、小微企业主）贷款14552.98万元，占比76.95%，共计165户，占比50%。其中，支持产建投园区企业发展，宁远县园区4家新能源企业，分别是沃尔顿、聚力、鑫和美、宇拓新能源有限公司，共计发放贷款1110万元；支持农业产业发展，水稻、黑木耳、石蛙、土鸡、香猪、肉猪、水果园，累计发放合作社或农户贷款73户、金额共计2457万元；支持宁远县政府事业单位建设发展，共计发放卫生系统13家医院、卫生院贷款3887万元；支持宁远县国有企业项目发展，为旅建投、产建投共计发放贷款888万元，用于宁远县园区建设以及旅游投资建设；支持广大客户需求，推出信贷产品“小贷卡”主要用于居民的贷款需求，“小额商户贷”主要用于个体工商户的贷款需求，“流水贷”主要用于小微企业贷款需求，真正打造政府认可、老百姓满意的贴心银行。2019年，宁远潭农商村镇银行被授予“永州市民营和小微企业金融服务示范窗口”单位称号，两名员工获2019年度“宁远县支持地方经济发展先进个人”称号。

【内部管理】 2019年，宁远潭农商村镇银行开展多项业务培训考核活动，积极参加银保监局、人民银行、主发起行等组织的培训活动，培训内容包括业务知识、服务礼仪、反洗钱知识、反假币知识、安全保卫知识、信贷风险知识等，进一步提升员工的企业文化氛围。同时，加强全行安全保卫和内控案防工作，抓好员工行为动态排查，加大检查力度和监督力度，确保全行安全无事故，无重大业务差错，实现平安运营目标。宁远潭农商村镇银行正式加入湖南省村镇银行协会。

【履行社会责任】 2019年，宁远潭农商村镇银行积极参加宁远县政府组织的315金融宣传、防范非法集资、金融扶贫活动，列席政府重大会议。开展反假币、防诈骗知识、金融政策法规、金融业务知识普及宣传活动，提高广大市民金融风险防范能力，促进信用环境建设。全力支持宁远县委、政府的扶贫攻坚工作，向宁远县天堂镇香花桥村派驻一名工作队员、两名帮扶责任人对15户建档立卡贫困户进行帮扶，多次帮助贫困户销售自家耕作农产品，加快脱贫致富步伐。全年累计投入数万元资金支持天堂镇香花桥村基础设施建设及关爱贫困户，扎实落实结对帮扶的各项工作。

（肖雄）

宁远农村商业银行股份有限公司

【概况】1952年12月中国人民银行宁远支行，在太平区谢家创办信用合作社，至1955年全县信用社发展到190个。1985年3月，建立宁远县信用合作社联合社（以下简称县联社），隶属县农行，内设理事会，监察员，下设营业部对外营业。下辖信用社49个，信用站647个。1995年12月，试行独立运行，仍隶属县农行。1996年基层机构调整为信用社44个，信用分社5个，信用站270个。12月，县联社与县农行脱离行政隶属关系。1999年，营业机构调整为12个信用社，一个营业部，24个分社，569个信用站。2002年信用站减为262个，机构未变。2015年信用社改农商银行。2019年，宁远农商银行在岗员工276人，营业网点34个，网点遍布全县20个乡镇（街道），其中：城区网点7个、乡镇网点27个，是全县营业网点最多的金融机构。全行各项存、贷款余额分别为59.05亿元和43.78亿元，分别较年初增长2.99亿元和2.31亿元，存、贷款规模稳列全县金融机构第一。其中农业贷款余额26.68亿元，占比60.94%，存贷比例74.15%。全年累计发放各项贷款32.51亿元，其中农业贷款累计发放20.48亿元，占比63%。缴纳各项税款0.83亿元，近四年已累计缴纳各项税款2.56亿元，为地方经济发展做出突出的贡献，获宁远县“支持地方经济发展先进单位”称号。

【信贷工作】2019年，宁远农村商业银行股份有限公司始终牢记农村金融主力军的使命，紧紧围绕“建设有温度的百姓银行”这一愿景，以服务农业供给侧结构性改革为主线，深入实施党建引领质量主导战略。积极开展“党建共创，金融普惠”活动。与全县所有乡镇、行政村签订合作协议，明确金融协理员175人、金融联络员203人，与192个网格互助小组建立互助关系，成立党员服务站30个，走访农户2031户，授信金额3520万元，其中用信金额1516万元。积极“贷”动春耕、备耕。重点支持种养大户、家庭农场、农业龙头企业等新型农业经营主体等，其中累计发放粮食专项贷款约6000万元；提早深入村组对烟农调查摸底，及时掌握烤烟种植面积及资金需求情况，提前一个月上报烤烟贷款计划，对所放肥贷全部免抵押，满足烟农需求，累计发放肥贷挂钩贷款2109万元，扶持831户烟农种植烤烟3.9万亩，产烟13万担，烟农增收1.5亿元。积极帮“小”扶“微”。对已授信的10家小微企业投放贷款1.4亿元，向县教育重点项目明德湘南学校发放无还本续借贷款，重点支持九嶷山出租汽车有限公司、冷水镇冠博鞋厂、宏源金银花种植专业合作社等316家小微企业，累计投放贷款5.27亿元，贷款余额达23.33亿元。积极投身脱贫攻坚。向人民银行申请扶贫再贷款1亿元，成功创建4家金融扶贫再贷款示范点，提供信贷资金2300万元。累计发放扶贫小额信用贷款12748笔，贷款金额为5.31亿元，其中2019年度发放扶贫贷款469笔，金额0.23亿元，现有扶贫贷款2440笔，金额1.2亿元。积极创新信贷品种。推出“党员先锋贷”“暖心助学贷”“商快贷”，累计发放该类贷款9323万元，总余额3.09亿元，不良率1%以内。

【信用体系建设】2019年，宁远农村商业银行股份有限公司对表内不良贷款逐户函证，共函证174笔、金额1.72亿元；与法院条线部门密切配合，建立“绿色通道”，共起诉贷款45笔，金额4357.9万元；推广“互联网+不良资产”处置模式，将抵押资产登上淘宝网司法拍卖平台，并在电视台、职工微信群、QQ群、微信公众号广泛发布拍卖信息，成功拍卖房屋12座，收回贷款30笔，收回本息7730.26万元；委托3

家清收公司收回本息538.16万元；对到期贷款、不良贷款每月月初开始预警，每三日一更新，每月21日结息日后每日一更新，通过预警机制收回到期贷款7.33亿元，压回关注类和不良贷款13.28亿元。

【企业形象建设】2019年，宁远农村商业银行股份有限公司紧紧围绕“六大战役”重点项目建设计划，集中力量猛攻基层网点综合楼建设项目，中心铺、鲤溪支行盛大开业，太平支行竣工待验收，柏家坪支行主体完工，完成水市支行装修及附属工程，完成清水桥、中和、永安、九嶷山等支行的设计及预算。全面推进基层网点“五小建设”，设计特色企业文化墙，完善机关大院、支行门楣标识标牌建设，对外展示统一的企业形象。

【其他业务】2019年，宁远农村商业银行股份有限公司上线三款智能存款产品，累计营销存款12200万元；成立国库集中支付结算中心，揽储近8230万元；在全县首推“微信缴学费”“福祥e支付”缴学费等新模式，获得代收城区所有公办学校学费业务，揽储近7000余万元。拓展对公存款，成功揽下4家县直单位账户开立与工资代发业务。配合乡镇召开社保卡专项会议，走村串户上门激活社保卡105248张，激活率达75.13%，比年初提高21.47个百分点。以手机银行、福祥e支付、蓝牙KEY等电子产品为载体，通过增加ATM机、CRS机、移动POS机，缩小城乡金融服务差距，全年共布放自助机具261台、手机银行有效净增12017户、便利服务终端每月办理业务笔数超过3.1万笔，业务笔数近40万笔。

中国人寿保险股份有限公司宁远支公司

【概况】1996年6月，中国人寿保险有限公司宁远支公司成立。内设综合科、计财科、业管科，下设农村保险站10个。1997年增设营销科、网点科。1998年，增设2个保险站。是年11月，中国人寿保险有限公司宁远支公司更名为中国人寿保险公司宁远支公司。2003年，公司实行股份制改革，更名为中国人寿保险股份有限公司宁远支公司。2019年，中国人寿宁远支公司以“转型升级，加快发展”为统领，不断提升服务管理水平，积极适应和服务经济高质量发展新常态，不断扩大经营规模，为宁远经济建设和民生服务提供强有力的支持。

【险种】2019年，中国人寿保险宁远支公司积极转型升级，加大保障型产品的推出与销售，回归“保险姓保”本源。全年，中国人寿宁远支公司以国寿福（臻享版）为主推产品，并推出涵盖重大疾病、意外、医疗的“635”保障计划。保障型产品保费收入同比增长34.8%，人均保额提高至八万元左右，切实保障宁远人民的人身健康及安全。

【承保】2019年，中国人寿保险宁远支公司积极承办教师意外保险、宁远县学生乘车保险、妇女防癌病险、计生家庭险等一系列政府保险。在国家打赢扶贫攻坚战的精神指引下，中国人寿宁远支公司以做好做优“扶贫特惠保”为目标，通过下村宣传、上门回访、快速结案、医院系统及时对接等手段优化理赔流程，全力服务于建档立卡贫困户。公司“扶贫特惠保”服务覆盖全县5个乡镇的扶贫村。截至2019年12月，公司扶贫保险已承保1.8万人。

【理赔】2019年，中国人寿保险宁远支公司推出“重疾一日赔”服务，针对申请恶性肿瘤重大疾病赔付的客户，一日内完成理赔工作。支公司推出上门服务、简化资料、优先处理、专人理赔等“重疾优先赔”配套服务，为宁远百姓提供简捷、品质、温暖的保险服务。2019年公司“重疾一日赔”“重疾优先赔”累计赔付132笔，赔付金额780万元。

【业务经营】2019年，中国人寿保险宁远支公司保费总收入19825.53万元。其中团体业务部，完成短险保费1433.85万元，同比增长10.64%，市场份额占比80%。短期险赔付率控制良好，赔付率为52%。2019年个险完成首年期交保费2355.73万元，同比增长8.86%，其中新单标准保费1451.33万元，同比增长10.17%，十年期以上期交保费目标1603.09万元，同比增长12.21%。

【队伍建设】2019年，随着"新国十条"的实施及各种利好政策的出台，中国人寿保险宁远支公司按照"创新致远，队伍制胜"战略部署，通过"健康服务专员"的招募来助推大众创业。2019年新解决就业岗位近600余人，销售人力和服务队伍1000余人，为全县就业工作做出应有贡献。

（左杜娟）

中国人民财产保险股份有限公司宁远支公司

【概况】中国人民财产保险股份有限公司宁远支公司（简称中国人保财险宁远支公司）是中国人保财险四级机构，是宁远财险市场成立最早、规模最大、实力最强的保险企业，业务网点遍布全县城乡，设有3个三农营销服务部、20个乡镇（街道）保险服务站和409个村级（社区）保险服务点。2019年有在职员工42人，外包合同人员20人和营销员199人，同时培养和发展35名乡镇三农保险专兼干和425名村级三农保险协保员，做到保险全覆盖、服务零距离。公司以"人民保险、服务人民"为使命，秉承"以市场为导向，以客户为中心"的经营理念，弘扬"理念立司、专业兴司、创新强司、正气治司"的核心价值观，坚持以"做人民信赖的卓越品牌"为共同愿景。经过多年发展，形成品牌、市场、人才、产品、技术、网络、服务等多方面雄厚的经营管理优势。公司积极履行优秀企业公民责任，为促进改革、保障经济、稳定社会、造福人民提供强大的保险保障。同时，在服务经济社会发展全局和广大客户的实践活动中，创造和积累市场领先的企业核心竞争优势。

【经营状况】2019年，中国人保财险宁远支公司开办的业务有机动车辆险、企业财产险、家庭财产险、货运险、责任信用险、意外健康险、农险、个人贷款保证保险等共100多个险种，全年累计完成保费收入10538万元。2019年1月，公司独家承办全县精神障碍责任保险，为精神障碍患者提供1000万元的保险保障。4月，公司为全县烤烟保驾护航，实现双"保险"，在提供烟叶保险的同时，新增对全县烤烟房的财产保障。5月，公司与宁远县扶贫办签订关于承办全县"扶贫特惠保"的协议，为全县58775名建档立卡贫困户提供一系列综合保障，为全县脱贫攻坚工作做出积极贡献。7月，为服务和改善民生，探索建立社会治安综合治理新模式，公司承办全县综治保险，为全县18.8万户常住人口提供保险保障。

【员工队伍】2019年，中国人保财险宁远支公司员工大专及以上学历占96%，拥有专业技术职称占60%。公司以人为本，建立良好的"唯才是用""以业绩论英雄"的用人及激励机制，借PICC雄厚的资金实力、强大的客户群和优秀的商业信誉，吸引保险行业的精英们加盟，公司的人力资源不断得到高质量的补充。建立完善的现代企业培训机制，相继邀请国际、国内众多的专业客户服务培训公司，给公司专门制订员工培训计划，为公司引入国内外先进的客户服务技巧及客户回访制度。公司经常举办丰富多彩的文体活动，活跃员工身心健康，营造出"和谐奋进"的公司氛围。

【服务理念】2019年，中国人保财险宁远支公司恪守以市场为导向，以客户为中心的服务理念，设立"95518"24小时专线服务电话，利用新科技赋能，畅通中国人保及各省级分公司微信公众号、中国人保微信小程序、中国人保 APP、中国人保官网、拇指理赔在线小程序等多渠道线上承保、理赔通道，全天候多方位为广大客户提供承保、理赔、咨询、报案、抢险及免费救援等一条龙服务。公司拥有专业的保险事故查勘定损队伍和保险事故的查勘、定损、理赔权，配备专业化的先进理赔工具：如专用的理赔车辆、专门为定损设计的 PEDS 事故车辆定损系统、远程定损系统等，随时可在第一现场为客户提供方便、快捷的保险理赔服务，避免客户人在异地的种种尴尬和困难。并通过持续开展“客户服务节”“客户增值服务”“人保心服务”“理赔午夜市”“警保联动”等活动，为广大人民提供个性化的优质服务。“做人民信赖的卓越品牌”是公司的共同愿景，除专业的客户服务人员外，负责承保的员工全过程地协助客户办理一切保险事项，务必让客户感到简便、放心、满意。2019 年 8 月，公司和宁远县交警二中队、三中队、四中队成立“人保警报联动交通管理服务站”，标志着“警保联动”合作下“放管服”工作在宁远城乡各地正式落地。随着“警保联动”模式的逐步试点成熟，警保双方政企服务网络的优势互补、深度融合，逐步将“人保交通管理服务站”延伸至禾亭、冷水、柏家坪等各乡镇，进一步织密覆盖城乡交通管理保险服务便民网络。2019 年，公司开展送保险下乡活动，将保险消费维权、保险常识宣传、保险诚信建设等知识送到广大农民群众身边，为广大消费者送去保险的贴心服务。

【内控管理】2019 年，中国人保财险宁远支公司为适应市场竞争的需要，不断加强内控管理，在内部人员管理、风险防范、客户服务等方面形成制度化、专业化、规范化，初步建立起现代企业监控模式。针对特大自然灾害，制订《大灾应急预案》，当出现重大灾情时，公司能快速反应，调动人力、物力、财力，为广大客户提供及时的理赔救灾服务。2019 年 4 月，宁远县柏家坪镇完小发生一起持刀砍伤学生事件，中国人民财产保险股份有限公司宁远支公司迅速反应，在事件发生后 24 小时内将预付赔款 80 万元支付到位。“7·13”特大暴雨灾害发生，公司第一时间启动防汛应急预案，组织人力抗洪救灾，开启农险理赔绿色通道，简化理赔程序，及时支付水稻赔款 300 余万元，烤烟赔款 350 余万元，烤烟房赔款 11 余万元，农房赔款 40 余万元。7 月，宁远县鲤溪镇烟农郭城远聘请的农民工在从事烤烟生产过程中发生意外不幸身亡。公司迅速组织开展查勘定损工作，最终将 4 万元“金农保”雇主责任保险理赔款在第一时间支付到受害者家属手中，理赔工作得到受害者家属的肯定。

中国太平洋财产保险股份有限公司宁远支公司

【概况】中国太平洋财产保险股份有限公司是中国太平洋保险集团的子公司，主要经营财产保险、意外伤害保险及健康险等相关业务，2017 年、2018 年、2019 年获得保监会保险服务评价 AA 级，成为财产保险公司中唯一获得 AA 服务评级的两家公司之一。宁远支公司于2014 年8 月成立。公司地址位于宁远县舜帝北路 92 号，公司主要经营人民币和外币的各种财产保险、车辆保险、短期健康保险和意外伤害保险；农业保险；经中国银保监会批准的其他财产保险。公司现有正式员工 10 人，营销人员 60 人，设有经理室、车险、非车险、电销、理赔、农险、客户服务等岗位或部门科室，业务覆盖全县各级各部门、各乡镇（村、社区）。2019 年度公司经营规模达到 1901 万元，纳税 199 万元。

【农业保险】2019 年，公司在服务全县“三农”发展上发挥主力军作用。2019年公司承保农险品种有肉鸡、棉花、柑橘、甘蔗、葡萄、油菜、茶叶、油茶8个，保费收入505万元，年度累计支付赔款455万元，着实让投保人和人民群众得到实惠，为全县农业健康发展贡献力量。

【扶贫帮困】 2019年4月15日，经宁远县扶贫开发领导小组办公室同意，宁远支公司和县商业企业改制办等单位一道联系贫困村——桐山街道幸福村。宁远支公司主要负责人、副总经理和一名员工等3人积极主动进村驻户每月至少开展1次扶贫帮困、脱贫攻坚工作。5月14日，省分公司副总兼纪委书记欧阳志平带队赴宁远支公司扶贫联系村调研和走访慰问贫困户。公司累计出资2.5万余元（含物质）赠予幸福村扶贫帮困。公司主动作为、主动服务农村和主动加入扶贫攻坚队伍的做法得到县委、县政府以及相关部门的高度赞扬和认可，公司的品牌形象在宁远大幅提高。

【优质服务】 2019年，公司结合全县开展的“三比三创”主题活动（比忠诚、创一流形象，比实干、创一流作风，比贡献、创一流业绩），遵循“政府引导、市场运作、自主自愿、协同推进”的原则，依法合规开展公司业务，大力开展“太贴心”“太好赔”“e农险”和“免费搭电道路救援”等增值服务，赢得了大客户的认可和赞许。

（李元斌）

中华联合财产保险股份有限公司宁远县支公司

【概况】 中华联合财产保险股份有限公司，简称中华财险，源自1986年成立的新疆兵团保险公司，是全国唯一一家以“中华”冠名的财产保险公司。中华联合财产保险股份有限公司宁远县支公司成立于2006年，内设农业保险科、业务发展科、理赔客服科、综合科4个科室，拥有签约员工14人，2019年公司实现保费收入2581万元，其中商业保险1166万元，农业保险1415万元，业务规模始终位居市场前列。中华财险宁远县支公司的业务经营范围涵盖非寿险业务的各个领域，主要包括机动车辆保险、企业财产保险、家庭财产保险、工程保险、货物运输保险、责任保险、信用保证保险、农业保险以及短期健康保险和意外伤害保险等，公司始终践行“顾客至上、服务至上、诚实守信、回报社会”的服务理念，坚持准确、快速、及时的理赔原则，维护客户的权益，努力为客户提供尽善尽美的超值服务。

【服务民生】 2019年，中华财险宁远县支公司坚持深耕农村保险市场，2007年湖南省开展政策性农业保险试点工作，公司是参与试点的两家承办保险公司之一并持续承办至今，累计为宁远县25.68万户次农户提供21.66亿元风险保障服务；公司积极拓展民生险种，在宁远县开展“烤烟保险”“普通财银保”“养殖业棚舍保险”“精准扶贫特惠保”等民生保险业务；公司勇于承担社会责任，根据政府安排参与扶贫帮扶、创文巩卫等中心工作，并积极参与捐资助学、防灾防损等社会公益活动，得到社会各界的广泛认可。中华财险永州中支连续多年被永州市人民政府评为“永州市金融机构支持地方经济发展先进单位”；中华财险宁远县支公司被宁远县税务局评为“A级纳税人”单位，2019年获得宁远县加速推进新型工业化领导小组办公室表彰，2019年获得全县政务服务“好差评”测评第二名，被评为湖南分公司全省系统“突出贡献奖”。2019年，精准扶贫鲤溪镇大观堡村，由公司负责人组成扶贫工作小组，到村协助开展扶贫工作，看望当地建档立卡贫困户，给予村5万元扶贫资金用于村里建设。2019年县政府为建档立卡贫困户承保扶贫特惠保，支公司为承保机构之一，为建档立卡贫困户提供风险保障。

（胡小龙）

教 育

【概况】 2019年，县教育局设有办公室、基础教育股、政工股、教师工作股、政研室、计财股、审计股、职成民教股、法制信访室（加挂宁远县教育阳光服务中心）、党建室、重点办、督导股、绩效办、营养办、基建办、扶贫办、行政审批股、创建办、团工委、关工委、妇委会。教育局直属事业单位有电教馆、教研室（加挂高中教育精细化管理办公室）、招考中心、勤工俭学管理站、学生资助管理中心、教育工会。教育局机关（含直属事业单位）共有编制112人，实有96人。2019年，教育系统通过齐心协力，狠抓质量，多措并举，被宁远县委、县政府评为精准脱贫先进单位、全面建成小康先进单位、禁毒工作先进单位。

【学前教育】 宁远县学前教育分公办和民办两类。公办幼儿园由教育局基础教育股管理，民办幼儿园由教育局职成民教股管理。2019年，全县公办幼儿园共38所，在园幼儿8600人；民办幼儿园188所，在园幼儿18800人。

2019年，全县学前教育长足发展，制定《宁远县公办幼儿园管理标准》《幼儿园日活动安排》，把幼儿园的保教工作纳入规范化、制度化的管理轨道。推选三名年轻教师参加市里的教学能手比赛，分别获得一、二、三等奖。开展全县幼儿园环境创设大赛、校本课程展示等活动，使全县的幼儿园出现了比、学、赶、帮、超的良性竞争氛围。加大对幼儿园的经常性业务指导，引导幼儿园尊重儿童的天性和认知规律，开展科学保教，坚决防止和纠正学前教育“小学化”、“成人化”倾向。积极落实永州市第三期学前教育三年行动计划，通过“新建一批、改建一批、盘活一批、变更一批”等渠道，进一步增大公办幼儿园数量。第二机关幼儿园、保和幼儿园于2019年秋季开园。民办幼儿园规范管理，印发《宁远县中小学幼儿园安全管理规范》《幼儿园一日工作规程》《3~6岁儿童学习与发展指南》、2期《宁远县民办幼儿园工作指南》。春季组织所有民办幼儿园园长分成5组参观县中心幼儿园、小新星幼儿园等5所民办幼儿园的环境创设、区域角建设、日常管理规范，促进各园所之间的交流。秋季把全县民办幼儿园教师技能竞赛比赛场地设在莲花山幼儿园，参加比赛和观摩的幼儿园园长和教师对教师技能进行观摩，提升幼儿园的管理水平。

【基础教育】 2019年，宁远县共有公办完小52所，村小（含教学点）242所，公办初中19所，民办初中6所，九年一贯制学校12所，普通高中5所（含完全中学3所），在校学生118423人。

突出德育首位，坚持立德树人。要求学校开足开齐德育课程，把德育课的开设情况列入对学校教育教学工作评价的主要内容。为培育和践行社会主义核心价值观，落实立德树人根本任务，下发《关于在全县中小学全面推进“向日葵工程”的通知》，全县义务教育阶段学校从2019年春季学期开始，将“向日葵工程”课纳入课表，与每周班会课合并，课表上统一名称“班会·向工程”课。将宁远文庙、宁远烈士公园、九疑山舜帝陵等建设为爱国主义教育基地。在“3·29”暴动纪念日，全县20多所学校师生代表到宁远烈士公园开展纪念活动。印山小学、德源小学、九疑完小、下灌完小、天堂完小等学校组织中小学生重走长征路，到红色教育基地参观，分班级组织观看红色革命电影。

坚持城乡一体，实行教育均衡。为实现“阳光入学”，根据学校布局、学位现状、历史沿革、办学规模、周边生源和交通状况等因素，小学全部免试入学、划片招生；初中分步划片、分批录取：第一批次城区所有公、民办初中学校招生计划的60%，根据学校布局、学生综合素质评价及学生意愿，面向全县实行划片招生，第二批次采取划片招生和微机派位相结合的办法调剂录取。为规范中小学校招生行为，严肃招生纪律，出台《关于进一步严肃中小学校招生纪律的通知》，要求各学校必须按照有关文件精神，严格按规定有序招生。全县义务教育阶段无重点校和重点班，择校现象得到遏制。高中指标到校数量逐年递增。全面取消普通高中择校生计划，高中阶段普职分流达到1∶0.95。高中阶段招生根据学生志愿及考试学科成绩、考查科目成绩和综合素质评定结果，严格按照规定的要求和程序进行操作，公平公正从高分到低分择优录取。为促进义务教育均衡发展，宁远一中（省示范性普通高中学校）将2019年招生计划的50%指标直接分配到属地初中（生源）学校。拿出“指标到校生”招生计划的10%～15%用于招收成绩优异的建档立卡等家庭经济困难的应届初中毕业生。

做好控辍保学，落实扶贫政策。2019年，全县以建立全县中小学生学籍信息化管理系统为契机，对学籍系统建立过程出现的问题进行跟踪管理。把学校控辍保学的情况纳入办学水平评估和质量评价相关权值，在质量评价中，实行以学年初学生人数为评价基数的做法，从根本上杜绝驱赶差生的行为。对建档立卡等四类高中学生按最高档发放助学金（即1500元/生·期），免除初二、初三建档立卡等四类学生的考试报名费。中职“雨露计划”应补尽补，生源地贷款应贷尽贷，资助政策应享尽享。落实控辍保学“四帮一”责任制。全县2019年建档立卡、残疾、低保、孤儿等四类贫困家庭学生0辍学，义务教育阶段巩固率达到99.99%。

【大班额化解】2019年，宁远县消除大班额工作成效显著。在广泛征求意见和加强风险评估的基础上，宁远二中、宁远三中、宁远八中、实验中学实行校内分流，宁远一小、宁远二小、宁远三小、实验小学、莲花小学5所学校的六年级学生整体分流至宁远十二小，宁远五小、印山小学六年级学生整体分流至宁远九小，德源小学六年级学生整体分流至宁远八小。积极做好新闻宣传引导，在关键环节和关键时点，就关键政策、群众关心的疑难问题做好宣传释疑工作，整个分流工作平稳有序。全县2019年大班额总数为736个，省定化解任务为526个，宁远县实际化解663个。

【易地扶贫搬迁子女入学保障】2019年，出台《宁远县易地扶贫搬迁户子女招生入学工作实施方案》，按照免试、划片就近入学原则，合理划分学校招生范围，并主动与相关部门联系，掌握搬迁户子女就学需求状况，做好入学宣传和引导工作。要求学校加强对全体师生的教育管理，严禁拒收、排斥、歧视搬迁户子女，确保搬迁户子女100%有学上、上好学、不辍学，保障搬迁家庭子女就近同等享受优质义务教育资源。对搬迁子女就读情况进行后期跟踪服务，建立搬迁户子女教育档案，及时了解其学习状况和资助政策等落实情况，及时反馈信息，及时解决问题，确保搬迁户子女进得来、留得住、学得好。2019年全县城区公办初中、小学共接纳七个安置小区易地扶贫搬迁户子女244名。

【留守儿童关爱体系完善】 2019年，宁远县建立以政府为主导，社会各方面广泛参与的留守儿童关爱体系，以留守儿童的心理健康为重点，提高农村留守儿童的教育和管理水平。九疑完小等学校成立“留守儿童之家”，开通留守儿童免费热线电话，使留守儿童校外活动有地方、有所学、有所玩、有人管。按照市委《在“不忘初心、牢记使命”主题教育中做好“一老一小”工作的通知》文件精神，全县挂牌成立宁远十小、宁远十中、宁远八小3所暖阳学校，组织开展孤儿到暖阳学校集中就读的意见征集工作。推广“爱心妈妈”“代理家长”的做法，结对关爱孤儿学习和生活，“爱心妈妈”“代理家长”定期看望孤儿，并充分发挥社会公益孵化组织的作用，每月到暖阳学校开展心理疏导、兴趣培养等活动。

【特殊教育】 2019年，宁远县特殊教育学校入学人数695人（特校就读93人、随班就读289人、送教上门313人）。坚持特教特办，落实特殊教育政策。加大投入完善功能室，扩建校园面积。坚持从残疾学生生活、学习和康复实际需要出发，给予资金倾斜，特殊教育学校生均公用经费标准达6000元以上，对所有在校生实行“四免一补”，即免学费、免教科书费、免教辅资料费、免校车费和享受困难生活补助金，为实现贫困残障儿童学业有教、生活有帮、困难有助提供强力政策支持，为教育扶贫创造良好条件。对标应教尽教，保障贫困残疾儿童就学。开展“随班就读、巡回指导、家庭护理、送教上门”服务，让具备到校学习的贫困残疾儿童就近在本乡镇（街道）完全小学、村小就读，县特殊教育学校定期巡回指导，让他们和同龄的正常儿童一起学习，促进他们更好地回归主流。无法随班就读的重度残疾学生，开展“送教上门”活动。采取走进家庭实施“一对一” “多对一”等方式进行送教上门，教学生与教家长并举。注重特色办学，保证教育质量。从实际出发，为每一位孩子制定专属的个性化教育计划，实施“一生一案”，在完善国家课程的基础上，为障碍程度较重、好动的孩子，开设感统训练、情绪管理与康复、武术等趣味性课程，侧重生活技能的养成。为学习能力较好、动手能力较强的学生，开设面点制作、手工制作、剪纸、串珠工艺等符合学生个性化发展的职业课程，侧重于职业技能的培养。强调残障学生的自我发展，让孩子们通过在学校学习系统且专业的职业技术，获取一技之长，增强残疾学生们自尊、自信、自立、自强的信念。

【职业教育】 2019年，宁远县有1所公办中职学校，6所民办中职学校。公办中职学校为宁远县职业中专，6所民办中职学校分别是宁远九嶷理工学校、永州九嶷工业学校、永州方正职业技术学校、宁远九峰职业中专学校、宁远启德职业技术学校、永州市科讯职业技术学校，共有在校学生5264人。宁远启德职业技术学校、永州市科讯职业技术学校于2019年5月审批建立。全县职业学校切实执行阳光招生政策，禁止县域内中职学校擅自进入生源学校开展招生宣传。严禁各中职学校和生源学校进行有偿招生等违规行为。对各中职学校和生源学校进行不定时明察暗访，对发现有违规招生行为的学校，予以严肃处理。全县中职阳光招生工作顺利进行，在省市检查中无负面清单。积极组织指导中职学校参加文明风采竞赛、技能竞赛、黄炎培创业大赛、教师职业能力赛等四项竞赛。在四项竞赛中，宁远职中参加省级技能竞赛获得一个二等奖，三个三等奖。在教师职业能力竞赛中，宁远职中参赛教师获得1

个国家级奖项，10个省级奖项。在文化普测和专业技能抽查中，均达到要求，宁远职中专业技能抽查获得优秀等级。

【民办教育】2019年，宁远县教育环境优化，民间办学积极性高涨。民办学校办学条件不断改善。全县新增2所职业学校（科讯职业学校、启德职业学校）、1所初级中学（李部中学）、1所九年义务制学校（新程学校）、3所幼儿园（博阳幼儿园、华之星幼儿园、优贝尔幼儿园）、16所校外培训机构，新建和认定普惠性民办幼儿园5所。哈弗中学、明德湘南学校分别投入数千万元新建综合楼、体艺馆，改善办学条件。城区的民办中小学为全县提供15000个学位，全县民办幼儿园提供22043个幼儿学位。2019年秋季，明德湘南学校在校人数3203名，实现初步的办学规模效应。大力整治校外培训机构。按照“审批一批、整改一批、关停一批”的原则，联合消防、公安、城管、工商、民政等部门形成合力，对校外培训机构开展联合检查，通过网络媒体公示“校外培训机构白名单”，对在校外培训机构兼课的公办教师，具有违规招生宣传、擅自变更办学地址、超范围办学、无证无照的校外培训机构进行严厉查处并跟踪督查整改到位。

【教研教改】2019年，宁远县教育局坚持科研先行、以研促教、以研促学、提高质量的工作方针，深入推行教学改革，坚持实施《宁远县中小学教学质量监测评估办法》，纵深推进“四环节”教学模式，充分发挥教育科研引导作用，以科学的评价手段促进教育质量的提升，全力打造教育强县升级版。省教科院《湖南教育发展研究报告》蓝皮书载文再次肯定全县教育改革成果。6月28日，在全省教育科研工作研讨会上，宁远县再次作典型发言。11月27日至29日，湖南省教育科研扶贫现场会在宁远县成功召开。12月，全县举行新课改“四环节”教学观摩研讨会，48名教师上示范课，省级专家进行讲座和现场点评，全县700余名教师现场观摩，举行物理、化学和中、小学思政课“四环节”教学竞赛。

2019年，为进一步推广“四环节”教学模式，将其打造成宁远课改的特色，编印《核心素养下的“四环节”教学》参考书。积极与株洲景弘中学对接，将其“一三六”教学模式与宁远县“四环节”教学模式深度整合，打造德源小学等四所学校作为县课堂教学改革的试点学校。宁远县“四环节”课改成果成为省内的课改品牌。全县高中学校以科学的质量评价为抓手，带动教师全力投入教学。以“从入口看出口”的评价原则，及时做好质量分析，奖优罚劣，激励先进，鞭策后进，实现教学质量的整体提升。采取“走出去，请进来”的方式，组织高三骨干教师分别参加省、市组织的高考研讨会。全科聘请省内外中学的名师到宁远县指导高考备考，实施“传帮带”。严密组织全县高三联组活动，促进校际交流与教研。在学习外来经验的同时，组织三次全县高考复习学科联组活动。2019年，高考二本及以上上线1181人，比2018年1076人增加105人，增幅为9.8%；一本上线432人，比2018年341人增加了91人，增幅为26.7%。中考成绩提升明显，初二水平考试全科平均分排全市第二名，9所学校进入全市初二生地会考前50名。初三毕业考试全科平均分排全市第四名，5所学校初三毕业会考进入全市前50名。初三毕业考试全县单科高分段人数明显增多。

【教育督导】2019年，宁远县教育局根据《国家教育督导条例》及国家、省、市督导委员会对督学责任区建设及新时代督导工作的要求，结合全县教育督导工作的实际，调整四个督学责任区的范围，重新选聘责任心强的督学担任负责人，督学分布结构更加均衡，管理更加规范。制订《宁远县幼儿园责任督学挂牌督导实施方案》和《宁远县中小学责任督学挂牌督导实施方案》，对全县219所幼儿园和83所公办中小学全部实现挂牌督导。以推进“四环节”课改和“增量评价”为重点，对全县75所义务教育公办学校开展2018—2019年办学水平评估。对县域内6所公办幼儿园、65所民办幼儿园进行办园行为督导评估，评选出五星级幼儿园6所、四星级幼儿园4所、三星级幼儿园5所。2019年，全县30所村小标准化建设顺利通过省级评估。

【教师队伍】2019年，宁远县根据编制实际情况，制订教师补充方案，多种渠道补充教师343名。按照缺编补编的办法，通过公开招聘形式补充教师153名。招聘省特岗教师71名。经过选岗考试分配公费师范生101名。人才引进原“985”“211”工程院校和研究生2名。积极引进县外在职在编教师16名。积极与湖南科技学院等高校开展教育实习和顶岗实习合作活动。2019年下期湖南科技学院共选派高年级优秀师范生57人到全县中小学校进行顶岗实习，由县财政给予顶岗实习生每生不低于1500元/月的补贴，有效缓解全县部分学校教师紧缺的问题。

始终树立以德为先、群众认可、质量为上的用人导向，2019年在行政领导使用上坚持“教学质量”一把尺子量到底，凡教学质量列同类学校后1/3的一律不予提拔，教学质量倒数第一的行政集体免职。2019年行政调动任职77名，其中，校长交流7名，副校长交流7名。积极开展班子考察活动，2019年5月学校班子考察与办学水平评估一同进行，全面掌握学校行政成员的群众认可度，并将测评结果作为人事调整的重要依据。切实抓好教师岗位管理，大力开展“吃空饷”问题专项整治、违规兼职取酬问题等。积极开展教师交流轮岗工作，其中选调进城132名教师，为城区学校化解大班额缓解压力。树立先进典型，大力开展优秀教师表彰活动。2019年6月评选“教学能手”115名。2019年9月，在孔子诞辰2570周年举行了优秀教师表彰大会，对石家梓等10名“师德标兵”、谢志成等29名“优秀班主任”、姜会平等20名“德育先进工作者”、黄新胜等10名“优秀校（园）长”、鲁成东等9名“最可爱乡村教师”、陈远明等106名“优秀教师”、宋耀远等28名“先进教育工作者”进行表彰。全面落实乡镇工作补贴和基层教育人才津贴，2019年共发放基层教育人才津贴2876人，发放金额1511.82万元。为五龙山中心校（含五龙山幼儿园）、五龙山完小、侯平完小、桐木漯学校等4所学校教师发放艰苦边远地区生活补贴每人每月1000元。为晓睦塘完小、鲤溪完小、永安完小、琵琶学校、棉花坪完小5所学校所辖村小教师发放艰苦边远地区生活补贴每人每月300元。2019年发放艰苦边远地区生活补贴166人，发放金额159.18万元。切实落实乡村教师班主任津贴，每月不低于500元。按照每人1.4万元的标准发放年终绩效考核奖。

【教师培训】2019年，全县教师培训工作立足县域实际，创新教师培养模式，实现城乡一体，从幼儿园到高中全面立体提升教师素质，助力教师专业发展。“手拉手”教师培训项目的成功经验及做法在12月13日全省召开的教师培训年会上作先进典型经验推介。教师培训新模式即“学、创、带、树”四字培训模式先后在《中国教师报》第783期、《新湖南》《科教新报》等国家级报刊上发表及省、市新闻网站上报道推广。2019年省级普通话抽测中，全县普通话取得合格率100%，优秀率86.67%的好成绩，首次进入全省先进行列。

2019年共开展各类县级培训42项，人数达1万多人次，涵盖全学段、全学科、全学员。投入100多万元大力改善县教师进修学校及四所不同学段的省级教师培训基地校硬件建设，增强教师培训硬实力。工作坊覆盖学科多，立项小学数学、小学语文、小学道德与法治、初中班主任、初中语文、中小学体育、高中数学、高中化学共 9 个教师工作坊。工作坊线下安排 4 次 8 天的集中研修，采取走出去的方式，组织学员走出永州，到外市外省在工作坊项目实施先进、类似主题研修创出特色品牌的地区进行观摩学习，聆听专题讲座。借力名校“手拉手”，打造高效课堂新平台。联系全国课改名校景弘中学，送培三中、九中、保安中心校、德源小学四所学校。在自我完善后以一拉三、三拉九的方式培训县内其他学校，稳步推进课改培训，逐步形成全县教师培训特色。

2019 年全县的语言文字工作，创新工作思路方法。全年举办（校、镇、督学责任区、县）不同级别的教师普通话专项集中培训，其中县级培训共开展 6 次，培训 600 余人。校本培训要求各校利用种子教师安排每周不少于 2 次，每次不少于 1 个小时的普通话培训。要求各学校大力推广普通话使用，在学校范围内一律使用普通话，实现全员培训与长效培训相结合，充分发挥学校作为培训主阵地的主体地位。为抓实普通话培训，有针对性的提高全县普通话水平，要求各校对所有 45 岁以下的在职教师，由省级普通话测试员进行模拟测试，对测试不合格的教师，安排普通话“种子教师”进行“一对一”帮扶提高，通过多种方法及措施极大地提高教师普通话水平。

2019 年为全县教育系统师德师风提升年。3 月，印发《宁远县教育系统开展“师德师风建设提升年”活动实施方案》，4—5 月组织开展全县性的“师德师风建设”工作大检查活动，根据检查结果评选师德师风工作优秀单位和个人，并进行全县通报表彰，极大的提升全县所有教师的职业道德素养。6 月，组织从学校、镇、督学责任区到全县性各级层的师德师风演讲比赛。7 月 1 日从比赛中选拔十名优秀教师参加“七一”表彰大会的演讲比赛。9 月，对群众反响强烈的有偿补课、滥订教辅资料与教师体罚和变相体罚学生等师德师风问题进行重点专项督查。11 月，组织三个督查组对全县师德师风建设工作再次督查。通过三轮督查，解决热点、难点问题，全县师德师风水平显著提升。

【保险与三化】2019 年，宁远县教育部门落实校方责任保险工作。协助保险公司做好 2019 年至 2020 年学年度校方责任险投保工作。为全县教职工投保 2019 年度人身意外伤害保险、为全县女教师投保 2019 年度妇女安康保险及 2019 年度学校校舍保险、志愿者人身意外伤害保险。1 月邀请省、市专家到宁远县进行校方责任保险和教育风险防范方面的知识培训，提高全县各学校管理人员的理论水平。12 月联合县消防大队在莲花小学开展消防应急疏散演练并对全县各学校分管安全的领导进行消防知识培训，进一步增强学校风险防范意识，提高风险防范应急管理能力。

抓好各级学校绿化、美化、亮化工作，积极开展“绿色美丽校园”创建活动。指导全县完小以上学校根据本校实际，补种树苗、花草，提高绿化面积，特别是对新入学的九小进行了校园绿化整体规划设计，并在 9 月完成绿花美化工作，为师生提供一个舒适、绿色的学习工作生活环境。九嶷山中心校成功创建为市级“绿色美丽校园”。

【办学条件】2019 年，宁远县新一中、新职业中专、七小、十三小和九中、十中、十一中二期工程全面开工建设。十一小、一中初中部开工前期各项准备工作基本完成。二中、八小、十二小后续工程和九小、九中、十中、十一中一期工程秋季全部投入使用，新增城区学位 14000 个。在对 169 所农村学校进行改造的基础上，对照“二十条底线”标准，投入2800万元加快薄弱学校改造力度，进一步补齐短板。投入1070.8万元对冷水镇三联村小等18所村小进行维修改造或教学楼等配套设施建设。拟投入2825.4万元对5所农村中小学校改扩建。下坠完小等25所标准化食堂改造全部完工并投入使用。按照信息共享、不搞重复建设、整体规划、分步实施的原则，全县已完成“三通两平台”建设，所有学校（含教学点）接入宽带网络并提速，城乡学校共享优质教育资源，顺利步入教育信息化2.0时代，教育信息化建设及师生信息化应用能力已跻身全市前列。

【捐资助学】2019年，宁远县各级各类资金的发放严格按上级文件操作，所有资金实行打卡发放，建档立卡、低保、孤儿、残疾等贫困学生优先资助，实行资助全覆盖。

学前教育阶段资助工作。全面落实学前教育阶段建档立卡等四类学生和贫困幼儿资助工作。对在全县就读普惠性幼儿园和非普惠性幼儿园的建档立卡四类学生按国家资助标准，全部予以资助。2019年共资助学前教育阶段贫困幼儿9207人次，资助金额460.35万元，其中资助建档立卡学生5751人次，金额287.55万元。义务教育阶段助学工作。严格按照省、市、县相关政策文件，对贫困学生进行认定、公示、汇总、发放。对贫困寄宿生补助金实行专户管理、分账核算、集中支付、封闭运行，所有资金实行打卡发放，及时足额拨付到学生家长的惠农卡和扶贫卡中。2019年，共发放义务教育阶段贫困学生生活补助2288.725万元，受益学生49672人次，其中资助建档立卡学生34505人次，金额1623.46875万元。高中学生资助工作。为保障家庭经济困难学生顺利完成高中学业，主要通过学校减免、社会救助等方式对普通高中贫困学生进行资助。每期开学时，由贫困生本人或监护人提出申请并填写《助学申请表》，经所在学校、村委会（社区居委会）调查核实，由学校张榜公示7天以上无异议后由学校上报县教育局备案。对建档立卡四类学生实行资助全覆盖，免除学杂费并按最高标准予以助学金资助。2019年，发放高中国家助学金735.5万元，受益学生7050人次。发放免杂费资金252.54万元，资助建档立卡四类学生2585人次。

中等职业学校国家助学金发放工作。严格按上级文件规定执行中职国家助学金和免学费资金的申报、审核、发放工作，积极协调有关部门，落实中等职业学校国家助学金和免学费政策。根据上级下达的助学金指标和免学费指标数，按政策规定及时的分配到各中等职业学校，先由学校组织学生填写申请，再联合财政部门组成审核小组每期2次到各学校清查人数，逐个核对学生身份证，确保人数准确真实，并张榜公示7天。公示无异议后，确定资助名单，对于资金的发放，要求学生提供本人的身份证，统一到银行为学生开办学生资助卡，采取统一集中支付的方式，及时足额的发放到学生资助卡中。2019年，共发放中职学费资金1275.6万元，受益学生10630人次，其中资助建档立卡学生2076人。资助金额311.4万元。发放中职国家助学金162.4万元，资助金额162.4万元。

信用助学贷款工作。为做好生源地助学贷款工作，在宁远一中设置电子屏幕1块，24小时滚动宣传。深入到四所高中学校和中职学校毕业班级，逐一到班宣讲贷款政策，耐心解答学生疑问，宣传资料人手一份，出动宣传车20台次，到各个乡镇进行集中宣传20天，发放助学贷款政策及诚信教育、励志教育宣传资料10000余份、张贴宣传标语1000多张、公告1000余份。2019年宁远县在湖南省学生资助工作会议上做典型发言，宁远经验得到推广。生源地信用助学贷款工作考核连续7年被省评定为优秀等级。

【教育信息化】2019年，全县教育信息化工作突出抓好教育信息化培训、应用和管理，工作成效显著。

教育信息化培训。积极选送电教馆和学校骨干人员参加教育部“网络学习空间人人通”专题培训、湖南省“全国教育信息化工作管理信息系统”应用培训班、湖南省第三届中小学教育教学信息化应用推广展示现场观摩研讨活动、永州市教育信息化应用“PPT、微课、课堂”实录制作培训班、永州市教育网络安全培训班、电脑制作培训班、教育教学信息化应用推广展示现场观摩研讨会，为教师搭建良好平台，有力促进教师教育信息化能力提升。举办县级教育信息化专题培训班，聘请省电教馆副馆长石福新等领导专家为全县中小学校长、骨干教师、信息化管理员进行教育信息化领导力、教育信息化2.0培训、“网络空间人人通”及信息技术与学科教学深度融合等专题培训，拓展教师的教育信息化视野和理念。

教育信息化应用工作。组织参加永州市教育信息化应用典型案例评选活动并遴选莲花小学、印山小学参加，撰写的《构建教育大数据平台，提供公共服务平台》《完善教育信息化建设促进教师专业成长》《“电子书包”助力智慧课堂》均获市一等奖。精心组织2016年湖南省教育信息技术研究课题结题、2019年湖南省教育信息技术研究课题开题和“名师工作室”年度评估工作。精心组织开展2018—2019年度“一师一优课、一课一名师”活动，获市优课68节、省优课9节、部优课2节，名列全市前茅。举办全县学生电脑制作评选活动，评选出一等奖53件、二等奖117件，并将评选出的53件一等奖作品上报市参赛，获市一等奖1件、二等奖14件、三等奖38件。组织教师参加2019年永州市中小学教师教育教学信息化作品征集评选活动，获市一等奖2名、二等奖3名。

教育信息化管理工作。举办全县中小学联络联校群建设与应用研讨会，积极推进联络联校群建设与应用工作，为实现全县教育均衡发展、教育教学质量提升发挥积极有效的作用。积极开展联网攻坚行动计划，为全县所有教学点全部接入宽带网络，打通学校联网攻坚“最后一公里”，为教学点实现网络教学创造有利的条件。组织教育信息化工作考核并及时下发通报，大大地提升学校教育信息化工作水平。举办全国教育信息化工作管理信息系统（二期）填报与应用培训班，为科学、准确了解掌握全县教育信息化发展状况提供可靠的保障。充分利用“班班通”设备精心组织全县中小学收看“我是网络接班人”网络大课堂《我和我的祖国》《追逐梦想向阳而生》，充分发挥网络教学与育人功能，增强德育工作的实效性。

【安全教育】2019年，宁远县教育局通过会议、讲座等形式，开展对完小以上校长、幼儿园园长的消防知识、食品安全、传染病防控、交通安全、防溺水、禁毒禁赌、扫黑除恶及应急处置等知识培训活动。开学初组织“开学安全教育第一课”活动。开设《生命与健康常识》和禁毒教育、消防教育等课程，各学校根据不同年龄段学生的实际情况，充分利用班会、集会，开学安全第一课、安全生产月、安全教育日、119消防月、“151”安全教育（即每天放学前一分钟、周末放学前五分钟、节假日放假前10分钟）、墙报、板报、致家长一封信、家长会、QQ群、微信群等方式广泛开展安全知识教育。为中小学、幼儿园编印发放《中小学幼儿园安全工作指南》《校园欺凌的应对与预防》《中小学安全知识读本》《禁毒知识读本》《疾病防控指导手册》等书籍，编印发放“食品安全”“交通安全”“普法知识”“预防溺水”等图册，进一步规范学校日常安全管理。统一为完小以上学校配备兼职法制副校长，法制辅导员每期至少一次到学校进行法治宣传。全县各级各类学校广大师生的安全防范意识得到进一步提高。

【周边环境整治】2019年，宁远县教育局组织两次校园周边治安综合治理，协调公安、交警、消防、交通、文化、卫生、市监等部门，对影响学生人身安全和身心健康的治安、网吧、消防、食品安全领域，联合进行集中整治。劝导纠正校园周边乱停车600余起，查处乱停车120余起，清理校园周边占道经营、摊点120多家，清除乱涂乱贴800多处，清理垃圾堆12处。坚持整治督查和宣传教育两手抓，要求学校切实抓好学生用车“六个严禁”、开展学生用车“六个一”活动。“六个严禁”即严禁学校幼儿园租用无营运资质的车辆运送学生，严禁学校、幼儿园校车超载搭送学生，严禁学生搭乘农用车和非法营运车辆，严禁学生乘坐超载车辆，严禁学校交通安全教育流于形式，严禁交通安全隐患排查走过场。“六个一”活动，即开展一次“安全乘车，文明出行”为主题的交通安全教育活动，开展一次以交通安全为重点的安全隐患大排查，开展一次学生乘车安全教育的家校沟通活动，建立一支学校交通安全监管队伍，开展一次校车安全专项督查，召开一次专题会议。积极配合县学生用车管理办开展6次学生乘用车集中整治行动，加大对无资质车辆搭载学生的违法行为查处力度。

【防溺水宣传】2019年，宁远县教育局组织开展全县中小学防溺水专项行动，严格按照省教育厅的学生防溺水“六个一”要求落实到位。全面开展防溺水宣传教育活动，共发送短信11000余条，制作宣传横幅100多条，树立防溺水警示牌250块，发放宣传单12万余份。签订防溺水责任书，发放《致学生家长的一封信》10多万份。下发《关于进一步加强暑期学生安全工作的紧急通知》，联合应急办、水利局开展对乡镇及相关职能部门防溺水工作履职情况大督查，建立相关部门联防联控机制，保证重点水域有人巡、有人管、有人防。到各乡镇进行巡回宣传，行程1500公里。2019年，未发生学生溺水责任事故。

【食品安全】2019年4月，宁远县教育局印发《宁远县教育系统校园及周边“食品安全护苗行动”方案》，从4月开始，联合食品药品工商管理局、县食安办、县卫生执法监督局等部门对学校食品安全进行全面的大排查大整治。2019年下半年委托疾控中心到学校进行水质检测，发现有问题的学校下发整改通知书，要求学校及时采取措施，整改到位，并建立台账。下发《关于进一步加强学校传染病防控工作的紧急通知》《关于做好学校登革热防控工作的紧急通知》，要求学校根据市教育局《关于进一步加强学校饮用水卫生安全管理工作的通知》抓好落实。

【校园安保】2019年，宁远县教育局致力打赢校园安全“四防”攻坚战。人防建设。各学校建立健全内部安全保卫组织和制度，落实安全保卫责任，聘请法制副校长、组建学校护校队。宁远一中、二中、三中建立保卫处（科、室），配备处（科、室）领导及专职保卫人员，负责学校的安全教育管理、培训、内部治安保卫等工作。县委、县政府以购买服务的方式，通过招投标为全县学生在30人以上的公办学校（含幼儿园和教学点）聘请337名专职保安，30人以下的村教学点安保职责由“一村一辅警”承担。物防建设。投入300万元资金，各学校在重点部位、重要区域、重点场所安装防护栏、防盗门和照明设施，加固、加高校园围墙，新建改建门卫室。投入900万元建设25所标准化食堂。在校园内设置消防、交通安全、食品卫生等安全设施，为保安人员装备必要的执勤、防护、抓捕等器械。联合交通运管部门在公路沿线学校设置提示牌、减速带、斑马线、限速标识、人行横道线等交通标识。技防建设。全县所有中小学校都安装高清视频监控系统，总共设有监控探头3868个。已审批的198所民办幼儿园中已有小红帽、金芒果、重华等195所幼儿园安装监控探头1720个。教育局机关建立视频监控中心平台，实现远程安全管理。消防建设。2019年投入20余万元为学校购置消防器材，着力加强学校消防安全，努力提升消防工作“四个能力”（消除火灾隐患能力、扑救初起火灾能力、组织人员疏散逃生能力、消防宣传教育能力），扎实开展“清剿火患”行动，防止火灾、爆炸等伤害事故发生。加大宣传力度，向广大师生发放消防安全知识宣传资料近10000份，悬挂宣传横幅100余条。联合消防队开展“双随机一公开”检查，排查整改学校消防安全隐患15起。

【禁毒工作】2019年，宁远县教育局开展禁毒等安全工作培训、禁毒征文活动、禁毒演讲竞赛、禁毒网络知识大赛等工作，组织城乡各中小学开展禁毒义务宣传、知识竞赛和“珍爱生命、远离毒品”签名活动。利用学校的电教网络播放禁毒教育影视片，召开以禁毒教育为主题的班会和讨论会，共张贴宣传标语5000余张，组织学生撰写“珍爱生命、远离毒品”作文，开展“青娇第二课堂”网上注册学习，网上知识竞赛。通过开展各种形式的毒品预防教育活动，广大师生进一步增强远离毒品的自觉性。2019年，教育系统没有滋生吸毒人员，禁毒成果得到进一步巩固和加强。

【信访维稳】2019年，宁远县教育局围绕实现赴省进京上访“零指标”管理的工作目标，着力抓好初信初访办理、信访积案化解、信访老户稳控等工作，减少教育系统信访存量，控制增量，进一步促进教育系统信访秩序好转。妥善办理初信初访事项45件，在源头上进一步减少信访存量，初信初访的办结率达到100%。在网上办信40件，做到事事有回音，件件有落实，从源头上减少信访存量。2019年来，教育系统无一人赴省进京非正常上访，实现赴省进京“零登记”目标。

【校车管理】2019年，宁远县校车管理工作，规范安全运行，平稳有序发展。至年末，全县共有专用校车274台，校车总座位数7845个，乘坐校车学生21020人，实现“学生有车坐，坐得起车，坐车安全”的目标。

坚持政府主导，确保高位推动。成立由县委书记任顾问，县长任组长，县委副书记任常务副组长，分管教育的副县长任校车办主任的高规格领导小组，具体统筹负责全县校车管理工作的开展。县委、县政府将校车安全工作列入重要议事日程，把校车管理当作保安全、保稳定、保民生的重要工作来抓，多次召开县委常委会、县政府常务会研究部署校车管理工作，做到要人给人、要钱给钱、要物给物，制定出台《宁远县校车安全管理实施办法》，对学生用车管理工作任务进行责任分解，建立“横向到边、纵向到底”的工作责任体系和管理机制，全力推进校车安全管理工作。

坚持培练结合，注重教育实效。通过安全教育进课堂、安全教育第一课、讲座、开主题班会、播放专题片、交通安全主题教育月、致学生家长的一封信等活动和方式广泛向学生及家长宣讲交通安全知识，培养学生良好的交通习惯和交通安全意识。每学期开学前，坚持对校车车主、驾驶员和照管员进行校车逃生、消防、救护常识等培训，建立培训台账资料，对培训内容进行考核，经考核合格后方能上岗。每学期每校至少组织学生举行一次校车乘车及应急疏散演练，提高乘车学生规避风险的能力和自救能力。2019年度共举办交通安全主题教育月活动两次，校车从业人员培训2次，应急演练活动324次，共计发放

《致学生家长的一封信》等宣传资料14万余份，有效提高全体师生和校车从业人员的安全意识和应急处置能力。

坚持三个强化，规范运营行为。建立《校车隐患管理制度》和《隐患管理台账》，每期开学前由交通、公路及各乡镇（街道）对各自辖区的校车及道路隐患进行集中排查整治，每月进行日常性排查整治，对排查出来的隐患进行限期整改并记入台账，一年来共排查消除校车隐患79起。由县校车办牵头，组织交管、教育、交通等部门开展集中整治行动，严厉查处、惩治“黑校车”和校车超员超速等交通违法行为。2019年，共组织大规模的校车集中整治5次，共出动执法人员980人次，共检查接送学生车辆2962台次，查处较严重的违规行为6起。各学校建立校车发车前查验和交接制度，明确查验责任人，有登记台账，校车资质达标、管理规范方可放行。在县校车办内设立校车日常整治监管组，从各职能部门抽调精干力量，配齐配足执法人员联署办公，加强路检路查频次，发现问题及时整改，对违规校车一律顶格处罚。组建校车监控值班小组，明确监控值班职责，通过监控平台高频次抽查校车运行情况，每2周进行一次抽查通报，共通报校车违规行为95起，处以罚款或扣减校车奖补资金3.05万元。

坚持分类补贴，创新管理模式。对新购标准专用校车的公司由县财政按裸车价的20%给予购车补贴。对校车公司的校车按19座及以下1000元/座·年，19座以上500元/座·年的标准给予运营补贴；对学校和幼儿园自有校车，按19座及以下600元/座·年，19座以上500元/座·年的标准给予运营补贴。2019年发放购车补贴53.648万元，校车运营补贴438.3236万元。首开全省先河，为全县中小学幼儿园学生投保乘车意外保险，按10元/生·年的标准由县财政出资，此项保险2019年度共计145万元。换装更先进的校车监控系统，全面实现校车智能化管控。2019年4月，全县再次投入300余万元更换更先进的校车监管系统并与市级校车监控平台联网，全面升级校车智能化管理水平。

（李陶林）

宁远县第一中学

【概况】 宁远一中是湖南省示范性普通高级中学，其前身为1942年创办的宁远县立中学。1949年由县人民政府接管，1952年10月更名为宁远一中。2002年被湖南省教育厅评定为湖南省重点中学，2004年被评定为湖南省示范性普通高中。2019年有教学班90个，在校学生5500余人。学校文化底蕴深厚，办学成就辉煌。在发展过程中确立“人本立校，追求卓越”的办学理念，继承“严、爱、勤、实”的校训，形成“合作、进取、创造、奉献”的校风和“厚德崇文，诲人不倦”的教风及“尚思笃行，学而不厌”的学风。自恢复高考以来，学校有36名学生先后考入清华、北大，考入清华、北大的人数占整个永州市的半壁江山。涌现出中央候补委员欧阳晓平院士、湖南省人民政府原副省长郑茂清、大连理工大学原校长、中国工程院院士欧进萍、知名核科学家李真富将军、财政部财政科学研究所原所长、国务院学位委员会经济学科评议组专家何盛明，国家纳米科学中心海外主任、美国陶瓷学会院士奉向东等一大批杰出校友。学校先后获评全国中小学公民道德教育先进实验学校、教育部大学生校外教育实践基地、全国五四红旗团委、湖南省五四红旗团委、湖南现代教育技术先进单位、湖南省文明单位、湖南省绿色学校、湖南省体育传统项目学校、湖南省安全文明校园、湖南省中小学教师培训基地学校、永州市绿色学校、永州市文明校园、永州市教育信息化创新应用工程示范学校等多项国家级和省市级殊荣。先后被清华大学、北京大学、中国人民大学、中南大学、大连理工大学、湖南大学、湖南师范大学等高等院校授予“优秀生源基地”称号。

【队伍建设】 2019年，宁远一中有在职在岗教师380余人，其中特级教师1人，正高教师2人，高级教师132人，永州市名师4人，市学科带头人11人，省骨干教师9人，市骨干教师22人，研究生学历教师21人。近三年来全校有45位教师分别获评县市及以上优秀教师、先进教育工作者、优秀班主任。教师在省级以上刊物发表或获奖的教育教学科研论文共430余篇，指导学生获奖近1700人次。

【校园环境】 宁远一中濒临泠江，依河而建。占地面积240余亩，建筑面积近9万平方米。校内古木参天，假山池沼，错落有致，自然景观、人文景观相映成趣，有文物保护单位2处，千年古樟、六桂亭、桂冠楼等是一中学子永恒的精神家园，是永州市最美的园林式校园之一。学校教学设施齐全，教学设备先进．现有教学楼5栋，学生宿舍5栋，科技楼2栋，理化生实验室18间，图书馆一座，有图书23万册，有电子阅览室5间。学校拥有先进的校园网络设施。学校远程教育设备完善，实现与长沙一中、长郡中学等名校教学资源共享。学校校园文化浓厚，社团活动活跃。完成林荫大道状元石刻、君子湖君子语录、蝴蝶标本展览馆、文化石、永久性标牌、永久性对联等几十项校园文化设施。有泠江文学社、英语学社、动漫社、骑行协会、青年志愿者协会、校园之声广播站、升旗仪仗队、乒乓球协会、羽毛球协会等学生社团，丰富的社团文化为学生综合素质的培养提供广阔的舞台。

【教学质量】 2019年，宁远一中学考合格率达97.15%，进入全市三甲。2019年高考，全校二本上线人数726人，稳居永州四强，比2018年增加100人，其中本一326人。一大批学子被人民大学、同济大学、武汉大学、中山大学、北京理工大学、厦门大学、国防科大等名校录取。2019年下期，高一年级学生在全市期末统考中，二本模拟线人数突破千人大关，接近（甚至一些科目还超过）市直学校永州一中。

【学科竞赛】 2019年，宁远一中教师指导学生在各级各类英语、语文、数学、物理、化学、生物等学科竞赛和体育竞赛中成绩喜人，共获国家、省、市、县级奖项900余人次。其中，荣获国家级二等奖8人次，三等奖11人次；省级一等奖29人次，二等奖55人次，三等奖60人次；市级一等奖28人次，市级二等奖36人次，市级三等奖69人次。高中化学奥林匹克竞赛，经过初赛和复赛，通过省、市专家组审核，宁远一中获团体奖，其中，李帆、王宗宇获全国二等奖。

【办学特色】 2019年，宁远一中校本课程研发成果显著。编写出《诗词大会》《英语口语》《走进数学发展史之爱上数学》《君子文化》《古老的宁远》《舜帝南巡》《生活中的电磁波》《化学与生活》《生活中的生物知识》《德行天下》《初高中数学衔接教材》《初高中英语衔接教材》《舜德文化》《近现代历史的湖南人》《九嶷山考》《初高中物理衔接教材》《初高中化学衔接教材》《初高中生物衔接教材》《氤氲书香·晨读篇》《高中英语语法难点突破》《政治高考题型及解题指导》《历史高考题型及解题指导》《高考题型解题指导》《生活中的力学》《名著导读》《高中生物知识与生活实践》《党的十八十九大报告解读》《揭秘近代历史风云》《中国与邻国的边界争端》《电磁学史·生活中的电磁学》《化学与科技前沿》《数学高考题型及解题指导》《牛津高中英语必修模块必备词汇过关检测》等校本课程。

学校重视学生心理健康，关注学生的全面发展。设立心理辅导室、心理信箱、心理辅导专栏等，让每个学生享受优质的心理服务。心理辅导室每天定时向学生开放，接受学生心理咨询；出版“心宿心语”心理辅导专栏和心理健康板报，编写心理辅导资料等，通过不同途径开展心育实践，排除学生的心理障碍，让每一个学生体验快乐、发现快乐、创造快乐、享受快乐。对学生心理健康状况开展科学的调查测试，建立学生心理档案，有针对性地对学生进行心理辅导，并定期观察和做好跟踪记录，让有焦虑、孤独等不健康心理倾向的学生尽快走出阴影，健康成长。学校积极开展心育科研，发挥骨干教师的带头作用，带动教师普遍开展研究。因成绩突出，宁远一中连续5年获“湖南省心理健康教育先进单位”称号。

学校打造舜德文化靓丽名片。学校所在的宁远是“舜帝藏精之所，濂溪汤沐之乡”，历史悠久，德育资源丰富。学校开发舜德教育、君子教育两个系列的校本德育资源，在校园文化建设中予以重点打造，通过舜帝塑像、舜德画墙、舜德精神文化长廊、君子名言警句、新二十四孝宣传橱窗等，打造浓郁的校园舜德文化特色。编撰舜德修炼读本《人皆可以为尧舜》系列丛书，并不断予以丰富完善。全校还把舜文化研究纳入学生的研究性学习范围，让学生利用课余时间，深入社会，收集整理舜的相关资料和信息，学生参与的热情很高。与此同时，全校已连续三年在校内组织“弘扬舜帝精神”作文比赛的基础上，还组织全县中小学举行“弘扬舜帝精神，传承道德文明”现场作文邀请赛。并编印优秀文集《德行天下》，2019年6月，《科教新报》以《根植于心的舜德精神》对全校开展舜德教育的情况及成果进行专题报道。

（周让）

宁远县第二中学

【概况】 宁远县第二中学，是永州市示范性普通高级中学。其前身为140多年前的泠南书院。学校办学历史悠久，英才辈出，先后培育出中国工程院院士何继善、欧阳晓平，湖南省原副省长郑茂清，中国工程院候补院士蔡小平，举重世界冠军李运利和李宏利等众多杰出人才，为高校输送两万余名合格新生。风雨洗礼，沧桑变迁。新二中于2013年下期启动立项，2016年9月破土动工，2018年9月1日实现整体搬迁。新校占地约350亩，校园面积233334.5平方米，建筑面积159472.33平方米。经过2018、2019两年扩招，已有高中教学班50个，高中生3000余人；初中教学班57个，初中生3100余人。2019年学校有在职在岗教职工393人，其中省市县级骨干教师23人，高级职称74人，一级职称148人，研究生学历8人。学校各类人员年龄结构合理，各学科教师配置协调。学校的办学质量稳居全市同类学校前列，连续五年荣获永州市高中办学水平评估奖。先后被认定为省园林单位、省现代教育技术实验学校、省传统体育项目学校、省文明卫生单位、市文明单位、市示范性高级中学和湖南师大教育实践基地校，被誉为“成才的沃土” “冠军的摇篮”。

【硬件设施】 宁远二中新校完全按省示范性高中标准规划建设，功能齐全，布局合理，庄重典雅，恢宏大气，融古代学宫与现代学府风格于一体，建筑格调品位堪称全市顶尖。政府资金投入力度巨大。一期二期工程现已完工并投入使用，基建投资近4亿元，内部设施采购近5000万元。三期扫尾工程正在建设中。各类校舍齐全完备。建有行政办公大楼1栋，教学楼6栋（教室132间、阶梯教室4间），学生公寓楼12栋（宿舍600间），食堂2栋，科技楼、艺术楼、图书楼、体育馆、校史馆各1栋，教师公租房6栋等。实验电教设施先进。现有理化生、通技实验室40间，相关仪器设备和药品达到省一类标准。学生微机房6间，电脑300余台。还有3D打印、机器人、航模、少年硅谷实验室各1间。建有智慧校园网和数字化广播系统、安防系统，完全能满足现代化教学、办公和安全监控需要。学生食堂配有湖南教育网络信息中心播放系统，教育时事新闻每天播放。所有教室装配有“班班通”教学系统，所有班级建有网络学习空间，所有教师配备有办公电脑。图书馆功能齐全。建有独立的图书馆，现有图书121815册，生均图书25.21册，每年增添新图书近1万册，并订有200多种报纸杂志。阅览室6间，可同时容纳学生500人。每天中午和下午放学时间开放图书馆和阅览室，供师生借阅图书。体艺场馆标准配置。标准田径运动场面积达13000平方米，体育馆面积9923.83平方米，各类球场均为高标准塑胶球场。艺术楼共三层，有20间专用音乐、美术、书法教室和舞蹈排练厅，设施设备齐全先进。后勤保障设施齐备。学生公寓和食堂等生活用房和卫生设施均达市A类标准。校区装备自动化智能供电发电设备。设有心理健康教育室2间，医务室1间，心育及医卫设施均达到一流要求。

【管理体制改革】2019年，宁远二中进一步深化管理体制改革，推行精细化管理。将管理重心下移一线。实行年级部“实体化”和“战区化”管理：“实体化”即每个年级升格为一个完整的管理部门，由校长室选聘年级部长1人，副部长2人，工作上责权对等，考核到人；“战区化”即高一跟初一、高二跟初二、高三跟初三分别联成一个高考“战区”，由三名副校长分别联系一个“战区”。同时，中层行政处室实行“扁平化”管理，精简管理人员，职能由直接事务性管理，转为考评各年级部工作和协调处理全校性事务。中层处室对校长室和校委会负责，由3个副校长直接分线管理。达到层级清晰，条块结合，职责分明，运行有序，形成规范精细的管理体系。推行岗位竞聘考核制。对教师实行年级部选聘制，由各年级根据教学岗位需求选聘教师，德能勤绩等方面存在问题、无年级选聘的教师，转为非教岗位，再由处室非教岗位根据需要选聘，无部门选聘者待岗或建议上级调出本单位。上岗者的内部绩效工资、津贴、奖金等，与工作实绩挂钩，按学校方案考核发放。对中层行政管理人员实行公开竞聘。通过个人申报、资格审查、公开演讲、群众测评、领导小组测评等方式，选聘年富力强的教学骨干进入管理层。三年一聘，优化结构和配置，激发年轻教师干事创业激情。中层管理人员实行岗位执行力考评，待遇与工作绩效挂钩。

【党建引领】2019年，宁远二中高度重视党建引领，讲政治讲大局，充分发挥党建在学校教育教学管理中的重要作用。全面学习宣传贯彻习近平新时代中国特色社会主义思想，通过“三会一课”和教师集中学习，大力宣讲；通过认真贯彻教育政策法规，推进教育教学改革，大力增强教师“四个意识”，坚定“四个自信”，努力做到“两个维护”。全面推进党员“两学一做”学习教育常态化、制度化，出台了《关于推进“两学一做”学习教育制度化常态化的实施方案》。积极开展党总支理论学习，认真贯彻落实中央关于强化政治学习的意见及县委理论学习要点。开展学习型、服务型党组织建设。坚持把抓好党员干部政治思想放在首位，开展“党课竞赛”“党员优质课竞赛”“党员先锋示范岗评选”“红色、廉政基地参观学习”等活动，使业务与党建相结合，加强党内政治文化建设。强化师德师风建设，除专门制定《宁远二中关于加强教师师德师风建设的规定》《班主任行为规范》《教师行为规范》以及《教辅人员和职工行为规范》系列文件规范教师言行外，并建立和完善激励机制。在每个学期，我们都坚持评选一次“优秀教师”“优秀教育工作者”“优秀班主任”“教改积极分子”等。通过大会表彰、橱窗宣传等形式，广泛宣传其先进事迹，让每个教职工在浓郁、温馨的竞争氛围中受到榜样的感染，自觉并努力做到恪尽职守。2015 年以来，共有 2000 多人次获校级以上荣誉称号。

【教学成效】2019 年，宁远二中始终坚持以德治校，科研兴校，体艺强校，严守“立志、勤学、求实、达理”的校训，在生源基础明显低于同类学校的基础上，创新教学方法，积极推进学改，打造有效课堂，实施分层教学，关注每一个学生，教育教学质量稳步上升。2019 届高考，本科上线 262 人，其中本二以上上线 144 人（不含外省艺术类上线考生），本一上线 43 人，超额 54.8% 完成上级期望的高考目标。学校高考上线人数和上线率连年稳定增长，连续 7 年稳居全市同类学校前三甲。2019 年高二学业水平考试，全科合格率达 90.02%，列全市同类学校榜首。2019 年上期，2018 级高一全市期末统考，化学、地理列全市同类学校第二，语文、物理、政治、历史、数学、英语名列第三；初二全县期末统考，语文、数学、英语、政治、历史列全县公办学校第二，全科综合分列全县公办学校第二；初二生地会考，生物获得全县公办学校第一；初三中考全科综合分列全县公办学校第三。2019 年下期，2019 级高一全市期末统考，语文、政治、历史、地理列全市同类学校第三，其他科目列第四；初一全县期末统考，数学、英语、地理、政治、历史列全县公办学校首位，语文、生物列第二，全科综合分列全县公办学校第一。2019 年永州市示范性高中办学水平评估，学校获市二等奖，连续五年获得市人民政府表彰。

【竞赛成果】2019 年，宁远二中注重组织师生参加各类竞赛活动，并取得令人满意成绩。在湖南省普通高中校本课程开发成果评审中，学校美术组的《中学书法教育校本课程》获省三等奖；在永州市首届青年教师片段教学比赛中，何耀辉、黄艺、李和平、肖赛君等教师分获高中组特等、一等、二等奖，被授予“市教学能手”称号，教师何耀辉代表全市参加省青年教师教学竞赛获省三等奖，获“湖南省教学能手”称号；在全市首届名课评比中，教师郑竹春执教的《背影》一课，教师李和平执教的《直线的两点式方程》一课均获得市名课称号；在全市首届高中教师命题大赛中，欧阳睿、肖勇、肖和燕等近十位教师分获一二等奖；在全县首届“教学能手”评选活动中，吴华忠、何胜勇、李宁俊、蒋明辉、孙长涛、夏启明、魏丽勇、陈蓉、李苏娟、吕婷等十位教师获“宁远县教学能手”称号；在全县课堂教学竞赛中，高斯、黄艺、柏文杰等教师分获二、三等奖；在全县中考模拟卷命题评比中，李宁俊、孙长涛、郑竹春教师获得一等奖，柏文杰、陈蓉、周干荣、蒋卫平等教师获二等奖；在全县“一师一优课、一课一名师”活动中，李和平、郑竹春、柏文杰、唐文、蒋卫平等教师获县优课称号，学校获优秀组织奖。教师王芳华在“三区支教”征文中获省级一等奖，郑竹春、于书敏、黄艺、郑海丽、蒋卫平等教师在全县教育教学论文评比中均获得一等奖，谭艳芬、欧阳瑶、陈蓉、张再旺、肖勇、骆贤军、欧阳云妹、李宁俊、柏小元等分获二等奖；柏小元在全县教育教学管理论文评比中获得一等奖；夏启明、袁君、王仁志、黄艺、曾晓娟、侯舟贵等教师在 2019 年下期期末检测试卷分析报告评比中均获一等奖，唐文、周小军等教师获得二等奖；教师夏启明在新课改“四环节”课堂教学竞赛中获得中学思想政治组一等奖；欧阳睿、何志斌、梁海春、孙长涛等教师撰写的论文在省级以上刊物发表或获奖，共计达 80

余篇。

在第十四届中国中学生作文大赛中，教师陈红权、欧阳睿指导学生分获国家级二等奖、省级三等奖；在全县科技创新大赛中，王军民等教师被评为“优秀指导老师”，指导李玉等 8 名学生分获一二等奖；在全县“国学竞赛”“传承红色基因，争做时代少年”展演活动中，郑竹春等老师被评为“优秀指导老师”，赵树红等 21 名学生分获一、二、三等奖；在全县“烟头垃圾不落地”征文、书法比赛中，廖朝奇、金曲、刘丹等指导学生获得一二等奖 10 余人次；在全县建制班暨“快乐合唱 3+1”合唱比赛中，由唐敬付、骆莎指导的高中合唱团获得二等奖；在 2019 年宁远县中小学电脑制作评选活动中，巫进雄、唐周吉获得一等奖；在宁远县第 21 届青少年科技创新大赛中，张红艳、夏婷、李丽兰等 8 名学生获得一等奖；在宁远县“庆新中国成立 70 周年”书法比赛中，万常乐、睢芯怡等获得一等奖，在 2019 年全县初中数学、英语学科知识竞赛中，由教师陈蓉指导的欧阳智获得数学科一等奖，李成鑫、张艺宁等获得二等奖，陈蓉被评为“优秀指导老师”；由教师周干荣指导的唐诗获得英语科一等奖，周干荣被评为“优秀指导老师”。

【教研教改】2019 年，宁远二中着重抓三个规范，即规范教学环节，规范教学秩序，规范评价体系。学校每个学期都进行五次教学常规工作检查和一次学生满意度测评，结果与教师年度考核和岗位津贴直接挂钩，并以此为基础召开工作推进会，及时改进教学。全力推进教改，以改促学，以学促教，积极稳妥推行“树好三面红旗，夯实一个过程”，即树好学科备课组团队、班级教师团队、班级学生合作小组这三面红旗，鼓励师生以团队为单位，团结协作，教学相长，创先争优，奖优罚劣；大力推行“全过程导学改革”，以学为本，以全面改进学生学习态度、学习方式、学习方法为主要措施，有力地促进教学效益提高。针对学校急速扩招，大量新进教师教学经验不足现象，学校强力推进三大工程。切实推行“青蓝工程”。将近两年分配到校的新教师和临聘教师，与有经验的骨干教师，进行青蓝师徒结对。举行隆重的拜师结对仪式，并将指导老师与年轻老师的教学设计竞赛、汇报课竞赛、听评课情况及教学质量等捆绑考核，徒弟获奖，师傅同奖。确保师徒结对不走过场，促进新教师快速成长。加大推进“名师工程”。设立名师工作室和名师奖，鼓励和支持更多老师成为省市县级骨干教师，尽快增大增强学科带头人队伍。全面推进“继续教育”工程。全力配合省市县教育教学培训工作，争取名额，保证经费，派出更多受培教师，加大教师在职培训密度和强度。并采取“走出去”“请进来”的办法，学外地先进学校经验，请外校名师、教授现场培训，特别是进一步发挥好湖南师大教育实践基地学校和长郡中学远程教育合作校两个平台的培训和交流功用，开放视野，增长见识，解放思想，创新方法，推动学校管理和教育教学改革深入。学校始终将教科研作为学校工作的重中之重，以此带动整个工作。教师专业水平迅速提高，学校有 80%以上教师参加联系本校实际的课题研究，学校省级课题《微课在课堂中的应用研究》获评省优，由黄新胜、欧阳睿两人主编的校本课程《语文与社交》已正式出版。蒋军艳等三人被评为永州市学科带头人，王芳华等五人被评为永州市骨干教师。

（黄新胜　廖朝奇）

宁远县第三中学

【概况】湖南省宁远县第三中学（简称宁远三中）创办于 1948 年，是国家级重点课题实验学校，全国校园足球示范学校，湖南省现代教育技术实验学校，湖南省园林式单位，省文明卫生单位，永州市示范性高级中学，永州市文明单位，中国教育学会十五重点课题“心理健康与心理辅导研究”合作研究单位。学校坐落在宁远县城西南泠江河畔，占地面积183亩，建筑面积47583平方米，绿化面积42600平方米。学校现有75个教学班，在校学生4600余人；教职工273人，其中正高级教师1人，高级教师72人，中级教师103人；国家级、省级、市级骨干教师和学科带头人26余人，研究生学历15人。

【办学理念】2019年，宁远三中坚持“人本立校，分层次培养、多元化发展”的办学理念，落实“以质量求生存，以教研上水平，以改革求发展，以管理出效益”的办学策略，精心培育“勤、严、实、新”的校风，围绕“超常发展、迅速崛起、办出特色、争创一流”总体目标，以精细化管理为抓手，依法治校，民主治校，着力构建安全、文明、和谐校园。

【德育工作】2019年，宁远三中推行以“社会主义核心价值观”为主题的德育教育系列活动，通过国旗下讲话、誓师大会等励志教育活动，通过主题鲜明、寓教于乐的文化活动，如校运会、班级文化建设评比、元旦文艺表演、唱响五月等，增强德育工作的有效性、时代性。学生行为习惯养成效果凸显，就餐、集会秩序井然，内务整理规范整洁，跑操队列整齐，校园处处洋溢着浓郁的文化气息，具有催人奋进的文化底蕴。2019年，评选表彰优秀德育工作者30余人次，表彰各类优秀学生1400余人次。

【教改教研】2019年，宁远三中推行课堂教学改革，实行四环节教学模式，建立合作学习小组，通过请专家讲座，外出考察学习，市县校三级骨干教师、教研组组长的示范课引领。2019年12月，名校“手拉手”课改现场培训会在学校成功举行，现场会上，王云梅等24位老师的课被评为优秀课例。学校承办县教育局举行的语、数、英、理、化五科“四环节”教学竞赛活动，被教育局评为“宁远县‘四环节’教学观摩研讨会优秀组织单位”。该年度，评选出覃莉丽等12名课改先进个人。

【教学成绩】2019年高考，宁远三中二本以上上线人数131人，重本上线人数31人；高分层有新突破，600分以上2人（全县仅25人），其中理科学生郑东平635分，列全县理科第三名，被上海交通大学录取，刘进608分，被湖南大学录取；文科生唐健被北京舞蹈学院录取。高二学考正考合格率85%，创近年来新高。2019年下期期末考试成绩喜人，初一年级名列县属中学第二名，进入全县1000名人数由期初的16人增加到期末的56人；初二年级名列县属中学第三名；初三年级名列县属中学第一名。高一年级目标一上线34人，目标二上线128人；高一年级目标一上线35人，目标二上线141人；高三年级市模拟考试一本上线14人，二本以上上线119人。

【艺体特色】在2019年湖南省教育厅举办的湖南省高中阶段独唱、独奏、独舞比赛中，宁远三中高1705班尹翔获独舞类一等奖，高1705班彭晶、邱斌获独舞类二等奖；高1806班欧阳逸辉获独唱类三等奖。在永州市中小学生建制班合唱比赛中，高1805班获得市一等奖，初1802班获得市二等奖。在2019年教育系统师生艺术节展演中，学校舞蹈类高中组节目《中国妈妈》获一等奖，《簸箕上的麻雀》获三等奖，初中组《铃哟灵》获二等奖，教师组李照雲《大漠孤行》获二等奖。绘画类欧阳慧等4人获得一等奖，张晨暮等5人获得二等奖，郑丹萍等4人获得三等奖。9月29日，宁远县教育局庆祝建国70周年“书画名家进校园”暨“师生书画巡回展”在学校隆重举行。在宁远县第十七届中小学田径、乒乓球运动会中，获得团体总分高中甲组第二名。在湖南省第三届中学生运动会足球赛女子队决赛中，以宁远三中、永州三中女生组建的永州女子足球队获得冠军。在市中学生足球运动会上，获得高中女足第一名，初中女足第三名。11月5日，湖南教育电视台以《宁远三中：托起农村学生的“足球梦”》对学校的足球特色进行报道。2019年12月，李湘、谢云芳两名学生入选湖南省女子足球代表队，参加全国第十四届学生运动会足球比赛。学校被湖南省湘南学院授牌为“足球高水平运动队生源基地”。

【硬件改善】 2019年，宁远三中标准化食堂已经完成改造。学校综合楼于8月初破土动工。

【校友联谊】 2019年1月，宁远三中第一届校友联谊会隆重举行，筹措捐款和会员费52万元，为“联谊共进、奖优助学”开辟了新渠道。2019年8月，举行校友基金会颁奖大会。基金会对考入上海交大的郑东平奖励3万元，对各年级品学兼优的24名学生及为高考、中考做出突出贡献的30名老师进行表彰奖励，奖金12.3万元，同时还向学校捐赠400套新课桌椅。

【师资队伍】 2019年，宁远三中教师参加继续教育培训611人次，其中国家级培训71人次，省级培训9人次，市级培训25人次，县级培训506人次，教师培训费用251555元。教师积极参加或指导学生参加各类比赛、书写教育教学论文，取得较好的成绩，2019年共获得各级奖励235项，其中县级奖励110项、市级奖励30项、省级奖励74项、国家级奖励21项。12月17日，在县教育局举行的物理、化学“四环节”教学竞赛中，老师雷毅、胡青平双双获得一等奖。在全国“三湘教育联盟”同课异构的比赛中，老师郑芝林获得二等奖。在2019年5月的全县教育工作大会上，胡胜等20名教师被县教育局授予“教学能手”称号。本学年，学校获得各级表彰的教师共计100余人次，其中刘向辉、刘晓红、曾先田、徐国燕、胡春成、欧启明、何华英、黄光辉、郑建民等9人获得市县表彰。该年度，学校校长胡顺发被湖南省教育厅评为正高级教师。潘丽芳、杨晶被评为市级学科带头人，胡春成被评为市级骨干教师。

【创建活动】 2019年，宁远三中被永州市人民政府授予“永州市文明标兵校园”称号。在永州市示范性高级中学督导评估中获得第四名。在宁远县委组织部五化建设星级评定活动中，学校党总支被评为“四星级党组织”，第三党支部被评为“五星级党支部”，学校团委被评为“宁远县五四红旗团委”。学校扎实推进“学习强国”学习常态化建设，被宁远县教育局评为“学习强国”学习标兵单位。在创建平安校园工作中，被宁远县委、县政府评为宁远县“社会治安综合治理工作先进单位”。

（胡春成）

宁远县实验中学

【概况】 宁远县实验中学前身最初为1976年9月创办的零陵师范宁远分校，1978年9月转办为宁远二中分校，1979年10月正式创建为宁远师范。为整合师范教育资源，向宁远高中学校输送更多更优质的生源，1991年8月原零陵地委、行署决定将宁远师范改办为宁远县实验中学。1994年8月更名为宁远县民族中学，2004年5月恢复宁远县实验中学校名，2016年由市委、市政府授予首届“永州名校”匾牌。2019年，实验中学有教职工199人，专任教师196，其中特级教师1人，高级教师34人，中级教师102人；教学班63个，学生3538人。

【队伍建设】 2019年，宁远县实验中学抓实抓细党建工作，凝心聚力创先争优。党总支积极配合县委第五巡察组巡察工作，扎实开展“不忘初心、牢记使命”主题教育，砥砺初心，笃定前行，切实做到深入学、反复学，学深悟透、入脑入心。党总支、各支部组织开展深入瑶乡，慰问困难瑶胞的主题实践活动，开展“不忘初心、牢记使命”——参观陶铸、李达故居等主题党日活动，观看教育专题片《陈树湘断肠明志》、电影《血战湘江》，组织“不忘初心铸忠诚”等专题讨论，参观了党员干部警示教育基地、乐天宇生平事迹陈列馆、宁远烈士公园。通过一系列的活动，全校党员干部和教师对入党誓词、党的宗旨有更深的理解，对革命先烈为实现共产主义的理想付出的代价表示由衷的敬佩，政治意识得到强化。2019年度，第二支部被评为五星级支部，第一支部荣获县教育系统先进基层党组织。2019年，学校加强师资队伍建设，提升教师综合素质。持续深入开展师德师风建设年活动，抓实班子队伍建设，积极为教师的成长发展搭桥铺路，提升师德师能：姜力强老师作为永州市代表参加省初语课堂教学展示暨观摩研讨活动优质课展示并载誉而归；欧阳顺红、王承槐、盘永祥、柏艳华、姜力强等5名老师被评为市骨干教师，学校申报的1个省级课题，两个市级课题均顺利结题，其中《“富二代”初中生学习心理异动的研究》《学校弘扬舜德文化的有效途径研究》两个课题获评优秀。

【**教学管理**】2019年，宁远县实验中学强化学生自主管理，巩固平安文明成果。加强班主任队伍建设，通过防溺水教育、预防校园欺凌、传染病防治、交通安全教育、安全疏散演练、法制教育报告等活动，筑牢学生的安全意识，提高安全技能；实现监控系统全覆盖，完善门禁系统，落实重点时段值日、就寝查夜、校园巡逻、社区巡逻等工作，确保师生平安、校园安宁和社会平稳；升级学校心理咨询室，每日定时定点对有心理困惑的学生开展心理咨询和心理辅导，构建学生们温暖的心灵驿站；继续推行、完善学生自主管理，实现学生自主管理“三全”（全面、全员、全程）覆盖，彰显学校管理特色，全面提高学生综合素养。2019年，学校深化课堂教学改革，严肃规范办学行为。推出1801、1811、1813等课改示范班，引领“双主六环节”课堂教学改革，积极探索多媒体教学设施与学科教学的深度融合，举行“三比三创”教师优质课竞赛，组织评选课改推进先进个人；抓实教学常规管理，强化学生实验操作，积极创建“实验教学示范校”；重视骨干教师的培养和使用，组织全员参与研课、磨课、录课，积极参加“一师一优课，一课一名师”晒课活动，确保每学科都有优课评选；加大对体育、音乐、美术课堂监管，积极构建“第二课堂”，清泉文学社、皇马英语学社、瑶族长鼓舞蹈队、太极拳社团活动全面开花，有力促进学生全面发展。

【**文化宣传**】2019年，宁远县实验中学着力校园文化建设，发挥环境育人功能。坚持立德树人、德育为先，进一步完善《“一校一品”校园文化建设实施方案》，抓细抓实“向日葵工程”，严格按照教育局德育工作“二十一个工程、二十件事”的要求，全力营造文化育人氛围，帮助学生“扣好人生第一粒扣子”。特别是组织400余人次参加了“亲近文庙·遇见圣人”“整冠故里，濂唱中国”等研学实践活动，成为学生人生中一次特殊的教育与挑战，一次不平凡的体验和成长。2019年，学校高度重视宣传工作，提升学校品牌形象。新闻宣传小组在省市县媒体、特别是在省市文明网上发表新闻稿件共计100余篇，重点宣传报道“三比三创”活动、“不忘初心、牢记使命”主题教育、“向日葵工程”等学校举措与特色亮点，提高学校的知名度和美誉度，学校被评为教育系统宣传工作先进单位，也为学校创建永州市文明校园提供硬核力量。

【教育成果】2019年，宁远县实验中学教育教学能手辈出，教学质量口碑载道。涌现一批课改先进、业绩突出的教师：蒋石华、赵泰富等9名老师被县教育局评为“教学能手”，其中蒋石华老师取得“双第一”。2019年中考，学校名列全县县属公办中学第一；学校获永州市文明校园、县综治维稳工作先进单位、县德育工作先进单位、县学科知识竞赛团体奖第二名、县禁毒预防教育示范学校、县教育系统宣传工作先进单位等十余项市、县级称号；老师冯永国获全县教研工作先进个人；谢杭航、李鸿慧获全县“传承红色基因，争做时代少年”学生演讲赛二等奖；1801班获全县中小学生成建制合唱比赛第二名。

（姜力强）

宁远县第八中学

【概况】宁远八中创建于1999年，位于舜陵街道印山社区印山路99号。校园占地面积126亩，总建筑面积31813平方米，现有教学班53个，教职工216人，学生2769人，是一所园林式县属初级中学。学校基础设施完备，功能分区合理，师资力量雄厚，管理严谨规范，教学理念先进，教学质量一流。2017年被评为宁远县初中唯一的县级名校。宁远八中是永州市园林式单位、永州市廉政文化示范校、永州市雷锋学校、永州市禁毒示范学校、湖南省现代教育技术实验学校、湖南省文明卫生单位、湖南省合格学校、湖南省中小学教师培训基地、湖南省安全文明校园、湖南省食品安全示范学校、全国青少年校园足球特色学校、国家级“全民健身”先进单位。2019年度学校被永州市教育局评为“永州市雷锋学校”“永州市禁毒示范学校”，被县教育局评为“教研教改先进单位”“一师一优课、一课一名师”活动优秀组织单位、宁远县中小学电脑制作活动最佳组织奖、宁远县“文明永州”征文、绘画比赛优秀组织单位、宁远县“庆祝新中国成立七十周年”征文、书法比赛优秀组织奖，英语教研组被宁远县妇女联合会评为“巾帼文明奖”。

【师资队伍】2019年，宁远八中有在职在岗教职工216人，专任教师176人，专任教师中，市级学科带头人7人，永州市骨干教师12人，特级教师1名，正高级教师1人，高级教师30人，中学一级教师114人，学历合格率达100%。

【环境设施】宁远八中布局科学，生活、学习、运动“三区”分明。校园内绿树成荫、鸟语花香。别致的亭榭、逼真的假山、高大的塑像点缀其间，相映成趣。现代化教学楼、壮观的科技楼、洁净的食堂、舒适的学生公寓、明亮的阅览室，高配置电脑室，还有健身场、田径运动场、足球场、篮球场等设施齐备，是学生求学修身的理想之地。

【党建工作】2019年，宁远八中党总支以深入贯彻中共十九大会议精神为指导，以切实推进“两学一做”学习教育常态化、制度化为主线，加强思想政治建设；全面落实党建工作责任制，持续推进党组织建设，开展“不忘初心、牢记使命”主题教育和“三比三创”实践活动，以争做“四讲四有”合格党员、“四有”好老师为载体，有效发挥党支部的战斗堡垒作用和共产党员的先锋模范作用。围绕中心，建设队伍，服务发展，全面加强党的思想、组织、作风、纪律和制度建设，为促进学校科学发展提供坚强有力的思想、政治和组织保证。

【宣传工作】2019年，宁远八中通过多种途径和形式及时报道学校开展的各项重大活动，宣传有关教育的方针政策，如承办县教育局在学校举办的宁远县中小学生田径乒乓球运动会、教育系统排球邀请赛、

“四环节”课堂教学观摩现场会等。八中在市县级媒体发新闻30余篇，还通过微智校园平台、微信群及时发布教育资讯，报道学校工作动态，为社会全面了解八中、提升八中形象、展示师生风采发挥应有的作用。

【德育工作】2019年，宁远八中本着“以人为本”，“为学生的终身发展奠基”的原则，开展丰富多彩的德育活动，精心组织学生参加社会实践活动，拓宽学生视野，丰富学生阅历。特别是学校的礼仪教育抓得实抓得细，通过开设礼仪课、举行礼仪教育主题班会、创建“礼仪八中”微信公众号等形式，对学生进行礼仪教育，收到明显成效。学生遇见老师问好，已在校园蔚然成风。校园秩序井然，全年无重大安全事故。安全保卫工作，做到细致高效，综治信访维稳工作得到上级高度肯定，被县教育局评为综治维稳先进单位。

【教学教研】2019年，宁远八中课堂改革成效显著。学校进一步深化“四环节”课程改革，优化评价方式，对上课教师进行有针对性的考查，确保课堂改革的效果。学校成功地承办由县教育局举办的“四环节”课堂教学观摩现场会。为教师搭建发展提升平台。学校继续采用“走出去”和“请进来”的方式，组织教师到湖南师大附中博才实验中学听课交流，虚心学习，开阔眼界。在校内开展课堂教学研讨活动，如推门课、试教课、公开课、示范课、送教下乡课等，博采众长，不断提升教师的课堂教学水平。组织全体教师积极参加“一师一优课、一课一名师”晒课活动，取得优异成绩，唐国栋老师的课被评为省级优课，黄莹、谭利勇两位老师的课被评为部级优课。

【后勤服务】2019年，宁远八中为满足学生多种需求，保证学生在校吃好饭，食堂特地分年级、分档次安排“就餐窗口”，实施人文关怀。严肃学校财经纪律，规范报批程序，对所有账目进行日清月结，优化资金使用，积极为学校发展提供物质保障。总务人员还利用寒暑假时间安排人员对学校一些老化的设施进行维修改造，改善办学条件，提升办学品位。

【学校督导】2019年，宁远八中积极创新督导工作，详细登记各处室、各年级、各班存在的问题，并督促及时整改。对督查中发现的好人好事，及时在全校通报表扬，同时将部门特色工作及表彰情况在校务公开栏公示，不仅激发广大教职员工的工作积极性，也起到很好的宣传示范作用。

【工会工作】学校工会切实加强民主管理职能，精心组织召开教职工代表大会，讨论并完善学校各项制度。与学校办公室一道，推进校务公开工作，定期更换公开内容，保障师生的合法权利，构建和谐校园。工会还参与学校大宗采购、店场招标等后勤建设的监督工作，定期对食堂账务进行清理，促进学校财务的民主管理。

（何权友）

宁远县职业中专学校

【概况】宁远县职业中专学校创办于1983年，是宁远县人民政府主办的一所公办省级示范性中等职业学校，招收初中毕业学生，面向社会培训技术技能型人才。学校位于宁远县九疑南路45号，占地面积138亩，建筑面积41663平方米，实训设备总价值1980万元。教职工总人数197人。其中：硕士研究生学历12人，“985”“211”院校毕业生16人，专任教师本科及本科以上学历达100%。中级及中级以上职称占教职工总人数的43.12%。专业教师112人，“双师型”教师67人，占专业教师总人数的59.82%。学校另有省级专业带头人3人，国家级技能鉴定考评员7人，市级骨干教师

1人，县级名师2人，县级骨干教师1人。2019年秋季，学校招收全日制学生1060人；全日制在校学生3132人，毕业学生1053人，全年巩固率为96.46%，完成各类培训共2312人次。

【教育教学改革】2019年，宁远县职业中专根据《2019年湖南省中等职业学校公共基础课普测工作方案》，落实公共基础课的教育教学改革，开展普测工作，狠抓德育教育，激发学生的学习兴趣，提升学生的人文素养和综合素质。专业课教学改革：学校根据《湖南省中等职业学校专业教学标准》，进一步完善专业实训教学标准。在专业技能实训教学改革中，突出专业技能课教学的应用性和实践性，强化职业技能训练，重视职业态度养成。2019年，学校共投入505万元改善实训条件，按照人才培养方案，制订专业课的课程与实训教学标准。全年校内实训时间达到生均104课时。学校通过把公共基础课普测和组织专业技能抽测有机结合起来，推动学校形成一手抓公共基础课教学，一手抓专业技能教学的良好局面，为培养德技双馨的技术技能人才奠定基础。在湖南省中职学校学生技能大赛竞赛活动中，学生获二等奖2项，三等奖2项。信息化教学资源建设：学校进一步完善教室内信息化教学设施设备。录制21堂优秀课堂视频，修改完善语文、计算机应用等15门课程的教学课件。教师培训工作：学校根据《宁远县职业中专学校2019年教师队伍培养制度》，充分利用各类培训平台，积极组织学校教师参加相关培训活动。全年共完成国培38人次，省培25人次，市培10人次，县培314人次，校本培训181人次，进企业锻炼18人次，共计586人次，比2018年增加82人次，培训经费合计24.45万元。

【德育工作】2019年，宁远县职业中专高度重视德育工作，切实落实国家教育政策，积极探索“立德树人”育人特色，学校总结出养成教育“五步走”模式。积极组织德育一线领导和班主任探索适合学生特点的德育模式。从学生实际出发，以学生为本，因材施教，把教师的主导性和学生的主体性充分结合，帮助学生养成良好的行为习惯，以达到发展自我的目的。参照“五自教育”（生活自理、行为自律、学习自治、人格自尊、精神自强）结合实际，引导学生主动参与德育过程，让学生在全新环境中，受到新的学校氛围影响、新的教育启发，不断自我感悟、自我展示和自我发展，达到一个习惯优秀、素养优良、个性优异、品格优质的中职生形象。学校养成教育“五步走”模式形成完善的课程安排和教学过程。为全面落实《中等职业学校德育大纲》，学校以《公民道德建设实施纲要》《中职学生守则》《中职生行为规范》为主要内容，着力培养学生的劳动观念、文明习惯、学习能力、安全意识，针对学生实际，认真研讨摸索，制订学生养成习惯目标，重点在生活习惯、文明习惯、学习习惯、安全习惯四个方面形成具体行为规范标准，分别形成“生活习惯我能行”“文明习惯我践行”“学习习惯我笃行”“安全习惯我遵行”四句口号，并制订一级二级目标，创编“养成习惯五字歌”，把学生行为习惯养成教育分门别类，并细化以便操作执行。通过“五步走”，有计划地开展富有成效的养成教育活动。“五步走”德育模式根据知、情、意、行心理发展过程来展开教学，其中分五个环节来实施养成教育，即第一阶段提出行为规范要求，第二阶段进行健全认知教育，第三阶段进行养成疏导，第四阶段帮助学生发展自我，第五阶段鼓励学生展示新我。“五步走”德育模式通过系统的阶段性教育，充分发挥教师的主导作用，学生的主体作用，以引导为基础，活动为载体，评价为引领，不断推进学生发展自我。学校养成教育“五步走”模式形成自己的特色。“立德树人”目标具体化。立德树人是学校的责任和使命，学校高度重视德育，立足帮助学生认识自我，改变自我，挖掘自我，更新自我，让学生成为一个习惯优秀、素养优良、个性优异、品质优异的人。德育过程系统化。长期以来，德育存在碎片化问题，影响德育的效果。学校在德育过程中不断提炼，形成养成教育的体系化。学校围绕德育目标，开发校本教材，细化教学过程，完善评价体系，形成养成教育的系统化。学校以规范行为—健全认知—养成疏导—发展自我—展示新我五个阶段分步实施养成教育，在教育过程中逐步实现学生的发展。教育主体明晰化。在德育过程中，学校进一步明确教师的主导作用和学生的主体作用。德育“五步走”模式的前期，充分发挥教师主导作用，以规范学生行为，健全学生认知，疏导学生发展自我，在养成教育后期，充分调动学生主体意识，让学生在教育中醒悟，激发学生内在发展力，给学生发展平台，让学生充分展示新我。评价体系多样化。养成教育“五步走”德育模式运用多种评价方式，鼓励学生发展自我。自评，学生对自我发展有新的认识。班级量化评。通过班级量化的个人养成发展图，激发学生不断追求进步。学生会评，鼓励学生参加各类活动，给学生提供展示自我的平台。学校评价，树立典型，积极营造良好的德育氛围，让学生在发展自我中，有获得感和幸福感，激励他们不断追求一个全新的自我。学校养成教育的成果在法制周报大版面报道。

【资助情况】2019 年，宁远县职业中专认真落实国家资助政策，做到资助资金发放规范有序。全年免学费金额 736.92 万元，覆盖率为 100%；807 名学生获得国家助学金，资助资金 80.7 万元；8 名学生获得国家奖学金，每人 6000 元。学校还提供免书籍费、免住宿费、免资助贫困学生伙食费等项目，共计 16.58387 万元。全年各项学生资助资金总计 839.0039 万元，比 2018 年增加 68.1337 万元。

【党建工作】2019 年，宁远县职业中专党总支认真落实中组部、教育部《关于加强中小学校党的建设工作的意见》，党建工作在创新学习渠道，提升党员素质修养的推动下，圆满完成上级党组织安排的任务，顺利进行党支部换届选举，新增第三、第四支部委员会。本年度预备党员转正 1 人，发展预备党员 1 人。学校有正式党员 78 人，下设 5 个党支部，党员教师占学校教师总数的 42%。学校党员人手一本理论学习笔记本，及时学习党内相关理论政策，人均学习字数达两万以上。学校党总支通过开展“重温入党誓词”“党史知识答题竞赛”、前往红色教育基地学习等主题党日活动，让党建与教育教学相融合，切实加强党的建设，发挥党员教师的先锋作用，大力推进学校教育事业的发展。

【社会贡献】2019 年，宁远县职业中专毕业生 1053 人，直接就业 365 人，直接就业学生全部走上工作岗位。其中本地就业 77 人，在一定程度上弥补县工业园区企业技术人员的严重不足。另有 688 名毕业生升入高等院校深造。用人单位对毕业生满意度 94.7%。学校以职教中心为平台，与宁远县人社局、宁远县扶贫办开展电商、精准扶贫、创业、劳动力转移、“雨露计划”等社会培训服务，培训合计 2312 人次。学校与九嶷工业学校共享课程资源，为该校计算机专业学生提供实训场地，安排 4 名专业教师指导教学，帮助九嶷工业学校顺利完成市级技能抽查工作。该校本年度市级技能抽查合格率 100%。学校对口班的教师主动与九嶷理工学校交流教学经验，探讨对口高考热点问题，帮助提升联考质量。2019 年下期，在县教育局职成股的组织下，学校协助组织宁远县中职学校文化课联考工作。通过联考助教，全县职业教育教学水平得到整体提升。

（黄金　王毅）

宁远县教师进修学校

【概况】学校成立于1980年，2019年有教职工40人，其中专任教师37人，专任教师中研究生学历1人，本科学历35人，是永州市唯一的省级示范性县级教师培训机构。按核定编制数拨付人员工资，教职工编制实行结构动态管理。

【特色工作】2019年，宁远县教师进修学校组织党员教师送培到校，为全县农村1500多名教师提供培训。与桐山街道、宝塔社区共搭党建平台，丰富党建内容，延伸党建触角，提升党建实效。师训工作全省领先。2019年出色完成省市县规定的培训计划，师训工作继续全省领先。2019年利用暑假完成2000人次；远程培训教师2500人次。社区教育有成效。主动协调各相关部门，在全县大力推动全民终身学习，发展社区教育事业，在桐山街道宝塔社区挂牌成立社区学校。学校是永州市唯一的省示范性县级电大，学校强化国家开放大学招生措施，开拓招生市场，确保在籍学员规模。学校进一步明确管理人员责、权、利，提升责任心和管理水平。加强对学员学习过程管理，严格考试纪律，严把毕业关，培训合格人才。特别注重农民大学生的培养工作。在组织部门的支持下，认真组织实施“农民大学生”项目。到2019年12月，在籍学员860人。

（蒋理　于鹏飞）

宁远县明德湘南学校

【概况】明德湘南学校位于文化圣地宁远县，是经长沙市人民政府、宁远县委县政府批准，由全国百强名校——长沙市明德中学全权负责管理，宁远县正东文化教育投资有限公司投资创办的一所现代化民办学校。2016年12月28日破土动工，2017年8月18日开学，仅用7个月时间完成学校建设。2019年有小学、初中、高中、高复四个学部。学校设计总用地面积336亩，预计总投资5.9亿元，现所在校区为一期工程。学校有师生约4000人，其中教师300余人，学生3600余人，教学班级80个。学校有教学楼、综合办公楼、艺术楼、学生公寓楼及学生食堂，有橡胶跑道、足球场、篮球场、羽毛球场及乒乓球场，还有阅览室、画室、舞蹈室、音乐室等。宁远县明德湘南学校援引明德教育集团的教学、资源和先进的管理模式，在集团委派团队全权管理下，学校以“坚、苦、真、诚”为校训，以“磨血育人”为办学精神，践行“三生课堂”教学理念，以德育课为载体，注重培养学生的综合素养，取得令人瞩目的成绩。

【师资队伍】2019年，宁远县明德湘南学校重视教师队伍建设，通过面向全国985、211重点大学招聘本科、硕士毕业生，从本地、广东、江浙一带聘请骨干教师、学科带头人，已经建立起一支300余人具有先进教育思想、掌握现代教育技术、具有一定研究能力的专业教师队伍。

【教育管理】2019年，宁远县明德湘南学校的德育工作，以“立德树人”为核心，学校开展丰富多彩的德育活动，每次月假给学生布置德育作业，让学生主动做家务、孝顺父母亲人，为社区、村庄做好事，照顾孤寡、辅导留守儿童，德育育人功能由学校向家庭、社会延伸。学校德育工作实行“全员德育”，所有党员、行政干部、德育干事、班主任、科任教师、生活老师都是德育工作者。

【教研教改】宁远县明德湘南学校自2017年9月建校以来，秉承明德教育集团的教育理念，倡导“三生课堂”（“生命化课堂”“生活化课堂”“生态化课堂”）教育理念。

创设轻松愉悦、和谐的课堂氛围，实现课堂高效；推行集体备课三备制，每一位教师需经过个人初备形成预案，集体研讨形成通案，个性调整形成个案，才能走进课堂。充分发挥骨干教师的引领作用，促进青年教师的快速成长；推行全员推门听课制度，实行随机听课，极大的增强教师的教学责任感和使命感。每期邀请集团名师到校传经送宝，问诊课堂和开展讲座引领成长，定期开展青年教师赛课，“青蓝工程”——师徒结对和青年教师培训；全面开设校本课程，让学生提高兴趣、丰富知识、开阔视野，提升技能。

【工会工作】2019年，宁远县明德湘南学校切实落实工会民主管理职能，定期召开教职工代表大会，讨论并完善好学校各项制度。工会还参与学校大宗采购、店铺招标等后勤建设的监督工作，定期对食堂账务进行清理，促进学校财务的民主管理。学校工会为教职工提供空调、热水器、灶台、衣柜、书桌椅等配套齐全且租金廉价的教师公租房，并每月补助400元伙食补贴。教师每年可在学校享受婚丧病有薪假期以及春节、教师节、端午节、中秋节、生日慰问费和寒暑假培训等福利。

【党建活动】2019年，宁远县明德湘南学校党支部有正式党员22人，预备党员1人，设立两个党小组，其中90%以上为大学本科学历，党员队伍整体呈现“高素质、好面貌、有朝气”的特点。学校党支部在落实“立德树人”根本任务中，激活学校支部活力，引领师生传承发扬红色精神，构建“一核四带”为主线的“党建引领、红色传承”的党建工作特色品牌，通过开展“发挥先锋作用，提供优质服务”主题活动，设立小学部“爱心护苗”，初中部“心灵家园”，高中部“学困帮扶”，后勤部“阳光服务”等党员示范岗，根据各学部特点打造队建、团建、工建与党建的融合。学校支部在2019年被评为“五星级支部”，党支部书记郑志宏在2018年、2019年两次获县优秀党务工作者，并在市、县支部书记培训会上作交流发言。

【办学成果】2019年，宁远县明德湘南学校原高一、高二年级期末统一监测考试，排永州市第四、宁远县第一；高中学业水平考试合格率达96.86%，位列全县第二；初中部在宁远县教育局组织的全县统考中排名第三；小学部在宁远县教育局组织的统考中名列前茅。

文化 体育 卫生

文 化 事 业

【概况】 2019年，宁远县文体广新局改为宁远县文化旅游广电体育局（简称文旅广体局），辖全民健身服务中心、文化市场执法大队、旅游发展服务中心、旅行社、文物保护中心（归口管理文庙管理所、舜帝庙考古遗址公园管理处、春陵侯遗址管理所、泠道故城遗址管理所）、图书馆、文化馆（加挂非物质文化遗产保护中心牌子）、乡村文化服务中心、电影发行放映公司（含九疑剧院、音像站）。内设办公室、政工股、艺术股、公共服务股、推广传播与交流合作股、法规与市场管理股、旅游发展股、广播电视管理股、体育发展股、文物管理股等十个股室，行政编制16名，事业编制1名。主要职责是贯彻执行党和国家有关文化、旅游、广电、体育、文物的法律法规和方针政策，负责管理全县的文化、旅游、广电、体育、文物工作。

【主要荣誉】 2019年省政府“真抓实干”项目（现代公共文化服务体系建设三年行动计划和全域旅游示范区创建等工作）受到湖南省人民政府通报表扬，是永州市唯一获得2020年省文化旅游综合发展专项资金100万元奖励的县；宁远县湖南省现代公共文化服务体系建设三年行动计划工作是永州市唯一获得2019年省文化综合发展专项资金奖励的县；宁远县代表永州市作为唯一的现场迎检县，在国家公共文化服务体系示范区中期调度中取得中部组第二的佳绩，在全市“六城同创”第三季度考核中，排名全市第一。成功创建省级全域旅游示范县。

【群众文化】 2019年，宁远县举办“百团大会战”“农民艺术节”品牌文化活动。其中，百团大会战共50余个团队参赛，农民艺术节全县所有乡镇（街道）参赛，极大活跃基层文化。全年共开展新时代文艺村村演、禁毒宣传演出、扫黑除恶宣传演出等送戏下乡演出90场。开展少儿艺术培训、中老年艺术培训、关爱留守儿童艺术培训、社会主义核心价值观广播体操培训、舜帝祭典祭祀舞培训、瑶族竹竿舞培训等，全年共培训7000人次。4月1日至3日，承办湖南省公共文化云及公共数字化服务推广活动暨“云里深处我瑶家”瑶族音乐舞蹈展演活动。与县老年书协等联合举办“首届人防杯楹联书画展”“夏季书画展”“庆祝新中国成立70周年书画展”等大型书画展。10月3日，组织部分书画家到鲤溪镇山田村开展送书画下乡活动。10月举办社会主义核心价值观广播体操培训及快闪活动；11月上旬，举办全县社会主义核心价值观广播体操赛。11月下旬，举办周新华教授“声乐大课堂”公益讲座。

【艺术精品】 2019年，宁远县在永州市第十届少儿音乐舞蹈大赛上获一金二银四铜佳绩。县文化馆、金秋艺术团获评湖南省庆祝新中国成立70周年“欢乐潇湘”文艺会演优秀团队。李小春创作的舞蹈作品《九嶷琴韵》获二等奖，欧斌获该活动组织工作先进个人。聂勇导演的微视频《疑山解铃人》获湖南省法治公益广告及微视频大赛二等奖。九疑木雕传人毛刘军作品《蝶恋花》获中国工艺美术协会主办的金凤凰创新优秀奖。王露、邓景厦获永州市声乐大赛金钟奖金奖。雷新梅、郑艳编排的舞蹈《虫乐哟哟嘿》获“小荷风采”湖南选拔赛金荷奖。唐四万获湖南省文旅志愿服务先进个人。在永州市少儿音乐舞蹈大赛中，舞蹈《打粑粑》获金奖；舞蹈《叮叮·叮叮糖》《湘妃·竹》获银奖；舞蹈《妞呀扭》、古筝独奏《战台风》、钢琴独奏《即兴幻想曲》、独唱《这片胡杨》获铜奖；宁远县文化馆获组织奖。周胜华的国画《夏夜》入展中国美术家协会主办的“美好中国——二十四节气主题创作中国画作品展”。黄留中小楷作品被《书法报》刊登。

【非物质文化遗产】2019年8月，宁远县人民政府公布第七批县级“非遗”项目及传承人，新增15个项目：特科状元乐雷发的传说、石刻拓印技艺、宁远竹编、宁远篆刻、宁远血鸭制作技艺、状元水丸子制作技艺、宁远剪纸、九嶷山酒酿造技艺、檐楼营造技艺、宁远龙舞、宁远狮舞、宁远京剧、宁远祁剧、阙氏蛇伤疗法、踩高跷；新增6位传承人：郑成德、谢加群、盘日妹、吕少鸿、欧保林、阙永宏。12月，宁远竹编、石刻拓印技艺、九嶷山酒酿造技艺被公布为市级“非遗”项目，毛刘军、欧阳平彪被公布为市级传承人。举办“文化和自然遗产日宣传展示”“湖南工业大学艺术系师生高源土陶采风活动”“小小非遗传承人高源土陶实践活动”等。晓红蝴蝶馆、下灌民俗博物馆全年实行免费开放，共接待30000人次。11月，姜国平撰写的《高源土陶史话》《九疑木雕的前世今生》《九疑派古琴百年史话》三篇非遗文章被学习强国学习平台推介。12月28日，郑炎风国画土陶作品展在永州美术馆开幕。

（姚建军　姜国平）

图书工作

【概况】2019年，县图书馆编制26名，实有人数22名。开设综合阅览室、少儿阅览室、外借处、电子阅览室、过刊室、古籍阅览室、地方文献室、自修室7个对外服务窗口和办公室、采编室2个办事机构。图书馆总分馆制建设经验全市推广。县图书馆在全市图书馆长会上作典型发言。县图书馆被评为“书香湖南”第38届全省少年儿童庆祝新中国成立70周年系列读书活动先进集体，获一、二、三等奖21项。在全市“书中人物化妆表演”比赛中获二等奖、在全市“少儿故事大王”比赛中获2个一等奖、2个二等奖。对70个村农家书屋的图书、书架进行补充更新。

【基础建设】2019年，县图书馆新购纸质图书15000余册、收到捐赠图书207册，全部完成分类编目，并及时上架流通。全年订购报刊235种（其中报纸58种、期刊177种）。接待到馆（含自助馆）读者41.6万人次，图书外借17.4万人次、30.1万册次，办理借书证1736个，解答读者咨询2101人次。全年完成20分馆数字化建设，每个分馆各配备1台电子图书借阅机和文化一体机，在3个景区各配置1台报刊借阅机。图书馆新馆建设启动，征地、平地取土、图纸设计、专家论证等基本工作完成，11月5日正式破土动工。

【图书服务】2019年，县图书馆开展各项讲座15场，如“少儿传统国学”“文化志愿活动讲座”“亲子教育讲座”等，参加讲座群众2106人次。举办各类型辅导培训17次，如“少儿绘画培训”“少儿演讲”和“农家书屋管理员培训”等，参加辅导培训2732人次；在全县范围内举办展览7场，如“公共文化服务保障法”“公共图书馆法”和“移动图书馆”等展览，参观群众2158人次。开展“我是雷锋家乡人、湖湘文化进万家”“春节灯谜活动”“4·23”世界读书日活动、“图书馆服务宣传周活动”“爱国诗词阅读暨书中人物景致寻访研学活动”“爱国诗词书写活动”“快乐暑期·天天向上VR体验活动”等全县性阅读推广活动20次，参与阅读推广活动读者20357人次；组织开展“书香宁远·庆祝新中国成立70周年”全县少年儿童系列读书活动和全县少年儿童“我的书屋·我的梦”征文活动，共有35所中小学校、38253人次参与。全年利用流动服务车为乡镇（街道）、学校、社区市民送展览、送图书、送农科资料12次，受益市民10368人次，为农村留守儿童开展爱心传递服务10次，送爱心图书3462册。

（黄光群　李晓文）

电影发行放映

【概况】1956年8月，宁远县电影放映由宁远县文化科管理。1962年，成立宁远县电影事业管理站。1980年，改站为电影公司。1984年，全县9个区均建立电影管理站。是年，县电影队撤销。全县46个乡镇建起乡办电影队。县城除县电影院外，还有厂矿电影院，特别是农村，乡办电影院、村办电影院、家庭电影院、个体电影队等迅速发展，至1988年，全县有乡办影院13个，厂矿学校电影队12个，个体电影院队106个。后，电视、录像普及，电影院队减少。至2003年，全县有县电影院1家，农村电影院2家（直属县公司），管理站2个，个体电影队41个。随着电视、网络进一步发展，县城电影院由个体电影院取代，农村电影院队逐渐退出。2007年宁远县电影公司、电影院房地产转让，2018年电影公司搬至县建设路32号办公，现有职工59人。有电影放映队21个（含农村个体队），县城影院2家。2019年公司有在职职工56人。内设办公室、政工室、财会室、数字股、计生办、放映大队，现有电影放映队21个（含农村个体队），县城影院2家。2019年，县电影公司获永州市新宇农村数字电影院线有限公司农村公益电影放映先进单位。2019年10月，由永州市新宇农村数字电影院线有限公司、市委宣传部报送参加第八届全国服务农民、服务基础文化建设先进集体评选。

【电影放映】2019年，宁远县电影公司完成农村公益电影放映任务8340场，超过电影放映任务场次108场。其中爱国主义教育影片进校园156场，电影进企业40余场次、进敬老院30余场次、进扶贫村1400余场次。安全生产零事故；赴省进京上访零挂号。2019年，共培训农村公益电影放映员放映技术2次，参加人员144人次。

（杨志国）

新华书店

【概况】湖南省新华书店有限责任公司宁远县分公司，隶属于湖南省新华书店有限责任公司，是中南传媒集团股份有限公司（简称中南传媒）旗下的一家分公司，中南传媒于2010年10月28日在上海证券交易所成功上市。宁远县分公司位于宁远县桐山街道宝塔社区重华南路176号，占地面积1674平方米，成立于1949年，现有职工25人，是一家国有图书音像出版物和文化用品发行企业，经营项目涵括中外文图书、教材、教辅、音像制品、电子出版物、文化用品、数码产品等。新华书店始终坚持党的“三为”方针，为人民服务，为读者服务，为学生服务；公司始终坚持先进文化的前进方向，以社会效益为先，积极履行社会责任，2019年向农家书屋配送图书20万金额，包含政治读物、种植养殖、医疗卫生、工程技术、文学艺术等多样品种图书，给困难群众带来宝贵的精神食粮，在全社会号召的“精准扶贫”工作上，为宁远县的扶贫做出应有的贡献，多次被省、市公司评为“优秀”、“先进”单位。

【教材、教辅发行】2019年，宁远县新华书店以高度政治责任心，做好义务教育阶段的免费教材发行工作，严格兑现“课前到书，人手一册”的服务承诺，创建中小学教材免费送书上门模式，全年送书上门共计500余车，全力做好教材的余缺调剂工作，及时解决学校因学生增减而产生的教材余缺，保证学校正常的教学秩序，达到服务“零投诉”目标。公司高度重视教辅资料发行，做好宣传工作。在准备下学期教辅用书征订前，参照省、市教育部门下发的教辅用书目录，根据教学需要和学生使用情况，向全县义务教育阶段的中、小学生发放自愿申购征订单，进行宣传征订。

【标准化门店建设】2019年，宁远县新华书店以标准化管理为手段，创三星级门店为目标，严格按照《门店标准化管理手册》的要求开展门店工作，严格按照三星级标准化管理要求，进行日检、周检和月检，强化管理和员工培训，不断调整产品结构，强化营销等措施，提高门店的管理水平和运营水平，有效地推动门店向高标准、高品质的方向持续发展。在习近平总书记号召“全民阅读”的宣传带动下，2019年门店全年销售突破520万，销售每年持续稳定增长，一度成为全省新华书店模范书店。2010年，中心门店成功通过省公司“三星级标准门店建设”的持续达标验收，2010年通过门店改造升级后，多次获得上级公司领导的一致好评，并成为宁远县一道靓丽的文化景观。

【一般图书销售】2019年，宁远县新华书店进一步强化市场意识，在中心门市销售的同时，书店分别还在一中、三中开学期间进校摆摊，方便教师、学生选购书籍。加大店外销售力度，努力扩大一般图书销售。同时，积极主动组织开展一系列的图书促销和展销活动：2019年5月和县打非办联合开展“2019护苗绿卡”活动，暑期开展“暑期读好书，阅读伴成长”和“寻找最美送读者”等活动，通过一系列形式多样的促销活动，依托节日气氛，创造市场效益，增加销售额。以高度的政治责任心做好政治理论读物的发行，积极宣传党的路线、方针、政策。全年到各党、政事业单位上门征订各类理论读物500余人次，为贯彻落实中共中央学习《习近平新时代中国特色社会主义思想学习纲要》《全国第五批干部培训教材》等党建读物，通过预定、上门征订、送书上门和门店零售等方式发行《习近平新时代中国特色社会主义思想学习纲要》30800册，《新时代面对面》1000套。

【企业文化建设】深入开展“十城同创”活动，切实落实“三比三创”精神，努力建设企业文化，继续推进党组织和党员公开承诺制度等活动；认真抓好组织建设，积极开展工会活动，组织开展“领略自然风光，团结内部力量”拓展活动；通过派出培训和内部培训方式，大力开展员工培训工作，门店业务培训日常化，通过各项任务考核，考核成绩和绩效挂钩的方式，有效地提升队伍的业务素质和业务水平；加强廉政建设，班子成员以身作则，团结务实，积极营造风清气正，谋事干事的企业氛围。

全民健身

【概况】宁远县全民健身服务中心（挂宁远县业余体校牌子）为宁远县文化旅游广电体育局所属副科级公益一类事业单位。领导人数一正二副。2019年有干部职工18人，在职在编人员14人，其中专业技术人员7人，工勤人员5人。内设办公室、健身指导股、业余体校办公室、场馆管理股（加挂体育彩票发行股牌子）。中心主要职责是负责宣传、推广全民健身政策法规和科普知识；负责组织开展全民健身活动，加强对全民健身活动的指导和服务；管理、维护、开发利用所管理的体育场馆及健身场地设施，负责所辖公共区域的卫生保洁、安全保卫，确保体育场馆正常运营；组织开展健身运动项目的培训；负责县业余体校日常事务性工作；负责县老年人体育协会日常事务性工作；负责体育彩票发行日常事务性工作和体育彩票公益金的使用、管理工作。

【场地建设】2019 年，由省体育局资助建设，位于县全民健身服务中心大院内宁远县首个五人制笼式足球场项目建成投入使用，球场建成后结束宁远县没有笼式足球场的历史。为 20 个村配置室外健身器材、篮球架和乒乓球桌，支持 20 个村修建篮球场地。对县全民健身服务中心大院内及城区公共场所体育健身器材进行维修更换。受实施农民体育健身工程带动，广大农村地区掀起建设篮球场地热潮，来申请资助体育健身器材的村络绎不绝，宁远县全民健身大院各场馆提质升级工程纳入县委重大建设项目。

【群众体育】2019 年，宁远县全民健身服务中心举办 2019 年“闹元宵”舞龙舞狮活动、宁远县 2019 年庆“三八”干部职工第九套广播体操比赛、2019 年宁远县庆“五一”体彩杯气排球、羽毛球、乒乓球比赛、2019 年湖南省青少年举重锦标赛、2019 年永郴两市六县睦邻友好篮球邀请赛、2019 年男子篮球夏季联赛、8 月 8 日全民健身日系列展示活动、宁远县 2019 年首届社区趣味运动会等大型全民健身活动，掀起一轮又一轮全民健身热潮。2019 中国户外健身休闲大会首站——宁远站和 2019 年环中国国际公路自行车赛在宁远县成功举行，这是两项重大赛事连续两年在宁远设站，充分彰显了宁远县“体育+旅游+文化”的发展优势，有力的促进宁远县体育旅游的蓬勃发展。

【竞技体育】2019 年，宁远县全民健身服务中心为改善体校学生的训练环境，新建运动员体能房，顺利完成下乡选材工作，选拔出 20 名优秀苗子到体校训练，保证优秀苗子不断档。在 2019 年永州市青少年举重锦标赛上，宁远县业余体校，以 21 块金牌、12 块银牌、5 块铜牌荣登奖牌榜榜首，获得团体总分第一名。7 月，成功承办 2019 年湖南省青少年举重锦标赛，大大推动宁远县举重运动迈向更高水平，对宁远县竞技体育发展产生深远的影响。

【体育彩票】2019 年，湖南省体育局下达宁远县销售任务 2000 万元，实际销售 16000 万元，超额完成销售任务。

【主要荣誉】2019 年，在全国第二届青年运动会、湖南省第十三届运动会和湖南省青少年举重锦标赛等赛事中，宁远县选手勇于拼搏，共获金牌 20 余枚。宁远县被评为湖南省体育后备人才基地（2019—2022 年）、2018 年度省体育彩票销售管理工作销售先进单位、2018 年度省体育彩票销售管理工作突出贡献单位。成功承办湖南省青少年举重锦标赛，并获体育道德风尚奖。成功举办的 2019 中国户外健身休闲大会（首站），被国家体育总局登山运动管理中心、中国登山协会评为 2019 年度精品活动。成功举办环中国国际公路自行车赛，获“最具人气赛段奖”，并获得中国自行车运动协会感谢信。9 月 15 日中央电视台体育频道（CCTV-5）“体育晨报”栏目以“因体育而闻名的城市——永州宁远”为标题对宁远县体育工作进行专题报道。

（杨剑波　李静）

文 物 保 护

【概况】2019 年，设立宁远县文物保护中心，为股级公益一类事业单位，归口管理县文庙管理所、县舜帝庙考古遗址公园管理处、县舂陵侯城遗址管理所、县泠道故城遗址管理所，有在职干部职工 32 人。主要职责是负责全县文物的管理、保护、抢救、发掘、宣传等业务工作；组织指挥纪念馆、博物馆系统工作。

【项目建设】2019 年，全国重点文物保护单位宁远文庙、久安背翰林祠、云龙坊与王氏虚堂防雷工程已竣工，按程序呈报省文物局组织验收。宁远文庙消防工程正在稳步推进。邀请湖南省考古研究所专业人士对泠道故城遗址、舂陵侯城遗址进行调查和试掘作业，为考古发掘、文物保护与利用夯实基础性工作。根据县委、县政府"十城同创"的需要，把宁远文庙文渊阁创建文化一条街，现已将 16 间门面收回，将以主要销售旅游产品、工艺品、纪念品等提升文化品质，丰富旅游产品的要求重新进行招租。编制的《宁远文庙白蚁综合防治工程勘察设计方案》《欧阳氏宗祠修缮工程勘察设计方案》《黄家大屋消防工程设计方案》《久安背翰林祠安防计划书》《小桃源古民居建筑群（第一期）保养维护方案》制作完毕，已按程序报批。增加上报舜帝庙遗址安防计划书，上报云龙坊和久安背安防计划书。准备这 3 处国保单位材料的 PPT 和答辩材料赴省局汇报工作。

【文物申报】2019 年，宁远县文物保护中心积极推荐下灌村古建筑群、骆家村古建筑群、东安头翰林祠、神下李氏宗祠、九嶷山舜帝庙 5 处申报第八批全国重点文物保护单位。2019 年 10 月 16 日，国务院关于核定并公布第八批全国重点文物保护单位的通知（国发〔2019〕22 号）发布，宁远县神下李氏宗祠、东安头翰林祠、九嶷山舜帝陵三处申报成功；积极推荐大界奉氏宗祠、宁远县烈士公园、下灌村古建筑群、琵琶岗古建筑群、小桃源古建筑群、姜荪谱墓、骆家古建筑群、仙姑岩、宁远一中桂冠楼与老八间教室、濂溪祠（含湾头村周氏宗祠、禾亭村周氏宗祠）10 处申报湖南省第十批省级文物保护单位。2019 年 2 月 28 日，下灌村古建筑群、宁远濂溪祠、小桃源村古建筑群成功获批湖南省第十批省级文物保护单位。2019 年，宁远县共有"国保"单位 9 处，"省保"单位 8 处，"市保"单位 16 处，"县保"单位 91 处，重点文物保护单位数量位于全省前列、全市第一。

【文物保护】2019 年，宁远县文物保护中心开展安全生产大排查大整治大管控百日行动，组织对全县各文物保护单位进行全覆盖检查。开展文物建筑火灾隐患排查整治工作，共排查 23 处文物古建筑点，发现 6 处隐患，全部整改完毕。对 20 个文物保护单位进行消防安全检查，其中国保单位 9 处、省保单位 8 处、市保单位 11 处，发放消防灭火器 150 个、防火标志 100 余个。

【传承发展】宁远县文物保护中心举办舜德国学馆 2019 级国学班，继续以"亲子共读经典"的形式，推进新时代文明实践工作。举办研学活动，宁远一中、二中、三中、实验中学共计 3000 余学生参加，促进书本知识和生活经验的深度融合。2019 年 6 月 8 日在文庙广场举办第十四个"文化遗产日"宣传活动，活动以开展非遗演出、摆放气拱门、摆放宣传展板、发放宣传资料等形式进行，增强全社会的文化遗产保护意识。举行国学馆"论语一百"儿童夏令营结业典礼活动，共开设 14 个班，培训 600 余名学生。召开纪念孔子诞辰 2570 周年暨 2019 年优秀教师表彰大会。舜帝庙考古遗址公园管理处被湖南省考古研究所授予"九嶷山公众考古研学基地"。宣传稿件被省级刊物、网站采用 8 篇，被市级刊物、网站采用 18 篇，被县级刊物、网站采用 35 篇。

（郑成德）

文化市场综合执法

【概况】2012 年，宁远县文化

稽查大队的基础上，组建宁远县文化市场综合执法大队，为宁远县文化广电新闻出版局管理的正科级参照公务员法管理事业机构；2017 年 1 月 20 日，撤销大队党组，降格为副科级参照公务员法管理的公益类一类事业机构，定编 25 人。2019 年有领导职数 3 名，其中大队长 1 名，副大队长 2 名，内设办公室（加挂信访维稳室牌子）、政工法规室、执法一室、执法二室。大队共有执法人员 20 名，其中公务员 7 名，工勤人员 13 名。

【创先争优】2019 年，县文化市场综合执法大队制定和完善各项规章制度，坚持用制度来管人管事，主要包括《举报奖励制》《行政办案制》《办案责任追究制》等等。加强内部管理，包括上班点到、着装、文明办案、参与中心工作等等，着力提升全县文化执法的队伍形象。有计划地组织全体执法人员到市局，到各县学习业务技能和管理经验，努力提高全体执法人员的业务水平和办案能力。勤检查，严管理，力争在市场管理中求实效。县文化市场综合执法大队加强对全县文化市场的巡查力度，不定期地对全县文化市场各经营场所进行巡查，要求执法人员每 3 天对县城的经营场所巡查 1 次，每 10 天对乡村的经营场所巡查 1 次，摸清底子，建立台账。将全县文化市场的经营场所实行管理分解，任务到两个执法室，责任到人、包干到底。充分发挥 11 名义务监督员的作用，不定期对全县文化市场特别是群众反映强烈的经营场所进行监督。并联合公安、市监等职能部门，对全县的文化市场开展几次大的联合执法行动，主要突出歌舞娱乐市场和版权执法。稳中心，突重点，推动文化执法工作上水平。以禁止未成年人进入文化市场各经营场所为重点，严厉查处违规接纳未成年人的经营行为。会同公安机关严厉惩治传播政治谣言和淫秽色情信息等违法犯罪活动，从严查处制作、传播政治谣言和淫秽色情信息等违法行为。加强文化市场各经营场所的安全生产工作，不定期地组织执法人员对全县文化市场各经营场所的安全生产进行检查，确保不出安全事故，强化盗版侵权行为的惩治力度，取得新的突破。

【文化执法】2019 年，县文化市场综合执法大队开展“扫黄打非 · 秋风 2019”专项整治。对全县的印刷复制企业、物流公司、快递公司、车站等公共服务场所开展五次突击检查，从源头上严防非法出版物在宁远县市场上流通，严密封堵和查缴政治性非法出版物，严厉查处取缔各种形式的非法报刊、非法网络报刊和非法报刊网站，收缴各类非法出版物 1500 余本（册）。组织卫星电视地面接收设施专项整治。开展广电市场相关法律法规宣传活动，在全县范围内进行入户摸底登记，促使专项整治行动家喻户晓；对非法销售、安装、使用卫星电视地面接收设施的行为予以严厉惩治，查缴“小天锅”等设施设备 300 余套（件）。开展“黑网吧”专项整治。2019 年共出动执法人员 2500 余人次，车辆 1000 余台次，取缔“黑网吧”30 余家，查缴电脑设施设备 300 余套（件），受到广大群众的好评。开展学校周边环境专项整治。重点查处学校周边的电游、网吧、书店、歌舞厅等市场的经营违规行为，严厉惩治流动书贩兜售教辅教材读物，取缔流动书摊（点）70 余户，全县文化市场经营秩序健康稳定。开展互联网“利剑”百日行动。发放宣传资料 1000 余份，查处违规经营行为 10 起，有效的规范互联网经营秩序。

（龙晓斌　魏晓清）

旅游服务

【概况】2019 年，设立宁远县旅游发展服务中心，为股级公益一类事业单位，核定全额拨款事业编制 15 名，现有工作人员 12 名。其主要职责是：承办旅游发展股交办工作；负责旅游发展日常事务工作；负责监督、检查旅游行业服务质量、旅游市场秩序工作；根据委托授权开展旅游市场秩序检查工作；负责受理旅游者投诉，维护旅游经营和消费者的合法权益工作；负责受理全县旅游信息咨询工作；负责旅游经营场所旅游投诉、标志的设置和检查工作。归口管理县旅行社，不再保留县旅游质量监督所。

【申创工作】2019 年，宁远县积极推动省级全域旅游示范区创建工作，完成创建省级全域旅游示范区申报工作，通过湖南省创建省级全域旅游示范区验收工作组评估；积极推动舜帝陵创国家 AAAAA 级旅游景区工作，主动与国家文旅部、省文旅厅对接创建申报参评工作。邀请四川成都来也股份公司按照创建标准再次对舜帝陵创国家 AAAAA 级旅游景区总体规划进行修改完善。完成舜帝陵修缮项目 95%，投资约 4400 万元。提质改造项目二期完成设计正在施工。三期智慧旅游系统完成招标，进入施工阶段。紫霞岩项目建设立项完成，正在办理招标前期工作；积极引导民间资本进入乡村旅游建设领域，推动星级饭店和星级乡村旅游区（点）创建。乡厨农庄成功申创湖南省四星级乡村旅游区（点），金溪山庄成功申创湖南省三星级乡村旅游区（点）。下灌村入选第一批湖南省乡村旅游重点村名录。

【项目建设】2019 年，宁远县引导社会资本投向旅游，重点推进旅游综合体、景区基础设施、旅游交通设施配套、旅游新业态等项目建设。麻将小镇项目可研、环评手续已完成报备，正在办理国土手续等前期工作。2019 年，已完成部分拆迁，征地 1110 余亩。舂陵古城项目总体规划已通过专家评审，完成项目选址、用地审批、项目立项等工作，二广高速平田出口改造及景观提质工程已挂牌招标。九嶷山国防研学实验基地项目完成一期宿舍装修，设备采购，操场、障碍训练、厨房已投入运营，项目二期总体规划已通过专家评审。九嶷珍奇水生动物生态产业文化园项目大棚房整改工作已完成，正在开展二期项目规划，招商引资等工作。下灌创国家 AAAA 级旅游景区通过景观质量评审。完善旅游公共服务配套。推进旅游厕所革命。围绕“厕所革命”三年计划，已经完成旅游厕所新建或改建 10 座。提升宁远县旅游厕所的卫生环境、设备配套和文明宣传氛围。

【市场监管】2019 年，县旅游发展服务中心加强暗访检查和日常巡查相结合，深入开展旅游市场秩序综合整治行动，坚决惩治“黑旅行社”“黑导游”“黑购物店”售卖假冒伪劣产品和诈骗游客的违法行为，共开展部门联合执法检查 12 次，独立执法行动 30 多次，配合市文旅部门到宁远督查工作 6 次。切实加强旅游安全保障。全年开展各类旅游安全检查 30 余次，检查旅游企业近 120 家，组织大型旅游安全宣传活动 6 次、组织安全演练 2 次，定期组织开展突发事件隐患评估和对策会商，全年没有发生旅游安全责任事故。

【文旅融合】2019 年 2 月 20—22 日，“德孝之源·福地九嶷”宁远全域旅游推介会在广州进出口商品交易会展览馆 C 区举行。4 月 12 日—14 日，成功举办“中国户外健身休闲大会 2019 年首站宁远站”，让人们在感受激烈的赛事与刺激的视觉盛宴的同时感受到宁远文化的独特魅力。5 月 19 日，参加湖南省文化和旅游厅主办的 2019“中国旅游日”宣传推介活动。展会现场以舜帝陵、紫霞岩、下灌古村等景区为元素，通过景区精美的智慧旅游手绘地图和丰富的旅游产品等，将宁远独特的自然资源和全域旅游战略发展成果进行集中展示。7 月 8 日，参加 2019 年北京世园会永州主题专场宣传推介活动。9 月 13 日—14 日，成功举办 2019 第十届环中国国际公路自行车赛（宁远站）。央视 CCTV-5 全程报道，宁远的旅游资源在全国进行宣传推广。9 月 20 日，组织策划“粤港澳大湾区万车游永州”宁远九嶷山首站启动仪式，充分展示宁远瑰丽的山水风光和九嶷山独特的地域特色。11 月 15 日—17 日，组织旅游企业参加在昆明举行的 2019 年中国国际旅游交易会，集中向国内外游客和参展嘉宾展示宁远旅游资源，进一步扩大宁远旅游在国际上的知名度和影响力。12 月 13 日—15 日，组织旅游相关单位参展首届历史文化名城（永州）文旅活动周暨柳宗元文化旅游节，集中展示宁远九嶷山、下灌等景区的优美风光和地方特色旅游产业的发展成果。县文旅广体局在全市文旅融合发展经验交流会上作文旅融合经验典型发言。

（肖格莉　李圭耀）

宁远县融媒体中心（县广播电视台）

【概况】2019 年，宁远县融媒体中心（县广播电视台）由宁远县广播电视台、宁远县新媒体中心整合而成，为县政府直属正科级二类事业单位，归口县委宣传部管理。2019 年 10 月 28 日正式挂牌，并与新湖南等省级平台成功对接。内设综合部、人力资源部、广告部、记者部、新闻制作和统筹部、专题栏目部、技术播出部、农村网络部、转播站 9 个股室和一个正股级下属机构新媒体中心，有干部职工 96 人。2019 年，宁远县融媒体中心（县广播电视台）按照“内宣提质量、外宣争上游、创收保支出、播出零事故”的总体发展思路，认真贯彻落实党的新闻宣传方针政策，围绕县委、县政府各项战略部署，加强组织领导，细化责任分解，突出责任落实，积极主动作为，聚焦巩固壮大主流思想舆论，聚焦阵地建设和管理，聚焦决胜全面建成小康宁远，为建设宜居宜业宜游生态文化公园提供有力的舆论支持和精神动力。

【新闻宣传】2019 年，宁远县融媒体中心（县广播电视台）充分发挥主流媒体作用，认真履行党的新闻舆论工作的职责和使命，以高度自觉的看齐意识，讲好宁远故事，传播好宁远声音，为全县经济社会高质量发展提供强大的精神动力、舆论支持和思想保证。内宣工作：围绕中心，服务大局，紧扣县委、县政府中心工作和重点工作，推出形式多样的主题报道、系列报道、跟踪报道和深度报道，着力提高新闻舆论传播力、引导力、影响力和公信力。加强脱贫攻坚、“三区共建”“三业融合”“三大攻坚战”“十城同创、文明共建”“五化行动”“五位”建设、“不忘初心、牢记使命”主题教育等重点工作和重大主题的宣传报道。积极配合县作风办、文明办、创卫办等相关部门，加大作风建设、不文明行为等的曝光力度。在《宁远新闻》中开设《新闻述评》，相继播出《开局就是决战，起步就要冲刺》《多大担当多大作为》《撸起袖子加油干，扑下身子抓落实》等新闻述评 10 期。围绕培育和践行社会主义核心价值观，凝聚强大正能量，配合县妇联集中宣传《县中医医院糖尿病肾病科：巾帼集体展风采，德技双馨见担当》《冯桂花：从群众中来，到群众中去，做群众的贴心人》等一批新时代巾帼风采；配合县委组织部推出“湖南好人”《杨银桥的扶贫情》等一系列身边的先进典型，为弘扬社会正气，推动社会进步提供正能量。强化精品意识，严格执行新闻三审制度，坚持主任（台长）终审制，大大减少新闻制作播出的差错率，提高新闻制作播出的质量和水平。坚持天天新闻，每天播出新闻 5 条以上，全年共播出《宁远新闻》2400 余条。外宣工作：始终把宣传推介展示宁远作为外宣工作的重点工作来抓，不断出台激励措施，加大奖罚力度，积极总结推介宁远的好经验、好做法，宣传宁远新形象。积极拓展外宣渠道，采取请进来的方式，与中央、省、市电视台共同策划重大宣传主题，共同摄制播出推介宁远的相关新闻，外宣工作在省、市排位保持第一方阵。2019年，《（湖南宁远：春节近年味浓）打糍粑过年欢乐祥和迎春节》（2月2日）、《第一时间：湖南宁远：万亩野生杜鹃花竞相绽放》（5月9日）、《湖南宁远：洪水围困村庄救援疏散居民》（7月14日）、《湖南永州：山洪暴发民兵紧急转移群众》（7月14日）、《因体育而闻名的城市——永州宁远》（9月15日）、《湖南：多地干旱部分地区“送水解渴”》（10月9日）、《湖南宁远：摧毁跨省诈骗团伙17名嫌疑人落网》（11月15日）等7条新闻被央视频道采用，比2018年多3条，实现县台一年上7条央视新闻的突破，保持连续6年上央视新闻的记录；《宁远：冰雹强降雨导致烤烟受灾》《宁远：扫黑除恶纳入村规民约》等55条新闻被湖南卫视采用；《宁远：扶贫达人的“百家饭”情结》《宁远：民警参加扫黑除恶专项斗争工作考试》《宁远：严查实办民生领域腐败问题》等312条新闻被《永州新闻联播》采用，用稿量位列全市第一方阵，其中2月份排全市第一。

【栏目专题】2019年，宁远县融媒体中心开设《闪亮星主播》《直通119》《宁远警情》《宁远检察》《卫生与健康》等栏目。为全面真实展现新中国成立70年的变化，开辟《壮丽七十年，奋斗新时代》等动态性主题报道栏目。为推进干部队伍形式主义官僚主义六大突出问题专项整治工作，开设曝光台，相继播出《农村饮水工程为何成了“僵尸”工程》《贫困户为何有两本〈扶贫手册〉》《山水城环境脏乱差》等新闻报道，立足宁远本地，心系百姓生活，反映大众心声，弘扬人间正气，节目更接地气，栏目更具影响力。为确保时间任务双过半，邀请有关县直单位主要负责人到电视台作“大干三十天，实现双过半”公开承诺。配合县委、县政府的重点工作和中心工作，制作《昂首奋进新时代、追梦扬帆谱新曲——宁远县全力打造高质量新时代文明实践中心工作纪实》《利剑2018—2019——宁远县扫黑除恶工作情况汇报》《筑梦强军、守望和平——宁远县武装工作向新中国70华诞献礼》等工作的专题汇报片21个，有效地推介和展示宁远形象。7月，配合县委宣传部做好由中共宁远县委宣传部主办，宁远县融媒体中心承办的庆祝新中国成立70周年“学习强国之宁远答卷”大型电视知识竞赛活动。9月至11月，配合县委“不忘初心、牢记使命”主题教育领导小组高质量开展主题教育宣传报道工作，中心充分发挥主流媒体宣传优势，利用县融媒体中心官方网站、微信公众号等平台，综合运用视频、文字、图片、音频等形式，及时、充分报道全县主题教育特色做法、进展成效，为全县主题教育的深入开展营造浓厚的舆论氛围。开辟“‘不忘初心、牢记使命’主题教育进行时”专题栏目，共采编主题教育的新闻报道70余篇，上省市台10余篇。

【农网建设】2019年，宁远县融媒体中心（县广播电视台）投入资金50余万元，分期对全县农村500公里有线电视主干线进行维护改造。

【精准扶贫】2019年，宁远县融媒体中心（县广播电视台）共联系鲤溪镇柏家岭村，湾井镇东安头村、朵山村三个贫困村。东安头村和朵山村为2019年新增的两个联系村，因原帮扶单位的退出，短期内帮扶力量缺失，县融媒体中心在人手紧张、包户任务重的情况下，主动挑担子，派出精干力量及时做好入户帮扶工作，确保新增联系村帮扶工作不断档。要求每个党员联系4至5户贫困户，每个月由党组书记带队到联系村开展精准扶贫工作，认真调研摸底，制订扶贫脱贫规划，协助村里抓好项目建设。在帮扶工作中，了解到东安头村基础设施薄弱，争取上级资金15万元用于改善村里办公设施和村活动中心余坪硬化。为朵山村争取上级资金87万元修建硬化村道2.5公里，修缮600多米的农田灌溉渠道。联系交通部门，开通县城到朵山村的公交车，根据朵山村文化特点（湖南书法第一村），举办书法展和旗袍秀乡村旅游活动，发展具有朵山特色的乡村旅游。2019年各项扶贫工作稳步推进，三个村预脱贫户按期脱贫。

（谢剑平）

卫 生 健 康

【概况】 2019年，宁远县卫生健康工作认真贯彻落实习近平新时代中国特色社会主义思想和中共十九大精神，紧紧围绕县委、县政府中心工作，深化医药卫生体制改革，聚焦健康扶贫工作，完善公共卫生服务，落实计划生育政策，夯实基础设施建设水平，改善医疗服务质量和水平，加快健康促进模式改革，不断满足群众日益增长卫生健康服务需求。2019年，卫生健康局荣获全国基层中医药工作先进单位；宁远县中医医院获2018—2019年度"光明扶贫工程"；计生工作获湖南省计划生育协会重点工作优秀单位称号。

【党的建设】 2019年，县卫健局推动党建工作常态化，全面落实"三会一课"、组织生活会、民主评议党员、党费缴纳等制度，认真落实"三比三创"主题教育活动和"不忘初心、牢记使命"主题教育的各项工作内容，开展送医送药、义诊义检等主题党日活动，结合行业特点评选15名宁远县"好医德、好医术、好医生"，召开县卫生健康系统孝老爱亲楷模先进事迹宣讲报告会。组织本系统46名入党积极分子和26名发展对象参加县委组织部机关工委的培训。局机关选派4名党员干部分两个乡镇、四个村担任"第一书记"，47名党员干部结对帮扶贫困户，为脱贫攻坚添砖加瓦。

【医改工作】 2019年，县卫健局继续推进"医德医风、医疗、医保、医药"四医联动。县级公立医院综合改革成效初显，县级公立医院综合改革部分重点任务台账监测数据稳中向好，药品供应保障制度改革及"两票制"不断完善。公立医院药占比下降到28.56%，医疗服务收入占比为34.6%，医疗费用增幅为10.2%，门诊次均费用下降7.62%，住院次均费用增高4.32%。先后建立危重孕产妇、胸痛、卒中、危重新生儿救治、创伤等五大中心。完成血液透析中心、心血管介入中心、呼吸科、肿瘤科、华大—九嶷山感染性疾病救治基地、中医康复科、骨伤科、中风科、颈背腰腿痛科、肺病科等重点专科的建设，全面提升县级医院综合服务能力。积极配合推进医保支付方式改革，实施单病种付费。全面推进基层医疗机构绩效考核，调动基层医疗队伍工作积极性。充分发挥县级公立医院的作用，由县级医院牵头组建医共体3个，辐射全县所有乡镇卫生院，通过专科共建、临床带教、业务指导、教学查房、科研和项目协作等多种方式，提升基层机构医疗服务能力与管理水平。

【健康扶贫】 2019年，宁远县落实103355名农村贫困人口"应保尽保"，贫困人口参保率100%。落实"先诊疗、后付费"和"一站式"结算制度，共49962人次农村贫困人口患者享受政策，总医疗费用25266.66万元，总报销金额22865.55万元，个人实际报销比例达90.5%。全面实施健康扶贫"三个一批"工程，将大病集中救治病种在原来9种大病的基础上，扩大到29种，大病集中救治，累计救助10608人次。贫困人口慢病签约服务落到实处。建立"贫困户+乡村医生+医疗团队+县级指导专家"的慢病患者签约服务组合，慢病签约服务管理率100%。重病兜底保障32659人，兜底资金共计2914.67万元。

【卫生健康综合服务】2019年，县妇女儿童医院已完成西边综合办公用房、后勤保健用房地下室和全部主体工程，住院大楼地上建筑十层，已完成九层主体工程。永州南中心医院（人民医院新城分院），6月29日正式开工建设，在九嶷大道中段西侧划拨土地257.57亩，按三级综合性医院、1000张床位的标准建设医疗业务用房，总建设面积115232平方米，总投资约4亿元。乡镇卫生院标准化建设按照年初安排逐步实施，2019年计划融资19788.4万元用于乡镇卫生院建设300张床位。第一批融资款6000万元已到位。九疑山瑶族乡山河村、水市镇田家村等6个行政村卫生室建设任务已完成。全年完成卫健系统人才招聘288人，选送21人参加乡村医生本土化培养，6人参加农村订单定向本科医生培养，27人参加农村本土化专科医学生培养。

【基本公共卫生服务】2019年，宁远县常住人口73.09万人，已建立居民电子档案673738人，建档率92.18%。孕妇管理人数1388人，孕妇管理率83.61%，产妇3461人，建档2084人，建档率60.21%；儿童管理人数76942人，随访管理24082，随访率31.3%；65岁以上老年人管理数81084人，体检人数21180人，体检率26.12%；高血压管理人数34403人，规范管理高血压人数32829人，规范管理率95.42%；管理糖尿病人9435人，规范管理人数9097人，规范管理率96.42%；精神病患者管理数3564人，规范管理人数3410人，规范管理率95.68%。中医药管理老年人体质辨识人数42011人，覆盖率52%，管理0~3岁儿童20340人，覆盖率53.2%；结核病管理320人，管理率100%。

【妇幼健康重大项目】2019年，宁远县孕产妇系统管理7747人，系统管理率达97.53%，没有出现孕产妇死亡案例。结婚登记1308对，免费婚检1258人、叶酸增补10691人，产前筛查4789人，完成目标任务101.89%，高危干预诊断682人，高危诊断干预率达91.79%；新生儿疾病筛查完成5848人，筛查率73.62%；新生儿听力筛查7674人，筛查率96.61%；活产出生缺陷42例，活产出生缺陷发生率101.23/万，较2018年135.2/万有所下降。完成农村适龄妇女“两癌”筛查12191人，占全年目标任务1.2万人的101.6%。

【传染病防控】2019年，宁远县卫健局突出重点区域、重点对象，组织督查组对学校常见传染病、结核病、艾滋病防控、儿童预防接种证查验、疫苗补种及学校饮用水安全管理工作情况进行督导检查。有效处置禾亭中心校、湾井完小等流感疫情。救治救助尘肺病农民工72人（出院人数），完成年基本医疗救治救助计划任务的120%。完成国家食品化学污染物监测、食源性疾病病原学监测以及省级监测任务。全县食源性疾病监测延伸到乡镇（街道），乡镇（街道）医疗卫生机构覆盖开展率100%。全年无突发公共卫生事件、重大传染源疫情。

【计划生育】全市2019年计划生育业务指标，宁远县排全市第2位。全面完成符合政策生育率指标。全年总共上报出生人口8625人，其中符合政策生育人数7819人，符合政策生育率90.66%，政策外多孩率9.34%，人口自然增长率3.52‰，符合政策生育率比2018年省考核评估值88.75%提高1.91%。出生人口性别比较2018年明显下降，2019年度出生婴儿性别比114.55，比省2018年认定为122.27下降7.72个比点。全面完成免费孕前优生检查和产前筛查任务。截至2019年9月底全县共完成免费孕前优生健康检查3871对，占全年总任务的99.25%；完成产前筛查4789例，占全年总任务的101.89%；完成农村适龄妇女免费“两癌”筛查12191人，占全年总任务的101.59%。全员人口数据质量较2018年提升，完成考核责任目标任务。妊娠上报及时率98.7%；出生上报及时率为97%；节育措施上报及时率99.99%；全员人口数据完整率达100%；全员人口数据逻辑准确率达100%。计生协会工作全面对标完成任务。2019年，县计生协会利用春节、“5·29”会员活动等开展经常性的计生宣传服务活动；全面落实计生特殊家庭的健康保险、走访慰问、生活照料、精神慰藉、体格检查及住院护理补贴；全面开展计划生育村民自治示范村创建活动，建立健全村级计生协会组织并开展相关活动。计生奖扶政策得到落实。农村奖扶对象年审3907人、新增348人、退出127人，确认4128人；特扶对象年审243人、新增25人、退出9人，确认259人。发放机关事业单位独生子女父母奖励1463人，共130.416万元。积极开展流动人口动态监测工作。县、乡、村流动人口信息平台应用率、信息协查反馈率均为100%。

【“互联网+医疗健康”远程诊疗服务】2019年，宁远县医疗机构开展远程医疗服务，让群众不出远门享受到大城市优质医疗服务，利于缓解看病难、看病贵，提升节约医疗水平。在充分调研和学习兄弟县区经验的基础上，与省湘雅一医院签署合作协议，先后投资113.6万元，用于推进远程诊疗服务工作。2019年10月29日，全县18所乡镇（街道）卫生院与县人民医院、县中医医院互联互通，县人民医院、县中医医院与省湘雅一医院互联互通，实现远程心电、影像、电子病历等信息数据、图像互联网传输，群众在县级公立医院享受省级医院的专家面对面地诊疗。实现以管理、技术、服务为纽带的医疗资源纵向整合，构建“乡级检查、县级诊断”的医疗服务新模式，实行分层级、分阶段、功能完善、预防、治疗、康复相结合的医疗服务体系；建立省、市、县、乡、村五级远程医疗服务体系，达到小病不出乡、大病不出县、90%患者留在县内的工作目标；运用各级医疗机构优势互补、资源共享，有效控制医疗费用，提高医疗保障水平，为人民群众提供安全、有效、廉价、分级、连续的优质医疗服务；远程医疗服务系统启动以来，共完成远程心电2206例，远程影像230例。

【中医药工作】2019年，宁远县中医药服务能力持续提升。全县形成以“中医医院为龙头、乡镇卫生院为枢纽、村卫生室为网底”的中医药服务三级网络。2019年宁远县中医药工作以全省第一名成绩顺利通过全国基层中医药先进单位复核工作，中医药特色优势日益明显。

【党风廉政建设】2019年，宁远县卫生健康系统开展例行廉政谈话67人、提醒谈话40人、约谈5人、诫勉谈话3人、调整岗位2人。开展商业贿赂专项整治县级医院上交74.12万元，其中：县人民医院42.04万元、县中医院30.6万元、县妇幼保健计划生育服务中心1.48万元。

【宣传工作】2019年，县卫健局开展《中华人民共和国传染病防治法》《湖南省人口与计划生育条例（修正案）》《职业病防治法》等户外宣传20余次，发放宣传单30万份，发放避孕药具10万余元，接受健康咨询3万余人次，义诊患者6000余人次。全系统向各级新闻网站、报刊报送信息450余条，其中市级以上媒体刊登282篇；向市广播电视台报送的“老人健康守护神”“家庭医生守护亲人健康”两条专题报道被省卫健委作典型推广，宁远卫健系统抗洪防疫、36支医疗专家队“送健康”下乡、深入开展“三比三创”工作被新湖南健康频道作典型推广。

卫生计生综合监督执法

【概况】2019年，宁远县卫生计生综合监督执法局内设办公室、医疗执业监督一股、医疗执业监督二股、公共卫生监督股、学校卫生监督股、计划生育监督股、稽查股，在编工作人员31人，局长1人，副局长3人。

【医疗执业监督】2019年，县卫生计生综合监督执法局共出动执法车辆180余次，执法人员450余人次，检查疾病预防控制、医疗、卫生保健等机构102家，其中三级医院3家，二级医院3家，以及专科医院8家，妇幼保健机构1家，疾病控制机构1家，乡镇卫生院18家，其他医疗机构60余家，出发金额共计人民币36.67万元，共立案50起，年底全部结案。

【公共卫生监督】2019年，县卫生计生综合监督执法局承担包括公共场所、生活饮用水、二次供水、生活美容医疗美容等监督工作。2019年，公共场所办理新卫生许可证的有274家，其中住宿业86户，沐浴场所20户，美容美发140户，舞厅、音乐厅6户，商场超市9户，电影院2户，候车室2户。2019年，共立案查处一般程序案件17件，处罚金额共计人民币15.24万元。

【计划生育监督】2018年10月1日至2019年9月30日，宁远县乡镇（街道）共征收社会抚养费558.68万元，审核审批执法文书1041件，其中立案1041件，结案0件。征信体制建设逐步完善，在宁远县电视台公布相关文件，移送部分征信系统失信人员。共查处国家公职人员违法生育案件5例，其中4例已处理完毕，共征收社会抚养费7.05万元，剩余1例未能足额征收完毕。深入各乡镇（街道）摸排“两非”有效线索，两次前往广东省调查取证，共计破获并结案5例典型“两非”案件，罚款12.28万元。

【学校卫生监督】2019年，县卫生计生综合监督执法局出动卫生监督员120人次，对全县180家各类学校和托幼机构进行专项现场卫生监督检查，并出具卫生监督意见书。对学校生活饮用水卫生问题进行执法监督检查，共监督学校49所，出动卫生监督员60人次，出具卫生监督意见书49份。在检查发现有违法行为学校11所，立案查处学校3所，责令改正7所，建议行政处分3所。传染病防控监督执法，共重点检查公立学校29所，私立学校4所，托幼机构7所，医疗机构十余家，出动卫生监督员106人次，发放传染病宣传资料600余份，出具卫生监督意见书50份。对农村生活饮用水安全进行专项监督检查，并进行摸底调查，对全县13家农村集中式供水单位立档造册、重点监督；并对乡镇学校和村级便民水利工程进行摸底调查。全年共立案10起，查处9起，罚款7.5万元。

宁远县红十字会

【概况】1989年7月，宁远县红十字会成立，下设办公室，挂靠县卫生局，没有确定级别。2011年县红十字会开始独立设置，为县卫计委下属二级机构，是隶属县政府领导联系的参照公务员管理的副科级事业单位，是从事人道主义工作的社会救助团体，列为群团组织的序列管理。2019年，县红十字会配设专职副会长1名，干部5人，工勤人员2人，共8人，内设办公室。

【重要工作】2019年，宁远县部分乡镇洪涝灾害发生后，县红十字会向省、市红会争取二批次的救灾物资，合计价值约6万元，全部用于灾区受灾村民。在志愿者方面共组织200人次志愿服务深入灾区参与救灾工作，出动货车2台，小车10余次。做好人道救助工作。向省红会申报申请人道救助人员共22人，7人获得省红十字人道救助金，全部实现打卡发放。大力开展救护培训工作。宁远县红十字会积极推进救护培训进社区、进农村、进学校、进企业、进机关“五进”活动，在舜陵街道、印山社区、莲花社区成立两支志愿者队伍，开展救护知识宣传培训活动。全年累计完成救护员培训40人，普及性培训5459人次。组织无偿献血活动，2019年共组织发动各乡镇、县直机关工作人员、学校师生和广大市民共3088人次参与无偿献血活动，截止12月31日共完成采血920400毫升。2019年宁远县人民政府被永州市评为无偿献血先进单位。推动造血干细胞捐献和遗体（器官）捐献工作。2019年，全县共采集18例造血干细胞标本，7月1日宁远县首例造血干细胞捐献者唐士沐在湘雅附三医院成功捐献造血干细胞，完成大爱之举。湖南日报、永州日报、红网等多家媒体进行报道，为进一步宣传更多的人加入造血干细胞队伍营造良好的氛围和基础。2019年，全县有1名志愿者签订遗体器官捐献协议书，承诺捐献眼角膜。

计划生育协会

【概况】 2019年，宁远县计划生育协会抓住计生协机构改革发展契机，围绕“强基固本、服务创新、力争上游”这一目标扎实开展工作，切实落实“六项重点任务”，打造协会工作新的亮点。2019年，宁远县计生协会工作，被省计生协授予“2019年全省计生协会重点工作考核优秀单位”称号，这是中国计划生育协会改革方案中关于“建立计生协重点工作考核评估机制”以来，省计生协组织实施的对市县计生协重点工作考核评估连续获得的第四个优秀；2019年，桐山街道获全省基层群众自治示范乡镇称号，中和镇枫木脚村、文庙街道蛟龙塘村、舜陵街道长春村获全省计划生育基层群众自治先进村居称号；夏双青获2019年度全省计生特殊家庭住院护理补贴工作先进个人称号。

【基层协会组织】 2019年，县委高度重视计生协会工作。单列乡镇计生协专职副会长（副科）编制；建立健全村级计生协会组织，将政治素质过硬，业务能力强，群众基础好，熟悉人口计生工作的原老书记、计生专干和村医担任常务副会长，发挥其特长，更好地为育龄群众服务；解决村级计生协会常务副会长工作待遇，由县财政列入预算按每人每月200~260元的标准打卡发放。

【流动人口计生协会】 2019年，县计生协会分别在宁远流动人口相对集中的东莞市众友五金制品有限公司和惠州市天杰达电子科技有限公司，成立流动人口计生协会，选举产生理事、会长、副会长，聘任秘书长，并与当地政府开展流动人口健康服务年活动，走访慰问流动人口困难家庭。截止2019年度，全县共有乡级计生协会组织20个，村级计生协会组织422个，流动人口计生协会组织11个（含工业园、社区6个），单位或部门计划生育协会4个，全县骨干会员人数21650人。

【“会员之家”建设】 为全面提升基层计生协工作水平，把“会员之家”建设与计划生育基层群众自治示范创建进行互补融合。2019年投入17万元新创建“会员之家”示范点4个，基层群众自治示范村56个，力争经过3年努力，建设一批设施规范、功能完备、制度完善、服务优良的基层计生协会员之家。充分利用会员之家，定期组织广大会员、群众开展活动，制订活动方案计划，有序组织实施。把生育与服务有关的相关政策、优生优育指导、失独家庭帮扶、流动人口服务等知识，通过“会员之家”及时传达到广大群众和计生家庭中去。按照“党政所急、群众所需、协会所能”的职责定位，全心全意为育龄群众和计生家庭服务，不断提升基层计生协组织服务能力和工作水平。

【计生特殊家庭住院护理补贴】2019年，全县有计生特殊家庭175户、248人。县计生协会通过资料审核、现场告知、村（社区）公示、资金发放流程，确保计生特殊家庭重大病住院护理补贴资金，按时足额发放到计生特殊家庭奖励扶助专用账户（惠民一卡通）。全年享受重大病住院护理补贴的计生特殊家庭对象共77人，已发放住院护理补贴资金72900元，资金发放率119%，做到住院护理补贴发放准确率和及时率100%。

【计生协会骨干业务培训】5月22日，县计生协会在九疑山瑶族乡西湾村组织20个乡镇（街道）、县计生协会理事单位、流动人口计生协会长、常务副会长和秘书长，采取集中轮训、互动交流、一对一辅导等多种形式，集中学习和培训中共十九大精神、健康湖南和卫生健康领域的各项政策措施和法律法规，并针对计生协的组织建设、阵地建设、生育关怀行动、基层群众自治、计生系列保险等工作进行针对性培训，进一步健全组织网络，提高能力水平。

【先进集体和先进个人表彰】2019年，县计生协会对获得计划生育协会工作模范单位的九疑山瑶族乡、柏家坪镇和获得良好单位的禾亭镇、水市镇、保安镇进行通报表扬，对获得计划生育协会群众自治工作示范单位的九疑山瑶族乡西湾村、柏家坪镇柏家坪社区等20个村（社区）进行授牌，对文庙街道福源村计生协会秘书长魏莲等20名计生协先进工作者进行通报表彰。

【新时代文明实践活动】2019年5月27日，为深入贯彻习近平新时代中国特色社会主义思想，大力弘扬中华民族家庭美德，助力健康宁远和新时代文明实践中心建设，由宁远县计生协会、宁远县妇女联合会和县卫生健康局联合举办的宁远县新时代“好家庭”“好婆婆”“好媳妇”“好母亲”“好女儿”评选表彰活动在宁远县九亿广场举行，县委副书记刘军君出席并讲话，为获得宁远县新时代“好家庭”“好婆婆”“好媳妇”“好母亲”“好女儿”的获奖者颁奖。

【计生家庭生育关怀】利用春节、“5·29”会员活动日、“7·11”世界人口日和中秋国庆，宁远县下拨专项生育关怀资金对计生贫困家庭和计生特殊家庭进行走访慰问。2019年县计生协会和乡镇（街道）走访慰问计生贫困家庭资金累计490余万元，走访慰问计生贫困家庭6750人次，并邀请县委、县政府、县人大等主要领导，采取全覆盖大走访的方式，深入乡村、社区、企业，走进计生贫困家庭，通过送慰问品、慰问金、送健康知识、送书籍、送文化等多种形式，对失独家庭、伤残家庭、计生贫困家庭、节育手术并发症家庭、独生子女死亡伤残家庭、贫困独生子女户、两女户家庭、留守儿童和空巢老人进行走访慰问，让其过上一个欢乐祥和的节日。实施项目帮扶，助力计生家庭脱贫致富。2019年，全县共上报“三结合”项目、“创业贷款贴息项目”8户，审核批准5户，累计获上级补贴金额25.9万元，缓解计生家庭发展生产的资金压力，惠及计生家庭73户共计185人，有力的支持计生家庭创业，使其走上脱贫致富的道路。

【计生特殊家庭帮扶】2019年，全县有计生特殊家庭175户、248人，为解决他们在生产、生活中的实际困难，县计生协会将计生特殊家庭列为生育关怀活动的重点帮扶对象，让他们充分感受到党和政府的关心和关爱。对15名年满80周岁计生特殊家庭，由县财政发放80元/月的护理补贴15360元，及时缓解他们在住院医疗等方面面临的护理难处，与省级计生特殊家庭重大病住院护理补贴共同实施，相得益彰。结对帮扶关爱。各级计生协会和骨干会员、协会志愿者对计生特殊家庭做到“五必访，一到场”，即当困难特扶对象生病必访、家庭有大事必访，过生日必访，逢传统节日必访，家庭遭遇意外必访，对象寿终时一定到场，帮助料理后事。县计生协会还动员协会理事单位与特殊家庭第三代开展助学结对、就业帮助、情感关怀、物资捐助、学业辅导等五大系列活动，帮助第三代孩子健康成长。2019年，全县“失独”家庭中有56户留有第三代，已与其中47户家庭的第三代进行结对。部门联动关爱。对计生特殊家庭特别是失独家庭开展部门联动帮扶关爱。县民政局对于失独家庭的老人，根据本人意愿优先安排在敬老院养老，2019年6月底，已有51人住进政府兴办的养老机构颐养天年；将符合城乡低保条件的47户失独家庭、113户计生伤残家庭和7名手术并发症患者纳入城乡五保和低保，让他们每月再增加近300元的扶助金；家庭发生突发性、临时性生活困难，均给予临时生活救助，2019年已累计发放临时性救助达2.36万元。县卫生健康局开通“就医绿色通道”和家庭医生签约服务，在县内公立医疗机构看病凭卡优先，实行“先诊疗后付费”和“一站式”结算服务；县计生协会开通手机一键呼叫服务，在2019年7月份为全县248名计生特殊家庭免费配送手机，并组建专门的志愿者队伍，聘请心理医师设立心理咨询热线，开展心理疏导和探访交流。县财政局为计生特殊家庭建立经济扶助动态增长机制，比省定扶助金高20%。县人社局对有就业能力和愿望的计生特殊家庭，开展就业培训并优先安排就业和创业。县住建局对计生特殊家庭，农村危房改扩建中除享受相应的政策补贴外，另行再补助每户2000元。

【计生系列保险】2019年全县财政投入208890元，为6963户计生家庭和计生工作人员办理每户30元意外伤害保险；投入39750元，为全县265名计生特殊家庭（失独家庭、伤残家庭和手术并发症家庭）人员购买150元/人的健康保险。截至2019年12月底，保险累计理赔达28万元，增强计划生育家庭抵抗风险的能力。

【“5·29”会员活动日活动】在“5·29”会员活动日期间，县计生协会联合九疑山瑶族乡政府在九疑山明德广场组织开展以“关爱计生家庭、助力健康宁远”为主题的集中宣传和健康科普服务月活动的启动仪式。重点宣传中共十九大精神，宣传与育龄群众和计生家庭生活密切相关以及卫生健康领域的大政方针和法律法规，宣传科学文明进步的婚育观念和健康知识。加强与卫健局及相关单位以及相关社会组织的合作，广泛开展形式多样、内容丰富、群众欢迎的生殖健康咨询、义诊检查、“两癌”筛查、老年健康知识宣讲、健康促进、计划生育和优生优育指导、计生家庭权益维护；开展避孕节育、优生优育、儿童早期发展教育、性与生殖健康保健知识科普行动，充分发挥“会员之家”等阵地作用，提高会员群众的健康素养，引导会员群众树立科学文明进步的婚育观念，提倡健康生活方式和良好家风，推进“文明宁远”建设。

【宣传教育】2019年，县计生协会充分利用新闻媒体大力宣传计生协会的有关情况，密切与群众的沟通，扩大计生协组织的影响力、感召力，形成社会正能量。县计生协会在中央和省市级以上媒体公开发表78篇稿件，其中《宁远县：“四有四助”护航计生特殊家庭》在《中国人口报》头版头条刊发。

重点医院介绍

【宁远县人民医院】宁远县人民医院位于泠江河畔，九亿街与重华路交汇处的重华北路1号。医院前身是1946年由欧冠筹建的县公医院，1949年

11 月县人民政府接管后更名为宁远县人民医院。1996 年 1 月，医院获卫生部颁发“二级甲等综合医院”称号，2005 年至 2019 年获“全国百姓放心示范医院”称号，2018 年 6 月获“全省卫生计生工作先进集体”。2019 年县人民医院属于公益类二类事业单位，核定差额拨款事业编制 875 人，设党委书记、纪委书记各 1 名，院长 1 名，副院长 3 名。2019 年县人民医院有在职职工 909 人，其中正高职称 10 人，副高职称 86 人，中级职称 196 人，初级职称 538 人，其他工勤人员 79 人，编制床位 625 张，开放床位 820 张，开设临床和医技科室 27 个，全年完成门急诊 544730 人次，较上年同比增长 149047 人次，增长 37.67%，出院病人 44795 人次，较上年同比基本持平，病床使用率 103.2%，住院手术人次 8222 人次，抢救危重病人 5300 余人次，抢救成功率 99%，全年总收入 28865 万元，同比增长 5.93%，其中医疗业务收入 28786.19 万元，药占比 26.45%，百元医疗收入消耗卫生材料 20.5 元。全年支出 28702.98 万元，资产负债率为 50.8%，完成固定资产投入 1796.13 万元，收支结余 162.02 万元。

医院为改善医疗设施，美化医院环境，在保证职工待遇的前提下，不断加强基础设施的投入，总投资 1 个多亿的综合大楼已投入使用，大幅改善患者的就医环境，有效缓解住院难问题。投入 1000 多万元的飞利浦 64 排 128 层新 CT 机已正常使用，另购入高端彩超 1 台，有效提高医院的诊断水平。投入近 500 万元对医院信息系统进行升级改造，提升医院信息化水平，方便群众就医。

医院严格落实医疗质量三级管理体系。完善医院医疗质量安全评价控制体系，强化医疗服务质量管理，健全医疗质量持续改进机制，认真落实医疗核心制度的督查和落实，深入推进抗菌药物临床应用专项整治，规范临床用血管理，有效保障患者合法权益和用药安全；持续改善护理服务质量，深化优质护理内涵，落实责任制整体护理，确保护理安全；坚持以“病人为中心”，严格依法执业，加强医患沟通，努力构建和谐医患关系。进一步改善医疗服务行动，公示 12 条服务承诺，推行以整理、整顿、清洁、规范、素养、安全为主要内容的 6S 管理，因地制宜制定各项便利民措施，优化服务流程，将人文关怀、个性化服务真正落实到病员服务的每个环节中，为病员提供舒心、温馨、放心、安心、快捷的服务。开通微信公众号，实行微信扫码支付，减少病人排队等候时间。

医院重点加强危重孕产妇救治中心、危重新生儿救治中心、卒中中心、胸痛中心、创伤中心五个中心建设，提高危急重症病人的抢救成功率。新开展无痛分娩、偏瘫综合治疗技术，全脑血管造影术，颅内动脉瘤栓塞术、腹腔镜下子宫全切术，宫腔镜下子宫肌瘤电切术、腹腔镜下直肠癌根治术、腹腔镜下肾切除术及肾癌根治术，经椎间孔镜行髓核摘除术，人工全膝关节置换术、股骨闭合复位 PFNA 内固定术等新技术。

医院落实公立医院改革重点任务工作，切实维护人民群众健康权益。医院在管理、补偿机制、药品供应、绩效分配、费用控制、服务监管等方面进行积极探索，实施便民、惠民措施，努力改善人民群众的就医感受，推行同级医疗机构检查、检验结果互认、积极推进绩效改革，在新的绩效工资分配方案的激励下，各学科带头人踊跃外派业务骨干进修学习、培训，积极开展新技术、新项目，有效控制医用耗材比及药占比，避免医疗费用不合理增长，同时大大改变服务理念，切实将患者利益放在首位。落实自主招聘人员，2019 年共招聘医护等医疗技术人员 67 名。

医院积极推动医联体建设，落实分级诊疗制度。医院与上级医院湘雅医院、湘雅三医院，南华大学附属第二医院、郴州市第一人民医院、永州市中心医院签订医联体协议，与湘雅医院、湘雅三医院和广州华银医学检验中心搭建远程会诊平台，让老百姓在家就能享受湘雅医院的服务。与上级医院建立肿瘤专科联盟、骨科专科联盟、介入医学专科联盟、胸痛中心联盟及卒中联盟，同时也以外聘专家的形式引进一些高端的技术性人才，与9家社区卫生服务中心和乡镇卫生院成立医共体，全面托管柏家坪镇中心卫生院，定期派驻专家通过教学查房、知识讲座、专家门诊等多种方式对基层医院进行技术培训，建立并实施双向转诊制度与相关服务流程，轮流选派骨干医生长期驻守，帮助乡镇卫生院提高了管理水平和医疗水平，实现了双方的共同发展。

医院党委着重从班子队伍建设、思想建设、组织建设、学习教育等各方面狠抓党建工作，扎实推进“两学一做”学习教育常态化、制度化及“不忘初心、牢记使命”主题教育，开展廉政教育等系列活动，先进典型与警示教育并举，筑牢思想防线。组织各支部党员干部志愿者进行免费义诊、开展了送医送药下乡、健康咨询义诊、送温暖献爱心等多种形式的实践活动31次，共派出医务人员志愿者386人次，义诊2530人次，免费发放药品3.1万元，免诊疗费2.1万元，免治疗费用2.8万元，免检验费用9333元，发放健康教育宣传资料30多种类近3万张。

医院积极贯彻落实中央和省、市脱贫攻坚的战略部署，实施精准健康扶贫工程，提高农村贫困人口健康水平，实施分类分批救治，确保健康扶贫落实到人，精准到病，有效解决了因病致贫，因病返贫的问题。全年共为贫困患者实行“先诊疗、后付费”13310人次，为患有大病患者经各种报账后的个人自付费用减免50%，共计700余人次，减免医疗费用共计33万元。共救治血透终末期肾病2500人次，垫付医疗费260万元；救治艾滋病患者1300人次，垫付医疗费110万元，垫付伙食费21万元；救治地中海贫血患者180人次，垫付医疗费用8.5万元。

医院接受县委第六巡察组的巡察，根据巡察组反馈意见和提出的要求，从讲政治、讲党性的高度，以最坚决的态度、最果断的措施抓好巡察反馈意见的整改落实。院党委召开专题党委会，认真制定整改方案、细化整改措施，列出时间表，排出路线图，逐一明确责任领导、责任部门和整改时限，有计划有步骤地抓好落实。实行整改“销号制”，做到整改一个销号一个，务求实效，对制度上存在的问题和不足建章立制，形成长效机制。

（柏振江）

【宁远县中医医院】1954年，根据卫生部《关于健全和发展全国卫生基层组织的决定》，县人民政府拨出接管原施医所中药部的全部资金4000万元（折人民币4000元），发动县卫生工作者协会会员集资入股2000万元（折人民币2000元），由县卫生工作者协会牵头，以原城关镇青云巷12号公房为院址，筹建宁远县中医医院，为集体所有制性质。翌年3月1日，中医医院在接收城关镇中医联合诊所后正式成立开诊。1986年4月20日，中医医院转为全民所有制事业单位，升格为副科级机构，1988年6月1日，中医医院迁至九嶷中路新院址，1996年10月升格为正科级公益二类事业单位，2019年6月获批成立医院党委。2019年，医院获湖南省“光明扶贫工程”项目2018—2019年度先进单位称号；永州市文明标兵单位称号；永州市消毒隔离管理先进单位。

宁远县中医医院位于舜陵街道九嶷中路197号。始建于1955年，是一所集医疗、急救、预防、保健、科研、教学于一体的二级甲等中医医院，占地面积21997平方米，建筑面积23296平方米，编制床位

500张，开放床位695张，现有职工534人，其中高级专业技术人员30人（其中正高级职称4人），中级专业技术人员101人，医院设有糖尿病肾病科、脾胃肺病科、心病科、脑病科、外科、骨伤科、腰腿痛科、妇产科、眼耳鼻喉科、肛肠科、急诊科、儿科、ICU室、血透室、治未病体检科等。主要医疗设备有进口四排GE螺旋CT、1.5T核磁共振、进口飞利浦DR机、进口全自动生化分析仪、AFT电解质分析仪、进口彩色B超、电子胃镜、彩色经颅多普勒、呼吸机、高频电刀、德国狼牌腹腔镜、心电监护系统。实现中心供氧、中央传呼、中央空调、电子病历、电脑化网络管理。是宁远县城镇职工医保、城乡居民医保定点单位，宁远县120急救中心、交通事故急救中心、舜源司法鉴定所、高考体检、保险体检、征兵体检、驾驶员体检及全县五保老人住院治疗等均落户于院。

2019年共收治门急诊病人170541人次，同比增长19.1%。住院人次为32850人次，同比增长9.1%，病床使用率为95.3%；共开展手术4566例，收治危重病人4927人次，抢救成功率99.8%。完成总收入17615.88万元，其中业务总收入17603.73万元（含医疗收入17508.56万元，其中药品收入不含中草药收入4526.49万元），同比增长11%。医疗收入（不含药品收入）占业务总收入比例73%。2019年收治城镇职工医保病人2592例，完成收入1081万元，报账744万元；收治城乡病人27259例，完成收入11352万元，报账7586万元。

加强医疗护理质量管理。2019年，继续加强对医疗质量管理，不断建立和完善各项规章制度，重点抓好医疗核心制度的落实。组织医务人员学习《医疗质量管理办法》《医疗核心制度》等规章制度；组织召开医疗质量与安全专题培训会；每季度至少召开一次医疗质量讲评会；加强督导检查力度，每月定期检查科室台账、记录本、架上病历和终末病历，监督各项核心制度的落实情况，重点加强运行病历的环节质控。全年共抽查终末病历1562份，甲级1462份，占93.6%；无丙级病例；抽查处方3500份左右，合格3420份，合格率97.7%。开展优质护理服务。病房覆盖率100%；基础护理合格率95.17%，急救药品合格率100%；消毒合格率100%；积极开展健康教育，修订健康教育处方8种，举办健康讲座34次，住院病人面对面宣教常态化；组织开展全院住院病人满意度调查4次，满意度达94.28%；继续加强中医护理，全院开展中医护理技术16种，各科均达4种以上，实施中医护理方案16个病种。专科建设进一步加强。突出中医特色和优势，持续加强中医重点专科建设。依托湖南中医药大学、湖南省中医药大学附属第一医院、湖南省中医研究院等医疗联盟单位的技术力量，加强脑病科、骨伤科、脾胃肺病科、颈肩腰腿痛科四个省级重点专科建设。积极培育、发展医院重点专科，脾胃肺病科、颈肩腰腿痛科尚在三年建设周期内，2019年获省中医药管理局中医药骨伤特色项目经费拨款30万元。颈肩腰腿痛科的名老中医传承室建设项目已基本完成，正等待省中医药管理局的验收。抓好人才引进和培养。依托人才引进政策，利用校园招聘、社会招聘等方式招聘引进优秀的医学人才13人，其中2019年引进的一名研究生已经通过县委组织部的资格审核、面试、体检，正按程序办理引进工作；11月参加湖南中医药大学毕业生招聘会，又有10名研究生报名。采用请进来、送出去的方式，选派各科尤其是重点专科的骨干人才、有潜力的医护人员外出进修学习，提高他们的业务水平及文化修养，已选派优秀医护人员46人次参加省市的短期培训，选派13人到省级三甲医院进修学习。做好对本院青年医师传、帮、带，努力做到能够吸引人才、用好人才、留住人才。基础设施建设不断完善。为不断满足人民群众日益增长的医疗服务需求，努力改善患者的医疗条件和医疗环境，医院不断加强基础设施建设投入。2019年共采购医用设备309万元，为临床和医技科室购置、安装、验收万元以上医疗设备20台套；为120急救中心增添2台120急救车、骨科的移动X光机、ICU呼吸机及纤支镜、妇产科盆底康复仪、供应室全自动清洗机等设备，改善临床科室设备配置水平。

强化党建工作。获批成立医院党委。建立健全各项制度，不断提高“三会一课”活动率和质量，定期组织政治理论学习和主题党日活动，提高领导干部政治理论水平，全年集中学习和开展主题党日活动各12次，发展正式党员3人；预备党员5人；培养发展对象6人，入党积极分子5人；在“5·12”国际护士节前夕，举行了青年护士急救技能和中医技能岗位竞赛，表彰竞赛获奖12人，表彰优秀护士省级1人，市级2人，县级4人，医院17人；表彰优秀医师市级1人，县级5人，医院10人。在宁远县“三比三创”知识竞赛中获得二等奖。获县优秀党员1人，卫健系统优秀党员1人，优秀党务工作者1人、优秀基层党支部1个。获县青年岗位能手1人，青年文明号1个，优秀志愿者1人，优秀团支部优秀团干1人。扎实开展“不忘初心、牢记使命”主题教育。院党委认真组织制订“不忘初心、牢记使命”主题教育实施方案，召开全体党员动员大会对“不忘初心、牢记使命”主题教育进行动员部署，通过参加上级、医院党委、支部的集中学习、个人自学等多种形式进行学习教育，同时认真做好学习笔记。开展专题研讨、召开“对照党章党规找差距、严守纪律规矩重自觉”专题会议、开展谈心谈话、查找自身存在的问题、制定整改措施、召开专题民主生活会、组织生活会等，使活动取得实实在在的效果。加强意识形态工作。成立意识形态工作领导小组，由院党委书记任组长，旗帜鲜明地站在第一线，做到“三亲自三带头”，带头抓思想理论建设，切实当好“第一责任人”。其他班子成员，坚持“谁主管、谁负责”的原则，按照“一岗双责”的要求，将工作细化分解，做到各司其职、各负其责、共同履责，切实形成党组织统一领导的工作格局。全院积极参与《学习强国》APP的学习，安装覆盖率达98.68%，干部职工每天学习参与度100%，日人均积分达40分以上，还将“学习强国”学习情况纳入年度绩效考评。加强医院微信公众号、精神文明建设博客号管理，不定期发布医院动态、健康科普及正能量信息等。2019年，通过博客、微博、论坛、贴吧等互动阵地，传播正能量信息2000余条，对医院涌现出的好人好事、先进典型、开展的活动等在省、市文明网等网站，永州日报等新闻媒体报道318篇(次)。加强党风廉政建设。一年来例行廉政谈话11人次，任前谈话4人次，约谈106人次，提醒谈话57人次，批评教育115人次，诫勉谈话5人次，免职1人次，全年“咬耳扯袖、红脸出汗”第一种形态运用达到293人次。通过开展各种谈话，提高广大干部对加强党风廉政建设、落实主体责任、履行岗位职责重要性的认识，进一步增强干部职工的廉洁自律意识，提高拒腐防变能力，筑牢廉洁自律“防火墙”，以良好的精神状态扎实工作、主动作为。全年医院作风督查领导小组共下发通报20期，医务人员约20人次主动上交红包礼金物品，共计价值约9000余元。

积极开展服务民生工作。深入开展驻村扶贫活动，继续向扶贫村派驻3名工作队员，开展精准扶贫工作，院领导及职能部门负责人共结对帮扶100余户贫困户。分别到各乡镇、社区为群众进行义诊、向群众宣传医保的相关政策、常见病及多发病的防治知识50余次；积极完成重大活动医疗保障工作，为县人代会、政协会等重大会议及重要活动提供医疗保障服务47次，高考体检4789人，征兵体检790余人；组织医院职工参加无偿献血141人次，达50900毫升。实施“光明扶贫工程”项目，对全县已建档立卡的贫困户、五保户、低保户白内障患者和基层偏远地区的贫困白内障患者进行免费救治，免费救治贫困白内障患者197人次。落实健康扶贫政策，为贫困户减免医疗费用133万余元，救治“三无”人员及贫困危重病人等，承担欠费达67.4万余元，两项合计达200.4万余元，真正做到救死扶伤，治病救人。

成功创建市级文明标兵单位。在市文明单位的基础上，积极组织职工开展《道德讲堂》4次。并利用横幅标语、短信、画廊等形式宣传精神文明建设，形成人人关心文明，人人投身建设文明的喜人局面。为丰富职工业余生活，县中医院参加“3·5”学雷锋志愿服务活动、“3·8”妇女趣味体育竞赛、纪念五四运动100周年活动、“5·1”职工广播操比赛，参加2019年中国户外健身休闲大会（宁远站）徒步毅行活动等，此外，医院10余名职工在“身边好人推荐评议”“四提升四打造”先进个人、新时代“好家庭”“好婆婆”“好媳妇”“好母亲”“好女儿”等评选活动中获表彰。积极配合宁远县创建文明城市工作，按要求开展文明劝导、文明交通、社区夜巡、责任区环境卫生清扫等活动。宁远县中医院于6月底成功创建市级文明标兵单位。

入选国家级建设名单。根据国家要求，进一步加强县级医院人才、技术、重点专科等核心竞争力建设，提升县级医院法制化、科学化、规范化、精细化、信息化管理水平。2019年7月国家卫生健康委、国家中医药局在各地推荐的基础上，结合医院规模、服务能力等因素，宁远县中医院成功列入“全面提升县级医院综合能力第二阶段500家县级中医医院”名单。

信息化建设。开通远程医疗。为推动健康宁远建设，更好地实施分级诊疗和满足群众的健康需求，2019年，与中南大学湘雅医院签订《远程医学联网合作》协议，顺利开通远程面对面会诊系统，真正做到“让信息多跑路、让患者少跑路”的全新诊疗模式，让患者在本地就能享受到省级大医院的诊疗服务，极大地方便患者，并启用远程心电、影像中心，与医共体9家乡镇卫生院统一联网，由中心统一诊断和签发诊断报告，并点对点发回各乡镇卫生院，再由卫生院打印诊断结果，交给患者看病。有效的缓解各乡镇卫生院心电、影像诊断医生紧缺、专业分析不足的矛盾，提升基层卫生院的医疗服务能力，是全市第二批开通远程医疗的县。上线住院及门诊检查检验电子申请单。通过住院医生工作站，门诊医生工作站进行检验、检查单录入，自动生成诊疗费用，病人凭申请单去做检验、检查。检验、检查完成后，结果自动回传给HIS，医生可在医生工作台直接查看结果。上线电子护理文书系统。护理文书系统利用现有医院信息化系统升级改造，实现与HIS系统、医生电子病历系统无缝对接并充分共享各模块信息数据。在现有的电子病历系统的支撑下，实现医护之间的数据共享及护理文书（电子病历）规范化书写。

县域医疗卫生共同体建设。作为全县医共体建设的牵头单位，与太平镇中心卫生院、中和镇中心卫生院、天堂镇卫生院、湾井镇中心卫生院、水市镇中心卫生院、冷水镇卫生院、保安镇卫生院、禾亭镇卫生院、九疑山瑶族乡卫生院九所卫生院组成紧密型医共体。作为医共体牵头医院通过人才、技术、管理等方面优势下沉，积极帮助和支持卫生院的规范管理和业务发展，让老百姓能够享受到更加优质高效便捷的医疗服务，不断增强群众的就医获得感和满意度。县域医疗卫生共同体工作走在全省前列。

（管利军）

【宁远县妇幼保健计划生育服务中心】 宁远县妇幼保健计划生育服务中心原名宁远县妇幼保健院，于 2015 年 12 月 8 日与原计划生育服务指导站合并而命名，现有职工 103 人，其中卫生专业技术人员 95 人，占全院职工总数 92.23%，拥有高级职称 7 人，中级职称 19 人，初级职称 77 人。单位设四大部：妇女保健部、计划生育服务部、孕产保健部、儿童保健部。是一所集妇幼保健、医学、计划生育手术、教学、科研于一体的医疗卫生机构，现有业务用房近 5300 平方米，开设妇产科病床 30 余张。主要开展孕产妇保健、儿童保健、平产接生、剖宫产术、不孕不育、妇科病诊治等工作，实行孕产妇、儿童保健、预防、医疗、康复一条龙服务。拥有四维彩超、心电图、母婴多参数监护仪、胎心监护仪、化学发光仪、血红蛋白电泳仪、全自动生化仪、红外线乳腺诊断仪、leep 刀、不孕症诊断治疗仪、微量元素检测仪等国内外先进诊疗设备。孕产妇系统管理率由 1986 年 10% 提升到 2019 年的 97.49%；儿童系统管理率由 1992 年 18.35%，提升到 2019 年的 95.22%；孕产妇死亡率由 1992 年 101.59/10 万下降至 2019 年为 0。

妇幼健康宣传。2019 年，采取电视、网络媒体、培训、大型宣传活动等多种形式宣传妇幼保健知识，举办“关注女性健康，科学防治两癌”“地贫筛查、艾梅乙筛查及优生优育”知识宣传；共印发孕产期保健、妇女保健、儿童保健、产前筛查与产前诊断、新生儿疾病筛查和听力筛查、预防艾滋病梅毒和乙肝母婴传播、补服叶酸预防神经管畸形、母乳喂养的好处、妇女两癌筛查，农村住院分娩补助等宣传资料 16 万余份，制作宣传横幅 450 幅、宣传展板 560 块。多次对村级保健员、托幼机构卫生保健员、管理人员、各医疗机构专业技术人员进行培训，培训人员达 2560 人，群众自我保健意识得到提高。

妇幼健康服务。全面落实国家免费孕前优生健康检查项目。此项工作开展 5 年来，共为 29738 对（59476 例）夫妻进行孕前优生健康检查，覆盖率为 100%，5 年内筛查出高危人群 6554 例，其中农村 6445 例，城市人口 109 例。每年早孕随访率达 100%，妊娠结局随访率达 100%，室间质评达标率为 100%。全面落实国家地中海贫血筛查项目。全县地贫筛查工作从 2014 年 12 月份开始实施。通过地贫筛查阳性跟踪随访率达 100%，阳性干预率 100%，妊娠结局随访率 100%。两年来，地贫血常规筛查 12458 人，血红蛋白电泳 2890 对，筛查阳性 280 对；地贫基因检测 153 对；产前诊断 6 例；2 例确诊为重型 β 地贫已引产。加强妇幼健康服务网络建设，切实做好妇幼重大公共卫生服务项目工作。妇幼健康服务网络建设是妇幼健康服务工作的基础，全县配齐配强了县、乡、村三级保健工作队伍，定期进行培训、督导，全面提升保健工作人员的服务能力。进一步做好孕产妇系统管理。严格按照高危妊娠评分标准对孕妇进行筛查和管理，高危评分在 15 分以上者由县妇幼保健和计划生育服务中心统一管理。2019 年县孕产妇系统管理率达 97.49%；产检率 97.66%；产后访视率 97.49%；住院分娩率为 100%；高危孕产妇筛查率 27.40%；高危孕妇住院分娩率达 100%；孕产妇死亡率控制在 17/10 万以下，2019 年孕产妇死亡率为 0。规范儿童保健服务。严格执行卫生部、教育部颁发的《托儿所、幼儿园卫生保健管理办法》，加强托幼机构管理，确保儿童的身心健康。0~6 岁儿童健康管理率达 95.22%；3 岁以下儿童数系统管理率达 95.02%；新生儿访视率达 97.79%；5 岁以下儿童死亡率控制在 4.34‰；婴儿死亡率控制在 2.67‰；新生儿死亡率控制在 1.67‰，无新生儿破伤风。进一步加大预防与控制出生缺陷工作力度。首先加强一级预防的管理，严格把好婚前健康检查、孕前优生健康检查质量。全县婚检率每年都在95%以上；孕前优生健康检查覆盖率100%，早孕随访率达100%，妊娠结局随访率达100%，室间质评达98.6%。其次认真贯彻落实《中国提高人口素质，减少出生人口缺陷和残疾行动计划》。大力宣传孕前期3月—孕早期3月增补叶酸预防神经管畸形，叶酸增补率98.68%，服用依从率95.77%，知晓率98.7%。积极开展产前筛查、新生儿疾病筛查和听力筛查工作。实行产筛全免费，产前筛查率为93%以上，对筛查出的高危人和产筛阳性孕妇都进行了随访和追踪；新生儿疾病筛查率达95%以上；新生儿听力筛查率达95%；大大降低了出生缺陷发生率。进一步做好农村适龄妇女“两癌”免费筛查工作。从2016年开始至2019年，宁远县已对4.5万农村适龄妇女进行“两癌”免费筛查，通过筛查，对妇女的“两癌”做到早发现、早治疗保障妇女的身心健康。

高危孕产妇救助。农村孕产妇免费住院分娩项目实施以来，加强农村孕产妇住院分娩补助项目的管理，不断加大农村贫困孕产妇救助力度，住院分娩率大幅提高，有效降低孕产妇的死亡。

社会管理与服务

人力资源和社会保障

【概况】宁远县人力资源和社会保障局是县政府综合管理人事、劳动和社会保障工作的职能部门。机关内设股室 14 个，即办公室、法规信访室、规划财务股、就业促进与失业保险股、事业单位人事管理股、专业技术人员管理股、职业能力建设股、劳动关系股、工资福利股、社会保险管理股、社会保险基金监督股、绩效考核和表彰奖励办公室、档案室、人事教育股。直属 3 个股级事业单位，即人力资源服务中心、人事考试培训中心、人力资源和社会保障统计信息中心。直属 5 个副科级单位，即劳动保障监察大队、劳动人事争议仲裁院、就业服务中心、工伤保险服务中心、社会保险服务中心。2019 年，县人社系统共有编制数 180 个，在职干部职工 168 人，退休 29 人。局党组下辖 5 个支部，共有党员 124 名，其中在职党员 99 名，退休党员 25 名。2019 年，宁远县人社局获评为“全省人力资源社会保障工作先进集体”；社保中心获“2019 年度湖南省城乡居保经办管理服务工作优秀单位”；3 月在湘西召开的全省就业扶贫工作会议上作《帮就业兴家业、真脱贫脱真贫》的典型发言，6 月在全市就业创业工作会议上作《探索政府购买服务“四位一体”模式助推就业创业》的典型发言；6 月 20 日人社部农保司司长刘从龙、10 月 16 日市人大常委会副主任杨海河先后就全县城乡居民养老保险、就业创业等工作进行调研，并给予充分肯定。《中国劳动保障报》、湖南卫视、《湖南日报》、永州电视台等中央、省、市新闻媒体对县局工作进行多次报道。

【自身队伍建设】2019 年，宁远县人社局党建工作水平竿头直上，通过辅导宣讲、研讨交流、形势报告等多种形式，深入开展大学习、大讨论、大培训。以“两学一做”“不忘初心、牢记使命”主题教育为契机，通过开展“练兵比武”“知识竞赛”等活动，引导干部职工围绕业务“勤学习、精钻研、广调研”。党风廉政建设扎实推进，多次召开全体干部职工党风廉政专题会议，组织学习各类问题通报，认真抓好元旦、春节等假期重点时段的廉政教育。文明单位创建如火如荼，通过开展志愿者服务、道德讲堂、党员先锋岗、文明示范岗等活动，切实提升干部文明素质，在全局形成比学赶超、勇争一流的良好氛围。

【就业创业】2019 年，宁远县人社局坚持把促就业、稳就业作为重大政治责任和第一位的工作，坚持就业优先战略和实施积极就业政策，推动就业环境持续改善，就业结构不断优化，就业局势稳中向好。全县实现城镇新增就业 6314 人，完成目标任务数 6100 人的 103.5%；失业人员再就业 2724 人，完成目标任务数 2600 人的 104.7%，其中帮助就业困难人员再就业 675 人，完成目标任务数 600 人的 112.5%；零就业家庭动态就业援助 100%；新增农村劳动力转移就业 5231 人，完成目标任务数

5000 人的 104.6%；新增农村贫困劳动力转移就业 1020 人，完成目标任务数 1000 人的 102%，城镇登记失业率始终控制在 4% 以内。率先实行"五位一体"服务模式，成立县就业扶贫服务中心 1 个、劳务派遣总公司 1 家、乡镇劳务派遣分公司 20 家、村（社区）劳务服务站 422 个、聘请农村劳务经纪人 449 人，建立劳务协作微信群 433 个共 15.67 万人。率先打造"三个渠道"帮扶模式。2019 年，建设就业扶贫基地 13 家（其中市级以上 5 家），吸纳贫困劳动力就业 751 人。建设扶贫车间 10 个，安排就业 812 人。开发特设岗位，吸纳安置 1514 名建档立卡贫困户和非建档立卡边缘困难户从事保洁、山林看护、河道清理等工作。全面落实创业担保贷款、租金补贴、创业奖励等创业扶持政策，鼓励和促进各类人员实现创业。充分发挥十里铺工业园省级创业孵化基地的示范带动作用，通过政府购买服务的方式运营，为入驻企业提供优质服务。2019 年发放创业贷款 3060 万元，新增创业主体 3451 户，带动城乡就业 6816 人。

【职业技能培训】 2019 年，宁远县人社局认真贯彻落实中央、省、市职业技能提升培训文件精神，专门设置职业技能提升培训账户，筹集职业技能提升培训资金 594.9 万元。根据全县企业用工专业需求，结合劳动者的职业培训意愿，积极创新就业培训方式，率先推行"三个依托"培训模式。依托县就业服务中心培训促就业 1237 人，依托县内 8 所职业学校培训促就业 2847 人，依托 5 家园区企业成立企业职工培训中心培训稳就业 3545 人。2019 年，全省稳就业采访团对宁远就业技能培训工作进行推介。宁远县人社局在永州市职业技能大赛中荣获二等奖。

【农村劳动力转移】 2019 年，宁远县人社局共举办"春风行动""迎老乡、回故乡、建家乡""民营企业招聘周""精准扶贫"等各类招聘会 52 场，其中在县文庙广场举办大型招聘会 36 场，在易地扶贫安置小区举办专场招聘会 5 场，在乡镇、扶贫村举办小型专场招聘会 11 场。达成就业意向 5000 余人，签订就业协议 1570 余人，3200 余人实现就近就业，有效满足全县企业用工需求。招聘企业降低招聘门槛，积极招聘贫困劳动力就业，全县新增农村劳动力转移就业 5231 人。

【社会保险基金收入】 2019 年，宁远县企业基本养老保险参保职工人数 14067 人，实际缴费人数 6631 人，企业离退休人员 7197 人。基金总收入 18302.86 万元，其中基本养老保险收入 9036.36 万元，利息收入 46.47 万元，财政补贴收入 9054 万元，其他收入 166.03 万元（养老保险滞纳金）。机关事业单位养老保险参保职工人数 15060 人，实际缴费人 15060 人，机关事业单位离退休人员 6831 人。基金总收入 39470.50 万元，其中基本养老保险收入 22819.18 万元，利息收入 31.53 万元，财政补贴收入 16439.29 万元，其他收入 180.49 万元（转移收入）。城乡居民养老保险共有参保人员 55.90 万人，缴费人数 27.83 万人，当期基金收入 18300.54 万元。其中个人缴费收入 10139.11 万元（含被征地农民缴费补贴 5861.89 万元及财政拨入 2018 年特困群体代缴 86.5 万元），财政补贴收入共计 7976.44 万元，利息收入为 38.09 万元，其他收入 9.55 万元，转移收入 137.35 万元。工伤保险参保单位 542 家，共计 30257 人，缴费人数 30257 人，享受待遇 157 人次；工伤保险基金征缴收入 1326.48 万元，利息收入 0.61 万元，上级补助收入 800 万元，其他收入 0.29 万元；失业保险参保人数 24800 人，缴费人数 7802 人，享受待遇人数 485 人次。年初基金结余 2974.52 万元。当期基金收入 319.87 万元，其中缴费收入 295.12 万元，利息收入 8.72

万元，其他收入16.03万元（转移收入）。

【**社会保险基金支出**】2019年，宁远县社会保障基金支出含社会保险待遇支出和其他支出两项。其中：企业职工养老保险基金总支出19620.62万元，其中基本养老保险支出18933.66万元，丧葬费支出686.96万元；机关事业单位养老保险基金总支出32943.55万元，其中基本养老保险支出32810.68万元，其他支出（转移支出）132.89万元；城乡居民养老保险待遇人员12.1万人，基金支出18319.68万元；工伤保险当期基金支出为2231.36万元，其中拨付工伤保险待遇893.31万元，其他支出1338.05万元；失业保险当期基金支出723.22万元，其中社会保险待遇支出50.22万元，失业人员医保支出16.28万元，临时价格补贴支出0.5万元，技能提升补贴支出0.2万元，稳定岗位补贴支出39.59万元，技能提升行动财政专户提取资金594.9万元，失业保险待遇转移支出0.41万元，上解上级支出21.12万元。

【**社会保险基金监督**】2019年，宁远县人社局积极完善内控体系，专岗专位安排专人负责监管软件的应用，每天查看基金监督系统内有无预警信息，及时交办到各经办机构核实，查找预警信息产生的原因并进行整改处理，及时通过基金监督系统反馈核查情况和处理意见。全年预警信息共27条，其中：宁远县工伤保险20条，企业养老保险4条，失业保险3条。基金监督员认真记录预警信息，并将预警信息分门别类，及时交办到相关经办机构核实，查找预警信息产生的原因并进行整改处理，同时要求经办机构将处理结果报送基金监督股，基金监督股及时通过基金监督系统反馈核查情况和处理意见，确保基金安全、健康运行。

【**智慧人社**】2019年，宁远县人社局推进“最多跑一次”改革，依托政务服务网，加强信息化建设，让数据多跑路，让群众少跑路，“最多跑一次”取得实效。实施“四单一流程”管理，人社服务91类办事流程实行“一个窗口受理”，减少申请材料数比例30%以上，办结时限缩短40%以上，“互联网+政务服务”群众满意度100%。全局组成“惠民服务工作队”，赶集穿巷进村入户宣传养老保险政策，引导和教会参保人用手机方式进行查询和认证，现场对社保卡进行激活等，共发放政策宣传单5万余份，赶集定点宣传10次，进村入户宣传8次，达到很好的宣传效果。对税务划转的相关问题向群众做好解释工作，让群众少跑路、不跑路。2019年城乡居民养老保险共完成待遇人员资格认证人员116013人，核实死亡人员6287人，停发待遇2439人。

【**企业职工退休审批**】2019年，宁远县人社局共审核申请退休的企业职工档案357人次，办理退休审批327人次，其中正常退休310人次，提前退休审核报批17人次；连续工龄认定审批15人次；审批机关事业单位基本养老保险参保人员视同缴费年限201人次。

【**工伤认定及劳动能力鉴定工作**】2019年，宁远县人社局共受理劳动能力鉴定申请65人次，其中因工申请鉴定43人次，因病申请鉴定22人次。2019年共收到工伤事故报告172起，受理工伤申请166起，调查核实165起，报市局作出工伤认定决定161起。

【**人才招录管理**】2019年，宁远县人社局坚持“凡进必考”原则，精心组织事业单位等各类考试，2019年8月底，完成了“三支一扶”招募、教师公开招聘工作，共招募“三支一扶”人员5名，招聘教师224名，其中特岗教师71名。2019年10月，启动2020年园区及基层急需紧缺人才公开招聘、卫健系统事业单位工作人员公开招聘，工作人员奔赴武汉、长沙、零陵等地高校招才引智，招聘园区急需紧缺人才10名、基层教育急需紧缺人才3名、乡镇治理及农技人才7名，招聘医卫人员98名，解决基层人才紧缺的燃眉之急。2019年11月，开展全县事业单位公开招聘工作，经过报名、资格审核、笔试、面试、考察、公示环节，招聘108名事业单位工作人员。此外，还精心组织全县乡村振兴指导员招聘，招聘乡村振兴指导员30名，助推全县乡村振兴战略。严格把关，指导各类人事考试工作开展，2019年，认真审核教师招聘、卫健系统人员招聘、城市社区工作人员招聘、不动产中心选聘、消防专职员招聘等18个单位的招聘方案，审核县财政投资评审中心5个单位人才引进方案。2019年资格复审1344人教师招聘报名资料、236人卫健系统公开招聘报名资料、1711人事业单位招聘报名资料，283人乡村振兴指导员报名资料。对全县教育、卫健系统及其他各类人事考试工作，不遗余力地精心指导，全程参与，在招聘工作报名、资格审查、笔试、面试、体检等各个环节，进行严格把关，确保考试安全。2019年积极配合县委组织部、人才办参与人才引进各项工作，指导全县各事业单位拟定引才方案，科学编制急需紧缺人才需求目录。全面落实上级关于开展农村订单定向人才培训文件精神。2019年，审核把关，共选送292名宁远户籍优秀毕业生到高校系统学习，其中公费定向师范生252名，农村定单定向免费医学生32名（本科5名，专科27名），农技定向委培生8名，为乡镇教育、卫生及农技系统储备人才。

【工资福利管理】2019年，宁远县人社局审批2019年度正常晋升工资手续8200人，办理乡镇补贴审批220人。办理工资关系转移手续292人，工资关系转出手续90人。办理转正定级470人、岗位异动调整工资手续717人；办理新进人员的工资审批工作117人，主要为教育系统学校招聘教师。完成2019年度全县机关事业单位工勤、专业技术人员到龄退休人员档案信息审核工作。办理机关事业单位到龄退休人员的退休审批手续，共208人次。办理机关事业单位工作人员死亡后的安葬费、抚恤费及遗属困难补助的核定和审批手续，共114人次。办理工龄认定手续117人。完成全县2018年度机关事业单位工资统计工作。根据县纪委要求，对中共十八大（2012年12月）以来党纪政务处分执行情况进行工资全面核查，共进行整改46人。

【专业技术人才管理】2019年，宁远县人社局完成卫生系统2019年初、中级职称考试报名人员资格审查的相关工作。审查合格517人，其中初级士48人，初级师257人，中级212人。2018年度初任初级共通过30人，其中：档案系列4人、工程系列13人、文博系列3人、政工系列2人、农业系列2人、社科系列1人、群文系列5人。2019年度中、高级职称评审213人，其中工程系列30人，农业系列8人，中专系列5人，档案系列1人，社科系列1人，新闻系列1人，播音系列1人，图书资料系列2人，中小学教师系列164人。高级职称共通过116人，其中党校系列1人，卫生系列9人，工程系列9人，中小学教师系列97人（正高级1人）。2019年度农业系列、文旅广体局初级评审委员会共初级职称评审19人，其中农业系列9人，群文系列6人，文博系列1人，图书系列3人。2019年度中、高级职称申报222人，其中：高级178人（中小学系列130人），中级38人，初任中级6人。考试取得的专业技术资格审核27人。

【劳动保障监察】2019年，宁远县劳动保障监察大队把预防、整治欠薪作为落实民本民生、维护社会稳定的重要内容，全县根治拖欠工作形成良好的齐抓共管格局，开展“根治欠薪夏季行动”“根治欠薪冬季攻坚行动”，排查用人单位195家，为农民工追回工资1895万元，保持劳动关系总体和谐稳定。

【劳动争议仲裁】2019年，宁远县劳动人事争议仲裁院受理劳动人事争议案件315起，立案45起，调解结案的37起，仲裁结案的8起，结案率100%。

【信访维稳工作】2019年，宁远县人社局共接待群众来信来访101批共529人次，一大批信访疑难复杂问题得到有效解决。受理处理信访案件92件，其中直接答复73件，出具信访答复意见书19件。全年没有发生进京赴省到市越级上访、无大规模集体上访。

民　　政

【概况】2019年机构改革，部分业务职能划分到县直其他单位，退役军人优抚安置职责、县军队离退休干部休养所、烈士陵园管理所职责划入宁远县退役军人事务局；救灾职责以及县减灾委员会有关职责划入宁远县应急管理局；县老年工作委员会的职责划入宁远县卫生健康局；医疗救助职责划入宁远县医疗保障局；救灾物资储备职责划入宁远县发展和改革局（宁远县粮食和物资储备局）。宁远县民政局内设机构更改为办公室、规划财务股、社会组织管理股（行政审批股）、社会救助股、基层政权社区治理和区划地名股（县革命老区工作办公室）、养老服务股、社会事务股、儿童福利股、慈善事业促进和社会工作股等。下属事业单位有民政事务中心（由低收入家庭认定中心改名）、殡葬管理执法大队、城市生活无着流浪乞讨人员救助管理站、慈善总会办公室、公墓管理所、社会福利有奖募捐委员会办公室、社会福利院、婚姻登记中心等8个单位。2019年，被湖南省人力资源和社会保障厅、湖南省民政厅评为“全省民政系统先进集体”。

【社会福利】2019年，宁远县民政局全面核实65岁以上失能半失能贫困老人987人，发放基本养老服务补贴23.688万元。为全县符合条件的1471人，发放高龄津贴159.7万余元；为符合条件的8176名重度残疾人、6238名困难残疾人，发放护理费和生活补贴金共786.054万元。

【五保户供养】2019年，宁远县有特困供养人员6298人，采取分散供养和集中供养的方式进行。其中分散供养方式有5755人，对于本人自愿要求个人生活，有生活自理能力又有居住条件的，政府按季度发放供养金，保证其生活资料来源充足并要求当地政府安排专人定期探望和负责管理。2019年，对禾亭镇、柏家坪镇的敬老院进行维修改造，对保安镇、仁和镇、冷水镇、柏家坪镇进行喷淋系统改造，建设水市镇区域性中心敬老院，启动宁远县社会福利中心二期项目工程，对年龄大、身体条件不太好、本人愿意的特困供养人员，安排到各乡镇敬老院和县社会福利中心集中供养，集中供养有543人。

【城乡居民最低生活保障】2019年，宁远县认真落实湖南省委、省政府关于脱贫攻坚“大走访、大调研、大排查、大整改”集中行动实施方案和社会保障兜底“一季一专题”集中治理工作方案，建立民政牵头，医保、人社等多部门参与的清理整顿专项工作组。完成了城乡低保专项治理和社会兜底保障“一季一专题”集中治理；并成立工作组检查乡镇落实情况，认真开展自查自纠，强化整改落实，加大督查力度，确保这两项工作顺利推进。对于个别贫困户因灾因重病或残疾等级提升，符合宁扶发〔2019〕8号文件的，及时纳入低保范围。截至12月，精准认定农村低保对象144638户、275863人，其中社会保障兜底脱贫对象 1327 户、2666 人。从 2019 年 1 月起，全县农村居民最低生活保障标准提高到 295 元/月，并于 6 月按 10 元/人/月的标准补发 1—5 月农村低保保障金，从 2019 年 7 月起，全县农村居民最低生活保障标准提高到 310 元/月，并于 9 月按 15 元/人/月的标准补发 7—8 月农村低保保障金，实现与扶贫标准“两线合”。2019 年，共发放农村低保 144638 户、275863 人，资金 5622.60 万元，其中兜底保障 15838 户、31750 人，资金 939.21 万元；发放城市低保 59980 户、120147 人，资金 4099.95 万元。

【福利机构建设】2019 年，宁远县 20 个乡镇（街道）、12 个社区、43 个农村社区、406 个村，成立老年协会。15 个乡镇建起敬老院，设备齐全，运转正常。县城重华、宝塔、印山、莲花、百草坪 5 个社区（村）建起日间照料中心。

【基层政权建设】2019 年，宁远县加强对村规民约和居民公约的完善和管理。为全县 422 个村（居）统一印制《村（居）务公开内容样本》，对村委会的工作任务和主要职责、村务公开、村务公开监督小组和民主理财小组工作规则、村民自治章程等作出详尽阐述；联合组织、政法、文明办、公安、司法、农业农村、妇联 7 个部门制定下发《关于进一步做好“一约四会”工作的通知》，使“概念化”的村规民约变得简洁易行，通俗易懂，更加贴近老百姓生活。夯实社区工作力量。根据县委、县政府研究意见，通过公开招聘社区工作人员，顺利招聘 25 名城市社区工作人员，为社区建设注入新鲜血液。扎实开展扫黑除恶工作。联合组织、公安部门，严查干扰破坏选举的违纪违法行为，对参与或指使他人以暴力、威胁、欺骗、贿选等手段，以及利用宗族恶势力等妨碍选举的，发现一起、查处一起。完成“全省社区治理和创新服务实验区”的申报工作和启动仪式。宁远县以“三社联动”为实验主题，拟在莲花社区和宝塔社区开展试点工作，探索社区、社会组织、社工专业人才“三位一体”的有效联动机制和具推广价值的社区治理模式，全方位服务社区居民生产生活。

【殡葬管理】宁远县殡葬改革，自 2005 年 6 月启动以来，相继出台《宁远县殡葬管理办法》《宁远县人民政府关于进一步加强殡葬管理的通告》《宁远县殡葬改革实施方案》《关于党员干部带头推动殡葬改革的实施意见》《宁远县殡葬管理追责办法》和《宁远县惠民殡葬政策实施办法》《宁远县节地生态安葬奖补实施办法》《宁远县人民政府关于整治殡葬领域突出问题的通知》8 个规范性文件，为县殡葬改革工作提供政策依据。通过惠民殡葬政策的落实来引导全县居民参与殡葬改革，助推集中治丧和节地生态安葬。累计支出惠民殡葬补助资金 158.9 万元，惠及 1165 个家庭。加强殡葬管理工作，民政部门每天组织人员，上街宣传惠民殡葬政策，倡导移风易俗，提倡“厚养薄葬”的现代理念，根除乱搭灵棚、乱撒纸钱、乱放爆竹的陋习，营造良好的殡葬改革新风尚，发送文明祭扫宣传短信 2 万余条、利用宁远微信公众号平台大肆宣传，充分利用标语、横幅在县城主要街道悬挂，并出动 3 台宣传车，发放宣传资料 1 万余份；启动实施殡葬服务设施建设（葬位建设）三年行动计划，县城 4 个街道要启动公墓区的建设，决定建设湾井镇公益性墓区，项目占地面积约 300 亩，一期工程规划建设约 30 亩。项目总投资约 1500 万元，一期工程投资约 80 万元。

【婚姻登记管理】2019 年，宁远县深化“放管服”改革，民政“不见面”审批（服务）事项从最初的 8%提升到 90%以上，除非依申请等特殊情况外，网上办事率达 100%。2019 年办理结婚登记 4799 对，离婚登记 2110 对，补领结婚证 1261 对，合格率 100%。

【地名管理】2019 年，全面完成宁远县第二次全国地名普查资料立卷归档工作。编撰宁远县“图、录、典、志”工具丛书，目前样书已告竣，正在进一步审核、完善当中。根据省民政厅等 6 个厅局《关于进一步清理整治不规范地名的通知》和《关于稳妥规范推进清理整治不规范地名工作的通知》的文件精神，结合全县实际开展清理整治不规范地名工作。积极做好平安边界的创建工作。完成宁远—蓝山、宁远—祁阳行政区域界线联检。认真做好边界线和界线标志物及界桩的维护工作，做好边界矛盾纠纷的排查和调解工作，维护边界稳定。进一步完善县城的路牌、门牌、栋牌，做好新增小区和道路的命名工作。

【慈善事业】2019 年，宁远县民政局发放慈善物资 3 万元，为敬老院送去大米、油等日常用品；开展边远山区教学献爱心活动，联系爱心人士为全县 7 所农村边远小学的 250 名学生各捐赠一双运动鞋、爱心书包和学习用品；开展灾后重建募捐活动（筹款 1076341.16 元）和慈善一日捐活动（筹款 595551.32 元），发放临时救助金 90100 元，救助 385 人次。

【社会组织建设】2019 年，宁远县已登记注册的社会组织 279 家，其中社会团体 64 家，民办非企业单位 215 家。新增社会团体 5 家，民办非企业单位 12 家。2019 年全县社会组织孵化基地建设及运营开展顺利，加强对社会组织的孵化培育工作，使孵化基地真正发挥作用，推进全县社会组织健康有序发展。2019 年县社会组织孵化培育中心第二期，确定四家社会组织入驻基地，共培训 5 期、300 人参加，年底完成孵化并成功出壳。

（郭纯树）

医疗保障

【概况】宁远县医疗保障局于 2019 年 3 月 20 日挂牌成立，办公地址为宁远县印山路 98 号政府大院内。在原县医保管理服务中心和县医保稽核监管中心的基础上，整合卫健的药品招采、发改的医疗服务价格和民政的医疗救助职能，局机关行政编制 8 人。设办公室、财务室、政工室、待遇保障股、基金监管股、医药服务管理股、药品价格和招标采购股等七个股室，直属一个副科级公益一类事业单位——县医疗保障事务中心（编制 49 名）。全局正式职工 46 人。2019 年，圆满完成县委、县政府和上级医保部门交给的各项任务。基金安全全市第一，惩治欺诈骗保成效全市第一、并被推荐为待评全省先进，8 项工作获全市医保部门先进。

【基金管理】2019 年，宁远县医保局严格执行操作规程，有效防范廉政风险。从报账审批、总控分配、费用清算、财务管理等全链条各环节都形成有效内部控制机制。报账审批。办理住院报账、特门审批等业务，经办程序规范，注重内部控制，严格执行“一事两岗两审”制度。如居民到医保中心后台报账要经过受理、业务审核、财务复核、领导审批、支付等环节才能完成结算报账，在费用审核部门要经过费用信息录入和复审两个环节，在财务部门要经过会计复核和出纳支付两个环节，这两个控制环节是不兼容岗位，需要由不同的工作人员来完成，防范工作人员优亲厚友等廉政风险。总额控制。根据永州市人社局、卫生局、财政局联合下发的《关于做好 2017 年度城乡居民医保医疗待遇保障工作的指导意见》《关于做好 2017 年城乡居民医保支付方式改革工作的通知》和《关于贯彻落实〈关于推进城乡居民医疗保险支付方式改革的实施意见（试行）〉的指导意见》等文件精神和要求，结合宁远县实际，按照“收支平衡，略有结余”原则，以年度基金收支预算为基础，确定协议医疗机构医保基金年度总额控费指标，并细化分解到各定点医疗机构，确保基金平衡安全运行。抓好总额控费、结算清算、方案审批三个环节。总额控费环节。总额控费指标。以年度基金收支预算为基础，在扣除门诊特殊病种、居民医保门诊统筹、居民医保门诊家庭账户、大病保险、意外伤害保险、风险调剂金、预留金、家庭签约服务补助、县外就医人员费用等费用后的余额作为协议定点医院的总额控费指标。数据分析。根据各医院的历年医疗费用发生情况，做好医疗费用数据年度、月度的纵向对比和医院之间的横向对比，特别是加强对医院小病率、重病率、手术率等情况分析，通过小病率情况来判断住院人次的合理性，通过重病率、手术率情况来判断住院人次费用的合理性。指标分配。根据协议医疗机构上年度规范医疗费用、同级同类协议医疗机构医疗费用水平、物价增长和医疗机构发展（按国家要求医疗费用增长控制在10%以内）等因素，将总额控费指标分解到各协议医疗机构。2018年，根据“医保经办机构应与本地协议医疗机构建立谈判协商机制”的要求，就协议医疗机构总额预算指标、按病种支付情况、诊疗项目等进行谈判，形成医保经办机构与协议医疗机构双方接受的合理方案。特别是2019年通过协商，所有县级协议医院（含民营医院）在2018年基础上将控制指标下调了5%。基层卫生院按照永人社发〔2017〕67号有关“限额包干支付”精神，11个一般卫生院按800元/人次、7个中心卫生院按1200元/人次下达总控指标。指标监测和调整。为逐步形成“保合理促发展、惩违规促规范”的医疗监管氛围，把总控指标监测作为一项重要工作来抓，把指标调整作为医院管理“打邪扬正”的重要手段。对重病收治率、手术率等指标增长明显的医院，适当增加人次费用定额等指标；对住院指征把握不严、小病收治率高的医院则坚决降低其人次和人次费用等指标，有效遏制了医疗费用不合理增长。结算清算环节。结算模式。城乡居民医保医院结算实行按月结付、超支拒付、年终清算的结算模式。定额拒付。定点医疗机构所有指标均未超过控制指标的，按实支付；定点医疗机构任一指标超过控制指标的，按该项控制指标计算超指标金额，再将各项超指标金额进行累加后进行拒付。通过此方式，有效促进定点医院加强内部管理，控制不合理费用增长，降低医疗成本。系统管理。全市统一实行控制指标自动结算。各定点医疗机构的定额控制指标由市人社部门统一维护到创智结算系统中，系统将按各医院的月均控制指标自动进行指标计算，自动计算超指标费用并打印费用结算单，增强了制度控制刚性，杜绝了人情柔性等不良现象。年终清算。各定点医疗机构的年终结算按全年费用和全年指标进行平衡清算。定点医疗机构全年费用指标不超出全年控制指标的，基金按实进行支付（月结算控制指标拒付金额全部返还）；全年费用指标超出控制指标的，按规定进行拒付。方案审批环节。将总额控制列为“三重一大”事项，总额控制方案、费用指标分配（含调整）和年终清算方案确定前组织了相关业务股室多次进行论证，均按文件要求报主管部门、同级财政等部门审核后，经县级分管领导同意，向上级主管部门报备后，再组织实施。

【基金监管】2019年，宁远县医保局把“加强医保基金监管、严厉打击欺诈骗保”作为首要政治任务，采取聘请专家、交叉检查等创新举措，采用不见效果、决不罢休的空前力度，谨慎划定违规费用和欺诈骗保的界限，对医疗机构的检查、诊疗、收费行为进行全面整治，取得明显的成效。日常监管。对全县34家定点医疗机构和119家协议药店进行全覆盖稽核检查，发现问题约3000个，共拒付不合理费用

68万余元。专项行动。在5月—7月开展的“打击欺诈骗保专项行动”中，通过组织人民医院和中医院权威医生检查民营医院、省市和郴州名医检查人民医院和中医院的方式，共检查医院12家，发现问题921个，涉及不合理费用64万余元，予以2倍拒付金额128万余元。自查自纠行动。在开展协议医疗（药）机构自查自纠行动中，从严把握力度，对不认真自查的医疗（药）机构坚决退回自查报告并进行约谈。全县34家协议医疗机构共自查问题90149个，涉及不合理费用407万余元，全县协议零售药店自查问题5个，涉及不合理金额0.1万元，该费用已全部上缴县医保基金专户。回头看行动。2家公立医院发现问题约8000个，涉及不合理费用254万余元，已全部上缴县医保基金专户。省飞检行动。按省、市医保局要求，对在全省飞行检查行动中被查出问题的县人民医院、县中医医院、永州湘南医院、仁爱医院等四家医院，进行问题核实，追回医保基金776万余元，相应处理尚等待省市下达统一标准。

【基金运行】居民医保。全县城乡居民医保参保人数711416人，基金总收入52644.8万元，基金总支出51071.21万元，当期结余1573.59万元，累计结余29679.09万元（统筹基金结余19827.76万元，家庭账户基金结余9851.33万元）。职工医保。全县职工医保参保人数30123人，基金总收入11598万元，总支出8845万元，其中统筹基金支出5412万元，个人账户基金支出3433万元，当期结余2753万元，累计结余16469万元（统筹基金结余10003万元，个人账户基金结余6466万元）。大病医疗互助金征收409万元，待遇支出380万元，当期结余29万元，累计结余259万元。生育保险参保20268人，基金总收入347万元，总支出187万元，当期结余160万元，累计结余734万元。

旅游事业

【概况】2019年，九嶷山文旅集团公司始终坚持“高位求进，转型创新，加快发展”的工作基调，以九嶷山舜帝陵创建国家AAAAA级旅游景区、下灌旅游区创建国家AAAA级旅游景区和全国九嶷山舜文化生态旅游知名品牌创建示范区为契机，以旅游标准化建设为抓手，加快基础设施建设，完善配套服务功能，提升接待能力和水平。2019年，九嶷山旅游风景区获“最受海外游客欢迎的内地旅游目的地”称号，九嶷山舜帝陵景区获“湖南省宪法进宾馆（景区）先进单位”称号，宁远县湾井镇下灌村入选第一批湖南省乡村旅游重点村名录乡村名单，文旅集团获“永州市青年文明号集体”“永州市阳光娱乐节特邀单位”“永州市就业见习基地”等称号。

【旅游宣传】2019年，县文旅集团公司按照“全方位布点、立体式辐射、不间断宣传”的原则，采取多种手段对乡村旅游进行宣传推介。出资拍摄《知否知否爱在宁远侯府》《瑶乡情》等微电影，巧妙植入宁远乡村新貌和旅游资源，推广九嶷山、春陵侯府人文历史。全力拓展粤港澳大湾区游客市场，分别赴澳门、香港、广州举办旅游展会推介宁远旅游资源，走访调研一批当地旅行社，并签订香港关键旅游、深圳悦中旅等港澳地区销售代理商，扩大宁远旅游知名度。紧随市场风向，积极对接长沙小天使研学旅行、新华联研学旅游、长沙新少年研学等教育研学机构联合设计一条主推宁远文庙、舜帝陵、舜帝庙遗址公园的精品研学行程。设计一批以“麻将”“舜帝”为元素的文创产品，并已制作部分产品小样，用于线下销售。

【旅游活动】2019年，县文旅集团公司结合法定节假日和时令热点，推出线上平台促销特惠活动，成功举办“金猪报喜，欢聚九嶷”“2019文化旅游盛夏文化诗会”“嶷山雅聚·七夕缘起”“盛世欢腾国庆礼赞”等一系列节庆活动，通过迎春花展、祭祀巡游、国粹表演、万封红包贺新春等活动，吸引大量市民关注、参与和推介乡村旅游。

【旅游项目】九嶷山舜帝陵创建国家AAAAA级旅游景区建设项目。项目总投资6.3亿元，建设规模700亩，计划分三年完成，建设内容包括：三分石景区提质、九嶷山景区商业综合体、紫霞岩提质改造、下灌景区提质改造等。2019年，仪门综合服务区及道路工程（游客中心和环山公路）、九三公路—玉琯岩连接线、景区绿化景观提质和景区提质改造一期项目均已建设完成并投入使用。按照舜帝陵创建国家AAAAA级旅游景区的要求，推广和加快“互联网+旅游业”智慧景区建设和电子票务及智慧门禁系统项目建设进度，实行景区全数字化建设，九嶷山景区主要景点已安装并投入使用。下灌旅游区创建国家AAAA级旅游景区建设项目。项目总投资4亿元，以下灌古村为核心，以十里画廊为纽带，以周家坝大凤村舜帝部落、两江口湿地公园、状元耕读体验园等景点为支撑，景区面积约5平方公里，主要建设内容：大凤民宿村、户外拓展区、东江河生态护砌及骑行绿道、西江河沿河风景线及慢行道建设、片区内游步道、旅游交通体系及站点建设、旅游公路、旅游厕所及其他配套基础设施等。按照创建国家AAAA级旅游景区的标准进行规划，2019年7月25日，省文旅厅和省景评委领导、专家一行对下灌旅游区创建国家AAAA级旅游景区进行评审，2019年8月通过省景评委的景观质量评审。宁远县舂陵古城旅游开发项目。项目总投资10亿元，建设规模约2000亩，计划分五年实施，主要建设内容：旅游道路景观提质、游客服务中心、舂陵古城仿汉商业街、舂陵侯遗址公园、龙泉湿地公园、柏家古村休闲民宿、商贸物流园、河东水库特色农特产品园、西舂河旅游带等。宁远状元故里文化旅游休闲度假区项目。项目建设总投资30亿元，项目规划用地2000亩，主要建设内容有影视商业街、麻将小镇、民宿客栈，以及禅意养生住宅产业等。项目实施后，将把湾井麻将小镇打造成有品牌、有主题、有内容、有业态、有自主知识产权的国际级麻将主题文化旅游目的地。宁远县九嶷山国防教育基地项目。项目总投资1.8亿元，建设规模约800亩，计划两年完成，主要建设内容：游客中心、八一剧场、培训大楼、公寓楼、国防楼、障碍训练场、武器装备展示区、风雨操场、科技活动馆、户外拓展区、农林实践区等。

（陈国宏　欧晗）

退役军人事务

【概况】宁远县退役军人事务局于2018年11月30日成立，是宁远县政府工作部门，级别为正科级。局机关内设6个股室，即办公室（含政工股）、思想政治和权益维护股（政策法规股）、规划财务股、移交安置和就业创业股、军休服务管理股、拥军优抚股；辖3个下属事业单位，即县退役军人服务中心（加挂军队离退休干部休养所牌子）、烈士公园管理所、光荣院。现有干部职工20人，其中局长1名，副局长3名，主任科员3名，在职党员12名。

【优抚双拥工作】2019年，宁远县发放抚恤金4226万元，发放2018年度自主就业退役士兵一次性经济补助175.6万元，为2017年度入伍战士发放家庭优待金440.7万元。同时组织47名重点优抚对象分批分期到市进行短期疗养，安排33.1万元医疗资金组织6个乡镇（街道）的在乡老复员军人、在乡残疾军人等重点优抚对象参加市康复医院（优抚医院）医疗巡诊活动。2019年度整合医疗救助资金和临时救助资金83万元医疗救助重点优抚对象688人次，救助特别困难退役军人军属23人次，临时救助困难退役军人军属和其他优抚对象349人次。在元旦、春节、“八一”等节日期间，筹措资金750万元，走访慰问全县驻宁部队、一至四级残疾军人、在乡老复员军人等重点优抚对象和全县退役军人。

【“祭英烈”系列活动】 2019年3月29日上午，宁远县退役军人事务局、人武部、民政局、史志办、教育局、水市镇政府等部门联合在烈士公园举行全县社会各界600余人参加的“清明祭英烈”活动，开展了“传承·2019清明祭英烈”主题宣传教育，旨在缅怀革命先烈、弘扬烈士精神。2019年清明期间，组织75名烈士家属赴广西凭祥等地祭扫英烈。9月30日在县烈士公园成功举办全县社会各界560余人参加的“9·30”烈士公祭活动，集体悼念为国捐躯的烈士和为中华民族解放事业做出贡献的革命先辈。

【退役军人安置】 2019年，宁远县对符合政府安排工作条件的33名退役士兵和转业士官进行“阳光安置”，增强安置透明度，提升安置满意度。为帮助提高退役人员的就业创业能力，组织退役士兵参加技能培训（驾驶培训），并于2019年1月、8月、11月组织3场退役士兵专场招聘会，为退役人员提供就业岗位，帮助退役人员解决就业困难问题。组织退役士兵参加高职扩招报名活动。积极开展退役军人“带头建设家乡、促进经济发展，带头维护稳定、促进社会和谐”活动，发掘一批干事创业、遵纪守法、带头致富的退役军人典型。

【涉军群体信访】 2019年，宁远县为抓好抓实涉军群体信访稳控工作，通过领导坐班接访、领导包案化解、“百案攻坚”、陪同咨询政策等措施，累计接待信访对象2500余批次，其中群体来访10批约160余人；共办理上级交办的信访案件69件。陪同来访人员到省、市有关部门进行政策咨询3次；采取在公益性岗位、危房改造、倒房重建、扶优奔康、医疗救助保障等帮扶解困措施化解信访矛盾。实现2019年“两会”“两节”及70周年大庆期间涉军群体赴省进京“零上访”目标。

【退役军人信息采集】 2019年，宁远县退役军人事务局针对全县退役军人人数多、分布广、外出人员多、采集难度大的特点，在时间紧、任务重、人手少的情况下，进一步创新工作方法，坚持全面动员、全员参与、多管齐下扎实推进信息采集工作，在全县20个乡镇（街道）设立21个固定信息采集点，4个流动信息采集点，分成4个工作组加班加点到县直单位和企业进行现场采集。2019年度已采集信息18070条，审核通过17322条，审核通过率为95.9%。

【悬挂光荣牌】 2019年，宁远县为落实党中央关于营造爱国拥军、尊崇军人的浓厚氛围，全面推进军人荣誉体系建设的指示精神，积极开展为全县退役军人及其他优抚对象悬挂光荣牌工作，共发放光荣牌21629块。

（陈元文）

乡镇·街道

舜陵街道

【概况】 舜陵街道地处宁远县城东南面，为宁远县委、县政府驻地。舜陵以舜帝南巡驾崩，葬于县内九嶷山而命名。1949年11月17日宁远和平解放时，境内属县城区即一区；1958年公社化时，属桐山（七一）、官桥人民公社及城关镇；1961年属桐山区桐山公社、官桥公社及城关公社；1963年撤城关公社恢复城关镇；1984年属桐山区桐山乡、官桥乡及城关镇；1995年6月，原城关镇与桐山区所属的桐山乡、逍遥岩乡、双板桥乡、官桥乡合并，属舜陵镇。2014年8月，撤舜陵镇设3个街道，舜陵街道为其中之一。2015年12月，全县进行区划调整，从冷水镇划入宝山村、堂屋村、上茶村、杨柳塘村，从水市镇划入颜家村、东瓜井村、百草坪村、小康家村、大潘家村。

街道现辖4个城市社区和15个建制村，4个城市社区分别为泠江、莲花、印山、舜峰；15个行政村为德源村、和谐村、长春村、宝山村、堂屋村、茶里洞村、兴旺山村、颜家村、东瓜井村、麻池塘村、湾头村、和兴村、淌下村、小康村、百草坪村。共100个自然村，177个村民小组，2019年末总人口6.8万人，民族以汉族为主。街道办事处驻泠南路129号（原舜陵镇人民政府驻地）。

舜陵街道位于县城水市路东面，泠江河南畔。四至界限：东依冷水镇淌头等村，西以水市路与桐山街道交界，南至水市镇彭祖、湾井镇下灌社区的梅子窝等村，北与文庙街道隔泠江河相望。总面积77.4平方千米，2019年年末耕地面积29164亩，其中水田22922亩，旱土6242亩。

舜陵街道地质主要是泥盆系和白垩系地层，岩性主要为灰色、灰白色灰岩、白色岩、白云质灰岩、泥灰岩、紫红色泥灰岩、沙质泥岩夹沙砾岩及砾岩。舜陵街道属湘南山区，地形复杂，地貌周高，有山地、丘陵和平原。位于中亚热带季风湿润气候区，气候特征为：夏冬长、春秋短，四季分明；光照充足，年温高，积温多；冬无严寒，夏季炎热；雨季分明，夏秋多旱。泠江河自东往西流过，境内九嶷路、水市路、舜帝南路、莲花路、九嶷大道贯穿南北，宁嘉公路、汽贸路、商均路、园艺路、泠南路、泠江路横穿东西。

【经济发展】 2019年，舜陵街道共种植烟叶2135亩，同比增加400亩，达到4557担。不良贷款清收完成入库80余万元；固定资产投资完成5.74亿元，超任务0.74亿元。土地增减挂钩已完成32.6亩。万亩土地开发完成103亩，水田开发完成271.1亩。房屋租赁税收完成360万元；2019年街道农村居民人均可支配收入19836元，城镇居民人均可支配收入38367元。

舜陵街道有泠江、高峰、官桥、笔架山4个农贸市场，有步步高、大润发、和润万家连锁超市等50平方米以上的各类超市63个。全年街道社会消费零售总额154568万元。

街道辖区内有宁远县新城房地产开发有限公司等8家房

地产企业。有印山花园、宁郡华府、山水城、碧桂园、大宁府一、二期、鸿星帝景湾、霖轩碧景园、金印豪庭、永新时代、铂富广场、富康花园、创宏国际、兴龙步行街、金叶馨苑、合一府、世纪汇等25家在建或已建成楼盘。

【党的建设】2019年，舜陵街道扎实开展“不忘初心、牢记使命”主题教育，全街道共45个党支部1263名党员参加主题教育，为群众解决操心事烦心事揪心事17件；探索城市社区治理模式，建设宁远首个示范型潇湘·山水城小区党支部和印山商圈党总支部；做好党建+扶贫文章，2019年共完成28户、68人脱贫。街道涉贫舆情为零，富民小区被列为全市易地扶贫搬迁现场会示范点，和兴村被湖南经视《扶贫日记》列为取材拍摄地。

【基础设施】2019年，舜陵街道城乡供水一体化全面启动，并实现街道全覆盖，宝山、茶里洞、堂屋、冬瓜井、小康、百草坪等村已通自来水，告别千百年来挑水喝的历史。湘妃大道、园丁路、莲花塘网格管网铺设9公里；涔天河水库水渠宁远县灌区舜陵街道段工程加快推进。深入推进乡村振兴和人居环境整治工作，加大力度推进改厕和农村“空心房”的治理工作，2019年，拆除“四类”废弃房168座，改厕556座；大力推进以麻池塘村为主的乡村振兴战略，申报麻池塘村为市级美丽乡村示范点，体现“一村一韵”。重点打造湾头、茶里洞、长春、颜家、堂屋、兴旺山6个秀美村庄。开展创森工作和石漠化治理，结合街道辖区的地理优势大力开展荒山造林和油茶、水果种植。2019年荒山造林2900余亩，其中油茶800亩，水果600亩、其他造林1500亩。建立麻池塘、和谐（蔡家、黄金桥、冯家、王茂塘、丙塘）、德源（马草坪、龙板桥、罗坝头）、兴旺山、长春、堂屋、小康、颜家、东瓜井、百草坪、淌下等11个村级垃圾分类和集中转运处理点，改善村容村貌。

【土地保护】2019年，舜陵街道开展“控违拆违”专项行动，共下发停工通知书57起，拆除通知书28起，整改通知书9起，依法拆除违章建筑40起，拆除面积8982平方米。各村空坪绿化5000平方米，通道绿化15公里。开展大规模国土绿化行动，拆除柏家水库猪场、龙板桥西处猪场并进行复垦，易地搬迁复垦面积达2359平方米。大力发展种粮大户和优级稻种植示范基地，提升粮食生产综合机械化水平，推广机械化作业和集中优级稻育苗，倡导烤烟加晚稻、油菜加晚稻等“双季稻”的种植模式，加快家庭合作社建设。全街道共创建由茶里洞、麻池塘、小康、冯家、兴旺山、淌下、堂屋7个村为中心的连片优级稻种植基地。共发展50亩以上的种粮大户22户，其中100亩以上的大户16户。

【社会事业】2019年，舜陵街道辖区新办幼儿园6所，各种培训机构22所；院士工作站、党校正在装修，新二中、十中已投入使用。街道中小学校（含民办明德湘南学校、爱华学校、哈弗学校）11所，在校学生达4万人。医疗卫生方面，妇女儿童医院正在建设，宁远县人民医院分院已开工建设。2019年街道有医疗卫生机构5个，床位数1050张，执业（助理）医师200余人。大力宣传组织辖区居民缴纳医保，城乡居民合作医疗参合率100%。社会保障方面：2019年共发放农村低保554人、资金99.95万余元，发放城市低保1495户、2944人、资金911.61万余元，发放临时救济款434人共计20.98万余元，保障辖区居民基本生活保障。养老方面，扎实推动养老保险全覆盖，城乡居民社会养老保险参保率100%；扎实做好五保养老之家的维护，对辖区内3个五保之家开展常态性检查，对发现的安全隐患及时整改到位。文化方面，莲花山公园已建设完成并免费开放，为广大市民提供休闲、健身理想去处，把党建与文化建设相结合，举办舜陵街道庆祝建党70周年歌唱比赛，约2000余居民观看比赛，取得良好的社会效果，组建广场舞队伍12支。茶里洞、德源、麻池塘农村社区服务中心、文化广场等公共服务设施已基本完工。

【重点项目】 2019年，舜陵街道辖区内实施53个重点项目，九嶷大道、湘妃大道一二期、新二中、明德一期、汽贸城一期、公安局业务用房、碧桂园、新党校等项目已完工或基本完工。世纪汇、电商产业园、大宁府一、二期、莲花山市场、翡翠城、合一福、海汇建材、妇女儿童医院、莲花山公园二期、梅岗风电输电线路、涔天河水库灌区配套工程等项目建设进展顺利。九嶷林业科技示范园、第二人民医院、明德二期、三馆合一、莲花大酒店周边改造、窝子地共有产权房建设等项目正在全力推进。

文 庙 街 道

【概况】 宁远和平解放后，文庙街道辖区属城枢区（后为第一区）；1958年公社化时，属逍遥岩、双板桥公社及城关镇；1961年、1963年恢复区制属桐山区、城关镇；1995年撤区并乡时，由城关镇和桐山区所辖的桐山乡、逍遥岩乡、官桥乡、双板桥乡合并为舜陵镇；2014年8月17日，撤销舜陵镇，设立文庙、桐山、舜陵3个街道，文庙街道辖3个社区、39个行政村；2015年5月，增设舜德、逍遥岩2个社区，从冷水镇划入十里铺村，从禾亭镇划入野鹿岗、鸡公岭2村，从仁和镇划入草子塘、伞里洞、周王家、华石盘4个村，管辖社区居委会5个，行政村46个；2015年7月21日，文庙街道分设为文庙、东溪2个街道。文庙街道辖文星、春陵2个社区，肖家、欧家、乐家、隔洞、鱼桐、八竹、新车、福源、三合园、福禄山、蛟龙塘、李家寨、春江、株木山、华石盘15个行政村。文庙街道位于宁远县境中部、县城北部，东邻禾亭镇，南接东溪街道，西靠中和镇、桐山街道，北与仁和镇接壤，办事处驻内环路58号。总面积55平方千米，耕地面积19529.4亩，其中水田16620.6亩，旱土2908.8亩。2019年12月底文庙街道居民户数11785户，其中，农业户数5781户，计生登记人口41844人，常住人口约57000人。以汉族为主，散居少量瑶族。

【经济发展】 2019年，文庙街道继续深入推进农村产权制度改革。完成土地确权工作，就土地登记证的填写、争执地的确权方面工作进行工作调研，做到数据全公开透明；稳步推进开展产权制度改革工作，全面完成街道清产核资和成员认定工作。同时继续开展重大现代农业项目工作，做好项目对接和帮扶工作。利用信息优势积极协调县直相关部门，争取农业政策支持，帮助现有的福源种植企业做大做强。打造范家柑橘600亩产业园，蛟龙塘和福禄山村现代稻田农业园，计划沿水渠建机耕道，农田边缘计划建休闲步道，项目正在落实中。文庙街道是宁远县工业园区所在地，园内有福嘉综环科技股份有限公司、新美雅陶瓷、榕达钢业、莲花水泥有限公司等，每年产值均过亿元以上。文庙街道充分利用地理位置优势，积极开展企业务工招聘，帮助辖区居民实行家门口就业。街道以文庙广场为中心，先后打造出农贸、工业品批发、水果蔬菜批发、大型超市、活禽交易、汽车销售、农机销售13个专业市场。返乡农民创业企业（合作社）5家。经济收入同比增长12%。城内有门面1000余家，建筑面积100万平方米。有大型超市5家，宾馆酒店20家。

【基础设施】 2019年，文庙街道着力补齐城区基础设施短板，提升城区管理效果。对照创建全国文明、卫生县城要求，全面提升路网框架，抓好北外街等背街小巷改造，全面拉通崇德路、宁风路；大力推进城北棚户区改造，拆旧建新，提升县城品味；全面取缔城乡马路市场，保证道路交通安全有序；常态化整治市场秩序，重点惩治违规占道经营、车辆乱停乱放等行为，保障城市市容市貌；对背街小巷进行全面清理，对娥皇路4、6巷排污管道投入15万元进行治理改造，彻底解决困扰已久的臭水沟问题。

【社会事业】2019年，文庙街道在消除义务教育大班额方面，双板桥完小全面完成大班改小班任务，县一小完全消除65人以上的超大班。医疗卫生方面，2019年，新建标准化卫生室17个。稳固推进农村适龄妇女“两癌”免费检查工作，共完成615人检查任务。落实283对夫妇孕前优生检查，450名孕妇免费中筛，春节走访142户计生困难家庭，发放走访资金共计3.6万元，为299户计生家庭购买人身意外伤害保险。对村级卫生室进行全面升级改造，对村级卫生室空壳村，由文庙街道卫生院派驻医疗队伍进行清零工作。民生事业。做好城乡居民医保和城乡养老保险征缴工作，实现城乡居民老有所养、病有所医；做好特困、低保、临时救助等社会救助工作，切实保障辖区困难群众的基本生活，扎实落实优抚政策，突出做好部分优抚对象的稳定工作；加强孕前免费优生健康检查和产前筛查、农村适龄妇女“两癌”筛查工作。

（郑玉辉）

桐山街道

【概况】桐山街道于2014年8月舜陵镇撤镇设街道而成立，办事处驻宁远县水市路26号，辖桐山、葫芦淌、宝塔脚、五里桥、鸟立塘、老村屋、祥文福、福家坪、大种地、仁山庙10个村及舜源、重华2个城市社区，2014年年底从天堂镇划入高岗头、下河洞、麦地江、寡婆桥、刘子用5个村，同年2个社区重新调整区划分为舜源、重华、宝塔3个社区；2016年1月，从中和镇划入排楼屋、冷水洞2个村。2016年，实行并村后，共桐山、宝塔脚、崇德、五里桥、星火、排楼屋、高福、下河洞、幸福9个建制村和舜源、重华、宝塔3个城市社区。桐山街道共有工作人员61人，其中公务员24人，事业编工作人员37人，公务员党政机构下设党政综合办公室、基层党建办公室、经济发展办公室、社会事务办公室、自然资源和生态环境办公室及社会治安和应急管理办公室；事业编下设社会事业综合服务中心、农业综合服务中心、便民服务中心和退役军人服务站。桐山街道现有人口5.73万人，其中农业人口2.3万人。全街道总面积71.29平方千米，其中陆地66.9平方千米，占93.84%，水域4.4平方千米，占6.17%。

【基层组织建设】2019年，桐山街道加强干部队伍建设，建立健全村级后备干部库，每个村有至少培训2名以上35岁以下后备干部，进一步增强党组织活力；新发展党员9名，较好地完成上级分配指标，其中贫困村实现2018—2019年发展党员“清零”目标，其他村实现三年发展党员“清零”目标；清理村干部涉黑涉恶，确保村干部队伍纯洁。加大违纪违规发展党员排查工作，对发展过程中涉及违纪违规的党员和党组织直接责任人给予处理；选派工业园区管理委员会有经验、负责任的干部冯晓新担任软弱涣散党组织重华社区“第一书记”，进一步推进软弱涣散村信访矛盾化解等工作；定期选派农村党员和青年农民参加全市“党建+产业技术扶贫”专题培训，进一步提升农村党员和青年农民带头致富、带领群众共同致富的“双带”能力。夯实组织基础。积极推进基层党组织“五化”建设，以幸福村、五里桥村两个示范点为基础全面推进党建“五化”建设。2019年共培训村干部127人，全面提升基层党建工作的规范化和科学化水平；排楼屋村、幸福村农村综合服务平台各项功能室开放，大幅提升为民办事效率；制定完善各村发展集体经济规划，通过抓好土地流转、建立股份合作社、培育特色产业等方式，推动集体经济健康稳定发展。扎实开展主题教育。街道按期召开“不忘初心、牢记使命”主题教育工作会议，成立领导小组，在街道各党组织全面部署主题教育工作。积极开展“六个一”活动，组织广大党员进行主题教育知识测试，参观水市烈士陵园和乐天宇革命教育基地，重温入党誓词等活动。按照“不忘初心铸忠诚”“从干净看初心”“对照党章党规找差距”进行专题讨论。班子成员带头下村（社区）进行调研，撰写调研报告。全面从严治党。加强组织领导，积极落实党工委主体责任，成立以党工委书记为组长的党风廉政建设工作领导小组，在班子内部形成“一岗双责”的责任体系和工作机制。狠抓作风建设，紧盯重要时间节点，在清明、“五一”、端午、国庆等假期，通过发放廉政提醒、畅通举报渠道和明察暗访等举措，持续正风肃纪。

【经济建设】2019年，桐山街道经济实现持续平稳健康发展，完成固定资产投资5.6亿元，街道城镇居民人均可支配收入22560元，农村居民人均可支配收入14450元。工业方面，作为西部工业新城的主战场，共征地1.2万亩，新建标准厂房80余万平方米，建成智能终端产业园区，园区配套设施逐步完善，裕宁电子、中明新材料等一批产业项目陆续落户，街道工业基础逐步夯实。农业方面，大力推进五里桥市级美丽乡村示范点，建设400亩蔬菜种植大棚，配合农家乐开发，突出休闲观光农业。幸福村桑蚕种养基地、排楼屋西兰花种植基地正在加快推进，规模农业发展趋势逐步显现。第三产业方面，加快发展现代服务业。以美食一条街为主线，打造重华南路美食文化；以宝塔脚、大种地、鸟立塘为重点，加大扶持农家乐餐饮模式，打造一批各有特色的农家乐餐饮园。

【基础设施】2019年，桐山街道基本完成村村通水泥路，实现有线电视村村通，铺设排污管道4000米，拆除空心房124座，新安装路灯141盏，改厕157户，乡村面貌改造173户，水市路和重华路人行路改造基本完成，重华南路、印山西路已完成征地和迁坟工作，崇德路、湘妃大道拓宽完成征地工作，现已开工。开展十城同创。以创全国文明城市为龙头，加快建立十城同创长效机制，补齐短板，将创建工作的义务劳动常态化，多次组织新时代文明志愿者开展创建活动，并对各村、社区的生活垃圾及道路两侧的生活垃圾进行集中清理转运，共出动900余车次，清运540立方米垃圾。推进“厕所革命”。积极开展农村改厕工作，利用宣传标语、走访入户、发放明白纸、动员大会等方式进行多方位宣传，对全街道农村居民住户的厕所现状进行详细摸底调查，并稳步推进厕所革命，完成改厕任务80%。全面建成“秀美村庄”6个。修葺排楼屋、五里桥、祥文福水渠，兴建排楼屋电力排灌两座。为群众生产生活提供更好条件，丰富群众精神文化生活，为新农村建设奠定坚实的基础。完成五里桥村市级美丽乡村建设村庄规划、路网建设、土地流转等工作，实施郭家、黄家自然村旧村改造，共40余户。

【社会事业】2019年，桐山街道以打赢脱贫攻坚战为基础，以加快全面小康进程为推手，围绕民生改善，加快发展社会事业，不断加大资金投入，全街道教育、医疗、城市建设、民生保障水平均迈上新台阶。全街道建档立卡贫困户510户、1877人，已脱贫502户、1861人，贫困发生率0.11%；城市低保对象1837人，农村低保对象784人；残疾人护理补贴对象724人；全街道参加城乡居民医疗保险29100人，2019年养老保险任务收缴任务12908人。完成农村劳动就业转移人员160人，新增城镇劳动就业人员1211人，失业再就业人员572人，就业困难人员实现就业132人。桐山街道易地搬迁分别有双福小区和嘉裕小区2个安置小区，共有61户、265人入住，入住率为100%。实验小学、印山小学、五小等三所小学教育水平明显提升，均进入全县前五名；学位建设不断推进，新建一中新校区、七小、九小，九小已于2019年秋季招生，招收学生3000多人，大大缓解县城的就学压力。宁远县第二机关幼儿园已竣工，预计2020年下期开始招生，民办学前教育蓬勃发展，校园安全工作确保万无一失，教育扶贫在全县领先的基础上，继续保持全面补贴到位，无一例辍学。街道直属医院桐山卫生院，另有村卫生室15个，社区医疗卫生服务室3个，专业医护人员60人，家庭签约医生全覆盖，大大改善百姓就医条件。科技工作大踏步前进，全年新增50名科技带头人，重华社区作为省科普进社区试点社区，全年培训二百余人，为全县创文工作做出突出贡献。文体工作方面，2019年先后完成了农村二十至四十四岁体质抽查样本点的提供，送戏下乡，尤其是宝塔社区举办的定期音乐培训班，被县文体广新局推荐为报省检指定迎检项目。

【脱贫攻坚】2019年，桐山街道通过开展“大走访、大调研、大排查”活动，高效推动“问题清零”工作；高度重视扶贫领域信访舆情工作，对发现的2处信访舆情街道及时处置、积极面对，坚持回访，信访问题得到全面解决；扎实推进脱贫攻坚领域问题整改工作，对中央、省、市巡视巡察、联点督查的问题逐一进行全面整改；2019年组织街道帮扶责任人进行脱贫攻坚业务知识培训二期，共培训219人次，进行闭卷考试1次；按标准落实扶贫动态管理，贫困户拟脱贫退出11户23人，自然增加3人，自然减少5人。全街道建档立卡贫困户510户、1877人，2019年年底共脱贫502户、1861人，未脱贫8户、16人。全面开展提质增效活动。加强政策宣传和作风建设。街道全面开展扶贫政策进村入户，通过广播、手机微信、政策宣传栏、农民讲习所等形式，提高群众知晓率，严控政策标准；对驻村工作队和帮扶责任人的走访帮扶实行每月一督查一通报。全面落实帮扶政策。启动“三千”工程，通过万人帮千户工程，街道筹集资金10万元，通过特设岗位设置，在村以公益性岗位形式帮扶25名深度贫困对象增收；通过百企帮千户工程，大力宣传就业招工信息，动员剩余贫困劳动力参加专项招聘会。扎实推进夯实“三保障”。推动加快农村安全饮水工程；持续推进住房安全，组织实施房屋安全性鉴定和安全牌挂牌上墙，对“四类对象”住房不安全的实施危房改造项目，2019年街道实施危房改造14户；对有厌学心理的义务教育学生采取“三帮一”控辍保学措施，确保不让一个学生辍学；加强医保政策宣传，建档立卡贫困户医疗保险全覆盖，确保贫困户看得起病。

【综合治理】2019年，桐山街道实行重大信访问题党工委、办事处集体研究讨论，对摸排出来的问题由党政班子成员集体开会研究并逐一包案交办。全年共召开涉及综治、维稳、信访专题会议22次，研究交办重大综治维稳问题6起。坚持开展领导接访活动，完善领导接访制度，将具体接访领导安排到每天，包括双休日和节假日，方便群众随时反映情况和问题。全年共接待来信来访130起500余人次，省市县转办的信访件共27件，已办结24件；信访系统交办24件，答复办结23件。完善矛盾纠纷排查调处，坚持每半月一次定期排查和敏感时期的及时排查制度。继续实行稳定工作联会制度。每月召开一次由街道党政主要领导、分管领导，综治、警务、司法、安监等部门人员以及村书记、专干参加的矛盾纠纷排查调处工作协调会，收集不稳定信息，研究稳定问题，督查交办情况，布置安全稳定工作。进一步落实社会稳定风险评估制度，完善《桐山街道重大突发事件应急处置预案》《桐山街道抗洪抢险应急预案》等多个应急预案，充实应急分队队伍。2019年，针对桐山街道重大事项、重大决策、重点项目以及涉及到群众利益等事项进行社会稳定风险评估15项，确保社会大局总体平稳可控。开展扫黑除恶。全力做好“扫黑除恶”宣传工作。全年开展扫黑险恶送戏下乡宣传活动1次，共计发放宣传资料7000余份，在辖区内主要道路醒目位置安装1块大型宣传牌，面积341平方米，悬挂横幅15幅，设立宣传栏28块，粘贴宣传标语100余条；设置举报箱，公开举报电话，畅通信息渠道。在摸排工作方面，收集线索9条，并上报到县扫黑办，对上级交办的9条信息进行复核，未发现涉黑案件。巩固禁毒成果。2019年，共开展大型禁毒宣传活动3次，利用送戏下乡、普法宣传等活动开展禁毒宣传4次，禁毒知识进校园3次，发放识毒、拒毒宣传单12000份，在各村（社区）悬挂禁毒知识、识别制毒工厂宣传栏14块，辖区内主要道路醒目位置安装2块大型禁毒广告牌，面积达100平方米；对辖区内在册吸毒人员进行毛发检测样本采集送检，对社会面吸毒人员进行网格化服务管理和风险分类评估，更新完善吸毒人员个人档案；对评估为中风险以上的14名社区戒毒人员，9名社区康复人员全部管控到位，按要求定期尿检、谈话，执行率100%。严打非法集资和邪教组织。与街道干部职工、离退休干部、村社区干部签订承诺书，开展集体宣传活动1次，严格落实排查上报和特殊时段值班制度，排查疑似非法集资群体案件1起并上报。

东溪街道

【概况】东溪街道于2015年7月21日从文庙街道析置。2019年公务员编制30人，事业编制39人。地处宁远县城东部，街道辖区东起卜家岭，西至石板塘，南以泠江河为界，北临禾亭镇，辖3个社区，16个行政村，总面积74.8平方千米，总人口6.29万人，其中非农人口3.54万人，农业人口2.75万人，有耕地1.71万亩（其中水田1.38万亩，旱田0.33万亩），林地1.1万亩。街道工业基础良好，依托地域优势，紧抓湘南承接产业转移示范区建设的机遇积极承接沿海产业转移，加快新型工业化发展步伐，目前，形成服饰、玩具、塑胶、五金等“三来一补”加工贸易区及水泥、石材、钢材等建材冶金工业区。街道交通条件便利，永连公路、宁嘉公路、宁新公路等干线穿境而过，其中，各公路县城段都按照生态景观路标准建设，提供宜居环境。街道正按“改革创新快发展、团结奋进奔小康”的总要求，努力打造宜居宜业宜游品质活力新街道。2019年获永州市文明标兵单位、永州市创新创业带动就业“420”扶持工程项目和市级创新创业带动就业示范基地等称号。

【脱贫攻坚】2019年，东溪街道对16个行政村所有建档立卡贫困户、低保户、五保户、残疾人户、大病重病户及其他困难群众在“一超过、两不愁、三保障”等方面的保障情况进行全面的排查摸底，对疑似存在保障不达标问题的84户较困难群众的实际情况和困难原因进行制表登记，明确专门责任人，制订帮扶计划，确保存在问题逐步清零。将630户建档立卡对象分类为深度贫困对象42户（占比6.8%）、易返贫对象47户（占比7.6%）、巩固提升对象174户（占比27.6%）、稳定脱贫对象

367户（占比58.0%），确定2019年度预脱贫对象22户52人，为分类施策巩固脱贫成效和完成年度贫困户脱贫退出任务，提供真实可靠数据支持。

【经济发展】2019年，东溪街道完成固定资产投资4.1亿元，完成任务100%；江博士鞋业已完成厂房投资及附属楼主体建设，正在完善基础设施建设；八小及附属幼儿园普通教学楼已交付，其他附属设施正在顺利推进；南岳生物单浆采血站，该项目的规划许可已办好，目前正在施工建设；刘家洲生态休闲农庄完成特色民俗高档酒店建设的土石方工程，约18万余立方米；G357正在进行路基建设，完成路基清表16%，完成路基填方14%；G537仁冷公路正在正在进行路基建设，完成路基清表15%，完成路基填方14%；湘妃大道改扩建完成征地拆迁，完成测量和工程施工招标挂网，正在办理林地砍伐证，准备开工建设；白水铺公墓区一期已征收测量137亩（横渡下自然村）补偿已打款至村级账户，简易公路已修建，车辆可通行到公墓区并已分界，二期已完成测量200余亩，完成建设160余亩。棚户区改造今年共签合同35户，拆除29户。硕宁电子三期征地迁坟已完成，正在填平土方。完成烤烟种植108亩。完成耕地占用税23万元和综合治税清理34万元，完成房屋租赁税税收70余万元。

【党的建设】2019年，东溪街道街道机关植入更多的党建引领元素，党建工作站进行规范化建设。腾飞名城党支部和惠民小区党支部建设布置完工，并投入使用。以农村工作“村为主”为统揽，坚持把社会稳定、经济发展等农村各项工作作为党建目标，创造性地实行农村各项工作与基层组织建设“合二为一，同频共振，捆绑运作，一并考核”。将街道的工作具体细化为8大项、37小项，共设分值1000分，在考核方法上实行周调度、月考核、季兑现、年终结总账的分级考核。19个村（社区）制订村（居）规民约，开展扫黑除恶排查，开展乡风文明建设。12个村建立村级专业合作社，基本形成一村一品的特色。街道党员干部都结对1～4户贫困户，为贫困户送资金、送项目、送政策，发挥党员先锋作用。社区党组织成立志愿者服务队，让党组织服务“触角”不断延伸，“服务半径”逐步扩大。从严治党。对党风廉政建设量化分解，责任到人，严格实行“一岗双责”，形成一级抓一级，一级带一级，层层抓落实的工作格局。组织观看《利剑惩蝇贪》《越界》《迷失的初心2》等教育片，组织机关党员干部100余人次到教育警示基地参观学习，增强党员干部廉洁自律和拒腐防变的能力。2019年，共收到信访举报件16件，办结12件，还有1件正在调查核实当中；立案3件，处分党员5人次，其中1人被给予党内警告处分，4人被给予开除党籍处分；追缴违纪资金22960元。共开展不定期督查50余次，下发通报28期，通报处罚60人次，罚款4000余元。对16个村、3个社区的监督委员主任进行业务培训，促进村务监督委员会正确履职、高效履职，做到不越权不失职，做好村务各项管理监督工作。加大对村级财务的监督检查力度，督促街道19个村（社区）每季度都实现财务公开。

【综治维稳】2019年，东溪街道切实加大工作力度，采取有力措施，主动作为，全力维护稳定，化解矛盾。全国“两会”期间进京非正常访实现零的突破，黄某清、李某友、李某秀、黄某明、白某喜、欧某翠等20余起信访件得以息访息诉，信访形势趋于稳定。认真抓好“12345”交办单、上级领导指示件及来信来访交办事项的办理及回复工作，化解矛盾纠纷40起，消除群体性纠纷隐患2起，成功调解非正常死亡案件3起。张贴扫黑除恶宣传标语300余条，召开相关会议10余次，张贴宣传海报1000余份，发放宣传资料5000余件，使扫黑除恶专项斗争工作家喻户晓，人人皆知，共上报5条重要线索至县扫黑办。街道禁毒办、东溪、舜德、逍遥岩社区工作站，联合县禁毒办开展禁毒宣传，共发放禁毒宣传资料3000份，宣传展板25幅，宣传挂图28幅，横幅9条。认真摸排在册吸毒人员信息，全年组织4次对辖区内所有吸毒人员进行排查摸底行动。配合县司法局开展“12348”法润千万家法律服务活动，发放800多份宣传资料，现场解答群众法律咨询32人次。健全安全生产工作机制，坚决落实“一岗双责、党政同责，谁主管，谁负责”制度，实行驻村干部包村、村干部包网格、领导联村的包干负责制，坚持落实领导带班检查安全生产责任制，做到每个班子成员每月带队检查安全生产单位一次，严格落实安全生产大排查大检查月上报制。截至年底共排查出各类安全隐患42处，无重大安全隐患，结合“打非治违”“强执法、防事故”办案15起。

【人居环境整治】2019年，东溪街道购置清运专用垃圾桶100个，确保垃圾能够集中堆放处理及时清运。制定河长制，把河段划分到人，落实责任。张贴宣传资料和标语3000份，清理垃圾约2600余吨，参与村庄清洁行动的干部2300人次、发动群众参与人数3.8万人次，累计清理村内河道沟渠200公里、整改养殖场13处、清理塘沟55处、清残垣断壁和路障30处、落实门前三包16个村、农村改厕户数150户、拆除空心房600余间，共计2万余平方米。

【农业农村】2019年，东溪街道完成早稻种植1340余亩，中稻种植7650余亩，玉米种植1200余亩，高粱种植680余亩，红薯种植5620余亩，确保粮食生产的稳定；山塘清淤30亩，水渠清淤2.5公里，损毁水利工程维修2处。所有村的土地确权发证工作已全部完成，共发出土地确权证书8370本。完成16个村的动物集中免疫工作，接种密度100%。认真落实非洲猪瘟防控工作要求，安排人员值班值守，对辖区内的养殖户进行全面排查摸底，严控非洲猪瘟疫情发生。

【社会事业】2019年，东溪街道免费孕前优生优育健康检查完成全年任务的71.23%；产前筛查完成全年任务的58.57%。举行以“关爱计生家庭，助理健康湖南”为主题的宣传服务活动，免费发放叶酸和避孕药具600多盒。组织720人参加免费“两癌”筛查。农村低保665人发放资金11.05万元，农村五保209人发放资金87.28万元，城镇低保1747人发放资金34.29万元，80周岁以上高龄老人63人发放补贴3.78万元，三级、四级残疾人429人发放资金4.8万元，临时生活救助168人发放救助金额24.88万元。城乡居民医保参保缴费金额7.47万元，参保人数64204人，参保率106%。对1448户“四类重点”对象住房进行全覆盖核查，完成41户鉴定工作。

（周常华）

天　堂　镇

【概况】天堂镇沿用驻地天堂自然地名得名。天堂原属干旱之地，前人为灌溉农田，开挖许多大小山塘用以蓄水，由于无活水流入，许多山塘只能靠装天水，俗称天水塘，后简化为天塘，先人十分向往天堂的美好生活，便把天塘改为天堂。

明清时属大阳乡。民国初属南靖（南联）镇。1949年11月17日宁远和平解放时属二区潇水乡。1958年人民公社化时，辖区分属天堂、水市（红旗）人民公社；1961年分属桐山区天堂公社、水市区大阳洞公社；1984年分属桐山区天堂乡、水市区大阳洞乡；1995年6月撤区并乡，将桐山区的天堂乡和水市区的大阳洞乡、梅岗乡合并为天堂镇，8月将原梅岗乡划归水市镇。天堂镇政府驻天堂村，2016年区划调整后辖天堂（原天堂村、卜洞村、曾家洞村、寄岗村）、晓石、庄里洞、石海山、曹家滩、高源、大阳洞（原大阳洞村、江村、刘村、牛头山村）、新屋地、香花桥（原香花桥村、老屋场村）、大坪岭、龙须、岭脚（原岭脚村、岭江村、马家村）、光辉（许家村、毛里坪村、平口源村）、百步岭、狮子头、和谐（原下坊村、枞树湾村）、蒋家17个行政村，共107个自然村，309个村民小组。天堂镇位于宁远县西南部，距县城7.5公里，东连桐山街道，南接水市镇，西邻道县柑子园乡，北界中和镇，总面积84.13平方千米，耕地面积24739.7亩，其中水田20264.8亩，旱土4474.9亩，山林面积6.8万亩。东西最大距离13.4千米，南北最大距离13.8千米。天堂镇交通便利，G357国道、G76厦蓉高速在境内自东向西纵穿而过，17个行政村通村通组道路已全部用水泥硬化，G537二广高速宁远东至天堂公路正如火如荼建设。

天堂镇地貌以丘陵为主，地势西高东低、南高北低。镇西部屋脊岗山脉与道县柑子园乡交界，为宁远进入道县的必经之地，是红军长征屋脊岗战斗遗址所在地。天堂镇属中亚热带季风湿润区气候，年平均降水量668毫米。境内有2条河流，泠江河由北向南，流经曹家滩村流入道县，汇入潇湘水系，境内河道长约4公里；九疑河由南向北，流经新屋地、蒋家、牛头山、大阳洞、江村、马家、狮子头、岭江等村流入道县，汇入潇湘水系，境内河道长约7公里。境内有小（1）型水库1座，小（2）型水库7座，骨干山塘60多口。境内矿产资源主要为石灰岩，地质储量1亿立方米，可采储量为0.1亿立方米，地下资源可利用量为1384.4万立方米。天堂镇共有10876户、41035人。其中3000人以上的行政村4个，1000~3000人的行政村13个。总人口以汉族为主，约占99.91%，2019年人口自然增长率5.4‰。

【经济发展】2019年，天堂镇镇域经济持续健康发展，财政收入2010万元，支出2010万元，收支平衡。2019年，在稳定粮食生产基础上，大力推广“烟—稻”“菜—稻”轮作模式，种植单季稻19980亩，种植双季稻4440亩；种植蔬菜500亩，种植玉米1500亩，种植柑橘2200亩；大力发展高效现代烟草农业，种植烤烟3120亩，收购烟叶7000担，烟质烟价均比2018年有所提高，被市政府评为2019年度烤烟生产先进单位。加强农村集体“三资”管理，完成17个村清产核资报表上报工作。继续落实惠农政策，发放耕地地力补贴资金211万元。2019年，产业发展形势喜人，蚕桑种植从无到有，蔬菜、玉米、甘蔗、柑橘、油茶等经济作物种植面积不断增加，曹家滩苗木花卉基地与土地开发项目成功连片；养牛、养鱼、养鸽等稳步发展，规模养猪产能触底反弹。11月26日，湖南省生猪全产业链建设项目现场会在天堂镇远丰·源石养殖基地隆重召开，会后举行项目开工仪式。截至年底有养猪场、砂场、纯净水厂、水果基地、苗木基地等企业10余家，其中规模较大的有：位于蒋家村的温氏坪岭种猪场占地860亩，10月正式投产，养殖母猪8000头，预计年出栏仔猪16万头；位于石海山村的龙峰畜牧有限公司占地200亩，年出栏生猪1万多头；位于百步岭村的季丰农业沃柑种植基地占地2000亩，已全部种植沃柑。

2019年，天堂镇有商业网点4个，集贸市场2个（天堂、大阳洞集贸市场），湖南农商银行网点2个。天堂牛市被誉为“湘南第一牛市”，提质改造后，环境整洁，秩序良好，交易活跃，日均交易肉牛100头以上。

【基础设施】2019年9月，天堂供电所、天堂湿地公园（污水处理厂）开工建设，面积达280亩的涔天河灌区耕地后备资源储备项目开工建设；10月，投入11.7万元修建镇机关办公大楼房顶隔热棚930平方米；12月，大阳洞卫生院办公大楼拆旧建新，县十一中改扩建项目基本完成。实施危房改造15户，为分散安置的易地扶贫搬迁户加装坡屋顶16户；拆除空心房500多间，新建卫生厕所200多座；新增立杆路灯100盏，壁灯200盏；水库加固2座，河坝修复15处，沟渠清淤3000多米。

【社会事业】2019年，天堂镇有公立幼儿园2所，在职老师25人，学生256人；有完全小学2所，在职教师101人，在校学生1629人；有中学1所，教师81人，学生1464人；有私立幼儿园2所，学生233名。全镇有镇文化站、广播电视站1处，各类文化专业户45户；农家书屋17座，有专人管理，免费向村民开放，村村响实现全覆盖，村级综合服务平台全部开通宽带，在天堂村、香花桥村推行“一件事一次办”改革试点。投资2万元为各村购置娱乐健身器材1套。5月29日，在天堂村举行“关爱女孩”大型文化活动，10月7日（重阳节）在天堂村开展敬老爱老活动。大阳洞村被列入第五批中国传统古村落。2019年，天堂镇有医疗机构1个，村级卫生室17个，医疗点5个，有床位25张，全年完成个人诊疗1.2万人次。大力开展爱国卫生运动，建立健全人居环境卫生整洁长效机制，多方筹措保洁经费，聘请专职保洁员，大力实施“一拆三清一改”，对镇村垃圾实行日清扫、日清运。各村粘贴“门前三包”责任牌4800多块，配置大垃圾桶176个，购买扫帚400多把。2019年，天堂镇对建档立卡贫困对象实行分类管理，因户施策，精准帮扶，进一步巩固提升脱贫攻坚成效。建档立卡贫困对象1245户、4680人，新增脱贫64户、153人，贫困发生率0.4%。农村低保、特困人员、孤儿等应纳尽纳、应保尽保，农村低保314户、686人（其中兜底保障42户、81人），特困人员376人（其中大阳洞敬老院集中供养29人，五保之家集中供养29人），孤儿41人，享受残疾人两项补贴323人，重点优抚对象338人。持续加大对贫困群体的关心和救助，发放救济款58万元，救助困难群众800多人次。全镇缴纳养老保险15811人，参保率70%；缴纳城乡居民医疗保险32044人，参保率100%。

【民俗风情】高源土陶分布于宁远县天堂镇高源村，纯手工制作，柴火龙窑烧制，家族式传承，始于明末，已有400年历史。2015年，高源土陶制作技艺被认定为市级非物质文化遗产项目，成为宁远本土文化的一张名片。

（欧阳逢华）

水　市　镇

【概况】水市镇原名水打铺，历史上曾因上游猛降暴雨，造成山洪暴发，冲走沿街房屋及人畜，故有“青天白日水打铺”之称。市场立水边，故称水市。1949年11月17日，宁远和平解放时，辖区属二区潇水乡；1958年，分属水市（红旗）、大界（高峰）人民公社；1961年，属水市区水市公社、大界公社、香花铺公社、梅岗公社；1984年，公社改乡，1986年，水市乡改为水市镇，仍属水市区；1995年6月，撤区并乡（镇）时，由原水市区的水市镇、香花铺乡、大界乡合并建立水市镇，同年8月将天堂镇的梅岗责任区（原梅岗乡）划归水市镇。2016年并村后水市镇有游鱼井、周家、欧家、田家、先锋、上游、淌塘、红旗、大界、凤凰山、水晶窝、下立洞、杨家山、石坝头、彭祖、塘下洞、腊树脚、小欧家、黄家、大欧家、邹家、柜林、村尾、潭村、周家山、桂里园、天堂山、樟木脚、黎壁源、九嶷湖、紫源洞、冬瓜冲、联海洞33个行政村以及水市社区。

水市镇位于宁远县境南部，距县城18公里，总面积239.59平方公里，东邻冷水镇、湾井镇，南接九疑山瑶族乡，西接道县四马桥镇，北连舜陵街道、天堂镇。总人口7.4万人，共20393户、529个村民小组，辖区内有汉族、瑶族、苗族等民族。水市镇有耕地面积4.3万亩，其中水田3.6万亩、旱土0.7万亩，林地面积24万亩。境内东、南、西三面环山，九嶷河流经辖境，河流沿岸平坦开阔，土地肥沃，是宁远的“鱼米之乡”。水市水库碧波荡漾，风光旖旎，连绵数十里，蔚为壮观，古有“潇水涵青”之称；左右干渠蜿蜒伸长，灌溉县内水市、天堂、原舜陵镇10多万亩良田，成为宁远的“母亲河”，被国家林业局批准列入九嶷河国家湿地公园创建试点。

【历史人文】境内有革命烈士公园和红军长征过水市书写的包家红军墙等红色景观，周家村进士古村落群、田家村龙潭书院等文化景观。有水市水库二十里峡江风光，清代乾隆年间宁远县令徐旭旦作赋《潇水》。梅岗古时盛产朱砂，按厂小山某区域产梅岗石，属鸡血石的一种，是治印、雕刻的珍稀石材，唐《唐六典》、宋《太平寰宇记》、明《本草纲目》、民国时期《宁远县志》等书籍对它多有记叙。

【经济发展】2019年，水市镇生产总产值14.24亿元，其中农业总产值8.23亿元，工业总产值3.5亿元，其他总产值2.49亿元。

2019年，水市镇持续推进烤烟产业强镇富镇，大力发展特色种植业与养殖业，共种植烤烟10056亩，完成烟叶收购23426担，位列全县第一，全市第二。规模养殖户24户，共出栏生猪32500头、肉牛4000头，新增标准化规模养殖场6家，远丰·周家生猪养殖基地落户水市，建成后常年存栏母猪9000多头，年出栏仔猪16万头，在水市成功举办全省生猪全产业链建设现场会。因地制宜发展培植种植产业，新增水果种植基地3000亩、油茶种植基地5000亩。

大力发展生态旅游，承办2019年第十届环中国国际公路自行车车赛（水市路段赛道）；建成全县最大的农业旅游企业：大界源农业开发有限公司，该农庄被评为“湖南省五星级乡村旅游区（点）”“永州市十佳农庄”“湖南省休闲农业与乡村旅游示范点”“全国休闲农业与乡村旅游四星级农庄”，已通过AAA景区评审。水市镇源上源农牧园被评为“湖南省四星级乡村旅游区（点）”“省级示范家庭农场”“永州市十佳家庭农场”。

【基础设施】2019年，水市镇涔天河灌区隧洞工程计划打通4个隧洞，有2个隧洞已在施工中。万亩开发工作流转土地1900亩。建成种兔场，已养兔26000只。舜天恒禾肉牛场新增牛舍2栋、办公大楼1栋。植物园工程有序推进，中南驾考场投入使用，中心法庭全面竣工，敬老院实施提质改造。开挖山塘和清淤扩容15口，面积达140亩。完成安全饮水工程6处，切实解决13000多人的安全饮水问题。新增立杆路灯200盏，壁灯50盏。危房改造共64户，全部完工入住。新建三格式卫生厕所617口，新建现代化水冲式公厕2座。创建美丽乡村县级示范村3个，乡村风貌改造示范村8个，县级城乡整洁示范村3个。

【社会事业】2019年，水市镇内有中学1所，完全小学4所，医疗机构65个。加强城乡整洁建设，投放垃圾桶12600个，聘请保洁员165人，制作农户门前“五包”责任牌14800块，垃圾按国家标准集中清运、集中焚烧。落实强农惠农政策，加强产业扶贫、易地搬迁、小额信贷、劳务协作、教育扶贫、医疗扶贫、保障兜底等行业扶贫工作，2019年脱贫107户、224人；新增易地搬迁1户；新增公益性岗位95人；建档立卡贫困户

"新农合"参保率100%；9104名贫困户纳入大病医保；1852人享受教育扶贫政策；新增劳动力转移80人；扶贫工厂11家带动城乡就业413人。开展低保清理整顿工作，重新识别低保对象189户，对五保、低保、残疾人、病灾户、自然灾害户累计发放临时救助金86.35万元。

湾井镇

【概况】湾井，因在九嶷山下，古名"望疑市"。明弘治年间（1488—1505）苍梧一带（九嶷山）发生匪乱，冯都派兵镇守"协诚永奠同安无事"立营三十六所，湾井为中心营，故又名永安营，即永远平安之意（据"续造上厅碑记"）。后来先辈人见湾井水路弯弯曲曲"有井可凿"，于是又命名为湾井。明清分属仙政、太平2乡。民国初属南靖镇，民国15年改为湾井乡公所实行"保甲制"，民国27年属湾井、灌溪2乡，民国35年属舜陵乡。1949年11月17日，宁远和平解放，今镇域属宁远县第二区，1950年属湾井乡。1986年2月，经湖南省人民政府批准湾井乡为镇建制，同时成立湾井居委会。1958年，属湾井（前进）、下灌（东风）人民公社。1961年属湾井公社。下灌公社、麦地公社，1984年公社改乡。1995年6月，撤区并乡建镇，原湾井区下辖之湾井镇与下灌乡合并为湾井镇。2005年，镇政府从湾井圩搬至下灌圩，原政府所在地设在湾井圩达90年之久。

2016年，湾井镇下辖湾井社区（原丰收、湾井村、湾井居委会）、东安头、田心、桥头、朵山（原朵山、大岭尾村）、周家坝、和城（原和城、石坡脚部分）、久安背、黄花源（原黄花源、石坡脚部分）、路亭、下灌村（原泠江、状元楼、新屋里、下灌、四公塘、梅子窝、水上洞）、白水源、东江（青山尾、羊蹄岭村）、大屋地、建新（原彭家洞、姚家）、下寨岗、韶水、马脚洞18个建制村（社区）。

湾井镇位于宁远县东南部，东临蓝山县，南接九疑山瑶族乡，西达水市镇，北连泠水镇，驻地下灌村距县城15公里，总面积96.86平方千米，耕地面积1925公顷，生态公益林面积38335亩。

湾井镇自然面貌南高北低，南为山区、北为丘陵、中为喀斯特地形，地下溶洞甚多。东江河、西江河自南向北注入泠水。半山水库，雄踞南边。湾井镇属中亚热带季风湿润区，气候湿暖，雨量丰沛，水源发达，镇内林木繁茂，环境优美。湾井镇辖区18个行政村（社区）、108个自然村、318个村民小组、12677户，总人口45696人，民族以汉族为主，瑶族杂住在大屋地、黄花源两村。

【经济发展】2019年，湾井镇经济发展平稳较快。全镇实现生产总值9.8亿元，同比增长8.2%；公共财政收入2105万元，同比增长9.65%。全年共接待各类游客10万余人次，实现旅游收入500万元。2019年，全镇种植烤烟7100亩，收购烟叶17000担，实现财政收入430万元；全镇共有规模以上生猪养殖场3个，年出栏生猪3600余头；桥头村竹鼠养殖基地，年出笼竹鼠20650余只；粮食生产稳中有增，2019年双季水稻种植面积达42500亩；种植油菜520余亩，种植蔬菜全年共计8200余亩，马铃薯260余亩。下寨岗村引入广东老板以"订单农业"模式种植茄子160亩，黄瓜20亩，香葱40亩，为村内提供劳动力就业岗位20~30个，村内留守妇女在蔬菜基地务工可获得每月2000元左右收入。工业企业有木材加工厂一个，扶贫车间两个。

【基础设施】2019年，湾井镇大力开展农村人居环境整治，提升美丽乡村品牌。全镇共拆除空心房及旱厕3120座，93500余平方米；改造卫生厕所473户。东安头村开展市级美丽乡村示范村创建，清理村内排污排水沟1200米，安装涵管200米，沙井7口，建设烟基水利设施300余米；投资40余万元建设翰林文化广场；建设公共绿地2000余平方米，村内种植绿化树木1200余株。马脚洞村开展省级美丽乡村示范村建设，清理池塘四口，清理水沟2000余米，种植香樟1800株。大力开展交通顽瘴痼疾整治，完善基础设施，分设湾井、下灌、白水源3个交通顽瘴痼疾专项整治工作组。市场内及周边主要路段安装减速带200余米。制作道路警示和导向标识标牌50余块，完善市场划行归市标牌20余块，开放临时停车场（点）10个，设置市场入口障碍护栏8处。修整市场水沟100余米，完善市场电路500余平方，新修绕村公路1000余米。

【社会事业】2019年，湾井镇有幼儿园6所，中心完小1所，下灌完小1所，彭家洞完小1所，片小12所，湾井镇中学1所，在校学生3100人，入学率99.8%。大力推进教育均衡发展工作，全面实施教育优先战略，全镇适龄儿童入学率达100%，小学六年级升学率100%。落实教育扶贫1090人次，补贴104.2万元。其中小学初中高中921人，63.5万元；雨露计划169人，50.7万元。举办各类种养殖技术培训和技能培训，共培训贫困农民2500人次。2019年，有中心卫生室院1家，建设面积6000平方米，内设门诊、住院部。有医务人员45人。村级卫生室31个，乡村医生31人。全镇有垃圾处理池60个，垃圾中转站1个，污水处理厂2个，环卫车60部，村级环卫工人72人，全面负责各村村道公共场所卫生清扫。全镇人口自然增长率控制在7‰以内，符合政策生育率保持在85%以上；不断提高社会保障水平，2018年新型农村合作医疗参合率99%以上，新型农村养老保险参保率78%以上。乡村医生“签约服务”覆盖率100%；建档立卡贫困人口医保100%；全年医疗救助182人，共报销金额19.2万元；其中重病兜底16人。危房改造10户。严格精准识别、精准退出程序，积极开展贫困户动态调整，全年共新识别建档立卡贫困户0人，自然增加65人，自然减少49人，脱贫退出52户、139人。全镇建档立卡贫困户1463户、5695人（截至10月底），累计已脱贫1393户、5556人，贫困发生率0.4%。

【社会稳定】2019年，湾井镇全力维护社会稳定，大力开展“扫黑除恶”专项行动，建立健全各项工作机制，扎实做好群众来信来访和矛盾纠纷排查调处工作，强化领导包案责任，坚持把问题解决在萌芽状态，解决在基层，多举措做好信访维稳，开展矛盾纠纷排查化解工作12批次，共解决矛盾纠纷16起，网上信访3件。全力抓实安全生产。严格落实安全生产责任制，突出“九打九治”“五级五覆盖”“五落实五到位”“四大三基”等基础工作，始终坚持将隐患排查治理作为打非治违的重要抓手，全年未发生一起较大以上安全生产责任事故。开展道路交通百日大会战，对农用车非法营运进行严厉打击，整治校园周边的非法改装摩托车。开展安全生产大检查6次，参加检查人员40余人，发出《限期整改通知书》100份，《立即整改通知书》60份，培训10户烟花爆竹经营户，开展马路市场专项整治10次，全面取缔湾井、下灌、白水源三个马路市场。

【党建引领】2019年，湾井镇党委制定出台《湾井镇党建工作联动机制》方案，把全镇18个村划分为9个小组，每名党委委员联系1个组，实行党委委员、片组、党支部三级联动、分组评比，三级责任人同奖同罚。大力推行“135”村级治理模式，每周一为村支部书记坐班值班和周例会日，驻村干部每周到村坐班值班不少于2天，日常事务由村干部全程代办。认真开展“不忘初心、牢记使命”主题教育，进一步强化作风转变。发展预备党员5名，转正党员11名，培养入党积极分子50人。全镇18个村党组织建设达到五化要求，全面推进村干部上班制度，加强镇干部的管理，上下班实行刷脸。加强中心组学习，推行全员学习强国，全市新时代文明实践现场会在湾井召开。

【乡村振兴】2019年，湾井镇围绕“提升村民主体意识、基本消除残破房和旱厕、建立常态长效机制”三大目标，创新推行“七个一”工作法，大力推进农村人居环境整治工作。全镇18个行政村（社区）全部成立村人居环境整治理事会，成功召开村民会议，制订切合本村实际的村规民约，拆除残破房（旱厕）3120余座、93500余平方米。全面推行垃圾处理农户付费制度，共收取垃圾处理费50余万元；全面落实农户“门前三包”责任制，按月组织评选清洁卫生户并给予一定的物质奖励。按常住人口100户或400人左右配备一个常态保洁员的比例，全镇共聘请保洁员103人。湾井镇人居环境整治工作坚持“六个最”，即：投入的人力物力财力最多；参与的群众最广；召开村民代表大会到会人数最齐；镇村同心，全镇推开、齐头并进抓整治最给力；督查督导最勤；追责问责最严。经过两个季度的整治工作，全镇长效机制基本建立，卫生死角死面得到全面清理，2019年第一、二、三季度连续被评为全市人居环境整治“十佳乡镇”。美丽乡村示范村建设，坚持规划先行，每个村都制定村庄规划，大力开展“绿化、亮化、净化、美化、序化”行动，路亭村、下灌村先后被授予省级美丽乡村示范村称号，周家坝村、田心村已达到验收标准，正开展马脚洞村省级美丽乡村示范村创建和东安头村市级美丽乡村示范村创建。马脚洞村种植香樟1800株，清理池塘四口，清理水沟2000米，清理陈年垃圾50吨，拆除残破房80座及旱厕65座，共5600余平方米，计划建设300亩果园，正在进行土地流转。东安头村种植烤烟300亩，村主道沿线排污排水沟清理后铺设碎石，安装涵管200米，沙井11口，种植观赏树木800余株，拆除残破房56座，旱厕37座，共6300平方米，完成烟基水利设施300米基础，安装村综合服务平台监控及防盗网，清沟1200米，清理陈年垃圾60吨，扩宽村道1100米。投资30余万元，建设东安头翰林文化公园及翰林文化墙。

【旅游发展】2019年，下灌景区在完善各项旅游设施的基础上，深入挖掘“状元故里”文化内涵，建成下灌民俗历史文化博物馆，正在申报AAAA级旅游景区。周家坝大凤自然村舜帝部落项目正在进行设施完善和升级，并结合土地复垦打造美丽田园。东安头村翰林祠为省文物保护单位，已成功申报国家级文物保护单位，并准备以此为契机，打造东安头“翰林文化村”文旅项目。

【重点工程】2019年，湾井镇有序推进总投资30亿元的麻将影视小镇项目建设，已完成第一期1250亩的土地测绘征收工作，补偿款发放已基本到位，正在全力推进祖坟迁出工作；第一期120亩土地已挂网，有望动工。湾井公墓区建设已完成规划，正按计划开展。湾井小城镇开发已正式启动，年内拟动工建设湾井市场。湾井镇下灌、久安背、路亭创建国家历史文化名村工作正在做申报筹备工作，年底正在进行规划设计。湾井小城镇建设工作已正式启动，小城镇建设指挥部已开展土地征收前期摸底工作，即将动工建设湾井市场、湾井卫生院、湾井社区综合服务平台、湾井中心幼儿园等。和城土地开发已完成120亩，久安背土地整理已完成400多亩。

（李超廷）

九疑山瑶族乡

【概况】九疑山瑶族乡春秋属楚地，明清时期属太平乡，民国时期先后属南靖镇、南联镇、第三区、第二区，1949年属舜陵乡，1950年属湾井区，1952年属第四区，1956年撤区并乡时，在今域内析置紫荆瑶族乡，为湖南省当时瑶族散杂居区建立的15个瑶族乡之一，1958年，分别属湾井（前进）人民公社和鲁观人民公社，1961年3月属湾井区九疑公社、麦地公社。1984年6月公社改乡，同年10月设九疑山瑶族乡、鲁观瑶族乡和麦地乡。1995年，撤区并乡建镇时由原来的九疑山瑶族乡、鲁观瑶族乡、麦地乡合并建立九疑山瑶族乡，次年11月，路亭村划归湾井镇。自此，九疑山瑶族乡名称仍用“疑”字，山、景区名称时用“嶷”字。九疑山瑶族乡位于县城南部，距县城约30公里，北纬25°12′89″~25°25′12″，东经111°55′15″~112°05′00″。东与蓝山县境相接，南与江华县境交界、西与道县境界相依，北紧连县境湾井镇。南北长45公里，东西宽25公里，总面积328.3平方公里。乡政府驻地九疑山村，下辖向疑村（疑山头、向阳头）、盘洞口村、九疑山村、大桑塘村、九疑洞村、紫江村（紫荆、牛头江）、石灰窑村、太平村、山河村（麦地、童子坪）、和平村（王奇生、凉亭山）、西湾村、新塘村、茶罗村、龙坪村（羽毛坪、桐木坪）、上洞村、山头源村、九龙村（别江口、大地坪）、文武冲村（文武冲、黄河）、凤凰村（下洞、盘江湾、花盘洞）、牛亚岭村（庙冲、光冲）、三亩田村等21个行政村、259个自然村、266个村民小组。九疑山瑶族乡有10801户、35680人，其中瑶族8160人，苗族7人，壮族14人，布依族11人，侗族4人。瑶族占总人口的22.9%。

九疑山瑶族乡属中亚热带气候与南亚热带气候过渡地带，兼有大陆和海洋气候特征。山区总的气候特征：日照时间短，气温年差较小。境内的住龙门（海拔982米）全年平均日照810.8小时，平均气温在13~17℃，一月最低温度3.8℃，年较差温度18.9℃。垂直分带性明显。山区气温随着海拔每升高100米，气温降低0.48℃；≥10℃的活动积温减少190~200℃，初终日间隔日数缩短5~8天；无霜期缩短12天；雨量增加50毫米左右，影响植物生长的垂直分带性。霜雪早，冰冻严重。“寒露风”一般出现在8月末，10月下旬可见初霜，11月开始降雪和冰冻。危害严重的冰冻常出现在1月下旬至2月上旬，竹木出现断尾现象。雨量充沛。山区年降雨量在1700~2000毫米之间，最高达2840.2毫米。且雨量集中，4至6月达960毫米，占全年降雨量的47%。降雨强度大，常为暴雨或大暴雨。

九疑山瑶族乡主要地表径流有母江河、荆江河，分别是潇水、泠水发源地，水资源十分丰富，境内建有九疑山电站、牛头江电站、三亩田电站等12座水电站，年发电量1.2亿千瓦小时，九疑山电站是全县规模最大的水力发电站。地下水多以自流井或承压井流出地面。境内溪流纵横，森林繁茂，植被覆盖率高，含水性好，水源由大气降水补给，无污染源。水田有黄泥土、沙质土、灰黄泥田。旱土有红土壤、黄土壤、黄壤、黄棕土壤。

九疑山瑶族乡地处南岭山脉萌渚岭山系九疑山山麓，地势东南高，西北低，海拔大部分300~800米，地貌山地丘陵兼之，耕地大部分在海拔300~500米的坡地、平地、谷地。山体较高、谷深、坡陡，多由变质岩、砂页岩、石灰岩及花岗岩组成。境内主要有九嶷山、三分石、婆婆石、癞子山等，其中主峰畚箕窝海拔1959.2米，三分石海拔1822米。

【经济发展】2019年，九疑山瑶族乡财政收入1724.64万元，同比增长6.8%，全年社会总产值40356万元，完成固定资产投资25143万元，农民人均年收入7200元，全乡共有九疑山、鲁观、太平三个市场，商品交易十分活跃。2019年全乡围绕“农业立乡、旅游兴乡、项目强乡”的发展思路，采取有力措施建项目、兴产业，强旅游，全乡经济发展稳步提升。实施重点项目6个，梅岗风电场、九疑河湿地公园、九疑山景区提质改造项目深入推进，实施土地增减挂钩项目180余亩，九龙、上洞、凤凰三处370亩水田开发项目全面完工。成功创建九嶷山省级现代农业特色产业园，初步打造九疑山1500亩荷花、1200亩脐橙、100亩葡萄、100亩草莓、500亩砂糖柑等集农业示范、休闲、采摘、观光、农旅结合于一体的田园综合体；发展农家乐、农家旅馆50余家；投资1500万元的台湾风情水果体验园全面建成，10月21日《湖南日报》以“村民吃上产业饭”为题对新塘村产业发展经验进行推介报道。全乡种植油菜6000多亩，蔬菜4000亩，绿肥2000亩，其他作物及水果种植3600亩，厚朴种植规划1.5万亩，冬种覆盖率100%。

【基础设施】2019年，九疑山瑶族乡以“十城同创、文明共建”工作为契机整合资金200余万元用于基础完善，深入推进新塘、西湾、太平、和平、山河五个村乡村振兴示范点建设，全乡修建机耕道3500余米，水渠8500余米，维修水渠2200余米，安装立杆路灯1200余盏，安装壁灯100盏，村庄美化、亮化、绿化得到进一步提升。大力开展农村人居环境整治和村庄清洁行动，严格落实门前“三包”制度，垃圾分类有序推进，全年清理垃圾510余吨，累计清理河塘沟渠14公里，城乡卫生整洁状况得到很大程度改善；大力推进农村“厕所革命”，完成改厕516座，拆除“空心房”350余座；大力开展马路市场专项整治，对九疑山商业街进行提质改造，马路市场安全问题等顽瘴痼疾得到彻底整治。全市同心美丽乡村现场推进会在西湾举行，2019年12月成功创建湖南省卫生乡镇。

【旅游服务业】九疑山瑶族乡旅游资源十分丰富。素以其独特的自然风光，丰富的文物古迹、奇异的溶洞著称于世，是湖南省十大风景名胜区之一，九疑山国家森林公园、湖南省九嶷山地质公园所在地。主要风景和古迹有舜帝陵、紫霞岩、凤凰岩、三分石、古舜庙遗址、永福寺、黄家大屋、牛亚岭瑶寨及众多的名人题词石刻。每年观光旅游、寻根祭祖游客达百万人次，2019年借助旅游东风，协助全县成功举办中国户外休闲大赛（宁远站）、环中国国际自行车赛（宁远站）、福建舜裔宗亲千人团祭舜活动，旅游品质和服务得到进一步提升，旅游名片“含金量”进一步增加，极大地带动以瑶族农家乐为模式的服务第三产业发展。

【社会事业】2019年，九疑山瑶族乡新增就业人数430余人，创业培训90余人，劳务协作新增就业人数75人，特色岗位人员121人，突出扶真贫、真扶贫，重点保障“两不愁、三保障”政策的落实兑现，全年实施危房改造65户，完成260户易地扶贫搬迁拆旧复垦工作，发放扶贫小额信贷、重点产业分红142.5万元，发放交通补贴2.36万元，发放教育补贴64.2万元，2019年度38户107名贫困户如期脱贫，贫困发生率从2014年的25.7%降至2019年0.22%；完成养老保险参保人数14008人、参保率80%，医疗保险完成缴费人数28840人、超额完成全年工作任务，“两保”缴费率居全县前列；解决凤凰村、九疑洞村252户、1100人失地农民生活保障，成功化解九疑山村安置地问题，发放养老金761.4万元；扎实抓好社会综合治理工作，被评为全国“两会”期间信访工作先进乡镇，抓好扫黑除恶专项行动，召开扫黑除恶专项斗争会议3次，排查扫黑除恶线索40条，深入推进创建全国禁毒示范城市工作，对12名社区戒毒康复人员及102名在册吸毒人员实行管控和检测的常态化管理，西湾村入选全国乡村治理示范村；深入开展安全生产“大排查、大整治”和“百日行动”及“安全生产月”等安全生产主题活动，全乡安全形势稳定。扎实抓好小额扶贫信贷风险防范，完成不良贷款清收 14.3 万元；切实抓好防汛抗旱、地质灾害等风险化解工作，清理道路滑坡 27 处 8000 余方土石方。

【党建引领】 2019 年，九疑山瑶族乡秉承“建制度、育班子、搭舞台”的思路，出台《九疑山瑶族乡村级综合服务平台规范使用管理办法》《九疑山瑶族乡 2019 年关于调整领导干部分工及村为主驻村联村、机关站所人员安排的通知》等工作方案。通过开展“三比三创”“不忘初心、牢记使命”主题教育，激发全乡党员干部在新时代实现新担当新作为，突出党建引领，充分发挥党员干部的先锋模范作用，为各项工作提供强大组织保障，助力抓好脱贫攻坚、壮大产业、发展集体经济；突出为民服务的示范带头作用，在全县率先开办西湾便民食堂和老人证就村办理工作；继续加大党建的亮点宣传工作，2019 年该乡的初心不悔、西湾的便民食堂、九疑山下的采莲队、打造一支永不撤退的工作队等先进事迹先后在中央、省市相关媒体报道。

【文化事业】 2019 年，九疑山瑶族乡深化公共文化服务建设，组织民间文艺队参加县第七届社会艺术团体“百团大会战”，组织瑶歌代表队参加 2019 年湘南三市六县瑶族乡“盘王节暨坐歌堂”活动并获最佳参与奖，成功举办九疑山瑶族乡庆祝建国 70 周年暨第九届农民文化艺术节和全县瑶族文化传承协会 2019 年年会，中央电视台财经频道“家乡的年味儿”节目摄制组深入该乡瑶山村开展专题采访摄制；深化全国文明城市和文明村镇创建，大力开展新时代文明实践评选表彰活动，文明乡风、良好家风、淳朴民风进一步提升，“道德之乡、德孝之源”美誉度进一步提高。

【名优特产】 九疑山瑶族乡盛产香杉和斑竹，斑竹有紫黑、雪白、血红、绿色、黄色的，种类繁多，全国独有，堪称一绝。瑶家腊肉、清水河鱼、竹筒饭等声名远播。

【民俗风情】 牛亚岭瑶寨民俗风情别具一格。有依山而建的吊脚楼、古朴淳厚的瑶家民风，奇异艳丽的民族服饰，能歌善舞的瑶家男女，上刀梯、坐歌堂等民族文化活动，“背新娘”的“女婚男嫁”和醇美溢香的“瓜箪酒”。九疑瑶族的服饰头巾无衬板，称“平顶瑶”，住高山峻岭中，故又称“高山瑶”。

（刘红续　卢学军）

冷　水　镇

【概况】 辖区之泠道故城遗址位于冷水镇下胡家村西侧。镇域明清属永乐乡，民国初属东宁镇。1949 年 11 月 17 日，宁远和平解放后属二区泠东乡。1958 年，人民公社化时分别属下灌（东风）、石佳坪（五一）人民公社。1961 年，属冷水区和太平区的云潭公社。1984 年 6 月，改公社为乡。1995 年，撤区并乡建冷水镇，由原冷水区所辖的冷水乡、上宜乡、东城乡和原太平区所辖的云潭乡合并而成。地处宁远县境东部，东与蓝山县楠市镇相邻，南与湾井镇接壤，西与东溪街道、水市镇为界，北与禾亭镇、太平镇毗连。境内交通十分便捷，省道 1806 线、永连公路、九嶷大道、二广高速、厦蓉高速及宁嘉公路穿境而过。位于北纬 25°28′56″～25°38′07″，东经 111°58′12″～112°11′28″。冷水镇距县城 11 公里，因驻地冷水铺自然村得名。

冷水镇属南岭山脉，镇内以丘岗山地为主，地形复杂，地形东西长南北窄，山势连绵起伏，高峰迭起。地面高程一般在海拔 218—652 米，境内最高峰雾云山海拔652米，最低点下岭村海拔218米。境内泠江河从湾井镇流入，境内河道长19.2千米。境内有大小水库11座，地下水资源丰富。有石灰石、花岗岩石，锡海村有焦煤矿资源，零星铁矿石。山林资源丰富，境内有雾云山林场，林区面积14000公顷。

全镇辖冷水铺、欧家、沙洞、海江、李铭远、百美、毛家、匡家、锡海、永和、下胡家、庄屋、隔江、舜联、鸡公寨、夏璧、翟家福、东城新、培泽、高璧、神下、山脚、琴棋、上毛家、骆家、新骆家、三联、上宜、中元、云潭、玉屏新村、奉佳山、旺溪、盘市、新张家、梅翠、贺家、大陂岭、毛坪头等39个建制村，总人口7.6万人，总面积163.2平方公里。获得2019年度全县烤烟生产先进单位等11项荣誉，2019年冷水镇骆家村列名中国传统村落，神下村李氏宗祠为全国重点文物保护单位。

【经济发展】2019年，冷水镇清收不良贷款50万元，清收金额排全县第一，社会抚养费征收59.8万元，烤烟完成任务10800担，预计税收250万元，万亩土地开发、旱改水项目预计奖励250万元，税收代缴完成耕地占用税40万元，协税护税44万元，有计划偿还旧账52万余元。2019年冷水镇完成财政总收入3773万元，支出3773万元，收支平衡。

冷水镇主要农作物、畜牧业保持平稳态势。2019年引进奉佳山沃柑种植和山脚村油茶种植基地、神群养鱼合作社、蔬菜种植及深加工等13个质量高、带动强、辐射广的招商引资项目，固定资产投资5亿元。其中云泰农业开发有限公司的蔬菜种植及深加工项目投资4900万元。全镇优质稻种植面积20768.7亩，新增果园3000亩；完成烤烟种植5800亩，收购10380担；生猪存栏2.3万头，年出栏2.5万头；蛋鸡5.3万羽，年产蛋800吨；肉鸡年出栏12万羽；牛羊存栏650头，年出栏600头；竹鼠年出栏2000只。冷水镇成立合作社14个，流转土地11000余亩；初步形成规模种植基地17个，规模养殖户32户。

【项目建设】2019年，冷水镇先后推进红狮集团新型环保建材产业园、金钩挂水库、湿地公园、涔天河灌区冷水段、高璧光伏发电站、冷水供电所、冷水卫生院、万亩土地开发、旱改水、温氏锡海养殖小区等10个重点项目建设。其中，投资20亿元、用地4000亩的红狮新型环保建材产业园已经征地完成，正在动工建设中。2019年累计投资18个基础设施建设项目，其中农业产业5个；道路交通项目10个，硬化或拓宽村干道11.6公里；水利项目3个，解决3216人饮水安全问题。

【社会事业】认真贯彻落实各项社会救助政策，切实解决事关人民群众切身利益问题。抓社会救助和保障。2019年，办理临时救济762人次，发放临时救助资金92.36万元；办理新增农村低保235人，清理清退低保179人；特困人员新增37人，清理死亡特困人员27人；孤儿新增2人。完成医保收缴62500人、1375万元，超100%完成县政府分配的指导任务，其中建档立卡贫困人员8585人全部参保。2019年，劳务协作交通补贴发放908人次、18.16万元，新增贫困劳动力转移就业136人，有就业意愿贫困劳动力311人，就业服务21人。2019年，城乡居民养老保险缴费292万余元，做到社保卡的发放到位率、参保基金安全率、自主缴费率3个100%。

【精准扶贫】2019年，冷水镇脱贫85户、246人，贫困发生率降至0.3%以内。实施分类分色管理。划分出深度贫困户189户、460人，易返贫户134户、434人，巩固提升434户、1499人，稳定脱贫1321户、5460人，摸出困难边缘对象

66户、204人。深入实施产业扶贫。7个贫困村共成立合作社14个，建档立卡贫困户2212人参加合作社。强化突出问题整改。出台《冷水镇扶贫领域突出问题集中整改工作方案》，集中6个月时间，将扶贫领域“四个意识”不强、责任落实不到位等8个方面28个共性问题整改到位。

【综治维稳】2019年，冷水镇推行一个矛盾、二个网络、三道防线、四个机制的工作模式，全年化解调处矛盾纠纷89件，化解调处率达到96.7%。信访维稳形势稳定。全年未发生一起影响较为恶劣的集访群访事件，尤其在建国70周年大庆期间，未发生一起赴省进京的上访事件。法制建设初具成效。全面开展“依法治镇”工作，开展普法宣传21次，法律咨询12件次，完成“六五”普法年度任务。禁毒工作扎实开展。加大宣传力度，在全镇重要交通路段设立大型宣传牌42块，横幅、标语62条，投入资金15万元。加强人员管控，综合评定出吸毒人员风险类别，并实行一人一档管理，对163名在册吸毒人员进行毛发检测。重点整治外流贩毒。党委书记多次组织政法组、公安派出所、司法所等相关工作人员外出与当地公安机关对外流贩毒人员情况进行管控，2019年，外流涉毒人员由2018年的12人次降到2人次。

【党的建设】2019年，冷水镇加强思想政治建设，坚持用中国特色社会主义理论体系武装头脑。全年开展党委理论中心组集中学习8次，以“三比三创”“不忘初心、牢记使命”主题教育为契机，按照中央、省委、市委和县委主题教育相关部署要求，全面贯彻落实习近平总书记关于“不忘初心、牢记使命”主题教育的重要讲话和指导精神，扎实开展好调查研究工作，促进主题教育的纵深发展，全面大力整治形式主义、官僚主义，切实为基层“松绑减负”。

夯实党的基层组织，全面提升为群众党员服务的能力。进一步完善党支部“五化”建设，强化“三会一课”考核力度。加强软弱涣散党组织整顿，顺利完成3个软弱涣散村和2个后进村的转化升级。发展壮大村级集体经济，2019年收入达到4万元以上的村有9个，没有集体经济“空壳村”。认真开展“不忘初心、牢记使命”主题教育，推行“两学一做”学习教育制度化常态化。

抓好党风廉政建设，努力营造风清气正的良好政治生态。始终把“两个责任”扛在肩上，营造风清气正的政治生态，为经济社会发展提供坚强纪律保障。严抓工作作风，坚持抓节点与严平时相结合，紧盯走读、脱贫攻坚等典型作风问题，不断促进工作作风由好向优发展，全年共开展作风督查97次，下发通报86期，问责180人次。重拳惩治腐败，坚持有信必办，有案必查，有腐必惩，从严惩贪治腐，始终保持反腐败高压态势，共受理群众举报42件，办结32件，转立案5件。坚持抓早抓小，严格落实“四种形态”。让咬耳扯袖、红脸出汗成为常态，全年共初核线索18条，立案13件，结案13件，收缴违纪资金19.09万元，退还群众资金6万元，给予党纪政务处分13人，其中开除党籍3人，撤销党内职务2人，党内严重警告2人，党内警告6人。

强化党管武装工作，抓好民兵和后备力量建设。坚持党管武装原则，抓好三个落实，把民兵、预备役部队建设成“政治合格、作风优良、纪律严明、保障有力”的战斗集体。落实兵役登记，通过广泛宣传、入户采集，按时完成兵役登记。组建一个30人的民兵应急排、一个8人的工程机械班、30人的通用装备维修连，动用民兵应急排执行森林防火、社会维稳任务共6次。落实征兵任务，共动员大学毕业生10人、在校大学生18人、高校新生30人报名应征，经县征兵领导小组审核，共优选出9名大学生、1名中职毕业生应征入伍。

（李旭辉　彭俊泽）

太　平　镇

【概况】太平镇位于宁远县东部，距县城26公里。东与郴州市嘉禾县交界，南与蓝山县接壤、西与禾亭镇、冷水镇毗邻、北与新田县、保安镇相连。镇政府驻太平村，镇沿用驻地名。全镇总面积161平方千米，耕地3387公顷。水田3.96万亩，旱土1.8万亩，山林8.8万亩。境内以中部太平及东面的岭头源地势较高，缓缓向四周倾斜，以丘陵山地为主。最高峰位于竹峰村的竹子峰，海拔443米。因中间高、四周低的独特地形，境内无大的河流经过，历史上以干旱闻名，水资源缺乏。属亚热带季风湿润气候，其特点是四季分明，春夏多雨，夏秋凉爽，秋季干旱，冬季多雪冰冻，日照时间长，年均日照约1650小时，年均气温约18.4摄氏度。土壤类型多样，主要有黄色石灰土，黄壤性土、石灰性紫色土等土类。

民国初期，属东宁镇，下设保甲。中华人民共和国成立后，废除保甲制，改为区、乡镇、村。1950年8月由县划为太平区，辖保安、太平、洪洞、石门、下坠、李巳、盐田、大陂、琵琶、城盘、白土、盘石、大砠13个乡。1958年10月1日，人民公社化运动中，成立太平人民公社，下设生产大队、生产队，实行政社合一，取消原有乡建制。11月，太平人民公社改名为“星火”公社。12月底，又恢复为太平人民公社。1961年3月，农村人民公社体制调整，设立太平区。1984年6月，全县实行乡、村建置，以公社建乡，以大队建村，以生产队建立村民小组。太平区辖岭头源、太平、白土、下坠、云潭、保安6个乡，53个行政村。1995年撤区并乡建镇，太平区撤并为太平镇，由原太平乡、岭头源乡、下坠乡、白土乡合并而成。云潭划为冷水镇管辖，保安单独成为一个乡。

2015年开始区划调整改革，太平镇所辖村53个村调整为31个建制村：太平村、白土村、张公井村、竹峰村、新佳洞村、九十四村、野鸭塘村、宁佳洞村、骆全村、单营村、坪下村、神旺村、塘壁村、紫云村、土桥头村、五里坪村、夏堂村、清潭谢家村、新沙桥村、留佳位村、岭头源村、毛坪头村、排楼下村、清水岭村、上下留村、石门山村、水便村、湾田洞村、夏千七村、杨家坪村、坪石头村。全镇2019年共有17827户，总人口72609人。境内民族为汉族，无少数民族杂居。2019年机构改革中太平镇将原下属机构划分为6个办公室，分别为党政综合办公室、社会治安和应急管理办公室、经济发展办公室、社会事务办公室、基层党建办公室、自然资源和生态环境办公室。原来3个事业单位优化为5个下属事业单位机构，分别为太平便民服务中心、太平农业综合服务中心、太平社会事业综合服务中心、退役军人服务站、行政综合执法大队，涉改人员71人。

【基础设施】2019年，太平镇投资110余万元对太平市场进行升级改造，扩宽硬化原供销社通道110米，彻底取缔马路市场。全镇新增农村无害化卫生厕所820户，三年卫生厕所累计1.4万户，镇垃圾中转站建设并完工，镇污水处理厂征地、设计规划已经完成，准备招标建设。为创建森林城市，全镇共植树造林3700多亩。投入30万元打造生态公园，修缮补漏山塘水库7座，投入57万余元为31个村新建休闲绿地，为塘壁等5个村进行村容亮化。为17个村新修水泥路21.052公里，道路硬化16公里。

【党建引领】2019年，太平镇扎实开展“不忘初心、牢记使命”主题教育，全面推进“三比三创”，展现担当作为。增强党员“四个意识”，严格落实“五个一”的要求，开展“回头看”，抓实“三会一课”和支部主题党日活动。真真切切做到想民所想，为民服务，上下留等3个村投入200多万元铺设污水管网工程，高标准农田建设7000多亩，投入155万元进行烟基项目改造。按时按要求完成对1个软弱涣散村和2个后进村班子的整治工作；接收入党积极分子89名，发展对象33名，发展新党员23名；太平镇新建农村综合服务平台17个，改扩建11个，全部投入使用；对全镇146名村两委干部按要求开展集中培训；进一步发展壮大村级集体经济，涌现出上下留、夏堂、坪下、野鸭塘等集体经济发展较快的示范村。太平镇坚持以党建引领，2019年获“宁远县脱贫攻坚先进乡镇”等6项重点工作的荣誉表彰。在新华网、新湖南、中国民生新闻网、永州日报、宁远新闻网等多家媒体报道太平镇党建工作、精准脱贫等工作稿件百余篇，中国民生新闻网授予太平镇2019年度新闻宣传（湖南）“十佳单位”。

【社会民生】2019年，太平镇有中学3所，完全小学4所，机关幼儿园1所。太平中心校2019年七、八、九年级教学质量总体评价在全县同类学校中排名第一，升学率在同类学校排名第二。中心卫生院1所，村级卫生室31家；扎实开展农村人居环境整治工作，各村建立垃圾池并聘请保洁员，实行垃圾集中清运，集中填埋。2019年共计发放低保补助款526.48万元。共有五保户508人，有41人安排在岭壁洞敬老院集中供养，全年发放五保人员保障金246.89万元。有55000人享受城乡居民医保，为3100人申请临时救助款85万元。着力打赢脱贫攻坚战，现有建档立卡贫困户2275户、9179人。2014—2018年，脱贫2080户、8652人，2019年脱贫106户、328人。全镇易地扶贫搬迁对象旧房应拆可拆112户已全部拆除。

【经济发展】2019年，太平镇完成税收任务72.88万元，其中综合治税完成37.4万元，耕地占用税清理完成35.48万元，超额完成任务。2019年完成固定资产投资2.6亿元。不良贷款清收完成63万元。完成国土开发3450亩（其中水田80亩），增减挂钩155亩，开发水田620亩，涔天河灌区水田开发965亩，有效解决县工业用地指标；五里坪20兆瓦光伏发电项目建设成功并并网发电；2019年获“宁远县重点项目优质服务先进单位”称号。农业产业进一步提质增收，新增脐橙、沃柑、百香果等特色水果及农产品6500余亩。全镇16个村发展养殖、加工业已逐步成型。太平镇现代农业特色产业园已于2019年10月前完成水池和滴灌等基础设施的升级改造。全年共落实农作物播种面积4.8万亩，其中水稻种植3.6万亩、玉米0.4万亩、杂粮0.6万亩，发展种粮大户55户，全年粮食产量稳中有增，达2.8万吨。全镇完成烤烟种植面积3400亩，完成烟叶收购任务8656担，获“永州市烟叶工作先进乡镇”称号。

【名优特产】太平镇小籽花生以“小”著称，味香，口感细腻，以五里坪、塘头岭等种植较多，全镇产量约2.5万公斤。位于宁远县、嘉禾县和蓝山县三县交界之地的留佳位村，每年种植西瓜200余亩。留佳位村西瓜个大、味甜、水分多，深受全县及周边地区人们喜爱。太平镇万亩油茶扶贫示范基地是湖南省现代农业油茶综合产业园核心区、湖南省油茶高产栽培示范园、湖南省优质油茶科普示范基地，太平土壤肥沃，茶油色清味香，营养丰富，耐贮藏，是优质食用油，全镇共种植油茶1.8万亩。

保　安　镇

【概况】保安镇因镇政府驻地位于保安村而得名。明清属广济乡；民国初年属广济镇。1949年11月17日，宁远和平解放后属三区广济乡。1958年，人民公社化时属保安（飞跃)、禾亭(卫星)人民公社；1961年，体制调整属太平区保安公社、禾亭区中心铺公社；1984年公社改乡；1995年，撤区并乡建保安乡，由原太平区保安乡与原禾亭区中心铺乡合并设立；2014年11月，经湖南省民政厅批准，撤销保安乡设立保安镇，行政区域和镇政府驻地不变。2015年并村改革后，将原35个建制村合并为保安、李亥、坪石、许家、红星、李宅相、鲤塘、李巳、古溪、光明、北阳、朱日、三合、义重、中心铺、坦头岩、黄土岭、石坝、汉下等19个建制村。

位于北纬25°41′13″~25°47′20″，东经112°1′44~112°9′65″，总面积70.3平方千米。地处宁远县东北部，东与新田县枧头镇、金盆镇交界，南与太平镇、禾亭镇相连，西靠仁和镇，北邻柏家坪镇、鲤溪镇。镇人民政府驻保安村，距宁远县城23公里。2019年，辖区总人口33919人，其中常住人口21946人，流动人口11973人。总人口中，男性18446，占54.38%，女性15473，占45.62%；14岁以下6532人，占19.26%；15~64岁23509人，占69.31%；65周岁以上3878，占11.43%。境内大部为丘陵，地势为东高西低、北高南低，地面高程一般在海拔300~500米，最高点仙姑岩海拔605.8米，最低点老屋山村前坪子海拔240.6米。属中亚热带季风湿润性气候区，其特点是夏冬长，春秋短，四季分明；光照充足，年温高，积温多；冬无严寒，夏季炎热，雨季分明，夏秋多旱。属舂河(寒塘河)水系，境内有其支流两条。一条发源于黄门洞村与太平镇的交界处，流经保安村，至中心铺村，后流入柏家坪镇的腰间村，其中保安段河道长10千米，中心铺段河道长8千米。另一条支流发源于古溪村，经肖家塘村流入仁和的黄泥塘村。全镇有小(1)型水库2座，小(2)型水库8座，大小山塘1524口。

境内矿产资源主要为玄武岩，地质储量35万立方米，可采储量为3.5万立方米，集中分布在中心铺村。地下水资源可利用量为146.8万立方米。

【经济发展】2019年，保安镇完成固定资产投资1亿元，财政总收入1472万元。烤烟创收816万元。2019年，种植早中晚稻29000亩，产粮1.38万吨；完成马铃薯、玉米等粮食作物种植1100亩、油菜种植1100亩、蔬菜种植4100亩；新增柑橘种植1000亩，水果扩园700亩，香妃枣种植150亩；兰花种植200亩；香猪养殖1200头。种植烤烟2300亩收购烟叶5251担，烟农增收816万元。新造林960亩，通道造林13千米。2019年，有砖厂3家，分别为李巳村的祥峰砖厂、鲤塘的鸿发砖厂、保安村的大田砖厂。石灰岩采石场2个，分别在石坝村和李亥村。其中2000万元以上企业2家，1000万~2000万元的企业3家。2019年劳务输出劳动力转移1万余人，创收2亿余元。

【基础设施】2019年，保安镇占地26亩的湿地公园和占地15亩的新卫生院建设完成征地，投资2000多万的保安至新朱家公路完工80%；占地2800多平方米的垃圾中转站完成主体工程；李宅相村至古溪村路面硬化、井洞坪村至寨脚下村公路、北阳村至竹山元村公路硬化完工。坦头岩150亩高标准农田建设正在实施当中，完成增减挂钩40.8亩，完成旱改水100亩、林改旱400亩，完成水利工程设施4处。拆除废弃房196座、7000平方米，依法拆除违规建筑11处，初步确立秀美村庄建设6个，建设绿岛2个，建休闲绿地16个，绿化村道30公里。

【社会事业】2019年，保安镇脱贫32户、84人，贫困村基础设施大为改善，杨家新村易地扶贫搬迁安置点建房屋71套，入住贫困户52户。城乡居民基本医疗参保率100%。完成新增劳动力就业200人。

全镇有幼儿园5所，在园幼儿469人，专任教师26人；小学9所，在校学生1096人，专任教师88人；中学1所，在校学生497人，专任教师37人；入学率、义务教育覆盖率均达100%。2019年，保安镇现有各级卫生机构27个，床位15张，固定资产总值103万元。专业卫生员58人，其中执业医师4人，执业助理医师12人，注册护士4人。镇级卫生院为病人提供住院医疗126人次。建成村文化活动室30个，村级文化广场36个、篮球场38个、体育健身器材20套，新建舞台7个，现有文艺宣传队20支，农家书屋全覆盖，镇综合文化站被评定为省级综合文化站。完善镇、村广播站建设，完成“村村响”小喇叭建设42套，实现有线电视用户8000余户，网络通信全覆盖。举办镇级文体活动4次，镇第九届农民文化艺术节获得市县领导高度评价，15个村举办春节文艺会演，16个文艺队参加全县第七届百团大会战，其中保安村文艺队、李巳村民乐队均进入决赛获三等奖。

（聂余芳　王霞）

禾亭镇

【概况】南宋开始有记载，称广济乡。明清因之，辖4里。民国元年（1912），实行行政区划大调整，改广济乡为广济镇。民国18年废镇设区，全县分为九个区，广济镇为第七区。民国27年废区复乡，改称禾亭乡。民国35年，禾亭乡、保安乡合并为广济乡，辖28保。1950年8月，禾亭乡划归仁和区。1953年3月，建立禾亭镇。1955年禾亭镇并入禾亭乡。1958年成立禾亭人民公社，下设生产大队、生产队，实行政社合一。1961年3月，农村人民公社调整，今域属设禾亭区禾亭公社、琵琶公社。1984年公社改乡。1986年撤禾亭乡改禾亭镇，仍属禾亭区。1995年5月撤区并乡建镇，撤禾亭区并禾亭镇、琵琶乡为禾亭镇。2014年12月，原属禾亭镇的野鹿岗、鸡公岭村划归文庙街道（现属东溪街道）。

镇政府驻禾亭社区，2016年并村改革后，辖2个社区，23个村，即：禾亭社区（刘家、周家、肖家、禾亭居委会、禾亭、大谷）、朝阳社区（老潮水、猫仔凼）、新天村、新柏家村、王朝印村、黄湘村、龙岗村（新龙岗、老龙岗）、和谐村（老烟竹、高寨）、白土村（陈家、六合）、新烟竹村、蒋家塘村、双龙形村、东垦村（黄家、张家）、幸福村（石龙观、贾家、小里水）、大畴村、富村（富村、环家山）、老柏家村、尹家村（尹家、石山下）、琵琶岗村、小桃源村、长江头村、祖元福村、团结村（新田脚、白面畴）、大邦村、石城村。

禾亭镇位于宁远县中部，距离县城13公里，东临太平镇，南接冷水镇，西界仁和镇，北邻保安镇，S323省道穿境而过，又是宁新线、宁嘉线交汇处。全镇总面积87平方千米。至2019年年底，禾亭镇共11378户，总人口46728人，其中常住人口32063人。

禾亭镇地处湘南山区、丘陵地带，境内东、南面为山地和丘陵，西、北面为低矮山丘。禾亭镇属中亚热带季风湿润区气候，四季分明，雨热同季，光照充足。大气降水为禾亭地表径流主要来源，春季干旱多风，夏季雨量集中，秋季温和凉爽，冬季干冷少雪。全年平均气温15.9度，1月平均气温10.9度；7月平均气温26.9度，极端最高气温41.1度。平均气温年较差21.1度，生长期年平均295天，无霜期年平均276天，最长318天，最短244天。年平均日照时数1565.3小时，年总辐射97.8千卡/平方厘米。年平均降水量1668毫米。

自然资源丰富，森林覆盖率74%，林地面积11万余亩，其他农用地110亩。投资36万元，在宁嘉、宁新公路和二广高速裸露山地新造和补植补造3445亩，宁太路种植桤木5.5公里，宁新公路沿线种植桤木

11.5公里。实施永兴河流域绿化工程，种植2~4厘米的樟树1000株，种植桤木、柏木6000余株，形成一道风景线。2016年被评为“湖南省生态镇”。

【经济发展】2019年，禾亭镇实现生产总值10.79亿元，其中农业生产总值3.92亿元，工业总产值3.96亿元，社会消费零售总额1.63亿元。财政收入925万元，农村居民人均可支配收入12210元。2019年，禾亭镇富村和禾亭社区刘家网格两个贫困村与联兴鞋业有限公司合作，建立扶贫车间。富村扶贫车间现有机器25台，工人26人，解决贫困户就业人口19人，每天可完成155双成品鞋；刘家网格扶贫车间现有机器56台，工人60人，解决贫困户就业人口14人，每天可完成1200余双半成品鞋。2019年，种植烤烟4400亩，完成11000担收购任务。琵琶岗村利用该村荒山，流转山岭种植1500多亩优质油茶；团结村和富村利用该村林地，成立养猪合作社；与九嶷红薯、九嶷山兔、温氏养猪3家成熟企业合作，种植红薯5000余亩，兴建兔场3个年出栏3万余只，兴办养猪场3个年出栏1500头。禾亭镇商贸服务业有禾亭和琵琶两个市场、门面190多个，摊位568个。镇域新开酒店、农家乐18家，大型超市2家。全镇全年商贸交易额1.8亿元。

【社会事业】2019年，禾亭镇各村完成网格化建设；镇网格中心和便民服务中心、综治维稳中心运转正常。全镇有琵琶中学、禾亭中心校、禾亭完小、禾亭幼儿园4所学校，另有3所村片小学，共有教师212人，其中中学教师60人，小学教师121人，幼儿教师31人。学生3657人，初中生780人，小学生2678人，中心幼儿园389人。农家书屋全覆盖。举办农民文化艺术节，东垦、黄湘、琵琶岗等村举办村级文艺会演。全镇25个行政村（社区）均建有篮球场。精神文明创建活动积极开展，成功创建市级文明镇。全镇有中心卫生院一所，有职工60人，其中主治医师3人，医师15人，检验师2人，X线医师2人，B超医师2人，床位40个，行政村均有卫生室。

全镇共有贫困村10个，其中2016年已脱贫4个，2017年其余6个贫困村全部退出。其中2014年已脱贫204户、723人；2015年293户、1067人；2016年316户、1292人，2017年脱贫570户、2111人，2019年已脱贫1552户、5552人。2019年小额贷款发放25户125万元，易地扶贫搬迁已完成“十三五”总任务，共240户、1009人。发展农村集体产业合作社25个，吸纳贫困户4215人，发放产业补贴资金503.59万元；贫困劳动力转移就业1700人，发放劳务交通补贴84万元；发放教育补贴80万元。

【名优特产】禾亭水粉、红薯干、肉兔等名声远播，其中“九嶷山兔”获永州市产业结构调整先进品牌称号。

（高璇　黄思凡）

仁　和　镇

【概况】明清属广济乡，民国属广济镇，1950年属仁和区。1958年属禾亭（卫星）人民公社，1961年分别属仁和公社和李家铺公社，1984年6月，改为仁和乡和李家铺乡，属禾亭区管辖。1995年撤区并乡建镇，由仁和乡和李家铺乡合并组建仁和镇。镇沿用驻地仁和自然地名。镇政府驻仁和兴村，辖仁和兴村、永兴村、黄家洞村、鲤鱼塘村、双全岩村、陈安村、尹家洞村、春水村、铜钢苑村、李家铺新村、白马村、社高丰村、冯石村、大石洞村、冯环村、建兴村16个行政村。2019年，仁和镇已通过湖南省文明乡镇验收。

仁和镇位于宁远县境中部，离县城10公里。地处北纬25°11′~26°08′，东经110°42′~112°27′之间。东靠禾亭镇、保安镇，南连文庙街道，西接中和镇、棉花坪瑶族乡，北邻柏家坪镇。全镇总面积 84 平方千米，耕地 1245.5 公顷。全镇总人口 32376 人，镇区常住人口 8000 余人。民族以汉族为主。仁和镇属亚热带季风湿润区，气候温暖，雨量丰沛。年均气温 18.4℃，极端最高气温 38.2℃，极端最低气温 -2℃，年平均降雨量 1422 毫米。年均日照 1650 小时，年均相对湿度 79%。

仁和镇处于南岭有色金属成矿带北部。矿产资源品种多、矿点多、规模小，共（伴）生、低品位，暂难利用的矿多，如钨、锡、铜、铅锌、钒等共（伴）生、品位较低，尚难开发利用，已开发利用的矿产主要有水泥灰岩、砖瓦黏土等。春水河和永兴河流经全镇境内，有仁和坝中型水利工程，小（2）型水库 3 座，灌溉极为便利。仁和坝位于镇北 3 公里处的铜岗脚和谷木洞两村之间，地处春水中游的塘前口。1956 年 10 月动工，次年 7 月大坝落成。属圬工重力坝型，坝高 15.2 米，长 110 米，底宽 60 米。控制集雨面积 700 平方公里，流量 3 立方米/秒。装机容量 175 千瓦，可送电至县城，灌溉面积 2300 公顷。左干渠长 19.2 公里，右干渠长 8 公里，主要受益地为仁和镇、县城文庙街道。

【经济发展】 2019 年，仁和镇完成固定资产投资 2.92 亿元，超任务 0.42 亿元，增长 16.8%，完成财政总收入 1637 万元，增长 7%，其中综合治税全年完成 30.8 万元。烤烟生产稳步发展，种植烤烟 7200 余亩，克服洪灾及后期雨水过多的不利因素，收购烟叶 19806 担，均价 14.64 元（不含肥补），烟农增收 2900 万元。引进天功农业有限公司在仁和兴种植高山有机茶 1500 余亩。农业产业化不断加快，形成了 12000 亩优质稻基地、7500 亩烤烟生产基地、5000 亩油菜、蔬菜基地、6000 亩油茶基地、1500 亩有机茶叶基地。扎实推进秋冬农业生产，种植蔬菜 5000 亩，种植绿肥 7000 亩，种植油菜 1200 亩，其中 200 亩的油菜示范点 1 个。

【基础设施】 2019 年，仁和镇大力强化农田水利建设，共完成五小水利 12 处，机耕道 3000 米，城北水厂取水点建设全面完工，管网建设有序进行，仁和兴、李家铺、铜钢苑等 8 个村的自来水饮水安全工程正在实施中，建成后可让 8000 多村民喝上安全、卫生的自来水。投资 3000 万元的仁和坝水库大型水闸建设和左干渠维修工程全面启动。投资 2000 万元拟在仁和兴村新建湿地公园，征地工作全面完成。2016 年引进计划投资 3000 万元的全省第二大养蛇基地裕龙养殖项目落户李家铺村，已投资 1800 万余元，2019 年实现创收毛利 600 万元，并附带新建成家庭农场 2 个，可新增带动 45 人脱贫致富。尹家洞、社高丰、冯环等 9 个村完成 5.6 公里的道路加宽和新建工程，永兴、建兴等村整治干渠 2.1 公里、支渠 1.5 公里。完成危房改造 52 座、新安装路灯 260 盏。

【社会事业】 2019 年，仁和镇扎实推进教育“两基”工作，适龄儿童入学率达 100%，初级中等教育完成率 99% 以上。李家铺完小合格学校顺利通过验收，加上原已建成农村合格学校的仁和中心校、仁和完小和仁和中心幼儿园，已形成从学前教育到义务教育全覆盖的教育系统。文化设施不断完善，建成村级图书室 16 个，新改造村村响工程 16 个，新建完工村级活动中心 9 处，建立村级乐队、舞蹈队 13 支；新建村级篮球场 2 个。落实冬春救助 779 户，共计 15.54 万元；走访重点优抚对象发放慰问资金 1.76 万元，受理登记重度残疾人生活补贴 134 人、护理补贴 300 人、审核上报五保 251 户、受理登记高龄补贴 50 人（其中 9 人为 2019 年新增）。新型农村合作医疗稳步开展，农民参合率达 100 %；新型农村养老保险覆盖率达 85%。16 个村级卫生室标准化建设全部达标。全年完成造林

980亩，其中新造610亩，完成通道造林5.6千米。镇级聘请常备消防员4人、专业扑火队40人、村级各10人共370人的消防应急队伍和专职巡逻队伍运转正常，全年未发生较大森林火灾。

【扶贫工作】2019年，仁和镇农村人口8670户32376人，现有建档立卡贫困户829户、2920人，已脱贫710户、2710人，目前未脱贫119户、210人，2019年脱贫47户、106人，至2019年底未脱贫为72户、104人，年底贫困发生率为0.32%。贫困村2个，已在2017年脱贫。全镇16个村均建立专业合作社，利益连接354户778个贫困人口，可分红金额2.646万元，重点产业领航公司与天功农业利益连接贫困户270户、611人，可分红金额16.86万元。小额信贷覆盖369户，可分红金额为128.15万元，贫困户年均分红约为3476元。两个贫困村2019年光伏发电可分红4万元以上。全镇参与易地扶贫搬迁贫困户40户、161人，其中县城集中安置辖4个村22户、92人，后扶措施劳动力转移就业30人，分散安置辖4个村18户、69人，其中后扶措施劳动力转移就业23人。全镇截至2019年共有490户、低保户986人，其中85%左右为贫困户。全镇享受雨露计划83人，全年享受雨露计划资助金额24.9万元，贫困户义务教育补助538人。全镇设置贫困户特色岗位38户，解决2019年拟脱贫户及易返贫户就业38户，每户受益4000元。护林员岗位4户，每户补助1万元。实行“孝老爱亲”85户，“万人帮+种养”76户。新注册社会扶贫网150余户。

全镇已有12个村开展危旧空心房清理，共清理空心房560间，面积24000平方米，清残垣断壁和路障247处。在全镇范围内推行“门前三包”制度，召开村镇干部专题会9次，发放《致全镇人民一封信》8000余份，悬挂横幅33条，书写标语660条，对11个行政村进行自来水接入管网铺设。

棉花坪瑶族乡

【概况】棉花坪瑶族乡沿用原乡政府驻地棉花坪村而得名，1956年设棉花坪瑶族乡，为全省当时散杂居区15个瑶族乡之一。后撤并为公社、区所属。1984年，恢复棉花坪瑶族乡。1995年，撤区并乡建镇时建制未变。辖棉花坪、沙子田、排山坳、柑子园、关塘五个建制村。棉花坪地处高山上，地多田少，以种植棉花为主得名。村委会驻棉花坪，辖两河口、棉花坪、瑶古坪、排形、电桶漯、大力漯、小棉花坪、大岭脚、高屋场、茶坪源、寨头岭、枫木漯、靛棚漯、漯山喝、张家等18个村民组。沙子田以村地处沙子地得名。村委会驻沙子田，辖沙子田、刘家、神锅塘、眼口、车里、大江背、礼屋场等9个村民组。排山坳村后山岭成排得名。村委会驻排山坳，辖四坝、排山坳、毛平，虾公源等6个村民组。柑子园村前有柑子树林得名。村委会驻柑子园，辖鲤鱼坪、黄家、东瓜漯、柑子园、龚家、干冲、小棉花坪、平冲、李家漯、借谷山等11个村民组。关塘位于棉花坪瑶族乡东部，原属柏家坪镇，2015年乡镇区划调整划归棉花坪瑶族乡管辖，村委会驻龟落滩，辖八步漯、龟落滩、关塘、大地里、余家漯等6个村民组。

位于北纬25°62′19″~25°83′43″，东经111°86′12″~112°5′23″，总面积59.6平方千米，地处宁远县西北部，东、南邻仁和镇，西接中和镇，北与柏家坪镇接壤。乡人民政府驻沙子田村，距县城17千米。

【自然环境】属典型的山地，地形复杂，山地高峻、坡陡、谷深，最高峰猛虎跳墙海拔高度为856.2米，最低点沙子田腹谷海拔541.1米。属中亚热带季风湿润气候区，其特点是四季分明，雨热同季，光照不足，春季干旱多风，夏季雨量集中，秋季温和凉爽，冬季干冷少雪。多年平均气温 18.4C。生长期年平均 248 天，无霜期年平均 202 天，最长达 228 天，最短为 197 天。年平均日照时数 2447.6 小时，年总辐射 107.4 千卡/平方厘米。年平均降水量 1665 毫米。境内有河流四条，其中春水河全长 12 公里，河水明净，从峰峦幽谷间穿行至仁和坝，因仁和坝水电站的建设，在棉花坪瑶族乡的神戈塘、眼口、车里、大江背、里屋墙一带形成壮观的人工湖泊。地下水资源可利用量为 1084.2 万立方米。黑石头、铜、锑矿等矿产资源丰富，可实施规模开采。莲花水泥厂生产水泥所需黑石头大部分采自棉花坪瑶族乡。2019 年年末，辖区总人口 7652 人，其中瑶族人口 4918 人，占总人口 64%。总人口中，男性 4062 人，占 53%；女性 3590 人，占 47%，14 岁以下 1758 人，占 23.9%，15～64 岁 5270 人，占 69.2%；65 岁以上 611 人，占 7.9%。2019 年人口出生率 13.4‰，人口死亡率 7.0‰，人口自然增长率 6.4‰。辖区东西最大距离 6.9 千米，南北最大距离 8.2 千米，总面积 59.6 平方千米。其中陆地 50 平方千米，占 84%；水域 9.6 平方千米，占 16%。人口密度为每平方千米 127 人。

【经济发展】 2019 年，棉花坪瑶族乡实现生产总值 1967.66 万元，其中农业总产值 1479.73 万元，工业总产值 487.93 万元；粮食总产量 1126 吨，完成财政总收入 437 万元，农村人均纯收入 4262 元。茶叶产业总产值 1200 万元。2019 年，茶叶产业，以打造万亩生态有机示范茶园为主攻方向，近五年来，扩种和改造茶叶面积 3800 亩，发展茶农 600 余户，建立茶叶加工厂 3 个，推出“嶷红”红茶、“嶷山”云雾绿茶等本土品牌，茶叶种植面积达 5600 亩。着力打造优质白茶项目品牌，引进宁远县腾森生态农业开发有限公司在排山坳村开发白茶项目，采用“公司+基地+农户”模式，已种植白茶 800 亩，2019 年年底达到 1000 亩，全乡茶叶基地共 3000 余亩，发展茶农 600 余户。发展特色养殖。全乡有柑子园野猪养殖场、规模养牛场；棉花坪柑冲、坪冲竹鼠养殖场、规模野蜂养殖；关塘规模山羊养殖场、温氏生猪规模养殖、关塘龟落滩水鸭土鸡养殖区；沙子田野蜂规模养殖场、黄粉虫养殖，全乡规模养殖户 30 余户，基本形成猪、鼠、羊、兔、鸡、鸭、蜂、虫多类型、多品种养殖格局。2019 年，共有商业网点 5 个，年内社会商品零售总额 25 万元，同比增长 15.5%。

【基础设施】 2019 年，棉花坪瑶族乡柑子园 7～11 组 4.2 公里的通畅公路完工；关塘村桥梁建设完工；排山坳村便桥建设完工；关塘村村小学建设完工。硬化部分村道巷道，并改造疏通下水道、排水沟。各村均聘请专职保洁员。沙子田村开展垃圾分类试点，形成清扫保洁长效机制，打造沙子田美丽乡村建设示范点。

【社会事业】 2019 年，棉花坪瑶族乡 5 个行政村贫困户建档立卡分类识别、分色管理，因户施策。乡卫生院医务人员、设备、设施逐步配齐，门诊、接种防疫、妇女儿童保健、居民健康体检功能齐全。新型合作医疗参合率 100%。2019 年定期组织拉网式集中排查调处纠纷活动，建立矛盾纠纷排查台账，做到底子清、情况明，重大矛盾纠纷及时调处，防止激化。开展“平安家庭创建活动”，全乡共评选平安家庭 56 户；开展“扫黑除恶”“涉枪涉爆整治”等工作。

【名优特产】 “高山云雾茶”绿茶、“嶷红”红茶为棉花坪乡的主要产品，绿茶品牌主要有“云雾茶”等，红茶品牌主要有“嶷红 1 号、嶷红 2 号、嶷红香螺、嶷红帝眉”等。全部产品均采用原生态的高山鲜嫩茶青为原料，引进全国最好的红茶加工技术精制而成。产品外形紧细精致，汤色红润透亮，不仅饱含绿茶、红茶共有的清香，还具有独特的回味。产品一上市就受到国内外客户的青睐。

【民俗风情】 聚居在棉花坪一带的瑶民，因头巾为狗头状，称“狗头瑶”。因居住在崇山峻岭，也称为“高山瑶”。瑶家人始终保持着穿瑶装、唱瑶歌、跳竹竿舞、喝瓜箪酒、吃腊肉和过年打糍粑、春插祭谷神、二月初一“敬鸟节”、六月初六“过半年”、十月十六“祭盘王”的传统习俗。乡庆迎宾保留着农耕文化，以及精美的瑶锦、瑶服。瑶族妇女擅长织染、刺绣，服饰花纹图案精美。衣襟、袖口、裤脚镶边处都绣有精美的图案花纹。发结细辫绕于头顶，围以五色细珠，衣襟的颈部至胸前绣有花彩纹饰。男子则以红布或青布包头，穿无领对襟长袖衣，衣外斜挎白布“坎肩”，下着大长裤。瑶族男女长到十五、六岁要换掉花帽改包头帕，标志着身体已经发育成熟。每年农历十月十六日为“盘王节”，瑶族主要信仰原始宗教，祭祀寨神、家神、山神、风神等，对生活和生产中的活动也要占卜吉日、祭祀神灵。

（何佳豪）

中和镇

【概况】 明清属仁泽乡。民国属西安镇。1950 年 8 月归仁和区管辖。1958 年 10 月成立中和（火箭）人民公社。1961 年恢复区建置，原中和公社属中和区中和、慕投、新开、保和 4 个公社。1984 年 6 月公社改为乡，区建置不变。1995 年 6 月撤区并乡建镇时由原中和乡、新开乡、保和乡、慕投乡合并而成。2003 年 3 月，原国营白云山林场所属的砠江、白宫殿、杨柳田 3 个行政村划归中和镇管辖。镇政府驻中和圩，因其处于中部，设圩交易，希望和气生财，故名中和圩。另一说，取意《中庸》首章：“喜怒哀乐之未发，谓之中，发而皆中节，谓之和；中也者，天下之大本也；和也者，天下之达道也。致中和，天地位焉，万物育焉。”中和处于县城西部，境内四面环山，形成盆地，故又称西洞。

2015 年年底，区划改革后辖上街、下街、彰佳山、河西、绿源、保和、库里、慕投、四都、茶子园、何家山、荒塘、上吴伯营、下吴伯营、坦头、谢罗塘、坝眼、友谊桥、大塘漯、西江园、麻田、陈家洞、枫木脚、周家、白宫殿、坦坝、罗卜园、岭头、犹壁、立脚、砠江、芳竹山、新开、西山、龚家、四坊、杨柳田等 37 个行政村。

位于北纬 25°42′53.28″~25°42′1.44″，东经 111°50′54.24″~111°52′37.92″。地处宁远县境西部。东邻棉花坪瑶族乡、仁和镇、文庙街道，南连天堂镇，西界道县、双牌县，北接清水桥镇、柏家坪镇。人民政府距宁远县城 20 公里。全镇总面积 299.2 平方公里，其中耕地 41940 亩，林地 278323 亩。2019 年末，辖区总人口 78392 人，其中城镇常住人口 1448 人，城镇化率 1.9%。另有流动人口 21085 人。总人口中，男性 40822 人，占 54.48%；女性 34109 人，占 45.52%；14 岁以下 14733 人，占 19.66%；15~64 岁 51631 人，占 68.90%；65 岁以上 8575 人，占 11.44%。总人口中，以汉族为主，达 74065 人，占 98.84%；瑶族 665 人，占 0.89%。2019 年人口出生率 9.87‰，死亡率 6.7‰，人口自然增长率 4.0‰。

【自然环境】 地处宁远县境西部，地势南北高，中部低，境内最高峰宝峰山，位于宝峰村后，最低点滑石盘，位于下吴伯营村。属中亚热带季风湿润区气候，气候较温暖，雨量充沛，其特点是四季分明，雨热同季，光照较充足。春季干旱多风，夏季雨量集中，秋季温和凉爽，冬季干冷少雪。境内仁江、春水河贯穿全境。仁江发源于中和镇西山村东瓜漯，由北向南，从仁杏村南出境，境内河道长 28 千米。春水河自杉木园村东北入境，由东北向南，流经冷水洞村，境内河道长6千米。凤仙桥水库位于中和中北部，为中型水库。辖区东西最大距离14千米，南北最大距离27.3千米，总面积299.2平方千米。其中陆地286.7平方千米，占95.8%；水域12.5平方千米，占4.2%。境内已探明地下矿藏有新开锑矿、铜矿岭铜矿等。其中新开锑矿位于谢家村，储量1035吨，已开发利用，属低温热液充填型脉状矿床，中型规模，平均品位5.16%。铜矿岭铜矿位于罗卜园村，主要分布于中和镇铜矿岭至棉花坪瑶族乡平冲一带，属低温热液充填型矿床，资源量652.3吨，平均品位0.773%，未开发利用。

【经济发展】2019年，中和镇建成老屋里、四都、马路口、邓家、羊山头、岭头早稻集中育苗示范基地5个；羊山头、马路口、邓家早稻集中千亩连片种植示范基地1个；四都600亩早稻集中示范基地1个；岭头、白田、河西千亩晚稻烟稻轮作基地1个；四都千亩晚稻种植示范基地1个；何家山500亩烟稻轮作基地1个。截至2019年年底，全镇优质水稻种植面积为3.1万亩，其中早稻2.26万亩、中稻0.84万亩、晚稻2.64万亩；共发展30亩以上早稻种植大户23户，50亩以上晚稻种植大户94户。永乐塘村为省定粮食生产样板村，连续三年全县排名前三，粮食种植面积占全村耕地面积的98%以上。全年全镇烟叶种植面积5600余亩，收购烤烟13100余担。

【基础设施】2019年，中和镇加强对湖南省天利成农业科技开发有限公司引导，依靠天利成与新百家两个全镇投资共亿元的脐橙种植销售一体化公司，打造乡村旅游+农产品销售+未来新产品投资的模式。辖区内所有不符合要求的砖厂全部关停，同时强制关停宁远顺旺沙场、坝眼沙场、湘闽机沙场等。设村级河长34名，河道保洁员34名，境内样板河段为坦坝—河西村，长2千米，已对样板河两岸绿化种植紫薇花600棵，银杏200棵，香花树1000棵、香樟树500棵，樱花树1000棵、月季花3000余棵、茶花2000余棵、其他花草2000余棵，河两岸进行护坡并安装40盏路灯，对河道进行疏浚、清理，使样板河流“水清、河畅、岸绿、景美”。

【社会事业】2019年，中和镇已开通公交车，计划投资2700余万元建设新卫生院、400余万元建设中和镇农村客运站，这两项重点项目计划征地100亩，第一期征地43亩，目前征地工作已完成。中和主要由凤仙桥自来水厂供水。凤仙桥自来水厂每天供水2000吨，供水人口3.2万。另集中供水1000人以上的小型供水工程共14座，1000人以下的20座，全镇18000余户基本实现自来水全覆盖。中和镇建成综合性垃圾处理场1座，每日可处理9吨生活垃圾，联合中联重科车辆运输，可基本满足全镇37个行政村生活垃圾的处理需求。中和污水处理厂2019年全面完工并投入使用。中和镇生活污水处理设施及管网工程建设于中和镇石珠坝村旁，主要收集和处理中和镇及周边临近村的生活污水，服务约9000余人，工程处理污水能力为1000立方米/天，出水水质达到国家一级A排放标准，建设污水收集主、支管网约11.7公里，建设占地总面积约9亩。

【文化建设】2019年，中和镇举办第九届农民文化艺术节，歌颂社会主义新时代农村经济、文化、社会建设的新面貌、新风尚、新变化，弘扬社会主义主旋律，全面展示中和镇农村文化建设新成果。中和花灯剧团获得宁远县第七届社会艺术团体“百团大会战”三等奖，“不忘初心、牢记使命”庆祝新中国成立70周年大型电视知识竞赛学习强国之永州答卷三等奖，基层文化工作综合成绩连续位居全县前列，人民安居乐业，民间文化艺术繁荣发展。坦坝村举办该村第三届春节文艺晚会，登上CCTV-4新闻频道《中国新闻》：《寻年味、庆丰收、迎新春》节目；石珠坝村村民舞动118米“长龙”，庆祝丰收，祈求来年风调雨顺，五谷丰登，登上CCTV-2财经频道《消费主张》栏目：《家乡的年味：湖南宁远》。

【民生保障】2019年，中和镇共发放养老金1360.95万元。全镇农村低保1557户、2430人，共发放农村低保604.73万元，特困供养人员690人，发放供养资金388.1万元，残疾人两项补贴人数757人，发放资金89.24万元，孤儿100人，发放资金96万元。2019年中和镇脱贫84户、218人，年底全镇贫困发生率为0.23%。发放孝老爱亲奖励资金4.58万元。全镇4123贫困人口加入村级集体合作社，发放分红23.61万元。发放“万人帮千户”奖补资金3.64万元。开展“两后生”培训92人次，贫困劳动力农业技能培训300人次，其他技能培训120人，通过就业技能培训、介绍务工等方式帮助贫困户4458人转移就业，发放劳务协作交通补贴2194人、43.88万元。共开发特设岗位164人，充实到保洁、护林等岗位，发放特设岗位资金65.6万元。易地扶贫搬迁户401户计1681人，其中县城安置191户、903人，镇幸福新村安置170户、620人，分散安置40户、158人。2019年，帮助30户、53人进行危房改造，发放补贴资金99万元。将符合条件的675户、983人纳入到民政低保保障范围，其中21户、35人纳入兜底保障范围。雨露计划覆盖258人，发放补贴38.7万元。全镇共划定生态公益林35230亩，其中涉及贫困村21530亩，贫困户500人、10000余亩，发放生态林补偿金16.88万元。开发生态护林员岗位13个，全部由建档立卡贫困户担任，发放护林员工资6.24万元。

（文思敏）

柏家坪镇

【概况】柏家坪镇古称春陵，最早见于晋人郦道元《水经注·湘水》，是宁远县十六个建制镇之一，是全国重点镇、全省新型城镇化示点乡镇、省安全生产示范乡镇、省生态文明示范乡镇、湖南省文化名镇，文化底蕴深厚，境内有全国重点文物保护单位——春陵侯城遗址，地理位置优越，交通发达，是宁远北部的经济文化交通中心。公元前124年，汉武帝封长沙定王之子刘买为春陵节侯，其侯城即今宁远县柏家坪镇。汉元帝初元四年（前45年），留下刘昌，第三代春陵侯刘仁率领刘氏宗族北迁后，留下春陵古城和春陵的名字，春陵子弟在这里分支各处，依山滂水，刀耕火种，结庐而居，繁衍生息，而使春陵成为湘南重镇。民清属西乡，辖2里。民国属北屏镇，意为宁远北部的屏障。1950年命名柏家坪乡，1956年1月成立柏家坪办事处，次年3月撤销。1958年设柏家坪人民公社，同年10月改先锋人民公社，年底恢复原名。1961年3月以驻地命名柏家坪公社，同年9月隶属柏家坪区。1984年6月公社改乡。1986年3月柏家坪乡改为建制镇。1995年撤区并乡建镇时由原柏家坪镇、礼仕湾乡、双井圩乡合并而成新的柏家坪镇。全镇辖28个建制村（社区）：柏家坪社区、马头上村、岗芝头村、坝子头村、左家村、皇家洞村、岭脚洞村、潘花村、王家冲村、瓦渣坪村、井塘背村、郑古元村、唐家漯村、双井圩村、四元山村、可亭村、蔡地里村、北屏村、都喜村、刘均申村、桥头村、板利元村、新团结村、礼仕湾村、柏家村、神山下村、兴旺村、眼头村；共226个自然村，511个村民小组。柏家坪镇位于宁远县境北部，距县城35公里。东邻鲤溪镇，南接保安镇、仁和镇，西界棉花坪瑶族乡、中和镇，北连清水桥镇。辖区总面积160平方公里，有耕地面积4.65万亩，其中水田3.97万亩，旱土0.68万亩，山林面积95.2平方千米。2019年年底，全镇总人口71124人。其中有少数民族瑶族，人口742人，主要居住在唐家漯建制村。

柏家坪镇山宽地广，土地肥沃，灌溉方便，物产丰富，享有“北路粮仓”的美誉，是全县有名的鱼米之乡。境内西、北面是高山，东北面为山地和丘陵，东南面和南部为低矮山丘。春水流经腹地，中下游形成平川，沿河层层筑坝，段段设堰，兼有大坝口水库和其他水利设施。永连公路贯穿南北，陆上交通非常便利。

【经济发展】2019年，柏家坪镇完成工业生产值5.38亿元，增加8.51%；财政收入完成2377.76万元，同比增长12%；农村居民人均可支配收入17283元，同比增长11.24%；城镇居民人均可支配收入30245元，同比增长9.76%。大力实施科技兴烟，扎实推进烟草富民强镇强村步伐。2019年，积极争取县财政投入260万元用于兴建烟基水利基础设施，镇财政开源节流投入12万元对全镇90座问题烤房进行全面检修，投入13万元修复损毁编烟大棚4000平方米，投入4万元对烤房零部件进行维修和更换，投入9.7万元对5000米水沟进行清淤，投入9万元用于改善烟基水利基础设施。对全镇167户烟农进行全方位培训，共组织烟叶生产各类培训1200人次。全镇种植烤烟10026亩，收购烤烟22990担，超额完成县委、县政府分配的收购任务。突出资金物资保障，紧抓农林水建设。聘请19名河道专职保洁员对宁远河、西春水等7条河流实行责任保洁；实现都喜、郑古元、井塘背等村的农村饮水工程，解决5000人的饮水问题，积极筹建牛型坝水厂、彻底解决“僵尸”水厂问题，解决岭脚洞等村的饮水安全问题，2个水厂建成后受益人口2万余人；刘均申村面上造林3600亩，公路、河道种植桂花树、樱花树1万棵，打造最美村庄5个；完成28个村的“两区”划定工作、土地确权纠错工作、农村土地承包经营权发证、清产核资回头看、集体经济组织成员身份确认等工作；全面排查13个规模养殖场及散养户的非洲猪瘟防控工作，发展与温氏合作的生猪养殖大户1户。2019年民营经济231户，产值达100万元以上企业52家，工业总产值4.23亿元。柏家坪镇个体工商户2117户，从业人员5937人；餐饮业28户，从业人员152人。集市贸易成交额和社会商品零售额亦居全县前茅。

【基础设施】2019年，柏家坪镇继续推进自然村村村通公路工程。完成桥头村五家岭、牛角丘，井塘背村老屋场、大板丘，马头上村厂屋里，左洞郑家、大塘角等自然村通畅公路建设；省道S234柏柑公路柏家坪境内已经开工建设。农村人居环境不断改善。强力推进农村“厕所革命”和美丽乡村建设，积极引导全民参与三清一改一拆行动。2019年，全镇28个村累计清理集中垃圾点467处、水沟623条、拆除空心房946处、清理庭院9870户、拆除违章建筑534处，各村已收取垃圾处理费42万元。实施农村厕所革命，2019年共改厕425户。扎实推进坝子头村省级美丽乡村示范建设和大路尾村省级美丽乡村申报授牌工作，其中坝子头村完成投资300余万元发展烤烟种植350亩，发展和泰特种养殖120亩，村道种植桂花树、樱花树1600株，种植草皮1000平方米，庭院绿化5户、140平方米。拆除“四类”废弃房89座、4500平方米。

【社会事业】2019年，柏家坪镇共有1所中学、4所小学、17所片小，共有学生3858人，教职工270人。2018年以来，全镇教育工作取得可喜成绩：礼仕湾完小连续四年在全县同类完小年度综合评估中列第二名；全镇教育体制改革不断深化，优质教育资源不断扩大；教师队伍不断优化，整体素质得到提高；投资760万元新建柏家坪中心校、礼仕湾完小综合教学楼，投入200余万元的柏家坪完小教师宿舍楼已经立项，即将动工新建，全镇办学条件明显改善，教师待遇逐年提高；各学校均装备配齐多媒体电脑室和音、体、美、劳、智等多功能室和相应教学设备，更换教学投影设备等；在2018年的县教育局同类学校综合考核中，柏家坪镇各学校在同类学校综合考核中均排名靠前。文化体育。柏家坪建成3000平方米的春陵文化广场，成立春陵文化艺术团等6个民间艺术团，举办第9届农民文化艺术节，开展舞蹈、小品、快板、花鼓戏、歌唱等形式多样的表演活动。28个村级都建有图书室，21个村建有篮球场，配备健身器材等设备。医疗卫生。柏家坪镇内有中心卫生院1所，医护人员72人，病床100张，各行政村都有卫生医疗室。社会保障。2019年，全镇共56户、141人脱贫，贫困发生率降至0.247%。进一步精准核实部分重点对象“一超过、两不愁、三保障”问题，将摸排出的133个问题全面整改到位，实施危房改造118户，省脱贫攻坚实地考核唐家漯村顺利过关。全年共救助困难群众706人，发放临时救济金50.922万元。申报农村计划生育奖励扶助28人，特扶1人。

【特色地情】风景名胜。名胜古迹有春陵故城、春陵侯墓、九龙岩、潮水岩、北屏翠柏、排楼坊、花明楼、古墓群等，其中春陵侯城遗址于2013年5月入选全国重点文物保护单位，春陵侯墓为湖南省文物保护单位，另有市级文物保护单位1处，县级文物保护单位2处。春陵故城坐落在今湖南宁远县北30公里的柏家坪与柏家之间。武帝元朔五年（前124）封王中子买为春陵侯。买卒，子戴侯熊渠嗣，熊渠卒、子仁嗣。元帝初元四年（前45），仁乞封避瘴毒，治迁南阳。春陵故城是公元前124年以后至公元前45年以前的西汉故城。春陵故城为长方形，长184米，宽123米，城墙均用黄土筑成，残墙高4至6米，四周城墙清晰可辨。城址内及城墙上均已辟为耕地。故城西北约半里许，原有春陵庙，已不存；故城东北里许，有汉春陵侯墓，墓前原有石碑，刻有“汉春陵侯墓”等字，今存残碑。州志载：“其冢在春陵故城东北，而世莫能辨。清嘉庆中，邑令曾钰遂为树碣。”春陵故城是湘南最早的城池遗址之一，对湖南的考古发掘，研究当时湘南的经济、文化有着重要的价值。名优产品。茶油。茶油取自油茶树的种子。柏家坪镇日照、气候、土壤皆适合茶树的生长，所产出的茶油透明、色泽好、营养丰富。苦竹笋：苦竹笋又名甘竹笋、凉竹笋，野生于柏家坪山岭之中，苦笋是医食俱佳的珍稀竹笋。柏家坪镇居民常用鲜嫩苦竹笋炮制加工成香甜适度，咸酸嫩脆，回味悠长的泡苦笋，堪称笋菜一绝。春陵河鱼干：柏家坪镇河鱼干取春陵水新鲜河鱼经高温蒸煮、晒干等工序精制而成，口感极纯，味道鲜而不腥，食用时经清水浸泡后佐以料酒、椒丝、生姜等，加适量的水，小火慢慢焖干，加熟油调拌，即可食用，食前若在饭锅蒸一会，味道更佳，吃后回味无穷。红薯酒：柏家坪人杰地灵、山清水秀，红薯酒经过几百年的传承与发展，柏家坪人已经有一套自己独特的酿酒工艺，红薯酒以红薯为基本原料，取吸天地之灵气的井水，用传统的土法家酿，柴火温煮，让酒慢慢流出，烤出的酒浓郁醇香，入口乐融，平和温润，不冲头，补气温中，壮肾强阴，素有北路“宁远茅台”之称。民俗风情。扎故事：柏家坪“扎故事”是出现在湘南地区的一项颇有影响的民间活动。地处湖南省宁远县柏家坪镇。最初，“扎故事”是人们以道教斋醮形式，祈求祛病消灾，许愿“扎故事”，以了人们的心愿，祈求风调雨顺，之后这项民间活动延续几十代逐渐得到发展。改革开放以后，推陈出新，既保持古俗风貌，又创立一些新的形式，从而逐步演变成扬善惩恶的一种群众性自娱文化活动。它取材于神话传说、历史故事和现实生活，一台故事一个人物，表达一个故事史实，反映人们一种期望。“故事”形式多样，既有原始型的，又有现代型的，它以形象达意、流动表意，被人们称为“流动舞台”。其中高低桩的每台故事一个坐台，一米见方，高约0.8米，红布铺盖，支有包装精致的铁架，整高丈余。故事台架的最上层称之为“太子”，由一岁左右的幼儿扮演。中层称之“臣子”，由10岁左右的儿童少年扮演，化戏剧人物妆，站立于座台上。坐台的前后是四名抬杠的，两边跟随两名持长叉的武士。一台故事，三层人物，年龄悬殊，形态各异，化妆不拘一格，浓淡相宜，相映成趣，各种不同形式的故事。柏家坪“扎故事”有着悠久的历史传统。它是“春陵文化”和“湘南文化”的一个重要组成部分，也是民间一种自编自娱的文艺活动。它颂扬民族英雄，弘扬民族精神，鞭挞邪恶，增强人们的是非观念，特别是对青少年有着切实的传统教育意义，能凝聚民众力量，对构建和谐社会发挥重大的作用。踩高脚：“踩高脚”属民间舞蹈的一种形式，表演者腿绑高脚，在音乐的伴奏下翩翩起舞，舞姿以雄健、惊险为主，又称“踩高跷”。“踩高脚”表演形式多种多样，五花八门，不拘一格，表演风格诙谐有趣、粗犷喜人、声情并茂、时有乐哏，一向为柏家坪人们所喜爱。这些高跷的表演时间，一般都在农历正月十五左右的柏家坪圩闹“元宵”活动中，高脚是主要的一种表演形式。柏家坪村“踩高脚”是一种祖辈相传的民间表演形式，从它产生至今，基本上没有文字记载，没有相关的历史资料。居住在柏家坪的农民世世代代口传心授，自娱自乐，新中国建立以来，在党和政府的关怀下，柏家坪高脚表演在其传承发展弘扬过程中，取得较大的成绩，多次在宁远县举办的各种大型活动中进行表演，受到观众的一致好评。柏家坪村高脚队参加2010年宁远县“文化遗产日”宣传活动。

（黎登文）

清水桥镇

【概况】明清属西乡，民国属北屏镇。1950年属平田乡。1952年命名为清水桥乡，1958年属柏家坪（先锋）人民公社，年底恢复原名。1961年属柏家坪区清水桥公社、晓睦塘公社、上龙盘公社。1972年，刘家坪村、桐梓坪村划归上龙盘公社，1984年5月，公社改乡。1992年，上龙盘乡更名为侯坪乡。1995年撤区并乡建镇时由柏家坪区清水桥乡、晓睦塘乡、侯坪乡合并而成清水桥镇，镇政府驻地清水桥圩，距县城37公里。清水桥镇下设平田、清水桥、江河源、晓睦塘4个责任片区，辖21个建制村、134个自然村，312个村民小组。平田片区负责的建制村为：平田社区、胡家、谢家、大竹源、晓塘铺，清水桥片区负责的建制村为：清水桥社区、大金盆、刘家坪、黄沙坪、清溪村，江河源片区负责的行政村为：江河源社区、田伟村、郑兴村、吕家桥、百福荣、联合村，晓睦塘片区负责的行政村为：泉井眼、晓睦塘、西坊村、罗坝、吾塘岭村。

清水桥镇位于宁远县北端，东连鲤溪镇，南接柏家坪镇，西邻双牌县上梧江瑶族乡，北界双牌县麻江镇。全镇南北长约12公里，东西宽约10公里，总面积148.06平方公里，城镇面积25.5平方公里，耕地面积2.8万亩，山地面积13万亩。2019年全镇人口4.3万人，民族以汉族为主。

全镇以丘陵、山地为主。镇域中部较为平坦。属亚热带季风气候，气候温和，四季分明，雨量充沛，日照充足，分布较均。春温多变日照少，夏热前涝后旱，冬有霜雪严寒短。受不同天气系统和独特地貌影响，时空分布不均，导致境内出现暴雨、洪涝、高温、干旱等灾害天气。年平均气温18.2℃，年降水量2112毫米。年日照时数1088小时。城乡环境持续改善，空气达标率100%。集中式饮用水水源地水质达标100%。境内有三条河流，分别为平田龙溪河、清水桥河、吕家桥河。水田有黄泥田、沙质田、灰黄泥田。旱土有红土壤、黄土壤、黄壤、黄棕土壤。植物资源有桂花、红豆杉、银杏、罗汉松、紫油厚朴、金银花等。

【经济发展】2019年，清水桥镇财政收入1972.44万元，固定资产投资完成1.9亿元，农村居民人均可支配收入13100元，增收1880元。各项主要经济指标如期实现，经济基础不断增强。2019年粮食产量1.75万吨，完成建设五个烟基工程项目，收购烟叶13655担，超额完成13000担的烟叶收购任务；发展稻田养鱼、田间养蛙、羊肚菌种植，罗坝、西坊、晓睦塘、田伟村各建设一个规模30亩的稻田养鱼基地，刘家坪建设一个规模30亩的田间养蛙和20亩羊肚菌种植基地，吕家桥连片规模化糯高粱种植面积1000亩。2019年清水桥镇重点项目建设有2个，一是S234线公路建设，二是永蓝高速（二广高速）宁远北平田出口改扩建项目。镇农贸市场为全县最大农贸市场之一。市场总面积2平方千米，有商贸街5条，长2000米，营业面积5000平方米，摊位360个，营业铺面200户。每逢农历二、五、八日为圩日，赶集人数万余人。

【社会事业】2019年，为保障广大人民群众的生命财产安全，清水桥镇开展道路交通违法行为综合整治行动，9月26日一天之内共检查车辆60余台，其中，查处无牌无证摩托车5台，三轮车4台，拆除非法改装摩托车及三轮车40余台，有力地打击各类交通违法行为，进一步筑牢道路交通安全防线。紧接着对清水桥市场路段“马路市场”进行集中整治，力除马路顽疾，还道于民。在11月21日“赶圩日”的整治行动中，共查扣非法载客农用车2台、面包车1台、三轮摩托车8台、电动车27台，清理流动摊点100余摊次、店外经营37处，拆除乱搭乱建22处，有力惩治各类违规违法行为，路上乱停车现象得到有效制止，实现沿街铺面不出店，小摊贩不出市，营造安全的交通环境。

清水桥镇有16个广场舞团队，原为清一村的广场舞团队曾参加湖南省广场舞比赛获奖项。全镇有17个村配套建设篮球场，积极贯彻基层文化建设相关政策，大力实施村村通、村村响工程，全镇村村有文化活动中心，有农家书屋，有基层组织活动场所。10月16日在镇文化广场举办第九届农民文化艺术节，活动现场宣读清水桥镇“平安创建”倡议书，对平安创建、扫黑除恶、禁毒等知识进行宣传，并对评选出的37户“平安家庭”进行表彰。清水桥镇平田村被列入第五批中国传统村落名录。

2019年，清水桥镇以脱贫攻坚为工作主线，举全镇之力，大力夯实基础工作，努力实现贫困村脱贫摘帽的目标。2019年脱贫28户、70人，建立问题“清零”和整改工作责任台账。摸排“五单预警”人员119户、384人；集中安置户180户、680人，20户住房有质量问题整改到位；易地搬迁户全部实现一户一就业；危房改造89户全部竣工，健康扶贫所有贫困户4803人全部参保，村卫生室标准化建设和慢病签约服务完成。教育补助，2019年春季学期发放雨露计划142人，县内义务教育阶段677人，县外学生116人；秋季学期按时间节点要求，省外就读四类人员学生71人核实上报县教育局；全镇省市县信访舆情5件，全部结案，信访人对政策落实情况表示满意。

【洪灾损毁基础设施】2019年7月份清水桥镇遭受特大洪灾，全镇90%农田被淹。本次洪灾导致全镇河堤被冲毁34760米，沟渠被冲毁24150米，农田被冲毁1790亩，水稻受灾5000亩，秧田398亩，鱼塘（田）受灾527亩，烤烟990亩，其他农作物受灾2970亩，桥梁损毁16座，道路塌方30多处，道路冲毁7660米，农房进水977座，房屋倒塌27座，水坝损毁13座，自来水管损毁27250米，涵管损毁160米。其中，大金盆村河堤冲毁2500米，桥梁冲毁1座，沟渠冲毁200米，农田冲毁200亩，水稻受灾400亩，烤烟受灾约40亩，村道路冲毁150米。百福荣村河堤冲毁400米，桥梁冲毁2座，沟渠冲毁1000米，农田冲毁50亩，水稻受灾250亩，村道路冲毁200米。镇党委、政府积极组织全体干部群众抗洪抢险，救出被困群众1437人，紧急转移低洼地带被困群众2000余人，同时大力开展生产自救，灾后重建，完成20个灾后耕地复垦项目，14个灾后重建水利工程，12个水毁道路工程。

（周璐瑶）

桐木漯瑶族乡

【概况】因境内曾桐木树多而得名。明清属西乡，民国属北屏镇，1950年属柏家坪（先锋）人民公社，1961年属柏家坪区上龙盘公社。1984年9月，公社改乡，从上龙盘公社析置桐木漯瑶族乡。1995年撤区保留建置不变，辖7个行政村，2016年区划调整清水桥镇桐梓坪村划归桐木漯瑶族乡，区划调整后由原来的8个行政村调整为6个，分别为上龙盘、下龙盘、桐木漯、桐梓坪、小源、双源，55个村民小组，总人口7549人，其中瑶族人口3528人，占总人口的46.7%。乡域位于北纬25°55′06″~26°01′48″，东经111°54′54″~112°01′18″。地处县域北部，东与鲤溪镇、五龙山瑶族乡交界，南、西与清水桥镇相邻，北与双牌县麻江、阳明山接壤。人民政府驻上龙盘村，距县城48千米。

属典型的山地，山势起伏，群山环抱，最高峰汉皇殿海拔为1477.4米，最低的下龙盘海拔为320.0米。全乡总面积74平方公里，耕地3312亩，其中旱土1830亩，水田1482亩，林地56333.33公顷，杜鹃花海1000余亩。

森林资源丰富，是全县竹木及药材的主产区。树种有杉、松、樟、香椿等十多种优质用材林；竹有楠竹、毛竹、花竹、方竹、苦竹等；药材有杜仲、黄檗、黄精、银杏等数十种珍贵品种。另有少量的金属矿石等矿产资源。

境内有三条横贯南北的河流，落差大，水力资源丰富，利于小水电开发，有小（2）型泄泥漯水库和小（1）型双龙水库，有小型发电站3座。

2019年，桐木漯瑶族乡获评县绩效考核优秀乡镇、全面深化改革先进乡镇、市综治工作先进乡镇、县民调工作先进乡镇，并成功创建全市信访三无乡镇，连续三年保持市级“平安乡镇”称号。

【经济发展】2019年，桐木漯瑶族乡产业和旅游发展开创新局面，11家竹木加工企业产销两旺，红军木业成品车间全面投产，年产值超过3000万元。优质烤烟连片种植继续保持500余亩，收购烟叶1100余担，为农民增收130万元。粮食生产新增50亩以上大户2户；规模养殖新增2户达到10户，其中投资100万元以上规模养殖1户；完成造林2000亩。新兴产业崭露头角。桐梓坪村建成“羊肚菌”与特色西瓜轮作种植基地70亩，亩产2万元以上。下龙盘村竹鼠养殖规模突破1000只，桐木漯村石蛙养殖基地于5月建成投产。乡村旅游有新起色。汉皇殿发现万亩野生杜鹃花和瀑布群，上千名游客和摄影爱好者慕名前来观赏拍照，湖南经视、CCTV-2《第一时间》进行宣传报道。精准扶贫扎实有效。认真贯彻落实省、市、县扶贫工作精神，精准聚焦脱贫目标任务，引导鼓励贫困群众发展产业，注重扶贫与扶志、扶智相结合，激发内生动力，引领贫困群众由“被动脱贫”向“主动脱贫”转变，提高群众的满意度和认知度，全年脱贫14户、33人，贫困发生率下降至0.23%，易地搬迁受灾贫困户4户、18人，新增特设岗位33人，组织创业致富带头人参加培训12人。

【基础设施】2019年，桐木漯瑶族乡以乡村振兴为目标，进一步大力加强基础设施建设。完成小源村通村桥梁3座，桐木漯村通村桥梁5座；新修桐木漯村通大湾岭道7.18公里；新建桐木漯（刘家坪）35千伏输变电工程；严格落实“四化”标准，持续推进村卫生室标准化建设；全力推进“三清一拆一改”和除陋习树新风活动，村容村貌大为改观；科学应对洪涝灾害，及时抢通水毁水电路信，积极组织灾后恢复自救及灾后重建。

【社会事业】2019年，桐木漯瑶族乡严格落实安全生产企业主体责任和“党政同责、一岗双责”制度，加强对重点领域、重点行业隐患排查与监管，全年完成安全生产检查25次，各部门联合道路交通整治6次，确保全年无重特大安全事故发生。紧抓综治维稳，深化平安桐木漯建设，“一村一辅警”落实到位，持续开展禁赌禁毒宣教防范工作，铁腕推进扫黑除恶专项斗争，活用“村村响”，创新宣传模式，上户发放各类宣传资料，全面提升民众知晓度，持续保持无重大刑事治安案件和恶性群体事件发生，综治民调持续进入全市先进行列，连续稳居全市平安乡镇行列，获评全县综治工作、综治民调先进乡镇。生态建设。全面推行河长制，建立乡村两级河长制体系，实行一河一策，健全完善长效管护机制，聘请生态护林员6员，成立森林防火巡逻队。卫生健康。强化计生政策宣传，切实做好计生特殊家庭帮扶工作和城乡居民养老保险优待计生家庭政策落实；积极推进健康脱贫工程，开展家庭医生签约履约服务，落实贫困人口健康体检；实施“两癌”筛查，提升妇幼健康服务能力。倡导新型生育文化和婚育观念，引导广大群众自觉抵制和积极举报“两非”行为。文化娱乐。邀请湖南省书法协会书法大师，开展“送万福进万家”义写对联活动，推进文化惠民；在上龙盘村和桐梓坪村组织开展乡村趣味运动会，丰富人民群众业余生活；在小源村上毛漯免费开展瑶族竹竿舞培训，吸引64名瑶族少年参加，被学习强国及中央、省、市多家新闻媒体报道。

鲤溪镇

【概况】明清属东乡，民国属北屏镇，1931年设置永安、石溪等乡。1946年，永安乡和石溪乡合并为石安乡，1950年属平田区，1958年属永安（和平）人民公社。1961年为鲤溪区之鲤溪、永安、柏万城公社。1984年，属鲤溪区柏万城、永安乡、鲤溪乡。1995年，鲤溪区撤区并乡建镇设立鲤溪镇，由鲤溪区的鲤溪乡、永安乡、柏万城乡合并组成。鲤溪镇文化底蕴深厚，资源丰富，东春水东岸有清风岩，翠柏林立，山清水秀，相映成趣。大观岭上有大观堡遗址、智眉禅师（疑似建文帝）墓，白石下有仙姑庵，大方洞村有节孝牌坊文化遗址，2014年，大方洞村节孝牌坊文化遗址被纳入永州市文物保护资源。

鲤溪镇位于宁远县境东北部，距县城58公里，东与新田县交界，南临保安镇，西接柏家坪镇、清水桥镇，北邻五龙山瑶族乡、洋塘林场。宁远至五龙山瑶族乡公路从南至北纵贯全镇，S215线公路从东至西穿境而过。镇域总面积162平方千米，其中耕地28976亩（水田22191亩，旱土6785亩）。下辖27个行政村、165个自然村、396个村民小组，共14243户、53137人，民族以汉族为主，占99.05%，有一个瑶族村—雷家源村，共149户、530人。

全镇地处北纬25°80′13′~25°95′15′，东经112°11′70′~112°03′04′。境内地形南北狭长，北高南低，西北两侧均系山地，雾冲、西江源、瓜垒源等山峰平均海拔700余米，其中西江源主峰986米，与宁远、新田境内的大观岭形成东面屏障，平均海拔400米。东春河源出分水岭，自北向南流，纵贯境内。属大陆性中亚热带季风性湿润气候，春温多变日照少，夏热前涝后多旱，初秋湿热晚秋凉，冬有霜雪严寒短。年平均气温17.9℃，年降水量1843.6毫米。年日照时数1066.6小时。据环境空气质量检测数据表明，二氧化碳浓度年平均值达国家标准（CB3095—1996）一级标准，空气质量指数为良的天数占全年天数比例98%。

水田有黄泥田、沙质田、灰黄泥田。旱土有黄土壤、黄壤、黄棕土壤。植物资源有樟树、松树、杉树、楠竹、油茶树、金银花等。矿产资源主要有石灰石；上柏、下柏、上汤家等村境内发现少量铁矿石；虎形村有煤矿资源。

2019年，鲤溪镇获评县绩效评估优秀乡镇，全面小康、污染防治工作先进乡镇，连续第三年保持市级“平安乡镇”称号。

【经济发展】2019年，鲤溪镇以构建具有群众规模基础、基地规模优势、区域特色明显的产业格局为抓手，发挥边界优势，顺势而为，乘势而上，主动与邻县成熟产业对接，发展贵头、下庄、游马石、雷玄、浪石桥、永安等村组成的蔬菜种植产业带，面积达6000余亩。辖内新增造林面积2000余亩。新建仙马石脐橙基地、香炉畴药材基地和开发渡水果基地。大观堡旅游公路沿线3000余亩长期未耕作的土地正陆续集中流转，果园、油茶、药材、山庄、牧场等陆续进驻。深入推进万亩土地开发、旱改水等项目。全镇有砖厂2家，石场1家，扶贫车间3家。

【基础设施】2019年，鲤溪镇深入实施乡村振兴战略，着重抓好小城镇建设、乡村风貌提升、人居环境治理等工作，探索走出乡村振兴鲤溪模式。目前，已初步完成小城镇及生态湿地公园建设征地116.2亩等前期工作。鲤溪、柏万城污水处理厂项目完成征地。成功创建市级星级财政所。龙形头水库建设前期工作完成，即将全面进场开启建设大幕。城乡供水一体化项目红旗水厂已完成选址和设计。大观堡公路顺利实施。27个村的村庄公共绿地建设正在推进，贯通传统滞后区域的大观堡公路顺利拉通，花石、柏关两条交通主干道沿线招呼站竣工投入使用。姜家洞、上柏、下庄、白兔、鲤溪、仝家、凉坪下、二坝湾等8座桥梁竣工通车，群众出行愈加便利。投资近800万元的凉坪下地质灾害项目即将实施。完成6000亩高标准基本农田建设。

【社会事业】2019年，鲤溪镇以营造良好干事创业环境、增强群众安全感和满意度为靶向，苦干实干，久久为功，为全镇人民营造和谐稳定的生产生活环境。“一村一辅警”工程筑牢乡村治安、法治宣传第一道防线，全年无集体信访、无群体性械斗，扶贫信访舆情平稳。村规民约微治理释放大能量，27个行政村成功构建民事民议、民事民办、民事民管的基层社会治理共同体。“扫黑除恶”条例融入村规民约，《三个“进一步”再掀新高潮》经验做法在永州日报推介。生态宜居乡村共建共享，大力开展“三清一拆一改”村庄清洁行动，清理空心房619间，面积达3.2万余平方米。牢固树立“绿水青山就是金山银山”理念，落实落细河长制和保护发展森林资源职责，充实河道管理和生态护林员队伍，完善生态文明治理机制。安全生产深入人心，强势推进马路市场暨交通领域顽瘴痼疾问题专项整治行动，成功取缔滞存10余年的鲤溪、永安“马路市场”，柏万城市场秩序实行常态化管理。乡镇主体监管责任的各个领域安全生产零事故。贵头村成功承办宁远县2019年度地质灾害应急演练。对全镇6个地质灾害点和28个小（2）型水库完成应急预案编制。关停非法挖沙场1家。人口服务不断提升，2019年全镇总出生人口455人，符合生育率91.2%，性别比107.7%。免费孕前优生健康检查190对，产前筛查完成220例。新增奖励扶助15例，新增特别扶助2例，申报率100%，准确率100%。移送“非诉”案件2件，加大联合执法的力度，有效地惩治违法生育行为，完成1例打击“两非”案件。

【教卫文化】2019年，鲤溪镇辖内有完全小学3所，在校学生2223人，专任教师120人，小学适龄儿童入学率100%；初中1所，在校学生698人，专任教师34人。初中适龄人口入学率、小学升初中升学率、九年义务教育覆盖率均达到100%。

2019年鲤溪镇有中心卫生院1所，现有床位30张，在永安建有分院一个，村级卫生室30个；专业卫生员26名，其中执业医师5人，执业助理医师11个，注册护士4人。药师3人，影像士2人，检验士1人。

2019年有综合文化站1个，面积360平方米，内存书籍5000余册。村级文化活动中心27个，建有农家书屋27所。“村村响”广播室覆盖率100%，“户户通”安装201户。鲤溪镇沿东山岭至柏万城路线，分布4个集中广场舞娱乐区，每晚广场舞参与者达1000余人。

【脱贫攻坚】2019年，鲤溪镇共有建档立卡贫困户1821户、7161人，在已取得12个贫困村出列，1732户、6960人脱贫摘帽的良好成绩下，镇党委、政府继续坚守初心使命，以“摘帽不摘责任、摘帽不摘政策、摘帽不摘帮扶、摘帽不摘监管”的履职担当，扎实做好脱贫攻坚“后半篇”文章。通过入股村集体合作社投资、重点产业项目分红、万人帮千户工程让3122名贫困群众享受利益分红143.3万余元。办理小额扶贫贴息贷款33人，发放贷款资金165万元。906人外出务工贫困户申领交通该补贴47.42万元，新辟特色岗位85人，光伏发电分红65人。下拨雨露计划补助60万余元帮扶中、高等职业教育在校贫困学生199人，下拨教育补助229万余元帮扶在校初中、小学以及幼儿园贫困学生982人。为12户特困学生申请泛海行动扶助资金6万元。引进深圳市龙华区关爱少年协会爱心人士对31名贫困学生连续进行3年助学资助。易地扶贫搬迁350户、1568人全部入住，其中，县城集中安置218户、967人，乡镇集中安置98户、447人，分散安置34户、154人。29户“四类重点对象”危房改造已全部完工入住。7161人获得合作医疗补贴68.1万余元，慢性病签约服务470人，为111名贫困户申请大病救助资金24万余元，扶贫特惠保购买覆盖率100%。对全镇特殊困难群体126户、281人全部纳入兜底保障，全年发放社会救助132万余元。

（鲁文龙）

五龙山瑶族乡

【概况】五龙山瑶族乡春秋属楚之苍梧，秦及汉初属春陵县；后随属舂陵侯国，唐属大历县，宋属宁远县，明清属东乡，民国属北屏镇，乡沿用驻地名。1950年命名石家洞乡，1957年析置荒塘瑶族乡，为湖南省当时瑶族散杂居区建立的15个瑶族乡之一。1958年人民公社化时属永安（和平）人民公社。1961年以驻地命名石家洞公社，辖13个大队。1984年划分为石家洞乡和荒塘瑶族乡，共辖17个村。1992年将瓦窑村、新屋场村划归祁阳。1995年撤区并乡，两乡合并为荒塘瑶族乡。2015年8

月，更名为五龙山瑶族乡。乡政府驻石家洞村，2015年区划调整后辖杨桂坪、象村洞、石家洞、上洞铺、陈家湾、牛塘岭、大坝、洋塘、上庄源、茶坪源、五龙山11个村，98个自然村，149个村民小组。2019年年底全乡总人口12832人，其中少数民族总人口4310人。总人口中，男性6825人，占53.19%；女性6007人，占46.81%。

五龙山瑶族乡位于北纬25°58′~26°08′，东经112°04′~112°05′。宁远县境最北端，阳明山脚。政府驻地距县城68公里。东邻新田县，南接鲤溪镇，西连双牌县，北交祁阳县，是一个毗邻四县的北部林区。辖区南北长22千米，东西宽14.3千米，，总面积168.1平方千米。境内南低北高，地面高度一般在海拔363米，其中海拔在800米以上的行政村有两个，最高点步步岭海拔高度1438米，最低点杨桂坪村海拔303.6米。五龙山瑶族乡属中亚热带湿润季风气候。气候特征，严冬期短，夏热期长，春季多雨，夏季多旱，热量丰富，雨量充沛。年平均气温16℃。1月平均气温4℃，7月平均气温27℃。年平均日照数为1630小时。年平均降水量1430毫米。无霜期277天。境内主要河流有黄司河、东春河等，东春水发源于牛塘岭南麓，流经石家洞、鲤溪、永安、柏万城至礼十湾茄子园村两江口，全长40千米。水能蕴藏量5万千瓦，其中可供发电4万千瓦。

境内主要矿产品有钨、锑矿等，野生动物有野猪、野山羊、梅花鹿、獐子、竹根鼠等，植物主要有红豆杉、银杏树、油茶及一些珍贵野生树种，同时也是宁远县杉木、楠竹、中药材主产区。

【经济发展】2019年，五龙山瑶族乡实现有机蔬菜连片种植面积330亩，柑橘规模化种植440亩，鳅鱼田螺生态化养殖120亩，烤烟种植340亩，药材钩藤种植350亩，生猪出栏240头。2019年上缴耕地占用税106500元，烤烟税收105971元，征收社会抚养费64136元，不良贷款清收178000元。

【社会治理】2019年，五龙山瑶族乡扎实推进“村为主、组包干”工作法，坚持领导开门接访制度，率先向全乡居民发放印有乡党政班子成员手机号码的“心连心”联系卡，将矛盾纠纷和信访问题化解在萌芽、解决在村组。2019年，全乡没有发生一起赴省进京信访案件，没有发生一起群体性事件，获得县2019年全国“两会”期间信访工作先进乡镇、省“两会”期间信访工作先进乡镇和县迎新中国成立70周年信访工作先进乡镇三项荣誉。全市综治民调排全县第三，全市第17位。切实落实“党政同责、一岗双责”安全生产责任制，坚持领导带头检查安全生产工作，做到安全隐患排查处置全覆盖、无死角，全年共开展烟花爆竹等执法行动8次，查处违法行为3起，排查安全隐患28处，没有发生一起安全生产事故。全力推进扫黑除恶专项斗争，全年查处治安案件7起，刑事立案2起，共批捕2人。扎实开展禁毒禁赌行动，查处涉毒治安案件7起，治安拘留7人，强制戒毒3人，缴获毒品200克，涉毒刑事立案1起，刑拘7人。

【脱贫攻坚】2019年，通过动态调整和自然增减后，五龙山瑶族乡有建档立卡贫困户868户、3098人，未脱贫户34户、63人，2019年预脱贫17户、38人都达到脱贫标准顺利脱贫。在县脱贫攻坚迎省检中，茶坪源村被抽检代表全县迎检得到省里的充分肯定。大力推进易地扶贫搬迁拆旧复垦和分散安置整改工作，通过加大宣传和执法力度，除不宜拆除的17户和无房户12户外，其余289户全部完成拆旧复垦任务，对分散安置存在的问题进行全面整改，2019年全乡分散安置问题已基本整改到位。2019年，天鹅园移民新村被省抽检代表县迎检。

【人居环境整治】2019年，五龙山瑶族乡大力推进农村人居环境整治，以“三清一拆一改”行动为抓手，因地制宜、多措并举破解难题，在全乡范围内实行门前“三包”制度，各村为每户发放垃圾桶、垃圾焚烧桶，每月对各村进行交叉督查落实，全乡“脏乱差”现象得到有效根治。加大对“四类”废弃房的拆除力度，杨桂坪村实行整村推进，全年共拆除“四类”废弃房50座，共3700平方米。大力推行“厕所革命”，共完成改厕163户。严格落实河长制，实现全乡河道分段管理、专人保洁。启动三年禁渔行动，非法电鱼、药鱼行为得到根本解决。通过整治，全乡农村人居环境明显好转，在第二季度农村人居环境整治村庄清洁行动工作中，五龙山瑶族乡排名全县第四名，其中杨桂坪村在全县村排名第二名，人民幸福感、获得感得到全面提升。

【文化建设】2019年，五龙山瑶族乡新建文化活动广场2个，新增面积1300平方米。农家书屋新增图书3500册。2019年在衡阳市常宁塔山瑶族乡举行的湘南三市六县八瑶族乡“盘王节暨坐歌堂”活动中，五龙山瑶族乡派出的女歌队和男歌队分别荣获一等奖和三等奖。

【社会事业】2019年，五龙山瑶族乡计生各项工作成效显著，超额完成孕前优生等各项指标。新增奖扶对象8名，为4名特扶对象落实双岗联系人及家庭签约上门服务制度，为120名独生子女办理爱心保险。社会保障做到应保尽保，全乡落实农村低保281户516人。发放临时救助资金18.93万元，共救助214户。享受农村五保75人，其中集中供养26人。城乡居民医疗保险、养老保险缴费率均列全县第二名。安全饮水扎实推进，全乡完善自来水管理制度，定期对水塔进行清理消毒处理。经检测，全乡自来水水质达标率为100%。民生工程加快建设，启动乡级公园（石溪公园）建设，一期投入30余万元，2019年已经完工。启动乡卫生院建设，计划总投资487万元新建综合服务大楼，2019年完成项目规划、设计、图审、招投标。启动示范型敬老院建设，预计投入200余万元，已经完成规划设计。

【民俗风情】五龙山瑶族乡有着悠久的历史和古老的文化，文化底蕴和瑶族风情与九嶷山南呼北应。五龙山瑶族服饰头巾系有衬板，素有“顶板瑶”之称，方言主要以瑶话为主。其瑶族历史文化底蕴深厚，瑶族风俗精彩纷呈。以吊脚楼为代表的木板居室文化、坐歌堂、婚嫁和服装刺绣具有厚重的历史文化底蕴。

【洪水灾害】2019年7月，五龙山瑶族乡连续两次爆发几十年未遇特大洪灾。灾情发生后，乡党委、政府反应迅速，县乡领导带头深入灾区靠前指挥，核查灾情，及时组织乡村两级党员干部和群众开展抗灾自救，第一时间恢复水电路讯等基础设施。这两次洪灾全乡未发生人员伤亡事故和疫情。

（黄越峰）

附　　录

一、宁远县文物保护单位一览表

保护单位名称	时代	文物地址	保护级别	颁布时间	批次
国家级文物保护单位共 8 处					
宁远文庙	宋	舜陵镇文庙路 78 号	国家级	1996 年 11 月	第 4 批
舜帝庙遗址（舜帝陵 2019 年并入）	唐宋	九疑山乡九疑洞村	国家级	2006 年 5 月	第 5 批
	明	九疑山乡九疑山村	国家级	2019 年 10 月	第 8 批
云龙坊与王氏虚堂	明清	湾井镇路亭村	国家级	2013 年 3 月	第 7 批
久安背翰林祠	清	湾井镇久安背村	国家级	2013 年 3 月	第 7 批
泠道故城遗址	西汉	冷水镇培泽村	国家级	2013 年 3 月	第 7 批
舂陵侯城墓遗址	秦汉	柏家坪镇柏家村	国家级	2013 年 3 月	第 7 批
东安头翰林祠	清	湾井镇东安头村	国家级	2019 年 10 月	第 8 批
神下李氏宗祠	清	冷水镇神下村	国家级	2019 年 10 月	第 8 批
省级文物保护单位共 8 处					
黄家大屋	清	九疑山乡九疑山村	省级	2002 年 5 月	第 7 批
牛亚岭瑶寨	清	九疑山乡牛亚岭村	省级	2006 年 5 月	第 8 批
下灌李氏宗祠	清	湾井镇下灌村	省级	2011 年 3 月	第 9 批
欧阳氏宗祠	清	清水桥镇平田村	省级	2011 年 3 月	第 9 批
灌溪学校早期建筑群	近代	湾井镇下灌村	省级	2011 年 3 月	第 9 批
下灌村古建筑群	明、清	湾井镇下灌村	省级	2019 年 2 月	第 10 批
濂溪祠（含湾头村周氏宗祠、禾亭周家村周氏宗祠）	清	舜陵镇北路八百春	省级	2019 年 2 月	第 10 批
小桃源村古建筑群	清	禾亭镇小桃源村	省级	2019 年 2 月	第 10 批
市级文物保护单位共 16 处					
杨家诰封祠	清	保安乡杨家村	市级	2003 年 5 月	

续表

保护单位名称	时代	文物地址	保护级别	颁布时间	批次
象岩摩崖石刻	宋清	湾井镇朵山村	市级	2003 年 5 月	
逍遥岩摩崖石刻	宋	舜陵镇逍遥岩村	市级	2003 年 5 月	
琵琶岗古民居群	清	禾亭镇琵琶岗村	市级	2003 年 5 月	
舂陵侯家族墓	西汉	柏家坪镇郑古元村	市级	2003 年 5 月	
周如锡墓	唐	天堂镇大阳洞村	市级	2003 年 5 月	
骆家村古戏台	清	冷水镇骆家村	市级	2003 年 5 月	
宁远贞节坊	清	宁远县西门街	市级	2003 年 5 月	
三星堆遗址	西汉	柏家坪镇神山下村 5 组	市级	2013 年 12 月	
老柏家石塔	清	禾亭镇老柏家村前	市级	2013 年 12 月	
大方洞节孝坊	清	鲤溪镇大方洞村	市级	2013 年 12 月	
大界奉家木牌坊	清	水市镇大界村	市级	2013 年 12 月	
姜苏普墓	近现代	鲤溪镇浪石桥村	市级	2013 年 12 月	
王昆烈士墓	近现代	湾井镇下灌村	市级	2013 年 12 月	
抗日名将阙汉骞故居	近现代	清水桥镇阙家村	市级	2013 年 12 月	
六桂楼	近现代	宁远一中校内	市级	2013 年 12 月	
县级文物保护单位共 91 处					
雪矶钓台石刻	清	五拱桥下河中	县级	1994 年 9 月	
城头寨遗址	宋	舜陵镇城头寨村	县级	1996 年 11 月	
新车窑址	宋	舜陵镇新车村 2 组	县级	1996 年 11 月	
长五里古墓群	汉五代	冷水镇培泽村 2 组	县级	1996 年 11 月	
平田七里坪墓葬群	秦汉	平田 4 组到可亭 13 组	县级	1996 年 11 月	
周宏怜墓	唐	天堂镇晓石村 6 组	县级	1996 年 11 月	
欧善堂墓	明	天堂镇刘子用村 2 组	县级	1996 年 11 月	
紫霞岩洞壁石刻	唐~清	九嶷山乡大桑塘村	县级	1996 年 11 月	
恩人岭聚落遗址	商	冷水镇夏璧村 4 组	县级	1996 年 11 月	
山门脚聚落遗址	商	冷水镇隔江村 2 组	县级	1996 年 11 月	
包家红军标语	近现代	水市镇包家村	县级	1996 年 11 月	
革命烈士陵园	近现代	水市镇水市村 5 组	县级	1996 年 11 月	
横岭红军战壕	近现代	天堂镇横岭村	县级	1996 年 11 月	
全国抗日阵亡将士纪念碑	近现代	舜陵镇东正街	县级	1996 年 11 月	
进士居	清	水市镇周家村	县级	2004 年 12 月	
东正街民居	清	舜陵镇东正街	县级	2004 年 12 月	
东溪石刻	清	窝子地泠江河边	县级	2004 年 12 月	
西湾村门楣石刻	清	九疑山乡西湾村	县级	2004 年 12 月	

续表

保护单位名称	时代	文物地址	保护级别	颁布时间	批次
欧鸣高墓	近现代	水市镇大欧家村	县级	2004 年 12 月	
碧虚洞与无为洞石刻	清	九疑山乡九疑洞村	县级	2012 年 2 月	
恩晖亭	清	柏家坪镇郑古元村	县级	2012 年 2 月	
高壁公厅	清	冷水镇高壁村	县级	2012 年 2 月	
黄家洞翰林祠	清	仁和镇黄家洞村	县级	2012 年 2 月	
老烟竹公祠	清	禾亭镇老烟竹村	县级	2012 年 2 月	
毛家三拱桥	清	冷水镇毛家村	县级	2012 年 2 月	
梅翠公祠	清	冷水镇梅翠村	县级	2012 年 2 月	
盘古皇庙遗址及石刻	清	柏家坪镇桥头村	县级	2012 年 2 月	
青龙亭	清	清水桥镇吕家村	县级	2012 年 2 月	
唐家石拱桥	清	冷水镇唐家村	县级	2012 年 2 月	
五里沟石拱桥	清	中和镇杉木园村	县级	2012 年 2 月	
仙龙亭	清	冷水镇桐子山村	县级	2012 年 2 月	
桐木寨遗址	清	仁和镇冯石村	县级	2012 年 2 月	
大仂塘遗址	明	仁和镇冯石村	县级	2012 年 2 月	
荆家码头宋代城砖窑址	宋	天堂镇两河口荆家	县级	2012 年 2 月	
罐罐亭宋代窑址	宋	舜陵镇仁山庙村	县级	2012 年 2 月	
碧秀庙摩崖石刻	清	清水桥乡罗坝村	县级	2012 年 2 月	
下界头石塔	清	太平镇下界头村	县级	2012 年 2 月	
大谷上岩石刻	宋—元	禾亭镇大谷村	县级	2012 年 2 月	
老八间教室（含古樟）	近现代	宁远一中校内	县级	2012 年 2 月	
龙须村何氏宗祠	清	天堂镇龙须村	县级	2018 年 3 月	
廻龙书院与文塔	清	天堂镇岭脚村	县级	2018 年 3 月	
岭脚村周氏宗祠	清	天堂镇岭脚村	县级	2018 年 3 月	
石海山村蒋氏宗祠	清	天堂镇石海山村	县级	2018 年 3 月	
曾家洞村曾氏宗祠	清	天堂镇曾家洞村	县级	2018 年 3 月	
文昌宫	清	太平镇老白土村	县级	2018 年 3 月	
妙瑞井村黎氏宗祠	清	太平镇妙瑞井村	县级	2018 年 3 月	
洞尾村房氏宗祠	清	太平镇洞尾村	县级	2018 年 3 月	
塘头岭村石塔	清	太平镇塘头岭村	县级	2018 年 3 月	
谢家村谢氏宗祠	清	清水桥镇谢家村	县级	2018 年 3 月	
西塘村郑氏宗祠	清	清水桥镇西塘村	县级	2018 年 3 月	
牛轧丘村郑氏宗祠	清	柏家坪镇牛轧丘村	县级	2018 年 3 月	
岗芝头村欧阳氏宗祠	清	柏家坪镇岗芝头村	县级	2018 年 3 月	

续表

保护单位名称	时代	文物地址	保护级别	颁布时间	批次
礼仕湾村李氏宗祠	清	柏家坪镇礼仕湾村	县级	2018 年 3 月	
刘均申村刘氏宗祠	清	柏家坪镇刘均申村	县级	2018 年 3 月	
大路尾村欧阳氏宗祠	清	柏家坪镇大路尾村	县级	2018 年 3 月	
大路尾村石塔	清	柏家坪镇大路尾村	县级	2018 年 3 月	
刘安仲村刘氏宗祠	清	仁和镇刘安仲村	县级	2018 年 3 月	
冯石村黄氏宗祠	清	仁和镇冯石村二组	县级	2018 年 3 月	
田心村李氏宗祠	清	湾井镇田心村	县级	2018 年 3 月	
湾井村冯都公祠	清	湾井镇湾井村	县级	2018 年 3 月	
何家山村何氏宗祠	清	中和镇何家山村	县级	2018 年 3 月	
周家村进士亭及祠堂	清	中和镇周家村	县级	2018 年 3 月	
廻龙亭	清	中和镇慕投村	县级	2018 年 3 月	
岭头村欧阳氏宗祠	清	中和镇岭头村	县级	2018 年 3 月	
秀林峯遗址	清	中和镇岭头村	县级	2018 年 3 月	
和平村古井	明	中和镇和平村村	县级	2018 年 3 月	
湾江村李氏宗祠	清	水市镇湾江村	县级	2018 年 3 月	
水市水库大坝	近现代	水市镇香花铺村	县级	2018 年 3 月	
下早禾洞村蔡氏宗祠	清	水市镇下早禾洞村	县级	2018 年 3 月	
田家龙潭书院和惜字塔	清	水市镇田家村	县级	2018 年 3 月	
杨梅洞村周氏宗祠	清	水市镇杨梅洞村	县级	2018 年 3 月	
新骆家村骆氏宗祠	清	冷水镇新骆家村	县级	2018 年 3 月	
百美村成氏宗祠	清	冷水镇百美村	县级	2018 年 3 月	
石玉生墓	明	五龙山乡石家洞村	县级	2018 年 3 月	
黄土岭村公厅	清	保安乡黄土岭村	县级	2018 年 3 月	
文庙五拱桥	清	文庙街 78 号旁	县级	2018 年 3 月	
人民医院老办公楼	1962 年	重华路	县级	2018 年 3 月	
东门街码头遗址	清	东门街 24 号	县级	2018 年 3 月	
跳磡石村樊家古井	清	跳磡石村	县级	2018 年 3 月	
跳磡石村樊氏宗祠	清	跳磡石村	县级	2018 年 3 月	
跳磡石村陈氏宗祠	清	跳磡石村	县级	2018 年 3 月	
福禄淌古井	清	福禄淌村	县级	2018 年 3 月	
财神庙古井	清	北内街	县级	2018 年 3 月	
珠子巷古井	清	珠子巷 13 号旁	县级	2018 年 3 月	
高家井	清	青云巷 88-4 号	县级	2018 年 3 月	
萧家村萧氏宗祠及古井	清	萧家村	县级	2018 年 3 月	

续表

保护单位名称	时代	文物地址	保护级别	颁布时间	批次
欧家村欧氏宗祠及古井	清	欧家村	县级	2018 年 3 月	
南门桥	清	南门街	县级	2018 年 3 月	
南门何家古民居	清	南门街	县级	2018 年 3 月	
南门刘家古民居	清	南门街	县级	2018 年 3 月	
桐山区公所旧址	民国	南门街	县级	2018 年 3 月	

二、宁远县“中国传统村落”简介

（一）禾亭镇小桃源村

小桃源村位于宁远县城东北部，在禾亭镇人民政府驻地东7千米处。明朝嘉靖年间，从四方井搬迁至此。村子原有通往广东方向的主道路，村旁没有河流，主要水源靠井水和水库存水。村子依山而建，整个村子像一个大扇形。大部分民房所需材料都是就地取材，因村庄地势高差极大，有些房屋的基础砌条石达2.5米高。整个村子利用地形设计合理，房屋错落有致，都是江南地区少有的窨子屋。青堂瓦舍因山势而建显得错落有致，贯穿村庄每个角落的青石板路因蜿蜒曲折而显得古朴典雅。小桃源村因山坡桃林遍地，酷似陶渊明《桃花源记》中的桃花源而得名。全村面积1.9平方千米，近200户、780人，古村落所处地理位置特殊，位于四面环山的山坡上，风景自然，别具一格。文明悠远，建筑依山坡而建，层层叠叠，青砖青瓦翘屋檐，青石板小巷，古井细泉源远流长，古木参天，气候宜人。

小桃源村于2014年列入第二批中国传统村落名录。

（二）湾井镇下灌村

下灌村位于宁远县城东南方向，东与蓝山接壤，南与九嶷山国家森林公园相连，西邻水市镇，北与冷水镇毗邻。为湾井镇人民政府驻地，面积19平方千米，人口一万余人。499年立村，因众溪流往下注灌而得名。整个村落南高北低，水资源得天独厚，东江、西江环村而流，沐水穿村而过，东西南三面环山，人口多而居住稠密，三山六水一分田，世人赞为“江南第一村”。

下灌村境内现完整地保存着一大批明清建筑群，建筑大部分为砖木结构，马头墙，房屋座座相通，房房相连，晴不顶日，雨不具伞，空气通畅，冬暖夏凉。大院青石铺地，木雕门窗，彩绘壁画，随处可见。砖、木、石三雕艺术精湛，祠堂、民居规模庞大，建造精致。这些明清时代留下的古民居，青砖黑瓦，屋脊起翘，鳞次栉比，古色古香，恰似一幅古雅、秀丽的湘南风情画。古民居大多为一层，古朴而又有韵致，有达官贵人的府邸，有富商的

高楼，也有平民百姓的私居，门罩上装饰着砖雕石雕，有山水人物、有飞禽走兽、有神话故事、有锦文图案，无不精致细腻，栩栩如生。

下灌李氏宗祠、灌溪学校为湖南省文物保护单位。还有广文桥、状元楼、洗砚池、文星塔等古建名胜。下灌村为湖南省历史文化名村、中国麻将特色小镇、第四批中国传统村落。“状元李郃的传说”为湖南省非物质文化遗产。下灌水丸子为特色名吃。下灌处于盆地之中，三水一齐往下注灌。央视《地理中国》于 2018 年 11 月 5 日播出《马蹄形中的村落》。

下灌村是一个集文物古迹、传统风情和自然山色于一体的文化古村、旅游胜地，众多的风景名胜，或以古迹之称，或以自然出奇，或以风景见长，或以名人传世，游九疑而不经此几失其真形矣！

千年古村落下灌村，历史上曾经出过 2 名状元，48 名进士。

下灌村于 2016 年列入第五批中国传统村落名录，2017 年入选湖南省历史文化名村。

（三）天堂镇大阳洞村

大阳洞村位于宁远县西南，距宁远县城 15 千米、天堂镇 7 千米，是宁远县四大村落之一。面积 10 平方千米，总户数 931 户，户籍人口 3250 人。宋时属顺德乡，元末时张万二迁此建村，因村立于大阳溪岸边而名。张姓受其远祖张观影响，知晓九疑，其后裔张盛郎从江西先迁九疑由村定居，传六世后时值元末世乱，张万二迁大阳洞立户建村，迄今已有六百余年。村北有望岗寨，为古舜庙遗址。理学鼻祖周敦颐的先祖周如锡即居于此山脚。

村域自然条件优越，属亚热带季风湿润区，气候温暖，雨量丰沛，冬暖夏凉，四季如春，素有“天然温室”之称。群峰环绕置田庄，盆地远观似太阳。村落前九嶷河（古称“大阳溪”）自东向西绕村十里，村后西边桂河（神子江）穿田而过，白莲塘引水入池聚气。望岗寨雄峙村北、绵延数里，村南后龙山风水林，古木葱茏，固山避风，藏风聚气。五千亩良田于“两山”“两河”中间，阡陌纵横，沟渠相通，一马平川。

大阳洞村有大量建于元明清时期的传统建筑，历史久远，建筑工艺精湛。建筑采用各类装饰技艺，图案表现题材丰富，寓意深刻。张氏宗祠、教堂、养初学堂、包公殿、新书房等数千平方米。大型传统建筑多座，数百平米的古民宅众多，街巷两侧密集传统风貌的古民宅遗存。大中小型传统建筑基本集中连片，在一代又一代村民的保护下得以完整地保存。整体布局以主门楼、张氏祠堂为中心轴，沿三条横轴（大街），三横八纵 36 巷，以八卦图中的离、兑、乾、巽、坎等部位，对应宗族八门楼，布局成圆抱局式。目前保存有 200 米左右的古石板路。

大阳洞村于 2019 年列入第五批中国传统村落名录。

（四）湾井镇久安背村

久安背村位于宁远县湾井镇南 4 千米许，面积 9 平方千米，总人口近 2600 人。晚唐始建村，系下灌始祖李道辨之第十六世孙状元李郃后裔迁居地。村庄原名九岩洞，因四面环山居盆地而得名；又名九岩背，因村背小溪穿流九岩而得名，后雅化为久安背，期长久

治安。久安背翰林祠为官府旌表宋代进士李世南而建，大门上方悬挂“进士及第”牌匾，为全国重点文物保护单位。另有宋代李绚、李时亮、李端、李安、李伯辉等进士，清代有一品武官李运荣、二品武官李景阳（金旸）。

久安背村于2017年入选湖南省历史文化名村，2019年列入第五批中国传统村落名录。

（五）湾井镇路亭村

路亭村位于宁远县湾井镇南5千米许，总面积5平方千米，总人口2700多人。明洪武初，太平乡王琦生后裔迁居立村，原名周家峒，因地处祭舜官道大路旁，王氏建有供人歇息的凉亭而得名路亭。王氏宗祠前建有云龙坊，弘治二年（1489）官府为旌表举人王性（又作信）而立。云龙牌坊为全国重点文物保护单位。后移至宗祠内有嘉庆四年（1799）的“奉宪禁革碑”，重申乾隆十五年禁令，不得在此用膳扰民及减轻村民的有关祭舜备物负担，在国内鲜见这种禁革碑。

路亭村于2017年入选湖南省历史文化名村，2019年入选第五批中国传统村落名录。

（六）九嶷山瑶族乡西湾村

西湾村位于宁远县城南面，距离县城约26千米，村域面积5.1平方千米，人口1570人。西湾村宋末从江华迁来，原居在舜帝陵庙处，称老西湾，明洪武初为让出舜源峰下的舜帝陵庙用地搬迁至此。

因处于山弯之西，因旧名而得名西湾。该村紧邻九嶷山，背靠舜帝陵，是九嶷山景区出入的必经之地。山地丘陵地形，地理位置得天独厚，自然资源丰富，区位优势明显。“奇山秀水，近拱九嶷，远抱潇水，集九峰之秀丽，萃十景之清奇”是西湾的真实写照。走进西湾，只见重峦叠嶂，溪流点缀，山水一色。有文塔、五大传统院落、古民居等众多景点，美景如画。西湾村三面环山，左三右五共八座山峰，最著名的有“九嶷九峰”之一的石城峰，村庄掩映在郁郁葱葱的山林中，从村外望西湾村，山上古木参天，青翠欲滴，葱郁的高山下看不见村子，村庄俨然与自然融为一体。西湾村一面临水，南部紧靠九嶷河，河水如同玉带一样，轻轻地把村庄揽起，远远看去，仿佛山中一帆，灵动而迷人。这里交通便捷，冷九公路贯穿村域南北。

村内民房上有何绍基“水峙山流”“百二峰回”题刻，甚为珍贵。该村张周育为美国里根总统科技顾问，张智猛少将曾任驻澳部队政委。

西湾村于2019年列入第五批中国传统村落名录。

（七）冷水镇骆家村

骆家村在冷水镇政府驻地东北6.5千米许，村域面积4平方千米，总人口2600人。骆家村坐东北朝西南，村后为后龙山（丘陵山），村前为龙珠山村西北为连绵的雾云山，村东南为雄峻的青定山，村前望去良田千顷，水系环绕，池塘密布，美不胜收。

先祖骆绍镜于明弘治间迁此开村，距今有500余年历史。初居时称唐湾坊，后因人口发展，俗以姓氏名村而得名骆家村。骆氏在明朝时以锦衣卫指挥名噪一时，今仍有“锦衣总宪”牌匾留存于今新田县骆铭孙村。明时宁远骆氏名人有骆以诚、骆安。骆安：弘治甲寅兴献王到藩府，其父骆胜随藩国，嘉靖登极念旧藩邸旧勋，胜卒，安荫护，特升锦衣卫都指挥使掌印务奉诏狱一切宪典名震一时。古村虽经历史风雨的浸淫，但是很多文物古迹及建筑设施至今保存完好。如：历时三朝的宗祠古戏台、三伯公祠、明清时期大户古建屋英雄楼、仰旨书屋等大大小小的院落100余栋、大小巷道42条，古建筑群占地约2.5万平方米。骆氏祠堂现为市级文物保护单位。有骆氏宗祠、古戏楼和戏台，骆家大院几十栋民居、石拱桥、八仙岩、旧庵址等。古建筑、古巷道、古桥、古树均展现村落传统文化的厚重与内涵。

骆家村于2019年列入第五批中国传统村落名录。

（八）太平镇城盘岭村

城盘岭村位于宁远县东部，距离太平镇政府2.0千米。村域面积为4.2平方千米，人口为1648人，宋末，刘备后裔躲避战乱搬迁至此，原名城盘源，因村四周是石山，中间像盘子，所以取名叫城盘源。

1952年改名为城盘岭。城盘岭村坐北朝南，三面环山，南面有对门岭，西北面靠后龙山，东面是山冲连接着太平镇。山上古木参天，青翠欲滴，葱郁的高山下看不见村子，村庄俨然与自然融为一体，是一块山水兼备风水宝地。城盘岭村巷道纵横交错。东西有4条，全长2千米，南

北有16条，全长3.5千米。走在巷中，古色古香的历史气息浓厚。村口的宫廷式书院始建于明末清初，是一座砖木结构，中西合璧的两开间2层小楼，楼上楼下均用砖木砌筑隔间，雕有花格子门窗，占地2000平方米，建筑面积达1400平方米，门前小桥流水，古树萦绕，环境优美。

城盘岭村于2019年列入第五批中国传统村落名录。

（九）禾亭镇琵琶冈村

琵琶岗村位于宁远县禾亭镇，始建于明末清初。以村地形似琵琶而得名。村域面积为3.10平方千米，人口1250人。该村始建于明末清初，是明清湘粤盐运史、明清湘南古建筑史和明清湘南古文明史的活字典、活化石。村落傍山而建，四周群山环抱，生态环境良好，物种资源丰富，村前村后古木参天，风景秀美，自然环境保持历史风貌，山上植被以樟树和松树为主，保存有两棵上百年历史的古树。村落周边有奇石、岩洞等景点。其中，岩洞有老虎岩、刘家岩等。奇石有“飞驼”“神龟问天”“雪域高原”。

琵琶岗古民居群是宁远县现存规模最大、保存最为完整的古建筑群。古建筑群依山势亲水渊，是古村人追求“天人合一”理念的具体体现，实现人与自然和谐一致。除此之外，在村落和乡野之间，与民居相映呈辉的还有高高矗起的祠堂，飞檐翘壁的楼阁，蜿蜒曲折的巷道等等，还有风格一致的商业古铺，它们都是村落不可缺少的一部分，这些极具特色的标志性建筑，与小巷、祠堂、铺面结合在一起，构成琵琶岗村整体上的优雅风貌。

该村目前有清式青砖、小青瓦、马头山墙古建筑150多栋。且青瓦青砖青石板层次分明，浮雕木刻古朴，石雕门梁厚重，“三雕”艺术精湛，雕刻主要以龙、麒、凤为主，属典型的湘派风格。街巷四通八达，沿盐粮大道两侧分布有天梯、客栈、茶楼、酒米铺、药铺、杂货铺等商铺。琵琶岗古祠堂建于1858年，由刘氏族人仕高公与一位萧氏的结拜义兄召集村民共同修建。祠堂依地势而建，分为上、中、下三个不同的功能厅，现为永州市级文物保护单位。望嶷学校占地1800平方米，始建于1869年，取名“望嶷”蕴含“遥望九嶷，崇敬舜德”的意思。近年来，在当地政府的引导下，按照“修旧如旧”原则，启动古村修缮、村容村貌改造提升等工程，让古村焕发新生。

琵琶岗村有着悠久的戏曲文化传统。村里最初的戏剧团成立于清光绪年间传承至今已有140多年。逢年过节周边县市争相邀请演出。

琵琶岗村重要人物有萧志仁等。

琵琶岗村于2019年列入第五批中国传统村落名录。

（十）中和镇岭头村

岭头村位于宁远县西北部的中和镇（古称作西洞），东临新开村，南接白田村，西界老楠木漯，北靠淌头、凤仙桥水库。村庄立于上古岭山脉之东头而取名为岭头。始祖欧阳世礼于明永乐壬辰（1412）迁禧钟塘即岭头定居。村域面积为8.6平方千米，人口1890人。村庄坐西向东，西靠上古岭山脉，北至凤仙桥水库，东与新开村隔仁江相对，仁江水从岭头田野中的秀林峰东脚下自北向南而流。古村的周围是万亩良田，田野阡陌纵横，山、水、古村、绿野，构成一幅美丽的田园风光画卷。整个古村呈扇形而建，青砖青瓦，古香古色的房子高低错落因山坡地势自下而上摆开，极具气势。该村的古建筑具有鲜明的中国南方明清时期古建筑的风格，一般房屋的外墙为青色的防火砖构成，内部多为木制架构，门楼泥塑加石雕，屋脊飞檐彩陶，内部的梁檩窗屏多用木刻雕花、彩绘漆。村内原有三处书院，即秀林峰痒珍书院、成公书院、庙山书院。该村祠堂始建于明朝崇祯三年，重修于道光年间，当时是二进式祠堂，最后一次是民国元年始修复，民国3年竣工，耗时两年多，现存祠堂三进式，青砖青瓦，神堂、凉廊等至今保存完好。

岭头村地形为卧虎形。村后有上古岭，上古岭数条小支脉延绵而下，脉源远长，村南北各一条小山脉延伸下田野，犹如卧虎的两只前腿，整个村庄坐落于两腿合抱中间，村后是山脊，远眺像一只卧虎。

岭头村风景名胜主要有壁画、秀林峰、禧钟塘、鸟岩洞等。

岭头村大部分建筑上都刻有不同内容的典故壁画，如三顾茅庐、昭君和番。三娘教子、朱仙镇八锤……。虽经几百年沧桑岁月，风雨侵蚀，仍清晰可见。

秀林峰在岭头村田野中央拔地而起，圆柱形，全石峰，峰高20多米，峰顶平坦，皆为石。峰上全是奇珍树木，且树木皆长于石上，其根插入石缝，峰上四时葱茏，阴森参参，其树龄不知几何。峰下仁江水清澈见底，四季长流，河堤两岸翠柳含烟。

禧钟塘位于岭头村广场东坡下，面积约七亩左右，全村之水和后龙山的溪水皆汇聚于塘中，塘的形成早于村史。埂上古木参天，郁郁葱葱。

鸟岩洞闻名县境。洞中钟乳石柱发光锃亮，高两丈余，粗二人合抱，从洞顶垂下立于地。洞内支洞纵横蜿蜒，洞中有溪流沙滩，美不胜收。

主要历史人物有欧阳昊、欧阳礼一等。

岭头村于2019年列入第五批中国传统村落名录。

（十一）柏家坪镇柏家村

柏家村位于宁远县北面，离县城30千米，面积3.10平方千米，人口3155人。宋仁宗时戊辰九年（998），柏敦瑞开柏晚胜户，清乾隆年间改为柏万胜户，1949年后改名柏家

村，全村以柏姓为主，故而得名。

柏家村的古民居、四合院，庄重而静谧；石碑石柱，沧桑而古典。村内街巷纵横，四通八达。村内现有保存完好的元末明初兴建的古民居群200余间，面积约2.5万平方米。这些建筑均全部以青石为基础，石灰桐油糯米勾缝，木构架为主体，青砖黛瓦，飞檐翘拱，斜顶小青瓦屋面，烽火马头墙，建筑平面图的主要特征是坐北朝南，中轴对称，东西耳门对开，设内天井的三间堂及五间堂格局，布局合理，照壁上有各种花鸟人物的壁画，内部装饰有着精美的木雕、石雕，整体规模宏大，设计规划巧夺天工。集建筑艺术、民俗文化、宗亲文化、农耕文化、封建社会时代风貌之大成，有元明时期南方建筑的独特风格，是历史文化艺术瑰宝。村内有保存完好的祠堂，有国家级文保单位——春陵古城遗址。

柏家村风景优美，后龙山古树参天，春水河与护城河环村流过，河水清澈碧透。该村四周群山环绕，中部丘岗起伏，平川交错，东有天源山，南望九嶷山。村后龙山山脉延绵主峰是远近闻名的天子山和阳明山。村南有龙潭井，村北有龙泉井，加上春陵古城与春陵庙，使得柏家村形成别具一格的古村落风貌。柏氏先祖选择在柏家村立村，暗合风水明顺人意，适得大自然的恩惠。

该村重要历史人物有柏忍。柏忍，乳名芝春，革命烈士。早年毕业于长沙女子师范学校。在五四新思想影响下，执着追求新思想，投身反帝反封建的爱国运动。1926年在宁远参加领导农民运动。1927年加入中国共产党，任县农协妇女主任兼北二区农民协会委员长。“马日事变”后，以乡村教师身份在荔浦（广西）等地继续从事革命斗争。1929年1月在广西平乐被捕，受尽酷刑，被割掉左耳右乳，始终坚贞不屈。同年4月27日在宁远五拱桥壮烈牺牲，人民称之为“秋瑾式巾帼英雄”。

柏家村于2019年列入第五批中国传统村落名录。

（十二）清水桥镇平田村

平田村（又名龙溪），位于宁远县北境清水桥镇，东与鲤溪镇接壤，南与柏家坪春陵故城相连，西邻柏家坪神山下，北与桐木漯毗邻，整个村庄坐落在一平坦的定地之上，因地势平坦，故名平田。村前河流蜿蜒曲折，良田阡陌，群

山环抱，层峦叠嶂，两条河流在村南交汇于舂河远去，水资源得天独厚。总面积25.6平方千米，全村共1200多户、6300余人，全部为欧阳姓，被誉为北路第一村。

平田村历史悠久，始建于南宋乾道四年（1168），是明清时期西乡之驻地。整个村庄从山上远望如一八卦形。村内道街巷纵横，四通八达。全村有大小宗祠十余座，其中乾隆二十八年（1763）重建的欧阳氏宗祠尤为突出，大门石狮子高大威猛，霸气十足。整个建筑为砖木混合结构，条石地面、青砖墙、灰瓦、圆柱木梁，建筑风格独特，古色古香，在古建筑中实为罕见，现为湖南省文物保护单位。村内除大小宗祠外，还拥有大量明清和民国时期建筑，有青石板古巷、石桥、石刻、凉亭、八阁楼、文昌阁、私塾书院、庙宇庵堂，上铺街、中铺街、下铺街。四知堂、九馀堂、康节堂、保少堂、鸿寿堂等多个堂号，其中最为出名的为诚正堂，整个大院占地9100余平方米，内套9个小院，36个天井，144间房屋。大院形如城堡，四面临街，东西南北四个大门，四周全是封闭式砖墙，雕梁画栋、小桥流水、钟灵毓秀、设计精巧、工艺精细，人文气息浓厚，充分体现清代南方民居建筑的独特风格，是湘南古村落的代表。古朴的民居和美丽的田园风光交相辉映，也是居住生活的桃源胜境。村内现存古井6处，依然为村民提供部分水源。

坐落在村头的平田完全小学是宁远最早兴办的学校之一，原名龙溪学校，建于民国5年（1916），迄今已有100多年。历史悠久，底蕴丰厚，人才辈出。该村有何绍基好友、清代诗人杨季鸾，九疑派古琴宗师杨宗稷，资产阶级民主革命家欧阳振声等历史名人。

平田村于2019年列入第五批中国传统村落名录。

三、宁远县域标志性产品简介

莫海立　欧鹏遥整理/编写

（一）宁远血鸭

“宁远血鸭”又称“血糊鸭”，是一道具有六百多年历史的地方特色名菜，以色泽红润、焦脆爽口、香辣咸兼备而闻名于世。“宁远血鸭”是永州血鸭大家庭中核心成员，味道地道，历史悠久。

元末，宁远在元鞑子的统治之下，处于水深火热之中。至正二十年（1360），欧阳平章、李文卿等约定在八月十五“驱元兵，杀鞑子”。结果口传信使被元兵抓住盘查，信使机敏改口为“吃月饼，杀鸭子”。因二者几近同音，元兵深信并放走口传信使。当年宁远起义一举成功，并建立了宁远自治政权达八年之久，选举年近九十的欧善堂摄县事。为庆祝起义成功，每年八月十五百姓便“吃月饼，杀鸭子”，久而久之，形成习俗。至明正统间，宁远人李文政为明廷膳府典膳，后授江西南康（今赣州）太守。退休后，将宫廷血鸭做法带回宁远，二者慢慢融为一体，广为流传。宁远血鸭遂为血鸭之掌门。

“宁远血鸭”享誉三湘，走向全国，溯本追源可以追溯到宋代，流传至今虽有一些变化，但魅力不减！究其原因，一是选用食材的独到，二是烹制工艺的独特。

独特的地理、气候、水资源环境，培育出了独特的宁远麻鸭。宁远地处湖南南部，地域狭长，境内四面环山，最高海拔1959.2米，最低海拔165米。山丘面积占全县面积的63%。境内四面环山。南耸九疑山，北枕阳明山，西界都庞岭，东亘雾云山。县域形似舟形盆地，地貌类型多样，山地、丘陵、岗地、平原、水面之比大体47：15：16：20：2。宁远县属中亚热带季风湿润区，气候温暖，雨量丰沛。境内水资源丰富，地表水春水（民国前亦名都溪水）、泠水（又名泠江，唐代曾名迟水）、九疑河（旧志称潇水）、仁水为主，地下水更为丰富。

独特的地理和气候环境，使境内常年气候温和，雨水充沛，水田种养供水丰足，一年可以种植两季水稻（早稻和晚稻）。“宁远血鸭”就是以宁远县境内的麻鸭为主食材，放养在农家稻田和山谷中的麻鸭，以谷物为主饲，以杂粮为辅食，食用田螺、小鱼、小虾等“野味”，饮用山泉水，保证肉质的甜美。很多养殖户，借助江河池塘有利条件，每天定期驱赶麻鸭出去锻炼、戏水，促进麻鸭的新陈代谢。宁远麻鸭饲养期达 3 个月以上，这样的麻鸭肉质好、脂肪少、瘦肉多，蛋白质含量高，作为原材料堪称上品，由此制成的宁远血鸭具色泽红润、焦脆爽口、肉香味美、香辣兼备、常吃不腻等特点。

“宁远血鸭”的传统制作流程及工艺：

1. 主材选用：选用宁远本地饲养 3 个月以上的麻鸭。

2. 佐料准备：食盐、生姜、蒜米、八角、干辣椒、生青椒、酒、鸭血、嫩毛豆、桔皮、竹叶、生葱等。

3. 主材宰杀及处理：

（1）宰杀鸭子之前，准备一个盛血的大碗，事先在碗里放入 2~2.5 勺本地红薯酒，糯米酒更佳。

（2）割破鸭子喉咙部位的血管，让其头略朝下，使流淌的鸭血装入大碗中，同时让人不断顺时针搅动鸭血，直至搅动的筷子粘上血筋，防止鸭血凝固。

（3）用 60°C 左右热水浸烫去毛、洗净；剖开鸭肚，取出内脏洗净（鸭肚剖开后，最好不要放进水里重复清洗）。

（4）砍剁好鸭头、下巴、鸭腿、鸭翅、鸭肝等大件，再切好鸭肉小件，用碟或碗装好，准备烹制。

4. 烹制工艺流程：

5. 炒大件：热锅热油，一般先将较大块的鸭头、下巴、鸭腿、鸭翅、鸭肝、鸭屁股先入锅煎炒，中火，至金黄色，将剩余鸭肉入锅。

6. 炒小件：倒入全部鸭肉后，大火翻炒，变色后，下桔皮，转中火，务必确保锅中有油，防烧锅变焦，影响血鸭味道。

7. 下佐料：炒至鸭肉香味飘香时，下姜块、八角、桔皮、竹叶、干红椒爆香，继续翻炒约 2 分钟，舀出余油备用。下盐，继续翻炒，约 2 分钟。

8. 浇料酒：开大火，用红薯酒（或料酒）淋一圈。

9. 焖煮入味：下少许水，一般水位应漫过鸭肉或与鸭肉平，喜欢辣味者，可放尖椒以大火煮开后转中火，约 10 分钟，焖煮入味。

10. 放配菜：放入青椒、仔姜、红辣椒、等调味，再盖煮约 1 分钟即可，若汤汁较多，则开盖再煮，直至汤汁量合适。

11. 浇血：倒入鸭血，与鸭肉一起翻炒均匀后，开小火，直到鸭血煮熟。

12. 摆盘：将准备好的炸花生米拌入熟鸭肉中，翻炒两下，让鸭血裹住花生米，撒上葱花，装好盘子，大功告成。

（二）宁远水粉

宁远水粉起源于宁远县禾亭镇，俗称“禾亭水粉”，流传至今已经近两百年历史。

清朝末年，著名诗人、书画家杨季鸾（湖南省宁远县平田村人）与著名学者官员、书法家何绍基（道州人，曾于 1821 年、1827 年、1828 年、

1851年回到道州，一辈子曾多次回到湖南各地，晚年常驻长沙，主讲于长沙城南书院）是同庚挚友。一次，二人相邀同游永州宁远禾亭镇大谷村濂溪先生上岩题刻等古迹，并夜宿该村。第二天一早，杨季鸾带何绍基来到山下的禾亭小镇，品尝当地的早餐小食——禾亭水粉。这道制作讲究、细滑鲜嫩、芳香四溢的小吃所吸引。何绍基顾不上斯文，连吃几碗才呼过瘾。还连连对杨季鸾称赞道："没想到，名不见经传的禾亭镇竟是个山洞藏有锦绣文、民食亦有真美味的好地方！兄台与我这次的禾亭之行，确实不虚此行矣！"之后，二人欢喜作别、各奔前程。后来，何绍基高中进士并官至翰林院庶常馆编修，杨季鸾则诗名远扬且被御赐为"孝廉方正"，二人京城重逢，每每相聚，必向众人提起"禾亭水粉"的美味，传递的皆是满满的乡愁、暖暖的友情。从此，这道宁远小吃便名声在外、被世人所知。

禾亭水粉，因盛产于禾亭而得名，它不仅仅是一道名扬永州、誉满三湘的美食小吃，随着时代的变迁，这道美食逐渐叫宁远水粉了。宁远人爱水粉，爱的是粉汤里鲜香的味道；宁远人吃水粉，吃的是粉条软绵带着嚼劲的感觉。

宁远水粉和大多数汤粉一样以汤头、葱花、酱油、臊子、辣椒为佐料调制而成。宁远水粉的原材料——米粉，也就是干粉丝，是专门定制的，其外形较普通汤粉的粉条细，泡软的粉条在沸水中烫捞后仍能保持其劲道和弹性，不易碎断。宁远水粉的美味也在汤里，普通的汤粉大多以骨头、黄豆、五香配料等调味制作而成，而宁远水粉的汤头有其独门配方，是祖辈之法，从不外传。水粉的汤头讲究一个"鲜"字，佐料的调配也是制作宁远水粉至关重要的一步，佐料分量的拿捏是掌控味道的关键，把做好的肉臊子、葱、酱准备在碗里，烫粉条、入汤，有条不紊，缺一不可，手与勺的麻利配合下，宁远水粉的味道就此形成。

一碗精细鲜香的宁远水粉，是长年累月粉与汤的融合，沉淀的不仅仅是宁远一道闻名遐迩的美食，也是宁远人对家的味道。

"宁远水粉"粉条生产，严格选用产于宁远县范围内的早稻做成的大米为原料。主产于此的早稻大米，因为它们的直链淀粉和支链淀粉恰到好处，出粉率高，做出的米粉入口脆软，不糊、不断、不烂，口感细腻嫩滑，粉条通透白净，有弹性不粘锅等特性。

1. "宁远水粉"粉条工业化生产制作流程及工艺：

（1）粉条选用材料：选用产于宁远县范围内的早稻做成的大米做原料。

（2）粉条生产工艺流程：

选米→洗涤→浸泡→磨浆→脱水→混合→蒸坯→挤片→榨条→蒸煮熟化→冷却→疏松成型→湿粉条→搓粉→干燥→冷却→干粉条→检验→包装→成品出厂。

（3）粉条加工要点：

①选米：将谷粒、砂石、谷糠、黄粒米等变质米筛选去除。

②洗涤与浸泡：洗米是为了除去米粒表面的糖粉及其夹在米中的杂质，使米粒洁净卫生，以保证产品的质量，一般以洗米水变清，无浑浊为基准。

大米浸泡是为了使大米充分吸水膨胀，软化原有坚硬的组织，浸泡使米粒的含水量达到35%~40%，不仅给大米的粉碎或磨浆提供良好的条件，更重要的是为淀粉组织重新组合提供保证。

浸米的水量一般要求高出物料表面5厘米以上。浸泡时间为1~12小时，时间长短应根据大米品种和空气温度来决定。每隔0.5小时需更换清水一次，以防止大米酸败而使制品有酸味，浸泡到能用手指把米粒捏成粉末为准。

为了达到上述工艺要求，采用射流式洗米机为佳。

③磨浆：磨浆一般使用磨浆设备有石磨、钢磨、砂轮磨等，是把浸泡好的大米，加水混合磨成介于固体与液体之间的可流动的糊状米浆。磨浆要求进料进水均匀，磨浆的含水量为50%~60%（25~30波美度），米浆的粗细度为全部通过100目绢筛。由于米浆不易筛滤，实际使用42~52目/平方英寸（1英寸=2.54厘米）绢筛较多。

如磨出的米浆颗粒太粗，大致有以下原因：浸泡时间不够；吸水膨胀不均匀；动磨碟与静磨碟之间间隙太大，压力不足；进料或进水过多，米粒没有充分研磨就往外流出。

④脱水：采用米浆真空脱水后的蒸坯工艺，脱水以米浆的含水量降到35%~38%较好。含水过多会造成挤片或挤条时出现糊状倒流现象，挤出的粉条互相粘连，表面不光滑；含水量过低，蒸坯时难以糊化。

⑤蒸坯、挤片：蒸坯是使脱水后的粉团受热初步糊化，粉团由松散变成黏合，便于挤片。蒸坯设备多采用隧道式输送蒸槽或圆筒式连续蒸粉机。用温度为105℃的蒸汽汽蒸约2分钟，糊化度达75%~80%，即七、八成熟。糊化度与物料水分、蒸煮时间、温度、蒸汽压力有关。

蒸粉后用挤片设备挤片，挤片设备类似于榨粉机。磨好的米浆也可以直接喷流到蒸粉机（如下图所示）的帆布带上形成较薄的一层，经汽蒸后得薄片，经冷却后切成合适的长度并堆积起来。

⑥榨条：经过蒸煮的坯片具有较高的强度，需送进榨条机进行成型操作。榨条是将粉片经一带有若干圆形模孔的模头挤压成直径0.8~2.5毫米的圆长条，改变模板孔型，也可得到扁状粉条。实际操作中必须掌握好进料速度与压力，进料不足，挤出的粉条结合不紧，易断条；进料过多，压力过大，部分坯料在榨条机内回流，造成粘连，容易堵塞孔眼。

⑦蒸煮：榨条成型的米粉通常还要进行复蒸，以使粉条糊化度达90%~95%，其含水量控制在45%~62%。操作方法是把通过榨机板的粉条排列在网带输送蒸槽内，通过95~99℃的蒸汽加热10~15分钟。蒸煮时间要适当，时间过长，温度过高，会引起过分糊化，表面产生糊液；时间过短，温

度太低，则粉条糊化不完全，会产生白心，易碎断。通过复蒸，可保证成品的糊汤率低，米粉表面光滑、韧性好、咬劲足。

⑧冷却与松条：经过蒸煮的粉条，表面带有胶性溶液，黏性较大，要及时冷却松条。操作方法是使粉条通过冷水槽，降温松散或通过冷风道冷透后再入松条机松散。

⑨干燥与包装：榨粉干燥工艺与切粉干燥工艺相同。经过两次蒸煮出来的粉条含水量仍在45%以上，必须把水分降到13%~14%。一般干燥温度控制在40~45℃，时间3~8小时，温度低时间长，产品质量好。

经过烘干的产品要及时冷却，使粉条内外温湿度达到平衡，与大气温度接近，然后采用包装机或手工包装。

（4）米粉质量标准及常规检验

①外观：片形大致均匀，平直，松散，无结疤，无并条，无酥脆及霉变现象的米粉为上品；否则为劣质品。

②色泽：色泽光洁、有透明感、无斑点的米粉为上品；否则为劣质品。

③嗅味：无霉味、无酸味及异味的米粉为上品；否则为变质米粉。

④烹调性：煮熟后有韧性，不粘条，不糊汤，无严重断条、无杂质的米粉为上品；否则为劣质品。

⑤包装：包装的米粉应标明厂名、品名、重量、生产日期、检验员代号及出厂合格证等。

2. 粉条的准备

把合格的粉条，用净水提前浸泡6~8小时，或者直接将粉条放到沸水煮5~10分钟捞起，浸泡到干净的冷却水桶中备用。

3. 汤头的制作

用新鲜的猪大骨、猪腰排、猪肉适量，洗净入锅，加入桂皮、八角、甘草、草果、小茴香、罗汉果、沙姜、老姜、陈皮、黄豆、食盐、酱油等入锅，放入干净水，先用武火烧开，在用文火熬煮2个小时后，再加入少量老抽、鸡精、红糖调色，待用。

4. 肉臊子制作

购买新鲜五花肉1/3，瘦肉2/3，剁碎后拌入适量淀粉，使其更加鲜嫩，待用。

5. 佐料准备

食盐、生姜、蒜泥、干辣椒、麻辣椒、生青椒、葱花、花生油、酱油、醋等佐料，各自用专用容器盛放于小方桌，以供客人自行添加使用。

6. 水粉的售卖

（1）将制作好的肉臊子适量（一般2~3小勺）装入空碗中备用。

（2）将预先准备好的粉条，在汤头锅中烫1~2分钟即可导入盛有肉臊子的碗中，稍加翻拌，加入滚烫的烫头让新鲜肉臊子瞬间烫熟，新鲜而不老柴，恰到好处。有需要添加其他菜的客人，也可以另行添加。

（三）九嶷素米

素米是九嶷山下的百姓对秋晚稻稻米的独特称呼。早稻米，是不能称作素米的，只有成熟于秋季的金色稻谷碾成的晶莹洁白的稻米才能称为素

米。古代阴阳五行家以金配秋，其色白，故称秋季为“素秋”。原来九疑山下的百姓把稻米称作素米，是因为金稻收获于“素秋”的缘故。

九疑大地，山好土好水好空气好，即便在今日，亦方圆百里无工业污染源，是上天赐予生产素米的世外桃源。九疑山下古朴的百姓，在培植素米的过程中，传承数千年耕作的智慧，采用传统质朴的耕作方法，规避现代化学手段，确保生产全程基于本源而不被外源所污染。昼夜温差大，可以生产出口感更纯、内在品质更优、综合品位更高的稻米。

宁远县域形似舟形盆地，属中亚热带季风湿润区，气候温暖，雨量丰沛，土壤中富含硒元素，所产九嶷素米，符合人们对健康的追求。

四、宁远土特产简介

欧鹏遥 莫海立整理/编写

（一）宁远水晶梨

梨的栽培在宁远县已有数百年历史，具体年代无考。20世纪七八十年代，宁远县科技人员从广东省连州市科委引进种植，对宁远水晶梨进行品种改良，成功地应用杂交育种技术，并保留汁多味甜的品质特征，培育成独具特色的宁远水晶梨。

凭借宁远山区海拔较高，昼夜温差大，土壤肥沃等得天独厚的地理条件，出产的水晶梨果实饱满，果形近似苹果，果皮黄白色，晶莹光亮、有透明感、外观诱人；果肉具有雪白爽脆、肉质细腻、细嫩多汁、味香甜脆、果心小等特点。宁远水晶梨还具有清凉解热、消痰止咳、解疮毒、助消化等功效，相比其他品种的梨，具有糖分高、口感好等优势，品质更胜一筹，百姓称为“夏日消暑”神果，也被誉为“长寿梨”。

宁远水晶梨面积目前已上万亩，完全可以按“优质、高产、高效、生态、安全”进行高标准、大规模产业化种植。

（二）宁远香柰李

香柰李是宁远县著名特产，种植历史悠久，历经千百年的驯化和培育，已成为大叶、大果型品种——桃李型。

宁远香柰李果呈心脏形，果大（最大单果重300克）核小（可食率达98%），肉质松脆，味纯甜爽，清香持久，细滑，品质优良。柰李树势强挺、树冠开张，每年7月上旬成熟上市，为晚熟良种。

宁远香柰李以其速生、丰产、易管理等特点被果农接受并大面积种植。近年来，宁远县把扩大香柰李种植做为产业扶贫攻坚重要举措，努力打造九嶷香柰品牌，并专门制定绿色无公害技术规程，推行标准化生产。全县种植宁远香柰李近10万亩，逐步形成良种化、区域化、专业化、基地化、标准化、产业化的“产、供、销”一体化的新格局。

（三）九嶷脐橙

宁远县属典型的农业县，工矿企业少，脐橙生产区域不受工业“三废”污染，全县土壤分8个土类，15个亚类，57个土属，158个土种，土种齐全，土层深厚，土质较好，富含有机质，不含重金属和有害物质，产地的环境条件符合NY/T391的要求，适合九嶷脐橙的种植。脐橙园地生产灌溉水及加工企业生产用水均符合用水标准，脐橙园地未发现有害物质及重金属超标。得天独厚气候及水土条件，使得这一

区域生产出来的脐橙农药残留和重金属检测合格，达A级绿色食品标准。色泽橙红，果面细腻；风味浓甜，汁胞细嫩；气味清香，品质上等。消费者赞誉为“九嶷脐橙品质佳，甜脆可口香满堂”。最突出的特点就是耐贮藏，货架寿命长，其他地方的脐橙到春节后就开始腐烂变质，而九嶷脐橙在常温下存贮到次年5月中下旬，果肉无枯水、粒化现象，风味仍不减。九嶷脐橙驰名邻近各省、市。80年代就被确定为湖南省脐橙出口基地县之一。宁远县2002年被列入国家柑橘优势产业带（赣南—湘南—桂北柑橘带）脐橙产业项目基地县。

九嶷脐橙果实圆球、椭圆或倒卵形，果形指数0.99～1.05，单果重200～385克，色泽橙黄或橙红，油胞中等，多为闭橙。囊瓣肾形，10～12瓣，果心中大，半充实，果肉细嫩而脆、化渣，风味浓甜，甜酸适口，有香气，品质上等；可食率71%～80%，果汁率49%～51%，可溶性固形物11%～13.5%，每100毫升糖含量8～10.5克，酸含量0.6～0.9克，维生素C含量48～50.3毫克。果实11月中下旬成熟，较耐贮藏。

（四）宁远白苦瓜

俗称“石珠坝白苦瓜”，种植历史悠久，是宁远本地优良苦瓜品种。主产宁远县中和镇石珠坝村、上街村、下街村一带，常年种植3万余亩，亩产苦瓜1000—1500公斤。植株生长势较强，耐高温，耐渍，丰产，植株蔓生，分枝力强，叶绿色，掌状深裂，第一雌花着生在20节左右，主蔓，侧蔓，孙蔓均能结瓜，果实呈长圆筒形，长40—60厘米，横茎5—7厘米。宁远白苦瓜属早、中熟品种，从播种到初收80余天，瓜果实生长到7天左右上市。

宁远白苦瓜具有生长势强、雌花早开、高雌花性、结果力强；瓜果呈长圆筒形，瓜皮色白有光泽，表面呈不规则棱状突起，肉色浅绿色，肉厚汁多，水分充足、味微苦且有

清香等优良特性。

宁远白苦瓜是瓜类蔬菜中含维生素C最高的一种，在医药上有增进食欲、明目、助消化、清凉解毒、利尿和治疗糖尿病等疗效，还可养血滋肝，润脾补肾。白苦瓜因为热量低，更是减肥者喜爱的食物。

食用方法：

凉拌：取苦瓜半个，洗净切片，用盐腌渍后，加入适量的糖、味精、香油凉拌即可。

炒食：苦瓜炒肉片，取少许肉片加调料爆炒后待用，取苦瓜片加调料爆炒后与肉片混炒加适量味精后即可装盘。

（五）宁远斑竹

又称“湘妃竹”、“泪竹”。是禾本科竹亚科刚竹属植物桂竹的变型，普遍生长于宁远县九嶷山脉中。竹竿高7~13m，径3~10cm。竹竿具紫褐色斑块与斑点，分枝亦有紫褐色斑点，与原变种之区别在于秆有紫褐色斑块与斑点，分枝亦有紫褐色斑点。竿环及箨环均隆起；竿箨黄褐色，有黑褐色斑点，疏生直立硬毛。箨耳较小，矩圆形或镰形，有长而弯曲之遂毛。箨叶三角形或带形，桔红色，边缘绿色，微皱，下垂。每小枝2~4片，叶带状披针形，长7~15厘米，宽1.2~2.3厘米。叶舌发达，有叶耳及长肩毛。笋期5—6月。竿用作制工艺品及竹家具的优质用材。也是著名观赏竹。

相传尧舜时代，宁远县九嶷山上有九条恶龙，舜帝除灭恶龙，受苦受累崩葬于九嶷山。娥皇和女英二妃南下寻夫，且行且哭，悲痛欲绝，挥泪拭竹，竹尽斑，遂成斑竹，因泪染成，亦名泪竹。泪竹分麻泪、罗泪，九嶷两者均有。麻泪色泽苍褐，似芝麻点点，与洞庭君山斑竹相类。罗泪乃九嶷独有，堪称“中国一绝”。九嶷罗泪斑竹似指纹罗圆圈圈，明晰透亮，罗纹成乳白色的为白泪斑竹，罗纹成红色的为血泪斑竹。

陈鼎《竹谱》称“潇湘竹”“泪痕竹”。竿部生黑色斑点，颇为美丽。是我国竹家具的优质用材。《博物志》卷八：“尧之二女，舜之二妃，曰‘湘夫人’，舜崩，二妃啼，以涕泪挥，竹尽斑。”《群芳谱》：“斑竹即吴地称‘湘妃竹’者”。

（六）宁远红瓜子

红瓜子是宁远县又一传统特产，已有两百年种植历史，誉享省内外。

宁远红瓜子具有片大厚实、籽仁肥腴、颜色鲜红、色泽红润、鲜艳喜人、入口含香、久吃不厌、耐贮存等特点。是喜庆节日备用的佳品。

宁远栽培的洗籽瓜，瓜瓤肥厚多汁，能解暑、消渴、醒酒、利尿，也是养殖业的好饲料；瓜子颜色鲜红，扁平，倒卵形，千粒重120克左右；晒干可食，不需焙炒；籽仁色白嫩脆，食味芳香，营养丰富，能生津提神，久食不厌。由于红瓜子种植受气候、水土及栽培技术等方面影响，宁远产的红瓜子富含蛋白质、脂肪及钙、磷和多种维生素，含油率达55%左右，营养极为丰富。经精细加工或咸或甜或五香，是上佳的休闲干货。

（七）宁远红糖

宁远种植糖蔗、加工红糖的历史悠久，宁远红糖是宁远县传统特色产品。利用本地产蔗糖，采用祖辈流传的柴火熬制方法，最大程度保留甘蔗汁的营养成份，无任何添加剂，纯手工制作，产量不高。除具备糖的功能外，宁远红糖还富含大量人体必需的苹果酸、核黄素、胡萝卜素、烟酸、维生素和微量元素，如铁、锌、锰、铬等，营养成分高于市面上普通红糖，也更加容易被人体消化吸收，因此能快速补充体力、增加活力，又被誉为“东方巧克力”。

宁远红糖古法熬制工艺是将产于宁远本地的甘蔗收割后，经切碎碾压，压榨出来的汁液先去除泥土、细菌、纤维等杂质，以小火熬煮5~6小时，不断搅拌让水份慢慢蒸发，使糖的浓度逐渐增高，高浓度的糖浆冷却后会凝固成为固体块状的粗糖，也就是红糖砖，这样的传统做法保持甘蔗原本的营养，也使红糖带有一股类似焦糖的特殊风味。制作过程中熬煮的时间越久红糖砖的颜色也越深，使红糖呈现出不同深浅的红褐色。常见的传统粉末状红糖，是用红糖砖经精细研磨而成。制作工序分为：甘蔗采收→榨汁→加热→蒸发→澄清→制糖→包扎等七道工序，制作工序十分考究。这种土法制作的红糖没有经过精炼、脱色等现代工艺，因此红糖色泽艳丽、营养丰富、口感极佳。

宁远红糖外色嫩黄而略带青色、质地松软、散似细沙、纯净无渣、甘甜味鲜、清香可口；内色淡黄、金黄；形态粉状略带小团粒、松散干燥；口味清甜而带有香（鲜）味、无杂味。

（八）宁远黄豆

黄豆是宁远县传统旱粮作物，种植历史悠久，最早可追溯到秦汉时期，为湖南省永州特有的原生态作物。经过千百年的演化，宁远黄豆及其制品已成为当地人民日常生活中不可或缺的一部分。宁远黄豆营养素含量丰富，是绿色、健康的农产品。经常食用宁远黄豆，能使皮肤润泽细嫩，富有弹性，肌肉丰满而结实，毛发乌黑而光亮。

宁远黄豆荚果肥大，长着褐黄色长毛，长圆形，稍弯，下垂，黄绿色，长 4～7.5 厘米，宽 8～15 毫米；黄豆粒 2～5 颗，呈球形或椭圆形，表皮光滑、丰润饱满、皮薄色黄、营养丰富，蛋白质及脂肪含量高。宁远黄豆加工出来的豆浆口感醇厚香甜，泡制出的豆芽脆嫩爽口。

宁远黄豆种植主要以旱土为主，辅以水稻田埂，近几年，由一部分农户结合稻田改制开始用水稻田种植，促进大豆产业的发展。为了提高大豆的产业化水平，宁远在传统旱粮区的禾亭、太平、冷水、县城的公路两侧建立生产基地，形成近 10 万亩的大豆产业带。

（九）宁远九嶷山兔

九嶷山兔原产于宁远县九嶷山，2010 年 10 月国家畜禽遗传资源委员会办公室认定九嶷山兔为国家遗传资源，是经过长期的自然和人工选择而形成的国家级优质地方兔种。

宁远九嶷山兔主要分布于湖南省永州市宁远县的八个乡镇，包括：仁和镇、禾亭镇、舜陵镇、九疑山乡、中和镇、冷水镇、保安乡、太平镇。在宁远境内有专门保种场、养殖场。近年来，在该县的大力支持和宁远县养兔协会努力下，宁远县培育养兔大户 56 户，每年出笼“九嶷山兔”500 万只。九嶷山兔选育及推广项目先后获得永州市科技进步一等奖和湖南省科技进步三等奖。

宁远九嶷山兔产品品质特征：

1. 外在感官特征：头型清秀、被毛短而密，白毛、灰毛居多，四肢强壮、后向躯发达，背腰宽平，颈短而粗，有肉垂，臂部较圆，股肉丰满，腹部紧凑有弹性，抗逆性强，适应性广的特点。3 月龄的肉兔全净膛重为：1352～1362g，屠宰率为 51～52.3%。

2. 内在品质指标：成年兔屠宰率为48～54%，水分为77～78%，灰分1.0～1.3%，蛋白质为20.5～23%，脂肪为0.85～1.5%。

3. 安全要求：九嶷山兔生产严格按无公害畜产品生产规范和标准生产NY5029无公害食品兔肉。

（十）宁远九嶷山酒

湖南九嶷山酒业有限公司生产的宁远九嶷山酒属浓香型大曲纯粮白酒，品质优良，风味独特。采用传统工艺，结合现代酿造技术，利用九嶷山泉优质地下水和优质两系杂交糯高粱酿造。1979年被评为省优质酒，其传统古法制曲酿酒工艺获得2019年永州市非物质文化遗产。1995年出版《湖南大辞典》和2006年出版《湖湘文化大辞典下卷》分别记载“[九嶷山大曲] 名酒，宁远县酒厂生产，以湘南名胜九嶷山命名。系高粱大曲酒，工艺上综合了省内外名酒之先进经验而自创规程。无色透明，香气芳馥，入口甜，味醇正，绵柔，回味长，后劲足，为茅香型酒。1979年被评为省优质酒。”

宁远九嶷山酒以其独特的品质和深厚的文化内涵，多次获得国际、国内大奖，1979年被评为省优质酒，1985年被确定为天安门定点销售酒，1994年获得第五届亚太国际贸易博览会金奖，1995年获中国国际新技术新产品博览会金奖，1997年被评为湖南省消费者信得过产品，2003年获得湖南省双新展销会金奖，2008年获得湖南科技创新金奖，2009年获得永州知名商标，2010年获得科技进步奖，2012年被评为永州名牌，2014年获得湖南省名牌产品证书，2015年湖南省公祭舜帝大典唯一接待用酒，2016年获永州市知名商标，2017年获湖南省质量AA证书，2017年获湖南省著名商标。

（十一）宁远山苍子油

山苍子油是宁远县著名特产，主产于瑶族聚居地，自古以来，瑶族人民就有以山苍子油交换农产品的原始贸易。明朝弘治年间以来，民间仍将山苍子的根、茎、叶、果入药，祛风散寒、消肿止痛。

宁远山苍子是一种落叶乔木，叶椭圆形，果实圆形，叶和果实都有强烈香味，为珍贵的芳香油料树种。山苍子粒圆、气味浓厚、富油质、出油率高。宁远山苍子油经传统蒸馏工艺制作而成，油色浅黄，清澈液状，具有浓郁的柠檬醛香味。

宁远山苍子油的制作工艺：林农将山苍子鲜果采摘后，挑拣洗净，置入自制的木质蒸馏容器内，置于大铁锅之上，锅顶留加料口，以柴火为燃料，加热使山苍子油在高温下析出，然后用水油分离器输出，用容器密封保存好，以保证山苍子油芳香纯正。

山苍子油对人体无毒，不污染环境，又有宜人的香味，除了广泛用于西药制造和香料食品外，还是易污染黄曲霉毒素的花生、玉米等类食品的天然防腐保鲜剂；农业防治方面，还可以将山苍子油用于防治茶树、棉花黄萎病，防治茶毛虫和红锈草病。

（十二）宁远茶油

宁远县位于全国油茶产业带中心，栽培历史悠久，有文字记载的可追溯到清乾隆年间，已有270多年。而且油茶生长地理条件得天独厚，有着“高山茶叶，低山茶子”之说。新中国成立以来，通过几十年的人工引种栽培和自主选优，现已培育出好几个适宜当地生长，产量、品质均优于其他油茶品种的当地特色无性系油茶。宁远油茶先后获誉全国首批优质油茶林基地示范县、全国油茶产业重点县、全省油茶新造高产栽培示范县等荣誉。2011年9月，国家林业局认定宁远九疑山茶油科技有限公司为首批“全国油茶重点企业”。宁远坚持把油茶作为兴产业、强实体、带民富的“金字招牌”，基本构建起保安—太平—冷水，水市—天堂两大油茶产业带。柏家坪、中和、舜陵、鲤溪四个千亩种植示范片。2019年5月17日，宁远县申报的全省茶油大县项目高分通过湖南省财政厅审核。该项目分2019、2020年2个年度实施，共实施油茶新造4.5万亩、油茶抚育4.0万亩、油茶低改4.0万亩。宁远县有油茶面积40.8万亩，引进中联天地、康德佳林业等4家龙头企业，组建油茶专业合作社46个，发展100亩以上油茶经营大户53家，建成千亩以上种植基地18个。

宁远茶油的传统生产加工工艺主要为：摘籽→干燥→去壳→碾碎→蒸炒→压榨→过滤等工序，每道工序都有严格的要求。摘籽须在寒露前后茶果完全成熟时统一采摘，干燥须在晒坪上自然晒干，以保证茶油的原料品质优良，采用纯物理压榨工艺取油，保证每滴茶油口味纯正、油香浓郁、营养丰富。宁远茶油是中国优质茶油的代表，油体澄黄通透，品质纯净，澄清透明，气味芳香，口感爽滑，绝无胆固醇之忧，无黄曲酶之害，富油酸降脂降压，抗衰老益寿延年，是一种纯天然、绿色、健康的食用油。

（十三）宁远红薯粉

俗称薯粉、地瓜粉。宁远红薯粉历史悠久，是宁远传统地方食品之一。

在宁远乡村，村村会做红薯粉，以栽红薯做“薯粉”为业。宁远红薯粉用手工制作：将红薯洗净，经研磨→过滤→去渣→沉淀，得淀粉后用清水调糊状，经漏粉、晒丝而成。

宁远红薯粉产品粗细均匀，色泽呈自然淡乌黑色、色泽光亮，干爽不潮湿、有弹性不易折断；久煮不烂，滑而有口感，软而带香甜，嫩而有嚼头等特点。

宁远红薯粉价廉物美，口味鲜美，常吃有延年益寿、祛病抗癌、健体养颜之功效。该产品全县年产量2000吨左右，畅销长沙、广东、深圳、上海、北京等地。

生产工艺：

1. 磨粉：选薯→清洗→磨浆→过滤→沉淀去杂→干燥淀粉。

2. 打粉：打浆糊→漏粉→熟化→冷却→搓粉→晒丝。

加工要点：

1. 磨浆取粉：将清洗好的红薯粉碎磨浆，用100目的网筛过滤2次，沉淀45至50小时。

2. 干燥淀粉：干燥至水分低于15%。

3. 打浆糊：取淀粉根据重量倒入适量清水，搅拌和成粉团，将粉团放入陶缸，加水加红薯淀粉，用手揉搓和匀，直至糊化。

4. 漏粉：糊化淀粉通过模具漏入沸水锅中，丝条沉人锅底再浮出水面时，即可定型出锅。

5. 晒丝：定型后的粉丝在背风向阳处自然晒干，至水分低于15%。

（十四）宁远红薯酒

又称地瓜酒。红薯是宁远的传统栽培作物，种植历史悠久，一直是宁远第一大旱粮作物。宁远酿制红薯酒可溯源至清乾隆年间盛世早期。相传宁远县城北郊一农户栽培红薯获得大丰收，因贮藏条件有限萌发酿制红薯酒的想法，结果大获成功，附近农户争相效仿，流传至今。宁远民风淳朴、热情好客，宴会用红薯酒招待，有“宁远红薯酒，农民家家有”、“口感淡如水，后劲酒汹涌，考验新女婿，放倒好兄弟”之说。红薯酒是宁远县的传统食品。

宁远红薯酒以红薯为原料配以优质的陈年麦曲酿制而成。先把红薯洗净切块，在锅里煮熟，然后把熟红薯放在大木桶中冷却至35℃左右，再把酒曲放进捣烂的红薯泥里拌匀，再用密封发酵。25天左右即煮酒。在发酵过程中温度不宜过高，过高酒则带酸味；过低出酒率低。在煮酒时火不能烧得过猛，否则酒有焦味。酿好的红薯酒呈色泽金黄、晶莹剔透、无杂质，具有浓郁的红薯香气和鲜美爽甜的风味。而贮存时间越长，红薯酒就越发纯正。

宁远红薯酒沿用近三百余年的传统红薯酒酿造工艺，精选本地优质红薯，以及宁远九疑山独特的山泉水，经自然发酵精酿而成，能保留红薯酒的原汁原味。长期饮用可均衡营养，强身健体，延年益寿。男女老少四季皆宜，实为绿色、健康、时尚之佳品。

（十五）宁远金丝皇菊

宁远县种植菊花历史悠久，相传与娥皇、女英二妃寻舜帝至九疑山下有关。宁远当地自古就有种植菊花、喝菊花茶的风俗，菊花是宁远一宝。宁远县地处湖南省南部山区，南有九疑山北倚阳明山，位于东经110°42′~112°27′，北纬25°11′~26°08′之间。地处中纬度地带，属北亚热带湿润季风气候区，气候温和，四季分明，热量丰富，雨量充沛，日照适宜，无霜期长，水热季节交替明显。农业生产条件较优越，非常适合菊花的生长。上世纪八九十年代，分别从杭州、江西引进品种结合当地品种培育宁远金丝皇菊新品种。种植过程中采取人工除草，施有机农家肥，生长环境生态自然，每单枝仅保留一个花蕾，其花形越大越圆润满，最大程度保持皇菊最生态自然的养分，属于纯野生状态生长，清香扑鼻、品质优良，成就宁远金丝皇菊的品质。

宁远金丝皇菊花形美观，不仅是很好的观赏植物，可鲜食、熟食、泡茶，泡在沸水中的皇菊有“香、甜、润”的特点，形如绣球、色泽金黄、气味芳香、消暑生津、清热祛风、养目解酒、冲泡七次有余香，具有清热解毒、平抑肝阳、湿润皮肤、清肝醒脑明目、防便秘等多种功效。

宁远金丝皇菊开花期较长，但采花期较短，主要集中在10月下旬至11月上旬。当花朵开放程度达到75%~80%时，选在晴天露水干后进行采收（采收过晚的花朵用开水冲泡时会掉瓣）；采收花朵时，用食指和中指夹住花柄上部，向怀内折断；边采边分级，将好花、次花分开放置，同时剔除虫花、病花、脏花和花中杂物。采摘的花朵要用筐类工具盛放，且每筐不能堆积过多，以保持花形完整。注意切不可

采收露水花和雨水花。采收后要及时进行干制加工，以防止花朵腐烂、变色。一般亩产鲜花900~1100千克，可加工干制饮品菊花茶90~110千克。

宁远金丝皇菊的食用方法有很多，可鲜食、干食、生食、熟食，焖、蒸、煮、炒、烧、拌皆宜，可酿酒、煮粥、蒸制菊花糕、菊花饼、菊花膏等。每当金丝皇菊绽放时，金色花朵在阳光的照射下眉烟闪闪，吸引游人驻足观赏。时下，到田间赏金丝皇菊、闲瑕品金丝皇菊已成为人们健康休闲的生活方式之一。

（十六）宁远湘妃椒

相传“七姊妹辣椒”与舜帝、峨皇女英二妃有着千丝万缕的联系，当地瑶胞称“七姊妹辣椒”为“湘妃椒”。宁远湘妃椒具有悠久的栽培历史，一般生长在海拔800米以上的山岭，光照充足，昼夜温差大造成了它的独特性，对种植条件如气候、土壤、阳光等要求严格。尤其是大山深处桐木漯瑶族乡一带，高山上生长着一种奇异辣椒，辣椒如同手指头大小，呈圆形约2~3公分大小，果实向上，因一个枝节上长有多个辣椒，最多可达到七个，同时开花同时成熟。成熟的辣椒果实深红或鲜红、色泽红润鲜亮、辣中带香、皮薄肉厚籽多、辣味纯正鲜浓；适宜鲜食、干制或淹渍；具有开胃健脾、御寒祛病、增进血液循环、减肥健美等功效。

宁远湘妃椒每亩种植1200至1500株，一年可采摘三至四茬。近年来，在宁远县委、县政府和宁远县有关部门的关心指导下，结合当地特色大力发展湘妃椒产业扶贫项目，成立产业合作社，吸纳村中贫困户入股，发展扩大村集体经济，带动贫困户以土地、劳动力入股，种植湘妃椒万余亩，受益群众达万余人，开发湘妃椒泡椒、酱椒系列产品。已经形成湘妃椒“一乡一品”特色产业，为脱贫攻坚打下坚实的基础。

（十七）宁远天门冬

又名天冬，始载于《神农本草经》列为上品，历代本草均有记载，《纲目》列入卷十八草部蔓草类，有养阴润燥、清肺生津的功效。

天门冬为宁远传统名贵中药，栽培历史悠久。广泛栽培于九疑山海拔1750米以下的山坡、路旁、疏林下和山谷或荒地上。天门冬喜温暖、湿润的环境，耐严寒与干旱，适宜土层深厚、疏松肥沃、湿润、排水良好的沙壤土。天门冬根在中部或近末端成纺锤状膨大。茎平滑，常弯曲，长可达1~2米，分枝具棱或狭翅。茎上的鳞片状叶基部延伸为长2.5~3.5毫米的硬刺，在分枝上的刺较短或不明显。叶状枝通常每3枚成簇，扁平，稍镶刀状，长0.5~8厘米，宽约1~2毫米；花通常每2朵腋生，淡绿色；花梗长2~6毫米。浆果直径6~7米，熟时红色，有1颗种子。花期5~6月，果期8~10月。每年秋、冬季采挖，但以冬季采收的质量较好。采收天门冬以移栽大田生长3年采收为宜，收获期9月至次年3月。采收时先割去茎蔓，挖起全株，去除泥土，选取直径3厘米以上的块根作商品，其余完整的小块根留作种用。按大根入沸水中煮或蒸至外皮易脱落时为度。捞出后浸入清水

中，趁热除去外皮，洗净，微火烘干即可入药。宁远天门冬外观呈长圆纺锤形，中部肥满，两端渐细而钝，长 6～20 厘米，中部直径 0.5～2 厘米，表面黄白色至淡黄棕色，呈油润半透明状，有时有细纵纹或纵沟，偶有未除净的黄棕色外皮。

现代药理研究发现，其性寒，味甘苦，入肺、肾二经，具有滋阴、润燥、清肺、降火的功效，用于治疗阴虚发热、咳嗽吐血、肺痿、肺痈、咽喉肿痛、消渴、便秘等症。

初加工宁远天门冬主要有煮和蒸二种方法：

1. 煮加工法。块根洗净并去掉须根后，将块根分级，然后放入沸水中，煮至透心，捞出放入冷水中，去净外皮，沥干水分，晒干或低温烘干。

2. 蒸加工法。块根洗净并去掉须根后，将块根分级，用蒸笼蒸至透心，去掉须根和外皮，然后晒干或低温烘干。

初加工的宁远天门冬宜贮藏于通风、干燥、避光的地方。

（十八）宁远下灌水丸子

又称“状元水丸子”。是宁远当地特色传统食物。

相传唐代宁远状元李郃回家省亲，逢其父卧病在床，日进饮食甚少，为尽孝道，把鲜猪肉切成块用刀背轻敲慢打，用水调成肉糊状，用勺将肉糊晋入汤锅内煮沸，肉丸浮于汤面，一尝滑嫩鲜香，落口消融。然后喂给老父食用，其父食欲大增，不几日身体痊瘉。故事流传至今，已有 1100 多年的历史。2017 年 12 月宁远下灌水丸子被中国烹饪协会授予“中国地域十大名小吃”。

宁远下灌水丸子沿袭传统的手工制作方法，工艺为：原料前期处理→手工切肉→手工“敲打”→搅拌→凝固→煮制。即采用刚宰杀的新鲜猪后腿瘦肉，剔除筋络和肥肉，切成厚薄均匀的肉片，手持方形木棒或铁棒慢轻敲打三五分钟，然后力度适中有节拍地反复敲打猪肉，待猪肉成糊状未见小红点，肉中白筋与肌肉分离，用手捏有黏性和弹力即可。然后按 3 斤肉泥、2 斤水、1 两食盐配比，顺时针方向用劲搅拌，搅拌均匀后待自然凝固成溶胶状态。肉清汤入锅大火煮沸，改小火后将肉泥糜捏在手的掌心，从虎口挤出圆球状的肉丸，用手掐出后，在手中摇晃成圆形，用大火煮至肉丸子全部浮于汤面即可。

宁远下灌水丸子呈自然肉色泽，形态呈圆球状，形态完整、均匀，组织结构紧密，富有弹性，本色清香，入口滑嫩柔软，味道鲜美。长期食用可均衡营养，强身健体，延年益寿。男女老少四季皆宜，实为绿色、健康、时尚之佳品。

（十九）宁远小籽花生

又名红皮花生，宁远当地农民历来有种植小籽花生的习惯，具有上千年的历史，高产栽培技术曾获湖南省农业丰收奖二等奖。

太平镇素有“黄土高坡”之称，气候条件及黄土土壤特别适合小籽花生的生长。宁远红土壤种植出来的小籽花生亩产 200 公斤左右，具有籽仁圆润如珍珠大小、果壳薄粒饱满、皮红肉白、双仁果率高、生食香脆可口，炒熟后口感酥松、浓香风味，重 124.4g～128.6g，平均 127.2g，百仁重 50～51g，平均 50.6g；适合丘陵红壤瘠薄旱地、沃土种植，抗病性、抗旱性、耐涝性强等特点；丰产性好，种子休眠性强，成熟期 117～135 天。

栽培要求：

1. 春季要求土温稳定至 15 度以上时抢晴天播种，以 4 月上中旬为宜，可提早至 3 月下旬。推荐地膜覆盖、拌药保护栽培，保证一播全苗，发挥高产潜力。

2. 适当密度小籽花生果形小，但植株高，宜适当密植，株行距 33 厘米 X16.5 厘米，每穴播 2 粒精选种仁，开沟条播。

3. 平衡施肥遵循“前促、中控、后保”的原则，进行栽培调控管理。要求施足有机肥和磷、钾肥，适量施用石灰和、镁等微肥。花生有根瘤菌共生固氮，一般不追施氮肥，不喷施多效唑等，以免果变小、壳增厚等。宁远小籽花生含有丰富的优良蛋白质，是一种很好的食品和油料作物的地方优良品种。

（二十）宁远雪萝卜

宁远栽培萝卜历史悠久，相传至今已有1000余年，雪萝卜因肉白如雪而得名，主产湾井镇的下灌、周家坝、丰田、东城、水市、大阳洞等地。

宁远雪萝卜外表全红鲜亮、个大质优，内白汁多、肉松脆嫩、味甜可口、产量高，且有开胃止咳祛痰的功能。煮食松软味甜，醋食清甜可口，也可作水果生食还可加工成咸菜或酸菜。雪萝卜适宜沿河两岸冲积沙壤稻田种植，生长迅速，从种到初收50天。

宁远雪萝卜株高50厘米左右。是宁远县传统的地方优良萝卜品种，闻名省内外，倍受消费者青睐。宁远民间流传“一口脆两口甜、三口四口精神爽”，“一日三餐卜，早上酸萝卜、中午炒萝卜、晚上熬萝卜”，“雪萝卜是新娘子，外红内白赛人参，肚子再大不空心，长得再老无布筋”。

宁远雪萝卜栽培技术：

1. 整地、播种

宁远雪萝卜是中型品种类型，主要作为秋冬萝卜栽培。要求疏松、富含有机质、土层深厚的沙壤土或壤土。播种株行距30厘米×20厘米，每穴播种子3粒~4粒，播后盖稻草，以利出苗。在9月上旬播种，11月—12月采收。

2. 间苗、追肥

宁远雪萝卜一般间苗2次，追肥2次。第1次间苗在幼苗出土后至第1片真叶展开时进行。按三去一、四去二、五去三的原则，去密留稀、去弱留强、去病虫苗留健壮大苗。缺苗穴应及时补播。间苗后，开始第1次追肥。

3. 土壤、水分管理

萝卜产品为膨大的肉质根，土壤必须保持疏松。在生长期间，结合第2次间苗与追肥松土一次，只要锄松表土即可。穴栽的还要适当培土，避免阳光直射或害虫咬伤肉质根。宁远雪萝卜的栽培还要加强病虫害的防治，要特别注意对蚜虫和软腐病的防治。当萝卜肉质根基部呈圆形、叶色开始转淡发黄时及时采收。采收过迟，品质下降，风味变淡。

索 引

说明：

一、本索引把年鉴的专稿、条目（大事记、附文、企事业单位选介除外）用主题分析的方法，按汉语拼音字母顺序排列。

二、地方文献的条目未作索引。

三、类目、专稿标题和地名用黑体字标明。

四、索引名称后的阿拉伯数字表示内容所在页码，拉丁字母（a、b、c）表示栏别（从左至右分1、2、3栏）。

D

H

J

M

N

P

Q

R

S

T

W

X

Y